자연의 저주
명·청 시대 장강長江 중류 지역의 개발과 환경

자연의 저주

명·청 시대 장강長江 중류 지역의 개발과 환경

정철웅 지음

책세상

차례

서문 11

서론 환경사의 정의와 연구 현황
1. 환경사란 무엇인가? 19
2. 중국 역사 속의 환경문제와 환경사 연구 경향 41
3. 연구 지역과 범위 53

1장 자연과 인간

1. 자연 61
(1) 산 61
　명·청 시대 호남성의 팔면산 65 | 새로운 경제활동 공간 71
(2) 나무와 숲 80
　나무 80 | 숲 87
(3) 하천과 호수 102

2. 인구와 인구 이동 121
(1) 인구 변화 121
　명·청 시대 이전 121 | 명·청 시대 127 | 청淸 중기 이후 변방 지역의 인구 증가 137
(2) 유랑, 이동, 정착 143
　이주와 정착 143 | 단거리 이동의 실제와 그 영향 148

2장 개발

1. 국가 권력과 소수민족 지역의 환경 159
(1) 소수민족 사회 159
　자연환경과 풍습 159 | 개토귀류 이전의 사회상과 인구 168

(2) 개토귀류와 인구 증가 175
　　개토귀류 175 | 개토귀류 후 인구 변화 179 | 개토귀류 시행 후 소수민족의 인구 변화 182
(3) 개토귀류와 문화 변용 186
　　풍속의 변화 186 | 사회 통합 정책 194

2. 산악 지역의 개발 207
(1) 농업 기술의 변화 207
　　도경화종刀耕火種 207 | 시비施肥 211 | 관개와 수리 기구의 등장 214
(2) 상업 작물의 재배 221
　　명·청 시대 상업 작물 재배의 특징 221 | 산악 지역의 상업 작물 재배와 식량 생산 227 |
　　상업 작물과 식량 생산 관계의 다의성 236 | 토지 분쟁 243
(3) 목재 생산과 유통 249
　　나무의 상품화 249 | 목재 생산 256 | 목재 유통과 판매 271
(4) 도로 건설 287

3. 광산 개발 291
(1) 광물 자원과 수요 291
(2) 광산 개발과 환경 299
　　광산 개발의 주장 299 | 환경 폐해 306
(3) 광산 개발과 지역 사회 315

4. 수리시설과 환경 326
(1) 형주荊州 만성제萬城堤 326
(2) 만성제 일대 수해 발생 상황과 환경 338
　　만성제 일대 수해 발생 338 | 만성제 일대의 자연환경 변화 342 | 지형 변화와 만성제의
　　수재 351
(3) 청淸 중엽의 수리 대책과 수리 비용 361
　　청 중엽의 수리 대책 361 | 만성제의 수리비 369
(4) 수리 사회와 환경심리학 376

차례

3장 자연의 역습

1. 자연의 훼손 393

(1) 남벌 393
남목과 삼목 393 | 남벌의 피해 398

(2) 자연 경관의 변형 407
풍경 변화의 자연적·인위적 요인 407 | 관광지의 훼손 421 | 토사 지역의 자연 경관 훼손 427

2. 환경 악화와 산악 사회 431

(1) 산악 지역의 수자원 431
수자원 이용과 그 한계 431 | 환경 악화와 물 분쟁 441 | 자원 고갈의 악순환 451

(2) 환경 악화와 산악 지역의 삶 454

(3) 건강에 대한 위협 458

3. 동식물의 변화 466

(1) 동물의 감소 466

(2) 동물의 반격과 인간의 대응 472

(3) 식물 재배의 역설 483
식물의 상품화 483 | 자연으로부터의 구속 487

4장 환경 의식

1. 명·청 시대의 환경관 495

(1) 명·청 시대의 자연관 495
자연의 감상 495 | 자연 변화에 대한 인식 500 | 자연물의 제거 508

(2) 환경사회학 514
봉금론封禁論 514 | 오락새의 봉금론 519 | 진홍모의 개발론 523

2. 명·청 시대의 환경 보호 533
(1) 민간신앙과 환경 보호 533
(2) 도시 개발과 풍수설 543
    도시 한구와 풍수설 543 | 개발 저지를 위한 풍수설의 제기 550
(3) 식목과 산림 자원 보호 557
    수목 보호 557 | 봉산封山 567

결론 자연은 정말 인간을 저주했을까?

표·지도·그림 목록 588

참고문헌 589

찾아보기 616

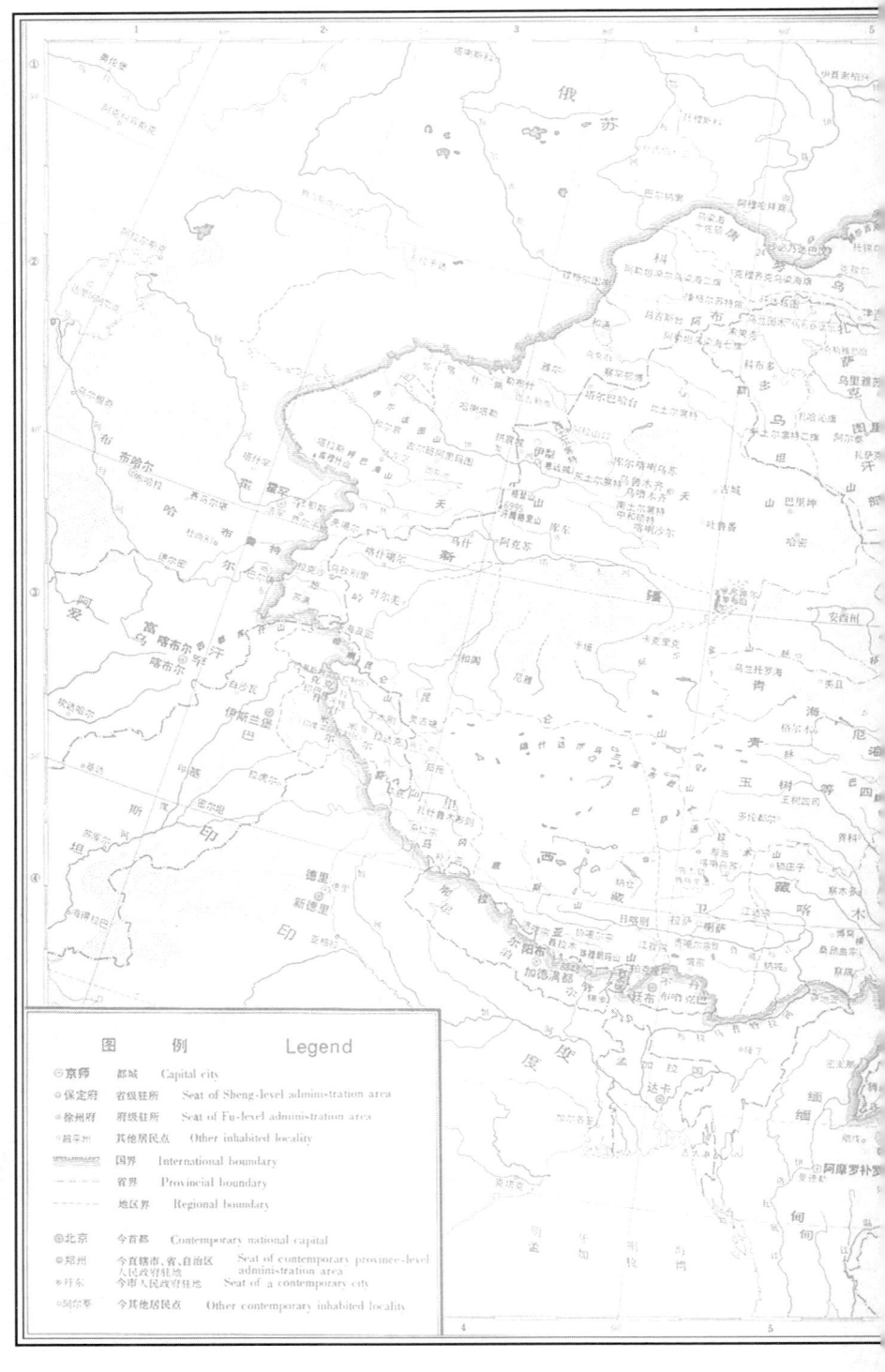

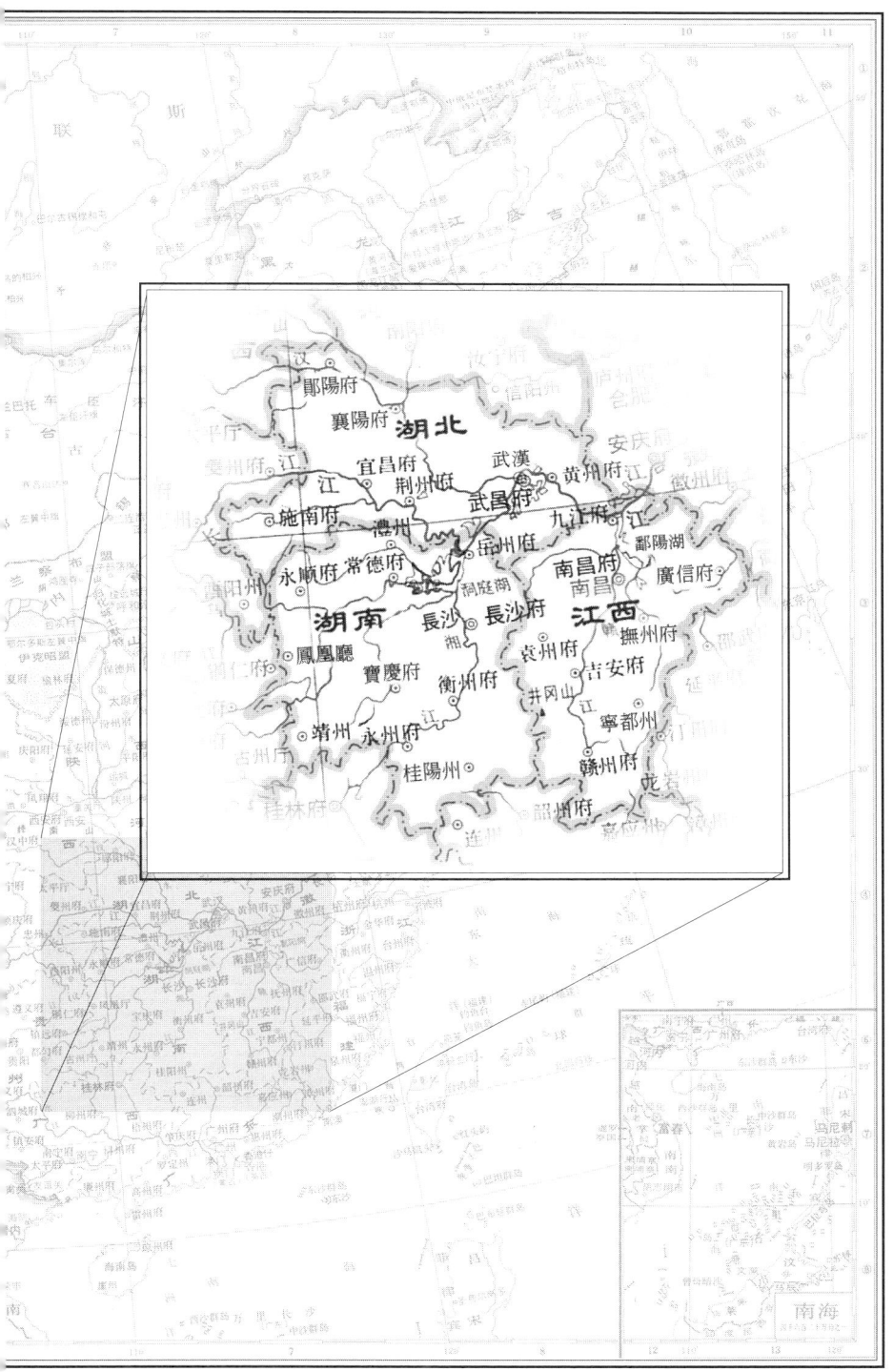

청대 장강 중류 지역

서문

　내 고향은 전주에서 북동쪽으로 약 20킬로미터 떨어진 고산高山이라는 곳이다. 내 어린 시절 서늘하게 흐르던 고향의 고산천을 내내 떠올리며 이 책을 썼다. 내가 5학년까지 다닌 고산 초등학교 안으로도 이 고산천의 맑은 물이 흘렀다. 강에는 쏘가리, 모래무지, 메기, 붕어 등이 살았고, 한여름이면 아이들이 강에서 거리낌 없이 발가벗고 수영을 하며 마냥 신이 났었다. 또 다양한 종류의 잠자리, 장수하늘소 등의 곤충과 개구리도 흔했으며, 강가에 가면 종달새 둥지도 쉽게 볼 수 있었다.
　이런 고향의 풍경은 1980년대 초반이 지나면서부터 서서히 사라지기 시작했다. 지금 이곳에 가보면 초등학교 안으로 흘렀던 물이 완전히 적체되어 하수보다 더 심하게 오염돼 있으며, 그토록 힘차게 흘렀던 고산천도 거의 메말라 곳곳에 사주沙洲와 수초 덤불이 가득하다. 특별한 노력과 관심을 기울이지 않는 한, 내 고향의 아름다운 풍경은 이제 지구상에서 완전히 사라지게 될 것이다.
　어쨌든 30~40년 전쯤 내 고향의 풍광이 그처럼 아름다웠다면, 300~400년 전쯤엔 그곳의 자연 상태가 완벽했으리라고 가정할 수 있지 않을까? 하지만 이런 생각과는 달리, 이 책에서 내내 거론한 것처럼 중국 명·청 시대만 하더라도 자연 경관이 심하게 훼손되는 일이 빈번했다. 이는 원시 시대로의 회귀가 곧 현재의 환경문제를 해결하는 열쇠가 아니며, 현대 문명을 환경 악화의 주범으로 보는 것도 순진한 시각이라는 것을 보여주는 좋은 예이다. 이처럼 각 시대마다 고유한 환경문제가 있었다는 사실은 환경문제의 역사성을 새삼 확인시켜주지만, 다른 한편으로는 역사를 생태학적인 관점으로 해석하기가 쉽지 않다는 점을 보여주기도 한다. 무엇보다, 자연 변화와 인간 변화의 속도와 정도, 상호관계가 다를 뿐 아니라, 변화 과정에서 두 요소가 주고받은 영향이 어느 정도인지를 가늠하기가 사실상 불가능하기 때문이다.

물론 인간과 자연은 별도의 개체로 존재하는 것이 아니라, 상호 작용을 통해 어떤 상황을 끊임없이 형성하는 와중에 있다는 주장이 타당하게 들리기도 하지만, 이 책의 제목처럼 자연이 인간에게 적대적이라거나 호의적이라거나 하는 언사는 여전히 자의적일 수밖에 없다. 더구나 인간은 자연의 일부라는 해묵은 명제는 자연이라는 거대한 존재의 의사와는 상관없이, 기껏해야 자연과의 적당한 타협을 의미하는 말에 불과하다. 아울러 시간의 추이에 따른 자연의 변화를 역사학적 방법으로 추적하는 것도 대단히 어려운 작업이다.

따라서 나는 이 책에서 이런 종류의 다양한 논의나 개념적인 문제는 가급적 다루지 않았다. 그 대신에 역사 시대 환경문제의 실체를 가능한 한 자세히 드러내려고 노력했다. 그 이유는 두 가지다.

우선 많은 사람들이 환경문제에 대해 많은 관심과 염려를 드러내고 있지만, 문제 해결을 위한 실제 행동에는 늘 소홀하기 때문이다. 그러므로 나는 현재 널리 퍼져 있는 정치적 구호로서의 환경문제나 환경과 관련해 특정 사안이 불거질 때마다 등장하는 위기감 외에, 우리 인류가 역사와 문명을 형성해가면서 부지불식간에 초래한 환경문제를 차분히 들여다보고자 했다. 따라서 이 책은 어떤 면에서 피켓을 들고 현장에서 환경문제를 외쳐대는 것보다는 좀 더 적극적인 의미를 담고 있다.

그다음은 우리의 현실 문제를 과거에 투영하는 역사적 방법론을 환경사가 제공할 수 있기 때문이다. 나는 본래 사회경제사를 전공한 탓에 농업 생산력 발달, 인구 증가, 상업과 시장의 발달 등과 같은 주제를 주로 공부해 왔다. 그런데 놀랍게도 이런 연구를 진행하기 위해 펼쳐본 사료에서 현재의 다양한 환경문제와 닮아도 너무 닮은 문제들이 중국 명·청 시대에 줄기차게 등장했다는 사실을 알게 됐다. 이런 사실을 통해 나는 환경사가 사회경제사나 정치사 또는 사상사처럼 역사학의 한 분야라는 사실을 떠나, 그 어떤 학문보다 현실을 담아낼 수 있는 그릇이라는 생각을 갖게 됐다. 이 책이 그런 목적을 얼마나 달성했는지는 당연히 독자들이 판단할 바이지만, 나는 현실에 대한 비판과 안목을 갖게 하는 구체적인 도구로서의 환경사를 쓰고자 했다. 이런 이유 때문에 오히려 철저하게 역사 시대 사료를 근거로 이야기를 전개했다. 따라서 내 스스로 사회경제사 분야에서 환경사로 전환하기 위해 딱히 먼 길을 돌아왔다는 느낌은 전혀 들지 않는다.

이렇게 생각하면 환경사 연구가 내 개인적인 연구의 전환점이 됐다고 언명할 필요도 없다. 물론 흥미롭고 누구나 공감할 수 있는 특정 주제를 공부하고 그런 연구가 지니는 개인적·사회적 의의를 발견하는 것은 모든 역사학자들의 의무일 것이다. 그러나 역사 연구의 좀 더 적극적인 의미를 되새겨보면 '역사를 공부한다study history'라는 의식보다는 '역사를 한다do history'라는 의식이 선행돼야 한다는 게 내 개인적인 신념이다. 그리고 나는 이처럼 행위로서의 역사를 구체적으로 의식하고 실천하는 방법이 무엇일까 하는 고민을 늘 지니고 산다. 따라서 나의 환경사에 대한 관심은 특정 주제로의 전환이 아니라, 역사 공부를 하면서 늘 부딪히는 그런 고민거리 하나를 더 늘린 것이라고 치부하고 싶다.

딱히 뛰어나지도 않은 사람이 되지 못할 거창한 고민만 지니고 사는 탓에 주변 사람들에게 늘 걱정과 부담만 안겼다. 그들을 어찌 일일이 헤아릴 수 있겠는가! 그래도 못난 자식 때문에 평생을 힘들게 사신 어머님의 사랑 덕분에 곁눈질하지 않고 올곧게 내 길을 가고 있다는 말은 꼭 하고 싶다.

또 다음의 프랑스 교수 세 분은 내게 중국사를 지속적으로 공부할 수 있는 토대를 마련해줬다. 우선 석사 과정 지도교수이자 훌륭한 사회경제사가였던 스트라스부르 2대학 사학과의 미셸 오Michel Hau 교수는 학문에서는 물론이고, 한 인간으로서 모범을 보여주신 분이다. 그분은 정말 아무것도 모른 채 시작한 내 프랑스 유학생활에서 정신적인 버팀목이 돼주었다. 오 교수를 만나지 못했더라면 아마 나는 박사 학위를 받기는커녕, 1년도 안 돼 귀국해버렸을 것이다. 내내 그리워하면서도 귀국한 뒤에는 얼굴 한 번 뵙지 못했다.

또한, 당시에 사회과학고등연구원의 교수로 있었던 피에르-에티엔 빌 Pierre-Etienne Will 교수와 미셸 카르티에Michel Cartier 교수는 내가 중국사를 공부하는 데 실질적인 도움을 줬다. 빌 교수에게는 지방지와 같은 사료의 해석과 그 적절한 이용 방법을 참으로 자세히 배웠다. 빌 교수와 함께 한문 사료를 해석하던 수업 시간의 기억이 아직도 생생하다. 카르티에 교수로부터는 다양한 2차 자료의 섭렵, 그리고 여러 이론을 역사 현실에 어떻게 적용할 수 있는가에 대해 지도받았다. 내가 인구문제나 농업 생산력 발달 등에 관심을 가질 수 있었던 건 카르티에 교수 덕분이다. 두 사람 모두 무뚝뚝했지만, 먼 곳에서 온 나에게 항상 애정과 관심을 보여주었다.

그 어떤 유학이든 장단점이 공존한다면, 나의 유학도 예외가 아니다. 한국 명청사학회의 여러 연구자들을 만나지 못했다면 나는 내 단점을 아마 영원히 고칠 수 없었을 것이다. 모든 연구자들을 거명하기는 어렵지만, 학회에서 여러 연구자들로부터 받은 학문적 자극과 영감은 내가 한국에서 중국사를 공부하는 데 참으로 귀중한 자산이 되었다. 아울러 이 책의 초고를 읽고 많은 조언과 함께 미처 보지 못한 자료를 전해준 강원대의 원정식 선생님과 부경대의 김문기 선생님께도 이 자리를 빌려 고마움을 표하고 싶다. 이 책에 조금이라도 장점이 있다면 그건 아마 전적으로 앞에 언급한 지도교수와 여러 연구자들 덕택일 것이다.

태생이 게으른 탓에 이제야 겨우 책 한 권을 내는 마당이라 오히려 앞으로가 더 걱정이다. 다만 학생들은 이런 걱정이 기우에 불과하다는 사실을 항상 일깨워주는 존재다. 그들의 건강한 시선이야말로 항상 나를 긴장하게 만들기 때문이다. 이런 점에서 그들은 나의 또 다른 스승이기도 하다. 어쭙잖은 공부를 한답시고 주변 사람들에게는 늘 게을렀다. 특히 가족들에게는 미안하다는 말이 무색할 정도로 나는 형편없는 가장이다. 그저 고마울 따름이다. 이렇게 직접 언급한 사람들 외에, 보이지 않는 곳에서 나를 응원하는, 내가 미처 깨닫지 못한 고마운 분들에게는 도대체 어떤 말을 해야 할까?

마지막으로, 꽤나 장황하고 까다로운 원고를 자세히 읽고 교정해준 책세상 출판사의 편집부 식구들 그리고 어려운 출판 사정에도 책을 기꺼이 출간해준 김직승 사장님께도 깊은 감사를 드린다.

장강이 내 인생에 이토록 깊숙이 들어올 줄은 정말 꿈에도 몰랐다. 더구나 지난 3년간은 장강 중류 지역 일대 산지와 평야를 내내 넘나들었다. 이 책은 그곳에서 느낀 나의 희열과 좌절감의 소산이다. 여러 독자들의 많은 관심과 비판을 기대한다.

2012년 11월
남가좌동 연구실에서 정철웅

| 서론 |
환경사의 정의와 연구 현황

1 환경사란 무엇인가?

　우리에게 잘 알려진 북송北宋 시대 시인 소식蘇軾(1037~1101)이 해남도海南島로 유배된 해는 1097년(철종哲宗 소성紹聖 4년)으로, 지금으로부터 대략 900년 전 일이다. 현재 해남도는 국내외 여행객이 즐겨 찾는 중요한 관광지이다. 하지만 북송 당시 해남도는 분명 지금과는 아주 다른 별천지였다. 당시 소식은 시인다운 감성으로 해남도의 생활을 이렇게 언급했다.[1]

　　입춘에 흙으로 만든 소와 쟁기를 든 흙 사람이 마련되니,
　　한없는 봄바람이 바다에서 불어와,
　　봄의 신의 힘을 빌려,
　　살결처럼 발그레하게 복숭아꽃 물들인다.

　　푸른 깃발을 세우고 종이를 잘라 봄맞이를 하노라면,

---
1) 소동파,《蘇東坡詞選》, 조규백 옮김(문학과지성사, 2007), 404~405쪽.

한줄기 봄바람이 불어와 술기운을 깨운다.
이곳이 하늘 끝 같지 않게도,
버들개지가 벌써 눈꽃처럼 휘날린다.

 이 시에서 그는 유배지 해남도의 봄을 더 이상 낭만적으로 묘사하기 어려울 정도로 훌륭하게 그려냈다. 유배된 처지를 잊게 할 만큼 당시 해남도는 천혜의 풍경으로 가득했을 것이다. 한편 소식이 해남도에 유배된 후 약 400년이 지난 1492년 콜럼버스는 바하마Bahamas에 도착했다. 소식이 읊은 해남도의 풍광과 콜럼버스의 '신대륙 발견'은 현재 우리가 직면한 환경문제와 큰 연관성은 없는 듯하지만, 인간 활동의 이러한 공간 확대는 환경문제의 주요한 원인 가운데 하나다. 해남도에 유배된 소식이나 신대륙에 발을 내딛은 콜럼버스는 자신들의 세계가 전혀 다른 환경문제에 직면하게 되리라고는 생각하지 않았을 것이다.[2]

 소식에게 해남도는 유배지였지만, 콜럼버스에게 신대륙은 약속의 땅이자 금과 향신료를 내줄 희망의 땅이었다. 이처럼 두 사람은 새로운 지역을 전혀 다른 각도에서 바라봤지만, 환경사적으로 볼 때 두 사람의 행적은 중요한 시사점을 던져준다. 우선, 인간의 뇌리에 자신의 거주와 활동 범위를 (중국식의 행정 단위로 표현하면 단순한 부府나 현縣 단위를 넘어 중국 전역으로) 확대할 수 있는 계기와 함께, 이처럼 활동 범위를 확대하기 위한 인위적인 노력을 끊임없이 계속했다는 점이다.

 서양은 논외로 하더라도, 중국의 경우 북방 민족에 대항하기 위한 변방 지역의 경영, 중국 본토 내의 이동, 청대淸代 소수민족 지역의 개발 등을

---

[2] 널리 알려진 것처럼 스페인의 점령으로 인디언 원주민은 그들에게 없던 질병인 천연두에 특히 취약했으며, 또 가축의 대량 유입으로 세균이 증가해 인구가 급격히 감소했다. 앨프리드 W. 크로스비,《콜럼버스가 바꾼 세계》, 김기윤 옮김(지식의숲, 2006), 81~108 · 169쪽.

통해 인간의 활동 영역이 끊임없이 확대됐다. 이런 점에서 특히 명明·청淸 시대에 이르러 본격적인 여행기가 등장하고 상업로가 확립됐다는 사실 속에는 새로운 지역에 대한 정보 획득이라는 목적과 함께,[3] 그렇게 획득한 정보로 해당 지역을 좀 더 적극적으로 '공략'하려는 의도가 내재돼 있었다.

환경사적인 면에서 이러한 활동 영역의 확대는 좀 더 자세히 언급할 필요가 있으며, 그 해답은 환경사의 정의와 깊은 연관성이 있다. 물론 중국인이 지리 정보를 어떻게 축적해왔으며, 그에 따른 영향이 무엇인지 확인하는 일에는 별도의 연구가 필요하다.[4] 그러나 새로운 지역의 개척과 거주 그리고 그곳에서 새로운 삶을 영위하면서, 한때는 낯선 땅이었던 곳을 익숙한 곳으로 변화시키는 과정이야말로 환경사의 중요한 관심 대상이다. 그 변화란 인간이 새로운 환경에 적응하는 것이기도 했으며, 거꾸로 자연을 인간에게 적응시키는 과정이기도 했다. 그 상호 과정에서 발생하는 자연의 변화, 인간의 생활 방식 변화 그리고 제도의 변천이나 자연에 대한 인식 변화는 환경사 연구의 주된 관심사다. 이런 점에서 환경사는 기존의 학문 영역을 종합한 다의적 성격을 지닌다.

예를 들어 고대의 노장 사상에 등장하는 산이란 '무용無用'을 대체하는 개념이었다. 그런데 한대漢代를 거쳐 위진 남북조와 특히 당唐 말~오대五代

---

3) 따라서 특정 지역의 특산물이나 특수한 정황과 규범 등이 자세히 기록돼 있는 명·청 시대의 상업서는 기본적으로 지리서였다. 陳學文,《明淸時期商業書及商人書之硏究》(臺北:中華發展基金管理委員會·洪葉文化事業有限公司, 1997), 19~20·43~53쪽 참조. 이러한 사실은 명대에 간행된 《天下水陸路程》과 같은 책에 잘 나타나는데, 일례로 장강長江 일대의 상업 정황을 "장강은 파촉巴蜀, 운귀雲貴, 호광湖廣, 강서江西, 양광兩廣 등과 통하며 남북상인들이 이곳에서 교역한다. 상품이 많이 모이지만, 생산품은 없으며, 아행牙行들은 성실하고 이익을 추구하려는 생각이 많지 않다"고 소개했다. 李晋德,《天下水陸路程》, 楊正泰 校注(太原:山西人民出版社, 1992), 200쪽 참조.
4) 청淸 초 영역의 확대가 지도 제작에 미친 연관성을 잘 언급한 孫喆,《康雍乾時期輿圖繪制與疆域形成研究》(北京:中國人民大學出版社, 2003)과 같은 연구가 좋은 예이다.

시기에 이르면 매우 다의적인 성격을 지닌 자연의 형상물이 된다. 즉, 자연에 인간의 심성이 투시되어 이제 자연은 단순히 인간의 외연으로 존재하거나 신이神異를 지닌 상징물이 아닌, 국가나 심지어 개인의 정한情恨을 대변하는 존재로 변질되기 시작했다.[5] 자연을 바라보는 시각이 좀 더 복잡해지고 세속화되는 이런 현상은 자연에서 비롯된 정신적 속박에서 해방되는 것이라고도 말할 수 있다. 아무런 목적 없이 단지 '정복'을 위해 험난한 산을 오르는 현대인의 심리를 정확하게 파악하기는 어렵지만, 영험한 존재였던 산의 신비감이 적어도 당唐·송宋 시대 이후 친숙함으로 변했다는 주장은 과장된 것일까?

인구 증가와 고도로 상업화된 명·청 시대 사람들의 자연 이용 방식은 이런 의문에 답이 될 수 있다. 앞으로 이 책에서 논의할 산악 지역의 다양한 활용은 명·청 시대 사람들이 현대인 못지않게 자연을 적극적이며 철저하게 이용했음을 잘 보여준다. 즉, 명·청 시대에 자연은 더 이상 그저 구경하는 대상이 아니었으며, 경우에 따라서는 극복해야 할 대상이었다. 이런 점에서 명대明代를 대표하는 유명한 유람기인 서홍조徐弘祖(1586~1641)의 《서하객유기徐霞客遊記》의 내용은 꽤 흥미롭다. 그가 호북성湖北省 균주均州의 태화산太和山을 유람하고 난 후 기록한 내용을 살펴보자.

11일 선원령仙猿嶺에 올랐다. 10여 리를 가면 마른 계곡에 작은 다리가 있으며, (이곳은) 운현鄖縣의 경계 지역이니, 곧 하남河南과 호광湖廣의 경계 지역이기도 하다. 동쪽으로 5리쯤에는 청천靑泉이라는 큰 연못이 하나 있는데, 상류의 수원이 어디에서 시작하는지 모르지만, 그 하류에는 물이 흐른

---

[5] 이 문제에 대해서는 謝奇懿, 〈五代詞中山的意象硏究〉(臺北 : 國立師範大學國文硏究所碩士論文, 1997), 3장 특히 3절 참조.

다. 그곳은 또 (섬서성陝西省) 석천淅川에 속하는 지역으로, 대체로 두 현縣의 경계 지역이 서로 맞물려 있으며, 산을 끼고 구불구불한 계곡이 있고, 그 사이로 길이 나 있다. 5리를 더 가서 작은 산마루를 넘으면 운현의 경계다. …… 10리를 또 가면 토지령土地嶺을 오르게 되며, 토지령 남쪽은 균주의 경계다. 여기에서 계속 산마루를 넘으면 복숭아꽃이 사방에 피어 있는데, 꽃이 피어 있는 산길은 좁지만 그 아름다움이 비할 데 없다. 산촌에는 거주민들의 초가집이 이어져 있으며, 물가를 따라 논이 있고 높낮이가 다른 산이 계속된다는 점에서 산서山西나 섬서陝西와 다르다. 다만 도중에 있는 작은 지름길은 좁으며, 행인도 드물고 호랑이가 출몰하기 때문에 피해를 입는다는 소리를 들었다.[6]

그의 여행기가 지닌 특성을 강조하기 위해 일부 내용은 굵은 글씨로 표시했다. 언뜻 보기에 이 유람기는 꽃, 산, 계곡 등의 풍경을 감상하는 한 지식인의 한가로운 세상 구경 기록이라고도 볼 수 있다. 그러나 이 책에는 지역 간 거리, 지름길, 그 지역의 생산물 심지어 도로의 위험성까지 실려 있다. 산천에 대한 이러한 정보가 명·청 시대에 다수 간행된 상인들의 수책手冊에 매우 귀중한 자료가 됐음은 틀림없는 일이다. 따라서 어느 사이엔가 자연에 대한 감상과 묘사가 자연스럽게 실생활과 연결되는 상황이 발생했다. 무엇보다 서홍조의 유람기는 특정한 지리 공간에서 한 개인이 중요한 활동가로 등장했다는 사실을 잘 보여준다.[7]

---

6) 徐弘祖,〈遊太和山日記〉,《徐霞客遊記》卷1(下), 51쪽. 이처럼《서하객유기》가 당시 각 지역의 인구나 취락 등에 대한 정보원으로 이용될 수 있다는 사실을 잘 보여주는 논문으로 王雅紅,《徐霞客遊記》所見晚明湘贛山區社會〉,《江西社會科學》4期(2002) 참조. 강조는 원저자(이하 동일).
7) John A. Jakle, "Historical Geography : Focus on the 'Geographic Past' and 'Historical Place'", Environmental Review, vol. 4, no. 2(1980) 참조.

한편 그 선후 관계를 정확하게 지적할 수는 없지만, 자연을 바라보는 인식의 변화나 활동 공간의 확대에는 흔히 중요한 정치색이 가미됐으며, 적어도 이런 점에서 청 정부는 꽤 성공한 왕조였다. 청대 개토귀류改土歸流 정책에 잘 드러나듯이, 소수민족 지역에 국가 차원의 이데올로기를 적극적으로 주입했던 청 왕조는 정복 지역의 자연과 지형은 물론, 그들의 문화까지 변형해 획일적인 이념과 가치관을 성공적으로 이식했다. 또 그 지역의 명칭에서 알 수 있듯이 전혀 새로운 영역이었던 신강新疆을 효율적으로 지배하기 위해 군사적·정치적 수단을 사용하면서, 동시에 홍량길洪亮吉 (1746~1809)과 같은 지식인을 유배 보내 그 지역의 중국화를 촉진했던 예도 그러하다.[8]

이처럼 중국인의 활동 영역 확대로 발생한 사회경제적 변화가 자연 환경에 미친 영향은 어떤 것이었을까? 기존의 명·청 시대 사회경제사 연구가 지적한 여러 사회경제적 변화와 발전의 배후에는 모두 자연 이용이라는 중요한 요소가 존재하지만, 자연환경의 변화 자체에 큰 관심을 기울이지 않았다는 점은 참으로 역설적이다. 명·청 시대에는 일단 평야 지대나 발전 지역에서 인구가 증가했으며, 그 여파로 산악 지역이나 후진 지역의 인구가 뒤따라 증가했다. 그리고 인구 증가에 따른 생산 영역 확대나 다양

---

8) Joanna Waley-Cohen, *Exile in Mid-Qing China : Banishment to Xinjiang, 1758~1820* (Yale University Press, 1991), 5장 참조. 이런 점에서 최근 청 왕조의 변방 지역으로의 확대에 대한 일련의 연구가 지적한 환경 변화 문제를 좀 더 천착할 필요가 있다. 일례로 피터 C. 퍼듀에 따르면 청대에 신강 지역에서는 종마種馬 육성을 위한 종마장 건설이나 농기구 등을 만들기 위한 철 생산 등이 광범위하게 행해졌다. 그러나 1850년 이후 종마 공급이 줄었으며, 우루무치의 철 생산도 1765년 6만 1,440근에서 1771년 5만 6,800근으로 감소했다. 그의 결론대로 이 지역에 대한 식민지화와 통합 정책이 자연 자원의 개발을 가속화했다는 점에서 청대 영역 확대에 따른 변방 지역의 환경 문제를 주의 깊게 살펴볼 필요가 있다. Peter C. Perdue, *China Marches West : The Qing Conquest of Central Eurasia* (Cambridge, Massachusetts : The Belknap Press of Harvard University Press, 2005), 354~357쪽 참조.

한 경제활동, 신기술 개발로 이어지는 일련의 과정은 이미 기존 연구에서 널리 지적돼온 역사적 사실이다. 그러나 경제 발전으로 인한 자연환경 악화에 대해서는 그리 큰 관심을 보이지 않았다.

또한 유랑 생활에서 정착으로 이어지는 과정에 등장하는 촌락의 형성, 이웃 지역과의 원활한 교통을 위한 기반 시설의 건설과 확대, 상업 작물 재배가 가져온 환경 악화, 자연환경 변화에 뒤이은 사회 관습과 풍습의 변화, 산악 지역의 미곡 생산 확대로 발생한 농업용수 부족, 수리시설 확대로 산악 지역이 겪은 피해와 사회적 부담 등에 대한 일련의 문제가 여전히 도사리고 있다. 이러한 문제에 대한 관심은 환경사뿐 아니라, 기존의 사회경제적 연구 성과를 한층 더 성숙하게 만들 것이다.

그렇다면 환경사란 무엇인가? 결론을 먼저 말하자면 기존의 역사 연구가 인간을 중심으로 인간 활동과 그 모습을 서술해왔다면, 환경사는 자연의 눈으로 인간을 바라보려는 시도다.[9] 그러나 이처럼 간단명료한 정의에도 불구하고, 환경사 연구에 포함된 다양한 요소를 이해하기란 쉽지 않다. 그 가장 큰 이유는 '자연의 개념을 어떻게 이해해야 하는가' 하는 문제 때문이다. 환경 악화를 단순히 자연 훼손으로 정의할 경우, 자연이 그대로 보존된다면 환경문제는 발생하지 않는다고 할 수 있을까? 수백만 년 전에 시작된 인류 역사 초기의 자연 상태를 완벽하게 보존하는 것이 곧 완전한 환경 보호라고 한다면, 현재 인간의 생활 모습 역시 자연 보호 차원에서 그러한 원시 상태를 유지해야 하는 것이 아닐까? 그러므로 환경사 연구의 첫 단계에서 제기되는 의문은 바로 자연을 정의하는 문제다.

인간과 자연은 서로 대립하는 존재일까? 이 점과 관련하여 환경사 연구가 인간을 단순히 자연에 해를 끼치는 존재로만 묘사한다면, 그것은 인류

---

9) 礒貝日月編,《環境歷史學入門》(東京 : 淸水弘文堂, 2006), 29쪽.

문명의 발달 양상을 송두리째 거부하는 셈이다.[10] 더구나 인간이 가해자라는 시각은 환경사 연구를 자칫 환경운동과 같은 정치 영역이나 윤리 문제로 전환시킬 위험성도 있다. 하지만 초기 환경사 연구는 이런 시각에서 자유롭지 못했다. 1962년 레이첼 카슨Rachel Carson(1907~1964)은《침묵의 봄》이라는 유명한 책을 썼다.[11] 그녀는 이 책에서 인간이 뿌린 농약이나 경작 방법 등이 생태계에 끼친 피해를 생생하게 묘사했다. 이처럼 1960년대부터 1970년대 초반까지의 환경 연구는 어쩔 수 없이 인간이 환경에 미친 결과에 대한 윤리적 판단이 주류였다.

 초기의 환경사environmental history 연구는 인간에 의한 자연 파괴를 염려하는 연장선상에 있었기 때문에 엄격한 의미에서 환경사라기보다는 생태사ecological history에 가까웠다. 18세기부터 본격적으로 시작된 자본주의적 행태는 당시 '목가적' 자연관을 가진 많은 사람들에게는 일종의 죄악으로 보였다. 게다가 이 시기부터 급속히 늘어난 인구가 자연스럽게 자원에 대한 수요 증대로 이어져, 그 결과 자원 고갈 양상이 나타났으며, 자연 자체가 파괴되는 지경에 이르렀다.[12] 이러한 상황에서 등장한 생태 보호 차원의 다양한 계보를 설명하는 것은 사뭇 복잡한 일이지만,[13] 다음

---

10) 《셀본의 자연사The Natural History of Selborne》의 저자로 유명한 영국의 자연사가 길버트 화이트Gilbert White는 그가 평생을 보낸 셀본의 18세기 후반 자연사를 자세하게 그린 것으로 정평이 났지만, 당대의 큰 사건이었던 프랑스대혁명 등에 관해서는 거의 언급하지 않은 경우가 전형적인 예이다. 도널드 워스터,《생태학 : 그 열림과 닫힘의 역사》, 강헌·문순홍 옮김(아카넷, 2002), 28쪽.
11) 레이첼 카슨,《침묵의 봄》, 김은령 옮김(에코리브르, 2011) 참조.
12) Donald Worster, *The Ends of the Earth : Perspectives on Modern Environmental History* (New York : Cambridge University Press, 1988), 8~13쪽. 특히 워스터는 초기 자본주의자들이 무한한 이익을 추구하기 위해 반드시 필요했던 인구 증가의 가속화에 많은 관심을 쏟았다는 사실을 강조했다.
13) 18세기 전체를 생각해보면 길버트 화이트나 조르주-루이 르클레르와 같은 이들은 자연의 적극적인 이용이야말로 인간이 누릴 수 있는 영광의 최고 단계라고 주장했다. 반면 18세기 말 조지 퍼킨스 마시George Perkins Marsh 등은 자연계에 등장한 인간의 힘이 빚어낸 어두운 면을 진지하게

의 두 가지 사실만은 분명히 상기할 필요가 있다.

첫째, 황량하고 야만적이며 불임의 상징이었던 자연 상태 또는 원시적 자연에 대한 개념이 19세기 말에 이르러 크게 변했다는 점이다. 19세기의 문학가나 사상가가 훌륭한 자연 경관을 경탄의 대상으로 생각한 것은 단순한 문화적 운동 차원이 아니었다. 루소의 사상에도 잘 나타나듯이, 위대한 자연 경관이야말로 세련되고 문명화된 세계가 저지른 여러 해악을 없앨 수 있는 대안으로 여겨졌다.[14] 현대에 와서 거의 자연이 우상과 같은 존재가 된 이면에는 이 시기 사상가들의 생각도 큰 몫을 차지한다.

둘째, 19세기의 생태학자가 주창한 생태 문제는 단순하게 말하면 자연의 보존 차원에 머물렀다는 점이다. 그러나 환경문제가 보존 차원의 문제가 아닌 이유는 앞서 제기한 것처럼 인간과 인간의 문명이 지닌 특성상 완벽한 자연 상태를 유지하는 것이 사실상 불가능하기 때문이다. 따라서 단순한 자연 보호가 현재와 역사 시대의 환경문제를 해결해주지 않는다면, 과연 자연을 이용하는 인간의 배후에 자리하고 있는 요소는 무엇일까? 이 점에 대해 좀 더 언급해보기로 하자.

자연에 대한 진실을 알 수 있다는 과학자의 공언은 철학적으로 불가능하다는 토머스 쿤Thomas S. Kuhn의 주장을 염두에 둔다면[15] 과학자가

고려해야 한다는 비관론을 주장했다. 조르주-루이 르클레르와 조지 퍼킨스 마시에 대해서는 Donald Worster, *The Ends of the Earth : Perspectives on Modern Environmental History*, 6~7쪽 참조. 길버트 화이트에 대한 언급은 도널드 워스터, 《생태학 : 그 열림과 닫힘의 역사》, 1장 참조.

14) William Cronon, "The Trouble with Wilderness : Or, Getting Back to the Wrong Nature", Char Miller and Hal Rothman (eds.), *Out of the Woods : Essays in Environmental History* (Pittsburgh : University of Pittsburgh Press, 1997), 35쪽.

15) 토머스 S. 쿤, 《과학혁명의 구조》, 김명자 옮김(까치, 2004) 참조. 그는 이 책에서 기존의 과학적 패러다임이 갖는 사고의 경직성을 강조하는 한편(103쪽), 어떤 종류의 새로운 패러다임도 결국은 결정적이지 않다는 사실을 강조했다. 그는 "(새로운 패러다임을 통해) 그들 모두를 설득할 수 있거나 설득해야 하는 단일한 논증은 존재하지 않는다. 실제로 일어난 일은 단일 그룹의 개종이라기

밝혀낸 진실이 상대적이라는 점을 상기할 필요가 있다. 이 말은 자연이 어떤 특정 시기에 특정한 눈을 통해 부분적으로만 이해될 수 있다는 것을 의미한다.[16] 결국 자연을 적극적으로 연구하는 과학이나 그 배후에 자리한 과학적 패러다임은 자연 자체의 특성에 따라서 결정된 것이 아닌 사회적 경험, 문화적 가치 그리고 정치경제적 구조에 따라 만들어진 사회-역사적 형성물socio-historical constructs이다. 더구나 인간이 자연을 이용하는 경우, 인간을 둘러싼 다양한 요소에 의해 직접 영향을 받기 때문에 환경 연구는 단순히 생태 변화의 추적에 그치지 않는다. 따라서 다양한 사회경제적 변화 이면에 나타난 자연 변화는 물론이고, 인간의 행위 체제와 신념, 사회 구조 등에 대한 종합적인 연구를 환경사라고 지칭할 수 있다.

그렇다고 해서 환경사가들이 자연이 지닌 고유한 특징에 대해 아예 고민하지 않는 것은 아니었다. 오히려 자연 생태계가 갖는 특징에 대해 수십 년 동안 논의를 계속해왔다. 다만 환경사 연구가 먼저 미국에서 본격화되었다는 점을 감안하면, 이러한 논쟁과 논의 역시 미국에서 먼저 시작됐다.[17] 우선 미국의 생태학자인 유진 오덤Eugene P. Odum(1913~2002)은 1953년 그의 유명한 저서인 《기초 생태학Fundamentals of Ecology》에서 지구 전체는 서로 연결된 일련의 생태 체계ecosystems로 구성되며, 그 생태 체계의 규모는 조그만 연못에서 브라질의 원시림까지 다양하다고 주

보다는 전문 분야의 신념의 분포에서 점차 전이가 증대되는 것이다"(224쪽)라고 지적했다.
16) 이 문제에 대한 자세한 언급은 Elizabeth Ann R. Bird, "The Social Construction of Nature : Theoretical Approaches to the History of Environmental Problems", *Environmental Review*, Winter(1987), 256쪽 참조.
17) 미국의 환경사 태동에 관련된 상황을 자세히 정리한 글로는 Alfred W. Crosby, "The Past and Present of Environmental History", *The American Historical Review*, vol. 100, no. 4(1995) 참조. 그는 미국의 환경사 연구는 1960년대의 환경운동에서 커다란 영향을 받았다고 지적했다(1186쪽). 한편 미국의 환경사학회The American Association for Environmental History는 1976년에 창립됐다(1188쪽).

장했다.[18] 또 자연 생태계는 공통적으로 발전 전략을 지니며, 그 발전 전략이란 생태계가 자연에 전체적인 방향성을 부여하는 일종의 계획이라고 언급했다.

그가 말하는 생태 체계의 발전 전략이란 무엇일까? 그의 말을 그대로 옮기면 "생태 체계의 발전 전략은 이용 가능한 에너지 투입과 지배적인 자연 조건이 설정한 한계 내에서, 가능한 한 다양하고 광범위한 유기적 구조물을 만들어내는 방향으로 움직이는 것"이다. 간단히 말해서 자연계의 전략이란 공생 관계가 좀 더 긴밀하게 변화하는 것이라고 할 수 있다. 자연계는 그 자체가 주변 환경을 서로 통제할 수 있도록 작동하기 때문에 좀 더 적절한 서식 환경을 만들며, 그 결과 가뭄이나 홍수 같은 가혹한 자연환경의 순환 속에서도 스스로를 보호할 수 있다고 지적했다. 그는 이런 상태를 항상성homeostasis이라고 했다.

자연 상태가 초기에는 상호 경쟁 관계를 유지하지만 궁극적으로 공생 관계로 전환된다는 낙관론을 펼친 이유로 오덤은 자연 생태계의 질서를 주장하는 대표적인 학자로 떠올랐다. 자연계의 특성을 설명하면서, 그가 인간 활동에 실질적인 제한을 두자고 주장한 이유는 유용한 생산물을 증대시키기 위해 인간은 어리석게도 생명 지원 체제를 파괴하기 때문이었다. 바로 그런 활동 때문에 우리가 살고 있는 오이코스oikos, 즉 인간의 본래 고향이 파괴된다고 그는 생각했다. 자연의 변화가 지닌 역동성을 유기적인 통일체로 본 오덤은 자연스럽게 철저한 환경 의식의 준수와 교육을 강조했다.

---

18) 이하 오덤의 주장 그리고 자연 생태계의 균형을 주장한 오덤과 달리 그 역동성을 주장했던 윌리엄 드러리William Drury와 이언 니스벳Ian Nisbet의 의견은 Donald Worster, "The Ecology of Order and Chaos", Char Miller · Hal Rothman (eds.), *Out of the Woods : Essays in Environmental History*에 근거했다.

오덤의 주장이 전혀 틀린 것은 아니다. 하지만 그의 주장에는 자연의 일부인 인간이 자연 속에서 행하는 활동에 대한 정확한 정의나 성격이 들어 있지 않다. 오히려 인간을 오이코스의 파괴자로 파악했다는 점에서 그 역시 자연에 대한 윤리 의식을 강조한 학자였다. 특히 인간의 활동을 최소화해야 한다는 그의 주장을 보면, 오히려 그는 철저한 생물학자였다. 무엇보다 그는 자연의 역동성을 강조했지만, 자연의 변화 범주를 정확하게 지적하지 않은 것은 매우 비역사적인 태도라고 할 수 있다. 다양한 인위적 요소에 따라 자연의 변화 범위와 속도는 달라지기 때문이다.

오덤의 책이 등장한 지 정확하게 20년이 흐른 1973년, 윌리엄 드러리William Drury와 이언 니스벳Ian Nisbet은 오덤이 부여한 행복한 자연 상태라는 개념을 정면으로 반박하는 글을 발표했다. 그들은 자연 생태계의 변화는 정해진 방향성이 없으며, 결코 안정적인 지점에 도달하지 않는다고 주장했다. 그들은 자연의 개체성과 개별적 행동에 더 많은 관심을 두었다. 그들은 우리 인간들이 자연 속에서 자연 현상의 상호 협조cooperation를 찾으려고 하지만, 실제로 발견할 수 있는 것은 개체들 사이의 경쟁competition뿐이라고 역설했다. 자연 생태계의 특성을 설명할 때 방해, 불균형, 불안정 등의 개념이 등장하게 된 것은 이 두 학자 덕분이다.

지금까지의 논의를 정리하면 자연에 대한 탐구에서 비롯된 진리는 상대적이며 사회문화적 요소에 많은 영향을 받을 수 있다는 사실과, 자연 생태계 역시 무질서하며 단속적이고 예측 불가능한 측면이 있다는 점이다. 현재 많은 생태학자들은 이처럼 자연의 무질서한 면을 강조하지만, 그 무질서의 틈바구니를 메울 수 있는 개념의 정리는 그리 쉽지 않다. 한편에서는 여전히 자연 보존을 주장하지만, 다른 한편에서는 자연의 갱신renewal을 주장하는가 하면, 심지어 일부 논자들은 환경사와는 별도로 역사학 고유의 분야 중 하나로 물질적 자연material nature을 연구해야 한다고 주장

한다.[19)]

이 마지막 시각은 인간과 자연을 대립이나 보완 관계로 파악할 것이 아니라, 자연을 독립된 형태로 간주해야 한다고 주장한다. 이처럼 인간과 자연 그리고 자연을 사이에 둔 인간과 인간 사이의 관계 정립은 환경사의 가장 중요한 문제이지만, 그만큼 까다로운 주제다.[20)]

더구나 환경론자의 격한 주장과 달리, 식량 부족과 지구온난화 현상 등은 매우 계산된 정략에서 비롯됐으며, 심지어 순수한 자연 보호 운동에 대해서도 의심의 눈초리가 존재하는 현실을 감안하면[21)] 인간이 자연을 어떻게 인식해야 하며, 자연을 어느 정도까지 이용해야 하는지에 대한 물음에 적절한 답을 제시하기가 쉽지 않다. 아마도 그런 해답이 존재한다면, 그것이야말로 정치적 구호에 불과할지도 모른다.[22)] 따라서 이런 위험성을 뛰어넘어 환경사가 지닐 수 있는 장점은 오히려 그러한 정치적 구호 대신에 현재의 환경문제를 가늠할 수 있는 중요한 척도를 제공해주는 데 있다고 할 수 있다. 그렇다면 생태사를 넘어 환경사로 가는 길목에는 어떤 생

---

19) Brian Pay, "Environmental History : Nature at Work", *History and Theory*, vol. 42, no. 4(2003), 2쪽.
20) 이러한 일련의 논의를 가장 잘 정리한 최근의 글은 J. R. McNeill, "Observations on the Nature and Culture of Environmental History", *History and Theory*, vol. 42, no. 2(2003) 참조.
21) 우리말로 번역된 비외른 롬보르, 《회의적 환경주의자》, 홍욱희·김승욱 옮김(에코리브르, 2003)이 대표적인 예라고 할 수 있다. 이 책에서 저자는 식량 생산 하락의 가능성은 매우 낮다고 주장하는 한편(241쪽), 지구온난화를 개선하는 비용이 2100년 지구온난화에 따른 피해 비용만큼 많이 들거나(671쪽), 산림의 파괴 양상 역시 우리가 생각하는 것과 달리 그리 심각하지 않다고(285쪽) 말한다. 특히 도널드 워스터는 자연 보호 운동이 얼마나 허구적이며 비용이 많이 드는 정치 운동인지를 생생하게 기술한다. 도널드 워스터, 《생태학 : 그 열림과 닫힘의 역사》, 13장 참조.
22) 물론 1980년대 후반부터 환경운동은 야생 동물이나 식물 또는 인간의 손길이 미치지 않는 지역의 보존에만 전념했던 과거와 달리, 인간 자체의 복지에 관심을 두려는 변화가 발생했다는 점을 아울러 기억할 필요가 있다. Donald Worster, "Doing Environmental History", *The Ends of the Earth : Perspectives on Modern Environmental History*, 281쪽 참조.

각이 자리하고 있을까?

 분명 환경사의 등장은 기존의 자연주의나 생태학 연구에서 큰 영향을 받았다. 그러나 역사학 자체가 지닌 현실감이 없었다면 아마도 환경사의 등장 시기는 훨씬 더 늦어졌을지 모른다. 자연의 본질을 '질서로 파악해야 하는가', '무질서로 파악해야 하는가'라는 두 가지 질문을 종합하고, 나아가 자연 자체에 얽매인 생태사 연구를 환경사라는 역사 영역으로 끌어올린 본격적인 학자는 아마도 도널드 워스터Donald Worster일 것이다. 그는 일찍이 환경사의 연구 대상을 시간의 흐름에 따라 나타나는 자연 생태 체계의 역동성, 그러한 자연 체계 내에 인간이 확립해놓은 정치경제 그리고 이 두 가지의 관련성을 사람들이 어떻게 인식하는가의 문제로 요약했다.

 물론 그의 시각이 지나치게 물질론적이라는 이유를 들어, 널리 수용되는 워스터의 환경사 연구 방법론을 비판하는 학자들도 있다. 예를 들어 식량 생산의 경우 워스터는 식량과 그 식량을 생산한 사람들이 창안한 생산 방식에만 관심을 둔다는 것이다. 다시 말해 식량 생산에는 당연히 문화적 요소도 함축돼 있다는 것이 그를 비판하는 학자들의 주장이다.[23] 하지만 1970년 이후 본격화된 환경사가의 이러한 정의나 논쟁과는 별도로, 이미 20세기 초 프랑스 학자들에게서 환경사의 단초를 확인할 수 있다.[24] 우리

---

23) 도널드 워스터의 환경사 정의와 그에 대한 비판은 William Cronon, "Modes of Prophecy and Production : Placing Nature in History", *The Journal of American History*, vol. 76, no. 4(1990), 1123~1124쪽 참조. 아울러 실제로 전통 시대 동아시아의 도작 생산에는 신앙 문제가 깊숙이 내재돼 있다. 이 점에 대해서는 Pierre Gourou, *Riz et civilisation* (Paris : Fayard, 1984) 2장과 68쪽 참조.
24) 일찍이 워스터는 환경사가 미국적 학문이 아닌 전 세계적 성격을 가진 학문이며, 그런 점에서 미국 외에 환경사 연구가 크게 발달한 곳으로 영국과 프랑스를 들었다. Donald Worster, "World Without Borders : The Internationalizing of Environmental History", *Environmental Review*, vol. 6, no. 2(1982), 9쪽 참조.

에게는 아날 학파로 알려진 뤼시앵 페브르Lucien Febvre와 마르크 블로크Marc Bloch는 인간을 둘러싼 지리 환경의 중요성을[25] 확인시킴과 동시에 경작지 확대를 위한 농민의 벌목 행위를 극적으로 묘사했다.[26]

이런 서양사 연구자를 염두에 둔다면, 자신의 의도와 상관없이 초기 환경사를 언급할 때 반드시 거론해야 하는 역사학자가 바로 페르낭 브로델 Fernand Braudel이다. 그는 《필리프 2세 시대의 지중해와 지중해 세계》라는 책의 제1권 제1부에 등장하는 '환경의 몫La part du milieu'에서 산악, 평원, 바다, 사막 등의 자연환경과 인간의 영역에 속하는 도시, 도로 등을 결합시켰다.[27] 지리 결정론자라는 일부의 비판이 있지만[28] 환경사에서 그를 중요하게 여기는 이유는 그가 본격적으로 인간 역사의 변환에 지리적 요소, 즉 자연을 결합시켰기 때문이다.

환경사가 본격적으로 탄생한 시기는 1960~1970년대다. 프랑스의 역사학 잡지인 《연대기Annales》는 1974년에 기술, 역병, 자연재해, 인구 증가, 과소비, 오염 등을 다룬 환경사 특집을 실었다.[29] 또 우리에게도 널리 알

---

25) 뤼시앵 페브르는 특히 여러 제도와 비물질적인 요소까지 장악한 것은 국가가 아닌 지리, 즉 토양이라고 강조했다. Lucien Febvre, *La Terre et l'Evolution Humaine* (Paris : Albin Michel, 1970), 78쪽.
26) Marc Bloch, *Les Caractères Originaux de l'Histoire Rurale Française* (Paris : Armand Colin, 1988), 57쪽. 그는 프랑스 농촌 역사에서 개간으로 인한 농경지 확대가 본격적인 의미에서 최초로 행해진 시기를 1050년부터 13세기까지로 보았으며, 그의 표현을 빌리면 농경지 확대는 바로 '나무에 대한 투쟁lutte contre l'arbre'이었다.
27) Fernand Braudel, *La Méditerranée et le Monde Méditerranéen à l'époque de Philippe II*, vol. 1 (Paris : Armand Colin, 1985), vol. 1, 1부 참조. 실제로 환경이라고 번역되는 영어 단어 'environment'는 그 사전적 의미가 일차적으로 일정 지역의 총체적인 자연 조건을 의미하는 반면, 프랑스어의 'milieu'는 물질과 생명체 그리고 물리, 화학, 기후 조건 전체를 지칭하는 용어로 사용된다.
28) 김응종, 《페르낭 브로델》 (살림, 2006), 209쪽.
29) *Annales : Histoire, Sciences Sociales*, no. 3(1974)에는 에마뉘엘 르 루아 라뒤리Emmanuel Le Roy Ladurie의 매우 간략한 글과 함께, 에스테르 뵈르게센Ester Børgesen(Boserup), 이냐시 사크 Ignacy Sachs, 베르나르 뱅상Bernard Vincent의 논문이 들어 있다.

려진 윌리엄 맥닐William H. McNeill의 《전염병과 인류의 역사》가 출간된 해가 1976년이었다.[30] 미국에서는 바로 그해에 존 오피John Opie, 도널드 워스터 등을 중심으로 미국환경사학회The American Association for Environmental History가 창립됐다.

역사가들이 수백 년 동안 견지해온 명백한 역사manifest history에서 낯선 학문으로 관심을 전환해, 마침내 본격적인 환경사 연구로 진입하기까지 세상에 나온 적잖은 연구서들을 다시 언급할 필요는 없을 것이다. 대신 1960년대와 1970년대를 가늠하면 환경사의 태동이 앞서 지적한 것처럼 당시의 시대 변화와 매우 밀접한 관련이 있다는 사실을 쉽게 짐작할 수 있다. 베트남 전쟁 같은 참혹한 전쟁이나 과학이 자연을 상대로 승리한 절정의 사실을 보여주는 인류의 달 착륙은 거꾸로 지구에 대한 내향적 성찰을 가능하게 했다. 특히 미국에서는 앞서 언급한 레이첼 카슨의 책이 발간됨으로써 이제 환경운동을 생각하는 대중이 형성된 상황도 환경사 연구를 채찍질한 중요한 원인이 됐다.

지금까지 환경사가 탄생하기까지의 과정을 언급했지만, 정작 환경사가 구체적으로 어떤 주제를 연구하는 학문인지는 말하지 않았다. 그러나 여기까지 오는 동안 이미 몇 가지 중요한 말을 했다. '자연', '인간 활동과 그 활동 영역의 확장', '사회적 인식의 변화', '인간과 자연의 관계' 등이 그것이다. 이 말을 종합한다면 환경사는 다음과 같은 주제를 주로 다루는 학문이라고 정의할 수 있다.

첫째, 인간의 활동이 자연계에 미치는 영향은 무엇일까? 이 주제야말로 기존의 환경사 연구에서 가장 많이 거론된 문제다. 그러나 자연의 변화에 대한 단순한 추적이 그 대답은 아니다. 오히려 이 문제는 일련의 자연 변

---

30) 윌리엄 맥닐, 《전염병과 인류의 역사》, 허정 옮김(한울, 2008).

화를 관찰하는 동시에 새로운 자연의 탄생을 고찰할 필요가 있다는 점을 의미한다. 따라서 환경사의 주된 주제 가운데 하나는 인간의 활동이 빚어낸 자연의 변화 현상에 대한 관심이다. 그러나 이 책의 후반부에서 간단히 언급한 것처럼, 역사학적 방법으로는 그 원인 추적이 사실상 불가능한 자연 자체의 변화도 함께 고려할 필요가 있다.

둘째, 인간이 바꾸거나 파괴한 자연은 다시 인간에게 어떤 영향을 미쳤을까? 이 주제는 변화했거나 파괴된 자연 때문에 인간의 활동이 어떤 제한을 받았는지 또는 어떻게 인간의 활동이 용이해졌는지를 주의 깊게 살펴보는 일이다. 단적으로 이는 새롭게 형성된 환경이 인간에게 제기한 문제를 살펴보는 작업이기 때문에 자연의 변화를 다층적으로 고찰할 필요가 있다. 이러한 두 가지 연구 주제에는 앞서 제기한 것처럼 자연 자체를 우리 인간이 어떻게 이해해야 할 것인가 하는 문제가 당연히 포함된다.

셋째, 인간이 자연에게 또는 자연이 인간에게 영향을 미치는 과정에 내재된 다양한 요소는 무엇인가? 그것은 어느 환경사가의 지적처럼 과거 역사학이 이룩해놓은 '총체적 집적물'이라는 표현대로[31] 다양한 요소를 가지며, 바로 생태사와 환경사를 구분하는 중요한 척도이기도 하다. 무엇보다 기술의 발달 그리고 인간의 활동과 거주 영역 확대에 따른 자연의 이용 범위 확장은 인간과 자연의 상호작용을 파악하기 위한 중요한 요소다. 물질적인 면에서의 상호작용 외에도 제도와 가치 체계[32] 그리고 일부 연구가 지적하듯이 젠더gender와 관련된 환경문제[33] 같은 심리적인 면도 세

---

31) James O'Connor, "What is Environmental History? Why Environmental History?", *Capitalism, Nature, Socialism*, vol. 8, no. 2(1997), 7쪽.
32) 이 부분은 이 책 후반부에 서술할 진흥모의 개발 정책을 통해 언급할 예정이다. 이 외에도 劉翠溶,〈中國歷史上關于山林川澤的觀念和制度〉, 曹添旺·賴景昌·楊建成 主編,《經濟成長, 所得分配與制度演化》(中央研究院中山人文科學研究所, 1999)를 들 수 있다.
33) 이 점에 대해서는 전통 풍습의 유지, 여성의 결혼과 지리 환경의 관련성을 훌륭하게 묘사한

번째 주제에서 거론해야 한다.

환경사에서 주로 다룰 수 있는 이 세 가지 주제의 천착을 통해 기존 역사학의 지평은 어떻게 그리고 얼마나 확대될 수 있을까? 일례로 기존의 전형적인 연구 틀에서 본다면 종교 문제는 다른 무엇보다 집단이나 개인의 심성, 종교 전쟁, 정통과 이단, 종교인류학에서 언급하는 신앙인의 종교적 여정, 1990년대 이후 본격화된 종교와 과학의 충돌, 사회적 맥락과의 연계 등에 관한 연구가 주를 이룬다.[34] 그러나 환경사가는 유명한 이스터 섬 일화에서 알 수 있듯이 특정 종교와 문화가 환경에 치명적일 수 있다는 점을 지적한다.[35] 같은 맥락에서 힌두교도와 이슬람교도의 거주 지역이 불교 신자가 모여 사는 지역보다 환경 피해가 더 심각했다는 지적은[36] 종교가 지닌 영적인 면과는 매우 다른 양상을 보여준다. 더불어 중국의 자연 사상에서 중요한 축을 이루는 풍수설風水說이 도시의 개발을 차단하기 위한 중요한 근거로 등장했던 사실은[37] 역사 시대 환경문제의 다의성과 함께 종교가 지닌 새로운 의미를 전해준다.

한편 기술 문제나 자본주의 경향의 등장을 환경사와 결부해 생각할 때도 기존의 연구 틀을 분명히 확대할 수 있다. 중국을 비롯한 동아시아에서

Antonia Finnane, "Water, Love, and Labor", Mark Elvin and Liu Ts'ui-jung (eds.), *Sediments of Time : Environment and Society in Chinese History*, vol. 2(Cambridge : Cambridge University Press, 1998).

34) 이상의 논의에 대해서는 Jacques Le Goff · Pierre Nora (eds.), *Faire de l'histoire*(Paris : Gallimard, 1974), vol. 2에 들어 있는 Alphonse Dupront, "Anthropologie religieuse"와 Domonique Julia, "Histoire religieuse" 참조.

35) 클라이브 폰팅,《녹색 세계사 1》, 이진아 옮김(심지, 1995), 28~29쪽.

36) Mark Elvin and Liu Ts'ui-jung (eds.), *Sediments of Time : Environment and Society in Chinese History*, vol. 1, 105쪽.

37) 鄭哲雄,〈18세기 중국의 도시 개발과 風水說—湖北省 漢口를 중심으로—〉,《明知史論》14 · 15 합집(2004) 참조.

는 오늘날에도 여전히 쌀이 중요한 식량원이다. 송대宋代 이래 중국은 도작稻作 면적의 확대 덕분에 급격히 증가한 인구를 부양할 수 있었으며, 수리 기술의 보급과 발달은 그러한 도작 면적의 확대에 매우 중요한 역할을 했다. 적어도 중국 사회경제사의 중요한 연구 성과 중 하나는 이 모든 과정에서 일어난 품종 개량, 수리 기술 다양화 그리고 식량 상품화 등에 대한 상세한 연구였다.[38]

하지만 농업의 확산이 환경에는 일종의 재앙이었다는 사실은 환경사 연구자라면 누구나 인정하는 인류 역사 발전의 또 다른 면이다. 농업의 발달로 정착 생활이 가능해지자, 인구 과잉으로 주변 환경에 압력을 미치는 결과를 낳았다.[39] 이외에도 이 책에서 본격적으로 살펴볼 경작지 확보를 위한 개간과 남벌은 물론이고, 호흡기 질환 증가나 기생충 감염 위험성을 증대시켰으며,[40] 말라리아 발병률도 현저히 높아졌다.[41] 또 농민이 화학 살충제를 사용하는 목적이 생산량을 증가시켜 기근에서 벗어나기 위한 것이 아니라 단위면적당 생산비를 낮추기 위한 수단이었다는 점도 아울러 고려해야 한다.[42]

역사 시대 중국의 기술 수준을 대표하는 것으로 볼 수 있는 수리시설과

---

38) 이러한 문제를 잘 정리한 글은 吳金成, 〈中國 近世의 農業과 社會變化〉, 《東洋史學硏究》 41집 (1992)을 들 수 있다.
39) 礒貝日月編, 《環境歷史學入門》, 38쪽.
40) 호흡기 질환의 증가에 대해서는 Mark Elvin, "Three Thousand Years of Unsustainable Growth : Archaic Times to the Present", *East Asian History*, vol. 6(1993), 12~13쪽 참조. 기생충 감염은 Angela Ki Che Leung, "Diseases of the Premodern Period in China", Kenneth F. Kipple (ed.), *The Cambridge World History of Human Diseases* (New York : Cambridge University Press, 1993), 358쪽 참조.
41) James L. A. Webb Jr., *Humanity's Burden : A Global History of Malaria* (New York : Cambridge University Press, 2009), 56쪽.
42) Kendall E. Bailes, "Introduction : Critical Issues in Environmental History", *Environmental Review*, vol. 7, no. 1(1983), 6쪽 참조.

관련된 기술 체계 역시 그 유지와 보수 그리고 소요된 자원과 인력을 감안하면 중국인에게 강요된 일종의 천형天刑이었다.[43] 더구나 수리시설 확장에 따른 관개 면적의 증가는 역설적으로 주변 지역의 농업용수 부족 사태를 가져왔는데, 이 사실은 농업 발달에 필요한 수리시설이 항상 긍정적이지만은 않았다는 점을 여실히 보여준다.[44] 뒤에서 언급하겠지만, 평야 지대의 기술을 모방해 만든 산악 지역의 수리시설도 평야 지대의 그것과 같은 어려움에 처했다.

 널리 알려진 것처럼 19세기 중엽 독일의 학자 에른스트 헤켈Ernst Haeckel이 '생태'라는 단어를 다소 모호한 형태로 처음 사용한 이래,[45] 현재는 인간과 주변 환경의 상호작용에 대한 관찰을 좀 더 정밀하게 하려는 기법과 방법론이 동원되고 있으며, 심지어 각 환경사가들 간에 연구 언어의 소통을 걱정할 정도로 연구 분야가 세분화됐다.[46] 이러한 사실은 환경사가 모든 학문 분야를 동원해야 연구가 가능한 학제적 성격임을 말해준다. 다양한 방법론의 등장이나 워스터의 지적처럼 환경사가 전全 지구적 성격을 가지고 있다는 의의 외에도, 도널드 휴스J. Donald Hughes가 언급한 다음의 이야기는 환경사의 의의를 가장 적절히 설명해준다.

---

43) 마크 엘빈Mark Elvin은 최근 그의 저서에서 중국 수리시설의 유지와 보수에 따른 환경적 한계를 매우 비관적으로 묘사했다. 마크 엘빈,《코끼리의 후퇴》, 정철웅 옮김(사계절, 2011), 6장 참조.
44) 鄭哲雄,〈淸 中葉 陝西省 漢中府의 수리시설과 농업용수 분쟁—楊塡堰과 五門堰의 사례를 중심으로—〉,《東洋史學硏究》94집(2006) 참조.
45) 생태ecology라는 단어는 독일의 학자 에른스트 헤켈Ernst Haeckel이 다소 모호한 개념으로 1866년에 처음 사용했으며, 이 말을 현재 우리가 생각하는 개념으로 처음 사용한 사람은 덴마크의 식물학자 에우게니우스 바르밍Eugenius Warming이다. 이 부분은 http://en.wikipedia.org/wiki/Ecology를 참조했다.
46) 이 문제에 대해서는 G. M. Green · C. M. Schweik · J. C. Randolph, "Retrieving Information from Satellite Image", Emilo F. Moran · Elinor Ostrom (eds.), *Seeing the Forest and the Trees : Human-Environment Interactions in Forest Ecosystems*(Cambridge, Mass. and London : The MIT Press, 2005), 6장 참조.

최근 세계사世界史가 되기를 꿈꾸는 모든 것의 구성 원칙이나 이야기의 전개 경향은 '발전development'이다. 발전이란 단어는 종종 '문명의 발전'과 같은 제목처럼 도처에 등장하고 있다. 발전이란 단어는 거의 한 번도 (제대로) 정의된 적이 없으며, '미국 대학의 교과서 편성 원칙'에서 그 단어가 제기될 때도 그러하다. 발전이란 단어는 오직 당연한 선善으로 받아들여진다. 보통 거론되는 논지에 따르면 인간은 사회경제 조직의 어떤 단계에서 다음 단계로 거의 승리의 상승 곡선을 그리며 옮겨간다. 그러한 논조는 견디기 힘들고 야만적이며 (모든 것이) 결핍된 삶을 살아간 구석기시대 사냥꾼에 대한 서술로 시작된다. 이어서 농업 혁명이 일어나 식량 공급에 좀 더 의지하게 된다. 훨씬 더 중요한 단계로 도시 혁명과 문명의 기원이 등장한다. 청동기 시대는 석기 시대보다 진보한 시기이며, 뒤이어 철기와 강철 시대가 온다. 모든 발전 단계는 그 이전보다 개선된 단계로 간주된다. ……세계사 '교과서'의 구성 원칙(에 등장하는) 발전은 오해의 여지가 있는 설명을 해왔다. 역사적 사실 속에는 발전 때문에 출발이 잘못되거나 역효과를 가져온 많은 예들이 있다. 그러나 세계사 교과서는 주된 설명에서 그러한 사실을 제외하거나 예외적인 현상으로 설명한다. 생태학적 한계를 무시하거나 그 한계를 초과했을 경우 일반적으로 발전에 따른 재앙이 발생하는데, 근대 세계사의 언급은 대부분 생태학적 요인의 중요성을 인식하지 못하거나 거부하려는 경향이 있다.[47]

도널드 휴스는 이 글에서 미국 교과서의 편성 원칙에 발전의 개념이 아무런 비판 없이 실려 있음을 거론했다. 그러나 이 글은 역사에 등장하는

---

47) J. Donald Hughes, "Ecology and Development as Narrative Themes of World History", *Environmental History Review*, vol. 19, no. 1(1995), 3~5쪽에서 발췌.

발전이란 개념이 생태나 환경과 결부될 경우, 전혀 반대되는 현상이 발생할 수 있다는 지적이기도 하다. 더구나 인류 역사상 중요한 도구나 생산 방식의 등장으로 일대 변혁이 발생했지만, 그는 환경적인 면에서 그 변혁을 곧바로 진보improvement로 보는 시각은 재고해야 한다는 사실을 강조했다.

  이처럼 환경사 연구는 결국 기존 역사학에서 당연하게 받아들인 외형적 발전 양상이 휴스의 표현대로 항상 '승리'는 아니라는 사실을 환기하고, 특히 수리數理나 계량적 방법론을 동원해서 얻은 결과가 현실 세계와 생태계 현실을 전부 설명하지 못한다는 사실을 확인해주는 작업이다. 그러므로 시간의 흐름 속에서 인간의 행위를 자연의 눈으로 관찰하는 것이야말로 환경사가 해야 할 가장 중요한 역할이다.

2 중국 역사 속의 환경문제와 환경사 연구 경향

 현대가 이룩한 고도의 물질문명이 환경 악화의 주범이라는 말은 판에 박은 듯한 이야기지만, 그 진부한 지적만큼이나 역사적 진실성을 지닌다. 그리고 근대에 유럽의 적극적인 산업화와 해외 식민지 개척으로 새로운 지역에서 환경이 파괴됐기 때문에[48] 일찍부터 유럽인은 자연스럽게 환경문제에 관심을 가지게 됐다. 이런 관점은 앞에서 이미 언급했다. 그렇다면 중국 역사에 등장하는 환경문제는 어디에서 그 원인을 찾을 수 있을까?
 첫째, 국가 권력을 들 수 있다. 중국 역사상 가장 역동적인 시기 가운데 하나인 춘추전국 시대는 환경문제가 강력한 국가 경영 전략과 밀접한 관련이 있다는 사실을 잘 보여준다. 이 시대는 전쟁이 중요한 정치 수

---

48) Alfred W. Crosby, "Ecological Imperialism : The Overseas Migration of Western Europeans as a Biological Phenomenon", Donald Worster, *The Ends of the Earth : Perspectives on Modern Environmental History*와 Richard A. Grove, *Green Imperialism : Colonial Expansion, Tropical Island Edens and the Origins of Environmentalism, 1600~1860*(England : Cambridge University Press, 1995) 참조.

단이었던 만큼 단기간에 집중적인 자원의 배치가 무엇보다 중요한 문제였다.[49] 물자를 집중적으로 배치하려면 결국 일정한 지역의 자원을 강도 높게 개발하고 이용할 수밖에 없었을 것이다.

전쟁 등을 통해 등장한 초기 국가는 다시 주변 국가와의 경쟁에서 살아남기 위해 자연스레 부국강병책을 실시했으며, 국가 권력의 상징인 궁성과 제단 등의 건설에 많은 자원을 소모했다. 오왕吳王 부차夫差의 이야기가 그 좋은 예다. 그는 월越과의 전쟁에서 승리한 후 애첩 서시西施를 얻었다. 그녀를 위해 부차는 강소성江蘇省 오현吳縣에 있는 고소산姑蘇山 기슭에 9년여에 걸쳐 고소대姑蘇臺라는 별궁을 지었다. 자못 낭만적인 장면이지만 그 이면에는 이 별궁을 짓기 위해 무려 3,000여 명의 목공이 동원돼 산에서 목재를 채취했다는 이야기가 있다.[50] 진시황이 세운 아방궁 역시 한 시인의 표현이 과장됐다고 해도 사천四川 일대 산림에 분명 적지 않은 피해를 끼쳤다.[51]

그처럼 장대한 규모의 건축물을 축조하기 위해 많은 사람과 물자를 동원할 수 있었던 권력은 순식간에 주변 환경을 변화시키는 일종의 환경 포식자 역할을 했다. 따라서 혼란과 경쟁에서 생존하기 위해 강력한 정치권력을 필요로 했던 춘추전국 시대 이래, 중국의 수천 년 역사에서 가장 강력한 정치권력이었던 국가의 존재는 중국의 환경 변화를 결정짓는 중요

---

49) 마크 엘빈,《코끼리의 후퇴》, 5장 참조.
50) 張全明·王玉德,《中華五千年生態文化》(武昌:華中師範大學出版社, 1999), 68쪽. 국가 경영을 위한 궁성이나 관청 건물을 건설하는 외에도, 역사 시대의 절대군주들은 이처럼 사적인 용도에도 웅장한 규모의 건물을 지었기 때문에 전제 권력은 환경에 많은 영향을 미쳤다. 또 다른 일화를 들면, 한漢 고조高祖 유방劉邦이 아버지를 위해 고향인 강소성江蘇省 패현沛縣의 풍읍豊邑을 모방해 장안長安 교외에 만든 신풍현信豊縣과 같은 경우다. 사타케 야스히코,《유방》, 권인용 옮김(이산, 2007), 60쪽 참조.
51) 당나라 때 시인 두목杜牧은 "아방궁의 출현으로 사천의 산이 벌거숭이가 됐다(阿房出, 蜀山兀)"고 읊었다. 정철웅,〈환경〉,《명·청 시대 사회경제사》, 오금성 외 지음(이산, 2007), 241쪽.

한 요인 중 하나였다.[52]

둘째, 토지 이용 방법의 차이도 환경 변화의 강도를 결정하는 중요한 요소인데, 중국에는 유럽이나 일본과 달리 공동경작지가 존재하지 않았다. 공동경작지는 기본적으로 지역 사회나 공동체가 관리했기 때문에 개간을 하거나 경작지로 전용하는 것이 쉽지 않았다. 그러나 사유지 체제가 일찍부터 발달한 중국은 국가나 개인에 의한 개발이 유럽이나 일본보다 쉽게 이루어졌다. 더구나 중국 정부의 기본 정책 가운데 하나는 전란이나 재해 후 많은 경작민을 해당 지역에 불러들여 적극적으로 개간을 하는 것이었다.[53] 이런 점을 고려하면 특정 지역의 농업 개발 정도나 인구 과잉 등에 관련된 기존의 연구 외에도, 국가 징수 체제와 경제정책에 대한 심도 있는 연구가 병행돼야 한다.

이런 점에서 전형적인 환경사 연구라고 할 수는 없지만, 피터 C. 퍼듀 Peter C. Perdue의 《대지의 고갈 : 1500~1850년 호남성湖南省의 농민과 국가》[54]는 토지 이용 방법과 중국의 환경 변화가 어떤 관련성이 있는지를 말해주는 책이다. 제목이 암시하는 것처럼 이 책은 호남성의 농업 개발 과정과 수리시설 확장을 연구해 일정 지역의 과다한 개발이 궁극적으로 지역 사회를 어떻게 변화시켰는지를 상세히 밝혔다.[55] 그가 제시한 문제의 핵심은 적극적인 개발을 통한 국가의 수입 증대와 안정된 생산력 확보라

---

52) 마크 엘빈,《코끼리의 후퇴》, 175~179쪽.
53) Eduard B. Vermeer, "Ch'ing Government Concerns with the Exploitation of New Farmland", Léon Vandermeersch (ed.), *La Société civile face à l'Etat dans les traditions Chinoises, Japonaises, Coréennes et Vietnamiennes* (Paris : Ecole Française d'Extrême-Orient, 1994) 참조.
54) Peter C. Perdue, *Exhausting the Earth : State and Peasant in Hunan, 1550~1850* (Cambridge, Massachusetts and London : Harvard University Press, 1987).
55) 특히 이 부분에 대해서는 Peter C. Perdue, *Exhausting the Earth : State and Peasant in Hunan, 1550~1850*, 7장 4절 참조.

는 측면과, 난개발로 발생하는 빈번한 자연재해 그리고 자연재해의 방지나 극복을 위한 여러 가지 비용 간의 균형을 어떻게 유지해야 하는가 등이었다.

마지막으로는 인구 증가에 따른 경제활동 영역의 확대다. 중국 역사 전체를 놓고 볼 때 명·청 시대는 그런 양상이 가장 극적으로 표출된 시기다. 이 시대에는 역사상 유례를 찾아보기 어려울 정도로 인구가 급격히 증가했으며, 인구 이동도 그 규모와 이동 범위에서 다른 시기를 압도할 정도였다. 따라서 이에 따른 환경문제 역시 다른 시기에는 찾아볼 수 없는 다양한 양상을 보이는데, 명·청 시대 장강長江 중류 지역은 바로 인구학적 특징과 환경 사이의 관련성을 고스란히 보여주는 곳이다. 결국 국가 권력과 토지를 비롯한 자연 자원의 이용 방법 그리고 인구는 중국의 환경 변화에 가장 중요한 요소라고 할 수 있으며, 기존의 중국 환경사도 대체로 이런 주제를 토대로 연구해온 것이 사실이다. 따라서 지금부터는 장강 중류 지역에 대한 기존의 연구 성과를 언급할 뿐 아니라, 앞으로 좀 더 연구돼야 할 문제를 제기하려고 한다.

첫째, 인구 증가에 따른 경제활동 영역의 확장으로 초래된 환경 악화 현상이다. 중국의 인구가 최고조에 달했던 18세기 중국을 대표하는 인구학자 홍량길의 지적처럼[56] 인구 증가는 경작지와 식량 부족을 초래했다. 경작 면적이 축소되자 명·청 시대 사람들은 새로운 경작지를 찾아 나섰으며, 그 대표적인 곳이 바로 산악 지역이었다. 그런 이유로 홍량길보다 약간 늦은 시기에 살았던 매증량梅曾亮(1786~1856)은 산악 지역에서 붕민棚民이라 불리던 개간민의 개발로 수토水土가 유실된다는 사실을 정확하게 지

---

56) 洪亮吉,《卷施閣文甲集》卷1,〈治平篇〉,〈生計篇〉,〈百物篇〉과 정철웅,〈淸初 인구 변화와 洪亮吉의 人口論〉,《明知史論》6집(1994) 참조.

적했다.[57] 이어서 이러한 인구 증가 양상과 산지 개발 그리고 그러한 개발이 평야 지역에까지 악영향을 끼친다는 사실을 종합적으로 고찰한 인물이 바로 19세기 초반의 사상가 위원魏源(1794~1857)이었다.[58]

이런 사실로 미루어볼 때 명·청 시대 장강 중류 지역에 대한 환경사 연구의 대부분이 산악 지역 개발에 따른 환경 폐해를 다룬 것은 결코 우연이 아니다. 따라서 이 시기의 환경사 연구는 일차적으로 개발에 따른 산악 지역의 자연환경 변화가 그 주류를 이룬다. 특히 여기서 다루는 장강 중류 지방에는 이른바 삼성三省 교계交界 지역(사천성四川省, 섬서성, 호북성의 경계가 서로 맞닿아 있는 곳)이라는 중국의 대표적인 산악 지대가 공존하고 있어서, 대체로 산악 지역 개발에 따른 산림 자원의 감소나 그 환경 폐해를 언급하고 있다.[59]

한편 인구 증가의 여파는 단지 산악 지역에 국한되지 않았다. 장강 중류 지방은 중국 제일의 하천인 장강이 흐르며, 다른 지역에서는 쉽게 찾아볼 수 없는 면적이 큰 호수나 습지가 곳곳에 형성돼 있다. 그러므로 하천 유역의 자연환경 변화나 경작지 증가에 따른 호수 면적의 축소 또는 홍수 발

---

57) 袁清林,《中國環境保護史話》(北京 : 中國環境科學出版社, 1990), 136~137쪽.
58) 정철웅,〈환경 변화로 본 중국의 明淸時代—長江 中流 지역을 중심으로—〉,《大邱史學》89집 (2007) 참조.
59) 장강 중류 지방을 다룬 대표적인 연구를 열거해보면 다음과 같다. 우선 산간 지역의 개발과 그에 따른 산림 파괴와 그 환경 폐해에 대해서는 譚作剛,〈淸代陝南地區的移民, 農業墾殖與自然環境的惡化〉,《中國農史》4期(1986) ; 張建民,〈淸代湘鄂西山區的經濟開發及其影響〉,《中國社會經濟史硏究》4期(1987) ; 暴鴻昌·胡凡,〈明淸時期長江上游森林植被破壞的歷史考察〉,《湖北大學學報》(哲社版) 1期(1992) ; 周云庵,〈秦嶺森林的歷史變遷及其反思〉,《中國歷史地理論叢》1期(1993) ; 張建民,〈明淸漢水上流山區開發與水利建設〉,《武漢大學學報》(哲社版) 3期(1994) ; 陳國生,〈淸代四川的人地矛盾, 生態惡化及其對策〉,《社會科學硏究》3期(1995) ; 藍勇,〈歷史上長江上流的水土流失及其危害〉,《光明日報》(1998년 9월 25일) ; 劉沛林,〈歷史上人類活動對長江流域水災的影響〉,《北京大學學報》6期(1998) 등을 참고할 수 있다. 일본 학자들에 의한 장강 중류 지방에 대한 연구로는 上田信,〈中國における生態ツシステムと山區經濟—秦嶺山脈の事例から〉,《アジアから考える》(6)(東京 : 東京大出版會, 1994)를 들 수 있다.

생 가능성 증가도 이 지역 환경사 연구에서 중요한 주제다. 따라서 장강 중류 지역의 평야나 하천 유역에 대한 초기 환경사 연구자들은 농업 생산력을 높이기 위한 제완堤垸(제방)의 형성과 그에 따른 사회적 비용 증가 또는 수리 환경의 악화를 규명하는 데 초점을 맞추었다.[60]

둘째, 도시 환경사 문제다. 일례로 청淸 초 이후 급성장한 한구漢口와 같은 대도시의 존재는 장강 중류 지역에서만 나타나는 고유한 환경문제가 도사리고 있을 가능성을 알려준다. 즉, 유동 인구와 여름의 높은 기온은 질병 발생 가능성이 컸다는 사실을 암시하며,[61] 아울러 건축 자재 조달을 위한 주변 산지의 파괴 가능성도 추측할 수 있다.[62] 아울러 명·청 시대에 이러한 대도시의 위생 문제나[63] 건설에 따른 환경 파괴는 자연스럽게 국가나 지방 정부의 개입을 가져왔을 것이다. 이런 면에서 장강 중류 지역을 기준으로 할 경우 도시 환경사는 명·청 시대에 이 지역 환경사 연구가 소

---

60) 이러한 경향을 대표하는 연구로는 명·청 시대 장강 중류 지역의 사회경제 변화를 선험적으로 규명한 吳金成, 《中國近世社會經濟史硏究》(一潮閣, 1986)를 우선 들 수 있으며, 장강 중하류 지역의 수리 환경을 종합적으로 고찰한 彭雨新·張建民, 《明淸長江流域農業水利硏究》(武漢 : 武漢大學出版社, 1992)를 꼽을 수 있다. 특히 최근 이러한 수리 환경과 관련해 한수 유역 일대의 자연환경 변화가 어떻게 수리시설의 증가로 연결됐는지를 정치하게 밝힌 연구의 등장은 장강 중류 지역 환경사 연구에 좋은 지침이 될 수 있을 것이다. 魯西奇·潘晟, 《漢水中下游河道變遷與堤防》(武漢 : 武漢大學出版社, 2004) 참조.
61) 예를 들어 乾隆《漢陽府志》卷16, 〈地輿〉, 3쪽에는 "男女臥榻廚竈 悉在焉 …… 一至盛暑炎蒸之際, 男女老幼如坐蒸籠鼇般之中, 病暑疾者, 不知幾"라는 언급이 나온다. 이 글로 미루어보아 당시 한구에는 좁은 공간에 많은 사람이 모여 살았으며, 여름에 질병이 다수 발생했음을 알 수 있다.
62) 당시 한구 같은 대도시에서는 나무로 만든 기존의 다리를 허물고 석재를 이용해 다시 다리를 놓는 일이 자주 있었는데, 그런 정황에 대한 증거는 다수 존재한다. 熊魁楚, 〈修五里橋文〉, 湖北省人民政府文史硏究館·湖北省博物館編, 《湖北文徵》卷7(武漢 : 湖北人民出版社, 2000), 404쪽 참조.
63) 명·청 시대는 아니지만 민국 시대에 이러한 대도시의 위생 문제를 다룬 대표적인 저서로 신규환, 《국가, 도시, 위생 : 1930년대 베이핑시정부의 위생 행정과 국가 의료》(아카넷, 2008)를 들 수 있다. 이 연구는 환경사 관점이 아니라 의학사의 관점에서 위생 문제를 다뤘지만, 대도시에서 발생한 유행병, 성병 등에 대한 정부 정책과 특히 식수 부족이나 하수 처리가 제대로 되지 않은 탓에 많은 질병이 발생했다는 지적은 도시 환경사의 중요한 단면을 제공해준다.

홀히 한 중요한 분야다. 그러므로 위생, 질병, 화재 그리고 나아가 급격한 도시화가 가져온 의식의 변화까지 자세히 추적할 필요가 있다.

셋째, 평야 지역의 환경사 연구에도 기존의 연구를 보완할 수 있는 좀 더 새로운 시각이 필요하다. 앞에서 언급한 것처럼 기존의 평야 지역 환경사 연구는 사실상 주로 제완의 건설과 호전湖田 개발에 그 초점을 맞춰왔다. 하지만 일례로 과거 하천 유역에서 장기간에 걸쳐 발생한 자연환경의 변화는 현재 우리가 직면한 환경문제와 완벽하게 일치한다는 점에서 상당히 흥미롭다. 이 문제를 효과적으로 추적하기 위해서는 과거 하천 유역의 변화를 정밀히 검토하는 작업이 선행돼야 한다. 이러한 시도는 특정 시기에 집중된 하천 유역의 환경문제를 시간적으로 확대해 환경사를 장구한 시간 위에 재배치하기 쉽게 한다.

넷째, 환경 변화의 원인 또는 결과를 지역 사회의 관점에서 파악하려는 노력이 부족했다. 장강 중류 지역과 하류 지역을 비교할 때 뚜렷한 차이점 가운데 하나가 장강 중류 지역에 현재까지도 광범위하게 살고 있는 소수민족의 존재다. 주로 묘족苗族과 토가족土家族이 살았던 지역에 대한 경제적·정치적 침투는[64] 앞서 언급한 것처럼 국가 권력 문제와도 깊은 관련이 있지만, 다음의 두 가지 사실에 대한 검토도 중요하다.

우선 소수민족 지역에 대한 검토 작업을 통해, 기존의 명·청 시대 환경사 연구에서 중요하게 거론되는 일부 지역의 과잉 인구가 새로운 지역의 개발을 가져왔으며, 그 결과 환경이 악화됐다는 도식적인 설명에 대한 새

---

64) 소수민족과 관련한 연구가 거의 없다시피 한 우리나라와 달리, 중국에서는 소수민족 관련 연구가 근래 대대적으로 진행되고 있다. 이런 현상은 아마도 중국의 소수민족에 대한 정치 상황과도 무관하지 않다고 판단된다. 수많은 소수민족 관련 연구 가운데 개토귀류 이전과 이후 소수민족 지역의 농업, 수공업, 상업 등의 변화와 그에 따른 사회경제적 영향을 자세히 언급한 朱聖鍾,〈鄂湘渝黔土家族地區歷史經濟地理硏究〉, 陝西師範大學 博士學位 論文(2002)은 매우 유용하다.

로운 가설이 가능하다는 점이다. 단적으로 말해 옹정雍正 연간(1723~1736)에 본격적으로 이루어진 개토귀류 정책은 중국 내지의 식민화 과정이었다. 이런 식민화 과정에서 발생한 환경 피해를 연구한 학자들의 지적에 따르면 식민지 경영자는 후발 국가의 자원과 인력을 착취하는 약탈자였다. 그러나 이 같은 연구의 전형적인 학자인 리처드 그로브Richard Grove조차 식민지 경영자는 엄격한 의미에서 약탈자라기보다 자원을 효율적으로 이용하려는 자원 경영자였다는 사실을 지적했다.[65] 이 지적은 토사土司 지역(소수민족 지역)에 대한 강제적인 통합을 두고 중국 전체의 자원 배분이라는 측면에서 접근할 수 있다는 점을 암시한다. 더 나아가 현재 환경사 연구에서 첨예하게 대립하고 있는 환경문제의 원인을 과잉 인구에서 찾을 것인가, 아니면 과소비에서 찾을 것인가 하는 문제와도 연결된다.

다른 또 하나는 식민지화를 겪은 이 지역의 풍속이나 문화가 어떻게 변했는지 고찰하는 일이다. 기존 환경사는 물리적인 환경 변화 이후 지역 사회나 주민들이 겪은 생활 방식의 변화를 가장 소홀히 취급했다. 하지만 개토귀류 이후 소수민족 지역의 광범위한 개발로 자원의 이용 방법뿐 아니라, 소수민족 지역의 문화도 동시에 변했다. 대표적인 예가 바로 불을 사용하는 경작 방법에서 물을 사용하는 방법으로 전환된 것이다. 농업은 일단 품종의 선별적인 대체라고 볼 수 있으며, 그 다음이 자연 경관의 대체라고 할 수 있다. 불을 이용한 농법은 그 지역에 이미 존재하는 식물을 이용하는 것인 반면, 쟁기와 곡괭이를 이용하는 농법은 대체로 다른 지역에서 들여온 식물을 경작하기 위해 적절한 생장 환경을 다시 만드는 것이다.[66] 결국

---

65) 특히 이러한 사실을 잘 지적한 최근의 논문으로는 Aaron Sachs, "The Ultimate 'Other' : Post-Colonialism and Alexander Humboldt's Ecological Relationship with Nature", *History and Theory*, vol. 42, no. 4(2003), 113쪽 참조.

66) Stephen J. Pyne, *Fire : A Brief History* (Seattle and London : University of Washington Press,

농업은 특정 지역 전체의 생태 체계를 형성하는 중요한 요소라고 할 수 있는데, 산간 지역의 이러한 품종과 경작 방식의 새로운 도입은 자연스레 그 지역 사회의 여러 가지 양상을 분명히 변화시켰다.

이런 점에서 청나라 중엽 호남성에서 엄여익嚴如熤(1759~1826)이 묘족을 대상으로 둔전屯田의 실시를 강력하게 주장한 이유는 흩어져 살던 그들을 한곳에 모아 효율적으로 감시하고자 하는 목적도 있었지만, 기존의 경작 방식을 변화시키려는 의도도 있었다.[67] 현재 우리나라 명·청 시대 연구 중 소수민족 문제를 거론한 업적은 거의 없다.[68] 하지만 명·청 시대 그들이 거주하던 지역의 사회적·정치적·경제적 중요성을 감안하면 앞으로 소수민족 지역에 대한 연구는 한족 중심의 역사 서술을 크게 보완할 수 있는 방법이 될 수 있다.

한편 장강 중류 지역을 중심으로 거론한 위의 네 가지 문제 외에도 최근 명·청 시대에 관한 몇몇 환경사 연구는 많은 시사점을 던져준다. 예를 들어 마크 엘빈Mark Elvin은 전쟁이나 수리 사업 확대에 따른 환경 폐해라는 기존의 환경사 연구 영역을 확대해, 특정 지역 사회의 수명이 경제 발달이나 환경 변화와 밀접한 관련이 있다는 사실을 지적했다. 환경과 수명 간의 관련성을 언급하기 위해 그는 특정 지역의 식단, 동식물의 존재, 영양, 경제 발달에 따른 스트레스의 강도 등 기존의 연구에서 찾아볼 수 없

2001), 66쪽.

67) 嚴如熤,《苗防備覽》卷5,〈險要〉(下), 245쪽.

68) 소수민족의 일반적인 생활상이나 특히 의상에 관한 관심 외에, 전문적인 연구는 거의 없는 실정이다. 따라서 다바타 히사오 외,《중국소수민족입문》, 원정식·이연주 옮김(현학사, 2006)과 같은 입문서 정도가 존재할 뿐이다. 또 김인희,《1300년 디아스포라, 고구려 유민 : 그 많던 고구려 유민은 어디로 갔을까》(푸른역사, 2010)는 묘족을 상당히 언급하고 있지만 묘족의 기원을 고구려 유민에서 찾고 있다는 사실과 신중국 이후 소수민족 정책을 다루고 있다는 점에서 역사학이나 환경사적 시각과는 다소 동떨어져 있다.

는 흥미로운 분야를 거론했다.[69]

최근 강남 지역을 대상으로 전쟁, 질병, 자연재해 등과 같은 환경 변화에 대처하기 위해 당시 국가와 지역 사회가 강제적으로 실시했던 다양한 정책에 대한 상세한 연구가[70] 나왔다. 장강 중류 지역에도 이런 연구가 필요하다. 그 이유는 앞서 넷째 항목에서 언급했듯이, 환경문제의 지역적 관점을 심화할 수 있는 계기를 제공하기 때문이다. 자연의 이용 배후에 다양한 요소가 개입돼 있다는 사실을 감안하면, 강남과 같은 선진 경제 지역의 환경문제 발생 요인과 대처 방법은 후진 지역과 상당히 다를 수 있다. 일례로 도시화가 진전된 강남 지역은 질병 발생률과 그 피해가 다른 지역보다 훨씬 더 광범위했다.[71] 한편 산간 지역의 경우 물과 하천에 대한 관심은 위생 측면보다 수량이 제한된 탓에 관리와 분배 측면이 훨씬 강조됐다. 또 그러한 관리나 분배 문제에서 일반 민간인의 역할이 국가나 지방 관리의 역할보다 중요했다.[72]

이런 연구 경향과 앞으로 깊이 연구해야 할 과제를 염두에 둔다면 우리나라의 중국사, 특히 명·청 시대 연구에서 환경사 연구는 아직 본격화되지 않았다고 할 수 있다. 일부 학자의 고대 연구나[73] 명·청 시대 기후 연구[74] 그리고 산악 지역의 개발에 따른 환경 악화 문제 연구가 거의 전부

---

69) 마크 엘빈,《코끼리의 후퇴》, 9장 참조.
70) 馮賢亮,《明淸江南地區的環境變動與社會控制》(上海:上海人民出版社, 2002), 11장 참조.
71) 李玉尙,〈淸末以來江南城市的生活用水與瘟亂〉,《社會科學》1期(2010) 참조.
72) 이 점에 대해서는 鈔曉鴻,《生態環境與明淸社會經濟》(合肥:黃山書社, 2004), 89~100쪽과 鈔曉鴻,〈自然環境·水利·水利共同體—以淸代關中中部水利爲例〉, 李文海·夏明方 主編,《千有凶年:淸代災荒與中國社會》(北京:三聯書店, 2007) 참조.
73) 예를 들어 최덕경,《중국 고대 산림보호와 환경생태사 연구》(신서원, 2009)를 들 수 있다.
74) 金文基,〈17세기 江南의 氣候變動과 明淸交替〉, 釜慶大學校 大學院 博士學位 論文(2008) 참조. 특히 이 논문은 기후사 연구가 거의 전무한 상황에서 명·청 교체의 한 원인을 17세기 소빙기라는 기후 변동을 통해 설명했다는 점에서 매우 귀중한 연구다.

다.[75] 중국사 연구자가 많지 않다는 현실을 고려한다 해도, 현재 우리나라의 명·청 시대 환경사 연구 결과는 부족한 편이다. 이런 점은 의외로 한국사 분야도 비슷하다. 예를 들어 조선 시대 환경문제를 깊이 있게 다룬 연구서도 아직 등장하지 않았다.[76] 서양사 분야는 상대적으로 환경사 관련 번역서가 꽤 출간됐지만, 실제 연구 성과는 많은 편이 아니다.[77] 이렇게 볼 때 우리나라의 환경사 연구는 아직 출발 단계라고 할 수 있다.

따라서 환경사는 연구 대상이 풍부하게 남아 있는 신학문으로 간주할 수 있다. 즉, 앞서 거론한 주제 외에도 당시 관료나 중국인의 자연 사상, 그들이 자연을 이용하는 방법과 그 기저의 환경 의식, 환경 보호 정책, 동식물의 감소 상황을[78] 연구 주제로 잡을 수 있다. 좀 더 범위를 넓게 잡는다면 거의 미개척 분야나 마찬가지인 질병이나 기후에 관한 연구도 가능하

---

75) 우선 장강 중상류 일대 산림의 폐해를 황궁 건설이라는 정치적 측면에서 자세히 고찰한 金弘吉, 〈명대의 목재 채판과 삼림―四川의 皇木 조달을 중심으로―〉, 《人文學報》, 강릉대학인문과학연구소(2000)이 있으며, 삼성 교계 지역의 개발과 그에 따른 환경 변화를 언급한 鄭哲雄, 〈淸代 湖北省 西北部 地域의 經濟開發과 環境〉, 《明淸史硏究》 10輯(1999) ; 鄭哲雄, 〈淸代 湖北省 西部와 陝西省 南部 環境 變化의 比較硏究〉, 《東洋史學硏究》 75輯(2001) ; 鄭哲雄, 〈淸代 湖北省 西南部의 山地開發과 社會變化〉, 《明淸史硏究》 18輯(2003) ; 鄭哲雄·張建民·李俊甲, 〈淸代 川·湖·陝 交界地域의 經濟開發과 民間風俗〉 II, 《東洋史學硏究》 87輯(2004) 등을 들 수 있다.
76) 최근 한국사 연구 중 환경사를 정리한 논문에 따르면, 1952년부터 2007년 사이 한국사 관련 주요 학회지에 발표된 환경사 관련 논문은 총 46편에 불과하다. 김도균, 〈한국 환경사 연구의 동향과 과제―한국사 관련 학술지를 중심으로〉, 《ECO》 12권, 1호(2008), 227쪽 참조. 그러나 이우연, 《한국의 소유제도와 정책의 역사, 1600~1987》(일조각, 2010)에 실려 있는 산림 황폐화 원인이나 조선 시대 산림제도에 관한 언급은 우리나라의 환경문제와 정책의 실제를 알 수 있는 좋은 사례 연구다.
77) 다만 박흥식, 〈중세 말 도시의 환경문제와 대응〉, 《서양사론》 12권(2008)과 같은 흥미로운 연구 결과도 있다.
78) 환경 파괴로 인한 동식물의 감소는 현재 환경문제를 다루는 사람들에게 중요한 주제다. 따라서 역사 시대에도 확인되는 그러한 생물 개체 수 변화에 대한 연구는 환경사의 중요한 장이라고 할 수 있다. 이 점에 대해서는 文煥然, 《中國歷史時期植物與動物變遷硏究》(重慶 : 重慶出版社, 1995)와 우에다 마코토, 《호랑이가 말하는 중국사》, 김경호 옮김(성균관대학교출판부, 2008)이 매우 유용하다. 특히 후자의 저서는 호랑이가 국가 정책의 변화에 따라 어떻게 절멸했는지를 잘 보여준다.

다. 더구나 장강 중류 지역은 물론이고 중국 전체를 다룬 환경사 전문 연구서나 명·청 시대와 같은 특정 시기의 환경문제를 전체적으로 조망한 저서가 없다는 점도 환경사 연구가 새로운 학문 영역임을 말해준다.

3 연구 지역과 범위

 이 책은 서론과 결론을 제외하면 전체 4장으로 구성된다. 이 책에서 말하는 장강 중류 일대란 주로 호북성, 호남성, 강서성江西省을 의미하지만, 경우에 따라 섬서성과 장강 상류에 해당하는 사천성 일부 지역을 포함한다. 흔히 강남이라고 불리는 지역은 연구자마다 약간의 차이는 있지만, 대체로 장강 하류 지역의 여덟 개 부府를 포함하는 약 4만 3,000제곱킬로미터에 해당하는 지역을 말한다.[79] 그러나 강남의 지리적 획정劃定이 이처럼 비교적 명확한 반면, 상대적으로 장강 중류 지역의 지리적 범위는 명확한 기준이 존재하지 않는다.

 다만 장강이라고 통칭되는 중국 제일의 하천은 지리적으로 다음과 같이 구분된다. 발원지에서 호북성 의창宜昌까지 약 4,500킬로미터를 상류, 의

---

[79] 이백중李伯重은 강남이 명·청 시대 소주蘇州, 송강松江, 상주常州, 진강鎭江, 강녕江寧, 항주杭州, 가흥嘉興, 호주湖州 등의 여덟 개 부府를 가리키며, 공통의 지형과 수리 환경, 생태 체계를 지닌 경제 단위라고 지적했다. Li Bozhong, *Agricultural Development in Jiangnan, 1620~1850* (London and New York : MacMillan Press Ltd. and St. Martin's Press, 1998), 3쪽.

창에서 강서성 호구湖口에 이르는 약 1,000킬로미터를 중류, 호구에서 숭명도崇明島까지 약 800킬로미터를 하류라고 칭한다.[80] 또 이렇게 구분한 상류, 중류, 하류 지역 역시 지리적 특성에 따라 세분되기도 하고 달리 불리기도 한다. 다음 장에서 좀 더 자세히 설명하겠지만, 상류를 다시 세분해 부르는 속칭 통천하通天河와 금사강金沙江의 정황은 사뭇 다르며, 다시 상류의 끝단인 천강川江 역시 앞의 두 지역과는 다른 자연 조건을 보여준다.

그렇게 볼 때 천강의 시작 지점을 이 책의 연구 대상인 장강 중류 지역의 시작 지역으로 상정하려 한다. 한편 장강 중류 지역의 끝 지역은 그대로 파양호의 호구까지로 보는 것이 적절하다고 판단된다. 그 이유는 호구 이후부터는 바로 소환평야蘇晥平野와 장강 삼각주 평원이 이어지기 때문이다.

이처럼 장강만을 기준으로 한다면 이 연구에서 섬서성과 사천성은 당연히 제외해야 한다. 하지만 장강 중류 끝단은 중국의 대표적인 산악 지역이며, 청 중엽 청조의 근본을 뒤흔들었던 백련교도 난의 무대이자, 사천성, 섬서성, 호북성의 경계가 서로 맞닿아 있는 삼성 교계 지역[81]이 자리한 곳이다. 더구나 엄여익의 저서 《삼성변방비람三省邊防備覽》을 통해서도 알 수 있듯이, 당시 중국의 지방 관리는 지리적·사회경제적 특징 때문에 이 지역을 기존 행정 구역과는 별도의 지리적 영역으로 상정했다. 아울러 '해방海防'이란 말과 같은 의미로 '산방山防'이란 개념이 바로 그러한 이유에서 나왔다고 할 수 있다. 따라서 섬서성과 사천성 일부 지역도 연구 대상에 포함시켰다.

1장에서는 장강 중류 유역의 자연 조건과 명·청 시대에 이 지역 인구와

---

80) 長江流域規劃辦公室長江水利史略編寫組, 《長江水利史略》(北京: 北京水利電力出版社, 1979), 4쪽. 장강의 지리적 특성에 대해서는 1장에서 자세히 설명할 것이다.
81) 혼동을 피하기 위해 사천성, 섬서성, 호북성의 경계가 서로 맞닿아 있는 지역은 삼성 교계 지역으로, 단순히 장강 삼성(호북성, 호남성, 강서성)만을 지칭하는 경우에는 장강 삼성 지역으로 표기함.

그 이동 상황을 언급하려고 한다. 먼저 장강 중류 지역의 산, 나무와 숲, 호수와 하천 등을 개관하고, 이러한 자연이 인간에 의해 서서히 침해되는 양상 그리고 인간의 의식 형성에 그런 자연 조건이 어떻게 작용했는지를 거론할 예정이다. 또 앞서 말했듯이 환경 변화에 중요한 원인인 인구 증가 양상, 특히 산악 지역의 인구 증가 상황을 살펴볼 것이다.

2장은 장강 중류 지역 일대에서 전개된 개발 양상을 다룰 것이다. 이 문제를 언급하기 위해 우선 장강 중류 소수민족 지역의 개발 과정을 살펴보기로 하겠다. 현재 광동, 광서, 귀주와 운남 지역 등에도 광범위하게 존재하는 중국의 소수민족은 장강 중류 지역의 지리적·사회적 특징을 결정짓는 중요한 요소이다. 따라서 개토귀류 이후 소수민족 지역의 환경과 생활 방식의 변화를 통해 국가 권력과 환경 변화와의 관련을 추적할 것이다.

둘째, 수천 년간 고요했던 숲이 특히 명·청대에 이르러 어떻게 소란스러워지고 또 적극적으로 개발됐는지를 언급할 예정이다. 개간, 산악 지역의 목재 생산과 수공업, 호남성 남부와 서부 그리고 강서성 일대의 광산 개발, 농업 방식의 유입으로 평야 지역의 산지와 숲이 어떻게 파괴되고 변했는지 자세히 설명하려고 한다. 마지막으로 환경사 연구 현황에서 언급한 대로, 기존 환경사 연구에서 소홀히 다룬 자연으로서의 하천 변화가 특정 지역의 수리시설과 어떻게 충돌했는지 살펴볼 것이다. 사례 연구는 형주荊州 만성제萬城堤를 대상으로 삼았다. 한 지역의 수리시설이 어떻게 오랫동안 유지될 수 있었는지 설명하고, 아울러 수리시설 붕괴에 따른 지역 사회의 부담을 언급할 것이다. 또 만성제 등이 붕괴돼 수해가 발생했을 때 사람들이 어떻게 반응했는지도 고찰하려고 한다.

3장에서는 이러한 개발에 따른 실제 환경 변화 그리고 인간과 자연 간의 관계가 악화돼가는 모습을 서술하려고 한다. 먼저 숲이나 전반적인 자연 경관이 어떻게 변했는지 언급할 것이다. 최근 한 연구에 따르면 중국 역시 현대에 이르러 각 지역의 환경이 급격하게 악화되고 있다. 그 결과 이전과는 현저히 다른 자연환경이 자리 잡아가는 정황을 확인할 수 있는데,[82] 이런 현대의 상황을 역사 시대와 비교하는 것은 흥미로운 일이 될 것이다. 또 개발로 인간 활동이 어떻게 제약을 받았으며, 삶이 척박해졌는지를 고찰할 예정이다. 이런 인간의 삶의 변화와 관련해 3장에서 다룰 또 다른 문제는 인간에 대한 동물의 반격과 명·청 시대 농업 발달 이후 인간이 자연에 예속돼가는 양상이다.

마지막 4장에서 거론할 주제는 명·청 시대의 환경 의식이다. 당시 관료의 환경 의식과 민간의 환경 사상을 동시에 고찰하게 될 이 주제는 환경사 분야에서 흔히 떠올릴 만한 문제이지만, 연구 결과는 그리 많지 않다. 일단 당시 관료의 환경 의식은, 특히 이 지역을 연구할 때 빼놓을 수 없는 진홍모陳宏謀(1696~1771)를 중심으로 살펴볼 것이다. 프랑스의 학자 피에르-에티엔 빌Pierre-Etienne Will은 일찍이 18세기의 관료를 '현장 적응력이 뛰어난 관료'로 규정했다.[83] 진홍모가 이러한 탁월한 현장 감각을 토대로 산지 개발을 적극적으로 주장한 배경은 무엇일까? 그의 주장을 통해 청대의 정책 결정자가 가진 구체적인 환경관과 자연에 대한 인식을 자연스럽게 알 수 있을 것이다.

한편 일반인의 환경 의식은 어떠했을까? 나무나 특정 자연물을 숭배하는 예는 역사 시대에 빈번하게 등장한다. 더구나 명·청 시대는 풍수설이

---

82) 예를 들어 장강 중류 지역을 대표하는 호수인 동정호의 경우 20세기 중반 이후 토사가 쌓이는 양이 급격하게 증가했음을 알 수 있으며, 중국 전체의 삼림 복개 정황도 특히 중국 서북부의 건조 지대와 티베트 고원(청장고원青藏高原) 내부의 산림이 급속하게 사라지고 있음을 보여준다. 각각 張人權·梁杏·段文忠·皮建高,《洞庭湖口演變及洪災成生與發展的系統分析》(武漢 : 中國地質大學出版社, 2003), 40쪽과 周杰·沈吉 編著,《中國西部環境演變過程研究》(北京 : 科學出版社, 2007), 188쪽 참조.
83) 피에르-에티엔 빌,《18세기 중국의 관료제도와 자연재해》, 정철웅 옮김(민음사, 1995), 23쪽.

여전히 위력을 발휘하던 시기였다. 따라서 청대 최대 도시였던 호북성 한구漢口 일대에서 행해진 채석採石을 금지시키기 위해 등장한 풍수설을 토대로 일련의 민간 신앙이 개발 억제에 어떻게 작용했는지를 거론할 것이다. 특히 이 문제가 중요한 이유는 현재 환경운동이 일부 엘리트가 주도하거나 지나치게 정치색을 띤다는 비판을 받기 때문이다.

　이제 명·청 시대 장강 중류 지역의 자연이 인간에게 피력한 소감을 들어보기로 하자.

| 1장 |
자연과 인간

1 자연

(1) 산

이제는 상당 지역이 수몰돼버린 유명한 관광지 삼협三峽 일대를 지나다 보면, 높은 절벽이 장강 연변까지 가파르게 자리한 모습을 볼 수 있다. 아울러 호북성 서북부 일대나 호남성 서부 지역에는 지금도 사람이 쉽게 접근하기 힘든 산과 울창한 숲이 펼쳐진다. 다만 명·청 시대 산간 주민의 중요한 식량이던 옥수수 경작지가 여전히 드문드문 자리하며, 수확한 옥수수를 고지대 중턱에 널어놓은 풍경은 명·청 시대 사람들의 생활상을 알려주는 좋은 단서다.

이처럼 산악 지형이 발달한 장강 중류 일대는 예로부터 외부와의 교통이 매우 어려웠다. 중국이 전통적으로 수상 교통을 이용했다는 사실에서 알 수 있듯이, 장강 중류 지역도 외부와의 교통은 하천이 아니면 불가능했다. 따라서 섬서성 서남부와 사천성 북부를 잇는 잔도棧道처럼 육로는 쉽게 오갈 수 있는 교통로가 아니었다.[1] 장강 중상류 일대의 일부 평야 지역은 명 중엽 이후 중요한 미곡 수출 지역으로 등장할 만큼 장강과 한수漢水 그리고 그 지류가 복잡하게 얽힌 곡창 지대였지만, 그 외에는 대부분 산악 지형이 발달한 대표적인 곳이다.

장강 중류 지역의 대표 산지를 살펴보면 다음과 같다. 우선 호북성은 오늘날 형문荊門(형주荊州)과 양양襄陽(현재 양번襄樊)을 잇는 수직선 서쪽 지역을 들 수 있다. 호북성 서쪽 지역 가운데에서도 양양과 비슷한 위도에 있는 방현房縣 이남은 지금도 거의 해발 1,000미터 이상인 험준한 산악 지대다.[2] 다시 동북부는 하남성河南省과 경계 지역에 동백산桐柏山이 그리고 안휘성安徽省·호북성(황강黃岡 지구 : 명·청 시대 황주부黃州府)·하남성이 교차하는 또 다른 삼성 교계 지역에 대별산大別山이 자리하며, 이 일대 또한 대다수가 해발 1,000미터 이상이다. 이렇게 본다면 호북성의 경우 시계 방향으로 형주荊州-안육安陸-무창武昌-감리監利-의도宜都로 이어지는 중앙 지역이 전형적인 평야인 셈이다. 이 지역은 이른바 강한평원江漢平原이라고 불리는데, 사시沙市까지 비교적 직선으로 흘러들어온 장강이 심한 만곡 형태로 흐르는 지역과 한수 하류가 흐르는 지역에 해당한다.

한편 호남성의 경우 산악 지대 분포는 호북성과 비슷하지만, 산악 지역의 면적은 호북성보다 넓다.[3] 장강과 동정호洞庭湖를 기준으로 호북성과 호남성의 경계가 나뉘므로 호남성의 평야 지역은 중부와 북부로 몰린 반면, 동부와 서부 그리고 남부는 험준한 산악 지역이다. 호남성을 남북으로

---

1) 嚴如熤,《三省山內風土雜識》, 2쪽 참조. 엄여익의 설명에 따르면 보계현寶鷄縣에서 포성현褒城縣에 이르는 북잔도北棧道는 바위에 구멍을 뚫어 거목을 걸치고, 그 위에 나무판자를 얹은 형태였으며, 이런 도로의 개설과 개간으로 이 일대 고목이 거의 사라졌다.
2)《湖北省計劃委員會,《湖北國土資源》(내부 발행)(武漢 : 湖北人民出版社, 1985), 지도 참조.
3) 현재 호북성과 호남성의 면적은 각각 18만 7,400제곱킬로미터와 21만 제곱킬로미터다. 그 가운데 호북성은 산지가 56퍼센트, 구릉이 24퍼센트를 차지하며, 호남성은 산지 70.2퍼센트, 구릉 24.5퍼센트로, 특히 호남성은 면적의 90퍼센트 이상이 산지나 낮은 언덕이다.

가로지르는 상강湘江과 북쪽의 동정호 주변의 평야를 제외하면, 호남성 서부에는 현재 상서湘西(호남성 서부 산악 지역) 묘족 자치구와 소양邵陽 지구에 무릉산武陵山과 설봉산雪峰山이, 남부에는 호남성과 그 밑의 광서성廣西省·광동성廣東省을 지리적으로 구분하는 남령南嶺이 각각 자리한다. 특히 설봉산은 원강沅江과 자수資水의 분수령일 뿐 아니라, 호남성을 동서로 갈라 자연환경과 경제적 차이를 구분하는 역할을 한다. 또 남령 일대는 이른바 '유색금속지가有色金屬之家'라고 칭할 정도로 광물이 풍부해서 해당 지역 주민이나 이주민이 적극적으로 광산을 개발했다.[4]

호북성이나 호남성과 비교하면 강서성은 산지가 적지만, 평야가 성省 중앙에 분포한다.[5] 호남성 북부에 동정호가 있는 것처럼, 성 북부에 파양호鄱陽湖가 있는 강서성은 산지 분포도 호남성과 유사하다. 강서성은 파양호로 흘러들어가는 맨 위쪽의 창강昌江·금강錦江·감강贛江 지역에 평야가 형성돼 있는데, 특히 강서성의 최대 하천인 감강 유역이 중요한 평야 지대다. 반면 강서성의 산은 동서부의 막부산幕阜山·구령산九嶺山·나소산羅霄山 등이 주요 산지를 이루며, 강서성 중남부의 감주부贛州府에 자리한 대유령大庾嶺은 광동성과 지리적 경계가 된다. 호북성이나 호남성의 산악 지역에 많은 소수민족이 거주하는 것과 대조적으로, 강서성의 산악 지역에는 소수민족이 상대적으로 적다.[6]

---

4) 《中華人民共和國分省地圖集》(上海:中國地圖出版社, 1995), 79쪽.
5) 특히 강서성의 산악 지역에 대한 연구는 전반적으로 그리 활발하지 않았다. 대체로 강서성에 대한 기존의 연구는 인구 이동, 파양호 일대 개발, 경덕진景德鎭의 도자기 생산을 중심으로 한 상품 생산 등에 집중돼 있었다. 다만 최근에 이르러 국내에서 강서성에 관한 중요한 전문 연구서가 출간됐으며, 그 가운데 강서성의 일부 산악 지역에 대한 상세한 연구가 포함돼 있다. 吳金成, 《矛·盾의 共存:明淸時代 江西社會硏究》(지식산업사, 2007) 참조. 한편 중국에서도 최근 강서 산악 지역에 대한 중요한 연구서가 출간됐다. 方志遠, 《明淸湘鄂贛地區的人口流動與城鄕商品經濟》(北京:人民出版社, 2001)와 黃志繁·廖聲豊, 《淸代贛南商品經濟硏究》(北京:學苑出版社, 2005) 참조.
6) 물론 강서성 상유현 등지에는 여족畲族이라는 요족瑤族계 소수민족이 약탈 등을 자행하고, 그

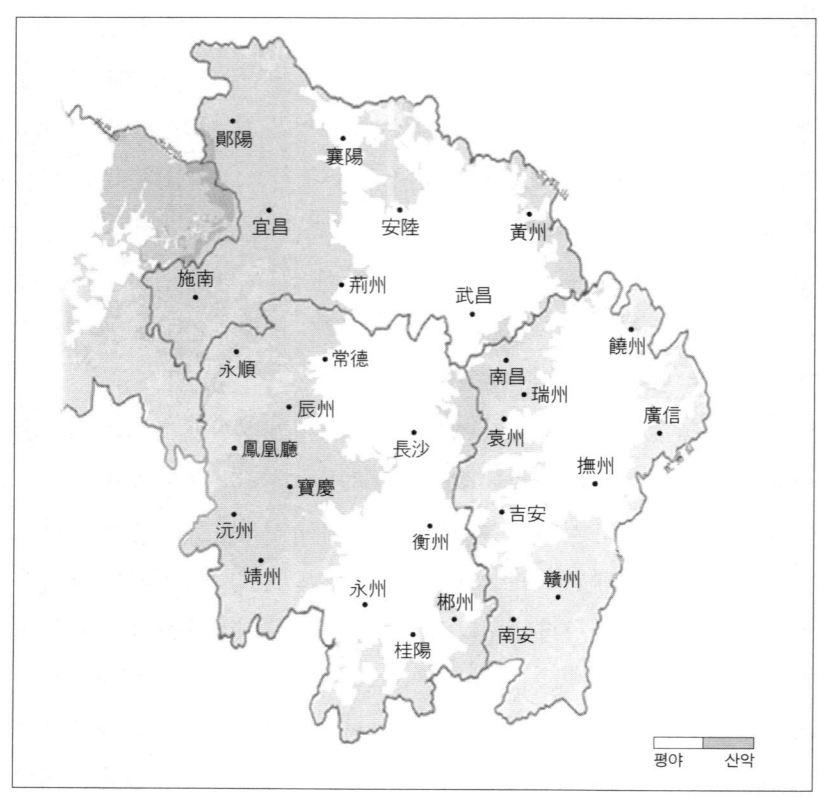

〈지도 1-1〉 장강 중류의 산악 지역

    구체적으로 장강 중류의 산악 지역은 어떤 특징을 갖고 있을까? 특히 장강 중류 지역의 환경문제는 산악 지형과 어떤 연관성이 있을까? 장강 중류 지역은 산지 분포가 매우 광범위해서 한마디로 설명하기는 어렵지만, 명·청 시대 중국인의 산에 대한 인식과 실제 장강 중류의 산악 지역에서

들에게 요관猺官의 지위를 부여했던 점으로 미루어보아, 강서 남부에 소수민족이 활동했음을 알 수 있다. 吳金成,《矛·盾의 共存 : 明淸時代 江西社會硏究》, 43쪽 참조.

발생한 명·청 시대의 사회경제적 현상은 이 지역의 환경문제를 규명하는 중요한 요소다. 중국인은 특정한 산에서 행하는 기원 행위는 물론이고, 산이 주는 경탄과 절대의 위엄을 느꼈을 것이다. 하지만 산을 평지와 동일한 경제활동 지역으로 전환하려는 노력도 계속돼왔다.

호남성 남부 동쪽 끝에 위치한 계동현桂東縣 서쪽에는 팔면산八面山이 있다. 지방지에서는 산을 설명할 때 대체로 그 산의 특징이나 공간에 대해 말하지 않고, 산에 얽힌 사건이나 영험함, 풍광, 맛 좋은 우물, 특정한 건물, 신이神異 등을 언급하는 우회적인 방법을 택한다. 따라서 산의 모습이나 수종樹種 또는 지형 등을 알 수 있는 경우는 극히 드물다. 중국인의 산에 대한 이런 서술 방식은 오늘날 기준으로 본다면 분명히 한계가 있지만, 그러한 언급 방식이야말로 중국인이 지닌 산에 대한 인식을 잘 대변한다. 팔면산八面山에 관한 다음의 이야기는 명·청 시대 중국인이 산을 어떻게 인식했는지 잘 보여준다.

명·청 시대 호남성의 팔면산

먼저 팔면산의 풍광을 읊은 명대 진언陳言이란 인물의 시를 읽어보자.[7]

> 초楚로 가려고 산을 오르려 했지만, 피곤해 그만둔 지 몇 번이던가.
> 오르고 나서야 겨우 이 산의 높음을 알았구나.
> 어지러운 상념에 발을 멈추니 두려운 마음이 들어,
> 다시 호탕한 웃음으로 마음을 호기롭게 바꾸네.

---

7) 陳言,〈八面山二首〉, 嘉慶《桂東縣志》卷18,〈藝文下〉(詩), 2쪽 下.

어루만지는 칼의 검광劍光이 북두칠성을 찌르는데,
옷자락을 흔드는 바람이 소나무 가지를 엷게 스치네.
이토록 높은 곳에 어찌 집을 지을 수 있을까?
티끌 같은 세상을 굽어보니, 천하가 한낱 깃털에 불과하구나.

진언이 명나라 때 사람일 것이라는 추측만 할 뿐, 그에 관한 구체적인 이력이나 활동 내용은 알 수 없다. 그러나 이 시를 통해 팔면산의 풍광과 그 산에 대한 진언의 인식은 충분히 알 수 있다. 정복의 기쁨도 보이지만, 그의 내면에는 여전히 산에 대한 두려움이 있다. 몇 번을 벼르다가 겨우 올라간 팔면산의 기세에 그는 움찔했으며, 기껏 큰 웃음으로 그 두려운 마음을 감추려 애썼다. 그가 무인武人이었는지도 알 수 없지만, 검광이란 표현도 실제로 칼을 꺼내들었다기보다 두려움을 없애기 위한 노력으로 볼 수 있다. 아마도 팔면산은 계동현에서 가장 험준한 산이었을 것이며,[8] 이 시에는 험준한 산에 대한 진언의 경외감이 잘 표현돼 있다.

이런 종류의 시는 명·청 시대에 지식인이나 관료들의 자연을 노래한 작품에서 흔히 발견할 수 있다. 진언의 느낌은 당시 사람들이 산이나 자연에 대해 갖는 일반적인 감정이었을 것이다. 이런 시가 중요한 이유는 산에 대해 사람들이 기본적으로 갖는 감정을 알려주기 때문인데, 당시 사람들은 산을 인간이 함부로 접할 수 없는 별천지라고 인식했다. 진언 역시 이런 곳에 사람이 살 수 있는 집을 지을 수 있겠느냐고 읊고 있다. 즉, 세속과 단절된 곳이라는 사실에서 비롯한 신비감이나 막연한 두려움 때문에 산을

---

8) 팔면산에 관해 읊은 또 다른 작품에 따르면, 팔면산은 오직 새들만 지날 수 있을 정도로 험준했다. 羅萬卷, 〈八面山賦〉, 嘉慶 《桂東縣志》 卷17, 〈藝文上〉(賦), 5쪽 上. 이 글에 "徑旣絶而道惟通鳥, 田不耕, 而石亦化牛"라는 말이 나오는데, 석우石牛와 조도鳥道는 모두 험한 곳을 가리키는 말이라는 설명이 첨부돼 있다.

인간의 발길이 쉽게 닿지 못하는 공간으로 인식했다. 그래도 진언은 산에 올라 한껏 자신의 호기를 뽐냈다. 팔면산에 관련된 다음의 이야기는 두렵지만 그런 산을 오르고, 다른 한편으로 억척스럽게 개발하고자 했던 당시 사람들의 또 다른 행동 방식을 보여준다.

    이 산에 오르면 침주郴州, 형주부衡州府, 감주부贛州府, 소주부韶州府 일대의 산을 모두 볼 수 있다. (계동현의) 관할지는 흥령현興寧縣과 함께 각각 400여 리에 미치는데, 유모령柔茅嶺·군영보軍營堡·소오계小烏溪는 계동현 관할이며, 이어 고지대의 개활지인 마노瑪瑙는 흥령현 관할이다. 산 옆에는 지름길이 있어 흥령과 통한다. 이전에 (이곳은) 길이 몹시 구불구불하고 숲이 울창했으며, (소수민족인) 동만峒蠻의 소굴이 모여 있었다. 명 정통正統 연간(1436~1449)에 읍령邑令 범충范忠이 길을 뚫었다. 가정嘉靖 임자년(1552)에 읍인 주영周瑛, 융경隆慶 신미년(1571)에 읍령 왕경빈王敬賓, 만력萬曆 갑술년(1574)에 읍령 나부현羅附賢이 계속해서 길을 닦고 수리했으며, 소오계에 띠로 만든 암자를 지었다. 읍령 최세소崔世召가 길을 고치고 그 암자에 다음과 같은 글을 새겼다. ……

    청 옹정雍正 임자년(1732)에 읍상邑庠 종청문鍾淸文이 산 오른쪽에 따로 새로운 지름길을 택해, 돈을 기부해서 길을 닦았다. 건륭乾隆 임술년(1742)에 주수州守 호성胡星이 여러 위원에게 거리를 계산하고 원근을 헤아리며, 평지와 험지를 고르게 해 옛날 도로보다 평탄하고 (다니기가) 쉽도록 만들었다. 이에 관아 관리들도 봉급을 기부해 도로를 넓혔으며, 흥령현의 적죽원赤竹園에 (해당 내용을 기록한) 비석을 세웠다. 건륭 병자년(1756)에 종청문이 다시 묘두령廟頭嶺 중간에 별도의 길을 개척하니, 전보다 길이 한층 더 넓어졌으며, (관련 내용을 기록한) 비석을 황사령黃沙嶺에 세웠다.

    그 지역을 답사한 국학國學 주여고周予高는 황전롱荒田壟에 수무數畝의 토지가 있다는 사실을 알게 됐는데, (그 땅은) 명대에 최세소가 돈을 내 매입한 땅으로, 흥령의 토호土豪들이 무단으로 점거하고 있었다. 그 사실을 밝혀내고, 두 현縣(계동현과 흥령현)이 모여 그 지역을 획정했으며, 토호들이 배상한 은銀 18냥 5전 외에, 따로 종종유鍾宗儒의 서수중동西水中洞의 땅을 매입해서 나오는 전조田租 3단担과 조량租糧 3승升으로 때를 정해 도로 수리비로 사용하도록 했다. 가경 25년(1820)에 읍상 등외鄧巍가 천금千金을 기부해서 다시 8면面이 2면으로 되니, 마침내 넓은 도로가 만들어져 행인이 편히 다닐 수 있게 됐다.[9]

이 글에 나오는 읍령 최세소는 명 천계天啓 연간(1621~1627)에 계동현 지현知縣을 지낸 인물이다. 읍상은 명 · 청 시대 최소 행정단위인 현縣의 교육을 책임졌던 현학縣學을 말한다. 앞의 인용문은 팔면산 일대의 도로 개설과 그 정비에 관한 글이다. 일단 명 정통 연간(1436~1449)인 15세기 중엽에 시작돼 19세기 중엽까지 적어도 4세기에 걸쳐 도로를 개설하고 보수한 내용을 축약하고 있다. 기술이 발달하지 않은 시대라는 점을 감안하더라도 한 지역의 도로 개설과 확장이 400여 년에 걸쳐 행해졌다는 사실이 놀랍고, 게다가 그 정황을 고스란히 기록한 점도 이채롭다.

이 같은 기록을 통해 명말청초明末淸初의 혼란기를 제외하면 적어도 명 중엽부터 청 중엽까지 지속적으로 팔면산의 도로를 확장했다는 사실을 잘 알 수 있다.[10] 그런 점에서 팔면산의 도로 개설이 이 지역의 중요한 관심사였음을 쉽게 알 수 있다. 도로 개설과 확충 사업에는 항상 계동현 지

---

9) 嘉慶《桂東縣志》卷2,〈疆域〉(山川), 12쪽 上~13쪽 下.
10) 따라서 가경 10년(1805) 계동현 지현을 역임한 부붕비傅鵬飛의 기록에도 가경 연간 당시 팔면산 일대 도로를 다시 정비한 기록이 등장한다. 傅鵬飛,〈八面山路記〉, 同治《桂東縣志》卷17,〈藝文上〉(記), 26쪽 下~28쪽 上 참조.

현이 전면에 나섰으며, 지역의 유력자도 앞다투어 돈을 기부했다. 이 이야기가 지니는 의의는 당시 사람들이 산에 대한 경외감 못지않게 산을 적극적으로 개발하려고 했다는 것을 말해준다는 점이다. 더구나 도로 개설과 함께 도로 연변에 암자를 지었다는 사실도 꽤 흥미롭다.

한편 명대 이래 소유권이 불분명했던 토지까지도 일부러 찾아내 도로 보수 비용에 충당했다는 기록으로 보아, 당시 사람들은 도로의 유지 보수를 위한 경비 문제까지 함께 고려했다는 사실을 알 수 있다. 이 모든 정황은 팔면산의 도로가 지역 사회에서 매우 중요한 위치를 차지했으며, 현대적 의미의 기간 시설이었다는 사실을 전해준다. 그리고 마침내 4세기에 걸친 장기간의 공사 끝에, 팔면산은 누구나 쉽게 오를 수 있는 공간이 됐다.

맨 마지막 문장에 있는 8면이 2면으로 됐다는 말의 구체적인 의미는 알 수 없지만, 명대까지만 하더라도 매우 좁은 여러 개의 길이 청대에 이르러 완연한 도로의 형상을 갖췄다는 뜻으로 해석할 수 있다. 이제 산은 누구나 쉽게 통과할 수 있는 평범한 도로가 됐다. 진언의 시에 등장하는 등산의 어려움과 번거로움을 걱정할 필요가 없게 됐다. 이런 점에서 수직 공간인 산을 평면화하는 작업이 줄기차게 행해졌던 때가 바로 명·청 시대였다. 팔면산에 관해 읊은 청대의 다른 작품을 통해 그런 정황을 확인할 수 있다.[11]

> 나는 조금 전 산에 올랐으며,
> 조금 후 그대는 산에서 내려오리니.
> 정오에 산허리를 지날 때쯤,
> 어찌 서로 만나지 않겠는가?

---

11) 黃體文,〈八面山樵歌〉, 嘉慶《桂東縣志》卷18,〈藝文下〉(詩), 41쪽 上.

어제는 유모령으로,
오늘은 난시갱爛柴坑으로.
서로 바라봐도 누군지 알지 못하는데,
하얗게 일어난 구름만 마주볼 뿐이네.

행인은 머리를 숙여야 하며,
말은 안장을 내려야 길을 갈 수 있다네.
외줄기 산길은 원숭이만 오가니,
촉도蜀道보다 험하구나.

간 도끼날은 서릿발처럼 날카롭고,
옮기는 발걸음은 안개를 밟고 있네.
나무를 베어 산호珊瑚 가지를 손에 넣으니,
그 어디에 선인仙人이 있는지 알 수 없구나.

　이 시는 팔면산에서 나무를 채취하는 나무꾼들의 정황을 읊은 작품이다. 그러나 이 시를 쓴 황체문黃體文이 정확하게 청대 어느 시기 인물인지는 불분명하다. 또 이 시에 등장하는 촉도는 섬서성 영강주寧羌州에서 사천성 성도成都에 이르는 매우 험준한 길을 말한다. 앞서 언급한 명대 진언의 마음처럼 이 시에서도 산에 대한 두려움이 아예 사라진 것은 아니지만, 길을 닦은 수백 년간의 노력 끝에 팔면산에서는 이제 사람들의 흔적을 쉽게 찾아볼 수 있게 된 사실을 분명히 전해준다. 물론 일부 산길은 여전히 험했던 정황도 동시에 기록돼 있다. 그러나 현대에도 사람이 다니는 산길은 정해져 있다. 즉, 산은 기본적으로 폐쇄된 공간이다. 하지만 이제 산에 사람들이 적극적으로 등장한다. 특히 넷째 연에서 볼 수 있듯이, 산이 지닌 신비감은 더 이상 청대 사람들의 관심사가 아니었다. 촉도보다 여전히 험한 길이었지만, 행여 오가는 행인을 마주치지 않을까 기대하는 장소가 됐다.

중국 사료에 등장하는 산에 관한 이야기 가운데 호남성 팔면산에 관련된 기록은 분명 예외적이다. 도로 개설에 대한 구체적인 상황 설명과 함께 팔면산의 풍경 변화를 읽을 수 있는 명대와 청대의 문학 작품이 동시에 존재한다는 점에서도 그렇다. 하지만 당시 지방지 편찬자들이 의도적으로 해당 내용을 기록했다고 보기 어렵다면, 팔면산에 대한 기록이 남아 있는 이유는 이 일대 자연 경관의 변화가 당시 사람들에게도 꽤나 흥미로웠거나, 적어도 새로운 도로의 개설로 이전보다 교통이 훨씬 편리해졌기 때문일 것이다. 조용했던 산과 숲이 이제는 오가는 행인으로 소란스러워졌다. 여기서 소란스러워졌다는 말은 단지 수사학적인 표현만이 아니다.

팔면산의 기록은 무엇보다 명·청 시대에 이르러 산이 인간과 가까워졌다는 사실을 말한다. 산에 대한 친근함이야말로 산으로 사람들이 몰려드는 중요한 심리적 요인이었다. 명·청 시대의 사회경제적 조건과 이런 심리적 요인의 결합이야말로 당시 사람들이 장강 중류 지역의 산지를 본격적으로 개발한 동기였다. 명·청 시대 사람들이 이처럼 산에 친숙함을 느끼고 있었다면, 본격적으로 산을 개발하기 시작한 때는 언제일까?

새로운 경제활동 공간

이 문제와 관련해서 호북성 '형양荊襄' 지역과 강서성 '감남贛南' 일대의 반란은 중요한 의미를 지닌다. 널리 알려진 것처럼, 형양 유민의 반란은 성화成化 원년(1465)에 발생했으며, 명 홍무洪武 연간(1368~1398)부터 반란이 발생한 감남 지역에서는 성화 연간(1465~1487)에 5회, 홍치弘治 연간(1487~1505)에 4회, 정덕正德 연간(1505~1521)에 17회 그리고 가정 연간

(1522~1566)에 41회가 발생했다.[12] 특히 감남 지역은 청淸 초에도 지속적으로 반란이 발생한 대표적인 산악 지역이었다.[13] 따라서 15~16세기는 장강 중류 일대 산악 지역의 변동 전환기였다고 볼 수 있다.

형양과 감남 지역 반란 사건을 다룬 기존의 연구에 따르면 이 두 반란은 모두 명 중엽 이후 사회 질서의 붕괴로 형성된 도호逃戶와 객민客民의 주도로 일어났으며, 객민의 유입으로 산악 지역의 인구는 자연스럽게 증가했다.[14] 또 장강 중류 일대의 도호나 객민의 사회경제적 의미를 밝힌 연구들이 지적했듯이,[15] 유민의 적극적인 산지 개발로 명 중엽 이후 산악 지역은 중요한 경제활동 무대로 등장했다. 이처럼 객민의 이입 → 산악 지역 개발 → 중요 경제활동 지역으로 성장이라는 일련의 과정이 가능했던 가장 큰 이유는 산이 지닌 경제적 잠재력 때문이다.

일부 산악에는 꽤 넓은 벼농사 가능 지역이 존재했을 뿐 아니라, 산악 지역의 원료나 자원을 이용해 종이나 차, 사탕수수, 남전藍靛 등의 재배와 판매가 가능했다. 물론 명대부터 본격화된 이러한 경제활동이 낙후된 산지

---

12) 黃志繁,《'賊'"民'之間:12~18世紀贛南地域社會》(北京:三聯書店, 2006), 118~125쪽의 도표 참조.
13) 명 말~청 초에 감남 지역의 반란 발생 상황과 그 횟수는 吳金成,《矛·盾의 共存:明淸時代 江西社會硏究》, 270~280쪽에 나오는〈動亂期의 流寇·土賊의 活動〉에 자세히 언급돼 있다.
14) 명대 형양 지역의 인구 증가에 대해서는 각각 吳金成,《中國近世社會經濟史硏究》, 178쪽과 鄭哲雄,〈중심부에서 주변부로:明淸時期 襄陽府 경제 변화의 특성〉,《東洋史學硏究》64집(1997), 32쪽 참조. 한편 감남 지역 인구 증가에 대해서는 吳金成,《矛·盾의 共存:明淸時代 江西社會硏究》, 32~33쪽 참조. 특히 이 연구에 따르면 감주부나 남안부 모두 수치상 인구는 감소했지만 경작 면적은 증가했는데, 그 주요 원인은 외부에서 인구가 유입됐기 때문이다.
15) 장강 중류 지역의 이러한 객민 활동과 그에 따른 사회경제적 변화는 吳金成,《中國近世社會經濟史硏究》, 2편에 매우 자세히 언급돼 있다. 또 강서 산간 지역의 개발 현황을 강서성 전체의 사회 경제 현상과 연결해 연구한 吳金成,《矛·盾의 共存:明淸時代 江西社會硏究》도 명·청 시대 강서 산간 지역 실상을 파악하는 데 매우 유용하다. 아울러 형양 유민 반란의 개요는 樊樹志,〈明代荊襄流民與棚民〉,《中國史硏究》3期(1980) 참조.

의 경제 구조를 선진적으로 바꿔놓지는 못했지만, 외부에서 유입된 객민의 중요한 생활 수단으로는 충분했으며, 그러한 자원 활용 가능성이야말로 명 중엽 이후 이 지역에 많은 유민이 몰려들게 된 중요한 요인이었다. 그런 점에서 다음의 언급은 산악 지역의 경제적 장점과 가능성을 잘 말해준다.

> 생각건대 감남 지방은 전지田地와 산장山場이 있는 곳은 개발돼, 벼와 죽목竹木의 생장이 자못 번창하니, (그것에서 비롯된) 이익이 있는 곳이면 사람들이 몰려든다. 길안부吉安 등 여러 부府의 각현各縣 주민들이 평상시에도 미리 와서 생계유지를 위한 방도를 찾고, 무리를 이루는 일이 나날이 증가하고 있는데, 곡식의 반출, 죽목竹木 남벌 및 전靛의 경작, 삼나무 채벌, 숯의 제조, 목재 생산 등을 할 수 있는 곳이면, 모두 그러하다.[16]

이 글을 쓴 이는 홍치弘治 연간(1488~1505)에 진사進士에 합격해 형부상서를 지낸 주용周用(1476~1547)이다. 산악 지역을 대상으로 한 관료들의 언급에서 이런 종류의 글을 쉽게 발견할 수 있는데, 이런 정황을 통해 명 중엽 당시 산악 지역이 지닌 경제적 잠재력을 확인할 수 있다.

하지만 산악 지역은 폐쇄적인 공간이며, 험한 자연을 극복할 수 있는 수단이 별로 없어 삶이 불안정하게 유지됐던 면도 간과할 수 없다. 만력 2년(1574) 진사에 올랐던 감주贛州 출신의 사조謝詔라는 인물의 다음 언급은 그런 정황을 자세히 알려준다.

---

16) 周用, 〈乞專官分守地方書〉, 《周恭肅公集》卷15, 黃志繁, 《'賊'"民'之間 : 12~18世紀贛南地域社會》, 113쪽에서 재인용.

감주에서는 다른 생산물이 나지 않지만 곡물 (생산)은 자못 풍부하다. (그 덕에) 강서성과 장강 하류 지역에서 모두 감주의 미곡을 공급받는다. 양관兩關에서 곡물을 실어 나르는 선박이 끊이지 않아 흉년에도 역시 노 젓는 소리를 들을 수 있다. 대체로 모든 백성은 자신의 호구책을 (강구하는 것에) 서툴러, 그들이 의존하는 여유 식량 일체는 모두 한 해를 나는 데 이용될 뿐이다. 따라서 식량으로 사용한 나머지는 모두 외부에 팔아버려 곡식을 저장한 집이 매우 드물다. 이곳 경작지의 반은 이웃 지역 사람들이 강제로 차지했으며, 토착인이 (토지를 소유한 예는) 거의 없다. 지방의 창고에 쌓여 있는 곡식으로는 (구제)를 시행할 수 없으며, 구제를 펼친다 해도 2~3년 정도 먹을 양에 불과하다. 만일 남창부南昌府, 임천臨川(무주부撫州府), 길안부吉安府 등에 위급 상황이 발생했을 경우, 적시에 그곳을 구제하기 위해 양관에서 곡물을 싣고 하류로 내려가는 것은 매우 편리하다.

(그러나) 만약 감주부 사람들이 기아를 겪을 경우 누가 곡물을 보내겠는가? 산마루를 넘으려고 하면 도로가 험하고, 하천 상류로 가려면 물살을 거슬러 올라가야만 한다. (이런 정황 때문에) 만력 무자년(1588)에서 기축년(1589) 사이 도로에 시신이 즐비했던 연유를 쉽게 짐작할 수 있다. 다른 지역으로 쌀 반출을 금하자 다른 지역들에서 그것을 구실로 쌀이 없다 하니, 배불리 먹는 사람과 (쌀이 없어) 앉아서 죽음을 기다리는 사람이 있다. 이것이야말로 스스로를 죽이는 술책이다.[17]

이 글의 결론은 곡물 유통을 활성화하자는 것이다. 그러나 글쓴이의 의도와 상관없이 명대 이래 산악 지역에서 발달한 곡물 생산이 지역 경제에 큰 도움이 되지 못했으며, 오히려 지역민의 생계유지조차 어려웠던 상황

---

17) 同治《贛縣志》卷9,〈物産〉, 10쪽 下.

을 알 수 있다.[18] 더구나 대체로 장강 중류의 산악 지역이 각 하천의 상류에 존재한다는 사실을 염두에 두면, 유사시 산악 지역의 식량 공급은 해결하기 쉽지 않은 문제였다.

산악 지역의 이런 양면성은 단지 강서성 남부에 국한된 현상은 아니었다. 그런데도 많은 유민이 끊임없이 산으로 몰려든 이유는 무엇일까? 명 중엽 이후 그만큼 중국 사회가 유동화됐으며, 사회경제적 압박이 컸기 때문이다. 이런 상황에서 명·청 시대 행정 당국이 효율적인 유민 대책을 수립하는 건 쉽지 않았다. 하지만 형양 농민 반란은 산악 지역을 새로운 경제활동 공간으로 인정하는 계기가 됐다. 명 정부는 형양 반란 이후 이 지역을 안정시키기 위한 대책의 하나로 부적주의附籍主義(이주 지역에 호적을 올릴 수 있는 제도)를 채택했다. 반란 대책 가운데 가장 획기적이었던 원적주의原籍主義에서 부적주의로 전환한 이유는 유민을 효율적으로 관리하고 시급히 통제해야 했기 때문이다.[19] 정책 전환의 계기를 제공한 원걸原傑(1417~1477)은 부적주의의 정당성을 자신의 상주문에서 다음과 같이 밝혔다.[20]

> 태자소보太子少保 겸 좌도어사左都御史 이빈李賓은 형양 일대 유민을 대상으로 반드시 주州·현縣을 설치해서 다스리고 위衛·소所를 만들어 통제한다

---

18) 이처럼 생계유지가 힘들었기 때문에 지나친 개발을 자행한 결과 생태가 파괴돼 다시 생산력이 저하되는 악순환이 계속됐다. 이 점에 대해서는 黃志繁·廖聲豊,《淸代贛南商品經濟硏究》, 30~40쪽 참조.
19) 당시 형양 농민을 안치安置했던 원걸原傑의 시각은 분명 경작지 부족으로 새로운 경작지를 찾아 나섰던 유민의 입장을 반영한다는 점에서, 그가 유민 발생의 사회적 원인을 정확하게 파악했음을 알 수 있다. 그러나 원걸의 입장은 바로 그러한 유민을 안착시켜 행정망 안으로 편입하는 것이었다. 이러한 원걸의 입장에 대해서는 葛劍雄 主編,《中國移民史》卷5(福州 : 福建人民出版社, 1997), 384~385쪽 참조.
20) 原傑,〈處置流民疏〉, 萬曆《鄖臺志》卷9,〈奏議〉(9), 2쪽 下~3쪽 下.

면 남쪽 지역에 대한 걱정이 없을 것이며 백성이 유랑하는 근심이 없을 것이라 말했는데, (형양 유민을) 안무按撫하는 대책으로 이만한 게 없습니다. …… 섬서성 한중부漢中府 등의 부府와 금주金州·상商·락洛 등의 현縣은 형양과 접하는데, 이 일대 유민이 새로 몰려든 곳에 호광·하남·섬서의 도지휘사사都指揮使司·포정사사布政使司·안찰사사按察使司의 삼사三司 관원인 왕용王用 등을 따로 선발해 산간 지역을 돌아보게 하고 유민을 조사한 (결과), 유민은 모두 11만 3,317호였으며, 남녀는 모두 43만 8,644명이었습니다. (그들을) 살펴보니 산동, 산서, 섬서, 강서, 사천과 본성本省(호광성湖廣省)의 군軍·민적民籍을 가진 사람들이었습니다. …… 이전의 예에 따라 그들을 본지로 돌려보낸다면, (이곳을) 떠나도 다시 돌아오거나, 곳곳에 자리한 공한지를 몰래 살펴 그런 곳에 불순한 무리가 다시 모여 살게 된다면, 수년이 안돼 그 심각함이 반드시 현재의 상황과 마찬가지가 되어 사태가 어려워질 것입니다.

형양 유민 대책을 언급한 여러 글 가운데 가장 빈번하게 인용되는 원걸의 상주문은 명 중기의 유민 대책이 산악 지역 유민 때문에 발생한 사회적 동요가 확산되지 않도록 하는 데 있었음을 말해준다. 명대 장강 중류의 산지는 이처럼 유민에 의한 개발과 그에 따른 사회적 불안정 때문에 정부와 지방 관료들에게 부정적인 공간으로 인식됐다. "성중城中의 백성은 그 흩어지는 것(산散)을 방지해야 하며, 운양鄖陽의 주민은 모이는 것(취聚)을 방지해야 한다. 흩어진 사람은 반드시 운양으로 모이며, 모이는 것은 쉬워도 그들을 흩어지게 하는 것은 어렵다"[21]라는 명대 언급은 당시 사회적 유동

---

21) 萬曆《鄖臺志》卷6, 〈版籍〉(6), 1쪽 上~下. "蓋城中之民防其散, 鄖中之民防其聚. 其散而聚也必於鄖, 而其易聚而難散也."

성과 유민들의 활동 공간이 된 산악 지역 모두를 경계한 말이다.

그러나 유민 대책을 다룬 구황서救荒書에서 부적주의가 채택된 이후에도 일부 관리가 여전히 본래 고향으로 유민을 돌려보내야 한다고 주장했던 사실을 보면[22] 산간 지역에 몰려든 유민을 특정 대책으로 해결할 수 없는 상황이었으며, 산악 지역에 인구가 집중되는 것을 막아야 한다는 시각도 여전히 존재했다. 이런 시각은 청 초에도 그대로 나타나는데, 절강성浙江省 전당錢塘 출신으로 강희 30년(1691) 무렵 형남도荊南道 도대道臺를 지낸 유삼兪森의 생각이 그러했다. 그는 강희 30년 섬서성에 가뭄이 들어 발생한 유민 대책을 기록한 책에서 유민이 산으로 모이게 해서는 안 된다고 강조했다.[23]

이처럼 산지에 대한 부정적인 인식에서 연유한 취聚·산散의 개념이 여전히 존재했지만,[24] 한편에서는 산으로 몰려든 유민을 이용해 산악 지역을 적극 개발해야 한다는 산지에 대한 새로운 입장이 등장한다. 물론 산과 관련된 그들의 시각과 정책도 넓게 보면 산악 지역의 안정을 위한 대책의 하나였지만, 분명 청대 관리들은 명대의 관리보다 훨씬 더 적극적이고 분명한 논조로 산악 지역의 개발을 주장했다. 예를 들어 뒤에서 다시 언급할 18세기의 전형적인 경세관료經世官僚인 진홍모와 같은 이들이 그러했다.[25]

18세기 관료들의 적극적인 자연 이용 주장에 대해서는 여전히 많은 연

---

22) 何淳之,《荒政彙編》,《中國荒政叢書》 1輯(北京 : 北京古籍出版社, 2003), 223쪽.
23) 兪森,《郿襄賑濟事宜》,《中國荒政叢書》 2輯, 1卷, 146쪽.
24) 상황에 따라 자신의 입장을 달리 표현했지만, 엄여익이 산간 지역 문제에 관심을 두었던 가장 큰 이유는 산간 유민에 의해 발생할지도 모르는 반란이나 소요 사태였음이 명백하다. 嚴如熤,《三省山內風土雜識》(臺北 : 商務印書館, 1936), 24쪽.
25) 陳宏謀,〈請開山林之利疏〉,《皇淸奏議》卷39, 32쪽 下~34쪽 上. 그는 봉금封禁이 해제되면 산악 지역에서 목재를 얻을 수 있으며, 목재를 다 베고 난 후에는 경작지로 이용할 수 있다는 사실을 들어 강서성 광신부廣信府의 상요현上饒縣과 광풍현廣豊縣 두 곳에 명 정통 연간 이래 행한 봉금의 해제를 주장했다.

구가 진행돼야 하지만[26] 진홍모의 예에서 알 수 있듯이 자연 자원에 대한 포괄적이고 적극적인 이용은 당시의 주요한 경향이었다.

한편 산지를 적극적으로 개발하자는 주장과 동일한 연장선상에 있던 것이 바로 청대 옹정 연간(1723~1735)의 개토귀류 정책이었다. 이 문제 역시 뒤에서 설명하겠지만, 명대 산지 개발에서 토사가 통치했던 소수민족 지역에 대한 언급이 사실상 존재하지 않았다는 점 역시 산을 둘러싼 명대와 청대의 입장이 달랐다는 사실을 말해준다. 개토귀류의 시행 목적은 정치적이라기보다 산지 개발로 자원을 이용하기 위한 경제적 이유 때문이었다. 따라서 장강 중류 산악 지역에 대한 인식이 청대에 이르러 다시 한 번 변했다고 할 수 있다.

결론적으로, 명대에는 산악 지역에 대한 인식이 대단히 부정적이었으며 유민이 산으로 모이는 것을 꺼렸지만, 청대에 산악 지역은 중요한 개발 대상이었다. 이처럼 산지에 대한 인식이 치안 문제에서 개발 문제로 전환된 가장 큰 이유는 명대 중엽 이후 청대에 이르기까지 중국 사회가 겪었던 사회경제적 변화와 당시 사람들 사이에 물질문명의 확대가 가속화됐기 때문이다.[27] 이제 산지는 단순한 치안책만을 논했던 행정 영역이 아니라 중요한 경제 영역이 됐으며, 사람들도 산이 단순한 자연물이라는 시각에서 벗어나 임산 자원 또는 광물 자원이 존재하는 장소로 인식했다.[28] 다시 말

---

26) 중국에서는 전통적으로 농업과 임업, 습지대 개발을 종합적으로 파악했다. 이 점을 감안해 진홍모의 산림 개발 주장이 반드시 산과 산림 자원만을 대상으로 한 것인지 또는 광범위한 농업 정책의 일환이었는지 좀 더 자세히 알아볼 필요가 있다. 이처럼 중국 농업이 지닌 광범위한 의미에 대해서는 樊寶敏,〈中國淸代以來林政史硏究〉, 北京林業大學 博士學位 論文(2002), 20쪽 참조.
27) 일례로 생활이 풍요로워져서 사람들의 의복 등이 매우 사치스러워졌다는 지적에 대해서는 林麗月,〈明代中後期的服飾文化及其消費心態〉, 劉翠溶·石守謙 主編,《經濟史·都市文化與物質文化》(臺北 : 中央硏究院歷史語言硏究所, 2002) 참조.
28) 일본 학자 우에다 마코토上田信의 표현을 적용하면, 이것은 경제활동 영역이 수평 구조에서 수직 구조로 확대됐음을 의미한다. 우에다 마코토는 이것을 산악 지역 연구가 지니는 매력의 하나

해 산지 자원의 개발이야말로 산악 지역을 안정시킬 수 있는 요체라는 생각이 청대에 들어와 자리 잡게 됐다.

산에 대한 인식이 이처럼 세속화되자[29] 청대에 이르러 아래와 같은 중요한 지적이 등장했다. 다음은 장강 중류 지역 호북성 응산현應山縣 지방지에 나오는 언급이다.

> 무릇 산에서 생산되는 것은 단지 목재만이 마땅할 뿐, 오곡五穀 (생산)은 적당하지 않다. (이는)《중용中庸》에서 언급하듯이, 산에서 초목이 생장하고 금수禽獸가 살고 있어 보배가 들어 있다는 말이다. …… 무릇 곡식을 심는 것은 평원의 습지대와 평지에서 행해야 하고, 습지와 평지보다 높은 곳은 본래 모두 나무를 심기에 적당한 곳이지, 곡식을 심기에는 부적당한 곳이다.[30]

이 글이 중요한 이유는 산지와 평지의 효용성과 그 이용 방법을 명확하게 이분했기 때문이다. 이런 글을 쓴 의도는 산을 보호하자는 취지였을 테지만, 그 이면에는 산을 적극적으로 이용하자는 주장도 담겨 있다. 글쓴이는 자연의 실질적 기능이 무엇인지를 분명하게 밝히고 있다.

로 언급했다. 上田信,〈中國における生態ツシステムと山區經濟—秦嶺山脈の事例から〉, 101쪽.

29) 명·청 시대의 산신山神에 대한 개념을 밝힌 연구는 아직 없지만, 상대商代의 갑골문에 등장하는 산신을 가리키는 '악嶽'이란 단어가 당·송 시대를 거치면서 일반 신과 합쳐지는 양상 역시 산의 세속화 개념과 관계있는 현상일 것이다. 이 문제에 대해서는 Terry F. Kleeman, "Mountain Deities in China : The Domestication of the Mountain God and the Subjugation of the Margins", *Journal of the American Oriental Society*, vol. 114, no. 2, Apri.~Jun.(1994) 참조.

30) 同治《應山縣志》卷4,〈山〉, 1쪽 下~2쪽 上.

(2) 나무와 숲

그렇다면 당시 사람들은 산을 구체적으로 어떻게 이용했을까? 앞서 인용한 주용의 글에서도 알 수 있듯이, 산지 개발의 가장 중요한 형태는 땅을 개간해 곡물을 생산하고 상업 작물을 재배하는 것이었다. 그러나 산에서 생장하는 나무도 매우 귀중한 자원이었다. 그 구체적인 이용 형태와 남벌 양상은 뒤에서 다시 언급하겠지만, 나무와 숲이 지니는 전반적인 특성과 함께 수종樹種을 살펴보는 것은 장강 중류 지역의 명·청 시대 환경사 연구에서 빼놓을 수 없는 중요한 작업이다.

나무

당시 사람들은 나무를 어떻게 생각했을까? 숲 자체와 그 숲을 구성하는 나무의 중요성을 새삼스레 강조할 필요는 없지만, 환경적 관점에서 숲과 나무는 다소 이질적이다. 중국 사회에서 나무는 숭배의 대상이자 보호의 대상이었다. 나무 숭배는 심리적인 면과 물질적인 면을 모두 지니는 경우가 많은데, 이런 점에서 명나라 때 사람 주국정朱國禎(1558~1632)의 설명은 꽤 흥미롭다.

신목神木 : 신목은 영락永樂 연간(1403~1424)에 등장했는데, 송례宋禮가 관리를 파견해서 이 나무에게 제사를 올려야 한다고 상주했으며, 그런 연유로 신목이란 칭호를 하사받았다. 가정 39년(1560) 봉양부鳳陽府 오하현五河縣에 삼목杉木 한 그루가 있었는데, 둘레가 1장 5척이며, 높이는 6장 6척으로 사수泗水의 모래 가운데 불쑥 솟아 있었다. 지방관이 다음과 같이 상주上奏했다.

"중도中都는 조릉祖陵이 있는 곳인데, 대목大木이 홀연히 나타났습니다. 황하와 낙수洛水 이하 (지역)에는 본래 이런 나무가 나는 곳이 없습니다. 사수는 장강과 회수淮水를 따라 흘러들어가기 때문에 역류할 이유도 없습니다. 이러한 현상은 대개 조상이 회수와 사수가 그 영험함을 발휘하도록 돕는 것으로, 대공사가 진행되는 시기에 발생했으니 결코 우연이 아닙니다. 옛날 성조成祖께서 삼전三殿을 수리할 때, 거목이 노구盧溝에 출현한 까닭에 작업장에 신목이라는 명칭을 붙였습니다. 200여 년이 흐른 지금 (조상)의 미덕이 다시 계속되고 있습니다."

전해오는 말에 따르면, 옛날 고우주高郵州 신개하新開河에 황목皇木을 운반하는 사람이 있었는데, 홍수를 만나 거목 두 주株를 유실했다. 세월이 지난 후 호수 한가운데 마치 용의 모습을 한 두 물체가 있었으며, 비바람이 칠 때마다 머리를 들고 요동쳐 그 소리를 10리 밖에서도 들을 수 있었다. 인근에서 그 소문을 듣고 오래전부터 전해 내려오는 목룡木龍이 출현했다고 말했다. 호수가 무너진 이후 비바람이 불어도 용이 나타나지 않아, (사람들은) 그 용들이 바다로 들어갔다고 믿었다.[31]

송례는 영락永樂 연간에 공부상서工部尙書를 역임했으며, 여기서 중도란 주원장 자신의 고향이자, 한때 그가 수도로 삼으려 했던 안휘성安徽省 봉양鳳陽을 말한다. 이 글에 등장하는 두 가지 이야기에 관련된 사실 여부는 그리 중요하지 않다. 그러나 당시 사람들이 나무의 등장을 조상의 음덕으로 생각했거나 나무가 용이 돼 사라졌다고 언급한 것은 그만큼 당시 사람들이 특정 나무에 깊은 경외감을 지녔다는 사실을 말해준다.

---

31) 朱國禎,《涌幢小品》卷4,〈神木〉(北京 : 文化藝術出版社, 1998), 81쪽.

한편 나무가 지닌 이런 종교적 성격은 다시 특정 지역의 수목 보호로 확대되기도 했다. 삼성 교계 지역의 태평향太平鄕이란 곳에 동치同治 10년 (1871)에 세워진 한 비석에는 다음과 같은 기록이 남아 있다.[32]

> 다음과 같은 사항을 말하노라.
> 풀 한 포기, 나무 한 그루와 같은 모든 사물에 각각 주인이 있음을 밝히는 바이다.
> 우리는 우매하게도 그 사실을 몰라,
> 당장 거인명산巨印明山 경계境界 지역의 나무를 수차례 남벌하고도,
> 경계警戒하는 마음을 갖지 않아,
> 이후 그들은 체포됐으며,
> 여러 사람에게 그 사실을 알리고,
> 공의公議를 거쳐 그 벌로 금비禁碑를 세우도록 해,
> 후일의 경계로 삼는다.

이 비문은 태평향의 담유공譚有恭, 원국재袁國才, 원작일袁爵一 등이 거인명산의 산림을 여러 차례 도벌하다가 체포된 후, 후세에게 교훈을 남기기 위해 호림비護林碑를 세우도록 한 내용이다. 이 단순한 내용의 호림비가 지적하듯이, 모든 사물에 각각 주인이 있다는 언급은 나무에 대한 보호가 단순한 경제적 목적 때문만은 아니었다는 사실을 보여준다. 이런 점에서 대나무와 관련된 아래 두 글은 명·청 시대 사람들이 지닌 나무에 대한 다양한 인식을 말해준다.

---

32) 張浩良 編著,《綠色史料札記-巴山林木碑碣文集》(昆明 : 雲南大學出版社, 1990), 32~33쪽. 이 일대에서 태평향이란 명칭을 가진 마을은 사천성 면양綿陽과 호북성 학봉鶴峰에 각각 존재하지만, 저자는 어느 지역인지 구체적으로 밝히지 않았다.

나는 본디 대나무를 좋아한다. 북경에서 내려온 이후 내가 본 (대나무의) 높이는 모두 1장丈 남짓이었으며, 큰 것도 겨우 엄지손가락 정도여서 마음 속으로 그것을 부끄러워했다. 매번 하인을 보내 여러 묘시廟市(시장)에서 (대나무를) 구매하도록 해, 정원 담벼락 밖에 있는 공터에 심었다. 그러나 심은 만큼 말라죽었으며, 말라죽으면 다시 심고, 그러면 다시 말라죽는 일이 빈번했다. …… 대나무 뿌리는 반드시 양기陽氣를 받아야 하며 평탄한 곳에 (심어야 한다). 깊이 심으면 뿌리에 공기가 통하지 않아 썩는다. 따라서 평평한 곳의 땅을 파되, 4촌寸을 넘지 않게 얕게 심어야 한다(천종淺種)고 말하는 것이다. 이렇게 한 후 땅을 돋아서 흙을 두껍게 덮어 뿌리가 움직이지 못하게 그 기반을 공고히 하는 것을 깊게 심는 것(심종深種)이라고 말한다.[33]

이 글을 쓴 팽유신彭維新(1679~1769)은 호남성 다릉현茶陵縣 출신으로, 병부상서에 오르기까지 다양한 관직을 역임하는 동안 소신을 굽히지 않아 네 번이나 관직에서 쫓겨난 강직한 인물로 널리 알려졌다. 이후 19년 동안 관직 없이 지내다 사망했기 때문에 이 글은 말년에 쓴 것으로 추측된다. 이런 종류의 글이 많이 남아 있지는 않지만, 팽유신의 글에는 자신이 좋아하는 대나무가 쉽게 자라지 못하는 안타까움이 짙게 배어난다. 그는 이 글에서 감정이입 대신 효율적이며 실질적인 식목 방법을 제시하고 있다. 반면 다음의 글은 동일한 대나무를 당시 사람들이 어떻게 여겼으며 또 대나무를 통해 어떻게 마음의 위안을 얻고자 했는지 잘 드러난다.

사람은 만물의 영장이며, 대나무에게는 군자의 지조가 있다. (대나무의) 덕을 심어 무료를 감내하는 것이야말로 그윽한 그늘을 조성하는 것이니,

---

33) 彭維新,〈種竹記〉,《湖南文徵》(4卷) 卷44,〈記〉(3), 16쪽 上~下.

(이는) 고매한 사람들과 친교를 맺는 데 적합하며, 천박한 세상과는 어울리지 않는다. 이미 대나무를 사랑하는 마음이 더욱 깊어져 (대나무를 보러) 가지 않는 날이 없다. 만약 지기知己가 이 대나무 숲에 머문다면 대나무와 더불어 한가한 (시간)을 만들 수 있으며, 세상의 번거로움을 떨쳐낼 수 있고, 여유에 의지하여 흥을 돋을 수 있으며, 한여름 더위를 쫓을 수 있을 뿐 아니라, 말년에도 좋은 우의를 맺게 될 것이다.[34]

이 글에서 대나무는 단순한 생물이 아닌, 인간이 본래 지녀야 할 덕목의 화신으로 등장한다. 또 나무 그늘을 만들 수 있다는 실질적인 언급에 비춰본다면 음기는 그늘로 해석할 수 있다. 이 글을 쓴 유삼오劉三吾 역시 다릉현 출신이다. 그는 나무가 지닌 도덕적 완결성을 나타내고자 했다. 이는 공자가 나무를 '인仁'에 비유하고 장자는 '질박'에 비유했다는 일화[35]와도 통한다. 군자의 지조와 함께 세속의 번잡한 일에서 벗어나고자 하는 의도가 분명히 나타나기 때문이다.

동일한 대나무를 두고 두 사람은 전혀 다른 생각을 표현했지만, 그들의 내면에는 나무를 소중히 여기는 마음이 깔려 있다. 나무가 단순히 마음에 위로를 주거나 한 개인의 호사 때문만은 당연히 아니다. 생태학적으로 봐도 나무는 소중하다. 일례로, 한 종류의 나무가 사라질 경우 그 나무에 의지해 사는 생물 13종이 사라진다. 특히 산림 면적이 10퍼센트 감소하면 산림에 의지해 살아가는 생물이 50퍼센트 이상 감소한다는 연구 결과도 있다. 나무로 구성된 숲은 생태계에 매우 중요한 요소라고 할 수 있다.[36]

---

34) 劉三吾,〈竹深賦〉,《湖南文徵》(2卷) 卷53,〈賦〉(上), 20쪽 上~下.
35) 강판권,《공자가 사랑한 나무, 장자가 사랑한 나무》(민음사, 2003), 67쪽.
36) 李丙寅·朱紅·楊建軍,《中國古代環境保護》(開封:河南大學出版社, 2001), 7쪽.

고대인이 나무의 이 같은 기능을 얼마나 이해했는지는 모르지만, 적어도 나무가 물을 흡수해 수리 기능을 조절한다는 점만은 분명하게 인식했다. 이런 종류의 언급은 명·청 시대 사료에 꽤 빈번히 등장하는데, 다음은 강서성의 한 산악 지역에 관련된 언급이다.[37]

대유현大庾縣의 산전山田과 생계는 산에서 흐르는 물에 의지한다. 따라서 산에서 (밑으로) 채 흘러내리지 않은 소량의 물줄기(연적涓滴)도 버리지 않는다. 물이 이미 강으로 흘러 들어가면 소량의 물줄기를 취할 수 없으므로 높은 지대에 있는 경작지는 방죽과 도랑의 물을 이용해야 하며 하천의 물은 이용하지 못한다. 어리석은 백성은 근래 냇가 옆 산을 한 치도 남김없이 개간해 산에 초목이 사라졌는데, (이것은) 많은 비가 내려도 (초목이) 그 비를 저장할 수 없으며 흙과 흙 사이가 떠서 수력水力을 이기지 못한다는 사실을 모르기 때문이다. 일단 많은 비가 내리면 모래와 진흙이 모두 아래로 흘러 대강大江에 이르니, 오히려 물 한 말(두斗)에 진흙 한 되(승升)가 (섞여 있는 형상이 되어), 주변 산간 계곡이 모래로 막힌다. 작은 도랑도 (그런 상황을) 면치 못하며, 방죽 역시 다시 준설해야 한다는 점을 반드시 알아야 한다. 어디나 많은 모래로 적체가 되고 저장한 물이 저절로 적어져 (방죽이나 도랑이) 진흙으로 덮이면 흐르는 물이 쉽게 고갈되니 어찌 경작지에 (생계를) 의지할 수 있겠는가? 하물며 하도河道가 본래 길을 벗어나는 일이 더욱 많아져 범람의 우려가 있으니, 이것이야말로 그 피해가 수십 년 후에도 (나타날 것이다). 비록 지금 이 말에 수긍을 해도 필시 (지금의 내 말을 당장은) 믿지 않을 것이다.

---

37) 民國《大庾縣志》卷2,〈地理〉(山川), 25쪽 下~26쪽 上.

이 인용문에 등장하는 하천은 강서성 대유현 동쪽 60리에 위치했던 지강수池江水다. 이 글이 나무와 숲이 하천 생태와 유기적으로 연결되어 있다는 점을 밝히고 있는 곳은 당연히 '연적'이라는 대목이다. 글쓴이는 산에 나무가 있어야 급격하게 물이 흘러내리지 않고 소량의 물이 지속적으로 흐를 수 있다는 점을 정확하게 언급했다.

더구나 산악 지역에서 발생하는 수토 유실에 관한 수치가 등장하는 점도 이채롭다. 정확성을 인정하기는 어렵지만, 글쓴이의 말대로 한 말당 모래나 진흙이 한 되 정도 섞여 있었다면[38] 약 10퍼센트의 토사가 하천에 포함돼 있다는 의미다. 한 연구에 따르면 현재 장강에 포함된 토사의 양은 1세제곱미터에 1킬로그램 정도다.[39] 물론 황하의 토사 함유량이 최대 1세제곱미터에 약 1,000킬로그램이라는 점을 감안하면, 앞의 두 수치는 모두 황하에 비해서는 현저히 낮지만 적어도 일부 산간 지역 하천의 토사 함유량은 현재보다 월등히 많았다는 점을 의미한다.

한편 인용문 마지막에 '(지금의 내 말을 당장은) 믿지 않을 것'이라는 지적을 통해 환경 변화에 민감하지 않은 사람들의 무감각함을 드러내고 있다. 그렇다고 해도 글쓴이는 이 말을 통해 산에 나무가 존재해야 한다는 절대성을 은연중 강조하고 있음을 알 수 있다.

이런 상황을 종합한다면, 나무는 종교적 숭배의 대상이었고 상서로운 일을 점지해줄 뿐 아니라 개인의 심성을 다스리는 도구이기도 했다. 또 산에서 내려오는 수량을 조절하는 실질적인 기능을 나무가 한다는 점을 명·청 시대 사람들은 분명히 인식했다.

---

38) 명·청 시대 1승升의 용량은 현재보다 약간 많은 1,035밀리리터였다. 丘光明,《中國古代度量衡》(北京:中國國際廣播出版社, 2011), 171·183쪽 참조.
39) 黎沛虹·李可可,《長江治水》(武漢:湖北教育出版社, 2004), 22쪽.

숲

나무에 담긴 초자연적 영험과 같은 종교적 믿음이나 나무가 귀중한 자원이 될 수 있다는 인식 덕분에 중국인들이 나무 자체를 적대시한 적은 없다. 하지만 역설적으로 숲에 대한 인식은 종종 적대적이었다. 숲이 신선한 공기와 편안한 안식처를 제공한다는 점에서 숲 자체를 매우 귀중한 자원으로 인식하는 현대의 시각과 비교할 때 중국 역사 시대 숲에 대한 인식이 사뭇 달랐다는 사실을 자료를 통해 확인할 수 있다. 무엇보다 과거 숲은 인간의 안락한 삶을 위협할 수 있는 존재였다. 20세기 초반의 한 연구에 따르면 광서廣西나 귀주貴州 지역 토착민은 숲 속 맹수로부터 생명과 재산을 지키기 위해 숲을 불살랐으며, 그런 행위는 정기적으로 행해졌다.[40]

숲은 많은 불순분자의 은닉처일 수 있다는 명·청 시대 관료들의 지적은 숲이 사회적으로도 적대시됐던 대표적인 증거이다. 이처럼 숲이 사회 불순분자의 은닉처라는 거의 상투적인 지적 때문에 개별 나무가 지닌 가치를 쉽게 망각하는 일도 많았다. 그래서 전쟁이 터지면 군사 작전에 방해가 된다는 이유로 숲을 불태우는 일도 빈번했다. 태평천국의 반란이 발생했을 당시, 석달개石達開는 현재 호북성 은시현恩施縣의 남교南郊 일대를 시찰하면서 맹수와 울창한 숲을 없애기 위해 폭약을 터뜨려 숲을 불태웠다는 유명한 일화도 있다.[41]

건륭 연간(1736~1795)에 호북순무湖北巡撫를 역임한 안사성晏斯盛(?~1752)은 호북 지방에 부임해 그곳의 인상을 다음과 같이 적었다.

---

40) W. C. Lowdermilk and T. I. Li, "Forestry in Denuded China", *Annals of the American Academy of Political and Social Sciences*, vol. 152, Nov.(1930), 128쪽.
41) 馮祖祥·姜元珍, 〈湖北森林變遷歷史初探〉, 《農業考古》 3期(1995), 189쪽.

초북楚北은 웅장한 지역으로 운양鄖陽·양양襄陽·안육安陸·덕안德安 네 부府는 모두 숭산崇山 준령으로 둘러싸여 있고, 그 북쪽의 형주荊州·무창武昌·한양漢陽·황주黃州 네 부府는 강한평원과 동정호 주변의 긴 하천과 커다란 호수 연변에 자리한다. …… 그 남쪽의 의창宜昌과 시남부施南府의 새로 개발된 지역은 숲이 우거져…… 떠돌아다니는 무리와 협잡꾼으로 가득하다.[42]

안사성의 이 글은 호북성의 지형을 간단하게 요약하고, 동시에 산악 지역의 숲 속에는 불순분자가 가득하다는 사실을 지적한다. 이어서 그는 호북성이 높은 산과 거대한 하천으로 둘러싸여 있음을 다시 한 번 상기시킨 후, 당시 가어嘉魚·한양·무창·효감孝感·한천漢川·황강黃岡·황안黃安·마성麻城·광제廣濟·면양沔陽·천문天門·잠강潛江·종상鍾祥·경산京山·양양·조양棗陽 등을 중심으로 수많은 도적이 출몰한다고 언급했다.[43] 이는 장강 중류 일대의 산악 지역과 하천 유역 경비에 많은 비용이 들었음을 의미한다. 따라서 숲을 불순분자의 은거지로 생각했던 당시 관리들은 벌목을 단행해 숲을 가능한 한 줄여야 한다고 생각했다. 또 벌목한 목재는 다양한 건축 자재로 이용할 수 있으며, 숲이 없어져야 유민의 통제와 단속에 효율적이라고 주장했다.[44]

그렇다면 명·청 시대 장강 중류 지역의 구체적인 수종과 산림 상황은 어떠했을까? 중국 학자의 최근 연구에 따르면 1999년 현재 중국의 토지 구성 상황은 총 국토 면적 144억 무畝 가운데 경작지가 19.51억 무(13.55퍼센트), 산림 지역이 34.14억 무(23.7퍼센트), 목초지가 39.91억 무(27.72퍼

---

42) 晏斯盛,《楚蒙山房集》(奏疏) 4, 1쪽 下~2쪽 上.
43) 晏斯盛,《楚蒙山房集》(奏疏) 4, 5쪽 下.
44) 鄭哲雄,〈淸代 三省交界地域의 森林과 林産物 保護對策〉,《明淸史研究》16輯 (2002), 114쪽.

센트)다.[45] 현재 경작지의 상당 부분과 목초지 등이 고대에는 분명 산림 지역이었을 것이다. 고대의 산림 복개율을 정확하게 계산하는 것은 불가능하지만, 진秦· 한漢 시대 이전 전체 면적의 60퍼센트였던 산림 복개율이 중화인민공화국 시기에 들어와 12~16퍼센트로 낮아졌다고 추정한다. 쉽게 짐작할 수 있듯이, 인구가 증가할수록 산림 복개율은 낮아졌는데, 적어도 하대夏代부터 진 · 한 시기까지는 산림 복개율이 64~40퍼센트에 달한 반면, 오대 · 송~명 · 청에 이르러 33~15퍼센트에 그쳤으며, 1911~2000년에는 15~12.5퍼센트로 하락했다.[46]

농경지 확대는 물론이고 가축 사육, 치안, 교통로 확장 등으로 산림 면적은 시간이 지날수록 축소됐다. 물론 예외적으로 숲이 복구되는 일도 있었으며, 산림 보존 상태가 시기와 장소에 따라 많은 차이가 있었던 것은 사실이다.[47] 일례로 20세기 초 중국 북부와 중부 지역을 여행한 윙게이트A. W. S. Wingate는 안휘 북부는 남벌이 심했지만, 남부는 태평천국 이후 적극적인 조림 사업으로 산림이 울창하다고 언급했다. 호남성 역시 나무가 매우 울창했다는 그의 설명을 그대로 믿는다면, 호남성 주민들은 황금 알을 낳는 거위처럼 소중하게 생각했던 숲을 파괴하는 일을 상당히 조심스

---

45) 樊寶敏 · 李智勇,《中國森林生態史引論》(北京 : 科學出版社, 2008), 36쪽.
46) 樊寶敏 · 李智勇,《中國森林生態史引論》, 37쪽과 역사 시대부터 현재까지의 인구 증가에 따른 산림 복개율의 변화는 樊寶敏 · 董源 · 張鈞成 · 印嘉佑,〈中國歷史上森林破壞對水旱災害的影響─試論森林的氣候和水文效應〉,《林業科學》卷39, 3期(2003), 137쪽 참조.
47) 북경 북쪽 승덕承德 주변에 마련된 목란위장木蘭圍場의 존재 덕분에 청대 내내 이 지역 일대는 비교적 숲이 잘 보존됐다. 특히 목란위장이 만주족 고유의 정체성 보존과 밀접한 연관이 있다는 점을 염두에 둔다면, 이데올로기적인 면에서도 만주 지역 일대의 적극적인 개발은 아마도 쉽지 않았을 것이다. 이 문제를 다룬 Nicolas K. Menzies, *Forest and Land Management in Imperial China*(New York : St. Martin's Press, 1994), 57~62쪽 참조. 그러나 한 종족이나 국가의 이념이 숲의 보존이나 파괴와 어떻게 연관성이 있는지에 대한 연구는 아직 없다. 한편 熊大桐 等 編著,《中國近代林業史》(北京 : 中國林業出版社, 1989), 56~66쪽에서 지적한 것처럼, 동북 삼성의 산림 수요 증가와 그 피해는 19세기 후반 제국주의 침략이 본격화된 이후에 주로 발생했다.

러워했다. 아울러 그는 호북성 시남부施南府에서 사천성 기주부夔州府 만현 萬縣 쪽으로 여행하면서 이 지역 길 역시 매우 울창하며 그 경관이 매우 아름답다고 기술했다.[48]

고대 시기 장강 중류 지역의 산림과 자연 상태가 매우 양호했다는 사료상의 증거는 다른 어떤 자료보다 2세기 인물로 알려진 사마상여司馬相如의 〈자허지부子虛之賦〉에 나타난다. 그는 〈자허지부〉에서 자신이 거주하는 초楚 지역 일대를 제齊 왕에게 다음과 같이 소개했다.[49]

> 운몽雲夢은 그 둘레가 900리이며,
> 그 가운데 산이 솟아 있습니다.
> 첩첩 봉우리로 둘러싸인 그 산은
> 매우 높고 험하며,
> 그 봉우리가 들쑥날쑥해
> 해와 달을 가릴 지경입니다.
> 멋대로 솟은 산봉우리에
> 푸른 구름이 가려져 있습니다.
> 물이 흐르다 그쳐 못을 이루고…….
> 그 북쪽에는 울창한 숲과 거목이 있는데,
> 후박나무와 녹나무,
> 계수나무, 산초나무, 백목련,
> 황벽나무, 백양나무,

---

48) A. W. S. Wingate, "Nine Years' Survey and Exploration in Northern and Central China (Continued)", *The Geographical Journal*, vol. 29, no. 3, Mar.(1907), 283 · 288쪽 참조.
49) 마크 엘빈,《코끼리의 후퇴》, 122쪽에서 재인용.

돌배나무, 고욤나무, 밤나무가 있으며,
귤나무와 유자나무 향이 사방으로 퍼지고 있습니다.

그 명칭과 구체적인 지역 범위에 대해서는 여전히 논란이 되는 운몽택雲夢澤 일대의 풍경을 사마상여는 사뭇 자랑스럽게 설명한다. 명·청 시대에 이르러 이러한 원시림은 급격히 감소하지만, 장강 중류 지역에서 행해진 다량의 목재 생산과 유통의 전제는 다름 아닌 이 지역에 남아 있던 숲과 나무였다.

따라서 일부 예외적인 증거는 있지만,[50] 명·청 시대 장강 중류 지역의 숲이 온전하게 보존됐다고 단언하기는 어렵다. 오히려 여러 사료에 따르면 쓸 만한 재목이 당시에 남아 있지 않다는 언급이 심심찮게 등장한다. 무엇보다 다양한 금속 수요의 증가에 따른 광산 개발, 인구 증가와 상품화에 따른 목재와 연료의 필요성 증대, 모피 등과 같은 사치품 수요를 충당하기 위한 사냥, 임산물 채취와 가공 등으로 분명 명·청 시대 숲과 나무는 대량으로 파괴됐다. 또 산악 지역 주민의 생활 유형도 평야 지역 주민의 생활 방식을 쫓아간 결과 건축 자재와 의복 등이 호화스러운 경향을 띠게 되었고,[51] 이에 따라 숲과 산지 자원에 대한 개발 압박이 가중됐던 상황도 숲이 감소한 중요한 원인이었다. 더구나 명 중엽 이후 장강 중류 지역에서 발생한 광범위한 경작지 개발 그리고 격심한 인구 증가와 이동은 숲의 생존에 치명적인 요인이었다.

---

50) 이런 점에서 남벌의 범위와 그 정도는 지역에 따라 많은 차이가 있다. 예를 들어 호북성 의창부 宜昌府, 사천성四川省 무산현巫山縣, 사천성 동부의 평행령平行嶺 일대는 여전히 많은 나무가 자라고 있어 인적이 드물고 목재 연료 채취가 쉬웠다. 藍勇 主編, 《長江三峽歷史地理》(成都 : 四川人民出版社, 2003), 26쪽.

51) 鄭哲雄, 〈清代 湖北省 西北部 地域의 經濟開發과 環境〉과 鄭哲雄·張建民·李俊甲, 〈清代 川·湖·陝 交界地域의 經濟開發과 民間風俗〉(II) 참조.

그렇다면 명·청 시대 중국의 산림 분포 상황은 어땠을까? 연구에 따르면 장강 중류의 호북성, 호남성, 강서성 일대는 전통적으로 산림이 풍부한 지역이었다. 충적세 중기(기원전 8000년~기원전 3000년) 파양호 주변에는 우리말로 북나무로 번역되는 고栲[Euscaphis japonica (Thunb.) Dippel]라는 열대성 나무가 생장했으며, 후기가 되면 소나무와 참나뭇과에 속하는 청강력青岡櫟[Cyclobalanopsis glauca (Thunb.) Oerst] 상록활엽수가 등장했다. 강한평원江漢平原(호북성 중남부 일대)이나 양호평원兩湖平原(호북성의 강한평원과 호남성 동정호 평원 일대) 역시 이러한 수종이 생장했음을 확인할 수 있으며, 호북성 이천利川 지역 일부에서는 삼목의 생장 흔적이 발견된다.[52] 명·청 시대 지방지를 중심으로 장강 중류 일대의 수종을 검토하기에 앞서, 중국 전체의 산림 분포 상황을 살펴보는 게 유용할 것이다.[53]

숲을 구성하는 수종이 매우 다양하다는 점에서, 표 1-1의 지역적 구분이 중국의 전체 수종을 나타내는 데 반드시 적절한 것이라고는 할 수 없다.[54] 예를 들어 북부림의 남동 지역으로 구분된 대파산 일대는 북부림 지역의 수종이 전형적으로 분포한 곳은 아니며, 진령秦嶺과 호남성 사이의 격차도 상당히 크기 때문이다. 사천성 동북부, 호북성 서북부, 섬서성 남동부 일원에 뻗어 있는 대파산에는 침엽수와 활엽수가 공존하는 이른바 혼합수종 지역이며,[55] 진령 일대에 비해 호남성의 수종은 귤이나 감나무 등이

---

52) 周宏偉,〈長江流域森林變遷的歷史考察〉,《中國農史》18卷, 4期, 4~5쪽.
53) Nicolas K. Menzies, *Forest and Land Management in Imperial China*, 13~20쪽과 中國科學院中國自然地理編輯委員會 編,《中國自然地理 : 歷史自然地理》(北京 : 科學出版社, 1992), 18~35쪽에 근거했다.
54) 예를 들어 니콜라스 멘지스는 북동 지역을 단순하게 한대림으로 규정했지만, 중국 학자들은 대체로 이 지역에 한대림과 온대림이 공존했다고 지적한다. 中國科學院中國自然地理編輯委員會 編,《中國自然地理 : 歷史自然地理》, 18쪽.
55) S. D. Richardson, *Forests and Forestry in China : Changing Patterns of Resource Development* (Washington, D. C. : Island Press, 1990), 11쪽.

〈표 1-1〉 중국의 수종 분포

구 분		지 역	주요 수종
북동 한대림		동북 삼성三省 · 내몽골 · 장백산長白山 고지대	낙엽송 · 가문비나무
북부림	북동 활엽수 지역	오대산五臺山 · 태행산太行山 일대	포플러 · 참나무 · 소나무
	북부 평야와 남동 지역	대별산大別山과 대파산大巴山까지의 지역	참나무 · 소나무
	북서 변방	오르도스 평원 · 영하寧夏 · 감숙甘肅	초지草地 · 버드나무
	남서 변방	황하와 장강 사이 민산岷山 · 진령秦嶺	북동 지역 활엽수와 상록수 혼재
남부림	남부 내륙	진령에서 호남과 광서 경계 지역 · 타이완 · 운남雲南 고지대	낙엽활엽수와 상록수 혼재 · 풍楓 · 피柀 · 오동梧桐 · 죽竹 · 송松
	장강 하류	절강浙江 · 강서 · 복건福建 북부	지배적인 수종 부재 · 상록수 위주
열대림		해남도海南島 · 타이완 남부 · 운남	고지대의 참나무 · 홍수림

많았다.[56] 이처럼 분포가 다양하지만, 특히 호북성 대별산과 섬서성 남부와 호북성 북부에 걸쳐 있는 대파산을 중심으로 수종 분포가 확연히 달라진다는 점을 확인할 수 있다.

한편 토양과 기후는 각 지역 고유의 수종 형성에 중요한 영향을 끼치는데, 특히 기후는 매우 중요한 요소다.[57] 예를 들어 강서성 감주부贛州府 우도현雩都縣의 경우 이 지역을 가로지르는 우수雩水를 경계로 그 북쪽에는 장목樟木이 있는 반면 용목榕木은 없고, 반대로 남쪽은 용목이 생장하는 반면 장목은 자라지 않았다. 용목은 추위에 약하고, 장목은 더위에 약하기 때문이다.[58] 또 동일한 기후 조건이라도 지역 고유의 풍토는 고유 수종 형성에

---

56) 龔政,〈淸代湖南的經濟開發和生態環境的變遷〉, 西南大學 碩士學位 論文(2008), 12쪽 참조.
57) S. D. Richardson, *Forests and Forestry in China : Changing Patterns of Resource Development*, 10~11쪽.
58) 康熙《贛州府志》卷3,〈氣候〉, 2쪽 下.

매우 중요했다. 따라서 동정호 주변에서 많이 산출됐던 귤은 서리의 다과에 따라 수확량이 매우 달라졌지만, 동정호 주변의 물 기운 덕에 맛과 생산량을 안정적으로 확보할 수 있었다.59)

그렇다면 장강 중류의 호북성, 호남성, 강서성의 주요 수종은 무엇이었을까? 각 지방의 중요 생산품을 기록한 대다수 지방지의 〈물산지物産志〉는 단순히 생산품을 나열하는 형태로 기록돼 있어 수종의 시기별 변화상을 알 수는 없다. 그러나 장강 중류 삼성 지역의 대략적인 수종을 확인해 이 지역에 생장한 나무 종류를 살펴볼 필요는 있다.

일단 표 1-2는 장강 삼성 지역의 여러 현지縣志나 부지府志가 아닌, 성지省志를 토대로 작성한 것이다. 또 강서성의 나무 종류가 현저히 적은 이유는 광서 연간(1875~1908)의 《강서통지江西通志》나 옹정 연간의 《강서통지》가 모두 강서성의 천연자원보다는 특산물 위주로 기술됐기 때문이다. 아울러 부지나 현지에 비해 성省 단위의 통지通志는 대체로 내용을 간단히 서술하기 때문이기도 하다. 이런 점을 보완하기 위해 장강 삼성 지역 각 현

〈표 1-2〉 청대 호북성, 호남성, 강서성의 주요 수종

성	호북성	호남성	강서성
수종	송松, 만년송萬年松, 백백, 회檜, 삼杉, 주목株木, 추楸, 장樟, 남楠, 동桐, 랑수야자樹, 연리유連理楡, 단檀, 주목椆木, 철리목鐵梨木, 풍楓, 저櫧, 고고栲, 춘椿, 곡槲, 저櫨, 박樸, 련楝	감귤, 송松, 동桐, 죽竹, 곡수穀樹, 자수柘樹, 종려棕櫚, 규槻, 남楠, 백柏, 재梓, 춘椿, 율栗, 삼杉, 우랑목牛榔木, 회삼灰杉, 야광목夜光木, 영수목靈壽木, 광랑목桄榔木, 저櫧, 은행銀杏, 풍楓, 만년송	은행銀杏, 시柿, 귤橘, 만년송, 죽竹, 동桐, 삼杉, 우근목牛筋木

출처: 民國《湖北通志》卷23, 〈與地〉(23)(物産) ; 光緒《湖南通志》卷61, 〈殖貨〉(7)(物産 2) ; 光緒《江西通志》卷49, 〈與地略〉(5)(物産).

---

59) 光緒《湖南通志》卷61, 〈食貨7〉(物産 2), 1494쪽 上.

의 현지縣志에 기록된 수종을 조사한 결과, 차이는 약간 있지만 대체로 송松, 백柏, 삼杉, 동桐, 재梓, 남楠, 죽竹의 일곱 종이 가장 빈번하게 등장했다.[60]

하지만 일부 지역은 청 말에 이르러 외국 품종이 등장하기도 하며, 동일 수종에 대한 설명이 각각 달라 특정 나무가 구체적으로 어떤 품종을 말하는지 알기 어려운 경우도 있다. 강서성 여산廬山의 대림사大林寺에서 생장한다는 보수寶樹는 기독교 신자들이 들여온 품종으로 기록돼 있고,[61] 만년송의 경우 호남성 지방지에서는 식물로 분류해 분재가 가능한 품종으로 설명한 반면, 호북성 지방지에서는 특정 지역에 존재하는 고송古松의 일종으로 분류했다.[62]

이런 명칭상의 혼란을 감안하더라도 지방지의 서술 방법을 통해 명·청 시대에 숲과 나무가 매우 중요한 자원이었음을 쉽게 알 수 있다. 앞에 서술한 일곱 종 가운데 지팡이, 화살 심지어 식용으로 사용했던 대나무 품종을 제외하면 장강 중류 지역에서 가장 중요한 나무는 삼목杉木(Cunninghamia lanceolata)이었다. 중국 전체에서도 장강 중류 지역이 가장 중요한 생산지였던 삼목은 일명 피점柀黏으로 불리는 상록교목으로, 대체로 장강 이남 지역에 광범위하게 분포했다. 재질이 연하고 치밀할 뿐 아니라 내구성이 강해 건축이나 교량, 조선용 목재로 널리 쓰였다.[63]

삼목과 남목楠木의 분포는 대체로 장강 삼협이 있는 파동巴東 이하와 시

---

60) 이 결론은 호북성 산악 지역에 해당하는 17개 현, 호남성의 14개 현, 강서성의 일곱 개 현 지방지의 물산 부분에 대한 조사를 근거로 한 것이다. 본문에서 말한 것처럼 현마다 독특한 수종이 존재할 가능성이 있지만, 가장 자주 등장하는 수종은 본문에서 언급한 일곱 종이었다.
61) 光緒《江西通志》卷49,〈輿地略五〉(物産), 25쪽 上.
62) 각각 光緒《湖南通志》卷60,〈食貨〉(6)(物産 1), 1481쪽 下와 民國《湖北通志》卷23,〈輿地〉(23)(物産 2), 799쪽 下.
63) 高明乾 主編,《植物古漢名圖考》(鄭州 : 大象出版社, 2006), 221~222쪽. 한 지방지의 설명에 따르면 삼목은 관목으로도 훌륭하게 쓰일 뿐 아니라 일부 품종은 지붕 대용으로 이용했을 정도로 그 사용처가 많았다. 同治《來鳳縣志》卷29,〈物産〉, 20쪽 上.

남부 일대에서 호남성과 호북성이 맞닿은 지역 그리고 호남성 남부 일대에 걸쳐 있었음을 알 수 있다. 호남성과 호북성에 비하면 강서성의 삼목 분포는 그리 넓지 않지만, 길안부吉安府의 만안현萬安縣, 남안부南安府의 상유현上猶縣과 숭의현崇義縣, 광신부廣信府의 연산현鉛山縣 등지에서도 생장했다.[64] 따라서 강서성 일부 지역에서는 판매를 위해 삼목을 심는 사례가 발견되기도 하는데, 토착민은 물론 외래인이 그 이익을 독점해서 부를 축적하는 경우도 많았다.[65]

한편 사천성 일부와 귀주 지역에도 삼목과 남목이 상당한 정도로 분포돼 있었다.[66] 장강 중류 일대 목재 유통을 언급하면서 다시 설명하겠지만, 장강 중류 일대 산림이 급속도로 파괴된 이유 가운데 하나는 바로 삼목이나 남목이 이 지역에 많았기 때문이다.[67] 황목皇木 채판採辦 외에도, 특히 소수민족 지역이 개발됨에 따라 이 지역 산림이 급격하게 상품화되고 있음을 확인할 수 있다.[68] 청 말의 한 지방지는 삼목을 이렇게 설명한다.[69]

- 《이아爾雅》에는 점柀으로 표기돼 있다. 곽박郭璞(276~324)의 해설에 따르면 소나무와 비슷하며 강남 지역에서 생장하는데, 배·관목棺木·기둥 등

---

64) 각각 光緖《萬安縣志》卷4,〈食貨〉(土産), 28쪽 下; 光緖《上猶縣志》卷2,〈輿地〉(物産), 32쪽 下; 同治《崇義縣志》卷4,〈物産〉, 10쪽 上; 乾隆《鉛山縣志》卷4,〈食貨〉(物産), 30쪽 下
65) 각각 乾隆《永新縣志》卷1,〈輿地〉(物産), 61쪽 上과 道光《玉山縣志》卷12,〈土産〉, 2쪽 下.
66) 사천성 지방지 기술에 따르면 심산에 삼목과 남목이 다량으로 존재했음을 알 수 있다. 嘉慶《四川通志》卷11,〈食貨〉(木政), 1쪽 上~下.
67) 호남성 영순부永順府의 경우 이 지역의 토사土司가 남목을 대량으로 벌채해 진상했다는 기록과 함께 이제 좋은 목재가 남아 있지 않다는 기술을 통해 이 지역 산림 피해의 단면을 확인할 수 있다. 同治《永順府志》卷10,〈物産〉, 17쪽 上.
68) 張應強,《木材之流動 : 淸代淸水江下游地區的市場·權力與社會》(北京 : 三聯書店, 2006), 45~46쪽.
69) 각각 民國《湖北通志》卷23,〈輿地〉(23)(物産 2), 800쪽 下와 光緖《江西通志》卷49,〈輿地略〉(5)(物産), 29쪽 上.

으로 쓰이며, 매장해도 썩지 않는다. 따라서 육서六書에서는 삼나무 재목이 여러 목재 중 최고라고 했는데, (삼목에 대한 그런) 설명은 당연히 믿을 만하다. 현재 각 현에서 종종 삼목의 목재가 생산되지만, 길이와 굵기가 큰 삼목은 얻기가 꽤 어려워 귀주성과 사천성 토사 지역에서 (생산되는 것에) 미치지 못한다.《숭양지崇陽志》에도 삼목과 측백나무가 기록돼 있으며,《황안지黃安志》에는 봉미삼鳳尾杉이,《죽산지竹山志》에는 향삼香杉이,《학봉지鶴峰志》에는 세삼洗杉이,《시남지施南志》에는 홍삼紅杉이 각각 기록돼 있는데, 이 모든 수종이 좋은 품종에 (속한다).《홍산지興山志》에 따르면 (삼목) 뿌리의 껍질은 가루로 만들어 요기를 할 수 있으며,《내봉지來鳳志》의 기록에 따르면 그 껍질을 기와로 대신 사용할 수 있다. 이 때문에 삼목이 세간에 더욱 귀하게 됐으므로 특별히 기록을 남긴다.

- 삼목 가운데 적색은 향삼으로, 백색은 토삼土杉으로 불린다. 용남龍南 지역 사람들이 이 나무를 외성外省에 팔아 얻는 이익이 가장 많다.

이 두 설명이 정확하게 어느 시기의 상황을 언급한 것인지는 가늠하기 어렵지만, 대체로 청 중엽이나 말엽의 상황으로 짐작된다. 첫 번째 언급에 등장하는 식용이나 기와 대신으로 사용한다는 것은 삼목이 장강 중류 일대에서 차지했던 자원으로서의 위상을 충분히 말해준다. 더구나 저자는 삼목을 그처럼 광범위하게 이용한 탓에 삼목이 사라지고 있으므로 특별히 그 사실을 기록으로 남긴다고 언급했는데, 미루어 짐작하면 삼목의 피해가 많았음을 알 수 있다.

기본적으로 나무와 산림을 자원으로 인식했기 때문에 특히 저지대에서 자라는 나무는 피해가 더욱 컸다. 한편 고지대에서 자라는 나무는 기술의 한계로 쉽게 벌채하기 어려웠다. 따라서 역사 시대에 목재 벌채는 기술과

〈표 1-3〉 고도에 따른 호북성 수종의 생장 지역

수종		생장 지역	생장 고도(m)
상록침엽수	마미송馬尾松	호북성 전체	800 이상
	대만송臺灣松	호북성 동북	800~1800
	화산송華山松	호북성 서북	1,000 이상
	파산송巴山松	호북성 서북과 서남	1,200~1,900
	삼목杉木	호북성 동남과 서남	200~1,400
낙엽침엽수	수삼水杉	이천현利川縣	1,000~1,500
고산상록침엽수	냉삼冷杉	신농가神農架	2,000 이상
낙엽활엽수	력櫟	신농가 · 무당산武當山	1,000~1,400
낙엽활엽 · 상록활엽 혼교混交	류柳, 단수椴樹, 화목樺木	신농가 · 호북성 서남과 동남	600~1,000
죽림竹林	모죽毛竹	호북성 동남과 서남	1,000 이하

출처 : 唐文雅 · 葉學齊 · 楊寶亮,《湖北自然地理》(武漢 : 湖北人民出版社, 1980), 115~121쪽.

공학 수준의 영향을 많이 받았다는 점에서 고도별 나무 생장 상황을 살펴보는 것은 유용한 일이다.

표 1-3에 등장하는 냉삼(Abies)은 소나뭇과에 속하는 수종으로, 북반구 온대와 아열대에서 주로 생장한다. 냉삼 가운데 주로 동북 지역 북부, 화산과 오대산 일대에 분포하는 취냉삼臭冷杉(*Abies nephrolepis*)은 해발 300~2,000미터에서 생장하지만, 진령과 대파산 일대에서 생장하는 파산냉삼巴山冷杉(*A. fargesii*)과 태백냉삼太白冷杉(*A. sutchuenensis*)은 대체로 해발 2,300~3,300미터의 고지대에서 자란다. 또 장포냉삼과 같은 일부 냉삼은 해발 3,000~4,500미터에서만 자라는 수종이기 때문에 그러한 수종을 벌목하기는 좀처럼 쉽지 않았다. 반면 해발 600~1,500미터의 저지대에 주로 생장하는 소나뭇과의 마미송(*Pinus massoniana*), 삼목과에 속하는 삼목

과 수삼(메타세쿼이아) 역시 비슷한 위도에서 생장할 뿐 아니라, 대량 재배가 가능한 수종이다.[70]

이렇게 볼 때 청대의 한 관료가 당시 기술 수준으로는 도저히 황궁 건설에 필요한 일정 규격 이상의 목재 채취가 불가능하다고 한 언급은[71] 당시 비교적 고도가 낮은 지대의 거목이 모두 사라졌음을 의미하는 반면, 상대적으로 냉삼과 같은 고지대 수종은 온존했음을 뜻한다. 따라서 고도에 따른 수종 분포 상황은 단지 식물학적 의미뿐 아니라 명·청 시대 산악 개발의 한 단면을 드러낸다. 즉, 자원의 이용은 반드시 당시의 기술 수준과 병행한다는 점이다.

한편 인위적인 요인 외에도 숲의 존재와 형성은 기후나 토양 등에 많은 영향을 받기 때문에 특정 지역의 기후 변화로 숲이 큰 피해를 입은 사례도 확인된다. 표 1-4는 청대 호북성에서 발생한 자연재해로 나무나 숲이 입은 피해를 정리한 것이다.

표 1-4는 또 다른 의미의 기후사인 동시에 자연이 겪은 재해사라고도 할 수 있는데, 표에서 확인할 수 있듯이 중국사에 자주 등장하는 가뭄과 홍수로 나무가 입은 피해는 상대적으로 적은 반면, 바람과 추위로 인한 피해는 매우 잦다. 이러한 도표를 사람 중심으로 작성한다면 정반대의 결과가 나올 것이다. 즉, 가뭄과 홍수 피해가 가장 많은 반면, 추위 특히 바람의 피해는 훨씬 적을 것이다. 따라서 표 1-4는 나무나 숲의 입장에서 본 재해사다. 또 줄곧 추위 피해가 큰 것으로 나타나는데, 이는 호북성의 주요 수종이 아열대성이라는 점과 관련이 있을 것이다.

---

70) 中國植被編輯委員會 編著, 《中國植被》(北京 : 科學出版社, 1980), 114~120쪽.
71) 당시 벌목의 어려움을 언급한 李應, 〈策直陳聞見疏〉 참조. 康熙《陝西通志》卷32, 〈藝文〉, 67쪽 下~68쪽 上.

〈표 1-4〉 청대 호북성의 자연재해에 의한 임목林木 피해 횟수

재해＼시기	순치	강희	옹정	건륭	가경	도광	함풍	동치	광서	선통	합계
바람	12	10	-	6	2	11	8	8	10	-	67
가뭄	2	4	-	-	-	-	4	-	-	-	10
홍수	2	1	-	3	1	-	-	2	-	-	9
추위	-	3	-	2	3	5	5	7	7	1	33
합계	16	18	-	11	6	16	17	17	17	1	119

출처 : 湖北省武漢中心氣象臺 編,《湖北省近五百年氣候歷史資料》(武漢, 1978), 49~205쪽에서 발췌·정리.

    물론 바람 피해를 특정 지역 전체 숲의 피해로 확대해 생각하는 것은 무리다. 아마도 바람 피해는 대체로 숲보다는 나무가 입은 피해를 언급한 것으로 추측할 수 있다. 마을의 거목이 쓰러진 경우가 대부분일 테지만, 일부 지역에 대한 기록에 "거센 바람으로 지붕이 날아가고, 임목林木과 집이 수없이 많은 피해를 입었다"는 말이 등장하는 것으로 보아,[72] 바람이 숲에 직접 피해를 준 일도 있었다고 보인다. 특히 나무가 동사凍死한 경우는 그 범위가 상당히 넓었다고 추측할 수 있다. 또 눈이 많이 내려 나무가 쓰러졌다는 기록 역시 숲 전체에 영향을 끼쳤음을 말해준다. 특히 일부 지역에서 눈이 26일간이나 녹지 않고 나뭇가지에 그대로 남아 있었다는 기록을 감안하면, 추위는 특정 지역 숲 전체에 영향을 미쳤을 뿐 아니라 나무에 서식하는 조류까지 함께 사라지게 했을 것이다.[73]

    나무나 숲이 겪은 자연재해에서 빼놓을 수 없는 것이 바로 해충이다. 그

---

72) 湖北省武漢中心氣象臺,《湖北省近五百年氣候歷史資料》, 166쪽.
73) 湖北省武漢中心氣象臺,《湖北省近五百年氣候歷史資料》, 147쪽에 따르면, 도광道光 14년(1834) 호북성 응산현應山縣의 경우 "大凍, 氷結地爲塊, 樹木委地, 鳥栖無食死"라고 기록된 것으로 보아 추위 등의 자연재해가 일정 지역 생태계에 심각한 영향을 끼쳤다는 사실을 알 수 있다.

사례가 많지 않아 표 1-4에서는 정확하게 기재하지 않았지만, 도광道光 15년(1835) 호북성 동부에 위치한 황매현黃梅縣에서는 메뚜기 떼가 극성을 부려 대나무 등의 잎을 모두 갉아먹었다는 기록이 등장한다. 황매현에 등장한 해충은 메뚜기로 표기돼 있어, 그것이 벼 등에 피해를 주는 보통의 메뚜기인지 또는 다른 종류의 메뚜기인지는 불분명하다.[74] 하지만 동치 2년(1863) 송자현松滋縣에 등장한 해충이 소나무 잎을 모두 갉아먹었다는 기록의[75] 주인공은 16세기 중엽부터 중국에 출현하기 시작한 송모충松毛蟲(Lepidoptera), 즉 송충이었다.

나무와 숲에 대한 지금까지의 설명과 다양한 증거를 통해 보건대, 특정 나무에 대한 보호와 숭배는 숲의 보호와는 무관했다. 한편 각 지방지에 등장하는 나무는 대체로 나무의 효용성을 중심으로 설명되는데, 이러한 현상 또한 신앙이나 전설 등이 깃든 나무와는 별도로 생각했던 것처럼 보인다. 한편 숲은 분명히 효용 가치가 있는 나무들의 집합체로 인간의 생활을 영위하기 위한 중요한 자원이었지만, 동시에 통치 행위를 방해하는 존재이기도 했다. 그래서 숲은 인위적으로 대량 파괴되었고 또 자연에서도 해를 입는 존재였다. 따라서 역사 시대에 숲은 온존하기 어려웠다.

이제 주제를 바꿔 장강 중류 지역의 자연 요소 구성에서 산이나 숲보다 훨씬 큰 중요성을 차지하는 하천에 대해 살펴보기로 하자.

---

74) 光緒《黃梅縣志》卷37,〈雜志〉(祥異), 6쪽 上에는 메뚜기가 하늘을 덮고, 그들이 지나간 곳마다 대나무 잎과 나뭇잎을 모두 갉아 먹었다는 언급이 나온다. 그러나 나뭇잎을 갉아먹는 메뚜기 떼가 흔하지 않다는 점에서, 실제 어떤 종류의 메뚜기인지는 불분명하다.

75) 民國《湖北通志》卷76,〈祥異〉(2), 1935쪽 上. 아울러 이 자료에는 운서현鄖西縣에 등장한 한 벌레가 닭 등의 가축은 물론이고 사람까지 죽일 수 있었으며, 기수현蘄水縣에서는 다리가 없는 지네 같은 벌레가 사람을 쏘았다는 기록이 등장한다. 역사 시대의 해충 피해에 대한 연구는 거의 없지만, 이러한 기록은 나무는 물론 인간에게까지 해충이 직접 영향을 미쳤다는 점을 알려준다.

(3) 하천과 호수

일찍이 스키너G. William Skinner는 자연지리를 기준으로 중국 전역을 만주를 포함해 아홉 개의 대구역大區域·macroregions으로 나누면서 다음과 같은 질문을 던졌다. 첫째, 두세 개 지역을 관통하는 대하천의 경우 주류 하천(그는 '트렁크 리버trunk river'라고 표현했다)을 어디로 정해야 하는가? 둘째, 외부 하천에서 물이 유입되지 않아도 그 자체로 내지의 배수지 역할을 하는 분지와 해안을 따라 흐르는 소규모 하천을 어느 지역에 편입해야 하는가?[76] 중국이라는 광대한 공간을 지형에 입각해 여러 지역으로 구분하려고 할 때 이런 의문은 당연히 제기될 수 있다.

이에 답하기 위한 중요한 기준으로 그는 '지형' 자체뿐 아니라, '수송의 효율성'과 '상품의 유통'이 얼마나 원활하게 이루어졌는지를 꼽았다. 해당 지역에서 고려해야 할 대상물의 동질성homogeneity과 상호연관성interrelatedness에 따라 그 지역의 활동 공간을 획정할 수 있다고 지적한 것이다. 한편 그가 다룬 시기가 주로 19세기였으며, 더구나 상업과 수송상의 효율성을 중시했기 때문에 장강 중류 지역의 경우 그가 말한 핵심 지역은 무한武漢, 구강九江, 사시沙市였다. 따라서 그의 기준에 따른다면 장강 중류 지역 가운데 한수漢水 유역 일대는 상대적으로 변방이었다.[77]

역사적 사실에 비춰보면 그의 방법론은 타당하다. 그러나 자연환경에 기초한 그의 대구역 분할과 특히 '중심core-주변부periphery 이론'은 거

---

76) G. William Skinner, "Regional Urbanization in Nineteenth-Century China", G. William Skinner, *The City in Late Imperial China*(California : Stanford University Press, 1977), 212쪽. 이하 스키너에 관련된 서술은 이 논문에 의거한 것임.
77) 그러나 남북 무역이 발달한 명대에는 한수漢水 지역이 오히려 중요한 무역로였다. 예를 들어 명대에 양양襄陽은 서남 지역의 목재가 집중됐던 목재 전문 시장이었다. 吳承明·許滌新,《中國資本主義的萌芽》卷1(北京 : 人民出版社, 1985), 86쪽.

꾸로 대구역 안의 사회경제적 요소를 지나치게 강조하는 결과를 낳았다. 더구나 그의 언급대로 하천 유역에서 주류 하천 지역을 별도로 구분한 점은 사회경제사적으로는 의미가 있지만, 환경사 자체나 환경 변화라는 면에서 주류 하천을 별도로 구분하는 작업은 큰 효용성이 없다. 이 지역의 하천은 지리적으로 서로 긴밀히 연결돼 있기 때문이다.

지리적으로 하천이 길게 흐르며 지류가 서로 얽혀 있고, 하천과 하천 사이의 영향이 다른 지역보다 훨씬 더 민감하게 상호작용을 하는 곳이 바로 장강 중류 지역이다. 바로 이런 점에서 뒤에 언급할 만성제 일대의 수리 변화와 자연재해는 장강 중류 일대가 하천과 얼마나 긴밀한 연관성이 있으며, 각 하천과 호수 역시 긴밀한 영향 아래 있다는 점을 잘 보여준다. 하지만 다른 측면에서 본다면 서로 긴밀하게 연결된 수리 체계 내에서도 환경 변화의 요인이나 양상은 당연히 서로 달랐다. 장강 수계의 중요 지역인 사시沙市-무한武漢-구강九江 일대는 늘 홍수에 시달렸던 지역이다. 반면 형강 상류 지역이나 구강 이후 지역은 상대적으로 수계가 안정적이었다.

스키너가 분류한 여덟 개 대구역 가운데 19세기 중반(1843년)의 인구 수치 자체로만 본다면, 장강 중류 지역의 인구는 북중국에 이어 2위를 차지했다. 이처럼 인구가 많았던 이유는 이 지역의 발달된 하천 덕이었다. 하천이 있어서 수송이 쉬웠으며 관개농업이 발달했다. 호북성의 장강과 한수, 호남성의 상강湘江, 강서성의 감강贛江이 장강 중류 지역의 가장 중요한 하천이며, 적어도 명·청 시대 이후 이 지역의 사회경제 발달은 이러한 하천을 중심으로 이루어졌다. 하천과 호수 주변에 형성된 완전垸田과 호전湖田, 그에 따른 미곡 생산량 증가와 외부로의 수출, 무한이나 장사 등의 미곡 무역과 상업 등은 기존에 이미 많은 연구가 이루어졌으며, 지금도 많은 연구가 진행되는 중요한 주제다.[78]

따라서 명·청 시대 장강 중류 지역의 사회경제적 발달 양상에 대한 설명보다는 하천을 둘러싼 자연환경, 하천에 대한 인식 그리고 기존 연구에서 많이 거론되지 않은 수리 관련 사회문제를 살펴보려고 한다.

장강 유역 일대는 지역에 따라 많은 편차가 있지만, 연평균 강우량이 1,000밀리미터 정도로 온난다습하고 서리가 내리지 않는 기간이 길기 때문에 일찍부터 곡물 생산 위주의 경제 구조가 형성됐다.[79] 따라서 산악 지역과 달리 일찍부터 인구가 집중됐다. 특히 중국 민족은 일찍부터 산지와 평지가 연결된 분지를 중심으로 문명을 전개해왔기 때문에[80] 산악 지역과 달리 평지는 정치와 경제 그리고 인문환경의 발전이 빨랐다.

장강 중류 지역 하천의 지리적 특징은 무엇보다 여러 수계가 매우 복잡하게 얽혀 있다는 점이다. 장강 삼성三省 가운데 특히 호북성의 수리 체계

---

78) 이 주제와 관련된 연구를 자세히 열거하기는 어렵지만, 우리나라의 경우 吳金成은《中國近世社會經濟史硏究》에서 특히 명대 장강 중류 지역의 사회경제적 변화를 정치精緻하게 서술했으며, 해당 자료를 광범위하게 인용해 매우 유용하다. 또 吳金成,《國法과 社會慣行 : 明淸時代社會經濟史硏究》(지식산업사, 2007)의 2장에 수록된〈農業의 發展과 明淸社會〉는 장강 중류 지역의 수전 개발과 강남 지역의 개발 양상을 비교할 수 있는 시각을 제시하며, 부론附論으로 수록된 '湖廣熟 天下足'에서는 장강 중류 지역에서 수전 농업이 차지하는 비중을 잘 설명했다. 특히 후자에서 일부 수전은 제완으로 형성돼 기존의 유수지나 방치된 저습지 개발이 실현됐다는 설명(133쪽)은 환경사 측면에서도 시사적이다. 한편 田炯權은〈淸末民國期 湖南 長沙府의 농업 생산과 상품 유통〉,《明淸史硏究》25집(2006)에서 청 중엽 이후 미곡 수출량이 감소했다는 기존 연구와는 달리, 청 말에서 민국 시기에도 장사부長沙府 일대 미곡 수출량이 증가했으며, 농업 생산성도 향상됐다는 귀중한 결과를 발표했다. 중국에서 발표된 연구 결과 가운데 주로 저서를 중심으로 언급한다면, 彭雨新 · 張建民,《明淸長江流域農業水利硏究》가 장강 일대 수전 개발 양상을 가장 자세히 다뤘으며, 梅莉 · 張國雄,《兩湖平原開發探源》(南昌 : 江西敎育出版社, 1995)은 수전과 농작물 생산 확대를 동시에 다뤘지만, 두 사실의 연관성에 대한 서술은 미흡한 편이다. 이런 점에서 龔勝生,《淸代兩湖農業地理》(武漢 : 華中師範大學出版社, 1996)는 수전에 대한 설명은 많지 않지만, 이 지역의 청대 농업 발달을 확인할 수 있는 매우 유용한 연구다. 장강 중류 지역 수전과 관련된 또 다른 연구는 앞서 언급한 미국 학자 피터 퍼듀Peter Perdue의 저서 *Exhausting the Earth : State and Peasant in Hunan, 1550~1850*이다. 이 연구가 흥미로운 이유는 수전 확대의 정치경제학적 의미에 대한 질문과 함께, 궁극적으로는 수전 개발이 호남성 농민의 갈등 증대와 빈곤으로 이어졌다는 결론 때문이다. 이는 수전 개발로 사회생산력이 발달했다는 기존의 견해를 재고할 수 있는 여지를 제공한다.

79) 武漢電力學院 · 水利水電科學硏究院 編,《中國水利史稿》卷1(北京 : 水利電力出版社, 1979), 5쪽.
80) 上田信,《海と帝國》(明淸時代)(東京 : 講談社, 2005), 75~76쪽.

를 통제하기 어려웠던 이유는 이처럼 수계가 워낙 복잡한 자연 조건 때문이었다. 그러한 자연 조건이 빚어낸 호북성 특유의 수리 환경을 청대의 한 사료는 다음과 같이 적었다.

> 장강의 물은 삼협三峽을 벗어나면 그 기세가 마치 물동이에서 물을 쏟아붓는 것과 같으며, 여름과 가을에 일단 물이 불으면 바로 천릿길이 된다. 그러나 이릉夷陵을 거슬러 올라가면 산과 협안夾岸이 있어 물의 기세가 넘치지 못한다. 가어현嘉魚縣 밑으로는 강 면面이 넓어 순류順流가 곧바로 주입되며, 중간 지역의 양안兩岸은 모두 평탄하고 습한 저지대로 물이 천천히 흐르기 쉽다. 강릉江陵, 공안公安, 석수石首, 감리監利, 화용華容 사이에서 (장강은) 서쪽에서 동쪽으로 그리고 다시 동쪽과 남쪽으로 흘러 그 수세의 우회가 빈번하다. 악양岳陽에 이르러 서남쪽에서 다시 동북쪽으로 방향을 바꿔, 다시 밑으로 흐르기 때문에 제방이 무너지는 피해는 형주에서 많이 발생한다.[81]

호북성과 호남성 일대 장강의 수세를 설명하는 이 글에 따르면 강릉-화용 사이에서 장강의 하도가 매우 복잡해 제방이 무너지는 등의 수해가 빈번했으며, 가장 직접적인 피해를 입은 곳은 형주 일대였다. 이는 뒤에서 서술할 만성제 일대의 수리 상황이 장강 중류 삼성 지역 가운데 가장 긴요했다는 사실을 의미한다. 한편 다음의 글은 장강 중류 일대의 수계가 서로 연결돼 있음을 지적한다.

> 호북성의 큰 하천은 장강과 한수다. 장강은 사천의 민산岷山에서 발원해 의창宜昌과 형주를 지나, 동정호에서 갈라져 한구漢口를 통과하며 (한구에

---

[81] 兪昌烈, 〈湖北水利論〉, 《楚北水利堤防紀要》(武漢 : 湖北人民出版社, 1999), 99쪽.

서) 장강과 한수가 만난다. 한수는 섬서 한중부漢中府의 파총嶓冢에서 발원해 운양鄖陽, 양양, 안육安陸 등 여러 지역을 거쳐 한구로 나가는데, 한수 역시 (이곳에서) 장강과 만난다. 장강의 근심 지역인 강릉, 감리, 송자, 석수 등은 실로 장강의 수세水勢가 그대로 밀려오는 곳이고, 한수의 근심 지역인 종상鍾祥, 경산京山, 잠강潛江, 천문天門, 형문荊門, 면양沔陽 등은 실로 한수의 수세가 그대로 밀려오는 곳이다. 장강과 한수의 지류는 서로 연결되는데, 그 분류分流가 주입돼 (수량이) 서로 증가하면 해당 지역이 번갈아가며 그 충격을 받는다.[82]

이 두 인용문을 종합해보면, 호북성에서는 수해가 형주 일대에 집중 발생한다는 점과 복잡하게 흐르는 장강과 한수의 지류가 서로 영향을 주는 탓에 적절한 수리 대책을 수립하기 어렵다는 사실을 알 수 있다.

한편 동정호가 북쪽에 위치하는 호남성은 상강, 예수澧水, 원수沅水, 자수資水 등이 대표적인 하천이며 모두 동정호로 유입된다.[83] 장강이 동서 방향으로 흐르는 반면, 상강은 남쪽에서 북쪽으로 흐른다. 한편 예수는 동정호를 기준으로 볼 때, 동정호 왼쪽에서 거의 동서 방향으로 흘러 동정호 북쪽으로 유입된다. 또 원수는 호남성 서남부에서 시작해 북쪽으로 흐르다가 진주부辰州府에서 동쪽으로 방향을 바꿔 동정호 서쪽으로 들어가며, 자수는 내륙을 관통해서 북쪽으로 흐르다가 장사부 서쪽 안화현安化縣 부근에서 방향을 동으로 틀어 역시 동정호로 유입된다.

장강 중류 지역 수리공학의 기본이 적절한 배수 기능에 있다면, 호남성

---

82) 兪昌烈,〈總督鄂彌達奏覆臺中開河之議〉, 105쪽.
83) 이 네 하천 가운데 원수가 1,088킬로미터로 제일 길며, 길이가 388킬로미터로 제일 짧은 예수는 반대로 호남성으로 흐르는 하천 가운데 가장 수량이 많다. 王克英 主編,《洞庭湖治理與開發》(長沙:湖南人民出版社, 1998), 108~111쪽 참조.

의 동정호야말로 그러한 배수 기능을 위한 천연의 장소다. 그러나 동정호가 중요한 또 다른 이유는 저수 기능까지 아울러 갖추고 있기 때문이다. 즉, 호남성의 이른바 구강九江은[84] 물론이고 호북성 쪽의 장강이 동정호를 거쳐나가기 때문에 동정호는 저수와 배수 기능의 적절한 조화가 무엇보다 중요했다. 따라서 건륭 연간에 이르러 대다수 지방 관리들이 호수 주변에 형성된 위전圍田의 철폐를 주장한 이유는 동정호의 수면 축소로 저수와 배수 기능이 약화될 상황을 염려했기 때문이다.

    호북성 남쪽의 동정호는 횡으로 800여 리에 달하며, 사천, 귀주, 광동과 광서, 호북의 하천이 흘러 들어옵니다. 겨울과 봄에 물이 마를 때면 호수 주변 습지는 본래 황무지입니다. 여름과 가을에 물이 불어나면 이 황무지가 모두 물에 잠깁니다. 여러 하천의 물이 불 때마다 항상 역류해서 위쪽이 물에 잠깁니다. …… 개인이 쌓은 양림새楊林塞 상·하당上·下塘의 두 제방을 살펴본 결과, 현재 이미 그 제방이 높고 두꺼울 뿐 아니라 길이도 길어 그것을 없애기가 쉽지 않습니다. 현縣에 칙령을 내려 10일 이내에 제방 밑에 여러 개의 배수구를 뚫도록 해서 외부 호수와 연결되도록 한 (결과), 물을 막아 경작지를 만드는 것이 불가능하게 됐습니다. 또 겨울에 물이 마를 때를 기다려 다시 많은 배수구를 뚫어 육지와 서로 평평하게 만든다면, 물이 불어날 경우 나머지 제방으로 물이 스며들어 저절로 제방이 차츰 무너지게 될 것입니다.[85]

이 글은 건륭 28년(1763) 호남순무湖南巡撫로 있던 진홍모가 상주한 글

---

84) 원수沅水, 점수漸水, 원수元水, 진수辰水, 서수敘水, 유수酉水, 예수澧水, 자수資水, 상수湘水를 말한다.
85) 道光《洞庭湖志》卷1,〈皇言〉, 23쪽.

로, 당시 위전 때문에 동정호 일대 수리 상황이 악화되자[86] 위전을 허물어
야 한다는 주장이 담겨 있다. 이런 종류의 주장은 건륭 연간(1736~1795)
당시 이미 흔하게 등장했지만, 진홍모의 지적처럼 여름과 겨울에 각각 동
정호의 수면 높이가 확연히 달랐다는 점은 동정호가 장강 중류 일대의 가
장 중요한 물주머니(수대水袋) 역할을 했다는 사실을 잘 보여준다. 그러나
청 건륭 연간 이후 이러한 물주머니가 모래주머니(사대沙袋)로 변한 탓에 이
지역의 수해 위험이 증가했다.[87] 위전이나 제완을 없애야 한다는 주장이
끊임없이 거론됐지만, 동정호 일대 개발 방지 대책이 실효성이 없었던 이
유 중 하나는 동정호 일대 주민들이 당시 호수면의 변화를 적절하게 이용
해 다양한 경작을 시행했기 때문이다.

(제방으로 물을 막은) 그 외부 지역을 창주敞洲라 부르는데, 하천 연변에
있는 외줄기 길에는 간혹 호미로 땅을 파놓은 곳이 있지만 대부분 황무지
다. 사주沙洲와 맞닿은 토지는 다만 곡식을 심기에 적당할 뿐, 다른 농사를
짓기에 불리하기 때문에 채소를 심어서 파는 사람이 없다. 비록 토양이 곡
식을 (심기에) 적당하지만 관개灌漑가 불가능하므로 (좋은) 논은 되지 못
한다. 농민들은 여름에 대수大水로 물이 불면, 토지를 일궈 경작지를 만들
며, 물이 빠진 후 진흙이 쌓이면 씨를 뿌려 파종하니, 이것을 일러 살곡전撒
穀田이라고 한다. (살곡전은) 땅을 일부러 일구지 않아도 되고, 가을이 지나
면 이윽고 황폐한 땅이 된다. 예전에 일군 땅은 두 번에 걸친 홍수가 사주를

---

86) 동정호 주변의 이러한 수리 상황 악화는 이미 16~17세기 전반에 등장했다. 吳金成,《中國近世
社會經濟史硏究》, 258쪽.
87) 특히 동정호는 청 초까지만 하더라도 형강荊江의 조현구調弦口와 호도구虎渡口 두 곳만 물이
유입되다가 1852년 우지藕池와 송자松滋가 무너진 후 네 곳의 물이 유입되어 수량이 대폭 증가했
다는 점도 수해 위험을 가중시킨 중요한 원인이었다. 王克英 主編,《洞庭湖治理與開發》, 38쪽.

덮어, (사주는) 대부분 이미 토사로 덮인 상태다. …… 무릇 이러한 창주는 (마치 제방이 있는 것처럼) 막혀 있는 동시에 수면과 통해 홍수와 가뭄 걱정이 없으며, 비옥한 경작지로 개간할 수 있는 면적이 7,000~8,000무에 달한다.[88]

이 글은 당시 동정호 일대에서 호수면의 변화에 따라 시기를 적절하게 택해 경작했던 정황을 말해준다. 따라서 굳이 제방을 쌓지 않아도 경작할 수 있는 여지가 존재했으며, 자연스럽게 호수 주변 지역을 적극적으로 이용할 수 있었다. 물론 이러한 이용 형태는 명대 이래 이런 종류의 호전에 아예 세금을 징수하지 않거나, 상당 기간 유예 또는 세금을 낮춰 징세한 탓도 분명 크게 작용했다.[89] 기존의 연구가 지적하는 것처럼 동정호 주변의 개발로 호수면이 줄어들고 홍수 위험이 증가한 것만은 아니었다. 호수 일대의 수목이 점차 사라지게 되는 정황도 아울러 확인된다. 당시 사료의 설명에 따르면 동정호 주변에는 한때 다양한 종의 수목이 무성했지만,[90] 적어도 청 중엽 이후가 되면 거의 사라지고 그 대신 여러 가지 곡물과 채소가 재배됐다. 이런 정황을 도광 연간 《동정호지洞庭湖志》는 다음과 같이 기록했다.

현재 (동정호 일대에는) 진기한 (생산물)이 매우 적어 보이며, 경작하는 사람은 전보다 열 배가 많다. …… 현재 군산君山의 후호後湖, 파릉에서 화용華容, 안향安鄕, 용양龍陽, 원강沅江 다섯 현縣의 호수 주변 일대는 그 넓이가

---

88) 〈南洲墾務章程〉, 民國 《洞庭湖保安湖田志》 卷1, 14쪽.
89) 吳金成, 《中國近世社會經濟史硏究》, 246~247쪽.
90) 張明先, 〈洞庭湖賦幷序〉, 道光 《洞庭湖志》 卷9, 〈藝文〉(1), 249쪽.

600~700리로, 하나로 연결된 형상이 마치 손바닥과 같으며, 애초부터 토사가 높이 쌓인 곳에는 담배와 채소를 심을 수 있다. 채소는 가을에 파종해 봄에 수확하는데, 다행히 봄에 물이 불어나지 않으면 고스란히 이익을 낼 수 있으니, 이른바 서호채자西湖菜子란 바로 이것을 말한다.[91]

이 글에 뒤이어 동정호 일대에는 채소, 보리, 콩, 조 등이 산처럼 쌓여 있다는 계속된 언급으로 미루어보아 적어도 청 중엽 이후 동정호 주변의 산림은 사실상 사라졌다고 추정할 수 있다. 이처럼 동정호 일대에서는 수전 개발을 통한 곡물 경작뿐 아니라, 채소나 담배 같은 작물도 꽤 널리 경작됐다.

마지막으로 강서성의 수계는 호남성의 수리 지형과 매우 흡사하다. 호남성과 마찬가지로 강서성 북부에는 파양호鄱陽湖가 있으며, 파양호로 흘러들어가는 감강贛江이 강서성의 가장 중요한 하천이다. 이외에 남창부南昌府와 남강부南康府를 가로질러 동서 방향으로 흐르다가 파양호로 들어가는 수수修水 그리고 무주부撫州府를 관통해서 흐르는 여수汝水, 강서성 동북부 요주부饒州府를 남동으로 관통하는 창강昌江 등이 있다.

파양호는 한대漢代 예장군豫章郡 관할의 교양현鄡陽縣이 설치된 이후, 남조南朝 유송劉宋 영초永初 2년(425) 교양현을 철폐할 때까지 광대한 평원으로 존재했다. 이후 수·당 시기 무렵부터 진행된 파양호 일대의 침하로 이 지역 일대가 늪지로 변했으며, 수대부터 파양호라는 이름이 등장하는 것으로 보아[92] 대체로 수·당 시대 이후 현재와 같은 모습을 갖추게 됐을 것이

---

91) 道光《洞庭湖志》卷5,〈物産〉, 112~113쪽.
92) 파양호는 팽려호彭蠡湖 또는 궁정호宮亭湖로 불렸으나 수대에 파양호로 불리게 됐다. 乾隆《鄱陽縣志》卷1,〈輿地〉(1), 33쪽 下.

다. 다만 서진西晉 영가永嘉 연간(307~313) 이후 진행된 중국 인구의 남하로 파양호 일대에도 많은 인구가 유입됐다. 따라서 남창 부근의 감강 연안에는 비옥한 경작지가 형성되기도 했다.[93]

파양호 일대가 본격적으로 개발된 시기는 송대宋代였지만,[94] 원元 말에 이르러 파양호 일대 주민이 사방으로 이주하는 바람에 많은 제완이 제 기능을 상실했다. 예를 들어 요주부饒州府 파양현鄱陽縣에 있던 열네 개의 수리 시설은 원대元代 지정至正 연간(1341~1370)에 모두 무너져 매몰됐으며, 홍무 28년(1395)에 이르러 다시 복구됐다.[95] 이처럼 파양호 일대는 명 왕조가 들어선 이후 적극적으로 개발되기 시작했다. 파양호 일대와 감강 하류 지역이 개발된 덕분에 적어도 명 초에는 호광 지역보다 강서 지역의 경제가 훨씬 발달했다.[96]

파양호 지역 남창부의 경우, 명 초기에는 동부의 평원 저습지가 본격적으로 개발된 반면, 서부 산간 지역은 15세기 이후 빠른 경제 발달을 보였다. 특히 동부의 경작 면적 증가가 현저했던 점으로 미루어[97] 파양호 일대가 명 초부터 15세기까지 적극적으로 개발됐음을 알 수 있다. 명 초의 이러한 개발과 청대의 수전 지역 개발이 지속적으로 이어졌는데도 파양호 일대 지방지는 동정호 주변 지역과 달리 수리 위기를 언급한 예가 그리 많지 않다. 그것은 첫째, 명대에 비해 청대 파양호 주변의 수전 개발이 그리

---

93) 이상 파양호와 관련된 내용은 魏嵩山·肯華忠,《鄱陽湖流域開發探源》(南昌 : 江西敎育出版社, 1994), 6~9·38쪽 참조.
94) 개발 여파로 이 지역의 행정 수요도 증가했다. 일례로 남강부 부성府城의 이전을 반대하는 글을 쓴 주자朱子는 〈論南康移治利害箚子〉라는 글을 통해 부성의 이전移轉에 필요한 여러 건물을 짓기 위한 대지가 전보다 열 배나 더 필요하다고 주장했다. 同治《星子縣志》卷12,〈藝文〉(上), 8쪽 下.
95) 乾隆《鄱陽縣志》卷3,〈建置〉(圩隄), 15쪽 下.
96) 吳金成,《中國近世社會經濟史硏究》, 88~91쪽.
97) 吳金成,《中國近世社會經濟史硏究》, 98쪽.

활발하지 않았기 때문이다. 즉, 청 초 강희 연간 당시 파양호 일대의 수리 사업 횟수는 만력 24년(1596)에 비해 대다수 지역에서 현저히 감소했으며, 일부 증가한 지역의 증가율도 미약한 편이다. 청대에 파양호 일대 수리 사업이 활발하게 전개된 것은 대체로 중·후기 이후였다.[98]

둘째, 파양호는 계절에 따른 수위 차이가 매우 커서 갈수기에는 호수면이 급격히 감소해 상대적으로 홍수 위험이 크지 않았기 때문이다. 주원장朱元璋과 진우량陳友諒이 파양호에서 전투를 전개할 당시 파양호 남쪽의 강산康山 일대 수심이 낮아 수심이 깊은 북파양호에서 전투를 전개한 일화는 파양호의 수심 변화가 지역에 따라 크게 다르다는 점을 말한다.[99]

그러나 일부 연구의 지적대로 수심의 편차가 큰 탓에 파양호 일대 수전 개발이 다른 지역보다 쉬웠으며,[100] 청대에 이르러 파양호 역시 토사의 증가로 일부 지역에서는 사주가 발달하는 등 환경 변화가 발생했다. 다음은 남창부 신건현新建縣에 관련된 기사다.

> 남안호南岸湖는 계롱산鷄籠山 서쪽에 있으며, 그 안에 목호穆湖, 백수호白水湖, 야호夜湖, 편호扁湖가 있다. 높은 곳에 만들어진 경작지는 관개를 충분히 할 수 있다. 봄에 물이 증가하면 장강章江이 항구港口에서 넘쳐흘러, 그 물길이 주변 20여 리를 우회해 물빛이 하늘과 닿는다. 해질 무렵 노을이 찬란하고 (밤에는) 달빛이 밝으며, 남쪽으로는 서산이 바라보인다. 근래 여러 호수가 (토사로) 막혀 호수 주위에 수천 가구家口가 거주한다.[101]

---

98) 魏嵩山·肖華忠,《鄱陽湖流域開發探源》, 69~70쪽.
99) 中國科學院中國自然地理編輯委員會 編,《中國自然地理 : 歷史自然地理》, 131쪽.
100) 彭雨新·張建民,《明淸長江流域農業水利硏究》, 109쪽.
101) 道光 10년《新建縣志》卷6,〈輿地〉(水), 5쪽 上~下.

여기서 장강은 감강을 말한다. 계룡산은 신건현 서북쪽 10리에 위치한 산이며, 항구는 이 지역의 또 다른 하천인 노강魯江이 흐르는 곳으로 수량이 증가하면 오원수吳源水와 장강이 합쳐지는 곳이었다. 즉, 감강이 파양호로 흘러드는 출구에는 적어도 청 중엽 이후 이처럼 많은 토사가 형성됐다.

이 인용문이 흥미로운 이유는, 남안호라는 명칭이 적어도 강희 연간(1662~1722)까지는 이 지역 지방지에 등장하지 않는다는 사실 때문이다. 강희 연간의《신건현지新建縣志》에는 파양호를 포함한 호수 명칭이 총 여덟 개가 등장하지만 남안호란 명칭은 보이지 않는다. 반면 도광 연간(1821~1850)의《신건현지》에 등장하는 호수 명칭은 총 13개이며, 비로소 남안호라는 명칭이 등장한다. 또 남창부 부성府城 동남쪽에 위치했던 이 지역 최대 호수인 동호東湖 역시 6세기 무렵 간행된《수경주水經注》의 설명에 따르면 10리에 달했던 호수면이, 가경嘉慶 연간(1796~1820) 무렵에는 5리로 축소됐다. 실제로 감강은 남창부 남쪽 지역에서 이미 지류가 발달해 있었던 것으로 보인다. 즉, 감강은 남창부 남쪽 남포南浦라는 지역에서 지류가 형성돼 성 남쪽 가까이 와서 감강 본류와 합쳐졌는데, 이 두 지역 사이에 세 개의 사주가 형성돼 주민이 거주했다.[102] 뒤에서 언급할 형주 만성제 일대가 많은 홍수 피해를 입었던 이유는 이처럼 하천 수계가 빈번히 변했기 때문이다.

장강 중류 지역의 자연 조건에서 가장 중요한 요소인 정교한 하천 체계의 발달과 그 이용 문제로 이곳 지역 사회는 하천 이용을 두고 끊임없는 긴장 관계에 있었다. 하천 체계가 다른 지역보다 월등히 발달해서, 일부 연구에서 이미 지적했듯이 수리시설의 이용과 유지 대책을 두고 주민들

---

102) 이상 동호와 남창 일대 감강의 사주沙洲에 대해서는 嘉慶《重修一統志》卷308,〈南昌府〉(1), 14~15쪽 참조.

사이에 격한 분쟁이 발생하거나 분노한 백성이 반反권력 투쟁을 전개하기도 했다.[103] 이러한 현상은 자연 조건이 빚어낸 사회적 긴장 관계라고 할 수 있다.

이처럼 벼농사에 필수적인 수리시설 건설과 유지 그리고 이용에 관련된 다양한 사회갈등이 표출됐기 때문에 장강 중류 지역에서는 '한 지역의 변화 원인은 바로 그 지역의 수리시설 변화에서 비롯된다'는 생각이 자연스럽게 자리 잡게 됐다. 다음에 등장하는 호남성 화용현華容縣에 대한 기록은 장강 중류 지역 사람들의 그런 사고방식과 함께 그들의 자연관을 잘 드러내준다.

천하의 일은 변하지 않는 것이 있으며, 여러 번 변하는 것이 있다. 널리 알려진 사물과 전례典禮의 대강은 변하지 않는다. 건치建置와 부역賦役은 그 일체가 자주 변하지만, (그 존재 자체는) 변하지 않는다. 오직 지세地勢의 변화가 가장 크며, 산향山鄕의 지세는 예부터 변하지 않는다. 수향水鄕의 지세는 100년이나 1,000년 마다 항상 변한다. …… 생각건대 화용현은 대체로 세 번 변했다고 할 수 있다. (이 지역은) 본래 운몽雲夢 지역으로, 삼묘三苗가 굴속에서 살다가 한대漢代에 잔릉현屛陵縣으로 편입돼 오계五溪의 만족蠻族과 가까워졌으니…… 이것이 화용현의 첫 번째 변화다. 진대晉代에 두예杜預가 양구楊口를 열어 하수夏水를 끌어들인 이후 명대부터 장강의 북구北口가 막혔다. 이 때문에 타강沱江 중간을 관통해서 수해 피해가 더욱 위중해져 제방 공사가 긴급해졌다. 이 공사에 따른 노역의 고통을 (겪은 것이) 수백 년이 채 되지 않으니 이것도 화용의 또 다른 상황이다. 함풍 3년(1852)에 우지

---

103) 이 점에 대해서는 장강 중류 지역은 아니지만, 정철웅, 〈淸 中葉 陝西省 漢中府의 수리시설과 농업용수 분쟁 —楊塡堰과 五門堰의 사례를 중심으로—〉 참조. 또 수리 체계 붕괴가 반권력 투쟁으로 이어진 사실에 대해서는 森田明, 《淸代水利史硏究》(東京 : 亞紀書房, 1974), 128~134쪽 참조.

구藕池口가 무너져 물이 화용현으로 들어와, 이 때문에 읍 서북 지역에도 수해가 발생했다. 이에 따라 장강 1석의 수량에 토사 수 말(斗)이 들어 있어 지세가 나날이 막히고 높아지니, 백성들은 완전이나 위전을 쌓아 서서히 (거기서 비롯된) 이익을 노리게 됐다. 우지구는 이미 무너졌으나, 조현구調弦口는 그 수세가 점점 약해졌으며, 위태로운 지역을 막아 견고하게 만들었으니, 전에 비해 부담이 적어진 것이 현재 화용현의 모습이다.[104]

이 인용문에서 중요한 점은 2,000여 년 동안 발생한 화용현의 주요 변화 세 번 가운데 두 번이 수리 문제와 관련됐다는 사실이다. 이채로운 것은 이 인용문만 본다면 적어도 청대 사람들이 산은 변하지 않는다고 생각했다는 점이다. 이는 바로 장강 중류 일대가 하천이 발달한 곳이기 때문에 이 지역 주민들이 하천 자체와 하천의 빈번한 변화에 매우 민감했다는 사실을 반영한다. "수향水鄉의 지세는 100년이나 1,000년 동안 항상 변한다"는 언급이 그러한 사실을 잘 보여주는데, 그 이면에는 하천의 잦은 변화로 화용현이 겪을 수밖에 없었던 주민들의 피해의식이 담겨 있다. 인간의 힘으로는 수세 변화를 감당하기 어렵다는 생각을[105] 당시 화용현 사람들이 가졌다는 주장은 과장된 것일까?

한편 이러한 긴장이나 사회적 갈등 또는 한 지역의 변화가 꼭 농업을 전제로 한 수리시설에만 국한된 문제는 아니었다. 그 외에 하천과 관련된 또 다른 문제 중 하나가 바로 장강 중류 일대 하천에서 전개된 어업에 있었다. 이 지역의 어업 문제를 다룬 자세한 연구서가 이미 출간됐는데, 이

---

104) 光緒《華容縣志》卷首,〈序〉, 1쪽 上~2쪽 上.
105) 일례로 同治《漢川縣志》卷7,〈山川〉, 22쪽 下에 하도河道의 이동은 인간의 힘으로 어쩔 수 없다는 비관론이 등장한다.

를 통해 이곳 하천 유역에는 농업뿐 아니라 어업도 상당히 발달했으며 어업이 중요한 생계수단이었음을 알 수 있다.[106] 다만 이 연구서는 어업의 실상을 아는 데는 유용하지만, 하천 이용으로 인한 사회적 갈등 관계는 거의 언급하지 않았다.

일부 하천 지역은 어업으로 생계를 유지하는 사람이 전 주민의 10~20퍼센트에 달했다.[107] 특히 경제활동이 활발하지 않은 산악 지역에서는 어업이 더욱 중요한 경우도 있었다.[108] 심지어 물고기를 기르기 어려운 산악 지역에서 치어를 외부에서 구입해와 기르는 일까지 있었다.[109] 어업과 관련해 호남성 악주부岳州府 평강현平江縣에 등장하는 자료는 꽤 흥미롭다. 이곳은 호남성에서도 벽지에 속하는데, 멱라강汨羅江이 관통하지만 대체로 산악 지역이다.[110] 이 지역 지방지에는 다음과 같은 기록이 남아 있다.

하천과 늪은 자연이 (주는) 이익이다. 그러나 높고 공활한 들은 (제방을) 쌓고 준설하지 않으면 그 수원水源을 가질 수 없다. 평지와 수많은 산에서 흘러내리는 샘물은 겨우 구덩이에서 나오는 정도다. 지세에 따라서 물이 끊기기도 하며, 연못은 겨우 1,000무畝 정도를 관개할 수 있다. 땅과 물이 서로 떨어져 있는 경우는 오직 저수지의 개폐에 따라 경작 여부가 (결정된다). 상인과 농민은 반드시 물이 있어야 생업을 성공적으로 행할 수 있으며, 물

---

106) 尹玲玲,《明淸長江中下游漁業經濟硏究》(濟南 : 齊魯書社, 2004) 참조.
107)《古今圖書集成》卷153,〈職方典〉(黃州府), 136쪽.
108) 同治《宜昌府志》卷11,〈風土〉(風俗), 4쪽 下. 의창부 일대 산간 지역은 대체로 어업 종사자가 많았으며, 귀주歸州는 하천 유역 주민의 약 50퍼센트가 어업에 종사했다.
109) 光緖《龍南縣志》卷2,〈地理〉(物産), 57쪽 上. 용남현은 강서성 최남단에 있는데, 치어를 이웃한 광동과 멀리 구강九江에서 사왔다. 다만 거리상으로 광동은 가깝지만 구강은 최북단에 있다는 점을 감안하면, 이런 산간 지역의 양어장 사업이 꽤 수익이 있었다는 사실을 간접적으로 말해준다.
110) 乾隆《平江縣志》卷4,〈山川〉, 1쪽 上에 "邑固山區也, 然洞庭遙擁, 汨昌沿諸水, 環繞沿洞, 兼川勝焉"이라고 기록돼 있다.

을 대기 위한 분쟁도 빈번하다. …… 만약 구계육곡九溪六谷이 있다면 양어장에서 물고기를 생산할 수 있으므로, 나라는 (그것에) 의지해서 풍요로움이 넘칠 것이다. 평지의 좁은 늪지라도 작은 물고기가 있으니, 그물을 던지고 통발을 놓는다면 생계가 끊어지지 않을 것이다.[111]

이 글의 내용은 간단히 말해서 농사는 번거롭고 비용이 많이 드는 수리시설이 필요하지만, 어업은 소규모 연못에서도 쉽게 고기를 잡을 수 있으므로 생계 문제를 해결하기 쉽다는 주장이다. 확대 해석한다면 농업보다 어업을 우위에 둔 듯한 언급으로 생각할 수도 있다. 따라서 이미 일부 지역에서는 다른 지역의 물고기를 들여와 기르는 일도 있었다. 예를 들어 강서성 남창부의 문어文魚라는 어류는 토종과 광주廣州에서 들여온 외래종이 있었는데, 그 지역의 지기地氣와 맞지 않아 잘 자라지 못했다.

그런데 장강 중류 지역의 어업이 사회적 갈등의 원인이 됐다는 사실은 주목할 만하다. 강서성 남창부에 위치한 진현현進賢縣의 어과漁課에 관련된 이야기는 하천 유역의 어업과 그에 따른 문제의 단면을 잘 보여준다. 진현현에 위치한 북산北山은 하천 연변에 자리 잡고 있었으며, 적어도 청 초까지 그 주변이 꽤 울창했던 것 같다.[112] 그러나 청 초 이후 개발로 광활한 저습지대가 형성됐으며, 잦은 침수 피해를 입었다. 그런데 여기서 언급할 광서 연간의《진현현지》에 실린 '가증어과사요비加增漁課事繇碑'라는 비문은[113] 강희 연

---

111) 乾隆《平江縣志》卷4,〈山川〉, 16쪽 下~17쪽 上.
112) 康熙《進賢縣志》卷1,〈山川〉, 12쪽 下.
113) 이하의 내용은 光緖《進賢縣志》卷2,〈輿地〉(山川), 9쪽 下~12쪽 上의 내용을 간추린 것이다. 다만 이 비문에 등장하는 관료나 신사의 이름들을 康熙《進賢縣志》나 光緖《進賢縣志》에서 찾을 수 없는 탓에 이 비문이 등장한 정확한 시기를 알기는 어렵다. 그러나 비문 가운데 숭정 연간(1628~1644)이 등장하는 것으로 보아 명 말 또는 청 초 시기로 추정되지만, 康熙《進賢縣志》에는 이 비문이 등장하지 않는 점을 감안하면 청 초 이후일 가능성도 배제할 수 없다.

간 《진현현지》에는 등장하지 않는 것으로 미뤄, 분명 청 초 이후 개발로 이 지역에서 어과와 수리시설 보수 문제를 사이에 둔 갈등이 발생한 것으로 판단된다. 따라서 당시 지방 관리들이 이 비문을 통해 어과의 부과와 그 명확한 용도를 밝히고 있는데, 그 내용을 간추리면 다음과 같다.

① 저습지인 북산에서 여러 차례 홍수가 발생하자, 관청은 관하官河를 개방해 어로를 할 수 있도록 한 반면, 어과는 징수하지 않았다. 이에 지방 신사와 이노里老들은 관하에서 어로를 통해 얻은 수익이 백금百金을 초과할 경우, 그 일부를 모아 마을의 유력자(과호課戶)가 매년 관청에 수십 금을 납부하기로 한다.

② 새로 건립한 태자묘太子廟 앞에 모여 어로 작업을 개시하되, 가을 이전에는 투망을 엄격하게 금지하고, 겨울이 돼서야 어로를 할 수 있다. 깊은 연못에 사는 물고기(심담어深潭魚)를 연못에서 길러서 잡을 경우, 많은 사람들이 한꺼번에 몰려들어 투망하지 않도록 해야 한다.

③ 물이 (홍수로) 넘쳐 고기를 마치 땅에서 줍는 것처럼 잡을 수 있을 경우, 유력자(과호)와 일반 어민들이 그 어획량을 반분半分한다면 (서로에게) 이익은 많아지지만 분쟁으로 편안한 날이 없을 것이다. 만일 어업에 대한 통제(장금拏禁)를 일단 완화한다면, 북산의 한 두 소규모 어호(小網之民)들은 그물을 던질 곳이 없는 반면, 다른 현縣의 대규모 어호(大網)들은 지나치게 많은 물고기를 잡을 수 있으므로, 그 기세가 불균형하게 된다. 또 유력자인 과호가 어장을 관리하지 않게 돼, 가을과 겨울 어느 때나 투망을 하면 모든 물고기가 놀라 흩어지고, 시장에 팔 수 있는 큰 고기가 사라져 신선한 물고기를 먹기가 곤란해진다. 이는 명목상 이익이 될 수 있어도 사실은 손해이다.

④ 따라서 과호가 어장을 관리하도록 하고, 은 30량을 증액해 이노里老에

게 맡긴 후 이 마을의 제방 수리와 구제에 충당한다면 관청에 낼 세금이 부족할 일이 없으며, 수황水荒에도 대비할 수 있다.

⑤ 이러한 부가 징수에 대해 과호가 다시 그 부당성을 들어 분분히 들고 일어났다. (부가 징수에 대한 그들의 반대 이유는) 부가 징수는 그 자체가 불편할뿐더러, 유력자들을 억압함으로써 구제의 여력을 분산시키고, 북산에 물이 들어와 생기는 피해는 곧 물을 얻어 생길 수 있는 이익과 통한다는 사실을 모르는 처사이기 때문이다.

이 글에는 다양한 용어들이 등장한다. 즉, 일반 농민과 마찬가지로 행사하는 어업의 규모에 따라 소망과 대망이 있으며, 당시 관청에 어과를 납부하는 유력자 계층인 과호의 존재도 확인된다. 더구나 흔히 볼 수 없는 수황이라는 단어도 나오는데, 이는 하천 유역이 흔히 겪는 홍수뿐 아니라 거꾸로 물이 부족한 상황이 발생하는 경우도 포함하는 용어다. ⑤번 항에서 과호들이 언급하고 있는 것처럼, 어업의 전제가 되는 풍부한 수량이야말로 진현현과 같은 지역에서는 가장 중요한 자원이 될 수 있다는 사실을 말해주는 용어라고 할 수 있다.

이 비문은 유력자 층의 반대에도 지방 관청이 유력자 층의 이른바 사회적 책임을 강조하며 부가 징수를 단호하게 요구하고, 그 비용으로 이 지역의 수리시설을 보수하는 내용으로 끝난다. 그러나 이 글의 내용 중 가장 흥미로운 부분은 마을의 유력자들이 어장을 매우 철저히 관리했다는 점이다. 아울러 '관하'라는 단어에서 알 수 있듯이 특정 지역의 호수나 하천은 일반인이 함부로 이용할 수 없는 국가 소유였다는 점도 특기할 만하다. 더구나 진현현의 경우 잦은 수해로 농업이 피폐해지자, 그 대안으로 관하의 어업 금지를 해제한 사실 역시 이채롭다. 또 그 과정에서 마을의 유력자와 일반 농민 사이에 갈등이 증폭됐음을 짐작할 수 있다. 이러한 상황을 통해 하천 유역에서는 농업으로 인해 발생한 갈등과는 다른 종류의 사회적 갈등을 확인할 수 있으며, 수리 체계의 변화가 어업에도 많은 영향을 끼쳤음을 알 수 있다.[114]

지금까지 언급한 산, 나무와 숲, 하천은 당연히 자연을 구성하는 가장 중요한 요소다. 명·청 시대에 장강 중류 지역이라는 특정 지역 주민들이 이러한 자연을 어떻게 인식했는지는 방대하고도 난해한 주제이지만 적어도 거대한 자연을 신성불가침의 영역으로 생각하지는 않았다. 오히려 자연의 변화를 민감하게 느꼈으며, 적절한 대책을 세웠고, 그 이용 가능성을 끊임없이 모색했다. 자연에 대한 명·청 시대 사람들의 시각은 중국인의 환경관을 다루는 장에서 다시 언급하겠지만, 서구 문명이 오랫동안 자연을 불임, 황무지, 반문명 그리고 도덕적으로 타락한 곳으로 인식했다는 점을 감안하면,[115] 명·청 시대 장강 유역 사람들은 자연 조건을 전적으로 적대시하지는 않았다. 자연의 입장에서 본다면 인간들의 그러한 '호의'가 자연 파괴를 불러왔다고 생각하지 않았을까?

이제 명·청 시대 장강 중류 지역에 거주했던 사람들에 관해 살펴보기로 하자.

---

114) 따라서 자연 조건의 변화로 하천이 마를 경우 특정 어종이 사라지는 일도 빈번했던 것으로 보인다. 일례로 감주부 용남현龍南縣에서 비어肥魚라는 어종은 연못이 말라 사라졌다. 雍正《江西通志》卷27, 〈土産〉, 25쪽 下. 한편 강서성의 어업 문제를 다룬 또 다른 연구에 따르면, 하천의 지형 변화로 어업 분쟁이 자주 발생했으며, 이런 이유로 어민은 일정 수역을 나눠 어업을 했다는 정황도 확인된다. 더구나 이런 하천은 대체로 국가에서 관리하는 관하官河였으므로 반드시 어과漁課를 납부해야만 했다. 梁洪生, 〈捕撈權의 爭奪 : '私業', '官河' 與 '習慣' — 對鄱陽湖區漁民歷史文書의 解讀〉, 《清華大學學報》(哲學社會科學版) 5期(2008) 참조.
115) William Cronon, *Out of the Woods : Essays in Environmental History*, 30쪽.

2 인구와 인구 이동

(1) 인구 변화

명·청 시대 이전

　서론에서 언급한 것처럼, 인구 증가는 특정 지역의 자연 경관을 변화시키는 가장 중요한 원인이다. 더구나 명·청 시대는 중국 역사상 인구 증가가 가장 뚜렷한 시기였을 뿐 아니라, 그 이동 양상도 매우 격심했다. 이런 탓에 명明 중엽 이후 특히 외부 이주민들에 의한 하천 유역 개발로 장강 중류 지역의 경제가 크게 발달했으며, '호광숙천하족湖廣熟天下足'이라는 말이 등장할 수 있었던 배경이 됐다.[116] 한편 미국의 케네스 포머런즈Kenneth Pomeranz는 최근 유럽과 아시아의 경제 발전과 변화 경로가 확연히 차이

---

116) 따라서 장강 중류 지역의 이러한 생산력 발달과 함께 수공업, 상업, 일반인의 계층 분화 등이 바로 명 중기 이후부터 본격화됐다는 지적은 환경사적인 면에서도 경청할 필요가 있다. 이러한 시각에 대해서는 吳金成, 〈從社會變遷視覺對明中期史的再認識〉, 《古代文明》 20期(2011) 참조.

를 보이기 시작한 시기는 18세기 중엽 이후라고 주장했다.[117] 이 두 가지 사실은 명·청 시대 장강 중류 지역의 인구 변화가 상당했으며, 중국 전체의 경제 변화도 매우 극적이었다는 것을 암시한다. 역사 시대 중국 전체의 인구 자료나 명·청 시대 인구 자료가 매우 불완전한 것은 사실이지만, 인구 변화나 그 특징적인 양상에 대해서는 이미 탁월한 연구 성과가 많이 나와 있다.[118]

송宋 이전 시기 장강 중류 지역에는 대체로 인구가 많지 않았지만, 꽤 많은 사람들이 거주한 지역도 있었다. 예를 들어 옛날 초楚 지역 가운데 현재

---

117) 그의 이런 시각에 대해서는 Kenneth Pomeranz, "Is There an East Asian Development Path? Long-term Comparisons, Constraints, and Continuities", *Journal of the Economic and Social History*, vol. 44, no. 3(2001) 참조.

118) 명·청 시대로 한정할 경우 이 시기의 인구 전반을 알 수 있는 연구는 葛劍雄 主編,《中國人口史》4卷(明 時期)—5卷(淸 時期)(上海:復旦大學出版社, 2000·2001)이 여전히 유용하다. 한편 이러한 전반적인 연구나 특정 지역에 대한 인구 변화 외에도, 장강 중류 지역의 경우 소수민족의 인구 그리고 장강 삼성三省 유역의 인구와 환경문제를 결부한 연구가 새롭게 등장했다. 이 가운데 劉詩穎,〈明淸以來湘鄂川黔地區的外族人土家化傾向—以咸豊尖山唐崖司村爲中心〉, 武漢大學 碩士 學位 論文(2004)이나 王平,〈鄂西南族群流動硏究〉,《中南民族大學學報》(人文社會科學版), 24-1(2004) 등은 외부의 충격에 따른 인구 변화 대신 소수민족 자체의 이동이나 소수민족이 외부 인구에 영향을 미친 점을 연구했다는 점에서 흥미롭다. 또 張家炎,〈移民運動, 環境變遷與物質交流—淸代及民國時期江漢平原與外地的關係〉,《中國經濟史硏究》1期(2011)처럼 특정 지역의 인구와 환경 그리고 자원 교류가 외부와 어떤 연관성이 있는지를 밝힌 종합적인 연구도 등장했다. 한편 장강 중류 지역의 인구 이동에 관해서는 여전히 오금성,《中國近世社會經濟史硏究》와 오금성,〈明 中期의 人口移動과 그 影響—湖廣地方의 人口流入을 中心으로—〉,《歷史學報》137(1993) 그리고 張國雄,《明淸時期的兩湖移民》(西安:陝西人民敎育出版社, 1995)을 뛰어넘는 연구는 등장하지 않았지만, 유민 문제를 환경과 결부한 논문은 특히 1990년대 이후 다수 나왔다. 그러한 연구로는 汪潤元·勾利軍,〈淸代長江流域人口運動與生態環境的惡化〉,《上海社會科學院學術季刊》4期(1994)나 鄭逸麟,〈明淸流民與川陝鄂豫交界地區的環境問題〉,《歷史地理硏究》(復旦大學社會科學版) 4期(1998)와 張建民,〈明代秦巴山區的流民與資源開發〉,《人文論叢》(湖北:武漢大學, 1999) 등을 들 수 있다. 그러나 대개 비슷한 내용을 언급한다는 한계가 있기 때문에 장건민,〈碑石所見淸代後期陝南地區的水利問題與自然災害〉나 정철웅〈淸 中葉 陝西省 漢中府의 수리시설과 농업용수 분쟁—楊塡堰과 五門堰의 사례를 중심으로—〉그리고 王肇磊,〈淸代移民與鄂西北的水利問題-以十堰市爲例〉,《鄖陽師範高等專科學校學報》, 26-5(2006)처럼 인구와 유민 증가로 수리 문제뿐 아니라 그 밖에 다른 개별 사례를 심화시키는 작업이 필요하다.

호북성에 해당하는 곳에는 많은 인구가 살았던 듯하다. 최근의 한 연구에 따르면 전국戰國 시대 호북 지역의 인구는 약 60만 정도로 추산된다. 호남 지역 역시 대략 그 범위 내에서 추산이 가능하지만, 역시 초 지역에 속했던 강서성은 그 추산마저 불가능한 상태다.[119] 이 시기의 인구는 워낙 자료가 불충분하기 때문에 정확한 수치를 끌어내긴 어렵지만, 춘추전국 시대 이래 산악 지역에도 꽤 많은 사람이 살았던 것은 분명하다.

그들은 대부분 소수민족이었다. 호북성의 청강淸江 유역이나 호남성의 상서湘西(호남성 서부) 지역에서 적잖은 소수민족이 초나라의 통치권을 벗어나 살고 있었던 증거를 찾아볼 수 있다. 초나라의 유적은 현재 호남성에서도 광범위하게 발견되는데, 상당수가 오늘날 동정호 이서 지역과 상강湘江 중하류 그리고 상서 지역에 분포돼 있다.[120] 특히 초나라가 호남에 제일 먼저 건설했던 검중군黔中郡은 호남성의 전형적인 산악 지역 가운데 하나인 상서 지역이었다. 이곳은 전국 시대에 이르러 남쪽으로 세력을 확장했던 초가 호남 지역을 공격하기 위해 반드시 거쳐야 했던 지역으로, 당시 상대적으로 인구가 조밀했다.[121]

토지와 자원 쟁탈을 위한 거대한 경쟁이 이 지역에서는 아직 본격적으로 시작되지 않았지만, 초의 세력 확대로 이 지역 일대의 인구가 동요했다. 이미 지적했듯이, 고대에 환경을 뒤바꾼 가장 결정적인 정치 행위는 바로 전쟁이었다.[122] 전쟁에서 이기기 위해서는 일시에 물자와 재정 그리

---

119) 路遇 · 滕澤之,《中國分省區歷史人口考》(上)(濟南 : 山東人民出版社, 2006), 45쪽.
120) 伍新福,《湖南民族關系史》(北京 : 民族出版社, 2006), 58~68쪽.
121) 毛況生 主編,《中國人口》(湖南分冊) (北京 : 中國財政經濟出版社, 1987), 38쪽.
122) 마크 엘빈,《코끼리의 후퇴》, 184~187쪽. 엘빈은 특히 중국 북부의 중요한 환경 변화 요인은 전쟁과 정치 조직의 출현이었던 반면, 장강 유역은 경제적 원인 때문에 환경 악화가 가속화했다는 점을 암묵적으로 언급했다. 엘빈의 이러한 관점을 좀 더 분명하게 제시한 글은 Peter C. Perdue, "The Retreat of the Elephants by Mark Elvin(Review Article)", *T'oung Pao*, second series, vol.

고 기술을 집중시켜야 했기 때문이다. 아마도 그런 점에서 초의 남진南進은 이 지역에 인적·물적 자원을 집중시켰을 가능성이 크다. 하지만 고대에 대부분의 지역이 그러했듯이, 이곳 역시 땅은 넓은데 인구는 적은 '지광인 희地廣人希'의 상태였다.

명·청 시대 이전 장강 중류 지역의 인구 변화를 살펴보면, 대체로 당대 唐代를 기점으로 인구가 상당히 증가했음을 알 수 있다. 특히 안사安史의 난(755년) 이후 장강 중류 지역의 인구 점유 비율이 전국에서 가장 컸으며, 장강 삼성三省 가운데 호북성과 강서성의 인구가 호남성에 비해 더 많았다.[123] 당대 장강 중류 지역의 인구 변화 가운데 특기할 만한 사실은 강한평원江漢平原과 동정평원洞庭平原 그리고 형양荊襄(호북성 형주와 양양) 일대와 파양호鄱陽湖 일대의 인구 밀도가 이때 이미 상당히 높았다는 점이다(표 1-5 참조).

표 1-5에서 담주潭州는 명·청대의 장사長沙 지역이며, 정주鼎州는 동정호 서편 상덕常德 일대를 말한다. 소양 지구를 포함해 모두 동정호 주변에 위치한 지역이다. 예외적으로 호남성 남부의 비교적 산지가 많은 영주永州에서 이 시기에 급격히 인구가 증가했다. 이러한 경향은 비슷한 시기 호북 지역 역시 동일했다. 《송사宋史》는 당시 상황을 이렇게 기록했다.[124]

91(2005), 439쪽 참조. 그러나 맥닐의 지적처럼 전쟁의 수행에 나무가 필수적인 자료임은 분명하지만, 수전水戰에 활용하기 위해 수리시설을 지나치게 많이 만든 결과 수해가 증가했다는 연구를 염두에 둔다면, 전쟁이 환경에 끼친 영향을 좀 더 다양한 각도에서 분석할 필요가 있다. 각각 J. R. McNeill, "Woods and Warfare in World History", Environmental History, vol. 9, no. 3(2004)과 김석우, 〈전쟁과 재해―《晉書》〈食貨志〉에 보이는 杜預의 재해 대책을 중심으로―〉, 《東洋史學研究》 99집(2007) 참조.

123) 孫繼民, 〈關于唐代長江中游人口經濟區的考察〉, 中國唐史學會·湖北省社會科學院歷史研究所 編, 《古代長江中游的經濟開發》(武漢 : 武漢出版社, 1988), 357쪽.
124) 《宋史》 卷88, 〈地理〉(4), 2201쪽.

〈표 1-5〉 당·송 시대 호남 지역의 인구 변화

(단위 : 명)

시기 \ 지역	담주潭州	형주衡州	영주永州	소주邵州	정주鼎州	악주岳州	예주澧州	침주郴州
정관貞觀 연간 (627~649)	40,449	34,481	14,421	13,583	10,913	17,556	25,207	49,355
천보天寶 연간 (742~756)	192,657	199,223	92,720	71,644	43,760	50,298	91,113	-
북송北宋 연간 (960~1127)	962,853	308,253	243,342	218,160	130,865	128,450	231,365	254,499
증가율	23배	약 9배	약 16배	15배	12배	약 8배	9배	약 4배

출처 : 毛兒生 主編, 《中國人口》, 46쪽.

형호남로荊湖南路·형호북로荊湖北路는 대체로 우공禹貢에 등장하는 형주 지역이다. …… 동쪽으로는 악저鄂渚(현재 무창), 서쪽으로는 계동溪洞에 접하며, 남쪽으로는 오령五嶺에 닿고 북쪽으로는 양양과 연결된다. 당唐 말에 번신藩臣들이 나눠 할거했으며, 송宋 초에도 그 제도가 그대로 유지됐다. …… 강릉은 남쪽의 거진巨鎭으로 형강 상류에 해당하며, 서쪽으로는 파촉巴蜀을 방어한다. 예주澧州, 정주鼎州, 진주辰州의 세 개 주州는 모두 계동과 통하며 병사를 두어 지킨다. 담주는 상강湘江과 오령의 요충지이며, 악주鄂州와 악주岳州는 장강과 동정호에 위치한 도시이고, 전주全州와 소주邵州는 둔병屯兵을 두어 요족獠族을 방어한다. 대체로 목재와 차가 풍부하며, 금과 철, 새의 깃털과 짐승의 털에서 나오는 이익이 (많다). 토양은 곡물과 쌀 경작에 적당하며 세수稅收가 꽤 많다. 그러나 형호남로 (지역 중) 원주袁州와 길주吉州와 접하는 곳은 그 주민들이 종종 이동을 통해 마음대로 (토지를) 점유해서 집약농업을 했으며, 그 덕분에 부유해졌다. 이때부터 쟁송爭訟을 일삼는 사람이 많아졌다. 형호북로는 농업이 아직 그리 발달하지 못했으며, 토지가 넓고 풍속은 질박하다.

이 글에 등장하는 '계동'은 호광 일대의 소수민족 지역을 가리킨다. 아울러 오령은 강서, 호남, 양광兩廣(광동과 광서) 지역을 횡으로 가로지르는 다섯 개의 산으로 대유령大庾嶺, 기전령騎田嶺, 도방령都龐嶺, 맹저령萌渚嶺, 월성령越城嶺을 말한다. 이미 송대에 호광 지역 일대는 농업과 상업이 두루 발달했으며, 특히 강릉은 가장 중요한 시장이었다. 한편 강서성 남부의 산악 지역에는 이미 다수의 유민이 활발하게 산지를 개발했으며, 그 결과 주민들 사이에 크고 작은 갈등이 발생했다는 점도 눈길을 끈다.

《송사》의 이런 설명과 비교한다면, 명·청 시대 이전 강서성의 인구 동향은 호광 지역과 약간 달랐음을 짐작할 수 있다. 호수戶數를 기준으로 할 때, 당 원화元和 연간(806~820)부터 송 숭녕崇寧 연간(1102~1106)에 강서성에서 인구가 가장 많았던 지역은 파양호 주변 지역이 아니라 그 외 산간 지역이었다.[125] 즉, 당 말기부터 거의 북송 시대 내내 인구 증가가 빠른 지역은 대략 명·청 시대 감주부贛州府와 길안부吉安府에 해당하는 건주虔州와 길주吉州였다. 표 1-6은 당 말기에서 원 사이 강서성 주요 지역의 인구(호수戶數) 변화를 나타낸 것이다.

송·원 시대에 강서성의 행정 구역이 대폭 증가했기 때문에 표 1-6에 나오는 행정 구역은 당대와 비교가 가능한 지역만을 선별했다. 이 표를 보면 송대에 이르러 강서성의 인구가 상당히 증가했다는 사실을 알 수 있지만, 주요 산악 지역의 인구 증가가 다른 지역보다 빨랐다. 그러나 원대의 수치를 보면 송대에 빠른 인구 증가를 보였던 건주 등지는 인구가 감소 또는 정체된 반면, 파양호 동편에 위치한 요주부의 인구 증가가 제일 컸다. 다만 원 지원至元 연간의 인구 감소는 아마도 남송 멸망(지원 16년, 1279) 후 원 정부가 이 지역을 완전히 장악하지 못한 탓에 인구 파악을 제대로 하지

---

125) 馬巨賢·石淵 主編,《中國人口》(江西分冊)(北京: 中國財政經濟出版社, 1989), 38쪽.

〈표 1-6〉 당唐 원화元和~원元 지원至元 연간 강서 주요 지역의 호수戶數 증가

시기 지역	원화 연간(1) (806~820)	숭녕 연간(2) (1102~1106)	지원 연간(3) (1264~1294)	증감률(2/1)	증감률(3/2)
홍주洪州	91,129	261,105	371,436	2.86	1.42
요주饒州	46,116	18,130	680,235	3.93	3.75
건주虔州	26,260	272,432	71,287	10.37	0.26
길주吉州	41,025	335,710	444,083	8.18	1.32
강주江州	17,945	84,569	83,977	4.71	0.99
원주袁州	17,226	132,299	198,563	7.68	1.50
무주撫州	24,767	161,480	218,455	6.51	1.35
신주信州	28,711	154,364	158,325	5.37	1.02
합계	293,179	2,007,602	2,226,361	6.84	1.10

출처 : 馬巨賢·石瀾 主編,《中國人口》, 38~39쪽에서 재구성.

못했기 때문일 것이다.[126]

명·청 시대

이제 명·청 시대의 이 지역 인구 변화를 살펴보기로 하자. 다만 호광湖廣 지역은 인구 구성상 소수민족의 비중이 다른 지역보다 높다는 점을 고려해야 하지만, 소수민족 인구는 뒤에서 살펴볼 것이다. 명대 장강 삼성 유역의 인구 분포에서 일단 지적해야 할 사항은 특히 강서성의 인구압人口壓이 호광 지역보다 훨씬 높았다는 점이다.[127] 그 때문에 명대 강서성의 경

---

126) 黃志繁,《'賊'民'之間 : 12~18世紀贛南地域社會》, 84쪽.
127) 張國雄·梅莉,〈明淸時期江漢—洞庭平原的人口變化與農業經濟的發展〉,《中國歷史地理論叢》

제 발달과 경작 면적 증가가 호광 지역보다 훨씬 앞서 있었다.[128]

그렇다면 명대 호광 지역의 인구가 뚜렷하게 증가한 것은 언제였을까? 이 시기 연구자들에게 널리 알려진 구준邱濬의 〈강우민천형호의江右民遷荊湖議〉에 따르면[129] 성화成化 연간(1465~1487)을 기점으로 삼을 수 있다. 그리고 성화 연간으로부터 약 100년이 지난 만력 6년(1578) 호북 지역 전체 인구는 250만 명 정도였다.

이 시기 전후의 인구수가 사료에 남아 있지 않아 수치상으로 비교할 수는 없지만, 역시 만력 6년(1578) 호남 지역의 인구가 190만 명 정도였음을 감안하면, 적어도 16세기 말 호북 지역의 인구가 호남보다 많았음을 알 수 있다.[130] 표 1-7과 표 1-8은 명대 호북 지역 각 부府의 인구를 나타낸 것이다.

표 1-7에서 남직예南直隷 소속으로 호북 지역의 일부를 차지했던 여주廬州와 현재 사천성 소속인 기주夔州 지역은 제외했다. 이 표를 보면 명대 호북 지역의 인구는 다음과 같은 특징이 있다. 첫째, 명대 호북 지역의 전체

4期(1989), 101쪽.
128) 吳金成,《中國近世社會經濟史研究》, 88~93쪽 참조.
129)《明經世文編》卷72, 8쪽 下~9쪽 下. 무엇보다 이 글에서 구준邱濬은 '통융通融'의 원칙을 제시했다. 즉, 강서성과 호광 지역의 형세에 따라 강서성 주민을 호광에 안착시킨 후, 부유한 사람이 돈을 내고 가난한 사람은 노동력을 제공하면 두 지역 모두 이익이 된다는 것인데, 이런 그의 주장은 거주 이전의 제한을 풀고 각 지역을 적극적으로 개발해야 한다는 말로 풀이할 수 있다. 따라서 앞서 원결原杰의 예에서도 볼 수 있듯이, 명 중엽 이후 형성된 이런 유동적인 사회는 특히 장강 중류 지역의 개발과 환경 변화에 많은 영향을 끼쳤다. 그러나 이러한 유민의 안착과 산간 지역 개발은 단지 농지 개발에만 초점을 뒀을 뿐, 광산 개발 같은 적극적인 자원 개발에는 미치지 못했다. 따라서 산지 개발에 대한 명·청 시대 관료들의 다양한 입장을 시기별로, 특히 지역별로 자세히 고찰할 필요가 있다. 구준의 이러한 견해에 대해서는《明經世文編》卷72, 15쪽 上~16쪽 下에 실린〈山澤之利〉참조.
130) 명 만력 연간 호북 지역과 호남 지역의 전체 인구 수치와 각 부府의 인구는 각각 譚崇台 主編,《中國人口》(湖北分冊)(北京 : 中國財政經濟出版社, 1988), 47쪽과 毛況生 主編,《中國人口》(湖北分冊), 52쪽을 근거로 한 것이다.

〈표 1-7〉 명명 만력 6년(1578) 호북 지역의 인구

부府	호수戶數	구수口數	구수/호수	호수 비율(%)	면적(km^2)	인구밀도(구/km^2)
무창武昌	42,806	508,657	11.88	16.1	19,063	26.7
한양漢陽	6,164	32,917	5.34	2.3	3,813	8.6
황주黃州	76,059	871,275	11.46	28.6	21,188	41.1
덕안德安	12,735	201,987	5.33	4.9	15,188	13.3
안육安陸	37,917	258,167	6.81	14.3	24,125	10.7
양양襄陽	23,451	194,014	8.27	8.8	20,375	9.5
운양鄖陽	11,063	107,469	9.71	4.2	24,688	4.4
형주荊州	55,014	307,244	5.58	20.7	32,625	9.4
시주위施州衛	330	1,881	5.70	0.1	18,938	0.1
합계	265,539	2,483,611	9.35	100.0	185,900	13.5

출처: 譚崇台 主編,《中國人口》, 47쪽에서 재구성.

호수 중 황주부가 점유 비율이 가장 높았고,[131] 형주부와 무창부가 그 뒤를 잇는다. 이러한 인구 상황은 청대와 상당히 다른 양상이다. 즉, 청대에 인구가 많았던 한양부의 인구는 현저히 적은데, 양양부는 전체 호수 가운데 점유 비율이 비교적 높다. 둘째, 호당 구수의 비율이 높은 양양이나 운양 지역이 호북성 전체에서 차지하는 호수 비율은 그리 높지 않다. 이런 현상은 분명 외부 이민자의 증가로 부족했던 인원이 많았던 반면, 여전히 평야 지대에 비해 절대 인구 수치는 낮았기 때문이다. 기존의 연구에서 이미 그런 사실을 확인할 수 있다.[132]

---

131) 따라서 명대 호북 지역에서 가장 많은 인구가 유출된 지역이 황주부였다. 이준갑,《중국 사천 사회 연구 1644~1911 : 개발과 지역 질서》(서울대학교출판부, 2002), 87쪽.
132) 명대 승천부承天府와 덕안부의 인구를 그 예로 제시한 오금성,《中國近世社會經濟史研究》, 171~175쪽 참조. 실제로 명대에 황주부의 수공업자 대다수는 외부인이었으며, 소금을 비롯한 여

그 외에도 성화 연간 당시 형양 유민 반란 진압의 책임자였던 항충項忠의 언급에서도 이미 상당수 유민이 산간 지역에 거주하고 있었다는 사실을 쉽게 짐작할 수 있다. 더구나 그의 언급에 따르면 호북 지역 광화현光化縣 출신 유민인 진장자陳長子는 40여 리에 이르는 산지를 점령하고 주변 지역의 무뢰無賴 1,000여 명을 거느리고 있었다.[133] 이런 정황이야말로 호북 지역 서북부 일대나 일부 인구가 많은 지역의 호당 구수의 비율이 높았다는 사실을 증명해준다.

이러한 인구 증가는 치안 문제뿐 아니라 당연히 주변 지역의 환경에도 많은 영향을 끼쳤다. 일례로 명대에 인구가 많았던 대표적 지역인 황주부의 경우 이미 이 시기에 환경이 상당히 악화됐다는 사실을 확인할 수 있다. 황주부 마성현麻城縣 출신으로 성화 연간에 진사進士에 오른 동박董樸은 마성현 현성縣城을 중건하면서 다음과 같이 기록했다.

> 원화元和 초에 또 마성현을 없애 황강黃岡에 복속시켰으나, 이후 다시 (마성현을) 설치해 황주에 속하게 했다. 송대에는 회서강북도황주군淮西江北道黃州軍 소속이었으며, 그 현치縣治를 물색한 끝에 십자산什子山으로 옮겼지만, 원대에 다시 옛날의 현치를 복구해 황주에 예속시켰다. 명明 왕조는 (원대의 제도를) 그대로 따랐으니, 북으로는 광光·채蔡에 닿으며 오관五關의 험지에 자리해 회서淮西의 요충지를 장악한 셈이다. 앞으로는 높은 산봉우리에 의지하며, 뒤로는 봉황애鳳凰崖가 둘러싸고, 왼쪽에는 구봉산龜峰山 등이, 오른쪽에는 대안산大安山 등이 있다. 그리고 대하大河가 앞을 에워싸며

러 상품을 취급했던 사람들도 강남 지역이나 휘주徽州 흡현歙縣 출신이었다. 光緒《黃州府志》卷3,〈風俗〉, 59쪽 下.
133) 項忠,〈撫流民疏〉,《明經世文編》卷46, 15쪽 上~下.

흐른다. 그 우뚝 선 모양이 단연 아름다운 모습을 띤다. 선비의 기풍도 훌륭하며, 유학을 즐겨 공부한다. 지조로 이름 높은 사람을 거듭 배출했으며, 항상 염치 있게 처신하니 그 아름다운 풍속이 가득해서 호북 전체의 명읍名邑이 됐다.

근래 토지가 좁아지고 인구가 많아져 심산유곡을 모두 경작하고 있다. 많은 비가 내려 물이 많아지면 모래가 흘러내려 (평야 지역의) 전지田地로 쏟아져 백성이 그것을 매우 걱정한다. 성화 계사년癸巳年(1473) 학궁學宮의 반지泮池가 침수돼 벌써 40년이 됐다. (그 여파가) 점점 동쪽으로 확산돼 옛 성 해자의 사포정射圃亭에까지 이르렀는데, 문묘와 겨우 5장丈 거리다. 매년 봄과 여름에 물이 불어나면 관리와 백성이 어쩔 줄 모르지만, 팔짱을 끼고 기다릴 뿐 (다른 대책이 없다).[134]

이 글이 매우 단편적인 예라고 해도, 명 중엽 이후 황주부 일대의 인구 증가를 알려주는 중요한 증거로는 충분하다. 인용문 전반부에서 자세히 언급한 미려한 자연 경관이 인구 증가로 훼손돼 그 피해가 마성현 중심부에까지 미쳤던 정황을 잘 묘사하고 있기 때문이다.

한편 명대의 인구 문제에서 호북 지역 서북부 일대에 자리한 양양의 인구 변화도 주목할 만하다. 앞서 언급한 황주부보다는 인구 자체가 많진 않지만 명대에 양양부는 인구가 급증한 대표적인 지역이었다.[135] 일단 인구 변화 추이를 보면 성화 8년(1472) 7만 9,087명 → 정덕 7년(1512) 18만 153명 → 만력 연간(1573~1620) 19만 4,012명으로 지속적인 증가 추세

---

134) 董樸,〈麻城縣重建縣廳記〉,《湖北文徵》卷1, 191쪽.
135) 이하 양양부에 대한 설명은 별도의 주가 없는 한 정철웅,〈中心部에서 周邊部로—明淸時期 襄陽府 경제 변화의 특성〉,《東洋史學研究》60집(1997)에 근거한 것이다.

를 보였다. 특히 양양부의 중심 지역인 양양현이나 곡성현穀城縣의 인구 증가는 상대적으로 느린 반면, 기타 지역의 인구 증가는 더 빨랐다. 즉, 한수 유역보다는 그 외 지역의 인구가 더 빨리 증가했다는 말이다.

이런 사실을 종합하면 명대 호북 지역의 인구는 동부와 중부 그리고 양양부 일대에서 뚜렷하게 증가한 반면, 운양부를 비롯한 서부나 서남부의 인구는 상대적으로 늘지 않았다. 따라서 호북 지역의 이러한 인구 변화가 청대에 이르러 어떻게 변화했는지 추적하는 일은 흥미로울 것이다.

다음으로 명대 호남 지역의 인구 변화를 살펴보기로 하자.

표 1-8의 호남 지역 전체 인구와 면적에는 소수민족 지역인 영순과 보정 지역이 포함되지 않았다. 행정 관할 구역도 그 이후와는 다소 차이가 있다. 그래도 명대 호남 지역의 인구 변화 추이를 살펴보는 데는 유용하다. 호남 지역의 인구는 동일한 시기의 호북 지역보다 인구 수치 편차가 극명하게 드러난다. 즉, 당시 호남에서 가장 중요한 경제 지역인 장사, 형주, 상덕 등의 인구가 다른 지역보다 압도적으로 많았다. 이는 적어도 명 중엽부터 본격화된 동정호와 상강 유역 개발과 밀접한 관련성이 있다.

호남성 저지대 개발 역시 거의 중국 전역全域에서 호남 지역으로 유입된 객민客民에 의한 것이었다.[136] 아울러 이미 명 초 이후 실시된 적극적인 간황墾荒 정책도 이 지역의 중요한 인구 증가 요인이었다.[137] 이처럼 객민이 증가하고, 그들의 세력이 커짐에 따라 토착민이 거꾸로 몰락하는 일도 빈번했다. 한편 인구 증가에 따른 사회경제적 여파 외에, 명대 호남 지역에서도 비슷한 시기에 꽤 흥미로운 환경문제가 거론됐다. 다만 앞서 언

---

136) 명대 호남성 인구 유입과 그 영향에 대해서는 오금성,《中國近世社會經濟史硏究》, 230~245쪽 참조.
137) 王勇,《湖南人口變遷史》(長沙 : 湖南人民出版社, 2009), 200쪽.

급한 호북 지역의 경우와 달리, 호남 지역에서는 인구 증가에 대항하기 위한 정책의 하나로 자연 자원의 적극적인 개발과 항구 개설을 통한 상업 진작을 강조하는 주장이 제기됐다. 이 문제와 관련해 명 만력萬曆 연간(1573~1620)에 선화현善化縣 지현을 역임한 당원唐源의 주장을 들어보자.

    선화현 주민은 성격이 졸렬하고 습성이 나태해서 농사에 종사하는 사람도 일모작에 그친다. 보리, 콩, 대나무, 일반 나무 등도 모두 이익을 산출할 수 있지만, 이곳 사람들은 (그러한 작물을) 재배하지 않는다. 상업을 하는 사람도 겨우 오이나 채소를 짊어지고 (시장에) 나가는 정도이며, 어부 역시 하천에서 잔고기를 낚는 정도다. 대체로 생계를 해결하기 위한 대책이 없으면 그 피해가 백성에게 미치며, 백성의 생계가 막연하면 세금을 납부해야 할 책임을 다하지 못하니 그 피해 또한 관청에 미친다. 이에 아래와 위

〈표 1-8〉 명明 만력 6년(1578) 호남 지역의 인구

부府	인구수	면적(km²)	인구 밀도(인구/km²)
악주岳州	275,142	28,848.95	9.54
장사長沙	427,164	41,894.90	10.20
형주衡州	358,916	22,397.60	16.02
영주永州	141,633	22,907.30	6.18
침주郴州	94,390	13,695.70	6.89
보경寶慶	221,207	21,559.70	10.26
상덕常德	144,540	9,180.50	15.74
진주辰州	156,724	23,863.10	6.56
정주靖州	81,066	9,904.10	8.18
합계	1,900,782	194.522.14	9.77

출처 : 毛兒生 主編《中國人口》, 52쪽.

모두가 이익을 얻고자 한다면, 수리를 진작하는 것이 제일 좋다.[138]

이어서 당원은 선화현의 풍부한 수자원을 이용해 항구를 확대하는 것이 수리 문제 해결의 핵심이라고 주장했다. 그의 주장이 흥미로운 이유는 항구 개설로 많은 배가 들어오면 선원들이 일용품을 구입할 수 있고, 상품이 들어와 물건 구입이 쉬워지며, 상업이 발달할 뿐 아니라 사방에서 사람들이 모여든다고 봤기 때문이다. 당원의 주장은 광산 개발로 많은 사람이 모여들면 지역 사회에 피해를 줄 수 있다는 청대 관리들의 주장과는 사뭇 다르다.

이 이야기는 선화현 남쪽 2리 부근에 있던 남호항南湖港에 관련된 것인데, 청대에 남호항은 매우 번창한 항구였다. 이곳이 항구로 기능하게 된 것은 인위적인 준설 때문이 아니라 장강의 범람으로 이 일대에 수량이 증가했기 때문이다.[139]

두 내용을 종합하면, 인구 증가로 자원 압박 또는 개발의 필요성이 이전보다 증가했고, 그 해결책의 하나로 당시 지방 관리들은 준설을 통한 항구 개설을 계획했다. 그러나 수로가 자주 막히는 바람에 항구는 제 기능을 하지 못하다가, 결국 자연의 변화로 수량이 증가한 건륭 연간 이후에야 중요한 항구가 됐다. 남호항 이야기는 인구 증가로 적극적인 자원 개발이 절실한 상황에서, 자연 조건의 변화가 발생한 이후에야 비로소 개발이 가능해졌다는 것을 알려준다.

명·청 교체에 따른 정치적·사회적 혼란은 장강 중류 지역에도 영향을 미쳤다. 강희 연간에 호남 순무巡撫를 지낸 조신교趙申喬(1644~1720)는 당

---

138) 唐源, 〈濬水利議〉, 乾隆《善化縣志》卷31, 〈藝文上〉(議), 8쪽 下~9쪽 上.
139) 乾隆《長沙府志》卷5, 〈山川〉, 15쪽 下~16쪽 上.

시의 혼란상을 언급하면서 호남 지역 주민들이 과다한 세금 때문에 자살하는 사람이 많다고 지적했다.[140) 그럼에도 청 초 황제들의 적극적인 경제 안정책 덕분에 대체로 청 전반기는 장강 중류 지역뿐 아니라 중국 전역에서 인구가 증가했다. 그러나 허핑티가 지적했듯이 청 전기의 인구 자료는 부실했으며, 비교적 신뢰할 만한 인구 수치가 등장하는 시기는 보갑제에 기초한 인구조사가 실시된 이후였다.[141)

청대에 이르러 보갑제가 실시됐지만,[142) 대다수 청대 지방지의 인구 수치는 여전히 정수丁數만 기록한 탓에 정확한 인구를 알 수 없다. 그러나 이 시기 중국 전체는 물론이고 장강 중류 삼성 지역의 전 인구가 증가했다는 증거와 정황은 다음의 사실로 짐작할 수 있다. 첫째, 청 초에도 여전히 호광 지역과 강서성 주민이 사천으로 유입됐다는 점이다. 장강 삼성 지역 주민이 사천으로 가장 많이 이주한 시기는 강희 연간이었다.[143) 그러나 옹정 연간에 지방관들이 올린 상주上奏를 보면 사천으로의 이주가 전보다 오히려 더 많아졌다는 언급이 나오는데,[144) 사천 지역으로 이주한 이주민들 상당수가 장강 중류 지역 출신이라는 점을 감안하면 장강 삼성 지역의 인구

---

140) 趙申喬,〈禁上行下效積弊示〉, 乾隆《善化縣志》卷11,〈藝文上〉(議), 13쪽 下.
141) 이 문제에 대해서는 허핑티,《중국의 인구》, 정철웅 옮김(책세상, 1994), 68~72쪽과 보갑제 운용 이후 중국 전역의 실제 인구를 자세히 검토한 Michel Cartier, "La Croissance démographique chinoise du XVIIIe siècle et l'Enregistrement des Pao-chia", *Annales de démographie historique*(1979) 참조.
142) 청대 보갑제의 시행에 관한 논의는 이미 순치 연간에 개시됐으며, 이후 강희 연간을 기점으로 전형적인 보갑제가 실시됐다. 이 점에 대해서는 宋正洙,《中國近世鄉村社會史研究—明清時代 鄉約·保甲制의 形成과 展開》(혜안, 1997), 263·306쪽 참조.
143) 이준갑,《중국 사천사회 연구 1644~1911 : 개발과 지역 질서》, 103~105쪽 참조.
144)《雍正硃批諭旨》卷31(上), 51쪽 下에 나오는 황정계黃廷桂의 옹정 5년(1727) 상주문 참조. 이런 이유 때문에 옹정제는 사천으로 인구가 유입되도록 하는 정책을 계속 유지해야 하는 것인지 자문한 적이 있다. Robert Eric Entenmann, "Migration and Settlement in Sichuan, 1644~1796", Harvard University Ph. D. diss.(1982), 126쪽.

가 여전히 많았다는 사실을 알 수 있다.

둘째, 외부 지역으로 미곡 판매를 금지하는 이른바 알적遏糴 관행이 이미 옹정 연간부터 장강 중류 지역에서 보인다는 점이다. 예를 들어 옹정 4년(1726), 옹정제는 강서순무 배솔도裵律度에게 내린 유지에서 정리情理에 맞지 않는다는 이유를 들어 강서 지방관들의 알적 관행을 비난했다.[145] 하지만 알적 관행은 건륭 연간에 한층 더 심해졌다.[146] 따라서 명 중엽 이후 전통적으로 유지된 미곡 수급 구조, 즉 장강 중류 지역에서 하류 지역으로의 미곡 수출은 적어도 건륭 연간에는 원활하지 않았다. 청 전기의 미곡 수급 문제는 여전히 논란거리이지만, 장강 유역 일대의 미곡 유통을 다룬 기존 연구는 호북성과 호남성의 인구 증가가 미곡 수출량 감소의 중요한 원인이었다고 지적한다.[147]

마지막으로, 일부 지방지에 등장하는 인구 자료를 들 수 있다. 청 전기의 인구 자료는 대체로 산발적이어서 시간에 따른 증감을 확인하기 어렵지만, 다음 몇 가지 예를 보면 청 전반기의 인구 증가 상황을 확인할 수 있다. 우선 황주부처럼 인구의 절대 수치가 증가한 예다. 황주부는 건륭 14년(1749) 약 75만 명에서 광서 6~7년(1880~1881) 약 250만 명으로 증가해[148] 연평균 약 1.8퍼센트의 증가율을 보였다. 비슷한 시기인 광서 13년(1887) 당시 호남성 상담현湘潭縣 한 현의 인구가 약 81만 명이었음을 감안하면[149] 장강 중류 일대 일부 지역의 인구가 매우 많았음을 알 수 있다.

---

145) 邵鴻 主編,《淸實錄江西資料彙編》(上卷)(南昌 : 江西人民出版社, 2005), 114쪽.
146) 則松彰文,〈淸代における'境'と流通 ― 食糧問題の一齣〉,《九州大學東洋史論集》20號(1992) 참조.
147) 각각 蔣建平,《淸代前期米穀貿易硏究》(北京 : 北京大學出版社, 1992), 56쪽과 張麗芬,〈湖南省米糧市場産銷硏究(1644~1937)〉, 臺灣大學歷史硏究所 碩士學位 論文(1990), 158~159쪽 참조.
148) 光緖《黃州府志》卷8,〈賦役〉(戶口), 1쪽 上과 2쪽 下.
149) 光緖《湘潭縣志》卷8,〈賦役〉(6), 3쪽 上.

또 일부 산악 지역은 청 전·후반기에 인구가 지속적으로 증가했다. 이 문제는 뒤에서 다시 언급하겠지만, 일례로 강서성 광신부廣信府의 지방지에 따르면 광신부는 청 개국 후 약 200년 동안 인구가 약 열 배나 급증했다.[150] 더구나 호남성의 일부 산악이나 미개발 지역의 인구가 이미 강희 연간부터 증가했다는 지방관들의 보고는[151] 청대 전반기 장강 중류 지역의 인구가 고른 지역에서 증가했음을 시사한다.

청淸 중기 이후 변방 지역의 인구 증가

그렇다면 비교적 인구 자료가 충실한 청 후반기의 장강 중류 지역 인구는 어떻게 변화했을까? 특히 산악 지역과 같은 변방 지역의 인구 상황은 어떠했을까? 먼저 호북성의 인구 변화를 살펴보자.

표 1-9에서 알 수 있듯이 청 후기 호북성 전체 인구는 구수를 기준으로 할 때 오히려 감소했으며, 호수만 약간 증가했다. 또 호북성의 중심 지역인 무창, 한양, 형주는 인구가 정체 또는 감소한 반면, 청대 내내 호북성의 변방 지역이던 운양부나 의창부, 시남부 등의 인구가 급증했다. 호북성 전체 인구가 감소한 원인은 논외로 쳐도,[152] 변방 지역의 인구 증가는[153] 결

---

150) 同治《廣信府志》卷3,〈食貨〉(戶口), 1쪽 上.
151) 이 점 역시 당시 미곡 수급 상황과 관련해 거론됐다. 즉, 강희 48년 조신교는 진주부辰州府와 장사부의 유양현瀏陽縣 모두 이전과 달리 인구가 증가해 그 지역의 곡식 공급도 부족하다고 상주했다. 趙申喬,《自治官書類集》卷6, 73쪽.
152) 청대 호북성 인구의 감소 원인이 대체로 호북성에서 자주 발생한 홍수 때문이라는 주장이 있지만, 실제 자료를 보면 호북성의 인구는 19세기까지 매우 높은 수준을 유지하다가 그 이후에 이르러 비로소 감소한다. 따라서 인구 감소의 주된 원인을 단순히 홍수 탓이라고 보기에는 어려운 면이 있다. 호북성 인구 감소 원인에 대한 이러한 대립 견해는 Pierre-Etienne Will, "Un cycle hydraulique en Chine : La Province du Hubei du XVIe au XIXe siècle", *Bulletin de l'Ecole française d' Extrême-Orient*, vol. 68(1980)과 Michel Cartier, "Chine du Nord, Chine du sud : paradoxes de

〈표 1-9〉 청淸 중·후기 호북성의 인구

부府	가경嘉慶 25년(1820)		광서光緖 34년(1908)		B/A(%)
	호수戶數(A)	구수口數	호수戶數(B)	구수口數	
무창武昌	790,677	6,509,669	750,876	3,119,074	95
한양漢陽	591,447	3,577,216	599,538	3,009,160	101
황주黃州	490,887	3,435,548	768,532	4,009,841	157
안육安陸	506,277	3,325,215	492,303	2,408,501	97
덕안德安	435,953	1,987,553	414,232	2,332,112	95
형주荊州	640,212	3,020,874	500,881	2,475,209	78
양양襄陽	332,968	1,829,006	504,921	2,363,025	152
운양鄖陽	74,925	587,141	285,822	1,478,595	381
의창宜昌	106,402	733,625	259,213	1,197,909	244
시남施南	174,362	919,981	220,716	1,121,142	127
형문주荊門州	170,639	808,208	210,099	961,501	123
합계	4,314,749	26,734,036	5,007,133	24,476,069	116

출처: 1820년 수치는 譚崇台 主編, 《中國人口》, 50쪽; 1908년의 수치는 民國《湖北通志》卷43, 〈經政志一〉(戶口), 1127~1228쪽.

국 청대 이후 더욱 활발해진 산악 지역의 개간과 관련이 있다. 더구나 이런 현상은 호남성과 강서성에서도 동일하게 나타난다.

호북성과 달리 호남성은 청대 내내 인구가 지속적으로 증가했다.[154] 그

la Croissance démographique", Antoine Fauve-Chamoux (ed.), *Evolution agraire et Croissance démographique*, Ordina Editions : Liège(1987)에 각각 잘 드러나 있다.
153) 가경 연간의 백련교도란을 감안하면, 호북성 변방 지역의 청 후반기 인구 증가는 괄목할 만하다. 그 예로 시남부의 인구는 道光 12년(1832)에 90만 2,123명, 광서 11년(1885)에 102만 838명이었다. 각각 道光《施南府志》卷11,〈食貨志〉(戶口), 2쪽 下와 光緒《施南府志續編》卷3,〈續經政志〉, 1쪽 上 참조.
154) 毛況生,《中國人口》, 60쪽.

러나 장사부, 악주부, 형주부와 같은 발전 지역의 인구는 청 후기로 가면서 인구가 감소하거나 정체됐다. 예를 들어 형양衡陽의 인구는 18세기 중엽부터 1817년까지 증가했지만, 그 후 19세기 말까지는 거의 증가하지 않았다. 오히려 호수는 1819~1871년에 대폭 감소했다.[155] 반대로 침주, 계양주, 영순부, 영주 등과 같은 변방 지역은 지속적으로 인구가 증가했다. 표 1-10은 일부 변방 지역의 인구를 나타낸 것이다.

표 1-10의 인구 수치는 매우 단편적이지만, 청대 말 호남성 변방 지역

〈표 1-10〉 청淸 후기 호남성 변방 지역의 인구

지역	시기	호(1)	구(2)	2/1
계양주桂陽州	1816	106,708	415,631	3.9
	1866	137,959	777,089	5.6
영주부永州府 동안東安	1816	44,108	229,748	5.2
	1826	44,167	230,334	5.6
	1874	46,650	260,680	5.6
영순부永順府 상식桑植	1733	2,115	6,149	2.9
	1756	16,685	72,621	4.4
	1760	20,741	96,641	4.7
	1817	31,607	99,306	3.1
	1873	34,000	180,000	5.3
예주澧州 자리慈利	1746	23,698	109,677	4.6
	1747	27,003	120,612	4.5
	1815	35,410	140,236	4.0

출처: 同治《桂陽直隸州志》卷5,〈賦役〉, 4쪽 上~6쪽 上; 光緒《東安縣志》卷3,〈田賦〉, 2쪽 下; 光緒《桑植縣志》卷2,〈賦役〉(戶口), 2쪽 上~下; 嘉慶《重修慈利縣志》卷3,〈戶口〉, 2쪽 下~3쪽 上; 乾隆《直隸澧州志林》卷3,〈食貨〉(戶口), 4쪽 下.

---

155) 同治《衡陽縣志》卷3,〈賦役三〉, 3쪽 上~下.

의 인구 증가 경향을 잘 보여준다. 18세기 중엽에서 19세기 초 사이 계양주나 상식현의 인구 증가는 거의 폭발적이었으며, 자리현은 1년 사이에 4,000여 호나 증가했다. 이들 지역 대부분은 옹정 연간(1723~1735)에 개토귀류가 시행된 곳으로, 한족이 대량 유입돼 인구가 크게 증가했다.

강서성도 청 후반기에 이르러 하천 유역의 인구가 감소했다. 그러나 강서성은 다른 성에 비해 현縣 단위 지방지의 인구는 거의 정수丁數만 기록했으며, 그 수마저도 동일하게 기재돼 시간의 흐름에 따른 경향을 알 수 없다. 예를 들어 남창현南昌縣은 건륭, 도광 그리고 동치 연간의 인구 수치가 부역 징수 대상을 의미하는 완부남부完賦男婦로 표기돼 있으며, 그 수치도 10만 8,679명으로 동일하다.[156] 그러나 광서《강서통지江西通志》에는 정수와 호수戶數를 비교적 충실하게 기록해 어느 정도는 인구 변화를 추적할 수 있다.

《강서통지》의 기록에 따르면 강서성 전체 인구는 건륭~가경 연간에 증가 추세를 보이다가 가경~동치 연간에는 거의 정체됐으며,[157] 그러한 감소 현상이 민국 연간까지 계속됐다.[158] 표 1-11은 청대 강서성 남창부의 인구를 나타낸다.

광서《강서통지》에 나오는 이러한 인구 수치는 정수丁數만을 기록했다는 점에서 전적으로 신뢰하기는 어렵다. 더구나 표 1-11은 남창부만을 예시했기 때문에 다른 지역과 비교가 불가능하다. 그러나 다른 지역과 굳이 비교하지 않아도 좋을 정도로 광서《강서통지》에 등장하는 강서성 인구 수

---

156) 乾隆 16年《南昌縣志》卷7,〈賦役〉(上), 2쪽 上 ; 乾隆 59年《南昌縣志》卷6,〈賦役〉(上), 2쪽 上 ; 道光 5年《南昌縣志》卷5,〈賦役〉(戶口), 2쪽 上 등 참조.
157) 청대 강서성 인구의 이러한 추세는 光緒《江西通志》卷47,〈輿地略三〉(戶口), 4쪽 下~41쪽 上 참조.
158) 胡煥庸,《論中國人口之分布》(上海 : 華東師範大學出版社, 1983), 72쪽에 따르면 강서성 전체 인구는 1756만 9,210명으로, 동치 연간인 1869년의 2385만 811명에 비해 현저히 감소했다.

〈표 1-11〉 청淸 중·후기~민국 연간의 강서성 남창부南昌府의 인구

현縣 \ 시기	1782	1802	1820	1851	1869
남창南昌	129,939(호戶)	191,350	221,065	283,092	283,130
	518,019(구口)	996,679	1,370,657	1,427,056	1,427,420
신건新建	82,088	105,812	120,789	114,017	114,058
	515,652	1,259,659	1,716,337	1,694,734	1,695,005
풍성豊城	109,643	109,643	159,643	111,373	111,373
	437,102	528,979	558,945	560,778	567,044
진현進賢	59,908	60,599	60,921	60,937	60,941
	204,400	210,914	219,396	219,550	219,752
봉신奉新	39,331	39,710	40,528	42,605	42,432
	194,286	211,097	219,485	233,662	232,645
정안靖安	16,690	18,583	21,544	25,576	25,597
	59,836	81,056	86,575	109,540	109,552
무녕武寧	33,538	34,544	36,660	38,035	38,050
	187,030	190,616	197,560	206,433	206,620
의령주義寧州	46,727	48,976	50,683	51,075	43,727
	234,239	250,517	262,161	284,701	273,003
합계	517,774	609,217	711,833	726,710	719,308
	2,350,564	3,729,517	4,631,116	4,736,454	4,731,041

출처 : 光緒《江西通志》卷47,〈輿地略三〉(戶口), 5쪽 下~8쪽 下.

치는 19세기 전반기 이후 감소 추세를 보인다. 그럼에도 일부 지방지에 등장하는 수치는 강서성 역시 특히 변방 지역을 중심으로 청 후반기에도 꾸준히 인구가 증가했음을 알 수 있다.

예를 들어 광신부 상요현上饒縣과 같은 일부 산악 지역은 청대 내내 인구가 증가했다. 상요현의 인구(구수口數)는 강희 52년(1713) 3만 923구 → 건

륭 45년(1780) 18만 1,629구 → 가경 3년(1798) 18만 7,712구 → 도광 3
년(1823) 19만 8,278구 → 동치 12년(1873) 36만 4,308구로 꾸준한 증
가 추세였으며, 호수 역시 건륭 45년 1만 1,134호 → 가경 3년 5만 6,698
호 → 도광 3년 5만 6,961호 → 동치 12년 7만 4,097호로 증가했다.[159] 역
시 광신부에 속했던 귀계현貴溪縣도 도광 3년(1823) 호수와 구수가 각각 4
만 8,388호와 26만 3,408구였지만, 동치 8년(1869) 4만 9,324호와 33만
7,854구로 각각 증가했다.[160]

한편 호남성 산악 지역에서도 청대에 인구가 급증했던 사실을 확인할
수 있다. 비교적 연대별 인구 수치가 잘 남아 있는 호남성 서남부 극단에
위치한 정주靖州는 건륭 7~22년(1742~1757)에 호수는 2만 3,955호에서 3
만 2,455호로, 구수는 11만 9,328구에서 15만 3,341구로 각각 증가했다.
물론 동치 연간 이후 인구가 다시 감소하는 경향을 보이지만, 그것은 자연
감소가 아닌 전쟁이나 역병 때문이었다.[161]

이런 사실을 종합하면, 명·청 시대 인구 변화의 특징은 미개발 지역의
지속적인 인구 증가라고 할 수 있다. 명대에는 하천 유역을 중심으로 인구
가 증가한 반면, 청대에는 다시 산악 지역으로 인구가 확대됐다. 이런 점
에서 명·청 시대의 인구 변화는 공간의 확대에 따른 자원 이용의 다양화
라는 측면을 잘 보여준다. 특히 평야 지대의 개발이 한계에 다다르자, 새
로운 자연 자원과 경작지가 존재하는 산악 지역으로 눈을 돌렸다. 청대에
급증했던 이민자와 소수민족 지역의 적극적인 개발은 그러한 사실을 잘
나타내준다.

---

159) 강희康熙 52년(1713)에서 도광道光 3년(1823)까지의 수치는 道光《上饒縣志》卷10,〈田賦〉,
36쪽 下~7쪽 上 참조, 동치 15년의 수치는 同治《上饒縣志》卷9,〈田賦〉, 40쪽 下 참조.
160) 同治《貴溪縣志》卷3,〈食貨〉, 3쪽 上~下.
161) 光緖《靖州鄕土志》卷2,〈戶口〉, 10쪽 上~下.

(2) 유랑, 이동, 정착

이주와 정착

강서 사람들이 호광 지역을 가득 메웠다는 '강서전호광江西塡湖廣'이나, 다시 호광 사람들이 사천 지역을 메웠다는 의미의 '호광전사천湖廣塡四川'이란 말이 등장할 정도로 명·청 시대에 장강 중류 지역은 격심한 인구 이동을 겪었다. 이 말들이 의미하는 것처럼 장강 삼성 지역 가운데 일단 강서성 사람이 호광 지역으로, 다시 호광 사람들이 사천으로 이동하는 인구의 추동推動 현상이 나타난 시기가 바로 명·청 시대였다. 명·청 시대는 이른바 유동 사회였으며, 특히 장강 중류 지역에서 그런 특성이 잘 드러난다.

앞서 언급한 기존 연구에 따르면 장강 중류 지역 인구 이동의 특징은 다음과 같이 요약할 수 있다. 첫째, 양적인 면에서 청대보다 명대에 인구 이동이 훨씬 많았다. 호남 지역의 악양岳陽 일대나 남부 지역은 좀 더 이른 시기에 인구가 대량 유입된 증거도 있지만, 대체로 명 초에 집중적으로 인구가 유입됐으며, 그런 경향은 호북 지역 역시 동일하다. 그러나 호광 지역 가운데 호북의 서남부와 호남 서부 지역은 오히려 청대에 이르러 이민자가 많았다.

둘째, 널리 알려진 것처럼 명대에 호광 지역으로 유입된 사람들 중 대다수는 강서성 출신이었다. 그들 가운데 길안부 출신이 가장 많고, 남창부 출신은 그리 많지 않았다. 이와는 대조적으로 호북 지역은 요주부와 남창부 출신이 많았으며, 길안부는 상대적으로 적었다. 다만 강서성의 경우 명대에는 주로 인구가 유출됐지만, 청대에 이르면 강서 남부와 동부 산악 지역으로 광동, 복건 출신자가 많이 유입됐다. 이런 점을 감안하면 명·청 시대 내내 강서성은 일종의 인구의 전이 지대로 유출과 유입이 빈번하게 발

생한 지역이었다.[162]

셋째, 특히 사천 지역으로 이동한 호광 인구는 명대보다 청대에 압도적으로 많았으며, 대체로 건륭 연간을 기점으로 급격하게 감소하는 경향을 보인다. 거꾸로 건륭 연간 이후 사천 지역의 인구가 외부로 유출되는 현상이 발생했다. 사천 지역 인구 중 호광 출신자가 60~70퍼센트를 차지했다는 기존의 연구가 정확하다면, 건륭 연간까지 사천 인구가 증가한 것은 당연히 외부에서 들어온 사람들 덕분이었다. 한편 사천 지역으로 인구가 유입되는 현상에서 주목해야 할 부분은 호남보다 호북 출신자가 더 많았으며,[163] 그중에서 특히 황주부 출신자가 압도적으로 많았다는 사실이다.[164]

결국 명대에는 강서성의 인구 유출, 청대에는 호광 지역의 인구 유출로 요약할 수 있다. 그러나 기존 연구는 황주부처럼 특정 지역에서 많은 인구 유출이 발생한 원인이나 성내省內 인구 이동 상황 등에는 별 관심을 보이지 않았다. 또 지나치게 지역을 중심으로 인구 유출과 유입 현상을 강조한 탓에, 이주나 이동 자체의 성격이나 특징에 대한 언급을 소홀히 한 점도 한계라 할 수 있다. 이러한 사실이 중요한 이유는 황주부의 예에서 볼 수 있듯이, 이미 호북성의 일부 지역은 명대 이전에 상당히 인구가 많았으며,[165]

---

162) 이런 점에서 청대 강서성의 인구 상황과 이동에 대한 상세한 연구가 필요하다. 앞서 언급한 것처럼 명대에 강서성은 인구가 이미 과밀 상태여서 이웃 호광 지역에 비해 개인당 경작 면적이 적었다(吳金成, 《中國近世社會經濟史硏究》, 93쪽). 청대의 강서성 역시 청 중엽의 급격한 시장 증가를 고려하면(吳金成, 《矛·盾의 共存 : 明淸時代 江西社會硏究》, 121~134쪽) 인구가 적지는 않았다. 가경 25년(1820)의 인구가 1953년보다 많았다는 연구(曹樹基, 〈淸代中期的江西人口〉, 《南昌大學學報》 32卷 3期, 2001)도 그러한 사실을 뒷받침한다. 특히 청대에 진홍모가 각 성省의 광산 개발에 참여한 이들의 반은 강서 사람이라고 언급한 점으로 미루어, 청대에도 여전히 강서성의 인구가 많았음을 알 수 있다. 《皇淸奏議》, 39·36쪽 下 참조.

163) Robert Eric Entenmann, "Migration and Settlement in Sichuan, 1644~1796", 158쪽.

164) 張國雄, 《明淸時期的兩湖移民》, 67쪽.

165) 한 연구에 따르면 황주부는 송宋 말에 많은 인구가 유입됐다. 林濟, 〈黃州宗族社會及其變遷(明·淸~1949년)〉, 華中師範大學歷史硏究所 博士學位 論文, 42쪽 참조.

청대에 호광 지역 주민들의 이동 역시 단지 사천 지역에 국한된 것은 아니었기 때문이다. 말하자면 여전히 미시적 관점의 연구가 필요하다고 볼 수 있다.

더구나 기존 연구에는 이주민의 실제 행태나 생활상에 대한 언급이 거의 없다. 그런 점에서 다음의 섬서성에 관련된 사료는 꽤 흥미롭다.

> 밤에는 길가의 사묘祠廟나 돌집 또는 숲에서 잠을 자며, 돌을 이용해 솥을 걸고 나무를 주워 밥을 짓는다. 우연히 동향인을 만나면 서로 의지해 살면서 경작지를 정해 개간한다. 나무를 베어 서까래를 만들고 풀로 지붕을 덮어 겨우 비바람을 막는다. 잡량雜糧 (잡곡) 몇 석石을 빌려 수년을 경작해 수확한 후, 그 산지山地를 (타인에게) 임대한다. 차차 (주변에) 흙과 널빤지를 대 집을 짓지만 여의치 않으면 다른 곳으로 이주한다.[166]

이 글은 초기 이주자의 생활이 매우 어려웠다는 사실을 잘 보여준다. 특히 종자도 제대로 없는 상황에서 산지를 개간해 겨우 입에 풀칠만 했던 정경을 자연스럽게 떠올릴 수 있다. 또 산간 지역의 개간이 끊임없는 이동으로 이루어졌다는 사실도 알려준다. 이주 초기 이주민의 생활이란 매우 불안정하고 하루 생계를 꾸려나가기도 어려웠기 때문에 서로 쉽게 친구가되고, 이익을 볼 만한 사업이 생기면 함께 모여 사는 일도 있었다.[167]

한편 사천성 운양현雲陽縣 이주민의 예에서 확인할 수 있듯이, 이주민이 지역의 유력자로 성공한 예도 있지만,[168] 대체로 이들이 이주 후 안착하기

---

166) 정철웅, 〈淸代 湖北省 西部와 陝西省 南部 環境 變化의 比較硏究〉, 56쪽에서 재인용.
167) 董詔, 〈新修龍泉寨記〉, 嘉慶《白河縣志》卷7, 〈寨堡〉, 10쪽 上.
168) 山田賢, 《移住民の秩序―淸代四川地域社會史硏究―》(名古屋 : 名古屋大學出版會, 1995), 2장 참조.

까지는 적어도 10년 이상이 소요됐다. 물론 개인 간 차이를 고려해야 하지만, 다음의 호북성 시남부 함풍현咸豊縣의 예는 그러한 정황을 잘 보여준다.

우선 표 1-12에 등장하는 여러 성씨의 출신 지역이 강서성을 제외하면 함풍현과 지리적으로 매우 가깝다는 사실을 지적할 수 있다. 명·청 시대 지방지에는 이처럼 인접 지역으로의 인구 이동도 빈번히 등장하는데,[169] 이것은 명·청 시대 장강 중류 지역 인구 이동의 주류인 장거리 성외省外 이민과는 다른 종류의 이주다. 이 같은 단거리 이주를 단행할 경우 이주 초기 집단은 소규모였을 가능성이 크며,[170] 이후 차차 그 수가 증가했다고 보는 편이 적절하다.

이주 거리가 비교적 짧고 그 정착 기간 역시 10년 내외가 걸린 함풍현의 예를 다시 확인해주는 단편적인 자료 가운데 하나가 호남성 용산현龍山縣 지역이다. 산간 지역에 속하는 용산현 지방지에 따르면 이곳의 객민은 장사·형주·상덕·진주·귀주성·강서성 출신으로, 성내省內와 성외省外 이민자가 골고루 섞여 있었다. 그런데 이들이 이주 초기에 영위한 상업을 통해 부를 축적하기까지는 약 10년이 걸렸다.[171]

이러한 이주민들이 모두가 지역 사회에 잘 융화된 것은 아니었다. 따라서 표 1-12의 양씨처럼 상당 기간 자신들만의 언어를 사용하는 등, 자신의 정체성을 고집하면서 새로운 이주 지역에 동화되지 않았던 예도 확인된다.[172] 이런 이주민이 타향에서 이른바 대성大姓으로 성장하기까지는 비

---

169) 道光《鶴峰州志》卷14,〈雜述〉, 6쪽 下.
170) 예를 들어 사천으로 이주한 사람들의 전체 양상이라고는 할 수 없지만, 이성동향異姓同鄕인 일곱 명이 함께 이주한 사실은 사천 지역으로의 이주가 이른바 '결반동거結伴同去'의 형태로 행해졌음을 의미한다. 따라서 상당수 이동은 소규모로 이루어졌을 가능성이 크다. 陳世松,《大遷徙: '湖廣塡四川'歷史解讀》(成都: 四川人民出版社, 2010), 186~193쪽 참조.
171) 光緒《龍山縣志》卷11,〈風俗〉, 2쪽 上~下.
172) 民國《咸豊縣志》卷11,〈氏族〉, 133쪽.

〈표 1-12〉 청대 호북성 시남부 함풍현 이주민의 이주 시기와 출신 지역

성씨	거주지	출신 지역	이주 시기	성장 시기
원씨袁氏	영풍리永豊里	호남성 정주靖州	강희	가경·도광 이후
유씨劉氏	영풍리	호남성 무릉武陵	건륭 말	도광 이후
등씨鄧氏	낙향리樂鄕里	호남성 진주辰州	건륭	도광 초 이후
엄씨嚴氏	용동龍洞	귀주성 사남부思南府	건륭	가경
양씨楊氏	낙향리	호남성 진주	건륭	가경·도광 이후
증씨曾氏	낙향리	호남성 상덕부常德府	건륭	가경·도광 이후
유씨游氏	낙향리	호남성	-	가경·도광 이후
장씨蔣氏	평양리平陽里	호남성 무릉	건륭 말	가경 이후
축씨祝氏	충보忠堡	호남성	-	-
안씨顔氏	용담사龍潭司	호남성 도원桃源	건륭·가경	-
진씨秦氏	낙향리	귀주성 안화安化	건륭 말	도광·함풍 이후
엽씨葉氏	소수전小水田	호남성 자리慈利	건륭	-
왕씨王氏	영풍리	강서성 금계金谿	가경·도광	함풍·동치 이후

출처 : 民國《咸豊縣志》卷11,〈氏族〉, 132~134쪽(정철웅,〈淸代 湖北省 西南部의 山地開發과 社會變化〉, 174쪽에서 재인용).

교적 오랜 시간이 걸렸다.

한편 이러한 단거리 이동에는 이주민들이 일상적으로 이용한 이동로가 존재했던 것으로 보인다. 청대 호남성 장사부 관할 유양현瀏陽縣의 상황에 의하면 단거리 이동의 주요 원인 가운데 하나는 기존 연구에서도 언급된 것처럼 과다한 세금 때문이었다. 청 초 유양현에서는 이장里長은 물론이고 마을의 친족이 모두 다른 지역으로 도망가는 사태가 발생했다.[173] 그런데 강희 초 유양현의 지현이었던 조정신曹鼎新은 유양현 각 향鄕의 이장 이름

---

173) 韓燨,〈瀏陽縣利弊條陳詳〉, 乾隆《長沙府志》卷23,〈政蹟〉(詳), 57쪽 下.

을 구체적으로 거론하면서 그들의 도주 경로를 세세히 언급했다. 즉, 당시 유양현에서 도망간 이들은 유양현과 멀지 않은 강서성 영주寧州, 의춘宜春, 평향萍鄕, 만재萬載 그리고 호남성 악주부의 평강平江과 상음湘陰으로 각각 이주했다.[174]

이런 상황은 당시 지방관이 도망간 이들을 추적했으며, 이는 당시 이주민이 주로 사용한 이동로가 분명히 있었다는 사실을 의미한다. 강서성 남부 감주부는 그런 사실을 잘 말해준다. 옹정 연간 거인擧人에 올랐던 오상고吳湘皐란 인물은 감주부의 인구 이동 상황을 다음과 같이 설명했다.

> 감주는 한 성省의 요충지이며 특히 민월閩粤의 교차 지점이다. 그 출입로는 세 길이 있는데, 혜주惠州와 남웅南雄에서 오는 사람은 남안南安의 대유령大庾嶺으로 오가며, 조주潮州 사람은 회창會昌의 균문령筠門嶺으로 출입하고, 복건의 정주汀州 사람은 서금瑞金의 애령隘嶺으로 드나든다.[175]

오상고가 이렇게 언급한 것은 이 지역의 치안 유지를 위한 요충지를 거론하기 위해서였다. 그러나 당시 지역 사람들은 이주민이나 기타 상인 또는 우범자의 이동 경로를 정확하게 파악하고 있었다.

단거리 이동의 실제와 그 영향

그렇다면 명·청 시대 단거리 이주의 양상은 구체적으로 어떠했을까? 다행히 장강 중류 지역의 일부 지방지에는 씨족지가 실려 있어 명·청 시

---

174) 曹鼎新, 〈請寬額徵詳〉, 乾隆 《長沙府志》 卷23, 〈政蹟〉(詳), 71쪽 下.
175) 吳湘皐, 〈上署江西巡撫包公書〉, 同治 《贛州府志》 卷70, 〈政蹟〉(國朝文), 32쪽 下.

대의 단거리 이주 상황을 좀 더 자세히 알 수 있다. 현재 이용 가능한 지방지 중 비교적 자세한 사료는 민국 연간에 간행된 강서성 《의춘현지宜春縣志》다.[176]

《의춘현지》에는 총 169개 성姓의 고향과 이주 시기가 기록돼 있다. 아울러 성이 동일한 경우에도 그 이주 시기와 고향이 달랐기 때문에 실제로 이 씨족지에 실린 개별 성씨는 2,675개에 달한다. 그만큼 이 자료는 한 현의 모든 성씨를 망라했다고 추정할 수 있다. 그중 하나가 바로 개별 성씨의 인구 현황을 기록한 대목으로, 원대에 이주했다는 심씨沈氏처럼 가구 하나에 구성원이 한 명에 불과한 사실도 정확하게 기록했다. 거꾸로 성씨는 거론했지만, 호구는 밝히지 않은 경우(호구미상戶口未詳)도 상당수 존재하므로 모호한 점도 있다. 하지만 《의춘현지》는 본격적인 종보宗譜를 제외하면, 적어도 장강 중류 지역 지방지에 기록된 인구 이주 상황 가운데 가장 상세한 자료 중 하나다.

의춘현의 씨족지에 정확하게 이주 시기가 기록된 성씨를 대상으로 계산해본 결과, 전체 1,369호 가운데 한대 8호(0.6퍼센트), 당대 73호(5.3퍼센트), 송대 198호(14.5퍼센트), 원대 127호(9.3퍼센트), 명대 567호(41.4퍼센트), 청대 396호(28.9퍼센트)다. 한대에 의춘에 이주한 경우가 눈에 띄지만, 시대별 인구 이주는 의춘현 인구를 구성하는 상당수가 명대 이후 이주한 사람들이었음을 쉽게 알 수 있다. 다만 송·원대에 이주한 인구 비율이 전체의 25퍼센트 가까이 차지한 것을 보면 송·원 시대 역시 인구 이동이 상당했음을 알 수 있다.

이 자료의 의의는 의춘현 이주자의 고향을 비교적 충실하게 기록해놓은 데 있다. 169개 성씨 가운데, 무작위로 고른 장씨張氏와 유씨劉氏의 원 거주

---

[176] 이하 강서성 의춘현의 이주 상황은 民國 《宜春縣志》 卷4~6, 〈氏族〉(上~下)을 근거로 했다.

지가 나오는 경우는 각각 28개와 58개다. 우선 장씨의 천출지遷出地 가운데 강서성 외부 지역은 하남·산동·복건 세 곳에 불과했으며, 원주부와 인접한 호남성 장사부 관할 유양현瀏陽縣과 예릉醴陵 출신이 합쳐서 넷이었다. 나머지는 모두 의춘현이 속한 원주부나 이웃한 길안부, 임강부 출신자였다. 이주자의 천출지 중 가장 먼 지역은 남창부 서쪽 의령주義寧州와 감주贛州 그리고 요주饒州 정도였다.

의춘현 장씨의 가장 중요한 천출지는 원주부 북쪽에 자리한 만재현萬載縣이다. 이곳에서 이주해온 사례는 모두 여덟 경우이며, 역시 원주부에 속한 평향 출신자도 두 경우다. 따라서 의춘현으로 이주한 장씨의 약 36퍼센트가 원주부라는 동일 행정 구역에서 온 이들이다. 나머지 이주자 역시 비교적 근거리 이주자였음을 장씨 일가의 이주 경로는 보여준다. 이러한 경향은 의춘현 유씨의 천출지에서도 확인할 수 있으며, 오히려 근접 지역 이주 경향이 더욱 두드러진다.

유씨는 장씨보다 이주 사례가 더 많은데, 강서성 외부 지역은 광주·남경·산동·복건 그리고 산서성 홍동현洪洞縣의 네 지역을 제외하면 모두 강서성 내 이동이었다. 의춘현 유씨 일파도 총 21개의 경우가 원주부 내 이동이었다. 이것은 전체 외부 천출지 58개 지역 중 약 36퍼센트에 달하는 비율이다. 장씨와 유씨의 천출지 중 강서성 내 이동 비율은 각각 79퍼센트, 91퍼센트다. 하지만 거리상 호남성 유양이나 예릉이 요주부보다 훨씬 가깝다는 점을 감안하면, 유씨나 장씨는 모두 매우 근접한 지역에서 이주했다고 결론지을 수 있다. 지도 1-2는 강서성 의춘현 이주민의 천출지를 표시한 것이다.

한편 이주민의 인구 구성 역시 큰 차이를 보인다. 앞서 심씨의 경우를 언급한 것처럼, 한 호당 구수가 한 명에 그치는 경우가 있는가 하면, 유씨 일족의 한 지파는 호수가 1,000호, 구수가 6,000여 구에 달하는 대규모 집단

〈지도 1-2〉 강서성 의춘현 유씨와 장씨의 천출지

이었다. 대체로 성씨에 따라 큰 편차가 있으며, 동일 성씨 내에서도 이주 시기와 장소에 따라 역시 인구수는 큰 차이가 난다. 따라서 의춘현은 대체로 수십 호가 주류를 이루고 있지만, 몇 명에 불과한 경우도 상당수 존재한다.

이러한 편차는 강서성 평향현萍鄕縣 씨족지에서도 확인된다. 일례로 평향현 동구東區에 살았던 오씨吳氏는 구수가 1만여 명에 달했던 반면, 두 가구에 구수가 12명에 불과했던 동구의 진씨陳氏도 있었다.[177] 이주민의 가족 구성에 보이는 이런 편차는 대체로 세월이 흐르면서 분족分族하는 경향 때문이다. 즉, 호남성 정주靖州의 양씨楊氏나 정씨丁氏의 예에서 알 수 있듯이, 지파가 지역이나 시간을 달리해 거주하는 형태가 많았다.[178] 더구나 이주민의 특성상 아예 단정單丁으로 이루어진 가구나 여러 세대가 한데 모여 이른바 '취족이거聚族而居'했던 형태도 발견되는 것을 보면[179] 이주민 가구의 가족 구성 형태도 정착민 못지않게 다양했음을 알 수 있다.

이상의 내용을 종합해보면, 강서성 의춘현의 이주민 실태는 기존 연구가 아직 밝혀내지 못한 중요한 사실을 보여준다. 우선, 기존 연구에서 강조된 장거리 이주와 별도로 성내 이동과 같은 단거리 이동도 꽤 빈번했다는 점이다. 그리고 단거리 이동에서도 상당수는 바로 인접한 지역에서 이주했는데, 이것은 명·청 시대에 이주가 일상화된 현상이며 다양한 목적으로 이루어졌다는 점을 일깨워준다. 특히 동일 성내에서 재이주하는 사례 역시 명·청 시대 이주의 그러한 특성을 잘 나타낸다.

둘째, 의춘현 한 곳을 기준으로 한다면, 명대에 강서성은 성외 인구 유출 못지않게 성내 인구 유동이 많았다는 점이다. 명·청 시대 의춘현의 정확한 인구 상황을 알 수는 없지만, 인구 변화가 격심했던 것만은 사실이다. 이 지역 사람들은 보첩譜牒을 매우 중시해서 10년마다 반드시 보첩을 새로 간행했다는 지방지의 언급이 그러한 상황을 잘 대변한다.[180] 따라서 강서성의 특정 지역은 인구 유출이 심했던 반면, 역시 일부 지역은 끊임없이

---

177) 民國《昭萍志略》卷3,〈氏族〉참조.
178) 光緒《靖州鄉土志》卷2,〈氏族〉, 12쪽 上~14쪽 下.
179) 섬서성의 한 지방지에 따르면 왕국상이란 인물은 아들 다섯 명, 손자 스무 명, 증손자 아홉 명을 합해 총 70여 명이 한 집에서 살았다. 道光 29年《石泉縣志》卷2,〈官師〉(6), 50쪽 上.
180) 同治《宜春縣志》卷1,〈地理〉(風俗), 2쪽 下.

인구가 유입됐다고 할 수 있다. 이런 정황을 고려하면 아직은 연구가 더 필요하지만, '강서전호광'이나 '호광전사천'과 같은 말이 '호광숙천하족'이라는 말처럼 일부 상황을 과장한 표현일 가능성도 생각해볼 필요가 있다.

그렇다면 이러한 인구 이동은 환경에 어떤 영향을 끼쳤을까? 특히 이주가 미개발 지역에 집중됐다는 점을 감안하면 자원의 급격한 훼손이나 부족이 초래됐을 것이다. 이러한 현상에 대한 고찰은 이 책의 중요한 주제이므로 이에 대한 언급은 앞으로 줄곧 전개될 것이다. 다만 여기서는 강서성 홍안현興安縣의 지방지에 등장하는 명대 이 지역의 인구 이동과 그 영향을 소개하기로 한다.

> 이 땅은 잡초가 우거지고 나무가 무성해서 땔감으로 사용할 수 있으며, 토지와 언덕을 개간해 경작할 수 있다. 원元 말 많은 강江·절浙 사람이 이곳에 살면서 생계를 꾸렸다. 성화~홍치 연간에 이익이 되는 것들이 개발돼 인구가 나날이 증가하고, 생활 습관 또한 이 지역 사람들과 비슷해졌다. 이후 인구가 조밀해지고 지력地力이 다해 생활 수단이 점차 적어지자, 흉년이 들 때마다 가난한 사람이 종종 말썽을 일으켰다.[181]

명·청 시대 사료에서 흔히 볼 수 있는 이러한 언급은 인구 이동과 그에 따른 인구 증가로 자원이 고갈돼 결국 사회 불안으로 이어졌다는 사실을 보여준다. 결국 인구 증가는 환경에 악영향을 끼친다는 '철의 법칙'을 이 인용문은 다시 한 번 상기시킨다. 따라서 자본력이 풍부한 사람이 단기간에 특정 산지를 집중적으로 개발해 산지를 황폐화시켰던 사례도[182] 확인

---

181) 呂懷,〈新建興安縣記〉, 道光《興安縣志》卷31,〈藝文〉(記), 5쪽 上.
182) 정철웅,〈淸代 湖北省 西南部의 山地開發과 社會變化〉, 184쪽.

할 수 있다.

이렇게 볼 때, 이주자들이 새로운 작물과 기술을 전파한 사례도 많지만,[183] 명·청 시대 인구 이동의 가장 큰 전제 조건은 역시 새로운 생계수단을 찾기 위한 것이었다. 이주민들은 산지를 개발하고 광업과 목재 일에 종사하며 수공업창手工業廠 등을 운용했던 한편, 상업이나 특정 작업을 통해 많은 자산을 모아 마침내 그 지역에 성공적으로 정착하는 경우가 많았다.

장사부 선화현善化縣의 예에서 알 수 있듯이 건축이나 기타 수공업에 종사한 사람은 강서성이나 호북성 포은현蒲圻縣 출신이 많았다.[184] 또 소수민족 지역이었던 호남성 상식현桑植縣에서 활동한 목공과 석공 금속 기술자는 이웃 도원현桃源縣이나 호북성은 포은현 그리고 진주부 출신자들이었다.[185] 또 아예 출신 지역에 따라 종사하는 수공업 분야가 전문화되는 경향도 나타났다. 호남성 남부 침주부 소속 흥령현興寧縣 지방지에 따르면 흥령현에서 활동하는 금속공은 강서인, 석공은 형양인, 목공과 토공土工은 형주부의 안인현安仁縣 출신이 많았다.[186]

이민자의 증가와 이처럼 다양한 활동은 다음 세 가지 사실을 알려준다. 첫째, 이주의 가장 큰 원인은 생계 문제를 해결하기 위한 것이었기 때문에, 그러한 인구 이동으로 산악 지역의 환경이 크게 악화됐다는 점이다. 둘째, 역으로 인구 이동의 원인이 단순히 협소한 경작 면적과 과잉 인구 때문만은 아니었다는 점이다. 많은 이주자가 개인의 수익 증대나 일거리

---

183) 葛劍雄 主編, 《中國移民史》, 113~118쪽. 또 호북성 주민들이 섬서성에 수리기술을 전파한 사례도 찾아볼 수 있다. 정철웅, 〈淸代 湖北省 서부와 陝西省 南部 環境 變化의 比較硏究〉, 63쪽.
184) 乾隆 《長沙府志》 卷14, 〈風俗〉, 6쪽 下.
185) 同治 《桑植縣志》 卷2, 〈風土〉(風俗), 25쪽 上.
186) 光緒 《興寧縣志》 卷5, 〈風土〉(風俗), 22쪽 上.

를 찾아 새로운 지역으로 이동했으며, 따라서 일부 이주민은 연말에 귀향하는 일도 있었다. 셋째, 장거리 이동 못지않게 단거리 이동이 광범위하게 존재했다는 점이다.[187] 각 지방지에 등장하는 이주와 관련된 언급의 상당수는 호북성 함풍현이나 강서성 의춘현에서 확인할 수 있는 것처럼 그 주변 지역 출신자라는 것이었다. 이는 가보家譜나 씨족지를 토대로 특정 지역의 장기 거주자를 대상으로 이루어진 기존의 이주 연구가 간과한, 단거리 이동 역시 명·청 시대에 광범위하게 존재했음을 의미한다.

이제 명·청 시대 장강 중류 지역에서 전개된 자연과 인간의 대결과 대립 양상을 볼 차례이다.

---

187) 吳金成,《中國近世社會經濟史研究》, 199쪽에서도 이러한 성내省內 이동 사실을 주목했다.

| 2장 |

개발

1 국가 권력과 소수민족 지역의 환경

(1) 소수민족 사회

자연환경과 풍습

　장강 중류 지역의 사회 환경을 결정하는 중요한 요소 중 하나는 이 지역에 거주하는 상당수의 소수민족이다. 장강 중류의 삼성 지역 가운데 특히 호북성 서남부와 호남성 서부 일대에는 묘족苗族, 토가족土家族, 동족侗族, 요족瑤族, 백족白族 등 다양한 소수민족이 살았으며, 그들은 오늘날에도 이 지역에 다수 거주한다.[1] 청淸 옹정 연간(1723~1735)에 실시된 개토귀류改

---

1) 2000년 현재 호남성의 총 인구는 약 6,440만 명이며, 이 가운데 소수민족은 약 10퍼센트인 650여 만 명이다. 소수민족 중 토가족은 약 260만 명, 묘족이 190여 만 명으로 전체 소수민족 636만 5,919명 가운데 약 70퍼센트를 차지한다. 한편 호북성은 1990년 현재 전체 인구가 약 5,373만 명이며, 이 가운데 토가족과 묘족은 각각 176만 7,491명, 20만 709명으로, 전체 인구의 약 3.7퍼센트를 차지한다. 따라서 호남과 호북 지역 모두 토가족이 좀 더 많은 비중을 차지하고 있음을 알 수 있다. 호남성과 호북성 각각 伍新福, 《湖南民族關系史》(北京 : 民族出版社, 2006), 1쪽과 湖北省地方

土歸流 정책은 이 지역의 자연 환경과 사회 풍습을 크게 변화시켰다는 점에서, 서론에서 언급한 국가 권력에 의한 환경 변화를 규명할 수 있는 좋은 사례이다.

소수민족 지역은 기후와 풍토는 물론, 풍속도 한족 지역과 전혀 달랐으며, 그들의 의식구조 또한 한족과 차이가 많았다. 소수민족 지역은 대체로 깊은 산악 지대에 있기 때문에 기후가 한랭할 뿐 아니라 기온차가 매우 컸다. 따라서 한여름에도 이른 아침과 저녁에는 옷을 껴입어야 했다.[2] 소수민족 사회의 이러한 지리적 격리성은 그들의 사회적 특징을 결정하는 중요한 원인 중 하나이다. 그것은 외부와의 격리를 의미할 뿐 아니라 그들 내부 사회 역시 험준한 산으로 가로막혀 있어서 교류가 매우 제한적이었음을 뜻한다. 이러한 자연환경 때문에 소수민족 지역은 평야 지대 출신이나 농경 생활을 했던 사람이 쉽게 들어갈 수 있는 곳이 아니었다. 다음의 묘사는 당시 소수민족이 살았던 호북성 서남부나 호남성 상서湘西 지역의 지형과 그 분위기를 잘 말해준다.

> 호남성 진주辰州 서남 일대는 묘족이 사는 지역으로 호광, 귀주성, 사천성이 서로 만나는 지역이다. 높은 절벽과 깊은 계곡으로 된 길은 모두 몹시 험하다. 또 숲이 무성하고 장병瘴病을 일으키는 안개가 자욱하다. (그곳에 사는) 묘족의 부류는 매우 다양한데, 그들은 모두 울창한 숲과 바위가 있는 곳에 산채를 짓고 살며, 그러한 곳이 수백 곳이 된다. 더 깊숙한 곳에 사는 생묘生苗의 거주 지역은 더욱 험하며 그 성질 또한 매우 포악해, 예로부터 문명의 힘이 미치지 못하는 곳이다.[3]

志編纂委員會,《湖北省志》(地理上)(武漢 : 湖北人民出版社, 1997), 70·81쪽 참조.
2) 乾隆《辰州府志》卷6,〈星野考〉, 10쪽 上.

따라서 소수민족 지역은 개토귀류가 단행된 이후에도 일반인이나 관리가 쉽게 다가갈 수 있는 곳이 아니었다. 소수민족 지역과 같은 곳이 특히 위협적이었던 이유는 앞의 인용문에서도 볼 수 있는 것처럼 이 지역 고유의 풍토병 때문이었다. 이른바 장병으로 대표되는 산악 지역의 병은 당시 소수민족 지역처럼 자연환경이 판이한 곳을 개척하거나 통치하는 사람 모두에게 매우 치명적이었다. 아직도 장병이 학질과 같은 특정한 병을 지칭하는 것인지, 또는 말 그대로 특정 지역의 풍토병을 의미하는 것인지 불분명하다.[4]

그러나 소수민족은 이러한 병에 걸려도 특별히 약을 복용하지 않았다는 언급은 그들이 외부인보다 상대적으로 이 병에 저항력이 강했음을 뜻한다. 대체로 그들은 무속을 통해 병을 치료했으며, 지방지의 지적처럼 의서에는 기록돼 있지 않은 약을 복용해 신속히 치료했다.[5] 청대의 통치자나 지식인이 이곳을 물리적 접근이 어려운 곳으로 인식했던 이유가 꼭 험난한 자연환경 때문만은 아니었다. 그들 스스로 소수민족 지역의 지리적 격리성을 그대로 문화적 후진성으로 인식한 이유도 크게 작용했다. 따라서 청대의 관료나 지식인은 그곳을 문명의 힘이 전파돼야 할 곳으로 간주했다.

> 오직 진계鎭谿와 간자竿子의 홍묘紅苗만이 그 수가 매우 많습니다. (그들은) 만산황야萬山荒野의 벽지僻地에 존재하며, 토지는 불모지와 다르지 않아 경작도 하지 않고 세금도 내지 않을 뿐 아니라 성격도 사납고 어리석으며

---

3) 郭琇,〈請調沅州鎭移駐鎭筸疏〉, 乾隆《辰州府志》卷40,〈藝文〉(奏疏), 1쪽 下.
4) 동한東漢 시기에 처음으로 등장하는 장기瘴氣의 정확한 의미는 알 수 없지만, 대체로 인간에게 해로운 독한 기운과 수액 등으로 발생하는 병을 총칭해서 부르는 병명이다. 다만 거의 동일하게 사용되는 경우가 많은 장려瘴癘라는 표현은 장병에 걸려 표출된 병리 현상을 지칭한다. 周琼,《淸代雲南瘴氣與生態變遷硏究》(北京 : 中國社會科學出版社, 2007), 34~40·77쪽 참조.
5) 乾隆《辰州府志》卷14,〈風俗考〉, 22쪽 下.

본디 남의 것을 훔치는 것이 습관이 되어 예부터 (성인聖人의) 가르침이 통하지 않습니다. 청조가 내외內外를 통일해 온 누리에 한 조류가 형성됐으므로 차마 이곳을 다른 곳으로 생각해 방기할 수 없습니다.[6]

이 글에는 청이 소수민족 지역에 개토귀류를 실시한 이유와 한족의 소수민족에 대한 시각이 잘 드러난다. 중국 전체에 통일된 기풍이 자리를 잡고 있는데 그러한 기풍을 따르지 않는 집단이 오지에 존재한다는 사실을 청 왕조는 받아들이기 힘들었다.

한편 험준한 산악 지형과 쉽게 적응하기 어려운 기후 외에 다양한 종족의 존재가 그들 사이의 교류를 막는 중요한 원인이었다. 따라서 소수민족 사회에는 지리적 원근에 관계없이 산채나 종족을 중심으로 여러 가지 언어가 존재했다.[7] 이러한 지리적 격리성과 다양한 종족, 소통이 어려운 언어 때문에 갈등이 쉽게 무력 대결로 이어지는 경우가 많았다. 소수민족에 대해 알려주는 중국의 자료에서 한결같이 그들의 호전성을 강조하고 있다는 사실은 분명 한족의 편향된 시각을 반영한 것이라 해도, 몇몇 증거는 소수민족 사회가 현저하게 군사화된 사회였음을 암시한다. 일례로 청대의 한 사료는 소수민족이 지닌 무기의 우수성을 다음과 같이 소개했다.

---

6) 段汝霖,《楚南苗志》卷3,〈苗人總敍〉(下), 伍新福 交點(長沙 : 岳麓書社, 2008), 143쪽.
7) 사료에 소개된 묘족의 언어를 다 열거할 수는 없지만, 일례로 '하늘'이란 단어를 영수청永綏廳의 홍묘紅苗는 '공대拱戴', 건주乾州의 묘족은 '각달各達', 봉황청鳳凰廳의 묘족은 '달내達㘗'라고 했다. 段汝霖,《楚南苗志》卷5, 伍新福 交點, 184~189쪽. 단순히 한 단어만 예로 들었지만, 이 사료는 다시 이 동네와 저 동네, 동쪽과 남쪽, 겨우 수십 리나 100리 사이에도 언어가 다르다(其彼州此邑之內, 東鄕南鄕之間, 相距僅數十里百里之遙者, 音則不類)는 점을 강조한다. 段汝霖,《楚南苗志》卷5, 伍新福 交點, 190쪽. 이처럼 지리적으로 서로 인접한 세 지역의 언어가 현저히 달랐다는 사실은 그들 사이에 교류가 그리 많지 않았다는 증거다.

묘인苗人은 화창火槍을 지녔는데, 소년이 되면 그 사용법을 익히고 부녀자와 어린아이도 (그것을) 휴대하며 쏘는 법 또한 알고 있다. 100보步 밖에 심어놓은 대나무 표적을 향해 화살을 쏘면 맞히지 못하는 자가 거의 없다. 묘지苗地는 울창한 숲 가운데 있으며, 그 사이에 종종 철이 생산되는 곳이 있다. 묘인은 또 그 철을 이용해 능숙하게 화창을 제작한다. 따라서 묘강苗疆(묘족이 사는 지역)에 들어가면 모든 사람이 화창을 지니고 있으며, 그들의 화창 소유를 금지할 수 없다. 화창의 무게는 여덟 근 이상이며, 관군의 그것에 비해 화살이 멀리 날아간다.[8]

소수민족은 이처럼 무기 제조와 그 사용에 능했다. 그들의 무기와 전투력을 이처럼 자세히 소개한 사실은 명·청 두 왕조가 그들과의 전투에서 승리하기 쉽지 않았음을 역설적으로 말해준다. 따라서 그들을 군사적으로 제압하기 위한 전쟁이 장기간 전개된 경우도 있으며, 이런 전쟁이 이 지역의 자연을 파괴하는 주요 원인이 됐다. 실제로 한족은 묘족의 습속을 설명하면서 그들이 살인하는 것을 마치 풀을 베는 것처럼 여기며, 깊은 원한이 아닌 사소한 일에도 불을 지르는 일이 잦았다고 했다.[9] 이러한 정황으로 미루어 당시 소수민족 사회는 다양한 집단 사이에 많은 경쟁이 있었음을 알 수 있다.

경작 방법 또한 한족과 달리 전형적인 도경화종刀耕火種 방식이 보편적이었으며, 한 번 씨를 뿌린 곳은 3~4년 동안 휴한休閑했다.[10] 물론 일부 지역에서는 소를 이용해 벼를 경작하거나 수전도 있었지만,[11] 대체로 밭농

---

8) 段汝霖,《楚南苗志》卷4,〈苗人器械〉, 伍新福 交點, 160쪽. 이하 특별한 주가 없는 한, 묘족 지역의 생활과 습속은 이 책에 근거했다.
9) 段汝霖,《楚南苗志》卷4,〈苗人器械〉, 伍新福 交點, 180쪽.
10) 嚴如熤,《苗防備覽》卷8,〈風俗〉(上), 9쪽 上.

사를 짓는 잡곡 생산이 주였다. 한편 말과 소 등을 방목해 기르는 목축업도 소수민족의 주요 경제활동의 하나였다. 또 산을 개간해 경작하고 물을 길어 나르며, 산에서 연료를 채취하는 일에 남녀 구분이 없었던 것은 묘족 사회의 특징이었다. 식생활도 단순해서 잡곡이 주식이었으며, 계곡물을 그대로 음료로 사용했다. 일상생활도 매우 소박했는데, 여성도 화장을 하거나 몸치장을 하지 않았다. 가옥은 대부분 목재나 풀로 만들었으며,[12] 대체로 창이 없는 폐쇄된 공간 구조였다. 방 안에는 침상 구실을 하는 높이 4~5척의 평상(탑榻)이 전부였다. 남녀 구별 없이 이 평상에서 기거하며, 손님이 와도 이곳에서 잠을 잤다.[13]

소수민족의 풍속에서 흥미로운 또 다른 사실은 여성의 노동 강도가 셌다는 점이다. 소수민족 지역의 한 지방지는 당시 여성의 일상을 다음과 같이 묘사했다.

농가의 부녀자는 집에서 방적을 하며, 야외로 가져갈 새참을 등에 져 나른다. 산에 올라 도끼로 땔감을 자르고 내려와서는 밭에서 김을 맨다. 어린 아이가 있는 경우 바구니에 담아 나무에 걸어두었다가 아이가 울면 젖을 준다. 손으로는 쉬지 않고 바느질을 하고, 집에 돌아와서는 절구를 찧으니 그 어려움이 특히 심하다.[14]

---

11) "稻米甚香, 粒少, 與江淮無異"라는 말에서도 알 수 있듯이(《容美紀游校注》, 352쪽), 토사 지역에서도 벼농사는 지었지만 대체로 쌀은 손님 대접용으로 사용할 뿐 감히 먹지 못한다는 고채顧彩의 언급으로 미루어, 그들은 대체로 쌀을 주식으로 하지 않았다. 湖北地方古籍文獻叢書編委,《容美紀游校注》(武漢 : 湖北人民出版社, 1999), 316쪽.
12) 鄭哲雄·張建民·李俊甲,〈淸代 川·湖·陝 交界地域의 經濟開發과 民間風俗〉(II), 114~116쪽.
13) 同治《漵浦縣志》卷8,〈猺俗〉, 7쪽 上. 아울러 장강 중상류 소수민족 지역의 풍속에 대한 설명은 정철웅,〈淸代 湖北省 西南部의 山地開發과 社會變化〉와 鄭哲雄·張建民·李俊甲,〈淸代 川·湖·陝 交界地域의 經濟開發과 民間風俗〉(II), 참조.
14) 同治《來鳳縣志》卷28,〈風俗〉(女功), 6쪽 下.

평야 지대에 비해 상대적으로 인구가 희박했던 소수민족 지역에서는 이처럼 여성도 적극적으로 노동했다. 그러나 노동력 부족에도 소수민족 사회에는 생명을 경시하는 풍습이 만연했던 것 같다. 물론 종교적 또는 사회학적으로 그러한 현상을 설명할 수 있는 자료가 없기 때문에 그들의 생명 경시 풍조 역시 어쩌면 한족의 편향된 시각에서 나온 것일 수도 있다. 하지만 다음의 증거들은 소수민족이 유난히 사람의 생명을 가볍게 여겼음을 알게 해준다.

소수민족 지역에도 여자아이를 익사시키는 풍습이 꽤 광범위하게 자리 잡고 있었다. 이 풍습은 중국 전역에서 확인되며, 일찍이 인구학자들은 이것을 인구 조절의 한 방법이라고 지적했지만,[15] 소수민족이 빈부 구별 없이 아이들을 익사시켰다는 사실은[16] 그들에게 분명 인명 경시 풍습이 있었음을 뜻한다. 특히 엄여익의 지적에 따르면 일부 소수민족에게는 이른바 도골가倒骨價라는 풍습이 있었다. 이는 양측이 싸움을 끝낸 후 서로 시신 수를 비교해 시신이 많은 쪽에서 그 시신을 살아 있는 사람으로 간주해 그만큼의 보상을 요구하는 것이다. 보상은 대체로 소나 말 또는 재물 등으로 했는데, 보상액은 시신이 많은 쪽의 빈부에 따라 결정됐다. 즉, 시신이 많은 쪽이 부자이면 330~350냥, 가난한 사람이면 44~22냥 정도를 냈다. 엄여익은 이러한 풍습이야말로 묘족이 생명을 경시하는 대신 재물을 중히 여긴 탓이라고 말했다.[17]

그러나 이런 풍습의 존재 이유가 반드시 재물 때문이라고는 할 수 없다. 소수민족은 대체로 깊은 산중에서 생활했기 때문에 자원이 극도로 부족

---

15) 이러한 문제를 본격적으로 언급한 학자로 허핑티를 들 수 있다. 허핑티,《중국의 인구》, 81~84쪽 참조. 그 역시 부유층에서도 유아 살해 습속이 존재했음을 지적했다.
16) 同治《黔陽縣志》卷16,〈戶書〉(3)(風俗 1), 1쪽 上.
17) 嚴如熤,《苗防備覽》卷8,〈風俗〉(上), 12쪽 上.

했다. 앞서 언급한 그들의 농업 생산 방식을 통해 그런 사실을 쉽게 알 수 있다. 더구나 이미 말했듯이 소수민족 사회는 경제적으로 풍요롭지 않았다. 쌀을 심을 수 있는 곳이 매우 드물어 잡곡을 폭넓게 심었다. 이처럼 열악한 경제 상황 속에서 자원을 사이에 둔 치열한 경쟁이 전개됐다는 것을 감안하면, 여자아이 익사 풍습이나 도골가 풍습 역시 산악 지역의 자원 부족과 깊은 관련이 있음을 알 수 있다.

소수민족은 빈약한 농산물 생산을 목축업과 어업으로 보충했다. 산악 지역에 살았던 만큼 다양한 가축을 길렀는데 소, 말, 개, 양, 돼지, 고양이, 닭, 오리 등이 가장 많았다. 특히 소를 중시했는데, 소는 식량 대용이었고 또 팔 수 있었기 때문이다. 이러한 모든 정황이 소수민족 사회가 그리 풍족한 생활을 하지 못했다는 것을 알려준다.

한편 계곡물을 이용한 어업도 소수민족에게 중요한 경제활동이었다. 그들은 산악 지역 중에서도 진흙이 많아 경작이 불가능한 곳을 골라 그곳에 물을 대 저수지를 만들었다. 한 사료에 따르면 대표적인 어종은 잉어(鯇)와 연어(鰱)였다. 이처럼 어업이 대규모로 행해진 사실은 주목할 만하다. 일부 부유층이 아이들을 고용해 풀을 베서 물고기 사료로 사용했다는 언급은 그 나름대로 규모를 갖춘 어업이 시행됐다는 것을 말한다. 따라서 목축업과 마찬가지로 어업은 중요한 생계 보충 수단이었다. 비가 온 뒤 물이 불어나면 산채의 소수민족이 모두 뛰쳐나와 고기 잡는 소리가 산간 계곡을 울렸다.[18]

풍속 측면에서 볼 때 소수민족 사회의 또 다른 특징은 개토귀류가 단행되기 전에도 이 지역이 이른바 잡처雜處였다는 점이다. 다시 말해 소수민족 지역에서 소수민족과 한족 사이를 넘나든 변경인의 존재를 확인할 수 있

---

18) 어업에 관련된 서술은 嚴如熤,《苗防備覽》卷8,〈風俗〉(上), 16쪽 上~下 참조.

다는 말이다. 예를 들어 호남성 노계현濾溪縣과 건주乾州 일대에 살던 힐로족犵狫族은 그 밖의 다른 소수민족이나 한족과는 다른 성격을 지닌 소수민족이었다.[19] 이 지역 지방지에는 다른 소수민족과 달리 힐로족의 기원이 정확하게 기록돼 있는데, 그들의 시조는 송대에 이곳 둔장屯長으로 왔던 강서성의 장씨章氏 형제였다. 따라서 이들이 힐로족의 대성大姓에 해당한다. 그들은 이 지역 한족에서 사는 사람들은 한족처럼, 묘채에서 사는 사람들은 묘족처럼 행세했다. 원 둔장의 형兄 쪽 지파가 대장大章, 동생 쪽 지파가 소장小章으로 각각 분리돼 있었다는 설명은 동일한 소수민족 사이에서도 상위 지배층과 별도로 사회 계층상의 우열이 존재했음을 알려준다.

더구나 경우에 따라서는 동일 지역 내에서도 그 행동 방식을 서로 달리했던 증거가 사료에 등장한다. 일례로 서포현漵浦縣의 요족은 2월 초 조생조(粟)를 심으면 그 줄기나 이삭을 함부로 태우지 않는 금묘禁苗라는 풍습을 지켰다. 그리고 금묘 풍습은 제사를 지낸 다음에야 비로소 음식을 먹었던 해묘解苗 풍습과 짝을 이루었다. 조를 심은 이후 이삭 등을 왜 함부로 태우지 않았는지에 대한 설명이 해당 지방지에 기록되어 있지는 않지만, 이 마을에서 유독 포씨蒲氏와 양씨楊氏만은 해묘 풍습을 9월에 행했다고 전한다. 한편 이 사료에는 이 마을의 유씨劉氏도 별도의 금기를 지녔다고 설명돼 있는데,[20] 이는 동일 지역 내에서도 다양한 생활 방식이 있었음을 알 수 있다.

소수민족의 삶은 고단했다. 종족간의 빈번한 전투나 질병 등은 험한 자연환경과 더불어 그들의 삶을 고단하게 만든 중요한 요인이었다. 그들이 유난히 다양한 금기를 지키고, 특히 제사에 많은 돈을 들인 것은 현실 생

---

19) 이하 힐로족에 관한 설명은 嚴如熤,《苗防備覽》卷9,〈風俗〉(下), 5쪽 下~6쪽 上에 근거했다.
20) 同治《漵浦縣志》卷8,〈猺俗〉, 8쪽 上.

활의 고단함에서 벗어나기 위한 것이었다. 묘족의 습속을 설명한 엄여익의 다음 지적은 그러한 상황을 잘 말해준다.

> 묘족은 귀신 섬기는 일을 매우 중하게 여겨 1년이나 3년에 한 번씩 그것을 행한다. 그 비용이 100금에서 수천 금에 이르며, 가난해서 돈을 마련할 수 없는 사람은 가산을 팔고 옷을 저당 잡혀서라도 그 일을 행한다. 묘족의 행사 가운데 재산 소모가 가장 많은 것이 이 일로, 묘족을 가난하게 만드는 한 요인이다.[21]

이처럼 당시 지식인이나 관료는 소수민족 사회를 비합리적인 세계로 인식했기 때문에 소수민족 지역을 변화시켜 일시동인一視同仁의 세계를 구축해야 한다고 믿었다.

개토귀류 이전의 사회상과 인구

청 옹정 연간에 실시된 개토귀류 정책으로 소수민족 사회가 겪은 사회경제적·정치적인 다양한 변화는 물론이고, 이 책에서 자세히 언급할 환경적 측면의 변화 등에 관한 연구는 그리 많지 않다.[22] 한편 개토귀류라는

---

21) 嚴如熤, 《苗防備覽》卷8, 〈風俗〉(上), 14쪽 上.
22) 이 지역 개토귀류에 대한 전반적인 상황을 다룬 연구로는 호북성의 경우 張建民, 《湖北通史》(明淸卷)(武漢 : 華中師範大學出版社, 1999)가 있는데, 172~187쪽에서 명·청 시대 악서鄂西 지역의 통치 정책을 잘 요약하고 있다. 한편 호남성에 대해서는 譚必友, 《淸代湘西苗疆多民族社區的近代重構》(北京 : 民族出版社, 2007)이 있는데, 42~50쪽에 잘 정리돼 있다. 다만 이 두 연구는 개토귀류의 정치적 성격을 강조해 서술했다. 반면 개토귀류 정책으로 빚어진 환경 변화에 대해서는 여전히 연구가 활발하지 않은 편이다. 다만 정철웅, 〈淸代 湖北省 西南部의 山地開發과 社會變化〉에서 이 문제를 단편적으로 다루었으며, 王淑貞, 〈明淸時期湘西白族民俗文化的變遷和動態特徵〉, 《懷化學院學報》27卷, 4期(2008)도 동일한 시각에서 산악 사회의 변화를 추적했다. 한편 余燕飛·楊婉

외부 충격이 발생하기 이전의 소수민족 사회가 나름대로 지녔던 고유한 양상에 대한 연구도 거의 없다.

개토귀류가 단행되기 이전 소수민족 사회는 어떤 특징을 갖고 있었을까? 소수민족 사회에 대한 자료는 대부분 한족의 시각으로 서술되어 소수민족의 심성과 사회조직 그리고 풍습은 부정적으로 묘사됐지만, 단편적인 증거를 살펴보면 소수민족 사회는 내적으로 부단한 경쟁이 전개됐으며, 한족의 침투가 본격화되기 전에도 경제를 개발하려는 시도를 찾아볼 수 있다. 아울러 개토귀류 이전에도 소수민족 사회가 한족의 사상 경향과 무관하지 않았다는 사실도 확인된다. 이런 사실은 전통적인 한족의 자료가 아닌 소수민족 자신이 편찬한 사료를 통해 확인할 수 있다. 특히 그러한 자료는 개토귀류 이전 토사土司 시대의 상황을 전달해준다는 점에서 의의가 크다. 다음의 자료는 토사 시기 소수민족 사회의 경제 상황을 알 수 있는 좋은 사례의 하나다.

> 토사土司가 지배하던 당시 토사나 토지주土知州에 (속한) 관리는 모두 산과 전토田土를 소유했으며, 전호佃戶를 부려 그 토지를 경작했다. 전호는 모두 팔려온 사람으로 마치 노복과 같았지만, 토민土民은 자신의 토지를 스스로 경작했다. 만일 토사가 소작료를 지나치게 많이 거둬들이면 기두旗頭가 호戶마다 그것을 안배해서 거둬들이는 책임을 맡았으며, 사역 또한 빈번했다. …… 살펴보면 이곳은 산이 많고 전田은 적었기 때문에 토사가 지배하

婷, 〈明淸時期湘鄂贛交界山區的社會變遷〉,《湛江師範學院學報》 29卷, 4期(2008)는 산악 지역 개발에 따른 사회 풍속의 변천을 언급했으며, 특히 朱聖鍾, 〈明淸鄂西南土家族地區民族的分布與變遷〉,《中國歷史地理論叢》 17卷, 1期(2002)는 한족 유입에 따른 소수민족의 인구 감소를 지적한다. 좀 더 흥미로운 연구로는 개토귀류 이후 소수민족 지역의 도시 구조 변화를 추적한 朱聖鍾·吳宏岐, 〈明淸鄂西南民族地區聚落的發展演變及其影響因素〉,《中國歷史地理論叢》 4期(1999) 등을 들 수 있다. 하지만 문화 변용에 대한 연구 성과는 그리 많지 않다.

던 당시에는 한족에게 토지를 팔지 못하게 했으며, 모든 토지는 묘민이 경작해서 식량으로 삼게 했다.[23]

이런 내용을 소개한 사료집 역시 후일 한인이 편찬한 지방지에서 인용한 자료이기 때문에 토사의 횡포를 적고 있지만, 이 내용을 통해 다음의 사실을 알 수 있다. 우선 소수민족 사회도 계층 분화가 상당히 진전됐다는 점이다. 토사土司(또는 토지주土知州)-기두旗頭-토민土民-전호佃戶로 이어지는 사회 계층 사이에는 사회적 차별이 뚜렷했다. 이 글에 등장하는 기두의 존재가 어떤 위치인지는 불분명하지만, 아마도 토민을 대표하는 존재였을 가능성이 크다. 특히 전호는 자유가 없다는 점에서 전쟁에서 패한 종족의 일원이었을 가능성도 추측해볼 수 있다.

둘째, 경제 자원이 매우 제한적이었기 때문에 소수민족은 토지를 보호하고 유지하는 데 상당한 관심을 기울였다는 점이다. 바꿔 말하면, 이는 개토귀류 이전에도 토지 자산의 중요성을 분명히 인식했다는 의미로 해석할 수 있다. 이런 점에서 청대 호북성 내봉현來鳳縣 일대에 있던 묘동토사卯峒土司 관련 기록인《묘동토사지》에 따르면 토사가 지배했던 시기에 외부에서 꽤 많은 객민客民이 이주해 토지를 경작했던 것으로 보인다. 이 자료에는 종鍾, 뇌雷, 정鄭, 양楊, 몽蒙, 전田 등의 성씨가 거론되는데, 그들은 개토귀류 이전 외부에서 들어온 이들이었다. 이처럼 객민을 안치한 이유는 이 지역에 사람은 적은 반면, 버려진 땅은 많았기 때문이다.[24]

토사 지역 전체에 해당하는 것은 아니지만, 명대에 묘동선무사卯峒宣撫使를 지낸 향나오向那吾의 글〈광간식고시廣墾植告示〉는 명대 이래 이 지역 주민

---

23) 鶴峰縣民族事務委員會 編,《容美土司資料續編》(1993), 167쪽.
24) 張興文·周益順·田紫云·張震 注釋,《卯峒土司志校注》(北京:民族出版社, 2001), 108쪽.

이 개간과 경제 개발에 많은 관심이 있었음을 암시한다. 그는 농민이 개간과 식수에 힘을 쓰지 않아 황무지가 많으며 재원이 활발하게 이용되지 못함을 상기시킨 뒤, 물이 흐르는 곳을 개간해 논을 만들고 한지旱地도 경작할 것을 특별히 지시했다.[25] 이것은 당시 토사 지역 역시 경제 개발에 관심이 있었음을 의미한다.

한편 산지에 살았던 소수민족의 존재 형태에 대한 단편적인 기록도 그들이 고유한 사회 구성 형태를 유지했음을 말해준다. 또 소수민족이 상당히 분화된 형태로 존재했던 사실을 짐작할 수 있다. 당시 소수민족은 '채寨'라고 하는 거주지에서 살았으며, 채의 우두머리는 채장寨長이었다. 채란 소수민족 지역의 가장 보편적인 거주 형태이자 사실상 사회조직이었다. 묘족은 부자나 형제가 같이 사는 일이 드물었고 취족이거聚族而居의 형태도 당연히 아니었다. 한 설명에 따르면 그들은 장자長子가 졸지에 분가해 가구를 구성하는 상황이 잦았다.[26]

건륭 30년(1765)에 간행된《진주부지辰州府志》에는 일부 지역의 묘족 인구가 기록돼 있다. 내용은 매우 간략하지만, 개토귀류 이전 소수민족 지역의 인구 구성의 한 단면을 알 수 있다.

표 2-1에서 다음과 같은 사실을 짐작할 수 있다. 첫째, 원래 그들의 호당 구수의 비율이 그리 높지 않았다는 점이다. 그 증거로 강희 43년(1702) 묘호의 호당 인구는 약 3.7명에 불과했지만, 건륭 연간이 되면 그 수치가 일반 한족과 비슷한 4~5명 정도였다는 점을 확인할 수 있다. 후대로 내려가면서 호당 구수가 증가한 것은 토사 지역으로 한족이 다수 이주한 결과,

---

25) 張興文·周益順·田紫云·張震 注釋,《卯峒土司志校注》, 31쪽. 이 글은 향나오가 정통正統~경태景泰 연간에 쓴 것이다.
26) 嚴如熤,《苗防備覽》卷2, 9쪽.

〈표 2-1〉 청淸 초 호남성 진주부의 인구 구성

시기 \ 지역	건주청乾州廳	봉황청鳳凰廳	영수청永綏廳**
강희 43년 (1702)	민호民戶 2,557	-	-
	묘호苗戶 1,090/4,116명*	-	-
건륭 30년 (1765)	민호 5,110/24,554명	민호12,249/51,382명	민호 283/1,628명
	묘호 2,594/14,106명	묘호 6,585/31,221명	묘호 1,028/5,100명

출처 : 乾隆《辰州府志》卷9,〈賦役考〉, 26쪽 下~29쪽 下.
* 뒤에 나오는 수치는 구수口數이며, 모두 '남부男婦'로 표시돼 있어 아이들이 포함되었는지는 불분명하다.
** 건륭 16년(1751)의 수치이며, 새롭게 증가한 수치만을 기록한 것이다.

한족이 소수민족과 뒤섞이게 되었기 때문일 것이다. 둘째, 주요 채장이 장악했던 인구수를 추측할 수 있다는 점이다. 표 2-1에는 언급되지 않았지만, 건륭《진주부지》는 영수청永綏廳의 인구 수치 가운데 옹정 8년(1730)의 인구수를 실재연호實在烟戶 5,228호와 남부男婦 2만 3,636명이라고 기재하면서, 채장 543명이라는 기록이 나온다.[27] 영수청은 옹정 8년에 새롭게 만들어진 행정 구역이기 때문에 앞의 호수 5,228은 그 이전 시기 묘호에 해당하는 수치다.[28] 그렇다면 채장 1인이 약 43명을 관할했다고 볼 수 있다. 이러한 사실은 당시 묘족 사회가 수많은 소수 집단으로 분할돼 있었으며, 그들 사이에 치열한 다툼이 발생했을 가능성을 다시 한 번 시사한다.

한편 소수민족 사회를 한족 문화와 완전히 동떨어진 문화적 후진 지역으로 규정하는 것 또한 재고할 필요가 있다. 용미토사容美土司 지역 출신 시

---

27) 乾隆《辰州府志》卷9,〈賦役考〉, 29쪽 下.
28) 실제로 宣統《永綏廳志》卷15,〈食貨門一〉, 4쪽 上에는 옹정 11년의 인구 수치를 기록하면서 '묘호苗戶 5,228호'라고 적었으며, 이 수치는 주 27)에 나오는 옹정 8년(1730)의 '실재연호實在烟戶 5,228호'와 정확히 일치한다. 따라서 건륭《진주부지》에 나오는 '실재연호'는 분명 묘호를 가리킨다.

인의 시문詩文을 모아 전순년田舜年이 편찬한 《전씨일가언田氏一家言》에는 용미토사 지역 토가족 출신 시인의 작품이 수록돼 있다. 용미토사는 청대 호북성 학봉鶴峰과 장양長陽, 오봉五峰 일대에 있었던 토사로, 지금도 매우 험준한 산악 지역이자 경제적으로 낙후된 지역이다. 그런데도 《전씨일가언》에는 용미토사 출신 시인의 작품이 다수 등장한다.

500여 편의 시가 수록된 이 책에는 명대 중엽 이후 이른바 용미토사 시인군詩人群이라 칭하는 전구령田九齡, 전종문田宗文, 전현田玄, 전규田圭, 전패림田霈霖, 전기림田旣霖, 전감림田甘霖, 전상림田商霖, 전순년田舜年의 시가 실려 있다. 토사 지역에서 이처럼 지속적으로 문인이 배출되고, 그들의 작품을 높이 평가한 당시 한족 문인이 그들과 지속적으로 교류했다는 사실은 특기할 만하다.[29] 이러한 현상은 토사를 세습하기 위해서는 반드시 학교에 입학하도록 했던 명 정부의 정책과 긴밀한 관련이 있다.[30] 따라서 개토귀류 이전 소수민족 사회에서도 일부 계층이긴 하지만 유교적 소양을 지닌 지식인이 상당수 존재했다고 볼 수 있다.

요약하면, 개토귀류 이후 소수민족 사회가 현저히 변화했다는 설명은, 개토귀류 이전 소수민족 사회의 정체성을 오히려 강조하는 셈이 된다. 아울러 유교적 입장에서 그들의 문화적 낙후성을 강조하는 의미도 들어 있다. 그러나 개토귀류가 본격적으로 실시되기 전에도 소수민족 사회는 계층 분화, 개간, 이민자 유입이 이루어졌으며, 한족의 유학도 소개됐다. 그리고 이런 상황을 고려해보면, 개토귀류 이전 소수민족 사회는 그 나름대로 활력과 역동성을 지닌 사회였다고 판단된다.

그럼에도 기본적으로 소수민족 지역은 여전히 고요한 사회였다. 청 초

---

[29] 陳湘鋒·趙平略,《田氏一家言詩評注》(北京 : 中央民族大學出版社, 1999), 9~15쪽 참조.
[30] 馬菁林,《淸末川邊藏區改土歸流考》(成都 : 巴蜀書社, 2004), 16쪽.

의 한 자료는 한화漢化가 진행되기 이전 소수민족 사회의 그러한 단면을 잘 보여준다. 청대 강희 43년(1702) 2월 고채顧彩는 호북성 지강현枝江縣을 출발해 약 5개월 동안 용미토사 지역을 여행했다. 이후 그는 이 여행 경험을 담은《용미기유容美紀游》라는 여행기를 남겼다.

강소성 무석無錫 출신의 고채가 용미토사 지역을 방문하게 된 동기는 그와 친분이 두터웠던 공상임孔尙任(1648~1718) 덕분이었다. 공상임은《도화선桃花煽》의 저자로 유명한데, 앞서 언급한 전순년이 그의 소설을 읽고 깊은 감명을 받았다고 한다. 공상임과 전순년의 교류 내용을 자세하게 알 수는 없지만, 이미 공상임은 보정선위사保靖宣慰司의 화원花園을 유람할 정도로 이 지역에 깊은 관심이 있었으며, 당시 호북성 지강현枝江縣 지현으로 있던 공진자孔振玆의 중개로 용미 지역 사람들과 교류했다.[31]《용미기유》의 저자 고채는 공상임의 서찰을 지니고 용미토사로 출발했던 인물이다. 그는 당시 용미 지역을 이렇게 읊었다.[32]

> 바위에 머무른 그윽함은 자못 무궁한데
> 갈분葛粉을 양식 삼아 쉽게 배를 채울 수 있구나.
> 사람을 해치지 않는 호랑이는 능히 벗이 될 수 있으며
> 말을 알아듣는 원숭이가 아이를 부르네.
> 저 너머 먼 산에선 호미로 약초를 캐고
> 근처 개울가에는 풀로 엮은 정자가 서 있네.
> 세금 재촉하는 관리들 소리가 없어 더욱 기쁘고
> 척박한 토지에 비가 적게 와도 풍년이 든다네.

---

31)《容美紀游校注》(1999), 261~263쪽.
32)〈峽內人家〉,《容美紀游校注》(1999), 293쪽.

개토귀류가 시행되기 이전 소수민족 지역은 동물이 뛰어놀고, 그러한 동물들이 인간과 적대적이지 않았으며, 자연 경관도 아직은 때 묻지 않은 채 순수하게 남아 있었다. 특히 '말을 알아듣는 원숭이'라는 표현은 매우 의미심장하다. 또 앞의 시에 등장하는 갈분은 다름 아닌 칡뿌리라는 점에서, 생활 방식도 매우 소박했다고 볼 수 있다. 더구나 관리들의 행정적인 압박도 없는 평화로운 곳이었다. 결론적으로 말해 소수민족 사회는 가난, 험난한 자연환경, 호전성, 금기, 문화적 혼융 등이 뒤섞인 역동적인 성격을 띠었다. 한편 그런 다양성 때문에 정치적 구심점은 존재하지 않았다. 이런 점에서 옹정 연간에 대대적으로 실시된 개토귀류 정책은 이들에게 정치적 통일성을 가져다준 대신, 그들 고유의 역동성과 질박한 생활상이 사라지는 계기가 됐다. 청 왕조로의 정치적 편입이 지닌 다양한 의미는 앞으로 좀 더 자세한 연구가 필요하지만, 이제 그러한 정치적 편입이 가져온 인문 환경의 변화를 좀 더 자세히 살펴보기로 하자.

(2) 개토귀류와 인구 증가

개토귀류

토사 지역에 개토귀류가 본격적으로 실시된 시기는 옹정 4년(1726)이다. 호북성 서남부에는 청 초 시남施南, 산모散毛, 충건忠建의 삼선무사三宣撫司가 있던 토사 지역에 옹정 13년(1735) 시남부를 설치했다.[33] 호남성 역시 옹정 4년을 시작으로 옹정 7년(1729)에는 호남성 북서부 일대에 영순부永

---

33) 鄂西土家族苗族自治州民族事務委員會 編,《鄂西少數民族史料輯錄》(내부 자료)(1986), 44쪽.

順府를 설치해 용산현龍山縣, 보정현保靖縣, 상식현桑植縣 등을 관할했다.[34] 청대 이전 소수민족을 다스리기 위한 중요한 제도인 토사제도의 전형적인 형태는 원대에 마련됐으며, 명대가 원대의 토사제도를 더욱 정교하게 다듬었다는 것이 학계의 일반적인 견해다.

명明 왕조는 기본적으로 각 토사의 자치권을 인정했지만, 경우에 따라 토사 지역의 행정을 담당하는 관리인 유관流官을 별도로 설치하기도 했다. 당시 소수민족 지역의 정황에 따라 유관과 토관을 각각 달리 임명했다. 대체로 서남 지역 중 한족 지역과 가까우며 한족이 많이 사는 지역은 한족 지역과 마찬가지로 모두 유관을 임명했던 반면, 한족이 비교적 적으며 경제적으로 낙후된 지역은 유관과 함께 토지부土知府, 토지주土知州, 토지현土知縣 등의 명칭을 가진 토관을 동시에 임명했다. 마지막으로 소수민족이 대다수를 차지하는 지역은 유관을 설치하지 않는 대신, 모두 선위사나 안무사按撫使 등의 명칭을 가진 토사를 임명했다.

청 정부도 이러한 명의 제도를 그대로 답습했지만, 청대에 이르러 토사 지역 관리 문제가 청 초부터 황제는 물론 해당 지역 지방관의 주된 관심으로 떠올랐다. 그것은 이 지역에서 발생한 세습 문제,[35] 한인과 소수민족 사이의 토지 분쟁[36] 문제와 같은 정치·경제적 이유 때문이기도 했지만, 이른바 일시동인一視同仁의 차원에서 이 지역의 야만적인 생활이나 습속을 개선해야 한다는 한족의 문화적 우월성도 중요하게 작용했다. 옹정 원년

---

34) 伍新福,《湖南民族關系史》, 272~278쪽.
35) 그 예로 강희 연간에 발생한 전순년과 그의 아들 전병여田昞如, 손자 전의남田宜男 간의 세습 갈등을 들 수 있다. 鶴峰縣民族事務委員會 編,《容美土司資料續編》, 2~8쪽 참조.
36) 당연히 개토귀류 이후 이러한 토지 분쟁이 급증했지만, 개토귀류가 단행되기 전에도 한족과 소수민족 사이에는 크고 작은 토지 분쟁이 빈번하게 발생했다. 특히 '생묘生苗'라는 단어가 영락 초년에 처음 등장했다는 사실은 명대 이후 소수민족 지역에 이미 한족의 영향을 받아 생활 방식이 변한 소수민족이 출현했음을 알 수 있다. 伍新福,《湖南民族關系史》, 207쪽.

(1723) 호광순무湖廣巡撫 양종인楊宗仁이 호광 지역 토사들의 정황을 상주하는 글에서,[37] 소수민족이 '귀화지후歸化之後' 그들의 완고하고도 억센 기운이 점차 사라지고 있다는 언급은 개토귀류로 소수민족 지역의 기풍이 변해가는 정황을 잘 말해준다.

이런 종류의 감정적인 언급과 별도로, 일부 관료가 상주문에서 소수민족 지역의 풍부한 경제 자원에 대한 관심을 환기하는 점은 꽤 흥미로운 일이다. 더 나아가 당시 관료는 소수민족이 무지한 탓에 그런 자원을 제대로 활용하지 못하는 점을 강조했다. 이런 점에서 왕리계王履階의 〈개토귀류설改土歸流說〉이라는 다음 인용문을 주의 깊게 살펴볼 필요가 있다.[38]

> 묘만苗蠻의 풍토(를 말하자면), 토양이 험난하고 풍속이 사나우며, 사람들은 교만하고, 그들의 무기는 예리하다. 장관과 토사가 있지만, 오직 우두머리의 명령을 받아 그 지시에 따를 뿐이며, 관리의 구속을 받지 않는다. …… 또 그들은 오직 약탈로 생계를 유지하며, 날마다 원수와 피비린내 나는 (싸움을 하는 것이) 일이고, 이익을 탐하는 대신 그 해악을 모르며, 가엽게도 죽음을 두려워하지 않아 운남, 귀주, 광동, 사천의 백성이 그들에게 피해를 입은 지 수백 년이 지났다. 좋은 땅이 있되 경작할 줄 모르고, 귀한 자재가 있되 이용할 줄 모르며, 보물이 매장돼 있지만 캘 줄 모른다. 그 성정性情은 염치를 알지 못하고 군인의 위세만 두려워할 뿐 감화를 알지 못하니, 그 타고난 품성이 (일반) 사람과 다를 뿐 아니라, 지형 또한 그렇지 않은가. …… 묘족 지역은 서로 착종한 채 여러 성省에 걸쳐 있으며, 오직 사천, 운남, 귀주

---

37) 楊宗仁, 〈遵議科臣繆沅條陳苗疆事宜情形折〉, 鶴峰縣民族事務委員會 編, 《容美土司資料續編》, 9쪽.
38) 鶴峰縣民族事務委員會 編, 《容美土司資料續編》, 177~178쪽.

와 맞닿은 곳만 땅이 비옥한데, 사방을 헤아려 본즉 그 넓이가 거의 2,000여 리에 달한다. 인구를 등재하고 **토지**를 구획하며 험한 곳을 장악하고 성지 城池를 건설하는 한편, 험준한 장소를 통제한다면 그들은 의지할 곳을 잃게 될 것이며, 병사를 주둔시킨다면 두려움을 갖게 될 것이니, 이것이 지형적인 측면에서 마땅히 개토귀류를 단행해야 할 첫 번째 이유다. …… 험한 산이 겹겹이 모여 있어 푸르고 깊은 골짜기가 100리에 펼쳐지고, 아름드리나무가 드넓은 황무지에 자생하며, 대나무 숲으로 온통 푸른데, 그 사이에 있는 **옥토도 이용할 수 있다.** (그러나) 이 모든 것을 그저 땔감으로만 여기니 매우 애석한 일이다. 만일 그것을 아껴 채취하면 **목재로 무궁하게 이용할 수 있으니**, 그것이 개토귀류를 단행해야 할 두 번째 이유다. …… 본래 묘강 지역의 철은 매우 소중한 것으로 여겨졌으며, 구리와 은은 나라의 쓰임에 대비할 수 있고, 약초는 양생에 사용할 수 있어 다른 곳에서는 그것을 귀한 보물로 생각하나, 이곳 소수민족은 마치 그것을 진흙이나 모래처럼 귀하게 여기지 않으니…… 그것이 개토귀류를 단행해야 할 세 번째 이유다.

이어서 왕리계는 묘족의 심성이 비록 완고하다 하나, 사람의 마음은 다 같기 때문에 그들을 감화시켜야 한다는 네 번째 이유와, 그들의 풍속을 고쳐야 한다는 다섯 번째 이유를 들었다. 그가 열거한 개토귀류를 단행해야 할 다섯 가지 이유 가운데 관심을 끄는 것은 앞의 인용문에서 굵은 글씨로 강조된 부분이다. 한마디로 개토귀류를 단행해야 하는 중요한 이유는 그 지역의 경제 자원을 개발하기 위해서였다. 그렇다면 개토귀류 단행 이후 이 지역의 인구는 어떤 변화를 보였을까?

개토귀류 후 인구 변화

대체로 개토귀류 이전 인구 수치가 남아 있지 않아 정확한 비교는 불가능하지만, 일부 지역의 자료는 개토귀류 이후 인구 증가가 상당히 급격하게 이루어졌음을 보여준다.

표 2-2는 호북성 건시현建始縣 한 곳의 자료에 불과하지만, 개토귀류 이후 토사 지역의 인구 증가를 전형적으로 보여준다. 이처럼 개토귀류가 단행된 이후 토사 지역은 특히 건륭 연간에 이르러 인구가 급증했으며, 인구 급증 원인은 주로 한족의 유입이 증가했기 때문이다. 건시현의 지방지에 따르면[39] 이곳은 명 말기의 혼란으로 많은 인구가 유실됐지만, 청조가 들어선 이후 안정을 되찾았다. 특히 강희 20년(1681) 오삼계吳三桂의 난이 평정된 이후 점차 안정을 되찾았으며, 당시 형주와 호남, 강서 등지에서 온 외

⟨표 2-2⟩ 청대 호북성 건시현의 인구 변화[40]

연도	1755	1776	1783	1823*	1824	1842	1848	1849	1851
호戶	16,000	24,000	35,749	18,541 13,489	29,917	31,513	31,762	31,764	31,762
구口	70,000	144,000	170,836	118,000 75,400	161,668	181,743	181,058	181,034	181,059
구/호	4.3	6	4.8	6.4 5.6	5.4	5.8	5.7	5.7	5.7

* 1823년의 위와 아래는 각각 토착민과 객민의 수치를 가리킨다.

---

39) 이하 건시현에 대한 설명은 道光《建始縣志》卷3,〈戶口〉, 1쪽 下~2쪽 上 참조.
40) 鄭哲雄,〈淸代 湖北省 西部와 陝西省 南部 環境 變化의 比較硏究〉, 53쪽과 鄭哲雄,〈淸代 湖北省 西南部의 山地開發과 社會變化〉, 173쪽에 근거함.

부 객민이 유입됐다. 하지만 이곳은 여전히 '토지는 넓고 인구가 적은' 지역이었다. 그러다가 옹정 7년(1729) 이 지역 일대에 행정 구역 경계를 획정한 후 차츰 옛날 모습을 회복했으며, 건륭 연간에 이르러 인구가 빠르게 증가하기 시작했다.

호남성에서도 이러한 인구 증가 경향이 확인된다. 호남성 건주청乾州廳은 강희 43년(1702)에 민호民戶가 2,557호, 묘호苗戶가 1,900호였는데, 건륭 29년(1764)에 이르면 민호가 5,110호, 묘호가 2,594호로 각각 증가했다. 즉, 동일한 시기에 묘호는 694호가 증가한 반면, 민호는 2,553호가 증가했다.[41] 이처럼 일부 지역의 경우 건륭 초기에 이르러 이미 외부에서 들어온 사람이 묘족의 수를 압도하는 사례를 찾아볼 수 있다. 건륭 7년(1742) 영순현永順縣의 인구 분포를 살펴보면, 토적호土籍戶가 1만 1,508호, 객적호客籍戶가 5,446호, 묘적호苗籍戶가 2,739호로 기재돼 있다.[42]

아울러 당시 영순현의 구수口數를 살펴보면 토적호가 5만 5,074구, 객적호가 3만 2,348구, 묘적호가 2만 2,171구로 각각 50퍼센트, 30퍼센트, 20퍼센트를 차지했다. 따라서 호당 구수의 비율을 따져보면, 각각 4.8구, 5.9구, 8.1구로 토적호가 제일 적은 반면, 묘적호가 제일 많은 것을 알 수 있다. 산악 지역의 가구 구성에 대한 연구가 아직은 초기 단계에 있어서 이주자의 일률적인 가구 구성을 말하기는 어렵다. 또 상황에 따라 한 사람이 가구를 이루는 이른바 '단정지가單丁之家'가 존재하는 한편, 대가족을 구성하는 경우도 나타난다.[43] 그러나 유입자가 부대 인원과 함께 다른 지역으로 이동했을 가능성을 배제할 수 없기 때문에 지역의 토착민보다 가구당

---

41) 光緖《乾州廳志》卷3,〈戶口〉, 24쪽 下.
42) 乾隆《永順縣志》卷3,〈賦役〉(戶口), 12쪽 下~13쪽 上.
43) 이 점에 대해서는 섬서성의 경우이긴 하지만 정철웅,〈淸代 湖北省 西部와 陝西省 南部 環境 變化의 比較硏究〉, 54쪽 참조.

인구수가 많았을 것이다.

따라서 개토귀류 이후 토사 지역 인구 변화의 특징은 다음과 같이 요약할 수 있다. 첫째, 건륭 연간의 18세기 중반 무렵에 인구가 두드러지게 증가했다. 건시현의 경우 건륭 20년(1755)에서 건륭 41년(1776)까지 20년 사이에 인구수가 두 배 이상 증가했는데, 이는 연평균 약 5퍼센트에 해당하는 높은 인구 증가 수치다. 다시 건륭 41년(1776)에서 건륭 48년(1783) 사이의 연평균 증가율도 약 3퍼센트에 달했다. 결국 건륭 중반을 정점으로 그 이전 시기에 인구가 급속하게 증가했음을 의미한다.

둘째, 19세기 초반 이후 건시현의 인구가 정체된 것 역시 주목할 만하다. 인구 감소의 직접 원인은 가경 연간의 백련교도의 난 때문일 것이다. 그러나 내란 못지않게 환경 변화도 인구 감소에 큰 영향을 미쳤는데, 그러한 증거가 당시 지방지에 등장한다. 우선 인구 증가 이후 매우 궁벽窮僻한 산속에까지 곡식을 심었지만, 원래 토양이 척박할 뿐 아니라 세월이 지나면서 모두 무너져 석전石田이 돼버렸다. 또 심산유곡까지 모두 개간한 탓에 더 이상 경작지 확보가 어려웠다. 게다가 남벌로 이 지역 특산물이던 향남香楠뿐 아니라 일반 목재용 나무까지 사라지고 말았다.[44] 이런 자원 고갈은 분명 이 지역 인구 정체나 감소와 깊은 연관이 있다.

마지막으로 토사 지역의 인구 변동과 관련해 지적해야 할 또 다른 상황은 일부 지역의 경우 외부 인구 유입이 매우 단기간에 이루어졌다는 사실이다. 호남성 영수청永綏廳에서 그 예를 찾아볼 수 있는데, 이곳은 강희 49년(1710) 순무 조신교가 여러 차례 묘족 지역에 대한 개토귀류를 주장한 이래 옹정 8년(1730)에 이르러 순무 조홍은趙玄恩 등이 육리六里에 있는 생

---

44) 同治《建始縣志》卷4,〈食貨〉(物産), 각각 8쪽 下, 9쪽 下, 12쪽 下.

묘生苗 350여 채를 평정하고 비로소 개토귀류가 단행된 곳이다.[45]

영수청의 실제 인구 통계를 보면, 옹정 11년(1733)에 묘호 5,228호, 남녀 2만 3,636명만을 기재했을 뿐, 외부 유입자에 대한 언급은 전혀 보이지 않는다. 그러나 건륭 16년(1751) 인구 통계에 따르면 이전 시기에 비해 묘호는 1,028호(새롭게 증가한 인구수는 5,100명이었다)가 증가한 반면, 외부에서 들어온 호수가 1,914호에, 모두 8,721명이 새롭게 증가했다고 기록됐다. 이것은 채 20년이 안 되는 시기에 인구 증가 속도가 완전히 반전됐음을 의미한다.

이러한 사실을 좀 더 정확하게 알 수 있는 지역이 호남성 영순현이다. 즉, 건륭 7년(1742)과 건륭 25년(1760)에 영순현은 묘호가 2,739호 → 4,686호로, 객호는 5,446호 → 9,155호로 각각 증가했으며, 구수는 묘민이 2만 2,171구 → 2만 5,133구로, 객민이 3만 2,348구 → 4만 6,123구로 증가했다.[46] 이러한 수치 변화는 묘족의 인구 증가는 크지 않은 반면, 외부 유입자의 인구 증가 폭은 상당했다는 사실을 알려준다.

개토귀류 시행 후 소수민족의 인구 변화

개토귀류 단행 이후 확인되는 전반적인 인구 증가 상황과 비교할 때, 소수민족의 인구 변화 양상은 어떠했을까? 일부 지역에 국한된 현상이긴 하지만, 적어도 동치 연간에 이르기까지 묘족 인구는 크게 증가하지 않았다고 할 수 있다. 지방지에 등장하는 인구 자료가 매우 부정확하기 때문에 조심스러운 결론을 내릴 수밖에 없지만, 일부 지역의 자료는 그러한 사

---

45) 宣統《永綏廳志》卷3,〈地理門二〉(建置), 32쪽 下.
46) 乾隆 25년의 토호와 객호의 수치는 同治《永順府志》卷4,〈戶口〉, 4쪽 上에 근거했다.

실을 암시한다. 물론 묘족과 한족의 교류가 보편화됐기 때문에 실제로 한족과 묘족을 확연히 구분하는 것은 어려운 일이다. 호남성 건주청乾州廳의 자료에 따르면 동치 8년(1869)의 호수와 구수가 각각 1만 3,713호와 3만 4,445구였던 반면, 묘족은 3,340호와 7,061구였다.[47] 그런데 건륭 29년 (1764) 당시 민호는 5,110호, 구수가 2만 4,554구였으며, 묘호는 2,594호, 남부男婦가 1만 4,100명이었다.

건주청의 민호와 묘호의 이러한 변화는 당연히 개토귀류 이후 한인 인구는 증가한 반면, 묘족 인구는 정체 또는 감소되었음을 의미한다. 그런데 특이한 것은 소수민족의 가구당 구수 변화다. 소수민족 지역의 인구 변화를 자세히 알려주는 자료가 없어서 정확한 실상을 알기는 어렵지만, 일부

〈표 2-3〉 청대 호남성 소수민족 지역의 묘족 호수와 구수

지역	호수	구수	호당 구수	시기
건주청乾州廳	1,900	4,116	2.2	강희 43년(1702)
	5,110	14,106	2.8	건륭 29년(1764)
영순현永順縣	3,218	10,144	3.2	옹정 12년(1734)
	2,739	22,171	8.1	건륭 7년(1742)
	4,686	25,133	5.4	건륭 25년(1760)
영수청永綏廳	5,228	23,636	4.5	옹정 11년(1733)
	6,256	28,736	4.6	건륭 16년(1751)
상식현桑植縣	163	-	-	건륭 25년(1760)
고장평청古丈坪廳	560	2,800	5	광서 28년(1902)

출처: 光緒《乾州廳志》卷3,〈戶口〉, 24쪽 下; 乾隆《永順縣志》卷3,〈賦役〉, 13쪽 上; 民國《永順縣志》卷12,〈食貨二〉, 2쪽 上; 宣統《永綏廳志》卷15,〈食貨門一〉, 4쪽 上; 同治《桑植縣志》卷2,〈賦役〉(戶口), 2쪽 下; 光緒《古丈坪廳志》卷10,〈戶口總編〉, 44쪽 上~45쪽 上.

---

[47] 光緒《乾州廳志》卷3,〈戶口〉, 25쪽 下(동치 8년의 수치)와 卷7,〈苗防一〉, 58쪽 上(묘족의 수치).

소수민족 지역의 지방지에 등장하는 묘족의 호수와 구수를 시대별로 정리한 표 2-3을 보면 당시 묘족 또는 소수민족 가구가 어떻게 변화했는지 알 수 있다.

이 표에 등장하는 영순현 건륭 7년의 호당 구수가 8.1구인 이유는 분명하지 않다. 그러나 대체로 개토귀류가 단행되기 이전 묘족의 호당 구수 비율이 낮았던 반면, 개토귀류 이후 옹정 후반과 건륭 연간에 이르면 대략 다섯 명에 근접함을 보여준다. 결국 중국의 호당 구수가 일반적으로 다섯 명 내외임을 감안하면, 개토귀류가 이들 가족 구조에도 상당한 영향을 끼쳤음을 알 수 있다. 다만 일부 지역의 자료에 따르면 청 말까지도 묘채의 인구 구성은 균일하지 않았는데, 그러한 차이는 소수민족의 중요한 촌락 구성단위인 채의 세력이 매우 다양했다는 사실을 다시 한 번 입증해준다. 따라서 각 채의 인구 구성 차이를 확인할 필요가 있다.

표 2-4에 따르면 양가채나 화연충처럼 단 한 가구로 채가 구성되는 경우도 있다. 그러한 지역을 제외하면, 각 채를 구성하는 호수는 매우 다양하다. 즉, 호수가 열 개 미만인 묘채가 있는 반면, 50여 개로 구성된 묘채도 있었다. 맨 마지막의 관패 등은 묘채 10여 채를 한데 묶은 것이기 때문에 사실상 한 채당 평균 10호가 약간 넘는 것으로 구성돼 있었다. 그렇게 본다면 용가채나 동목석가채가 이 지역 묘채 중 가장 큰 것이었음을 알 수 있다.

따라서 일부 묘채를 제외하면, 각 묘채의 호당 구수는 특히 개토귀류 이후 대략 4~5명이었음을 알 수 있다. 특기할 만한 것은 광서 33년(1907) 당시 이 지역 묘채의 호수가 모두 증가했다는 점이다. 이 사실을 좀 더 자세히 살펴보기로 하자. 우선 단 1호만 존재했던 양가채와 화연충의 묘채가 증가했고, 10호 이하였던 묘채의 호수 증가가 두드러졌다. 노호청채가 8호에서 17호로, 용비취채가 17호에서 51호로, 신채가 13호에서 20호로 각각 증가했다. 특히 단 1호만 존재했던 양가채와 화연충채도 각각 5호와

〈표 2-4〉 청淸 광서 28년(1902) 고장평청古丈坪廳 묘채苗寨의 호구

채명	호수**	구수	호당 구수
대전평大田坪	4/8	20	5
열문列門	10	25	2.5
노채老寨	21/70	131	6.2
양가채梁家寨	1/5	29	29
용담龍潭	16	85	5.3
중채中寨	9/20	42	4.7
용가채龍家寨	44/10	233	5.3
우일又一	14	23	1.6
구룡동九龍洞	13/60	66	5.1
갈등채葛籐寨	6/40	29	4.8
노호청채老虎廳寨	8/17	44	5.5
조가평曹家坪	6/60	31	5.2
대충계對冲溪	19	111	5.8
전도동剪刀洞	4	15	3.8
동목석가채桐木石家寨	47/47	193	4.1
교계시校雞屎 · 희작타喜鵲它*	23	91	4
용비취채龍鼻嘴寨	17/51	65	3.8
팔나叭喇	7/15	27	3.9
신채新寨	13/20	55	4.2
화연충火煙冲	1/13	25	25
담계潭溪 · 피뇌皮腦	39	193	4.9
호자왕虎子旺 · 탕타채蕩它寨*	51	199	3.9
소고장평小古仗坪	12/10	58	4.8
암요岩坳 · 상채上寨*	16	69	4.3
양상梁上 · 항와夯窩*	33	134	4.1
관패官垻 등 10채寨	115	574	5
합계	560	2,800	5

출처 : 光緖《古丈坪廳志》卷10, 〈戶口總編〉, 44쪽 上~45쪽 上.

* 해당 사료는 두 채를 같이 기록했다.

** 뒤의 수치는 광서 33년(1907)의 수치임.

13호로 증가했다. 다만 광서 28년 당시에는 많은 호수가 있었던 용가채와 동목석가채는 감소 또는 정체됐다.[48]

이처럼 일부 묘채의 호수가 증가한 반면 다른 묘채의 호수는 증가하지 않은 정확한 이유는 알 수 없다. 그러나 총 35개의 촌채 가운데 두 개의 촌채만이 정체나 감소를 보인 반면, 나머지는 모두 증가했다는 점에서 전반적으로 소수민족 사회는 분가分家 경향이 강했다는 사실을 말해준다. 묘족이 일반적으로 부자나 형제가 동거하지 않았다는 사실도[49] 그러한 경향을 확인시켜준다. 특히 이러한 일련의 변화가 단지 5년 만에 일어났다는 점으로 미루어 청 후기에도 묘족 사회 내부의 인구 유동성이 상당히 컸음을 짐작할 수 있다.

(3) 개토귀류와 문화 변용

풍속의 변화

환경사는 인간과 자연 사이의 관계 추적이 일차 목표이지만, 인간과 인간 사이의 관계를 진단하는 것이기도 하다. 따라서 환경사 연구자는 인간과 환경의 관계를 정치, 경제, 문화 그리고 사회적 맥락에서 평가하고, 일정한 생태 체계 내에서 그러한 요소가 어떻게 변했는지 가늠할 수 있는 방법론도 개발해야 한다.[50] 하지만 개토귀류 시행 이후 소수민족 지역의 자

---

48) 光緒《古丈坪廳志》卷10,〈戶口總編〉, 45쪽 下.
49) 光緒《古丈坪廳志》卷2,〈輿圖〉, 15쪽 上.
50) Barbara Leibhardt, "Interpretation and Casual Analysis : Theories in Environmental History", *Environmental Review*, vol. 12, no. 1(1988), 24쪽.

연환경 변화에 대한 연구는 극히 적은 편이고, 특히 인문환경 변화에 대한 접근은 전혀 없는 실정이다. 그러나 개토귀류 시행과 함께 소수민족 지역에 대거 몰려든 한족과 그 밖의 외부인은, 마치 근대 유럽의 식민지 건설 과정에서 확인할 수 있는 매우 복잡한 문화적·생태적 환경 변화를 동시에 촉진시켰다.[51]

소수민족 지역은 아니지만, 17세기 중엽 네덜란드의 동인도회사가 타이완을 점령하는 과정에서 기독교를 통해 지방 행정을 처리하는 한편, 타이완의 토속신앙과 경쟁을 벌였던 정황은 식민지 경영 과정에서 문화적 동화가 매우 중요하다는 사실을 말해준다. 네덜란드에 뒤이어 타이완 지역을 정복한 청 왕조도 타이완의 문화 변용과 한화를 적극 추진했다.[52] 이런 점을 염두에 둔다면, 청의 내지 개토귀류 정책의 이면에는 새로운 점령 지역에 대한 동화 정책이 있었음을 확인할 수 있다.

따라서 여기서는 개토귀류 등의 결과로 개발이 진행된 이후, 특히 인간의 생활 조건이 어떻게 변화했는지를 살펴보려고 한다. 소수민족 지역의 문화를 변용시키기 위해 청 정부가 실시한 정책은 주로 소수민족 토착신앙의 정화, 학교 건립을 통한 유교 지식의 확산, 한인과 묘족 간 상호 교류 통제 그리고 풍습 개선으로 요약할 수 있다. 이러한 일련의 정책은 모두

---

51) 여기서 말하는 인문적 환경 변화는 이른바 '문화적 변용acculturation'의 의미다. 문화적 변용이라는 개념에 비판적인 시각을 가진 사람은 이 개념이 특히 유럽의 식민지 경험을 바탕으로 해서 나온 것이라는 점을 든다. 말하자면 식민 지역의 개인이나 사회가 유럽의 그것과 근접해가는 현상을 의미한다는 것이다. 이 문제에 대해서는 Natan Wachtel, "L'acculturation", Jacques Le Goff·Pierre Nora (ed.), *Faire de l'histoire*, vol. 1, 174~175쪽 참조. 그러나 논쟁적인 문제는 차치하고도, 소수민족 지역이 개토귀류 이후 분명 여러 면에서 한족 사회와 매우 유사한 사회가 됐음은 분명하다.
52) John F. Richards, *The Unending Frontier : An Environmental History of the Early Modern World*(California : University of California Press, 2003), 103·110쪽.

한족의 지배를 좀 더 철저히 하려는 데 있었으며,[53] 자원의 효율적 활용과 이동을 위해서도 필요한 조치였다.

호남성 검양현黔陽縣의 주씨周氏가 대부분인 여계黎溪와, 장씨張氏가 대부분인 마회磨回에서는 양령파楊令婆라는 여신 숭배와 함께 정월 1, 2, 3일에 술을 마시고 난 다음 서로 돌을 던져 승부를 겨루는 습속이 있었는데, 지현이 직접 가서 신상神像을 없애도록 했다. 사료에 따르면 촌락 간에 무익한 대립을 계속하고 인명을 가볍게 여긴다는 이유로 그러한 풍속은 반드시 근절해야 했다.[54] 특히 일부 소수민족 지역에서는 심지어 사람을 제상祭床에 올렸다는 기록도 있다.[55] 즉, 호북성 함풍현 토사에는 인제人祭라는 습속이 있었는데, 열두 살 이전의 어린아이를 죽여 백호白虎에게 치성을 드렸다. 이러한 원시적 자연성은 당시 청 관리들에게는 분명 야만적인 모습으로 비쳤을 것이다.

그러나 달리 해석하면, 소수민족 사회가 평야 지대 사람들보다 다양한 형태의 자연을 신봉했다고도 할 수 있다. 물고기나 앞에서 언급한 호랑이 등에 대한 자연 숭배는 물론이고, 한때 토사 지역을 다스렸던 토왕土王을 신격화해 숭배하기도 했다. 현재 호북성 내봉현에는 이른바 파수당擺手堂이라는 토사 당시의 사당이 남아 있다. 지금은 모두 훼손되었지만, 이 건물 정면과 좌우에는 팽공작주彭公爵主, 향대관인向大官人, 전호한田好漢 등을 섬기기 위한 신감神龕이 마련돼 있었다.[56]

---

53) 장강 중류의 토사 지역은 아니지만, 진홍모는 관어官語와 한자를 모르는 운남성 토사 자제에 대한 한자 교육 강화를 강조했다. 먼저 한자의 음을 익히고, 이어서 한자를 배우며, 맨 나중에는 그 뜻을 익혀 예를 습득하고 의를 밝혀야 한다(習禮明義)고 역설했다. 陳宏謀, 《培遠堂偶存稿》卷3, 〈文檄〉, 9쪽 下.
54) 同治《黔陽縣志》卷59, 〈文編三〉, 1쪽 上~2쪽 上.
55) 鄂西土家族苗族自治州民族事務委員會 編, 《鄂西少數民族史料輯錄》, 360쪽.
56) 이하 파수당에 대한 언급은 王曉寧 編著, 《恩施自治州碑刻大觀》(北京:新華出版社, 2004),

토왕이란 토사 지역을 다스리는 사람으로, 토사 지역의 소수민족은 살아서는 스스로 자신들의 주인이요, 죽어서는 인신人神이 된다고 믿었다. 이러한 토왕의 숭배 습속은 오늘날 호북성 서남부의 토가족을 중심으로 꽤 보편적으로 유행했는데, 파수당의 존재에서 특기할 만한 사실은 음력 1월 3일부터 17일까지 남녀가 같이 모여 노래와 춤을 췄다는 점이다. 파수라 불린 군무群舞는 대체로 토왕에게 제사를 올린 후에 진행됐는데, 당시 관료의 시각으로는 남녀가 야밤에 같이 모여 춤을 춘다는 것 자체가 전통적인 유교 질서에 위배되는 일이었다. 더구나 춤을 추는 동안 남녀의 육체적 접촉이 얼마든지 가능했기 때문에 당시 청조의 관리들은 그러한 풍습을 곱지 않게 여겼다.[57]

 청 왕조가 개토귀류 단행과 함께 주목한 점은 남녀가 함께 어울려 밤늦도록 춤추고 노래 부르는 것과 같은 소수민족 고유의 풍속이었다. 앞서 소수민족이 평상에서 남녀가 같이 잠을 잔다고 언급했는데, 그러한 풍속은 전통 유교관과 당연히 상충했다. 이런 점에서 소수민족 지역에 침상이 도입돼 잠자리를 따로 했던 시기가 개토귀류 이후였다는 지적은 매우 시사적이다.[58]

 청 정부는 토사 지역의 민간신앙과 음사 숭배를 강력하게 규제하는 한

85~86쪽에 근거한 것이다.

57) 소수민족의 풍속뿐 아니라 한족의 풍속 중에도 제사나 경배를 올린 후 남녀가 마음껏 마시고 노는 풍습이 있었으며, 당시 지방관은 그러한 풍습을 없애야 한다고 빈번히 주장했다. 그 대표적인 예로, 진홍모가 섬서 지방에 조산진향朝山進香을 강력하게 금지하려고 했던 것을 들 수 있다. 진홍모의 설명에 따르면 그것은 불당을 만들고 봉불奉佛을 하는 과정에서 따로 돈을 모아 일정한 시기에 남녀가 모여 떠들썩하게 노는 것인데, 당시 섬서성과 호북성 서부에서 꽤 광범위하게 성행했던 습속이었던 것으로 보인다. 진홍모가 이 습속을 금지하려고 했던 가장 큰 이유는 바로 '남녀혼잡男女混雜' 때문이었다. 陳宏謀, 《培遠堂偶存稿》卷23, 〈申禁朝山進香檄〉과 卷24, 〈再禁朝山進香諭〉 참조.

58) 정철웅, 〈淸代 湖北省 西南部의 山地開發과 社會變化〉, 194쪽.

편, 그들의 정신세계를 자신들의 의도대로 바꾸려고 했다. 따라서 일률적인 행정제도를 이식하고, 인간의 삶에 따라오는 희로애락의 감정을 소수민족의 방식이 아니라 청 정부의 이데올로기에 따라 표현하려고 했다. 그 시기를 정확하게 알 수 없는 다음의 유지諭旨는 청 정부의 그러한 입장을 대변한다.

하늘 아래와 땅 위에 사람과 귀신이 없는 곳이 없다. 사람과 귀신의 도道가 유명幽明하고 특별한 것이긴 하지만, 그 도리는 하나다. 따라서 천하의 수많은 백성은 반드시 통치자를 세워 자신의 주인으로 삼고, 그 통치자가 큰일을 총괄해야 한다. 또 관청을 설치하고, 그 직무를 부·주·현으로 나눠 각각 그것을 관장하게 하며, 100호마다 이장을 두어 그들을 통솔하게 해야 한다. …… 천자는 하늘과 땅의 신령과 천하의 산천에 제를 올리고, 왕국王國과 각 부·주·현은 경내境內의 산천과 하늘과 땅의 신령에게 제를 올려야 하며, 일반 백성은 조상신과 마을의 토곡신土穀神에게 제사를 올려야 한다. 상하의 예禮가 모두 각각 등급이 있는 것이니, 이것이야말로 신을 다스리는 도리다. …… 이전의 백성은 아무런 영문도 모른 채 병란으로 죽거나 다쳤으며, 홍수와 화재로 죽고, 도둑에게 재산을 강제로 빼앗기거나 처자식을 강탈당해 어쩔 수 없이 죽어야 하는 자도 있었다. …… 이렇게 죽은 사람의 혼은 (그 후손이) 오래전에 이미 없어졌거나 또는 최근에 죽었거나 또는 전쟁의 혼란으로 타향에 이주했거나 또는 아예 사람의 흔적이 단절된 지 오래돼 그들에 대한 제사가 일시에 사라지고 말았다. …… 따라서 천하의 해당 관청에 명령을 내려 수도에는 태려지제泰厲之祭, 왕국王國에는 국려지제國厲之祭, 부府·주州에는 군려지제郡厲之祭, 현縣에는 읍려지제邑厲之祭, 마을에는 향려지제鄕厲之祭를 때맞춰 올리

게 했다.59)

　이 글 후반부에서 청 정부는 성황신에 대한 숭배를 아울러 강조했는데, 그렇지 않을 경우 마을에 전염병이 돌고 가축 사육과 농사에 해로운 영향을 미치기 때문이었다. 즉, 국가는 예외 없이 표준적인 신앙을 강조했으며, 그런 신앙을 통해 소수민족 지역은 물론이고 국가 전체의 질서를 유지하려고 했다. 또 표준적인 신앙의 강조 이면에는 청 왕조가 지향했던 엄격한 유교 윤리가 내재돼 있었다. 따라서 소수민족 지역의 음사淫祀를 혁파하고 제사 법도를 엄격하게 시행해 해악을 물리치고자 했다. 특히 소수민족 지역에 광범위하게 남아 있던 여러 단묘壇廟가 대체로 노장老莊이나 불교적 성향을 띤 건물에 불과하며 한결같이 낡고 비루하다는 지적은 소수민족 지역의 종교와 신앙에 대한 청 정부의 생각이 어떤 것인지 잘 말해준다. 또 사관寺觀이 있어도 정치와 교육에 아무런 도움이 되지 않는다고 여겼다.60)

　신앙과 풍습에 대한 청 정부의 광범위한 개입으로 소수민족의 감정이 변화했다는 점도 반드시 언급할 필요가 있다. 개토귀류 이후 소수민족이 겪은 심리적 변화는, 여러 번 강조한 것처럼 사료가 거의 청조 입장에서

---

59) 同治《永順府志》卷5,〈典禮補編〉(秩祀), 7쪽 上~8쪽 上. 이 인용문의 후반부는 光緖《준화통지遵化通志》를 인용한 마크 엘빈,《코끼리의 후퇴》, 445쪽에도 동일하게 나온다. 엘빈은 당시 준화에 많은 역병이 돌았다는 것을 제시하기 위해 이 글을 인용했다. 이 글이《영순부지永順府志》에도 동일하게 등장하는 점으로 미루어 이것은 어떤 특정 지역의 상황을 언급하기보다는 제사와 민간신앙 전반에 관한 정부의 입장을 대변하는 글로 봐야 할 것이다. 따라서《明會典》卷87,〈禮部〉(46)의 '祭祀'(8)에 동일한 제문祭文과 고성황문告城隍文이 등장하는 것으로 미뤄, 적어도 이런 종류의 문장이 명대부터 존재했을 가능성이 크다. 다만 광서《준화통지》와 동치《영순부지》에 나오는 글의 전반부는 내용이 동일한 반면, 후반부는 약간 다르다는 점에 주의할 필요가 있다. 즉, 다양한 이유로 죽어간 영령을 나열하는 대목은 정확하게 일치하지만, 이후 문장은《준화통지》가 성황신에 대한 제사를 강조하는 반면,《영순부지》는 제사를 제대로 모시지 않을 경우 발생할 수 있는 사태를 언급했다.
60) 同治《永順府志》卷5,〈典禮補編〉(秩祀), 1쪽 上.

기록된 것이기 때문에 그 추적이 용이하지 않다. 한편 '심성사history of mentality'라는 용어도 극히 모호하고, 그 의미도 광범위한 탓에 역사 현실에 얼른 채택하기가 쉽지 않다. 게다가 중국사 연구에 이러한 방법론을 동원한 예가 거의 없으므로 자칫 오해의 소지가 있는 것도 사실이다. 서구 중세사 연구들도 지적했듯, 인구 증가나 상인의 호기심 그리고 비非기독교인을 한데 결집시키려고 한 교황의 의지만으로 십자군 운동을 적절히 설명할 수 없다거나, 중세의 다양한 사회제도와 생산 방식을 넘어선 이른바 중세 정신의 존재를 강조하는 것이 바로 심성사의 영역이다. 프랑스의 유명한 중세사가 자크 르 고프Jacques Le Goff는 '심성사 연구에는 사회심리학적인 행동 방식comportement이나 개인과 집단의 태도attitudes라는 개념이 무엇보다 필수'라고 강조했다.[61]

이런 사실을 소수민족 사회에 적용하려고 할 때 비교적 이용이 쉬운 사료는 바로 소수민족의 문학 작품이다. 아래의 시를 살펴보자.[62]

> 사랑하는 여인과 번갈아 산가山歌를 부르는데
> 그대는 장단을 맞추고 나는 가락을 읊조리니
> 노래는 유수流水와 같고 두 사람은 짝이 되는구나.
> ......
> 노래를 부르니 그대 마음을 알 수 있다고 말하는 것 같고
> 노래를 불러 네 마음과 내 마음이 하나가 되니

---

61) Jacques Le Goff, "Les mentalités : Une histoire ambiguü", Jacques Le Goff· Pierre Nora (ed.), *Faire de l'histoire* vol. 3, 107~109쪽.
62) 田發剛 編著, 《鄂西土家族傳統情歌》(北京 : 中央民族大學出版社, 1999), 11쪽. 원문은 다음과 같다. "我唱山歌情姐接, 你一板來我一腔, 歌如流水人成双 …… 唱歌如說知心話, 唱得你心合我心, 五句子山歌是媒人."

다섯 구절 산가가 곧 중매인이로다.

토가족의 이 짧은 시는 다음과 같은 사실을 말해준다. 우선 소수민족은 산악 지역에서 힘겹게 노동을 한다는 사실이다. 대체로 소수민족의 노동 형태는 서로 돌아가며 이웃의 일을 해주는 이른바 '환공교작換工交作'이 많았다. 이는 공동경작 형태를 의미한다.[63] 산악 지역에서 이처럼 집단 노동을 하며 부른 노래가 바로 산가山歌였다. 그러므로 이러한 노래는 소수민족 지역의 질박한 기풍과 집단 노동 형태를 암묵적으로 보여준다.

다음으로 소수민족 남녀는 당시 유교적 관념에 비춰볼 때 상당히 자유로운 교제를 했다는 점이다. 이 노래에서도 잘 드러나듯이 남녀의 결합은 자유분방했다. 남녀를 맺어주는 것은 인위적 수단이 아니라 때 묻지 않은 자연과 그들이 부르는 노래였다. 이러한 원시적 건강성과 관능이야말로 소수민족이 지닌 중요한 감정 중 하나였을 것이다.

그러나 개토귀류 실시 이후 그들의 애정관이나 생활 감정은 약간 달리 표현된다. 또 다른 토가족 노래를 들어보자.[64]

네 다리가 가지런한 측백나무 의자에서
그녀와 함께 정가情歌를 주고받는데
오늘은 낭군과 같이 의자에 앉아 있으나
내일은 결혼해서 시집으로 가야 하니
금장식 안장에 앉아 이별의 말을 타겠구나.

---

63) 정철웅, 〈淸代 湖北省 西南部의 山地開發과 社會變化〉, 192쪽.
64) 田發剛, 《鄂西土家族傳統情歌》, 31쪽. "柏木板凳四脚齊, 姐與情歌挨一起, 今日與郎同凳坐, 明日嫁到婆家去, 馬背金鞍別人騎."

이 노래는 사랑하는 여자가 다른 곳으로 시집을 가게 되자, 남녀가 이별하는 모습을 읊은 것이다. 이 같은 시가 등장했다는 것은 남녀의 결혼에 사랑이 아닌 다른 요소가 개입됐음을 의미한다. 이는 개토귀류 이후 소수민족 사회가 겪었던 다양한 사회 변화를 의미한다. 이제 결혼은 남녀의 사랑을 전제로 하는 것이 아니라, 금전이나 당사자 또는 가문의 지위에 바탕을 둔 정혼의 틀 속에서 이루어졌다.[65] 따라서 자유로운 연애 감정을 읊었던 이전 시기와 달리, 어쩔 수 없이 이별해야 하는 애틋한 남녀의 마음을 담은 시가 등장하게 된 것이다.

사회 통합 정책

한편 청 왕조는 한족과 소수민족을 사회적으로 통합하기 위해 어떤 정책을 펼쳤을까? 소수민족 지역과 관련된 사료나 지방지에서 거의 빠짐없이 지적하는 항목 중 하나는 그들의 언어가 한어漢語와 다르다는 점이다.[66] 역설적으로 소수민족은 그들 가운데 객화客話할 줄 아는 사람을 매우 두려워해, 그를 채장으로 삼는 일도 있었다.[67] 이것은 개토귀류 단행 이전 소수민족 사회의 언어가 한어와 서로 통하지 않았다는 사실을 의미한다.

또 소수민족에게는 문자가 없었다. 아버지가 아들에게 소나 말 또는 호

---

65) 사회 변화를 결혼제도의 변화와 충실하게 결부해 서술한 논문은 아니지만, 彭恩·吳建勤, 〈從清朝鄂西土家族文人竹枝詞看土家族婚俗〉, 《涪陵師範學院學報》卷22, 6期(2006)에 따르면 개토귀류 시행 전의 자유로운 결혼 풍속에서 개토귀류 이후 부모의 뜻에 따르거나 중매자가 결혼을 연결하는 매혼媒婚 형태로 바뀌었음을 알 수 있다.
66) 운남성의 소수민족 문제를 언급하면서 진홍모 역시 그들을 개화시키기 위한 중요한 방법으로 소수민족 자녀에게 한어와 문자를 가르치는 것을 들었다. 陳宏謀, 《培遠堂偶存稿》卷3, 〈通省義學規條詳〉, 9쪽 下.
67) 嚴如熤, 《苗防備覽》卷8, 〈風俗考〉(上), 2쪽 下.

랑이를 물려줄 때의 시간을 기억해 그것을 기준으로 달력을 삼았으며, 계약서처럼 반드시 기억해야 할 사안은 새끼줄을 엮어 표시하는 한편, 나무에 그 내용을 새겨 서로 증거로 삼았다. 따라서 엄여익의 설명을 빌리면, 묘학苗學을 설치해 인근의 아이들을 가르쳤으며, 그 결과 점점 문자를 깨우치기 시작했다. 그는 지방관이 적극적으로 그들을 교육한다면 문풍文風이 확립돼 묘족의 습속이 자연스레 개선될 것이라고 말했다.[68]

엄여익의 지적에서도 알 수 있듯이, 소수민족의 생활 방식과 습속을 개선하기 위한 중요한 방법 가운데 하나는 교육이었다. 따라서 개토귀류 이후 청은 이 지역에 이른바 문풍文風을 진작시키기 위한 여러 대책을 세웠는데, 그중 가장 중요한 것이 학교 건립이었다. 청 정부는 많은 학교와 의학義學을 건립했다. 시기적으로 호북성보다 호남성이 빨랐는데, 예를 들어 옹정 6년(1728) 토관선위사土官宣慰使였던 팽조괴彭肇槐가 자신의 토사 지역을 바쳐 개토귀류가 완성된 영순부에 옹정 10년(1732) 처음으로 학궁學宮을 세웠다.[69] 이에 비해 호북성 시남부의 여러 현에는 건륭 5년(1740)에 학궁이 건설됐다.[70] 학궁 건설과 관련한 조신교의 기록을 통해 묘족 교육에 대한 당시 청 정부의 태도를 알 수 있다.

> 사풍士風이 피폐해지면 백성이 예의를 알지 못하며, 묘족은 더 말할 것도 없다. …… 마양현麻陽縣의 유학儒學과 훈도訓導를 오채사五寨司로 이주시켜

---

68) 嚴如熤,《苗防備覽》卷8,〈風俗考〉(上), 8쪽 上~下. 엄여익은 건륭 60년(1795) 귀주와 호남 일대에서 묘민 반란이 일어났을 당시 호남순무였던 강성막姜晟幕을 도와 〈평묘의십이사平苗議十二事〉를 올렸다. 그가 활동했던 시기가 대체로 건륭 말에서 가경 연간이었음을 감안하면, 엄여익이 이런 언급을 한 때는 개토귀류가 단행된 이후 시간이 꽤 흐른 시점이다. 따라서 묘족의 전반적인 습속이나 기풍이 일시에 사라지지는 않았음을 짐작할 수 있다.
69) 乾隆《永順府志》卷2,〈學校〉, 2쪽 上.
70) 段超,《土家族文化史》(北京 : 民族出版社, 2000), 266쪽.

많은 선비를 가르칠 수 있도록 의논했으며, …… 선인先人들은 인륜을 밝게 하지 않으면 백성이 서로 가까워지지 않는다고 말했다. 먼저 인륜을 바르게 해야 하며, 인륜을 바르게 하고자 하는 곳에는 학교의 건립이 무엇보다 시급하다. 현재 오채사의 학궁이 쇠퇴해 잡초만 무성하니, 서둘러 재건을 도모해야 한다.[71]

조신교는 강희 연간에 활동했던 사람으로, 개토귀류 시행 직전까지 생존한 인물이다. 하지만 이 글은 토사 지역에 학궁을 세워 그들을 교육해야 한다는 사실과 함께, 그 목적이 인륜을 밝히는 것에 있음을 분명히 밝히고 있다.

한편 이러한 유학의 강조 외에도, 실질적으로 소수민족의 지역적 폐쇄성을 무너뜨리려는 노력도 찾아볼 수 있다. 그러한 노력의 하나가 지역 간 소통을 원활하게 만들어 가능한 한 소수민족이 외부 환경에 노출되게 하는 것이었다. 그러한 소통을 원활하게 하는 실질이며 상징적인 수단은 다리였다. 따라서 개토귀류 이후 소수민족 지역에서는 많은 다리가 건설됐는데, 그 전형적인 예를 호남성 영순현에서 찾아볼 수 있다. 건륭 58년(1793) 《영순현지永順縣志》에 기록된 다리는 모두 12개다.[72] 이 가운데 확실히 개토귀류 이전부터 존재하던 다리가 여섯 개이고,[73] 태평교太平橋와 영은교迎恩橋라는 다리는 옹정 8년(1730)에 건설됐다. 나머지 네 다리는 정확한 건립 시기가 나와 있지 않지만, 그중 세 개에 토사 시대와 관련된 내

---

71) 趙申喬, 〈學宮記〉, 道光 《鳳凰廳志》 卷19, 〈藝文〉(1), 12쪽 下~13쪽 上.
72) 乾隆 58年 《永順縣志》 卷1, 〈建置〉(津梁), 13쪽 上~14쪽 下.
73) 이 사실은 건륭 58년 《영순현지》가 아니라, 건륭 10년 《영순현지》에 기재돼 있다. 건륭 10년 《영순현지》에 따르면 토사 시대나 그 이전에 건설된 다리는 과사교顆砂橋, 취룡호상교聚龍湖上橋, 취룡호하교聚龍湖下橋, 야녀교惹女橋, 과량교顆亮橋, 자혜교慈惠橋였다. 乾隆 10年 《永順縣志》 卷1, 〈建置〉(津梁), 77쪽 上~下.

용이 병기된 것을 보면 영순현의 경우 옹정 7년(1729) 개토귀류가 단행된 직후 곧바로 다리 건설이 이루어진 것은 아니라는 사실을 짐작할 수 있다.

그런데 동치《영순현지》에 기록된 다리 수는 38개에 달한다.[74] 즉, 이 지방지는 기존의 건륭 연간 지방지에 기록된 12개 외에 다시 26개의 다리를 새로 기재하고 있다. 그리고 26개의 다리 중 건설 시기가 분명치 않은 여섯 개를 제외한 20개의 다리는 대부분 건륭 연간(1736~1795)에서 동치 연간(1861~1875) 사이에 건설됐다. 이 20개의 다리 가운데 두 개의 다리만이 명대 가정 연간(1522~1566)과 청대 순치順治 연간(1644~1661)에 각각 건설됐다. 이렇게 본다면 앞서 언급한 대로 영순현의 다리 건설은 개토귀류 단행 이후 본격적으로 건설됐으며, 이런 정황은 다른 소수민족 지역에서도 비슷하다.

이런 점에서 전형적인 토사 지역은 아니었지만, 요족猺族이 상당수를 차지했던 호남성 검양현의 다리 수 증가는 매우 주목할 만하다. 기록에 따르면 옹정 연간 당시 검양현의 다리는 모두 여섯 개였다. 건설 시기가 나와 있지 않은 세 개를 제외하면 한 개는 명대, 나머지 두 개는 청 강희 연간에 건설된 것이다. 그러나 동치 연간의 기록에 따르면 다리가 총 54개로 증가했다. 이 수치는 이전의 교량도 모두 기록한 것이기 때문에 새롭게 건설된 다리가 48개가 되는 셈이다.

이처럼 빈번하게 다리를 건설한 이유는 교류를 확대해 그 지역의 인문 환경을 변화시키려는 목적 때문이었다. 이런 점에서 개토귀류 이후 소수민족 지역에서 행해진 다리 건설의 목적을 구체적으로 살펴볼 필요가 있다. 건륭 20년(1755) 당시 호남순무로 있었던 진홍모는 이렇게 언급했다.

---

74) 同治《永順縣志》卷1, 〈建置〉(津梁), 56쪽 下~59쪽 上.

현재 영순 지역의 관할은 비교적 넓고 그 사이에 비옥한 평야가 드문드문 있는데, 예전에 (영순 지역의) 하천과 산림을 지나갈 때 (살펴보니), 전토田土의 이익이 조금씩 흥할 수 있다고 (생각했습니다). 부성府城 앞 하천을 다시 고쳐, 왕촌王村 마두馬頭에 다다르자, 종으로는 상인과 여행자가 다닐 수 없었지만, 물이 불면 화물과 관물官物을 운반해 인부의 힘을 덜 수 있었습니다. 우로하牛路河를 일단 건너면 험준한 산세가 아래위로 20리 길이며, 왼쪽 부근 양 절벽의 높은 언덕이 우로하를 사이에 두고 서 있으니, 다리를 세운다면 바로 산허리에 닿을 수 있다(고 생각했습니다). 일찍이 (그곳 지세를) 살펴보라는 격문을 내린 적이 있지만, 하천이 넓은 (탓에) 다리 건설이 어려워 (다리를 놓으려는 공사를) 중단했습니다. 부근에는 철이 생산됩니다. 만일 사천성이나 귀주성의 철삭교鐵索橋나 철주교鐵柱橋와 같은 (다리를 놓게 되면) 일시에 많은 비용은 들지만 오래 (이용할 수 있는) 이로움이 있을 것입니다. 왕촌 이하 지역에 하도河道는 있으나 견고한 도로는 없었는데, 일찍이 의로운 백성들이 (도로 건설에 필요한 자금)을 모금한 적이 있었습니다. 다만, 근래 상황은 어떤지 모르겠습니다. 묘족 지역이 새로 개간되고 하천과 육지를 쉽게 다닐 수 있으며, 안팎의 소식이 서로 통하고 온갖 물건이 모두 모일 수 있으니, (이것) 또한 지방을 육성하는 것이라고 (생각합니다).[75]

이 글의 작성 시기는 건륭 26년(1761)이며, 아마도 건륭 24년(1759)년 영순부 지부로 부임한 장천여張天如에게[76] 진홍모가 보낸 서찰로 추정된다. 건륭 26년 당시 진홍모는 강소순무로 있었다. 그리고 진홍모의 주도

---

75) 陳宏謀, 〈扎永順張守〉, 同治 《永順府志》 卷12, 〈藝文〉, 8쪽 下~9쪽 上.
76) 同治 《永順府志》 卷7, 〈秩官〉, 3쪽 下.

로 우로하에 다리를 건설하려 했던 시기는 건륭 21년(1756)이었다. 이 내용으로 보아 진홍모는 당시 비용 문제와 지형상의 어려움 때문에 다리 건설 계획을 포기했다고 판단된다. 그러나 이 편지에 등장하는 진홍모의 의도에서 분명하게 알 수 있듯이, 당시 지방관은 이 지역의 풍습과 폐쇄성을 개선하기 위한 중요한 방법으로 도로 건설을 꼽았다. 특히 이 글에도 나오듯이, 안팎의 소식을 일상적으로 통하도록 하는 것(內外聲息常通)이야말로 소수민족 지역을 한화시키기 위한 중요한 방법이었다. 따라서 두 지역을 연결하는 특히 규모가 큰 다리는 한 지역의 인문환경이 바뀌고, 그 지역의 흥망을 결정하는 요소로까지 인식됐다.[77]

한편 교량 건설 그리고 특히 보수는 기존의 목교木橋를 석교石橋로 대체하는 것이 일반적이었으며, 다리 건설에 필요한 석재는 보통 주변에서 채취했다. 특히 일부 지역에서는 주변 산에서 목재를 채취해 배를 만들고 그 배를 이용해 다시 돌을 운반하기도 했기 때문에[78] 주변 지역 환경에 많은 영향을 끼쳤다.[79]

개토귀류를 단행한 청 정부는 단지 풍습과 인문환경에만 관심을 기울인 것이 아니었다. 소수민족 지역의 오래된 사회적 관행을 차단하는 대신,

---

77) 同治《玉山縣志》卷1(上),〈地理〉, 51쪽 下.
78) 王曉寧 編著,《恩施自治州碑刻大觀》, 281쪽. 실제로 강서성 귀계현貴溪縣에서는 다리 건설을 위해 마을의 유력자가 아예 산림을 통째로 기부하는 사례도 발견된다. 同治《廣信府志》卷2~3,〈建置〉(津梁), 29쪽 上.
79) 현대적 의미에서 본다면 이처럼 다리를 건설하거나 교통로를 확보하는 일은 지역의 자연환경을 극복하고 교류를 증가시킨다는 점에서 매우 긍정적이다. 그러나 오지와의 교통이 편리해져 물자를 강제로 수송할 수 있는 여지가 마련되고, 병균의 전파 속도가 빨라지는 등의 부정적 효과도 무시할 수 없다. 따라서 여러 번 강조했듯이, 환경사 연구는 이처럼 기존의 긍정적인 경제 개발이나 발전 양상에 대한 재고를 가능하게 해준다. 수송로의 부정적 영향에 대해서는 Ester Boserup, "Environnement, population et technologie dans les sociétés primitives", *Annales : Histoire, Société, Civilisation*, no. 3, mai-juin(1974), 539쪽 참조.

청의 제도를 강제했던 정황도 쉽게 찾아볼 수 있다. 대체로 소수민족 지역은 토지의 크기를 전통적인 무畝 단위로 정한 것이 아니라, 곡물의 양을 기준으로 하는 경우가 많았다. 따라서 토사가 거둬들이는 세금 역시 면적 단위가 아닌 독특한 방법으로 이루어졌다. 호남성 영순부에 개토귀류가 시행된 것은 옹정 4년(1726)이다. 이후 옹정 7년(1729)에 이르러 영순부는 영순현, 용산현, 보정현, 상식현의 네 현을 거느리게 됐다. 이후 옹정 8년(1730) 3월에 내린 상유上諭(황제의 지시)에 따라 이 지역에 속한 세 개 토사의 매년 추량秋糧을 280냥으로 정했다. 그런데 이 상유에 매우 흥미로운 언급이 나온다.

    앞으로 (영순부) 세 개 토사의 매년 추량은 합계 은 280냥으로 한다. 영순현이 160냥, 보정현이 96냥, 상식현이 24냥이며, 모두 토사를 통해 납부하도록 한다. 비록 추량 항목이 있다 하나, (거둬들이는 방법이) 사실상 전무田畝(토지 면적)를 기준으로 하는 것이 아니라, 영순현의 경우 화갱전火坑錢이라고 하여 일반 민간에서 음식을 만드는 아궁이 하나당 은 2전錢 2분分을 징수하고, 보정현에서는 서두전鋤頭錢이라고 하여 호미 하나를 들고 산에 들어갈 때마다 은 3전 5분을 징수하며, 상식현에서는 역시 화갱전과 유사한 연화전烟火錢을 추량으로 납부한다.[80]

이 글은 우리에게 두 가지 사실을 알려준다. 우선 토사마다 촌채 주민에게 방법을 달리해 세금을 징수했다는 점이다. 둘째, 청 정부의 일률적인 세법 시행 후에도 여전히 토사 시절 세금 징수 방법이 시행됐다는 사실이다. 그런 관행을 막기 위해 청 정부는 자신의 토지 면적을 스스로 신고하

---

80) 同治《永順府志》卷首,〈上諭〉, 9쪽 上~下.

는 자에게는 1년간 세금을 면제해주었다는 점이다. 이어서 1년이 지난 후에는 이 지역의 토지 면적을 조사해, 이후 토지의 비척에 따라 세금을 징수하도록 했다.

결국 청 정부의 전형적인 경제정책을 시행하기 위해 토사 지역이 오랫동안 견지해온 경제제도를 바꿔야만 했으며, 이러한 정책 시행 덕분에 한인은 이 지역을 좀 더 쉽게 개간할 수 있었다. 이렇게 본다면 개토귀류 정책으로 청 정부의 정치적 영역이 확대됐다는 일차적인 결과 외에도, 소수민족 고유의 생활 방식과 제도에 대한 문화적 변용이 동시에 이루어졌음을 알 수 있다.

종합하면, 결국 토사 지역의 제도와 풍습에 대한 광범위한 개선 조치는 이 지역의 군사적 정복 못지않게 매우 중요한 사안이었다. 따라서 개토귀류 직후 청 정부와 지방 관리의 통제는 의외로 세세한 부분에까지 미쳤다. 그러한 정황을 옹정 8년(1730), 즉 영순부 일대에 개토귀류가 단행된 직후 발표된 영순부 지부知府 원승총袁承寵의 격문檄文에서 상세히 알 수 있다. 적어도 그의 격문은 개토귀류 시행 이후 청 정부가 소수민족 사회를 어떻게 변화시키려고 했는지 알 수 있는 종합적인 견해라고 볼 수 있다.[81]

① 토사가 추량을 납부할 때 사용하는 노등老戥의 사용을 금지할 것
② 묘족의 흉도兇徒가 자행하는 사람과 가축의 생포·약탈을 금지할 것
③ 모든 양봉가養蜂家에게 징수하는 봉밀蜂蜜과 황랍은 물론, 양봉을 하지 않는 가구에게도 징수하는 세금을 금지할 것
④ 뇌물을 받고 재판하는 습속을 금지할 것
⑤ 향鄕 소속의 두인頭人이 각 가호家戶에서 먹을 것을 거둬들이는 풍습을

---

81) 袁承寵, 〈詳革土司積弊略〉, 同治《永順府志》卷11, 〈檄示〉, 17쪽 下~29쪽 下.

금지할 것

⑥ 보정保正과 향약鄕約의 하례賀禮 수수를 금지할 것

⑦ 골종骨種과 좌상坐床의 악습을 폐지할 것

⑧ 개와蓋瓦로 만든 집은 허용하지 말 것

⑨ 토착민과 객가客家를 모두 리里로 편입할 것

⑩ 외래 객민이 토사 지역에 들어올 경우 토사土舍[82])에게 바치는 선물을 금지할 것

⑪ 남녀가 한데 어울려 음주가무를 하는 습속을 금지할 것

⑫ 개토귀류로 소용없게 된 토병土兵이 일반 백성에게 여전히 부과하는 공식은工食銀을 금지할 것

⑬ 질병이 있을 경우 소를 죽여 그 피를 마시는 풍속과 일체의 음사淫祀를 없앨 것

⑭ 매년 토민이 토관에게 미곡과 닭, 오리 고기를 보내는 풍습을 근절할 것

⑮ 화갱火坑을 단위로 세금을 징수하는 폐단을 없앨 것

⑯ 외부 상인이 토관에게 예물 선사하는 것을 금지할 것

⑰ 함부로 백성을 동원하지 말며, 동원할 경우 해당 금액을 지불할 것

⑱ 보정保靖 토인土人에게 체발剃髮을 시킬 것

⑲ 남녀 복장을 구분해서 입을 것

⑳ 남녀유별을 지킬 것.

다만 몇 가지 사항은 설명이 필요하다. 먼저 ①항의 노등老戥은 용량을 재는 단위인데, 당시 중국에서 사용하는 도구의 3~4분分에 해당했다. 또

---

82) 토사土舍란 토사土司의 속관屬官으로 잡무를 담당했던 관리다.

⑦항의 골종骨種은 소수민족 지역에서 폭넓게 등장하는 풍습 중 하나로, 지역에 따라 약간의 차이가 있다. 즉, 호북성 장락현長樂縣에서 골종이란 결혼한 자매가 딸을 낳았을 경우 남편 쪽에 돈을 요구하는 풍습이지만,[83] 영순부에 등장하는 골종은 여성이 시부모 집에서 10년을 살다가 혼인하는 풍습이었다. 차이는 있지만, 골종은 결국 소수민족 사회에 여성이 드물었다는 증거이다.

⑨항과 ⑩항은 당시 소수민족 지역의 인구 유동성을 보여주는 대표적인 예다. ⑨항과 관련된 설명에 따르면, 이 지역으로 이주한 사람은 30~50년 또는 2~3세대가 지나도 모두 객민 의식을 지니고 있었다. 따라서 이 지역에 거주한 지 30년 이상 됐고 각자 나름대로 경제활동을 하는 사람은 모두 리里 안으로 편입하라는 내용이다. 또 ⑩항은 외부 빈민이 이 지역으로 들어와 산지를 개간하기 위해 토사에게 일종의 뇌물을 바치는 관행을 금하는 것이다. 당시 청 정부는 개토귀류를 단행했지만, 한족의 무질서한 진입은 금지했던 것처럼 보인다. 다만 ⑩항의 설명대로라면 외부 이주자가 뇌물을 주고 소수민족 지역을 개간했을 경우, 그 해당 토지는 대부분 지방정부에 보고하지 않았던 사례를 금지하기 위한 것이었다.

확인 가능한 자료 가운데 앞의 고시문은 적어도 당시 소수민족 사회에 대한 가장 자세한 규제이며, 그 규제 내용도 매우 세세한 사안에까지 미치고 있다. 보정과 향약에 관련된 규정은 분명 개토귀류 이후 토사 지역에 대한 행정 개편이 이미 이루어졌거나, 이루어질 것에 대비하여 만든 것이다. 그 외 모든 내용은 당시 소수민족의 풍습이나 신앙, 제도, 주거제도 그리고 심지어 복장과 머리 모양 등에 관한 규정이다. 이러한 규정에는 당시 소수민족 사회의 전반적인 분위기를 완전히 뒤바꾸려고 했던 청 정부의

---

83) 정철웅, 〈淸代 湖北省 西南部의 山地開發과 社會變化〉, 193쪽.

의도가 잘 반영돼 있다.

그렇다면 개토귀류가 단행된 후 상당 시간이 지난 다음 고시문에는 어떤 내용이 있었을까? 사회 환경의 변화를 추적하는 것이 목적이라면, 일정 시간이 경과한 후 발포된 고시문의 내용은 분명 의미가 있을 것이다. 다음은 건륭 24년(1759) 당시 호남순무로 있던 풍검馮鈐의 고시문이다.[84] 앞에 인용한 원승총의 고시문 내용과는 상당히 다르다는 것을 알 수 있다.

① 도망범이 묘족 지역에 은닉하는 것을 방지할 것
② 일반민과 묘족이 사사로이 무리 짓는 것을 금지할 것
③ 병사가 함부로 묘족을 괴롭히지 않도록 할 것
④ 일반민이 묘족을 상대로 고리대금을 일삼지 않도록 할 것
⑤ 일반민이 묘족을 유혹해 함부로 소송을 일삼지 않도록 할 것
⑥ 묘족의 사술邪術 숭상을 금지할 것

이 고시문의 전반부에서 풍검은 국가의 귀화歸化 조치가 효력을 발휘해 묘족이 각자 열심히 생활하고 있음을 지적했다. 이 언급이 의례적인 것일 수도 있지만, 풍검의 고시문 내용은 옹정 8년 원승총의 고시문에 비해 훨씬 단출하다. 내용의 분량이 대폭 감소했을 뿐 아니라, 오히려 묘족이 아닌 한족을 겨냥한 내용이 대부분을 차지한다. ①항에서는 외부인이 묘족 지역에 숨어들 경우 묘인은 그 사실을 해당 지역의 동채장峒寨長에게 통지하고 그들을 생포해서 지방관에게 넘겨야 한다는 내용이다. ④항은 묘인이 가난한 것을 이용해 돈을 빌려주었다가 묘인이 돈을 상환하지 못할 경

---

84) 馮鈐,〈撫苗條款〉, 同治《永順府志》卷11,〈檄示〉, 10쪽 上~15쪽 上.

우 그들의 재산을 가로채는 일을 금한다는 내용이다. 다만 ⑥항만이 묘족이 여전히 예교를 알지 못해 귀신을 많이 섬기기 때문에 그러한 습속을 고쳐야 한다는 것이다.

이렇게 볼 때 풍검의 고시문은 전적으로 이 지역에 들어온 한족을 겨냥한 것으로, 한족이 자행하는 여러 횡포를 차단하는 데 있었다. 두 고시문이 이처럼 커다란 차이를 보이는 것은 그만큼 개토귀류 이후 묘족 지역의 사회 환경이 크게 변했다는 것을 의미한다. 이런 점에서 마지막 ⑤항의 내용을 좀 더 살펴볼 필요가 있다. ⑤항의 설명에 따르면, 현재 묘족 지역은 모두 주州와 현縣으로 개편돼 혼사나 토지, 채권 등에 관한 모든 문제는 서리가 처리했다. 또 묘족 본래의 두인頭人 선에서 해결이 되지 않을 경우 해당 지방관이 문제를 처리했다. 이런 와중에 소송꾼들이 묘족의 허점을 이용해 그들에게 소송을 종용하는 일이 있으니 그것을 금한다는 것이다.

한편 ⑤항의 또 다른 내용은 한족이 묘족 지역의 토지를 함부로 사지 못하게 하는 것이었다. 그 목적은 토지 매매로 한족과 묘족이 서로 뒤섞이는 상황을 차단하는 데 있었으며, 묘족 역시 인구가 증가해 식량 자급이 불가능했기 때문이다. 따라서 한족이 묘족 지역의 토지를 매입할 경우 제 가격을 충실히 지불하고, 또 묘족의 수장에게 그 사실을 통고해야 한다고 했다.

결론적으로, 두 고시문이 보여주는 것처럼 개토귀류 이후 청 정부는 소수민족 지역의 문화와 신앙, 생활 방식, 제도 등을 성공적으로 변화시킬 수 있었다. 그리고 소수민족 지역은 사회적 환경 변화 덕분에 외부에서 많은 한족이 들어와 큰 어려움이 없이 경제활동을 전개할 수 있었다. 또 묘족 지역의 전반적인 사회 변화로 한족 방식의 경제 관행과 행정 절차가 자리 잡게 됐다. 이렇게 사회적·문화적 환경의 성공적인 변화로 소수민족 지역은 청 제국에 편입됐지만, 그러한 급격한 변화야말로 역설적으로 한족과 소수민족 간에 다시 새로운 갈등을 가져오는 계기가 됐다.[85]

---

[85] 일부 연구자는 외지인이 거꾸로 소수민족화하는 경향이 있었음을 강조한다. 이를테면 자연 조건 때문에 외부와 연락이 쉽지 않았고, 정부의 통제도 한계가 있었던 점 그리고 소수민족의 자기의식이 강했던 이유를 들어 외부 이민자가 주도권을 장악할 수 없었다고 주장한다. 이 점에 대해서는 劉詩穎, 〈明淸以來湘鄂川黔地區的外族人土家化傾向-以咸豊尖山唐崖司村爲中心〉, 武漢大學 碩士學位論文(2004), 4장 참조. 따라서 정치적·사회경제적으로 외부인과 소수민족 간의 정확한 통합 관계와 역학 문제는 여전히 중요한 관심거리라고 할 수 있다.

2 산악 지역의 개발

(1) 농업 기술의 변화

도경화종刀耕火種

본래 인구가 희박했던 산악 지역이나 소수민족 지역에 외부에서 많은 이민자가 들어오면서 이전과 다른 농업 기술이 전파됐다. 환경사 연구의 주된 분야 가운데 하나는 인간 활동의 확대로 발생하는 자연의 변형이지만, 자연을 이용하는 인간의 기술 변화 역시 중요한 영역이다. 기존의 역사 서술에서 기술이란, 인간 생활에 유용한 물품 생산에 필요한 지식이나 솜씨를 의미한다.[86] 한마디로 인간의 특정한 기술 채택은 바로 진보와 발전이라는 의미로 사용돼왔다.

---

86) Theodore R. Schatzki, "Nature and Technology in History", *History and Theory*, vol. 42(2003), 83쪽.

산악 지역은 대체로 평야 지대와는 다른 농업 기술을 사용했다. 산악 지역 지방지에 따르면 산악 지역의 대표적인 농업 기술은 이른바 도경화누刀耕火耨 또는 도경화종刀耕火種이었다. 봄에 잡목을 태운 다음, 그 불이 꺼지기를 기다려 파종하는 방법이다. 대체로 산악 지역의 대다수 지방지는 이러한 농법을 특별히 비료를 주지 않아도 상당한 수확을 기대할 수 있다고 소개했다.[87]

그러므로 수전이 발달한 평야와 달리, 산악 지역에서는 불과 재를 이용한 농법이 보편적이었다. 이 농법의 장점은 무엇보다 제초나 시비 등이 불필요하므로 노동력을 절감할 수 있고, 불이 꺼진 뒤 남아 있는 온기 덕에 파종한 씨앗이 쉽게 싹 트는 데 있었다.[88] 관심을 끄는 대목은 당시 소수민족이 수경水耕 방법을 알고 있었다는 사실이다. 하지만 그들은 대부분 도경화종을 선택했다.[89] 따라서 도경화종 농법과 당시 산악 환경 사이의 관련성을 좀 더 살펴볼 필요가 있다.

적어도 4억 년 이전에는 불을 마음대로 지피는 데 필요한 식물이 대지에 풍부하지 않았기 때문에 도경화종처럼 인간의 의도대로 집중적으로 불을 지피는 것이 불가능했다.[90] 따라서 '인간이 불을 사용할 수 있게 됐다'는 말은 거꾸로 불을 끄고 싶을 때 진화할 수 있는 제어 능력도 아울러 갖추게 됐음을 의미한다. 불에 대한 제어 능력과 함께 장강 중류의 소수민족 지역에서 도경화종이[91] 가능했던 또 다른 근본 원인은 이 지역에 많은

---

87) 宣統《永綏廳志》卷6,〈地理門〉(12), 18쪽 上.
88) 阿琳,《紅苗歸流圖說》, 伍新福 交點(長沙 : 岳麓書社, 2008), 236쪽.
89) 段汝霖,《楚南苗略》卷4, 伍新福 交點(長沙 : 岳麓書社, 2008), 166쪽.
90) Stephen J. Pyre, *Fire : A Brief History*(Washington : Washington University Press, 2001), 3쪽. 이하 별도의 주가 없는 한, 원시 시대 불의 이용 행태와 그 장점 그리고 인류학적 특징은 모두 이 책을 근거로 했다.
91) 도경화종은 장강 중류 지역뿐 아니라, 운남이나 귀주 등의 소수민족 지역에 매우 광범위하게

수목이 자라고 있었기 때문이다.

 불을 사용하게 되자 주변의 자연 조건에 따라 제한된 기술 수준이나마 인간은 토양을 훨씬 더 효율적으로 이용할 수 있게 됐다. 토양을 효율적으로 이용하려면 토양을 덮고 있는 생물상生物相을 불을 지피는 데 적절하게 유지할 수 있어야만 하는데, 이 때문에 토양 식물의 변형은 자연 발화를 포함해 인간이 불을 지피는 조건에도 직접적인 영향을 주게 된다. 단순히 대지에서 자라는 식물만이 발화 조건에 영향을 미치는 것이 아니라, 몸집이 큰 동물 역시 매우 중요한 요인이 된다. 예를 들어 몸집이 큰 초식동물이 잡초를 전부 먹어치운다면 불길이 번질 수 없다. 심지어 덩치 큰 코끼리가 잎을 먹기 위해 코로 나무의 잔가지를 쳐내지 않는다면 나무 그늘 때문에 역시 불길이 쉽게 번지지 않는다. 이렇게 볼 때 도경화종은 생태학적으로 매우 미묘한 농법이다.

 결국 도경화종은 자연과의 긴밀한 관계 아래 전개되는 농법이라는 점에서 대규모 제방을 축조해 인위적으로 수량을 조절하는 수전 농법과는 근본적으로 다르다. 무엇보다 수전 농법이 발달한 지역에서는 한 해도 거르지 않고 농사를 짓고 간작間作까지 하는 경우가 잦았지만, 도경화종 농법으로는 극단적인 경우 20여 년 동안 휴한을 유지하는 지역도 있었다.[92]

 한편 산악 지역의 노동 형태가 대체로 공동 경작이었던 사실[93] 역시 도경화종과 무관하지 않다. 경작지가 개인 단위로 세세하게 나뉘어 있다면 일정 지역에 불을 지르는 것이 쉽지 않기 때문이다. 따라서 도경화종을 시

시행됐던 농법이다. 이 문제에 대해서는 尹紹亭,《人與森林—生態人類學視野中的刀耕火種》(昆明：雲南敎育出版社, 2000) 참조.
92) 尹紹亭,《人與森林—生態人類學視野中的刀耕火種》, 60쪽.
93) 정철웅,〈淸代 湖北省 西南部의 山地開發과 社會變化〉, 192쪽. 아울러 鄂西土家族苗族自治州民族事務委員會 編,《鄂西少數民族史料輯錄》, 377쪽 참조. 이 자료에 의하면 4~5월 김매기를 할 때 여러 가구가 모여 한 집의 일을 동시에 했으며, 그 인원이 많을 경우 30~40명에 이르렀다.

행했던 지역의 토지는 씨족 등의 공동 소유가 많았으며, 개인 소유라고 할지라도 경작권만 가질 뿐 실제 생산물은 추수 후 족장이 거둬들이는 형태가 많았다.

앞서 말했듯이 도경화종 체제에서 동물은 큰 역할을 했다. 이에 대한 연구나 사료가 풍부한 것은 아니지만, 당시 산악 지역의 동물 문제는[94] 도경화종 체제와 긴밀한 연관성이 있었다. 이 문제와 관련해 건륭 26년(1761) 영순현永順縣 지현이었던 진혜주陳惠疇는 상당히 흥미로운 내용을 알려준다. 다음은 그의 이야기 중 일부다.

> 10여 년 이래 영순현은 현재 묘민苗民 수가 나날이 증가해 길옆의 매우 작은 땅에도 농사짓는 (면적이) 계속해 넓어지고 있으며, 말 판매 역시 이전보다 배나 증가했다. 방목한 말이 길옆에 심은 잡곡을 마구 밟거나 먹어도 누구 하나 그것을 막으려고 하지 않으니, 묘민이 곡식은 심었으나 수확이 없는 탓에 분쟁이 잦다. 영순현의 묘민은 **도경화종**을 하며 (식량은) 전적으로 잡곡에 의지한다. 또 (묘민은) 그 천성이 어리석어 조금만 마음에 맞지 않아도 바로 싸움을 벌인다. 현재 말을 팔기 위해 영순 지방으로 오가는 길에는 모두 잡곡이 (자라기) 때문에 말이 그것을 먹을 수 있다. 따라서 말 먹이를 휴대하지 않아 묘족 지역에 소요가 발생하고 있다.[95]

이 글의 초반부에는 소수민족 지역에 외래 객민이 함부로 들어오는 것을 막았다는 언급이 나온다. 그리고 마지막에는 말을 파는 사람은 진주辰

---

94) 산악 지역의 동물 개체 수 감소나 이른바 인간과 동물 간의 투쟁 문제에 대해서는 다음 장에서 좀 더 자세히 서술하겠다. 다만 여기서는 도경화종이 방목 또는 동물의 이동과 어떤 연관성이 있는지에 대해서만 언급하고자 한다.
95) 陳惠疇,〈馬販經由苗地稟〉, 同治《永順府志》卷11,〈檄示〉, 40쪽 下~41쪽 上.

州-상덕常德으로 통하는 대로大路를 경유해 형양荊襄 지역으로 가야 한다고 말한다. 즉, 이 글은 묘민 지역 사회를 안정시키기 위한 방법으로 말을 파는 상인들이 함부로 묘족 지역에 들어오는 것을 차단해, 영순현의 토민과 묘민이 농업을 보호해야 한다고 주장한다.

그러나 다른 관점에서 보면 '인구 증가 → 교통량 증가 → 교통수단인 우마牛馬 증가 → 초지草地 감소 → 도경화종에 대한 피해'라는 공식이 충분히 성립될 여지를 보여준다. 실제로 도경화종을 설명하면서 이 지역의 대다수 지방지는 이른바 '김매기를 하지 않으며, 아예 김매기 방법을 모른다'고 기록했는데,[96] 이것은 초지가 도경화종 농법에 중요하다는 점을 간접적으로 말해준다.

시비施肥

두말할 나위 없이 도경화종 농법이 서서히 사라지기 시작한 것은 소수민족 지역에 개토귀류가 시행된 이후부터다. 다른 산간 지역 역시 외부 인구 증가로 인구압력을 받기 시작한 이후부터 도경화종이 사라지기 시작했다. 새로운 농법의 전개에서 가장 눈에 띄는 사실은 도경화종 당시에는 없었던 시비施肥에 관련된 언급이 대폭 늘었다는 점이다. 다음은 개토귀류 시행 이후 토사 지역의 제도와 경제문제에 많은 관심을 가졌던 모준덕毛峻德이 남긴 글이다.

민간 주택에는 집 뒤나 옆에 공지空地가 없는 곳이 없으니, 그곳에 분지糞池를 파서 분뇨 저장소로 써야 한다. 만약 그 어디에도 (분지를 만드는 데

---

96) 乾隆《永順縣志》卷4,〈風土〉, 3쪽 上.

적당한 곳이) 없다면, 경작지 옆이나 집에서 멀리 떨어진 공지에라도 커다란 구덩이를 파고 인분과 가축의 분뇨를 모으고, 거기에 썩은 초목과 재를 고루 섞어 옥토를 만드는 데 사용해야 한다. 현재 학봉주鶴峰州에 분뇨를 쌓아놓은 곳을 살펴보니, (그 수효가) 열 곳 중 한두 군데도 되지 않는다. 집집마다 농사에 힘은 쓰지만, 대규모 분지糞池는 100곳 중 한두 군데도 안 된다. 따라서 경작지가 척박해져 수확에 한계가 있을 수밖에 없다. …… 2개월 이내에 인근의 거주민은 집 옆이나 뒤를 막론하고 분뇨를 저장하는 분지를 파고 잡목을 주워 덮어놓아야 한다. 만약 식구가 많은 집이라면 따로 공지에 가로세로가 각 1장丈, 깊이 1척의 분지를 파고, 식구가 적은 집은 가로세로가 각 5척, 깊이 1척의 분지를 파야 한다. 시간이 있을 때 인분과 가축의 분뇨 그리고 썩은 초목을 태워 만든 재를 모아 분지에 쌓아둬야 한다.[97]

산악 지역에 관련된 글 가운데 이렇게 자세히 시비의 중요성을 강조하고 또 구체적으로 그 방법을 제시한 글은 찾아보기 어렵다. 이런 글이 등장한 이유는 이제 산악 지역에서도 평야 지대와 유사한 농법을 시행하게 됐기 때문이다. 특히 청대에 이르면 시비 방법이 훨씬 다양해졌다. 인구 증가에 따라 돼지 등 가축을 많이 기르게 돼 자연스럽게 비료의 재료가 풍부해져서다. 따라서 이른바 천연 비료를 쓰지 않는 대신, 농가에서 만드는 비료를 사용하는 단계로 접어들었다. 천연 비료란 초목을 태워 만든 비료를 말한다.[98]

---

97) 毛峻德, 〈勸民蓄糞〉, 鄂西土家族苗族自治州民族事務委員會 編, 《鄂西少數民族史料輯錄》, 263~264쪽.
98) 許滌新·吳承明 主編, 《中國資本主義的萌芽》 1卷 (北京 : 人民出版社, 1985), 195쪽.

물론 일부 산악 지역에서는 여전히 천연 비료를 사용했다. 하지만 그 제조 방법은 도경화종 실시 당시 초지를 중시했던 것과는 전혀 달랐다. 한 지방지의 설명에 따르면 당시 산악 지역에서 옹초壅草라고 불리던 이 비료의 제작 방법은 두 가지였다. 하나는 한 해가 가기 전에 잡초를 저장했다가 봄에 그것을 이용하는 방법이었고, 다른 하나는 봄에 어린 가지나 싹을 베어 경작지에 뿌리고 흙으로 덮은 다음, 그것이 썩기를 기다려 파종하는 방법이었다.[99] 그 결과 산악 지역의 초지는 감소하고 말았다. 이는 도경화종 농법 당시 초지를 보호했던 상황과 달리, 이제 풀을 이용해 본격적으로 농사를 지었다는 사실을 의미한다.

시비 방법 변화에 대한 구체적인 예를 호남성 보정현保靖縣에서 찾아볼 수 있다. 보정현은 내내 도경화종을 시행했기 때문에 회분灰糞 등의 비료를 사용하지 않았는데, 개간 지역이 넓어지면서 토지가 척박해지자 파종이 불가능했다. 이러한 현상은 보정현에서 도경화종 방식이 감소하는 대신, 평야 지역의 집약 농법이 시행됐음을 의미한다. 이어 보정현의 지방지는 회분의 사용 시기를 구체적으로 가경 17~18년(1812~1813)이라고 명시했는데, 그 회분도 외부에서 사서 들여온 것이었다.[100]

산악 지역에 시비가 상당히 보편화된 정황을 말해주는 또 다른 예는 인구가 많은 지역에서는 인분을 비료로 사용했다는 점이다. 도시에서 멀리 떨어져 있어 인분을 구하기 어려운 곳에서는 앞에서 언급한 옹초라는 방

---

99) 同治《黔陽縣志》卷16,〈戶書〉(3), 2쪽 上.
100) 同治《保靖縣志》卷2,〈風俗〉, 68쪽 上. 중국의 경우는 아니지만, 토지의 집약적인 이용 여부는 농부가 비료를 구매할 수 있는 구매력에 달려 있다. 비료 구매는 현금 동원력과 같은 해당 지역의 경제 상황과 밀접한 연관이 있기 때문이다. 따라서 시비肥는 농업 발달의 원인이자 결과이다. 이 문제에 대해서는 Jonathan D. Rigg, "The Role of the Environment in Limiting the Adoption of New Rice Technology in Northeastern Thailand", *Transactions of the Institute of British Geographers*, new series, vol. 10, no. 4(1985), 489쪽 참조.

법이 다시 동원됐다. 시비에는 재도 사용됐는데, 대부분 동목桐木을 태워 만들었다. 이렇게 만든 재를 2~3월에 커다란 배에 싣고 다니면서 농민에게 나눠주었는데, 그것을 방회放灰라고 했다.[101] 따라서 보정현의 예나 검양현에 등장하는 방회의 관례는 산악 지역의 농법이 단순한 도경화종에서 평야 지대의 정교한 경작 체제로 변환됐음을 의미한다.

소수민족 지역을 정식 행정체제 내로 편입했던 청 정부로서도 산악 지역의 농법 개선을 통해 정규 제도 안에서 세금을 징수하는 일은 매우 중요한 사안이었다. 대체로 소수민족은 세금 감면을 정부에 요구하면서, 그 근거로 자신들은 도경화종으로 농사를 짓는다고 말했다. 그러므로 일반 경작지와 동일한 세율을 자신들에게 적용하는 것은 소수민족 지역과 다른 주·현을 동일시하는 것이라고 주장했다.[102] 하지만 대체로 청 정부는 전통적인 도경화종 방식보다는 평야 지역의 전형적인 농업 방식을 선호했다. 평야 지역의 농법을 도입해 산악 지역의 생산성을 높인 후 다른 지역과 동일한 세금을 징수하고자 했기 때문이다.

관개와 수리 기구의 등장

개토귀류 정책과 병행해 한족 역시 소수민족 지역으로 들어가 농업이나 상업 그리고 상업 작물을 재배하는 것이 일상적인 일이 됐다. 한족 이민자는 본격적으로 평야 지역 농법을 이용해 산악 지역을 대대적으로 개간했는데, 이때 자연스럽게 도작稻作도 전개됐다. 도작은 당연히 고지대가 아

---

101) 同治《黔陽縣志》卷16,〈戶書〉(3), 2쪽 上. 한편 재를 분배한 내용을 장부에 자세히 기록했다는 사실을 통해, 당시 산악 지역에서 비료의 중요성을 다시 한 번 확인할 수 있다.
102) 同治《沅陵縣志》卷10,〈賦稅〉, 9쪽.

닌 저지대 산간 지역을 중심으로 행해졌으며, 이 때문에 산간 지역에도 제방이나 수차水車 등과 같은 평야 지역 농업에서 이용되는 기술이 빈번하게 등장했다.

도작의 시행으로 일부 지역에 상당한 규모의 관전灌田이 존재했는데, 호남성 영수청永綏廳에서 그 예를 볼 수 있다. 이 지역 하천 가운데 가장 큰 것은 북하北河였다. 북하는 중요한 상업로로 이용됐지만, 대체로 수량이 적은 산간 지역의 하천인 데다 묘족의 주식이 쌀이 아닌 잡곡인 관계로 북하를 이용한 관개시설은 없었다. 하지만 개토귀류 시행 이후 이 지역에 본격적인 관개농업이 시작됐다. 다만 다른 소수민족 지역과 마찬가지로 수전 개발은 외부인이 주도했다. 적절한 지형을 골라 수전을 개발한 결과 1만여 무畝에 달하는 농지를 개간할 수 있었다. 이후 영수청에서 생산된 곡식은 값이 매우 싸 인근에서 이 지역 일대를 낙토樂土라 부를 정도였다. 이는 수리시설을 이용하면 산악 지역에서도 좋은 쌀이 나는 비옥한 토지를 만들 수 있다는 사실을 의미한다.

이어서 수리 기구도 등장했다. 수리 기구 역시 평야 지대에 못지않게 다양한 종류가 존재했는데, 호북성 내봉현에서 그 자세한 기구 모습을 찾아볼 수 있다.[103] 사람의 발로 운전하여 물을 신속하게 퍼 올리는 수차, 산간 계곡물이 모이는 저지대에 설치해 물을 퍼 올리는 통차筒車, 물이 떨어져 내리는 산중턱에 설치해 물이 빠르게 낙하하면 저절로 움직여 쌀을 빻는 수대水碓나 수마水磨, 낙차를 이용해 쌀을 빻는 수연水碾 등이 그것이다.

이 중 특히 개토귀류 이후 산간 지역에 본격적으로 등장한 수차가 가장 보편적으로 이용된 듯 보인다. 수차는 당시 산악 지역 관개에 이용된 대표

---

103) 이하 수리 기구에 대한 설명은 同治《來鳳縣志》卷15,〈食貨〉(水利), 1쪽 下~2쪽 下에 근거했다. 그러나 同治《來鳳縣志》에서 '사람의 발을 이용해 물을 퍼올리는 도구'로 설명한 수차는 번차翻車(답차踏車)일 가능성이 크다.

적인 수리 기구였고, 수대·수마·수연 등은 물을 동력으로 이용한 생활 도구였다. 동치 《내봉현지》에 따르면 통차를 이용해 하루 10무의 면적을 관개할 수 있었고, 수마의 경우 마을에서 흔히 먹는 마향병磨香餠을 만드는 데 널리 사용했다. 또 수연을 이용해 하루 10~20석의 쌀을 도정할 수 있었다. 이렇게 수리 기구나 물을 이용한 생활 도구를 자세히 언급했다는 사실로 미루어 당시 이 지역이 쌀을 경작하고 그것을 일상적인 식량으로 이용했음을 알 수 있다.

수리 기구의 등장은 두말할 나위 없이 특히 청대에 이르러 산악 지역에서도 수리 사업이 광범위하게 전개됐음을 의미한다. 한편 지형에 따라 수차의 이용을 달리해야 한다는 일부 지역의 지적으로 보아, 수리 사업과 수리 기구의 이용이 꽤 정교하게 행해졌다는 사실도 알 수 있다. 당시 산간 지역에서 전개된 관개 사업을 살펴보기로 하자.

내봉현의 전토田土는 모두 산비탈에 있다. 긴 하천이 아래로 흘러, 계곡물이 모이는 부근의 평평한 곳에는 종종 수차와 통차를 이용해 물을 끌어들여 관개한다. (지대)가 약간 높으면 물을 끌어들여 위로 올려 보낼 수 없다. (다만) 바위가 있는 계곡 사이에는 지역에 따라 샘물이 솟는데, 제방과 수로를 만들어 위아래를 잇는 (방식을 통해) 또 수 무畝에서 수십 무의 관전을 얻을 수 있다. 만일 골짜기가 깊어 대통을 연결할 수 없으면 그 물이 다른 곳으로 흘러가도록 방류할 수밖에 없기 때문에 멀리까지 물을 끌어들일 방법이 없다. 내봉현 서남쪽과 남쪽 모퉁이의 사타평沙坨坪, 동재원桐梓園, 우차평牛車坪 등지는 지세가 평탄하지만 샘이 없어 옛날엔 모두 버려진 땅이었으며, 그런 이유로 모초탄茅草灘(잡풀이 무성한 물가)이라고 불렸다. 이전 지현인 장공張公이 공사를 감독해 수로水路 세 곳을 만들었는데, 하나는 홍암계수紅巖溪水를 끌어들여 사타평을 관개했으며, 다른 하나는 용동교龍洞橋의 물을 끌어들여 동재원을 관개했고, 또 하나는 서남쪽의 복호동伏虎洞에서 물을 끌어와 우차평을 관개할 수 있게 했다. 모두 바위를 뚫고 협곡을 건너야 했기 때문에 (건설에) 자못 비용과 힘이 들었다.[104]

이 글은 산악 지역의 관개 공사와 관련한 기사 가운데 꽤 자세한 편에 속한다. 그리고 후반부에 시기가 정확하게 드러나진 않았지만 내봉현 지현이 개시한 수리 공사가 구체적인 지명과 함께 등장한다는 점에서 이 지역 수리 공사의 규모나 실체를 짐작할 수 있다. 개토귀류 이후 내봉현은 잡목과 초지를 제거하고 사방에서 화물이 왕래하게 돼 장강 중류 삼성 지역의 요충지가 됐다.[105] 또 산간의 평탄한 지역은 모두 개간해 도전稻田이 됐다는 내봉현의 또 다른 관련 기사는[106] 실제로 이 지역이 개토귀류 이후 도전이 광범위하게 존재했으며, 경제 발전이 상당했다는 사실을 말해준다. 표 2-5는 당시 내봉현의 수전 확대 상황을 나타낸 것이다.

표 2-5에 등장하는 건륭 3년(1738)의 수치는 이 지역의 전체 토지 면적을 의미하며, 이후의 수치는 새롭게 개간한 토지여서 실제로 세금을 납부하는 토지는 아니었다. 얼핏 보아 수전으로 새롭게 개간된 지역의 면적이 그리 많지 않다고 생각할 수 있지만, 당시 산악 지역의 수전 면적 증가가 대체로 10경頃 이하가 보편적이었음을 감안하면, 내봉현의 수전 개간 면적이 다른 지역에 비해 결코 적다고 할 수 없다.

수리 기구의 등장, 관개 사업 전개 그리고 뒤이은 수전 면적 증가로 산악

---

104) 鄂西土家族苗族自治州民族事務委員會 編,《鄂西少數民族史料輯錄》, 267쪽. 동일한 내용이 同治《來鳳縣志》卷15,〈食貨〉(水利), 1쪽 上~2쪽 下에 나온다.
105) 同治《來鳳縣志》卷4,〈地輿〉(形勢), 2쪽 上. "自改土以後, 披荊斬棘, 行李往來, 遂爲三省之要區, 四街之捷徑……."
106) 同治《來鳳縣志》卷28,〈風俗〉, 5쪽 下.

〈표 2-5〉 청清 건륭 연간 내봉현의 수전과 한전

(단위 : 경頃)

연도 \ 토지 종류	수전水田	한전旱田	한지旱地	합계
건륭 3년(1738)	281.78	134.61	155.24	571.63
건륭 8년(1743)	1.99	1.51	1.34	4.84
건륭 16년(1751)	10.78	12.33	3.67	26.78
건륭 43년(1778)	7.67	29.28	2.33	39.28

출처 : 同治《来鳳縣志》卷13,〈食貨〉(田賦), 3쪽 上~下.

지역의 농업 양상은 어떻게 변했을까? 일단 벼 품종의 다양화를 들 수 있다. 산악 지역에서는 대체로 특히 건륭 연간 이후 다양한 벼 품종이 재배됐다. 여러 지방지에 이전에 등장하지 않았던 벼 품종이 일일이 열거하기 어려울 정도로 다양하게 등장한다. 그러한 벼 품종 가운데 지역 특산물로 지정된 품종도 존재했다. 다음은 호북성 이천현利川縣에서 생산된 벼 품종에 관한 언급이다.

선산船山은 가경 2년(1797)과 동치 원년(1862)에 마을 사람들이 적을 피해 올라간 산으로, 적이 감히 그곳을 침범하지 못했다. 따라서 일명 선두채船頭寨라고 했다. 산 동쪽으로 바위가 하나 있는데, 높이가 수장丈이고 그 가운데는 텅 비어 마치 아무것도 없는 것처럼 보인다. 산 오른쪽에는 노응동老鷹洞이 있는데, 송골매 수백 마리가 그 동굴 앞을 에워싸며 돌다가 반나절이 지난 다음에야 비로소 흩어진다. 이 산에는 수백 호의 주민이 사는데, 그 논에서 생산되는 쌀은 매우 맛이 좋아 사람들이 그것을 지라미支羅米라 부른다.[107]

---

107) 光緒《利川縣志》卷12,〈山水〉(1), 3쪽 下.

이 글은 이천현에 있는 선산이란 곳을 설명하면서 부연한 내용이다. 시기는 가경과 동치 연간이라 한 것으로 보아 청 중·후기 정도로 추측된다. 아주 외진 산골 풍경을 묘사한 것처럼 보이는데, 그런데도 이곳에 수백 호의 주민이 살았으며, 세상 사람들이 맛이 좋다고 칭송하는 특정한 벼를 생산했다. 매우 짧은 언급이지만, 이로써 당시 산간 지역 여러 곳에서 벼가 생산됐음을 알 수 있다.

그 밖에 관개 농법에 그치지 않고 복합 영농을 실시했다는 점도 지적할 필요가 있다. 즉, 일부 관료는 산간 지역에도 양어장을 축조하거나 수리 기구를 이용한 농법의 시행을 역설했다. 다음은 건륭 21년(1756) 상식현桑植縣 지현으로 있었던 종인문鍾人文의 언급이다.

저수지는 단지 가뭄을 방지하는 데 이로울 뿐 아니라, 고기를 기르거나 연근을 심을 수도 있다. 내지인 가운데 간혹 저수지는 있되 경작지가 없는 경우는 있지만, 경작지가 있는데 저수지가 없는 경우는 없다. …… 수원水源에서 물이 흘러 평지의 습지나 계곡에 도랑이 형성됐을 경우, 그 물줄기를 따라 제방을 쌓으면 물을 가둘 수 있어 상전上田으로 물을 끌어들여 관개할 수 있다. 만일 계곡 연안의 논이 높은 곳에 있어 저수지와 제방에서 방류한 물이 닿지 않는다면 수차, 각차脚車, 층체層遞, 차호車戽 등을 이용해야 한다. 연못 한가운데에 별도의 관管을 설치해 물을 방류하는 것 외에, 저수지와 제방 중심부 옆에 개수구를 설치해 비가 많이 오면 열고 비가 적게 오면 닫는다. (이렇게 해) 저수와 배수(시설이) 어느 정도 갖춰지면 물이 넘쳐 (전답)이 무너지는 것을 면할 수 있다. 만약 하천 연변이 물이 매우 거세게 흐르는 곳이라면 논 위쪽에 반드시 통차와 고가高架, 수견水梘 등을 설치해 물을 멀리서 끌어와 논으로 들어가게 해야 한다. 그 밑에 위치한 논 또한 이런 방법으로 물을 대 관개한다면 논에 물이 부족하지 않을 것이며, 큰 가뭄이

들어도 수확을 완전히 망치지는 않을 것이다.[108]

이 글을 읽으면 장강 하류 지역에서 매우 집약적으로 토지를 이용하는 모습이 떠오른다. 종인문의 말은 한 지역의 경제 발달 조건을 종합적으로 설명한 것이다. 상식현은 본래 농지가 그리 많지 않은 지역으로, 사실상 이러한 도전에 적합하지 않았다. 이 글이 상식현의 어느 지역을 염두에 두고 작성된 것인지는 불분명하지만, 아마도 그 지역은 그나마 수량이 제법 풍부했던 것 같다. "저수지는 있되 경작지가 없는 경우는 있지만, 경작지가 있는데 저수지가 없는 경우는 없다"는 말이 그러한 정황을 설명해준다.

그러나 그가 저수지와 수전을 연결해 설명하는 점이나, 지역의 특성에 따라 토지를 달리 개발해야 한다는 지적은 산악 지역 역시 가능한 한 토지를 집약적으로 이용할 수밖에 없었던 상황을 말해준다. 종인문은 뒤이어 구체적인 지명을 열거하면서 각 지역에 적절한 수리시설을 언급했다. 산악 지역에서도 인구 증가에 따른 식량 증산의 일환으로 잡곡의 확충 못지않게 수전 확대가 이루어졌던 것이다. 즉, 산악 지역도 평야 지역과 마찬가지로 토지를 매우 집약적으로 이용했음을 알 수 있다.

이제 식량 생산 이외의 경제활동에 대해 살펴보기로 하자.

---

108) 鍾人文, 〈勸民築塘製車示〉, 同治《永順府志》卷11, 〈檄示〉, 47쪽 下~48쪽 下.

(2) 상업 작물의 재배

명·청 시대 상업 작물 재배의 특징

　명 중엽을 거쳐 특히 청대에 이르러 활발해진 산악 지역 개발은 크게 두 가지 목적이 있었다. 첫째, 증가한 인구를 부양하기 위한 식량 생산 때문이다. 둘째, 산지의 임산 자원을 폭넓게 이용한 상품을 생산하기 위해서였다. 식량 생산은 이미 앞에서 자세히 언급했으며 광산 개발이나 목재 생산은 뒤에 기술할 예정이므로 여기서는 상업 작물이 어떻게 재배됐는지 살펴보기로 하자. 특히 식량 생산과 상업 작물 재배 간의 연관성을 집중해 다뤄보려고 한다.

　식량 생산과 상업 작물 재배 문제는 명·청 시대 사회경제사 연구의 큰 축을 이루고 있으며, 이미 많은 연구가 존재한다. 하지만 인구 증가에 뒤이은 식량 생산의 증가와 식량의 상업화 그리고 장강 하류 지역을 중심으로 전개된 상품 생산의 사회경제적 의미는 아직도 연구해야 할 주요 문제다. 따라서 '인구 증가 → 식량 생산 증가 → 상품 작물 생산으로의 전환'이라는 세 요소 사이에 존재하는 다양한 연관성과 특정 지역의 고유한 현상은 그 주제가 아무리 진부하더라도 여전히 흥미로운 논의 대상이다.

　또 명·청 시대 사회경제적 발전의 성격과 관련된 중국 경제 발전의 정체성 문제나, 국가의 역할과 시장 구조, 더 나아가 16세기부터 시작된 이른바 중국 경제의 세계 경제로의 편입 문제까지 더한다면[109] 명·청 시대

---

[109] 이 문제에 대해서는 William Atwell, "Ming China and the Emerging World Economy, 1470~1650", Denis Twitchett and John K. Faibank (eds.), *The Cambridge History of China*, vol. 8(New York : Cambridge University Press, 1998), 404~407쪽 참조. 한편 학자마다 의견이 다르지만, 월러스타인은 서구가 본격적인 세계경제 체제를 만들어 나가기 시작한 시기를 16세기로 상

의 사회경제적 발전에 대한 종합적인 평가와 판단은 더욱 복잡해진다. 그러나 아직까지 산악 지역의 상품 생산과 그 의의에 대한 연구는 활발하지 않다. 물론 최근 산악 지역의 상품 유통로와 상업 생산을 다룬 중요한 연구가 나오기는 했지만, 앞서 제기한 문제와 결부된 해석 문제에서는 그리 큰 진전이 없는 것도 사실이다.

이런 점에서 일단 명·청 시대의 상품 생산에 대한 기존 연구를 장강 하류 지역과 산간 지역으로 나눠 살펴보는 것이 유용하다. 장강 중류 지역의 식량 생산 증가를 의미하는 이른바 '호광숙천하족湖廣熟天下足'[110]이란 말에 잘 요약되어 있듯이, 명 중엽 이후 장강 하류 지역은 기존의 식량 생산지에서 가장 적극적인 상업 작물 재배지로 전환된 반면, 장강 중류 지역이 새로운 미곡 생산지로 등장했다.[111] 그런데 최근 명·청 시대 강남 지역 경제 발전에 대한 새로운 해석을 시도한 이백중李伯重은 자신의 저서에서 다음과 같은 몇 가지 사실을 강조했다. 첫째, 1620년부터 1850년까지 강남 지역의 인구 증가율이 중국 평균보다 현저히 낮았으며, 도시 인구의 비율도 그리 많지 않았다는 점이다.[112] 둘째, 이처럼 인구 증가율과 도시 인구의 비율이 오히려 낮았기 때문에 강남 지역은 토지, 수리 자원, 가축 등 자

정했다. Immanuel Wallerstein, *The Modern World System*, vol. 1(New York : Academic Press, 1974), 68~69쪽 참조.
110) 호광 지역(호북과 호남 지역)에 풍년이 들면 천하가 식량 걱정을 하지 않고 배불리 먹을 수 있다는 의미로, 호광 지역의 미곡 생산이 풍부했음을 단적으로 지적하는 속담이다. 이 말이 본격적으로 등장한 것은 15세기 중엽이며, 이는 당시 호광 지역의 농업 생산력 증가와 밀접한 관련이 있다. 이 문제에 대해서는 오금성,《中國近世社會經濟史硏究》, 2장 1절 참조.
111) 강남 지역의 농업 발전을 잘 정리한 책으로는 Li Bozhong, *Agricultural Development in Jiangnan, 1620~1850*과 川勝守,《明淸江南農業經濟史硏究》(東京 : 東京大學出版會, 1992)를 들 수 있다.
112) Li Bozhong, *Agricultural Development in Jiangnan, 1620~1850*, 20~25쪽. 따라서 이 지역은 노동력이 부족했기 때문에 청 초와 중엽에 강남 지역의 토지 경작과 비료는 노동 절약 형태를 띠었다고 지적했다.

원에 대한 효율적인 사용에 고심했다는 점이다.[113] 마지막으로 그는 명·청 시대 강남 지역 경제 발전의 특징은 서구와는 다른 경로를 밟았다는 사실을 강조했다.

일단 그가 강남의 인구 증가를 저평가한 사실도 문제지만, 서구의 발전 경험을 중국의 역사 시대에 그대로 적용하는 데 대한 지나친 거부감 때문에[114] 오히려 강남의 경제 발전이 지니는 역사적 특징을 간과하는 우를 범했다. 그는 명·청 시대 강남 지역 경제활동의 주요한 특징을 다음과 같이 말했다.

> 일반인의 경우 향촌 주민의 상당수는 농사를 짓지 않는 반면, 많은 도시민은 농업 수입이 있었다. 상인이나 고리대금업자와 같은 많은 도시 거주민은 1년 중 최소 몇 개월 동안 촌락에 거주하면서 일했으며, 많은 '도시 수공업자'는 인근 향촌 출신으로 여전히 향촌에 거주했다. 농업 외에도 향촌민은 특히 면방직업과 같은 농촌 수공업에 종사하기 때문에 많은 향촌민은 '농민-노동자peasant-workers'였다. 반면 많은 도시 거주민은 면방직업에 종사하는 것 외에도 뽕나무 경작, 누에치기, 가족이 이용할 목적으로 만든 텃밭을 경작했다는 점에서 노동자-농민worker-peasants이었다. 더구나 면방직업 같은 가장 중요한 수공업 생산에서 도시 수공업은 단순히 농

---

113) Li Bozhong, *Agricultural Development in Jiangnan, 1620~1850*, part II 참조. 그는 2장에서 경작 유형의 변화, 수도작 경작 방법의 변화, 인력과 가축 힘의 적절한 조화 등을 통해 부족한 노동력을 보충했다고 지적했다. 또 청 중엽에 이르면 노동 집약적인 농업 경영이 한계에 이르러 자본 집약적인 경영 형태가 등장했으며, 그에 대한 증거는 면화와 뽕나무 경작이라고 언급했다. 이런 경작 유형의 변화로 17~19세기에 이르러 강남 지역의 경제는 외부 의존도가 높아졌다고 그는 지적했다. 그러나 이러한 견해는 기존 연구와 사실상 크게 차이가 없다는 점을 감안하면, 그가 강조하는 강남 지역 경제 발전 경로의 고유성이라는 문제도 상당 부분 희석될 수 있다.
114) 그의 이러한 시각이 가장 잘 드러난 부분은 리보중, 《중국 경제사 연구의 새로운 모색》, 이화승 옮김(책세상, 2006), 34~42쪽 참조.

촌 수공업의 연장선상에 있었으며, 도시 상업에 기초한 가장 중요한 장거리 교역 상품인 식량, 면포, 비료는 모두 농업과 향촌을 기반으로 두었다. 따라서 도시와 농촌 또는 농민과 노동자를 확연히 구분하는 일은 매우 어렵다.[115]

이 인용문에서 분명하게 드러나듯이, 그는 강남 지역 경제 발전의 주요 특징으로 농촌과 도시 간 연계성 또는 그 구분의 모호성을 강조했다. 따라서 그는 전근대의 유럽에 비해 심리적, 사회적, 물질적으로 중국은 도시와 농촌 간에 분명한 연속성continuum apparent이 존재한다고 언급했다.

다른 모든 논의를 제쳐두고라도 과연 이런 연속성이 강남 지역 고유의 경제 발전 경로라고 말할 수 있을까? 무엇보다 일부 서양학자의 주장처럼, 초기 산업혁명이 후기 산업혁명과 다른 점은 산업혁명 초기에는 농업 생산의 확대가 수반되지 않았다는 사실을 염두에 둘 필요가 있다.[116] 하지만 같은 시기 강남 지역의 농업 생산력은 놀라울 정도로 증가했다. 한편 이백중이 저평가했던 강남 지역의 인구 역시 19세기 중엽 소주蘇州 한 곳의 인구가 거의 70만에 달했다는[117] 단순한 사실만 봐도 그다지 설득력이 없다. 더구나 이백중의 논리에 따른다면 식량 생산 단계에서 상업 작물이나 수공업 단계로 전환된 이유나, 나아가 명·청 시대 강남 지역 경제 발전의 중요한 특징인 상업 작물 재배 확대와 수공업 발전 이유를 명확히 설명

---

115) Li Bozhong, *Agricultural Development in Jiangnan, 1620~1850*, 172쪽.
116) 1540~1640년에 발생한 초기 산업혁명과 18세기 중엽에서 의회개혁법안(Reform Act 1832) 시기 사이의 후기 산업혁명을 구분하고, 후기의 특징을 농업 생산, 내부 교류, 국제 무역 확대 등으로 규정했다. 이 세 요소는 산업 자체 외부에 존재하는 것이지만, 조직과 기술 변화로 확대된 경제적 기회 범위를 확대하는 효과를 가져왔다. Carlo M. Cipolla (ed.), *The Fontana Economic History of Europe*, vol. 4(Glasgow : Fontana/Collins, 1978), 165~166쪽 참조.
117) 수잔 나퀸·이블린 S. 로스키,《18세기 중국 사회》, 정철웅 옮김(신서원, 1998), 222쪽.

할 수 없다.

 이백중의 이런 설명과 달리 오히려 장강 하류 지역의 인구 과다 현상을 인정하는 한편, 결국 인구 흡수를 위한 다양한 경제활동이 전개됐다고 지적한 연구도 있다.[118] 필립 황Philip C. C. Huang은 이른바 농업의 내권화內卷化, involution[119] 개념을 강남 지역에 적용했는데, 그는 이 개념을 자신의 중국어 판본에서는 '인구 과밀 현상'이라고 표현했다.[120] 이어 필립 황은 내권의 개념을 구조적 변화가 수반되지 않은 채 생계를 유지할 수 있는 소농 생산 체계가 그대로 유지되는 상태라고 설명했다. 그런데도 가구당 가용 노동을 좀 더 충실하게 가동시켜 가구당 연간 소득이 실질적으로 확대되는 현상이라고 정의했다. 필립 황은 내권을 상업 분야에까지 적용했는데, 그러한 현상이 가능할 수 있었던 이유는 농촌 생산의 가족화familization of rural production, 즉 온 가족이 매달려서 상업 작물 재배나 수공업에 매진했기 때문이라고 주장했다.

 명·청 시대 강남 지역의 경제 발전 특징을 거론하는 것이 본 주제는 아

---

118) Philip C. C. Huang, *The Peasant Family and Rural Development in the Yangzi Delta, 1350~1988*(California : Stanford University Press, 1990) 참조.
119) 이 개념을 처음 사용한 사람은 클리퍼드 기어츠Clifford Geertz다. 그는 인도네시아 농업에 대한 생태학적 연구를 담은 *Agricultural Involution : The Process of Ecological Change in Indonesia*(Berkeley : University of California Press, 1963), 32~37쪽에서 인도네시아의 농업 변화가 갖는 특징을 내권內卷으로 정의했다.
120) 리보중,《중국 경제사 연구의 새로운 모색》, 83쪽. 한편 필립 황 역시 자신의 저서에서 기어츠가 사용한 내권화와 자신의 내권화 개념이 다소 다르다는 사실을 지적했다. 즉, 기어츠는 내권과 함께 발생하는 한계 수확 체감을 언급했지만, 내권적 성장involutionary growth이나 자신의 분석에서 중요한 위치를 차지하는 내권적 상업화involutionary commercialization를 언급하지 않았다는 것이다. 또 기어츠가 이 개념을 전적으로 수전을 이용한 도작 생산에만 적용한 것에 비해 자신은 좀 더 폭넓게 사용했다는 점도 그 이유로 들었다. Philip C. C. Huang, *The Peasant Family and Rural Development in the Yangzi Delta, 1350~1988*, 12쪽. 이러한 필립 황의 내권화 개념에 대해서는 정철웅,〈중국 근대 경제 발전에 대한 접근 방법—Philip C.C. Huang을 중심으로—〉,《역사학보》(1996), 151쪽 참조.

니지만, 어쨌든 강남 지역은 명·청 시대 경제 발전의 다양성을 보여준다는 점에서 일단 이 같은 논의를 살펴보는 일은 꽤 유용하다. 즉, 경제 발전 측면에서 강남 지역의 역사적 경험이 다른 지역에서는 어떻게 나타날까 하는 문제와 함께, 명·청 시대 경제 발전의 특징적 단면을 궁극적으로 강남 지역에서 추출할 수 있기 때문이다. 그렇다 해도 서구 이론의 적용에 지나치게 민감한 반응을 보이는 이백중의 연구나, 명·청 시대 경제의 구조적 변화를 무시했다는 점에서 결국 또 다른 종류의 정체론이라고 할 수 있는 필립 황의 설명은 특히 중국 전체에 적용할 경우 분명 한계를 지닌다.

이런 점에서 특히 명·청 시대의 경제 발전 양상이 지닌 특징을 좀 더 폭넓은 각도에서 보려고 한 피에르-에티엔 빌의 이론은 경청할 만하다. 그는 서구의 경험에 기초한 '근대성modernity'을 몇 마디로 요약하는 것이 쉽지 않음을 지적한 뒤, 전반적인 '구조적 변화'가 발생했다면 그것을 근대화라고 지칭할 수 있다고 주장했다. 그는 "여러 가지 변화가 발생해서 사회를 구성하는 상호의존적 요소가 서로 영향을 미치는 상황"을 구조적 변화가 발생한 것으로 규정했다. 이어 이런 주장을 토대로 근대화의 의미를 다음과 같이 요약했다.[121]

    첫째는 그러한 구조적 변화가 발생해서 이전 상태로 되돌아갈 수 없는 경우, 둘째는 사람·제도와 물질생활material life의 구성 요소 간의 관계가 질적으로 달라질 때, 셋째는 그러한 변화로 한 사회의 통합과 조직이 좀 더 잘 이루어지고 동시에 (사회적·정치적) 주도권의 행사 주체가 폭넓어질 때, 넷째는 그러한 변화로 사회 구성이 좀 더 효율적·생산적이 되고 예

---

[121] Pierre-Etienne Will, "Modernization Less Science? : Some Reflections on China and Japan before Westernization", *East Asian Science : Tradition and Beyond*(Osaka : Kansai University Press, 1995), 35쪽.

측 가능하게 될 때, 다섯째는 외부 세계에 좀 더 개방적이 될 때, 마지막으로 그러한 변화로 부의 분배가 좀 더 확대되고 잘 이루어질 때 근대화라는 개념을 적용할 수 있다고 생각한다.

물론 근대화에 대한 개념 접근을 시도한 이 글은 앞서 이백중과 필립 황이 시도한 강남 지역 경제 발전에 대한 실증적 접근과는 그 뉘앙스가 약간 다르다. 또 이러한 개념이 유용해지려면 그것을 역사 현실에 구체적으로 적용한 실증적 연구가 뒤따라야 한다.[122] 이런 점에서 피에르-에티엔 빌의 글은 한 지역의 경제 변화를 설명하는 데 적합한 이론적 토대는 아니지만, 그 변화의 종류가 무엇이든지 간에 특정 지역의 변화 양상이 이전 상태로 되돌아갈 수 없는 상태가 됐다는 언급, 즉 대외 개방성 문제 그리고 일련의 변화가 서로 영향을 미치는 상황은 명·청 시대 장강 중류 산악 지역의 경제 변화와 충분히 연계될 만한 지적이다. 즉, 많은 외부 이민자에 의한 산지 개발로 산악 지역 경제도 이전 시기와는 전혀 다른 양상이 전개됐으며, 그런 변화의 양상은 이전 시기로 회귀가 불가능할 정도로 심화됐다.

산악 지역의 상업 작물 재배와 식량 생산

그렇다면 구체적으로 산악 지역의 상품 생산은 어떠했으며, 그 의미는 무엇일까? 산악 지역은 강남처럼 사료도 풍부하지 않고 상대적으로 낙후

---

122) 따라서 이 글에는 피에르-에티엔 빌이 대단히 효율적이라고 평가한 18세기 중국의 여러 역사적 현실이 암묵적으로 들어 있다. 일례로 그의 주요 저서인 《18세기 중국의 관료제도와 자연재해》나 왕R. Bin Wong과 공동으로 출판한 *Nourish the People : The State Civilian Granary System in China, 1650~1850*(Ann Arbor : The University of Michigan, 1991)과 같은 저서에서 분배의 효율성, 관리들의 적극적이며 주도적인 사건 해결 능력, 정치제도의 효율성에서 비롯된 예측 가능성의 증가 등을 강조했다.

됐기 때문에 많은 연구자의 관심을 끌지는 못했지만, 최근 들어 산악 지역의 생산력 발달과 특히 환경에 대한 다수의 연구 결과가 등장했다. 그러한 연구는 대부분 산악 지역 개발과 인구 증가에 따른 식량 생산 그리고 면화, 동유, 칠, 약재, 차와 같은 다양한 상업 작물의 재배와 시장 발달을 강조한다. 예를 들면 장강 중상류 지역의 경우 호북성 서부, 섬서성 남부와 사천성 동부에 해당하는 삼성 교계 지역과[123] 강서성·호남성 일부 산악 지역에 대한 연구를 들 수 있다.[124]

이러한 연구들은 산악 지역의 경제 발달 연장선상에서 상품 생산 문제를 다루거나, 상품 생산에 따른 환경 악화에 그 초점을 맞췄다.[125] 그렇지만 경제체제의 변화가 특정 동식물에 끼친 영향,[126] 산악 지역 고유의 경작 환경 변화, 시장 압력에 대한 대응 그리고 특히 식량 생산과 상업 작물

---

123) 이 문제에 관한 가장 최근의 책은 張建民,《明清長江流域山區資源開發與環境演變—以秦嶺—大巴山區爲中心》(武漢：武漢大學出版社, 2007)을 들 수 있다. 상당히 방대한 이 책을 통해 그는 명·청 시대 삼성 교계 지역의 수리, 농업, 상업 작물과 수공업 발달이 이 지역 환경 변화에 어떠한 영향을 미쳤는지 자세히 다루고 있다.

124) 오금성,《矛·盾의 共存：明清時代 江西社會硏究》, 1편 3장과 3편 2장이 대표적이다. 아울러 黃志繁·廖聲豊,《淸代贛南商品經濟硏究》와 龔志强·劉正剛,〈明淸時期廬山開發及其生態環境的變化〉,《中國社會經濟史硏究》2期(2009) 등을 들 수 있다.

125) 역설적으로 장강 하류 지역에 대한 일련의 연구 결과는 경제 발달이나 상품 생산이 가져온 환경 악화 문제에 대해서는 소홀한 편이다. 오히려 1980년대에 스티븐 애버릴Stephen Averill이나 앤 오스본Anne Osborne 같은 서구의 학자가 강남 지역의 환경문제를 환기시키는 연구 결과를 제시했다. Stephen Averill, "The Shed People and the Opening of the Yangzi Highlands", *Modern China*, vol. 9, no. 1(1983)과 Anne Osborne, "Barren Mountains, Raging Rivers：The Ecological and Social Effects of Changing Landuse on the Lower Yangzi Periphery in Late Imperial China", Ph. D. diss.(New York：Columbia University, 1989) 참조. 한편 근래 馮賢亮,《太湖平原的環境刻畵與城鄕變遷(1368~1912)》(上海：上海人民出版社, 2008)과 王大學,《明淸'江南海塘'的建設與環境》(上海：上海世紀出版集團, 2008) 등과 같은 강남 지역 환경문제에 관련된 연구서를 출간했다. 그러나 특히 중국 학자의 연구는 상품 생산과 관련된 환경문제를 언급한 것이 아니다.

126) 이 문제와 관련해 장강 하류의 수리시설 증가로 급격하게 개체 수가 감소한 노어鱸魚(*Trachidermus fasciatus* Heckel)에 관련된 최근의 연구는 매우 흥미롭다. 王建革,〈松江鱸魚及其水文環境史硏究〉,《陝西師範大學學報》(哲社版) 5期(2011) 참조.

생산 간의 관계, 생활상의 변화 등에 관한 연구는 여전히 미진한 상황이다. 따라서 여기서는 산악 지역의 상품 생산이 지닌 경제적 의의, 식량 생산과 상품 생산이 어떤 구조 아래서 경쟁 또는 보완 관계로 변했는지, 마지막으로 경제 발달에 따른 토지 분쟁 양상을 살펴보기로 하겠다. 산악이라는 특수한 지역을 고찰하면 평야나 강남 지역에 대한 기존 연구와의 차별성과 동일성을 동시에 파악할 수 있을 것이다. 우선 호북성 학봉주鶴峰州의 상황을 살펴보자.

> 황무지 개간에 더욱 힘써 그 지역에 따라 곡물을 심어야 할 것이다. 한전旱田은 때에 맞춰 호미로 김을 맨다면 반드시 그 싹이 무성하게 자랄 것이다. 또 마땅히 분뇨와 재를 섞어 쌓아놓아야만 토지가 척박해지는 것을 막을 수 있다. 수전 옆에는 연못을 개착하고, 아울러 차호車戽와 수로를 마련한다면 비가 제때 내리지 않아도 연못을 이용해 그 상황을 극복할 수 있다. 연못 위에는 뽕나무와 마를 많이 심고, 동나무와 면화도 같이 경작해야 한다. 뽕나무 잎으로 누에를 길러 비단실을 얻을 수 있으며, 면화와 마는 모두 방적에 이용할 수 있다. 동나무는 기름을 짜서 생활에 쓸 수 있으며, 그 나머지는 시장에 내다팔 수 있다.[127]

이 인용문은 토지의 효율적인 이용과 함께 뽕나무나 마와 같은 상업 작물의 경작을 강조한다. 청 초 이후 인구 증가로 산간 지역이 토지 이용을 극대화하려고 했던 상황을 설명하는 이 같은 자료는 산악 지역의 지방지나 관료의 글에서 쉽게 접할 수 있다. 더구나 이 인용문은 곡물 경작, 시비,

---

127) 毛峻德, 〈勸民告條〉, 鄂西土家族苗族自治州民族事務委員會 編, 《鄂西少數民族史料輯錄》, 264~265쪽.

관개, 잠상, 면방직업 모두를 강조한다는 점에서 가장 전형적인 다종 경영 방식을 보여준다. 그리고 그만큼 산악 지역도 특정 시점에 이르면 효율적인 자원 이용 방법을 고심해야 할 정도로 경제적 압박이 심했다는 사실도 알 수 있다. 특히 맨 마지막 문장에서 일단의 경제활동이 분명 시장 판매를 목적으로 이루어졌다는 사실을 알 수 있다.

산악 지역의 경제활동이 이처럼 자급자족이 아니라 이익 창출을 목표로 했다는 또 다른 예는 산악 지역 일부에서 양어장을 만들어 물고기를 길렀던 사실에서도 확인할 수 있다. 장강 중류 지역의 어업 문제에 대해서는 1장에서 이미 두 가지 사실을 지적했다. 첫째, 산악 지역의 작은 늪이나 저수지를 이용한 어업으로 생계 문제를 해결할 수 있다는 호남성 평강현의 예다. 둘째, 강서성 진현현의 예에서 알 수 있듯이 수면권을 사이에 둔 지역 사회의 갈등 양상이다. 물론 진현현의 예를 든 이유는 어업을 위한 수면권의 확보보다 수리 체계의 변화가 어업에 영향을 미쳤다는 사실 때문이다. 하지만 진현현의 예도 어업이 매우 중요한 경제활동임을 보여준다는 건 사실이다.

그런데 호남성 영순부의 상황은 약간 다른 의미를 담고 있다는 점에서 중요하다. 건륭 25년(1760) 당시 영순부 지부知府였던 장천여張天如는 영순부 일대에 많은 연못이 있지만, 물을 막아 양어를 하지 않는다면서 양어장 개설을 주장했다. 그의 설명에 따르면 본디 묘인苗人도 물고기 기르는 법을 알지만, 도난을 염려해 물고기를 기르지 않는다는 것이다. 그는 그러나 도난당할 우려 때문에 양어를 하지 않는다면 가만히 앉아서 이익을 놓치는 격이라고 덧붙였다. 그리고 양어에서 비롯되는 네 가지 이익을 열거했는데, 우선 노동력을 따로 투입하지 않아도 된다는 점, 다 자란 물고기를 친척과 이웃에게 나눠줄 수 있다는 점 그리고 시장에 내다팔면 그 돈으로 술이나 쌀과 같은 생활용품을 살 수 있다는 점, 가뭄이 들 경우 양어장의 물

을 농사에 이용할 수 있다는 점 등이었다.[128]

　장천여의 지적에서 일단 물고기를 팔아 생활필수품을 조달할 수 있다는 언급으로 보아, 양어는 단순한 생계 해결을 위한 수단이 아닌, 시장 생산을 염두에 둔 경제활동이었다. 다른 무엇보다 이러한 점은 양어가 당시 지방관이 관심을 기울인 산간 지역 농민의 수익 증대를 위한 중요한 방법 중 하나였다는 사실을[129] 다시 한 번 알려준다. 그러나 노동력을 따로 투입하지 않아도 된다는 내용은 거꾸로 이미 본업이 따로 있다는 전제이며, 이런 점에서 산간 지역에 다종 경영 형태가 자리를 잡고 있었다는 사실을 알 수 있다. 장천여의 지적이 흥미로운 이유는 그가 양어장 경영을 농업과 결부시켰기 때문이다.

　적어도 장천여의 경우 양어장은 그 자체에서 비롯되는 이익은 물론이고 농업 실패의 피해를 차단해주는 수단이기도 했다. 따라서 상식현에서는 양어장을 설치해야 할 곳과 수전을 만들어야 할 곳을 구분해서 산지를 이용했던 것과 달리, 장천여는 농업과 양어를 연결시켜 생각했다. 이런 점에서 장천여는 아마도 산악 지역의 수익 문제를 최우선으로 생각했던 한편, 적극적으로 해석하면 어업이라는 다소 부수적인 산간 지역의 경제활동이 오히려 농업의 약점을 보완할 수 있다고 파악했다.

　한편 산간 지역 상품 생산에서 주목해야 할 또 다른 점은 이러한 시장 생산의 형태가 반드시 곡물이나 상업 작물과 같은 경작물만을 전제로 이

---

128) 張天如, 〈挖塘養魚示〉, 同治 《桑植縣志》 卷2, 〈風土〉, 38쪽 上~下.
129) 실제로 어로는 산간 지역의 중요한 경제활동 중 하나였다. 호남성 영주부永州府 강화현江華縣의 경우 "江邑貧乏者, 自食其力, 負薪捕魚居多"라는 언급을 확인할 수 있다. 道光 《永州府志》 卷5(上), 〈風俗〉, 19쪽 下. 또 호북성 학봉주에도 어업으로 생계를 이어가는 사람에 대한 언급과 어로 방법이 소개돼 있다. 그 방법은 현대와 거의 비슷한데, 그물이나 낚시 등을 이용하기도 하고, 돌을 쌓아 시냇물을 차단해 그 안에 모인 물고기를 잡거나, 물이 불어난 후 소용돌이치는 곳에 그물망을 놓는 방법이었다. 道光 《鶴峰州志》 卷6, 〈風俗〉, 2쪽 上~下.

루어지지 않았다는 점이다. 그러한 예가 약재 재배다. 다음의 사료는 그런 사실을 잘 보여준다.

　　시주施州(시남부施南府) 서북 지역은 목무木撫라고 불렸는데, 기후가 가장 춥고 비옥한 토지가 없는 곳이다. 산에 사는 사람은 벼나 수수를 경작할 줄 모르기 때문에 땅을 개간해 약포藥圃를 열고 약재 종자를 분양한다. 농사에 필요한 소를 빌리지 않고도 약재 묘목을 심을 수 있으며, 능히 더위를 피할 수 있다. 판교교패板橋萬壩의 100여 집 가운데 반은 약사藥師와 약호藥戶를 겸하는데, 도경화누刀耕火耨를 하느라 바쁜 사람을 비웃으며, 농서農書를 멀리한 채 약보藥譜를 뒤적인다. …… 일기를 살펴볼 필요가 없고 (약재는 가뭄과 홍수를 걱정할 필요가 없고), 심은 지 3년 후면 수확할 수 있다.[130]

이 사료에 나타난 정황은 매우 예외적이다. 일단 약재 역시 경작물임에는 틀림없지만, 이 글의 내용을 그대로 믿는다면 약재는 황무지에서도 재배가 가능했다. 이러한 사실은 당시 산악 지역이 거의 모든 토지를 경작 대상으로 삼았다는 증거도 된다. 더구나 이 글에는 농업에 대한 일종의 조소가 담겼을 뿐 아니라, 크게 힘 들이지 않아도 약재를 심어 많은 이익을 남길 수 있다는 점을 주장했다. 밝히지는 않았지만 이 글 후반부에서는 그렇게 재배한 약재를 시장에 내다팔 수 있으며, 관청에 세금을 내지 않아도 된다는 점을 강조했다. 또 산지 주민이 약재의 성분을 잘 알고 있는데도, 약을 복용하는 대신 무당에 의존한다는 점도 아울러 언급했다. 글의 말미에서는 척박한 땅에 다시 곡식을 심을 수 있다고 해도 약재가 곡물보다 훨씬 효용이 높다는 사실을 다시 한 번 강조했다.

---

130) 詹應甲, 〈種藥吟〉, 同治《增修施南府志》卷28, 〈藝文〉(詩文), 48쪽 上.

그러므로 이 사료는 당시 산악 지역의 상업 작물 생산이 어떤 맥락에서 이루어졌는지를 보여주는 중요한 사례다. 그것이 극단적인 예라 하더라도, 상업성을 고려하는 것이 다른 무엇보다 중요했으며, 산악 지역의 자연조건을 적절하게 이용해 상품 생산하는 방법을 구체적으로 제시했다. 따라서 앞의 인용문에서는 제시되지 않았지만, 약재는 특별히 잔손질을 할 필요가 없다거나, 남자는 등에 바구니를, 여자는 손에 호미를 들고 집을 나서는 것만으로 충분하다는 지적은 농업이 부적절한 지역에서도 다양한 방법을 통해 시장 생산을 했다는 것을 잘 보여준다.

결국 명·청 시대에 이르러 장강 중류 산악 지역에서는 활발한 식량 생산과 함께, 시장 판매를 전제로 한 상업 작물 재배도 상당히 활발했다고 볼 수 있다. 그렇다면 산악 지역의 중요한 상업 작물은 무엇일까? 전체적으로 본다면 명·청 시대에 이르러 장강 중류 산악 지역에서 공통으로 등장하는 중요한 생산물은 마, 약재, 버섯, 목재, 차, 동유桐油, 남전藍靛, 종이 등이었다. 물론 이것들이 장강 중류 지역의 모든 곳에서 생산된 것은 아니지만, 외부로 팔려나간 대표적인 상업 작물이었다.

그러나 산에서 직접 생산해야 하는 목재나 버섯 또는 종이를 제외한 나머지 생산품은 산지 개간과 개발을 통한 경작지에서 생산됐다. 따라서 상업 작물 재배로 곡물 생산이 위협을 받았다. 이런 증거는 여러 지역에서 찾아볼 수 있다. 일례로 검양현의 남전藍靛 재배를 들 수 있는데, 동치《검양현지》에서 언급한 것처럼 남전은 이전 지방지에는 기록되지 않은 생산물이었다.[131] 이어서 이 지방지는 작물에 흉년이 들 경우 그 피해가 이루 말할 수 없는데도 이익만을 추구하는 어리석은 백성이 다투어 남전을 심는다고 지적했다. 따라서 관청에서 남전 재배를 금지했다.

---

131) 同治《黔陽縣志》卷16,〈戶書〉(5), 10쪽 下.

또 학봉주의 예에서 볼 수 있듯이, 상업 작물 재배를 강조하는 고시문告示文에서도 여전히 염려했던 사안은 바로 식량 생산 문제였다. 예를 들어 도광 연간 당시 내봉현 지현을 지냈던 정주丁周는 산잠山蠶 경작을 권유하는 고시문에서 산잠 경작이 곡식을 생산하는 토지를 잠식할 염려가 없다는 점을 애써 강조했다.[132] 그가 이런 문제를 강조한 이유는 산악 지역의 상업 작물 재배가 거꾸로 식량 생산을 위협하는 요인이 되지 않을까 염려했기 때문이다.

이런 염려는 있었지만, 산지의 식량 생산은 평야 지역과 달리 매우 유리한 면이 있었다. 즉, 산지의 식량 생산은 고도에 따라 달리 행해졌다. 호북성 내봉현의 경우 고산 지대에 사는 사람은 옥수수가 주식인 반면, 저지대 주민은 고구마 등이 주식이었다. 또 호북성 함풍현에서는 평지 사람이 쌀을 주로 먹은 반면, 고지대 주민은 옥수수 위주였으며, 감자나 고구마 등이 보조 식량이었다. 아울러 함풍현은 쌀을 먹는 사람이 전체의 30~40퍼센트, 잡량을 먹는 사람이 60~75퍼센트였다.[133] 이렇게 본다면 산지는 특히 미곡 위주의 평야보다 식량 수급이 쉬웠으며, 역설적으로 자연재해에 좀 더 원활하게 대처할 수 있었을 것이다.

이런 사실을 좀 더 정확하게 알려주는 자료가 청 중엽 엄여익의 언급이다. 그는 산의 고도에 따른 식량 생산의 차별성을 식량 수급 면에서 산악 지역이 지닌 장점이라고 주장했다.[134]

계곡 양쪽 물가에는 올보리(조맥早麥)가 있어 이미 3월이면 익는다. 저산低

---

132) 丁周,〈論闔邑諸民區種法家桑山桑蠶法示〉, 鄂西土家族苗族自治州民族事務委員會 編,《鄂西少數民族史料輯錄》, 269쪽. "來邑雖云山多田少, 種桑亦無碍糧田, 可耕之土仍多……."
133) 鄂西土家族苗族自治州民族事務委員會 編,《鄂西少數民族史料輯錄》, 271·273쪽.
134) 嚴如熤,《三省山內風土雜識》, 22쪽.

山 지대의 보리는 5월에 익는다. 고산 지대의 보리는 6~7월이 되면 영글기 시작한다. 옥수수를 평지나 산간 도랑(산구山溝)가에 심으면 6월 말이면 먹을 수 있다. 저산 지대에 (심은 옥수수)는 8~9월에 익는다. 고산지대의 옥수수는 10월에 익는다. 옥수수가 이미 익으면 옥수수수염이 거꾸로 매달리며, 서리나 눈을 맞으면 알갱이가 더욱 단단해진다. 산악 지역 주민이 창고에 (곡식을) 저장하지 않아도, 사방을 돌아다니며 곡물을 수확해 먹을 수 있다. 비가 많이 오는 해에는 고산 지대에서 수확을 기대할 수 있으며, 가뭄이 든 해에는 저지대의 수확에 의지할 수 있다.

엄여익은 산악 지역의 불순분자를 소탕하기 위한 이른바 청야책清野策을 거론하면서 이런 사실을 지적했다. 그는 청야책은 산 밖에서 실시해야 하며 산속에서 실시하기는 불가능하다는 지적과 함께, 그 이유로 산간 지역 주민이 이처럼 산을 오르내리며 식량을 조달하기 때문이라고 언급했다.

청대 산악 지역의 식량 생산이 엄여익의 지적처럼 산의 고도에 따라 정확하게 시기에 맞춰 경작되었는지는 불분명하다. 그러나 엄여익과 같은 전문가가 산악 지역의 식량 생산 방법이 이처럼 다양하다는 지적을 했다는 사실은 분명 산악 지역의 식량 생산이 평야 지역과는 다른 구조에서 이루어졌음을 의미한다. 따라서 그의 언급을 그대로 믿는다면 산간 지역은 가뭄이나 홍수로 농사에 실패해도 비교적 견디기가 수월했다고 결론지을 수 있다.

고도에 따라 식량 생산을 달리할 수 있다는 점에서 생산 탄력성이 높았으며, 그런 사실을 엄여익과 같은 전문가가 정확하게 지적했는데도, 앞서 거론한 학봉주의 예에서 볼 수 있듯이 일부 관료가 여전히 식량 생산의 중요성을 강조했던 사실은 어떻게 해석해야 할까? 우선 고도에 따라 식량 생산은 원활했지만 산간 지역 주민은 대체로 식량을 저장하지 않았다. 즉,

옥수수는 산간 지방 어디에서나 잘 자라며 강우량이 풍부하지 않아도 경작이 가능했지만, 오히려 그런 이유 때문에 산지 주민들이 식량 저장을 소홀히 했던 탓에[135] 가뭄이나 홍수가 발생하면 비상식량으로서의 효용성이 크게 떨어졌다.

그런데 저장 문제는 곡물 수급과 바로 동전의 양면과 같은 성격을 지닌다. 식량 위기가 발생하면 교통이 편리한 대도시나 하천 유역은 식량 공급에 별 문제가 없지만, 산악 지역은 상황이 판이하게 달랐다. 1장에서 언급한 강서성 감주의 상황을 통해 알 수 있듯이, 산악 지역은 외부로의 식량 판매는 쉬운 반면 식량 수입은 그리 쉽지 않았다. 따라서 일정 정도 식량을 확보하고 그 생산을 담보하는 일이 평야 지역보다 훨씬 더 절박했기 때문에 산악 지역의 관리는 상업 작물 재배가 확대되는 것을 경계했다.

상업 작물과 식량 생산 관계의 다의성

한편에서는 시장 판매와 이익 창출을 염두에 둔 상업 작물이 재배됐지만, 산악 지역에서 식량 저장에 대한 관심 소홀과 운송의 불편으로 식량 생산을 소홀히 할 수 없는 상황이 벌어졌다. 따라서 식량 생산과 상품 생산 양자의 경쟁에서 어떤 것이 우위를 차지했는지 언급하기란 사실상 불가능하다. 이 두 종류의 생산은 인구의 많고 적음과 같은 지역적 특성이나 도시화 정도, 부존자원의 유무, 개간의 용이성 그리고 시장에 대한 접근성에 따라 다르게 나타날 수 있다. 그렇게 볼 때 상업 작물 재배가 식량 생산을 위협했다는 획일적인 결론은 조금 신중하게 생각할 필요가 있다. 상업

---

135) 鄭哲雄·李俊甲, 〈淸代 川·湖·陝 交界 山間地域의 經濟開發과 그 성격〉, 《中國史硏究》 41집 (2006), 221쪽.

작물 재배와 식량 생산이 지니는 이러한 다의성과 관련된 증거를 호북성 은시현恩施縣에서 찾아볼 수 있다.

> 인구가 전보다 어찌 열 배만 증가했겠는가! 토지는 나날이 개간되고 사람이 나날이 몰려드니, 예전에는 버려졌던 구석진 곳을 이제는 모두 개간해 농사를 짓는다. 바위 밑 깊은 계곡에도 초가집을 짓고 그 밑의 깎아지른 절벽 위에도 파종을 하니, 이제 토지에서는 더 이상 얻을 이익이 없으며 사람은 더 이상 (개간할) 힘이 남아 있지 않은 형상이 됐다. 저지대 전지田地에서는 수확 후 채소, 보리, 마麻를 돌아가며 심으니 (1년에) 세 계절 내내 수확을 한다. …… 은시현은 이전에 면화를 심었지만 현재는 심지 않은 지 오래됐다. 옷감은 외지에서 사오며, 근래에 이르러 저마苧麻를 많이 심는데, 저마를 가지고 면화로 바꿀 수 있다.[136]

이 짧은 인용문은 한 지역의 작물 변화를 극명하게 보여준다. 아울러 청대에 산간 지역이 인구 증가에 어떻게 대처했는지를 잘 보여준다. 첫째, 인구 증가로 가능한 모든 지역에서 식량 생산이 보편화된 정황이 드러난다. 그 결과 사실상 농업 성장의 잠재력이 한계에 다다랐던 정황도 보인다. 이런 점에서 곡물 수확 후 보리나 채소, 마 등을 심었다는 언급은 분명 일정 토지에서 가능한 한 많은 식량을 생산하고자 했던 의도로 해석할 수 있다.[137] 따라서 앞의 글은 청대 특정 시기에 이르러 산악 지역도 식량 생

---

136) 同治《恩施縣志》卷7,〈風俗〉, 2쪽 下~3쪽 上.
137) 적어도 청 중엽 이후 호북성의 산악 지역은 식량 압박이 심했던 것으로 추측된다. 건시현 역시 은시현의 상황과 정확하게 일치하는 언급이 나오며(此地亦産棉花, 今則絶無), 인구가 전보다 배가 늘어 곡물 생산이 증가했으며, 식량 수급이 원활하지 않을 경우 산에 옥수수를 심었다. 同治《建始縣志》卷4,〈食貨〉(物産), 9쪽 上~下. 아울러 강서성의 산악 지역에서도 예전에는 생산되지 않았지만 현재 다량 경작하는 작물로 고구마를 들었다. 同治《玉山縣志》卷1(下),〈地理〉(物産), 24쪽 下.

산이 상당히 중요한 관심사로 떠올랐음을 보여준다. 그리고 그러한 식량 생산이 지닌 일차적인 중요성 때문에 경제 발전 지역과 마찬가지로 집중적으로 토지를 이용하게 됐다.

둘째, 인구 증가에 대한 또 다른 대응 방법을 찾아볼 수 있다. 이와 관련해 면화 대신 저마를 심었다는 언급을 좀 더 살펴볼 필요가 있다. 중국인이 전통적으로 입었던 마가 면포棉布로 대체된 시기는 대략 명대였다.[138] 한편 호북성은 원대부터 중요한 면화 생산지였으며,[139] 아편전쟁 이후에도 상황은 크게 변하지 않았다. 그런데 청대 마와 면화의 단위면적당 생산량을 비교해보면, 호북성 강한평원의 경우 마와 면화의 무당畝當 생산량은 30근 정도로 동일했지만, 마 가격은 근당斤當 300문文 정도였던 것에 비해 면화는 30~40문에 불과했다.[140] 강한평원은 호북성 서부와 달리 평야 지대이므로 단순 비교는 어렵지만, 결국 면화보다 마가 시장 수익성이 좋았다는 결론을 내릴 수 있다.

이것은 산악 지역의 상업 작물 재배가 단순히 시장 판매만을 고려한 것이 아닌, 고도의 수익성을 염두에 두고 이루어졌음을 의미한다. 동치《은시현지》는 호북성의 형주와 강남 지방 등지의 상인이 이 지역에서 상업 활동을 했으며, 그들 상인을 따라 이주해온 외부인이 무역을 해 많은 돈을 번다고 언급했다.[141] 이는 청대에 호북성 서부 지역이 외부 상인의 적극적인 활동 무대였다는 사실을 암시한다. 즉, 시장에 대한 접근성을 염두에

---

138) 許滌新·吳承明 主編,《中國資本主義的萌芽》, 94쪽.
139) 호북성, 호남성, 강서성 가운데 비교적 빠른 시기에 면화 경작이 시작된 곳은 호북성이며, 재배 면적 역시 호북성이 제일 넓었다. 天野元之助,《中國農業史研究》(東京 : 御茶の水書房, 1981), 518~519쪽과 龔勝生,《清代兩湖農業地理》(武漢 : 華中師範大學出版社, 1996), 162~168쪽 참조.
140) 許滌新·吳承明,《中國資本主義的萌芽》, 203쪽.
141)〈恩邑風俗三變說〉, 同治《恩施縣志》卷7,〈風俗〉(習尙), 8쪽 上.

둔 은시현 주민들은 좀 더 이익을 많이 얻을 수 있는 상업 작물을 재배하려고 했을 것이다.

한편 일부 연구에 따르면, 면포가 마포를 대체한 이유 가운데 하나는, 면화에서 뽑는 실 길이가 마에서 뽑는 실 길이보다 길기 때문에 옷감을 만들기 위해서는 면화가 일손이 덜 든다는 점을 지적했다.[142] 그렇다면 마 경작이 좀 더 많은 이익을 낼 수 있다는 것 외에 면방직업이 고도로 전개된 명·청 시대의 전반적인 상황과 달리 이 지역에서는 오히려 일손이 더 많이 가는 마를 심었던 이유를 어떻게 설명해야 할까?

이 점 역시 산악 지역 개발로 몰려든 인구 증가와 관련이 있다. 동치《은시현지》가 간행된 1868년을 기준으로 본다면 당시 은시현의 인구는 약 34만 명으로[143] 결코 적은 수가 아니었다. 이처럼 많은 인구 덕에 낮은 산간 기슭의 전지田地에서는 벼를 수확한 후 채소, 보리, 마 등을 심어 세 계절 내내 수확이 가능했다.[144] 이렇게 볼 때 은시현은 적어도 건륭 연간 이후 증가한 인구 덕에 경작의 다양화를 이룰 수 있었으며 적극적으로 시장 생산에 참여해 고소득을 기대할 수 있었다.

한편 인구 증가와 경작물 변화와 관련해 다시 두 가지 문제를 거론할 필요가 있다. 첫째, 산악 지역에서 여성 노동이 갖는 특성이다.[145] 대체로 호북성 서남부 지역 지방지에 따르면 외딴 산간 지역의 경우 농사일을 오히려 여성이 하는 대신, 남자는 집 안에 머물면서 손님을 대접하거나 음식을

---

142) Philip C. C. Huang, *The Peasant Family and Rural Development in the Yangzi Delta, 1350~1988*, 44쪽.
143) 同治《恩施縣志》卷6,〈食貨〉(戶口), 6쪽 下.
144) 同治《恩施縣志》卷7,〈風俗〉(地情), 3쪽 上.
145) 널리 알려진 것처럼, 집약적인 농업 기술이 필요할 정도로 인구가 증가한다면 집약적인 농법을 시행하기 위해 남성과 여성의 노동 시간은 증가한다. Ester Boserup, *Women's Role in Economic Development* (London : George Allen&Unwin, 1970), 34~35쪽.

만들었다.[146] 이 설명이 어느 시기에 해당하는 것인지는 불분명하지만, 이는 산악 지역에서 여성 노동력이 상당히 중요했다는 사실을 말해준다. 은시현의 경우는 아니지만, 이미 앞에서 언급한 것처럼[147] 은시현의 인접 지역인 내봉현에서 발견할 수 있는 여성의 노동 상황은 산악 지역 여성이 강남 지역 여성 못지않게 과다한 노동에 시달렸다는 사실을 보여준다.

산악 지역 여성은 가사 노동, 농사일 그리고 수공업에 적극 참여했다. 개토귀류 시행 이후 전반적인 인구 증가와 함께 전통적으로 여성이 가사와 농사일 그리고 그 밖의 다른 경제활동에 적극적이었던 산악 지역 고유의 풍습은 손질이 많이 가는 마 제품을 생산할 수 있게 한 중요한 노동력이었을 것이다. 앞서 언급했듯이, 필립 황은 특히 강남 지역의 수공업 발달의 특징을 내권화로 규정했다. 필립 황의 내권화 개념에 따르면 당시 강남 지방 수공업의 중요한 노동력 일부를 구성했던 여성과 어린아이의 역할이 매우 축소됐다. 이 말은 내권 아래에서는 여성과 아동 노동에 대한 기회비용이 매우 낮기 때문에 그들이 더 많은 노동을 해서 한 푼이라도 더 벌어들일 기회를 중단하는 것이 거의 불가능했다는 의미다.[148] 그러므로 당시 강남 지역에서는 여성 노동자가 방직업에 매달리는 시간을 늘리기 위해 가사 노동의 축소와 함께 초와 같은 생활필수품은 보통 외부에서 구입했다.[149] 그렇다고 해도 이러한 상황을 가정할 수 있는 지역은 방직업이 고도로 발달한 곳에 한정됐을 것이다.

---

146) 鄂西土家族苗族自治州民族事務委員會 編,《鄂西少數民族史料輯錄》, 267쪽.
147) 2장 1절 주 14) 참조.
148) Kenneth Pomeranz, *The Great Divergence : Europe, China, and the Making of the Modern World Economy* (New Jersey : Princeton University Press, 2000), 96쪽.
149) Kenneth Pomeranz, *The Great Divergence : Europe, China, and the Making of the Modern World Economy*, 97쪽.

둘째, 노동 형태의 변화다. 산간 지역에서도 강남에서처럼 특정 상품 생산에 전념하는 대신 노동 시간을 절약하기 위해 그 밖의 다른 생활필수품을 구매하는 정황이 있었는지는 확인하기 어렵다. 다만 경제활동의 다양화로 노동 형태가 변화했다는 사실은 알 수 있다. 대체로 풀이 무성한 지역에서 행해진 한전旱田 경작도 경작을 위한 준비 단계가 기본적으로 필요했다. 따라서 서로 돌아가며 잡초를 제거하고, 장구와 징을 쳐서 일하는 시간과 쉬는 시간을 알렸다.[150] 이것은 명백하게 공동 노동 형태를 의미한다.

그러나 농업의 다양화가 진전되면서 공동으로 작업하는 관행은 점차 사라졌다. 개토귀류 이후 학봉주 지주知州를 지냈던 모준덕毛俊德의 이야기에는 농업 경작의 이러한 개인화 경향이 잘 드러난다. 그가 주장한 농업의 다양화를 염두에 둔다면, 이제 농업은 마을 단위가 아닌 개인과 가호家戶 중심으로 변환될 수밖에 없었다. 앞서 인용한 글의 다른 부분에서 모준덕은 다음과 같이 언급했다.

> 농업과 잠상은 국가의 근본이지만, 백성 중에는 근면한 사람과 게으른 사람이 동시에 존재한다. …… 이러한 여러 농가 활동이 점차 흥하면 자그마한 것이라도 모두 이익을 낼 수 있다. 본 현縣에서는 종자를 사서 백성이 그것을 심을 수 있도록 나눠줄 것이다. 게으른 자에게는 당연히 벌을 내리고, 근면한 사람에게는 상을 줄 것이다.[151]

여기서도 한전, 수전, 뽕나무나 마 같은 상업 작물 재배, 수리시설 건설,

---

150) 同治《長陽縣志》卷1(下),〈地理〉(6), 11쪽 下~12쪽 上.
151) 毛峻德,〈勸民告條〉, 鄂西土家族苗族自治州民族事務委員會 編,《鄂西少數民族史料輯錄》, 264~265쪽.

시장 생산 등이 종합적으로 등장한다. 이처럼 경제활동이 다양해졌기 때문에 집단 노동은 사실상 무용지물이 됐다. 따라서 인용문의 마지막 문장은 이제 경제활동이 전적으로 개인의 손에 달렸다는 사실을 잘 보여준다. 바로 이런 정황에서 산악 지역에서도 여성과 아동이 가사 노동에 참여했을 것이라는 사실을 충분히 짐작할 수 있다.

한편 모준덕의 이야기는 산악 지역의 지세를 충분히 고려해 가능한 한 많은 이익을 내려던 한 지방관의 노력을 잘 대변한다. 특히 청대에 이르러 꽤 많은 지역에서 자원과 노동의 집약적인 이용이 진행됐다. 발전이 이루어진 지역에서 수전을 개발하기 위해 하천과 늪지대를 개발해 경작지로 만드는 이른바 여수쟁지與水爭地의 상황이 전개되거나, 강남 지역의 고도로 발달한 수공업 등이 그러한 양상을 잘 말해준다.

지금까지의 논의를 종합해보면, 명·청 시대의 장강 중류 지역 역시 상업 작물 재배, 그에 따른 식량 생산의 위협, 시장 생산이라는 명·청 시대의 전형적인 경제 발전 양상을 보여준다. 일부 지역은 고도의 수익성을 전제로 상품을 생산했으며, 그 결과 집약적인 노동이 등장했다. 이런 과정에서 공동 노동 형태는 사라졌으며, 호戶 단위의 생산이 보편화됐다. 그리고 이러한 일련의 변화를 다시 과거로 되돌릴 수 없게 됐다는 점에서, 산악 지역에도 평야 지대의 경제 구조와 유사한 경제활동이 자리를 잡게 됐다. 생존을 위한 자원이 평야 지역보다 극도로 제한된 산악 지역의 특성상, 특히 인구 증가는 자원 압박과 종종 생존문제에까지 직접적인 영향을 끼쳤다. 이것이 어떤 면에서 보면 산악 지역에서 자원을 훨씬 더 철저히 이용할 수밖에 없었던 이유이다.

토지 분쟁

　외부 인구 유입으로 인한 인구 증가로 산지 개발이 진행된 결과, 산악 지역에서도 상업 작물이 널리 재배됐다. 그리하여 시장 판매에 적극적으로 나서는 한편, 토지를 가능한 한 집약적으로 이용하려는 경향이 나타났다. 결국 이와 같은 일련의 변화는 산악 지역의 사회 환경 변화에 커다란 영향을 끼쳤다. 물론 산악 지역이 본래 가진 자연 조건 탓에 많은 제약이 따랐지만, 다른 한편에서는 철저하게 산지의 자연 조건을 이용한 경제활동이 전개됐다. 그 결과 명 중엽을 거쳐 특히 청대에 이르러 산악 지역에서도 토지에 큰 관심이 생겼으며, 잦은 토지 분쟁이 발생했다. 적어도 이런 현상은 앞에서 언급한 일련의 변화가 발생하기 전에는 없었던 것이다. 다음의 학봉주 이야기는 당시 토지에 대한 사람들의 인식이 어떻게 변화했는지를 말해준다.[152]

　옹정 초년, 자리현慈利縣(호남성 관할)의 당씨唐氏 성을 가진 애관隘官[153]은 천금평千金坪 일대에 산장山場과 전토田土를 소유하고 있었다. (그런데) 남쪽으로 고전파告箭坡, 북쪽으로 삼목장杉木場에 이르는 주위 약 30리를 용미容美토사에게 매매하는 계약을 맺었으며, 그 가격은 1,005냥이었다. 관헌이 그 지역 일대를 직접 답사한 적이 있었는데, 토사가 종종 한족의 재산을 점유하는 경우가 있어, 그 실태를 조사해 모두 보고하자, 애관의 (생활이) 궁

---

152) 道光《鶴峰州志》卷14,〈雜述〉, 10쪽 下~11쪽 上.
153) 애관이란 호남성 석문현石門縣과 자리현에 있었던 세습 관직으로 소관所官과 함께 토사의 방어를 담당하는 직무였다. 개토귀류 시행 이후 토사 방어 임무가 사라져 사실상 쓸모없는 지위가 됐지만, 조상이 대대로 공적을 쌓아온 점을 인정해 옹정제는 그들에게 천총千總과 파총把總의 지위를 주고 세습을 허용했다. 鄂西土家族苗族自治州民族事務委員會 編,《鄂西少數民族史料輯錄》, 195쪽.

핍해졌다. 이에 그는 칙령을 내려 토지 소유자에게 시가보다 낮은 가격으로 땅을 바치도록 했으며, (그 땅을) 용미 토사에게 줘, 일반민이 경작하도록 했다. 그들은 동업인을 모집해 그 가격을 충당한 까닭에, 10대고大股나 6대고와 같은 구분이 있었다. 옛날에는 숲이 울창하고 나무가 많았으며 수확이 좋지 않았는데, 지금은 개간이 이루어져 좋은 논으로 바뀌었고 마을에서 가장 비옥한 곳이 됐다. 그리하여 토지 가치가 이전에 비해 100배 이상 올랐다. 이러한 현상은 사람이 하는 일이 크게 번창한 데서 연유한 것이지만, 또 땅의 기운이 변해서 그렇게 된 것이다.

자리현은 호남성 동북부 예주澧州에 속한 곳으로, 역시 토사 지역이었다. 이 인용문은 자리의 토사가 당시 호북성에 속했던 용미토사에게 토지를 매매했다는 기록을 담고 있다. 앞에 인용한 간단한 일화에는 당시 토지에 대한 관심이 매우 컸으며, 개간으로 이전의 산림 지역이 이른바 성숙전成熟田으로 변해 이전보다 토지 가격이 100배 이상 오른 정황이 구체적으로 나타난다. 아마 오늘날에도 한 지역의 땅이 얼마 지나지 않아 100배 이상 오르는 일은 흔치 않을 것이다. 맨 마지막 말은 의미심장하다. 인간사의 모든 변화는 인간의 행위와 함께 자연환경의 변화 역시 큰 영향을 미친다는 사실을 분명하게 밝혔기 때문이다.

개토귀류 단행 전후에 발생한 토지 가격의 상승으로 이처럼 많은 토지 분규가 일어났다. 개토귀류 이전에 토사 지역은 요역의 부담은 많았지만, 토지 가격이 매우 쌌기 때문에 토지를 저렴하게 파는 일이 많았다. 또 계약을 통해 토지를 다른 사람에게 양도하는 대신, 차역差役을 부담하고 해당 토지 가격을 받지 않는 사례도 있었다. 그러나 개토귀류 시행으로 토지 가격이 상승하자 부역과 세금 부담이 경감했다. 그 결과 토지를 매매했거나 부역 부담을 조건으로 토지를 양도했던 사람이 자신의 이전 토지를 다시 회수하려는 사례가 자주 발생했다.[154] 그 이유는 자리현의 경우와 마찬가지로, 개토귀류 시행 이후 토지 가격이 상승했기 때문이다.

토지에 대한 이러한 관심의 증가야말로 토지 가격 상승과 토지 분쟁을 주도한 가장 중요한 원인이었으며, 그러한 현상은 개발이 진행될수록 더욱 심화됐다. 호북성 시남부 건시현의 다음 상황은 이 지역 토지 분쟁의 원인이 어디에 있는지를 보여준다.

명 말 반란 발생 이후 건시현 사람들은 주거지를 떠나 사방으로 흩어졌고, 그 후 수십 년이 지났다. 강희 초년에 난이 평정되자 온 세상도 평안해졌다. (이에) 도망간 사람들이 고향으로 돌아왔지만, 열 명 중 한두 명뿐이었다. 뒤이어 형주, 호남, 강서 등과 같은 외지 사람이 많이 이주해왔다. 이곳은 본디 수목이 무성하고 동물이 오갔으며, 토지가 넓고 사람이 적어 자신의 능력에 맞게 개간을 했다. (따라서) 논밭의 경계를 넘는 일 때문에 서로를 비난하는 일은 없었다. 이후 사람들이 계속 몰려들자, 먼저 온 사람이 업주業主가 돼 경작지를 맡기는 일이 잦았는데, 그 경계를 정확하게 의논하지 않았다. 소작료가 저렴하고 사방이 넓어 여러 사람을 규합해 함께 산전山田 한 곳을 모두 임차하는 경우도 있었는데, (그 경계가) 어느 언덕에서 어느 계곡까지 걸쳐 있었으니 그 넓이가 어찌 수리數里에 불과했겠는가! 처음 개간을 시작할 때는 잡초를 걷어내고, 이어서 승냥이, 이리, 여우, 너구리를 쫓아냈으며, (사람들이) 그곳에 오래 거주하자 이제 황무지가 옥토가 돼 마치 담장이 질서 있게 늘어선 것처럼 (곡식이) 서 있으니, 이전에는 황량한 곳으로 치부돼 버려진 땅이 이제는 팔 수 있는 땅으로 변해 토지를 사이에 둔 다툼이 나날이 발생한다.[155]

---

154) 王伯麟,〈附錄禁陋習四條〉, 乾隆《永順縣志》卷4,〈風土〉(條禁), 6쪽 上~下.
155) 道光《建始縣志》卷3,〈戶口〉, 2쪽 下~3쪽 上.

이 인용문은 산간 지역으로의 외부 인구 유입, 청대 산악 지역의 개간 방법, 개간에 따른 환경 변화를 종합적으로 보여준다. 이어서 개간으로 황무지가 옥토로 변해 토지 가격이 상승했던 모습을 적나라하게 드러낸다. 이러한 토지 개간 상황은 이 지역 전지田地 통계에도 잘 나타난다. 주로 건륭 연간에 해당하는 시남부 전지 면적 통계에 따르면, 개간 면적은 총 503경 39무였다. 당시 시남부에 등록된 총 경작 면적이 3,816경 37무임을 감안하면, 개간 면적은 전체 경작 면적의 약 13퍼센트에 해당한다. 실제로 이 수치에는 개토귀류를 단행하면서 새롭게 전지田地로 잡은 수치는 제외됐다. 새롭게 전지로 파악된 경작지 역시 토사 시대에 개간된 것임을 염두에 둔다면 개간 면적은 이보다 훨씬 컸다.[156]

이 인용문에서 알 수 있듯이 당시 산지 개발은 종종 여러 사람이 일정 지역을 동시에 임대해 대규모로 개발이 진행된 것처럼 보인다. 호광총독 매주邁柱의 옹정 6년(1728) 상주문에 따르면 호북성 산모토사散毛土司 담훤覃煊의 어머니인 전씨田氏는 강희 54년(1714)에 토사 소유 토지를 귀주성 동인銅仁 출신과 진주辰州 지역 주민에게 팔았다. 한편 이 토지의 구매자들은 이곳으로 옮겨와 소작인을 불러들였는데, 그 규모가 260여 가구에 구성원이 1,600여 명에 달했다.[157]

이런 상황을 고려해볼 때 산악 지역에서도 이전과 달리 토지가 중요한 재산으로 인식됐음이 분명하다. 그리고 산악 지역의 도시에서는 실제로 토지가 부족해 다층 건물이 세워지기도 했다. 그러한 지역 역시 결국 외부인의 유입이나 인구 증가로 인구 밀도가 높아져 이전 시기보다 토지 가격

---

156) 건륭 연간 시남부의 토지 면적은 道光《施南府志》卷12,〈食貨〉(田賦), 3쪽 下·6쪽 上~11쪽 下를 근거로 했다. 이 가운데 은시현恩施縣이나 건시현처럼 새롭게 파악된 간전墾田을 해당 면적이 아닌 세액만 표시한 것은 제외했다.
157) 鄂西土家族苗族自治州民族事務委員會 編,《鄂西少數民族史料輯錄》, 194쪽.

이 열 배나 올랐음을 지적했다.[158] 따라서 이주민과 토착민 사이에 토지 점유를 놓고 치열한 경쟁이 발생했다. 오늘날 호북성 오봉현五峰縣 홍어평紅漁坪과 사가평謝家坪 두 곳에는 '한토강계비漢土疆界碑'라는 비석이 서 있었다. 옹정 3년(1725)에 세워진 이 비문에는 당시 토사 지역 주민과 한족 사이에 토지를 놓고 벌어진 갈등이 자세하게 기록돼 있다.[159]

이 비문에 따르면 토착인은 함부로 한족의 토지를 구입할 수 없으며, 한족 역시 토사 지역의 토지를 넘어가서 경작할 수 없었다. 이것은 당시 토사 지역의 토지 분쟁을 종식하기 위해 청 정부가 줄곧 견지했던 정책이며, 청 중엽까지도 그대로 적용됐던 대원칙이었다.[160] 따라서 한족과 토사 지역 주민은 이른바 회속回贖이라는 관행을 통해 토지를 매매했다. 원래 기인旗人과 한족 사이의 토지 매매는 금지돼 있었는데, 회속이란 그러한 금지 조항을 회피하기 위해 매입자는 단지 담보권만을 갖고 영원히 토지를 경작한다는 내용을 계약서에 명기했던 관행을 말한다. 간단히 말해서 소유권을 변경하지 않은 채 매입자가 토지를 영원히 경작할 수 있는 권한을 가지는 것을 말한다.

다만 비문을 보면 토지 거래가 회속과 매매, 두 가지 방법으로 이루어진 것처럼 보인다. 그런데 이 지역에 토지 조사가 실시된 강희 49년(1710), 한족이 토사에게 판 토지는 모두 회속을 인정한 한편, 그것이 여의치 않을 경우에는 토지 가격을 관청에 납부하고 원주인인 한족에게 돌려주도록

---

158) 乾隆《辰州府志》卷4,〈風俗考〉, 7쪽 上. 즉, 시장 부근에 사는 사람은 상층에 기거하고, 지하에는 화물을 저장했다.
159) 이하〈한토강계비〉에 관한 내용은 鄂西土家族苗族自治州民族事務委員會 編,《鄂西少數民族史料輯錄》, 189~192쪽에 나온 내용을 근거로 했다.
160) 예를 들어 청 중엽 호남성의 묘족 반란 이후 이른바 다양한 평묘平苗 대책을 제시했던 엄여익도 한족이 묘족의 토지를 함부로 살 수 없도록 했다. 嚴如熤,〈平苗條議〉,《樂園文鈔》卷5, 12쪽 上.

했다. 이런 조치가 시행됐어도 토사 지역 주민은 해당 지역을[161] 다시 개간하려고 했다.

비문의 전체 내용은 토사 지역 주민이 해당 지역을 명 말에서 청 초 이래 점유하고 있었다고 주장하지만, 그것 역시 근거 없는 주장이라고 서술한다. 비문에서 말하는 분쟁의 주요 원인은 지역의 경계가 불분명했기 때문이다. 그러나 일정 지역을 대상으로 한족과 토사 지역 주민이 서로 자신의 소유권을 주장했다는 사실이 더 중요하다. 즉, 산악 지역에서도 옹정~건륭 연간을 거치면서 토지가 주요한 생산 수단이 됐기 때문에 이런 분쟁이 발생했다고 볼 수 있다. 실제로 이 사건에 등장하는 한족은 의창부宜昌府 관할 장양현長陽縣 사람이다. 그리고 문제가 된 토지는 용미토사가 자리한 호북성 학봉현 일대였다. 이렇게 본다면 공간적으로 100킬로미터 이상 떨어진 토지를 사이에 두고 한족과 토사 지역 주민이 10여 년 이상 갈등을 겪었다는 뜻이다. 결국 산간 지역의 토지도 시장 논리에 큰 영향을 받았다는 것을 알 수 있다.

개발과 뒤이은 토지 가격 상승, 경제적으로 중요해진 토지에 대한 인식으로 빚어진 토지 분쟁은 개토귀류 시행 후 오랜 시간이 지나도록 명확하게 해결되지 않았다. 청 중엽 토사 지역에서 일어난 반란 대책을 보면 알 수 있다. 지역을 안정시키기 위한 여러 대책 가운데 흥미로운 것은 한인 객민이 토사 지역으로 들어와 침탈한 토지는 다시 돌려줘야 한다는 주장이다. 필원畢沅은 호남성 중서부 일대의 묘민을 안정시키기 위한 대책의 하나로 묘족에게 토지를 되돌려줘야 한다고 주장했다.[162]

---

161) 원문에는 강남 왕가평王家平, 쌍토묘雙土墓, 아아평阿兒平, 토지당土地堂 등 14개 지역의 명칭이 등장한다.
162) 畢沅,〈部覆苗疆緊要善後事宜咨〉, 光緒《乾州廳志》卷7,〈苗防〉(1), 40쪽 上~41쪽 上.

필원의 주장대로라면, 개토귀류라는 적극적인 정책을 강제로 시행한 지 수십 년이 지났지만 아직까지 소수민족이 진정으로 한화漢化된 것처럼 보이지 않는다. 물론 숙묘熟苗라고 불린 한화된 소수민족이 존재했지만, 그들은 주거 지역이 확연히 구분됐다. 건주청乾州廳과 봉황청鳳凰廳의 경우 한족은 동남 지역에 살았으며, 서북쪽에는 묘채가 있었다. 영수청은 사실상 모든 지역을 묘족이 차지했으며, 오직 화원花園 일대에만 한족이 거주했다. 이러한 정황은 소수민족이 여전히 중국 문화에 동화되지 않은 채 자신들의 정체성을 지켰다는 의미도 있지만, 토지를 사이에 둔 갈등이 상당히 보편적이었음을 말해준다.

따라서 필원은 일단 묘족의 토지를 한족이 점한 경우 모두 조사해서 한족이 다시 경작하지 못하게 해야 한다고 주장한 것이다. 또 한족과 묘족이 동시에 거주하는 지역은 원래 한족이 거즈했던 지역에 한해서는 한족의 경작을 허가하지만, 나머지 묘채를 한족이 점거한 경우 묘족에게 다시 돌려줘야 한다고 역설했다. 그의 주장은 호남성에서 묘족 반란이 일어난 이후 지역 안정책의 일환으로 등장한 것이기` 때문에 묘족의 입장을 충분히 반영했다는 느낌이 든다. 하지만 청 초 이래 이 지역의 토지 분쟁이 청 중엽까지 그대로 지속됐음을 명확하게 보여즈는 사례다.

(3) 목재 생산과 유통

나무의 상품화

지금까지 논의한 산악 지역 개발이 산지를 직접 경작하는 양상과 관련됐다면, 목재 생산은 산지에 존재하는 자원을 이용하는 형태라고 할 수 있다. 물론 산지의 경작지 개발은 벌목을 전제로 한다는 점에서 어떤 경우 목재 생산은 개간에 따른 부수적인 행위로 치부될 수도 있다. 그러나 명· 청 시대에 이르러 중국 사회에 등장한 인구 증가, 다양한 명목의 건설, 도시화, 공예품 제작 등은 목재 수요를 꾸준히 증가시켰으며, 이에 따라 목재가 중요한 상품으로 등장했다. 목재에 대한 새로운 수요 외에도 중국인의 전통적인 생활 방식, 즉 관목과 연료에 필요한 벌채가 광범위하게 진행됐다.[163] 또 선박 제조에도 다량의 목재가 소요됐다.[164] 이처럼 목재 수요가 증가하자 목재가 뇌물로 사용된 경우도 있다.[165]

이러한 정황은 결국 명·청 시대에 이르러 목재가 중요한 상품으로 등장했다는 사실을 의미하며, 목재의 이런 상품화 경향은 나무를 이전 시기와 달리 새롭게 인식하는 계기가 됐다. 다음의 내용은 건륭《진주부지》에 등장하는 나무의 종류와 그 특성을 간추린 것이다.[166]

---

163) 한 연구에 따르면 명대 말 궁중에서는 장작 2,600근과 목탄 1,200근을 사용했다. 목탄 한 근을 장작 세 근으로 환산하면 총 6,200근의 장작을 사용했으며, 궁정인을 9,000여 명으로 잡을 경우 이것은 개인당 매년 5세제곱미터를 소비한 것이다. 한편 관목에 소비된 목재 역시 인구가 약 4억 3,000만 명에 달했던 1848년 당시 약 360만 세제곱미터에 이르렀다. 이것은 대략의 추정치지만, 연료와 관목에 다량의 목재가 소비됐음을 알 수 있다. 趙岡,〈中國歷史上的木材消耗〉,《漢學研究》12卷, 2期(1994), 122~123쪽. 아울러 金弘吉,〈明末·清初 사회변화와 삼림환경〉, 尹世哲教授停年紀念歷史學論叢刊行委員會 編,《시대전환과 역사인식》(솔, 2001)도 역사 시대 중국의 산림 감소 현황을 잘 정리했다.

164) 예를 들어 녹나무는 대표적인 선박 자재였다. 光緒《湖南通志》(上海:上海古籍出版社, 1990), 卷61,〈食貨〉(7), 1506쪽. 아울러 한 연구에 따르면 명대에 중형 해선을 제작할 경우 삼목 342근, 잡목 149근, 주목株木 20근, 유목楡木 2근, 율목栗木 2근, 노목櫓木 39지枝 등 총 513근의 나무가 사용됐다. 梁明武,〈明清時期木材商品經濟研究〉, 北京林業大學 博士學位 論文(2008), 40쪽 참조.

165) 宮崎洋一,〈明清時代森林資源政策の推移―中國における環境認識の變遷―〉,《九州大學東洋史論集》22(1994), 21쪽.

166) 이하 진주부의 나무 종류에 대한 언급은 乾隆《辰州府志》卷16,〈物産考〉(下), 1쪽 下~5쪽 上에 근거했다.

- 남목楠木 : 남목을 지칭하는 명칭은 매우 많다. 진주부에서는 향남香楠, 황남黃楠, 우설남牛舌楠, 활남滑楠 등의 명칭이 존재하는데, 그중 향남이 제일 좋다. 예전에는 진주부 각 청廳어 매우 많았으나, 벌채하는 사람이 많아져 지금은 심산유곡에서도 많이 볼 수 없으며, 향남 역시 보기 드물다.

- 재梓 : 재나무는 백목百木 중에 으뜸이다. 집을 짓는 데 이 나무를 사용하면 나머지 목재가 모두 흔들리지 않는다고 전해진다. 이시진李時珍(1518~1593)의 말에 따르면 그 결이 하얀 것을 재梓, 붉은 것을 추楸라고 한다. 진주부에는 이 두 종류가 모두 산출되며, 또 그 나뭇잎을 따서 돼지 사육에 이용한다.

- 송松 : 큰 것의 나무 둘레는 열 명이 팔을 펼쳐야 할 정도이고 높이는 100여 척에 달한다. 2월에 꽃이 피는데 마치 꽃가루와 같으며, 송황松黃 또는 송화분松花粉이라 한다. 또 나한송羅漢松은 나무 전체가 측백나무와 비슷하며 잎은 계설鷄舌처럼 생겼다.

- 백柏 : 곧게 솟고 껍질은 얇다. 높이는 수장丈에 달하며 큰 것의 나무 둘레는 여러 사람이 팔을 펼쳐야 할 정도다. 나무의 성질이 단단하고 치밀하며, 오래된 나무는 향기가 있다.

- 삼杉 : 소나무와 비슷하며, 곧다. 나뭇잎은 바늘처럼 생겼다. 대들보와 지주에 사용되며, 매끈하게 생긴 나무 가죽은 기와 대신으로 사용된다.

- 동桐 : 자동紫桐, 백동白桐, 고동膏桐, 자동刺桐, 정동楨桐, 오동梧桐의 여섯 종류가 있다. 진주부에는 세 종류가 있는데, 오동이 가장 크며 쉽게 성장한다. 파란 나무껍질을 하얗게 (말리면) 후추처럼 식용할 수 있다. 자동의 나뭇잎은 단풍과 같고 가시가 있다. 고동은 임동荏桐이라고 하는데, 나무의 크기가 작으며 성장도 빠르지 않다. 열매는 크고 둥글며 입자가 커서 단풍나무 열매와 같고 기름을 짠다.

- 저楮 : 곡상穀桑 또는 저상楮桑이라고도 한다. 강남 사람은 껍질을 여러

겹으로 포개 옷을 만들며, 또 그것을 찧어서 종이를 만든다. 《유양잡조酉陽雜俎》에 따르면 나뭇잎에 판瓣(오이씨처럼 과육에 씨가 있는 것)이 있는 것을 저라고 하며, 없는 것을 구構라고 한다. 진주부에서는 그것을 물에 담가 종이를 만드는데, 곡피지穀皮紙 또는 구피지構皮紙라고 부른다. 나무를 쪼개면 나무 가운데서 흰 즙이 나오는데, 금박을 붙여 주사硃砂와 섞어 환丸을 만드는 데 이용하니, 이는 사물이 서로 감응하는 것이다.

- 계鷄 : 큰 나무는 춘목椿木과 비슷하며, 열매가 계과鷄瓜와 비슷해 계나무라고 부른다. 서리가 내린 후 익으며, 열매의 맛은 대추와 비슷하다. 또 목밀木蜜이라고도 하는데, 주독酒毒을 치료한다.
- 극棘 : 극나무는 대추나무와 비슷하며 가시가 많다. 나무가 단단하고 붉은색이며 무성하게 자란다. 많은 사람이 이 나무로 울타리를 만든다.
- 야광목夜光木 : 이 나무를 베어 물에 오래 담갔다가, 그것이 썩은 후에 건져 어두운 방에 놓아두면 밝은 빛이 난다. 다른 지역에는 많이 나지 않는 나무다.

이 같은 자세한 설명은 진주부가 다른 지역보다 상대적으로 나무가 풍부했다는 증거인 동시에, 당시 사람들이 나무, 나무껍질 그리고 열매를 어떻게 이용했는지 종합적으로 추측할 수 있다. 분명한 점은 당시 나무가 건축 자재와 같은 일반적인 용도를 넘어 매우 광범위하게 이용됐다는 사실이다. 특히 일부 나무는 등불처럼 이용되기도 했으며,[167] 접착제로도 사용됐다. 나무에 대한 이러한 종류의 설명은 나무를 자연의 일부가 아닌 엄연한 실용품으로 파악했다는 증거다.

---

167) 여기서는 따로 설명하지 않았지만, 오구烏桕라는 나무는 촛불을 만들고, 다시 기름을 짜서 등불을 밝히는 데 사용됐다.

이처럼 나무의 용도가 다양했기 때문에 목재의 상품화 경향은 불가피했다. 따라서 나무가 지닌 금전적 가치를 인식하게 됐으며, 그 결과 나무를 확보하기 위한 치열한 경쟁이 발생했다. 이러한 이유로 시간이 지남에 따라 산림 자원은 엄청난 피해를 입었다. 그 단적인 예 가운데 하나가 호북성 서부의 한 지방지에 기록돼 있다. 즉, 나무가 무성했을 당시 그 가치를 모르고 마구잡이로 남벌한 탓에, 정작 값이 올랐을 때에는 산에 나무가 없었다는 언급이다.[168)]

한편 민간의 나무 소비와 함께 명·청 시대에 이르러 엄청난 양의 나무가 소비된 이유는 황궁 건설 때문이었다. 그런 점에서 황목皇木 조달이 가능했던 장강 중류 지역이 중요한 목재 생산지로 등장하게 됐다.[169)] 근래 연구에 따르면 적어도 명대 영락 연간(1403~1424)부터 숭정 연간(1628~1644)까지 황목 조달을 위한 벌채가 호북성이나 사천성 곳곳에서 행해졌다.[170)] 호북성의 경우 시남부 일대가 가장 많았으며, 그 외에 죽산竹山과 죽계竹谿 등 호북성 서부에서도 많은 벌채가 있었다.[171)] 또 한양漢陽,

---

168) 同治《建始縣志》卷4,〈食貨〉(物産), 12쪽 下.
169) 황궁 건설을 위한 대목大木 벌채 외에도 동서양을 막론하고 나무는 역사 시대의 중요한 에너지원이었기 때문에 일반 연료로 많은 양의 나무가 필요했다. 한 연구에 따르면 명대에 이러한 땔감으로 궁정에서 연간 1,210만근, 숯이 103.4만근이 소비됐다. 청대는 명대의 이러한 소비량을 감축하려고 노력했지만, 오히려 증가해서 숯을 만드는 데 소요된 목재가 매년 200여만 근에 달했다. 袁嬋·李莉·李飛,〈生態文明視野中的明淸采木〉,《北京林業大學學報》(社會科學版) 3期(2011) 참조.
170) 馮祖祥·漆根深·趙天生,《湖北林業史》(北京: 中國林業出版社, 1995), 114쪽. 아울러 호광 지역을 포함한 사천 일대에서 행해진 명대의 황목 조달에 대해서는 金弘吉,〈명대의 목재 채판과 삼림―四川의 皇木 조달을 중심으로―〉에 잘 정리돼 있다. 이 연구에 따르면 명대에는 거의 중국 전역에서 황목을 조달했으며, 장강 중상류 일대에서는 삼목이나 남목과 같은 거목이 집중적으로 벌채됐다. 특히 섬서성도 명대에 황목 조달 기록이 남아 있는 것으로 보아, 명대에는 황목 조달이 상당히 광범위한 지역에서 이루어졌음을 알 수 있다. 康熙《陝西通志》卷20(下),〈人物〉, 58쪽 上에 "世宗建三殿, 採木於邑(臨兆府), 募民伐山, 得木二十萬, 時亢旱水竭, 難輓運充"이라고 한 기록에서도 알 수 있듯이 그 규모가 상당했던 듯하다.
171) 洪良品,《湖北通志志餘》卷5,〈鄖陽府〉(山川). 이 책은 쪽수가 표시돼 있지 않다.

황주黃州, 무창武昌 등지에서도 황목이 조달됐던 것으로 보아 명대에만 해도 호북성은 중요한 황목 공급지였을 뿐 아니라 이 지역에 두루 산림이 존재했음을 알 수 있다. 또한 의도현宜都縣 같은 지역에서는 이미 명 말 천계天啓 연간(1621~1627)에 벌채에 따른 피해와 인부들의 소요를 차단하기 위한 조치가 내려졌는데,[172] 사천성 못지않게[173] 호북성도 황목 조달에 따른 산림 피해가 적지 않았을 것으로 보인다.[174]

호북성 죽계현의 다음 이야기는 당시 황목 조달이 민간에 일종의 고착된 관행으로 자리 잡았음을 보여준다. 죽계현 현성에서 60리 떨어진 곳에 있는 자효구慈孝溝란 곳은 양쪽이 깎아지른 절벽이며, 그 사이로 시하栎河가 흐르는 심산유곡이었다. 그 절벽에 다음과 같은 3연의 시가 새겨져 있었다.[175]

> 황목을 벌채하러 깊은 산중에 들어왔는데
> 나무를 구하지 못해 두리번거리네.
>
> 황목을 벌채하러 깊은 산중에 들어왔는데
> 이미 나무를 찾았으니 그것을 옥처럼 섬기네.
>
> 구한 나무가 훌륭한 재목이로다! 황궁이 완성될지니.

---

172) 同治《宜都縣志》卷3(下), 〈政敎〉(職官治績), 21쪽 上.
173) 역사 시대 사천 지역 산림의 개요와 그 남벌 상황에 대해서는 林鴻榮, 〈四川古代森林的變遷〉, 《農業考古》 9期(1985)와 同, 〈歷史時期四川森林的變遷(續)〉, 《農業考古》 10期(1987) 참조.
174) 황목은 수송과 저장하는 데에도 많은 낭비가 발생했기 때문에, 실제로 수요량 이상을 해당 지역에 요구했음이 분명하다. 袁嬋·李莉·李飛, 〈生態文明視野中的明淸采木〉, 42쪽.
175) 同治《竹谿縣志》卷2, 〈輿地〉(古蹟), 23쪽 上.

황제의 뜻도 굳건해질 것이로다!

  당시 이곳에서는 황목을 광범위하게 벌채했는데, 이 시의 저자와 연대가 뚜렷하게 남아 있다는 지방지의 설명으로 미루어 분명 이곳에서 꽤 장기간 황목이 벌채됐음을 알 수 있다. 황목 조달로 훌륭한 궁성을 짓고 황제의 치세가 더욱 번영하리라는 염원을 담았지만, 첫째 연에서 시인은 황목 벌채에 실패할 경우 돌아올지도 모를 처벌을 동시에 암시한다.

  국가의 이러한 목재 수요 때문에 호광 지역의 토사는 중앙 정부에 목재를 공물貢物로 헌상하는 경우가 빈번했다. 호북성과 호남성에서 모두 그러한 사실을 확인할 수 있다.[176] 특히 현재 호북성의 한 자료에 따르면, 명明 홍치 연간(1488~1505) 당시 금동안무사金峒安撫使로 있던 담언룡覃彦龍은 자신의 경내에 있는 삼목杉木을 팔아 2,000금金을 마련해 보관하고 있었다. 그는 이미 연로한 데다 자식이 하나뿐이어서 자신이 죽은 후 토인에게 정권을 빼앗길지 모른다고 여겼다. 그래서 이 재산을 정부에 헌납하는 대신, 정부가 자식의 정권을 보장해주기를 간청했다. 명 정부는 공물이 아닌 명목으로 돈을 받는 것은 법에 어긋난다는 이유로 그의 청을 받아들이지 않았지만,[177] 이 일화는 당시 목재가 이미 매우 중요한 상품이자 중앙 정부에 바치는 공물이었음을 알려준다.[178]

  따라서 소수민족 사이에서 남목 벌채를 사이에 둔 치열한 전투가 벌어

---

176) 팽씨彭氏 성을 가진 당시 호남성 토사들이 명대에 목재를 헌납했다는 기록이 자주 등장한다. 乾隆《永順府志》卷4,〈人物〉, 5쪽 下~6쪽 下에 나오는 팽원금彭元錦이나 팽정춘彭廷椿의 사례가 그것이다.
177) 民國《咸豊縣志》卷10,〈土司〉(列傳), 109쪽 上.
178) 따라서 토사가 황목을 진상하는 예는 특히 명대에 꽤 빈번했다. 한 연구에 따르면 정덕 연간에 3회, 가정 연간에 5회, 만력 연간에 5회 총 13회에 걸쳐 토사가 남목 등을 헌상했다. 李志堅,〈明代皇木采辦研究〉, 華中師範大學 碩士學位 論文(2004), 26쪽 참조.

지기도 했다. 또 청대에 이르면 특히 호북성 일대 토사 지역은 거의 남목이 사라져 정부가 요구하는 규격에 적합한 목재를 구하기가 어려웠다. 사천의 마호부馬湖府, 운남의 금사강金沙江처럼 한층 더 깊은 산중에서 벌채가 진행된 것은 그 때문이었다. 현재 호북성 토가족 지역 일대에는 남목과 관련된 남목구楠木溝, 남목원楠木園, 남목평楠木坪과 같은 지명이 남아 있지만, 사실상 남목은 존재하지 않는다.[179)]

목재 생산

중요한 필수품이자 황궁의 중요한 진상품이었으며 중요한 재산으로 치부됐던 목재는 장강 중류 지역에서 어떻게 생산됐을까? 다음의 목재 생산에 관련된 사천성의 기록을 보면, 당시 목재 생산이 상당히 조직적으로 이루어졌으며 분업화 경향을 띠었다는 것을 알 수 있다.

> 신臣이 전해오는 말을 듣고 (수양현綏陽縣의) 옛날 목창 부근에 살았던 거주민 오지새吳之璽, 양유동梁維棟, 임명선任明選 세 명에게 채목採木 방법을 직접 물어봤습니다. 그들의 말에 따르면 명대 수양현에 목창木廠 하나를 뒀으며…… 독목도督木道 한 명이 부주涪州에 주재했습니다. 독목동지督木同知 한 명을 두어 (채목에 소요되는) 재정과 식량을 전적으로 관리했다고 합니다. 가장架長과 부수斧手는 모두 호광湖廣 진주부辰州府 출신이었는데…… 제가 (직접) 가장, 간로看路, 조상找廂 등을 모집했습니다. 조상은 땅의 높낮이에 따라 나무로 시렁을 세운 다음, 그 위에 나무를 올려놓고 (목재를) 운반하

---

179) 譚慶虎・田赤,〈明代土家族地區的皇木采辦硏究〉,《湖北民族學院學報》(哲學社會科學版) 29卷, 4期(2011), 13쪽.

는 일을 합니다. 부수란 나무를 베서 목재를 만들고 양쪽에 구멍을 뚫는 일을 합니다. 뗏목을 만드는 인부가 그것을 하천까지 운반하며, 석장石匠을 동원해 도로를 만들고, 석멸자石篾子는 밧줄을 만들며, 철장은 (벌목에 사용되는) 도끼를 만들 뿐 아니라, (목창에서 사용하는) 도구 일체를 담당합니다. 목창 하나에 부수 100명, 석장 20명, 철장 20명, 멸장 50명, 조상과 가장이 20명 있습니다. 길이 7장丈에 둘레 1장丈 2~3척尺짜리 남목 하나를 운반하는 데 인부 500여 명이 필요하며, 나무의 크기에 따라 동원되는 인부의 수가 정해집니다. 운반되는 도로에는 10리마다 당塘이 설치돼 있는데, 간로가 수송로의 길이를 헤아려 각 당을 설치하고, 당을 단위로 운반하여 대강大江에 이릅니다. 목재 (운반은) 9월에 시작하여 2월에 끝납니다.[180]

이 설명대로라면 목창의 규모에 따라 다르기는 하지만, 기본적으로 목재 생산에 200명 이상의 인부가 필요하며, 거기에 운반 노동자를 포함하면 간단히 1,000여 명에 가까운 인부가 필요했다. 앞의 인용문은 아마도 산에서 벌목한 목재를 하천 연변까지 수송하는 정황을 그린 듯하다. 따라서 이 인원에는 뗏목을 움직이는 수부와 인부 등은 포함되지 않았다. 게다가 이 언급은 국가에 납부할 대목 생산에 필요한 인원일 것이다. 한편 일반 목상이 운영하는 생산 체제 역시 이러한 정도의 물자와 인원이 필요했음이 분명하다. 따라서 적어도 목창이라는 명칭이 붙은 곳이라면 규모의 차이는 있겠지만 상당수의 노동자가 동시에 존재했다고 볼 수 있으며,[181]

---

180) 嘉慶《四川通志》卷71,〈食貨〉(木政), 12쪽 下~13쪽 上.
181) 산간 지역의 목재 생산 수공업장을 지칭하는 목창의 규모에 대해 청 중엽 엄여익은 대목을 생산하는 대목창 안에는 원목圓木, 방판枋板, 후시猴柴, 기구器具 등을 생산하는 별도의 수공업장이 있다고 말했다. 그의 설명에 따르면 길이 3~5장丈 정도의 목재는 원목으로, 길이 1장丈 내외의 나무는 방판으로 그리고 재질이 좋지 않거나 일정 길이가 되지 않는 목재는 후시로 분류해서 생산했다. 대규모 원목창은 생산을 담당하는 인력을 제외해도, 운반에 동원된 인부의 수효가 3,000~5,000

노동자들 자신의 생활에 필요한 목재 수요까지 고려한다면 목창이 있는 지역은 나무가 손쉽게 사라졌음을 알 수 있다.

　목재 생산지에서 나무가 급속하게 사라진 또 다른 이유는 산에서 생산된 목재를 하천가로 운반하기 위해 잔가지를 치고 산지에 도로를 개설했기 때문이다. 이러한 운송 방식에는 당로塘路와 홍로洪路가 있었는데, 두 경우 모두 목재를 산 아래로 굴리는 방법이었다. 굳이 두 방법의 차이를 말한다면, 당로는 목재의 무게를 이용해 굴리는 방법으로, 경사가 급한 곳에는 목재가 구르는 속도를 조절하기 위해 일정 거리마다 침목枕木을 뒀다. 반면 홍로는 목재 수송을 위해 도로를 개설하는 것으로, 어느 경우나 2차 남벌이 불가피했다.[182]

　목재 생산과 관련해 지적해야 할 또 다른 정황은 목재 생산의 주체에 따라 남벌의 속도가 달랐다는 사실이다. 호남성 계양현에서 발견한 증거에 따르면 지방 당국이 상인을 불러들여 목재 생산을 추진했던 사실을 확인할 수 있다. 건륭 《계양현지》에 따르면 명대 계양현에서는 상인을 불러들여 목재를 생산했다. 이 과정에서 목재 생산을 감독·관리하는 관리가 은밀히 그 이익을 취했으며, 상인 역시 거의 특권적인 지위를 노렸다는 점에서 목재 생산은 매우 매력적인 사업이었다.[183]

　하지만 관과 상인이 합동으로 목재를 생산했던 명대에는 그나마 산림이 남아 있었다. 그런데 지방 정부가 목재 생산에서 손을 떼는 청대가 되면, 심산유곡의 나무마저도 완전히 베어버려 일반인의 연료 조달조차 어려워지게 된다. 이렇게 볼 때 호남성 남부 역시 청 초에는 그나마 비교적

명에 달했다는 설명으로 보아, 당시 산악 지역의 목재 생산에 매우 많은 노동자가 동원됐음을 짐작할 수 있다. 嚴如熤, 《三省邊防備覽》 卷9, 〈山貨〉, 1쪽 上~2쪽 下.
182) 熊大桐 等 編著, 《中國近代林業史》(北京 : 中國林業出版社, 1989), 309쪽.
183) 乾隆 《桂陽縣志》 卷4, 〈風土〉(物産), 9쪽 上.

울창했던 숲이[184] 그 후 현저히 감소했음을 알 수 있다.

그렇다면 명·청 시대 장강 중상류 일대에서 생산된 목재의 양은 구체적으로 얼마나 됐을까? 장강은 청대 내내 가장 중요한 목재 유통로였다는 점에서 청 말까지도 장강 일대는 중요한 목재 생산지였다.[185] 당시 목재 생산량을 알려주는 단서 중 하나가 바로 목죽세木竹稅다. 물론 목죽세의 징수 정황이 정확하게 생산량과 결부된다고는 할 수 없지만,[186] 목죽세는 당시 목재의 양이나 목재 생산지의 변화를 추적할 수 있는 좋은 단서임이 틀림없다. 먼저 사천성과 호북성 일대를 살펴보자. 장강 중상류 일대에서 목죽세를 거둬들였던 중요한 지역은 사천성 중경부重慶府의 유관渝關과 형주에 있던 형관荊關이었다.

유관에서 옹정 5년(1727) 8월부터 옹정 6년(1728) 4월까지 거둬들인 목세는 정세正稅가 3,023냥, 모은耗銀이 1,511냥이었으며, 여기에 중경부 지부知府가 보고한 옹정 5년 4월부터 8월까지 거둬들인 목세가 정세 1,017냥과 모은 508냥이었다. 이렇게 본다면 약 1년간 거둬들인 목세는 약 6,000냥이었다. 당시 보고에 따르면 강희 연간(1662~1722)에 규정된 유관의 목세 원액이 4,705냥 정도였으므로 옹정 연간 당시 유관은 상당히 많은 목세를 징수했다고 볼 수 있다.[187] 그러나 자료가 워낙 단편적이어서 이런

---

184) 盛民譽,〈詳復建桂陽縣舊治公署文〉, 乾隆《桂陽縣志》卷12,〈藝文上〉(詳文), 29쪽 下~30쪽 上. 이 글에 따르면 강희 9년(1670)에 계양현 지현으로 부임한 성민예盛民譽는 계양현의 현성縣城 공사를 하는 데 필요한 목재를 충당하기 위해 갑갑마다 삼목 2주株씩을 배당했다. 아울러 그는 계양현이 숲이 울창하고 건축 자재로 쓸 수 있는 목재가 많기 때문에 채판이 용이하다는 사실을 지적했다.
185) 일례로 동치 연간에도 무한武漢에서 강서江西로 내려가는 목재가 강을 덮을 정도였다는 기록이 자주 등장한다. 馮祖祥·漆根深·趙天生,《湖北林業史》(北京 : 林業出版社, 1995), 164쪽.
186) 그 이유는 무엇보다 목재 운송이 하천을 통해 이루어졌기 때문이다. 즉, 날이 가물 때는 하천으로 목재를 띄워 보내지 못하기 때문에 산간 지역에 쌓아둘 수밖에 없었다. 따라서 가뭄이 들면 목재 생산이 얼마나 되는지 추측하기 어려웠다. 嘉慶《四川通志》卷67,〈食貨〉(榷政), 15쪽 上.

정도의 세금이 얼마나 많은 목재 양에 해당하는지 짐작하기란 사실상 불가능하다.

다만 청 초 각 관에서 징수한 관세 총액을 통해 실제 징수액의 규모가 어느 정도인지 추측할 수 있다. 관세는 기본적으로 호부戶部가 주관했지만, 목죽세는 공부工部 관할이었다. 따라서 적어도 도광 연간(1821~1850) 이전 유관의 목죽세가 5,000냥, 호남성 진관辰關의 목죽세가 1만 2,500냥, 형관의 목죽세가 1만 7,019냥이었다는 점을 감안하면,[188] 유관 외에도 호남성과 호북성의 실제 징수액이 상당한 정도에 이르렀다는 사실을 알 수 있다.

목죽세 징수량이 가장 많았던 형관은 형주부성荊州府城 밖, 토관구土關口라는 곳에 있었는데, 성화成化 7년(1471)에 새롭게 설치된 이후 장강 일대에서 가장 중요한 목재 집산지가 됐다.[189] 그리고 청대에 이르러 형관의 선세船稅 징수는 죽목이 대부분을 차지한다는 언급으로 보아, 형관에서 징수한 세금은 대다수 목재와 관련된 것으로 판단된다. 청대 형관은 함풍 6년(1856) 한양부 면양주沔陽州에 새롭게 신관新關이 개설됐으며, 거둬들인 세량稅量은 2만 3,000냥에 달했다.

그런데 민국《호북통지》에 규격에 따른 삼목 가격이 자세히 나온다.[190] 이 기록에 따르면 삼원목杉圓木을 기준으로[191] 0.6~0.7척尺의 가격이 은

---

187) 嘉慶《四川通志》卷67,〈食貨〉(権政), 10쪽 上~10쪽 下.
188) 蕭一山,《清代通史》(北京 : 中華書局, 1985), 402쪽. 각 관의 목죽세를 도광 연간 이전의 수치라고 한 이유는 도광 연간에 이르러 앞에서 언급한 공부 관할의 진관, 형관, 유관 등을 비롯한 여덟 개 각관 중 세 곳만 존속하고 다른 각관은 폐지됐기 때문이다. 王慶雲,《石渠餘紀》(北京 : 北京古籍出版社, 1985), 275~276쪽 참조.
189) 民國《湖北通志》卷50,〈經政〉(8)(上海 : 上海古籍出版社, 1990), 1361쪽. 이하의 민국《호북통지》는 이 판본을 인용했다. 그리고 목죽세와 관련된 내용 역시 별도의 주가 없는 한 이 자료에 근거했다.
190) 民國《湖北通志》卷50,〈經政〉(8), 1365~1366쪽.
191) 실제로 이 경우는 원목이었지만, 징수 방법은 패, 근, 쾌라는 목재의 수송 형태에 따라 징세액

0.05냥이었으며, 가장 큰 9척의 경우 170냥이었다. 계산의 편의를 위해 고른 거의 중간 규격인 4.4척 삼목의 경우 21냥이었다. 그리고 목세는 은가 1냥당 0.03냥을 추징하는 것이 일반적이었기 때문에, 신관의 세액은 모두 약 은가 76만 냥에 해당하는 액수다. 따라서 이 금액은 4.4척의 삼원목 3만 6,500여 그루에 해당한다.

목세 징수 방법이 나무의 형태, 규격, 종류 등에 따라 일률적이지 않기 때문에 이 계산은 물론 추정치에 불과하다. 더구나 형관의 세액은 장강 중류 일대에서 생산된 목재에 징수된 세액이다. 즉, 형관은 기본적으로 사천은 물론이고 광서성과 호남성 남부 일대 그리고 귀주성과 호남성 상서 일대에서 오는 상품의 선세를 징수하기 위한 세관이었기 때문이다. 그러나 이 계산을 통해 당시 장강 유역 일대의 목재 생산량과 유통량의 일단은 충분히 짐작할 수 있다. 더구나 삼목은 앞에서 언급한 것처럼 대목일 경우 170냥이 나갈 정도로 고가인 점을 감안하면, 한구를 중심으로 한 장강 유역 일대의 목재 생산이 결코 적었던 것은 아니다.

하지만 장강 유역 일대의 목재 생산은 대체로 건륭 연간을 정점으로 그 양이 확연히 감소했음을 알 수 있다.[192] 가장 큰 이유는 역시 사천 지역의 목재 생산량이 감소했기 때문이다. 오히려 청 중·후기 장강 중류 지역으로 목재를 수송한 중요한 목재 생산 지역은 귀주 그리고 귀주와 지리적으로 가까운 호남성의 진주, 원주沅州, 영정永定, 정주靖州 일대를 먼저 들 수 있다. 또 광서성과 인접한 침주郴州, 영주永州, 계양桂陽 등도 목재가 생산된 중요한 지역이었다. 따라서 이 설명만을 기준으로 한다면, 건륭 연간 이후

이 달랐으며, 또 각각의 크기에 따라 징세액이 달라졌기 때문에 일률적으로 계산하기는 거의 불가능하다. 張少庚, 〈淸代長江流域木竹商業硏究〉, 武漢大學 碩士學位 論文(2004), 36쪽 참조. 따라서 본문의 목재량 추정을 위한 계산은 매우 개략적인 것이다.

192) 梁明武, 〈明淸時期木材商品經濟硏究〉, 北京林業大學 博士學位 論文(2008), 94쪽.

장강 중류 지역으로 수송된 목재의 대다수는 호남산産이었다고 할 수 있다. 따라서 청 중엽 이후 사천성의 목재 생산 상황을 전하는 다음의 기록은 시사하는 점이 크다.

> 광서성 심주부潯州府와 오주부梧州府에 관關이 설치됐는데, 밑으로 호남을 거쳐 호북까지 약 3,000리에는 관세를 징수하는 곳이 없다. 서쪽의 경우 진주辰州에 관이 있으며, 호북성까지 2,000여 리에 겨우 무창관이 있어 선세船稅(죽목세)를 거둘 뿐, 바로 구강九江에 이를 수 있다. 호북성에 형관을 설치한 목적은 원래 사천과 호남 두 성에서 장강을 건너는 배의 죽목세를 거두기 위해서였다. …… 천강川江의 죽목이 많지 않아 형관의 과세액이 크게 감소했으며, 도광 연간 내내 세액이 모자라 모든 관리가 배상하는 일이 발생했다.[193]

이 인용문은 각관榷關을 더 늘려야 하는 이유를 제시하면서, 천강 유역에서 생산되는 목재가 근래 많지 않다는 사실을 지적한다. 물론 목재 유입이 감소한 다른 요인으로 당시 하천의 변형과 함께 청 중엽 백련교도의 반란으로 이 지역 치안이 여전히 불안정하다는 점도 들었다. 그렇다고 해도 사천과 호북성 서부의 목재 생산 감소는 장강 중류 지역 각관의 수입을 감소시켰던 중요한 원인이었다.

하지만 장강 중류 일대 목재 생산량 감소가 청대에 이르러 비로소 발생한 것은 아니다. 그 사실은 당시 궁정 등에 필요한 대목 생산에 관련된 정황을 통해 알 수 있다. 다음은 만력 연간(1573~1620) 호광감찰어사湖廣監察御史를 지낸 팽종맹彭宗孟의 말이다.

---

193) 民國《湖北通志》卷50,〈政經〉(8), 1363쪽.

호광 지역은 본래 목재가 생산되는 지역이 아니며, (황목은) 모두 사천이나 귀주의 소수민족 지역에서 조달한다. 이전에는 산림이 무성해 처음 벌목할 경우에는 하천 유역과 맞닿은 곳에서 운반이 가능했다. 오히려 근래에 이르러 채판採辦이 매우 잦아 벌목할 목재가 거의 사라졌으며, 더 이상 생산할 목재가 남아 있지 않다. 그렇기 때문에 깊은 산중 아직 사람의 손길이 미치지 않은 곳에 남아 있던 목재도 사라지고 말아, 옛날 산하山河를 다시 복구할 수 없게 됐다.[194]

물론 팽종맹의 이야기는 길이 6장 4척, 둘레 1장 5촌 이상에 나무의 위아래가 모두 같은 규격인, 이른바 금 기둥(금주金柱) 목재를 뜻한다.[195] 그런 점에서 명대에 벌써 호광 지역의 목재 생산이 완전히 고갈됐다고는 할 수 없지만, 이미 명 중엽 이후 호광 일대에서 제법 쓸 만한 나무를 찾기가 어려웠음은 충분히 짐작할 수 있다.

명 중엽의 이러한 상황은 호광 지역뿐 다니라 사천 지역도 동일해서 일정 크기의 남목과 삼목을 구하기가 어려웠던 듯하다. 즉, 명대 가정 연간(1522~1566)에 수십 명의 관리가 진주辰州, 악주岳州, 상덕常德, 영순永順(이상 호남 지역), 용미容美, 시주施州(이상 호북 지역), 영령永寧, 난주蘭州, 여주黎州, 파주播州, 정주貞州, 유양酉陽, 동인銅仁, 사남思南, 중경重慶, 기주蘷州, 마호馬湖, 부주涪州 등의 광범위한 지역을 답사했다. 물론 황궁에 필요한 목재를 찾기 위해서였다. 하지만 답사 결과 거목은 인적이 미치지 않는 깊은 산에 있으며, 그 나머지는 수백 년이 지나야 아름드리나무가 될 수 있다고 보고했

---

194) 彭宗孟,〈酌議折幇大木疏〉,《楚臺疏略》卷2, 4쪽 下.
195) 황목은 대체로 기둥에 사용되는 대목과 서까래 등에 사용되는 응가목鷹架木이나 평두목平頭木으로 크게 나뉘는데, 팽종맹의 언급은 기둥에 사용되는 남목이나 삼목 등에 관련된 것으로 판단된다. 李志堅,〈明代皇木采辦研究〉, 20쪽 참조.

다. 그들이 호광, 사천, 귀주 등을 답사한 끝에 발견한 거목은 둘레 1장 이상의 남목과 삼목이 2,000여 그루, 4~5장 이상이 117그루 정도였는데, 다시 그들의 말을 빌리면 그 수치는 이전 시기와 비교할 수 없을 정도로 적었다.

그들은 궁정에 필요한 목재를 채취할 수 있는 지역으로 사천성 관리는 유계儒溪(호남지역)·파주·건창建昌·천전天全·진웅鎭雄·오몽烏蒙을, 호광성 관리는 용미·시주·영순 지역을 들었으며, 이곳에서 목재 구입을 관할하게 했다. 또 형남荊南 지역은 섬서의 계주階州에서, 무창·한양·황주 등은 시주와 영순에서, 귀주는 적수赤水·후동猴峒·사남思南·호저湖底·영령永寧 등지에서 나무 구입을 각각 관할하도록 했다.[196]

이어 청대 강희 연간(1662~1722)에 궁정 조성에 적절한 거목의 존재 여부를 성도부成都府·온강溫江·가정주嘉定州의 건위犍爲, 중경부重慶府의 팽수彭水, 마호부馬湖府의 병산屛山, 서주부敍州府의 고현高縣과 의빈宜賓 등에서 조사한 적이 있다. 강희 2~10년(1663~1671)에 사천순무를 역임한 장덕지張德地는 이 조사를 토대로 강희 8년(1669)에 올린 상주에서 장헌충의 반란으로 많은 나무가 불에 타, 앞에서 거론한 대다수 지역에는 국가가 필요로 하는 거목이 없다고 말했다.

강희 연간에 뒤이어 옹정제는 옹정 4년(1726) 유지를 내려 남목 채취가 불가능하다면 남목 대신 소나무를 채취해 공급하라고 명했다. 이러한 언급이야말로 명 중엽 이후 장강 중상류 일대에서 거목이 사라졌다는 중요한 증거다. 명대를 거쳐 후대로 내려오면서 남목과 삼목의 벌채가 이처럼 어려워진 가장 큰 이유는 벌채가 손쉬운 지역의 목재는 사실상 이미 소진

---

196) 이상 명대의 나무 채판에 관한 설명은 嘉慶《四川通志》卷71,〈食貨〉(木政), 4쪽 下~6쪽 上에 근거했다.

됐기 때문이다. 따라서 점점 깊은 산속으로 들어가 벌채해야 했던 탓에 수송비가 훨씬 많이 들었다. 당시 지방관의 말에 따르면 성도成都 일대 평야 지역에는 사실상 큰 남목이 완전히 사라졌으며, 이 때문에 성도에서 가까운 사평沙坪, 관구灌口, 가가산賈家山, 하가산何家山 일대에서 하천까지 거목을 운반했는데 다른 험지에 비해 수송비가 1,000배나 비쌌다.[197] 결국 손쉽게 벌채할 수 있는 지역의 나무는 이미 청대 초에 사라졌다고 볼 수 있다.

그렇다면 명·청 시대 호남성의 목재 생산에 관련된 정황은 어떠했을까? 앞에서 인용한 민국《호북통지》에 따르면, 청대 호남성의 중요한 목재 생산 지역은 서부와 남부였다.[198] 호남성의 목재 생산 정황에 대한 자료는 호북성에 비해 꽤 풍부하지만, 호남성도 특히 청 초 이후 전개된 남벌로 목재 생산이 감소한 듯하다. 첫 번째 증거는 다른 지역 지방지에는 자세히 나오지 않는 관산官山이라는 항목이 호남성에는 등장하며, 그에 대한 자세한 설명도 덧붙여져 있다는 점이다. 호남성 남부에 위치한 계양현桂陽縣에서 그러한 상황을 확인할 수 있는데, 명칭으로 보아 관산은 관에서 소유한 산장山場이 분명하다.

건륭《계양현지》는 관산을 다섯 개의 산장으로 구분해, 각각의 경계를 자세히 기록했다. 관산에 관한 계양현 지방지의 설명을 보면 청대의 호남성뿐 아니라 중국 전체의 목재 생산 정황과 함께 그 의도를 파악할 수 있다. 아울러 이 기록은 당시 중국의 각 지역에서 목재 생산을 사이에 둔 지방 당국자와 지방 유력자 간에 전개된 경쟁 관계를 보여주는 글이기도 하다.

---

197) 嘉慶《四川通志》卷71,〈食貨〉(木政), 16쪽 下. 이 내용은 마호부馬湖府 지부知府였던 하원준河源濬의 말이다.
198) 의외로 광서 연간의《湖南通志》에는 목세에 관한 자세한 설명이 나오지 않는다.

위에 기재한 각 향鄕의 관산은 강씨姜氏 성을 가진 호남분수도湖南分守道가 호광순무湖廣巡撫[199]의 위임을 받아 친히 각 산을 둘러보고 조사해 그 경계를 세웠다. 발여撥輿와 주십朱什의 사유지 아홉 곳 그리고 본래의 발양撥養과 신민新民 산장 다섯 곳을 제외한 모든 지역의 (경계)를 자세히 기재했다. 무릇 상인과 백성이 나무를 벌채하려면, 먼저 관청에 가서 보고하고, 관인이 찍힌 패표牌票(허가장)를 받아야 비로소 그 일이 가능하다. 토호나 간상奸商이 감히 몰래 벌채하는 경우에는 해당 지역을 관할하는 산지 주민이 먼저 (관청에) 고하고, 그들을 생포해서 문초해야 하며, 그 사실을 모두에게 알려야 한다. 사실을 알고도 고하지 않았다가 발각될 경우에는 모두에게 죄를 묻는다. 해당 사실을 기록한 장부 여섯 부를 도道·주州·현縣 관청에 동일하게 보존하고 영구히 규칙으로 삼는다.

이전 지방지에는 관산에 대한 기록이 없는데, 유독 여기에 관산 항목을 기재한 것은 어떤 의미가 있는가? 그것은 공공에 관련된 (문제이기) 때문이다. 하늘 아래 땅은 모두 황제의 것이며, 그 땅에 맞는 특산물을 생산하고 생업을 영위하는 데는 각자 주인이 있는 법이다. 오직 계양의 환경만이 모두 산이다. 무릇 첩첩산중으로 둘러싸인 곳은 그 토양을 (경작해) 세금을 내기가 어렵다. 따라서 (이러한 지역의 산지는) 일반인의 (소유에) 두지 않고, 관의 소유로 두었다. (그 산에는) 종종 목재가 자라 이익이 생기므로, 반드시 경쟁적으로 이익을 쫓게 된다. 이전에 각 관청에서 그 지역을 답사해 각 지역의 경계를 결정한 까닭은 후세 사람이 서로 다른 지역을 침범할 것을 염려했기 때문이며, (이는) 앞날을 내다보는 계획이라고 할 수 있다.

현재 평화가 오래 지속돼 각 산봉우리가 모두 헐벗어 민둥산이 됐지만, 그 주

---

199) 청조에서 湖廣巡撫는 雍正 원년(1723) 납제합納齊哈이 마지막이었으며, 옹정 2년(1724)부터는 호북순무와 호남순무를 따로 발령했다. 따라서 이 글의 작성 시기는 강희 연간일 가능성이 크다.

변의 사방 100여 리 일대는 이익을 (낼 수 있는 것이) 여전히 무궁하다. 험준한 산악에는 삼목杉木과 동목桐木 등의 ㄴ무를 심고, 산 밑의 본래 습지는 개간해서 경작할 수 있다. 옛날에는 목재와 목이(버섯)의 도벌만을 염려했는데, 이제는 다시 관산의 점유를 두려워하게 됐다. 장차 호강豪强이 겸병하게 되면 이왕에 그들이 내지 않는 세금 말고도 다시 관산과 국유 재산에 대해 한 푼의 세금도 받지 못하게 될 것이다.[200]

사천성이나 호북성의 지방지에서는 발견되지 않는 계양현의 이 기록은 여러 면에서 매우 흥미롭다. 일단 이 기토에 따르면 호남성 계양현은 청 초까지 목재를 꽤 풍부하게 생산했다. 그렇지만 이 인용문은 다음과 같은 사실을 알려준다. 우선, 시간이 지나면서 산지 자원에 대한 압박이 가중됐다는 점이다. 이 기록의 등장 시기를 대략 강희 연간으로 추정할 경우, 글의 전체 맥락으로 보아 적어도 청 초부터 산지 자원을 경쟁적으로 개발했다는 것을 분명히 알 수 있다.

다음으로 산지 자원 쟁탈 경쟁이 격화돼 엄연한 관가 관할의 산림과 습지까지 무차별로 개간했다는 것을 알 수 있다. 이 글의 목적은 이렇듯 관가 소유 지역에까지 마구잡이로 개발하는 관행을 차단하려는 데 있었다. 마지막으로 호남 지역 역시 장강 중류의 다른 지역과 마찬가지로 목재가 중요한 상품이었다는 것을 알 수 있다. 그리고 목재 생산과 판매에 지방 유력자가 적극 개입한 것으로 보아, 적지 않은 자금과 인력이 소요된 대규모 사업이 바로 목재 생산과 판매였다는 사실도 자연스럽게 추측할 수 있다.

두 번째 증거는 계양주 바로 서쪽 영주부永州府 일대의 생산 정황을 들 수 있다. 영주부 역시 다양한 나무가 생장했기 때문에 목재 생산이 상당히 활

---

200) 乾隆《桂陽縣志》卷2,〈輿地〉(官山), 31쪽 上~下.

발했다. 그 기록이 단편적이라고 해도, 우선 나무 종류만 봐도 소나무, 측백나무, 삼나무, 장나무 등 매우 다양했으며, 향기가 난다는 고송古松까지 기록돼 있다.[201] 따라서 영주부 관할의 기양祁陽이나 도주道州 같은 지역에서는 삼나무를 분지해 심기도 했다. 적색의 삼나무를 쪼개면 향기가 나는데 이것을 유삼油杉이라 했으며, 깊은 계곡의 모래에서 자라 그 붉은색이 더욱 선명한 것을 교삼窖杉이라 했다. 한편 도광 연간《영주부지》에는 당시 영주부 일대 목재 생산 현황과 그 변화가 비교적 자세히 언급돼 있다. 그 내용을 몇 가지로 요약하면 다음과 같다.[202]

첫째, 영주부 영릉현零陵縣 지역 주민 중에 경작지가 없는 가난한 사람은 부녀자가 직접 도끼를 메고 산에 나무를 하러 갔는데, 그 수가 수백 명에 달했다. 이것은 전형적인 생계형 산림 채취다. 특히 경작지가 없는 집의 부녀자가 이처럼 산에 가서 나무를 채취했던 상황은 인구가 증가했어도 농업 활동을 확대할 여지가 별로 없는 영릉과 같은 지역에서는 나무 채취가 중요한 생계 수단이었음을 의미한다.

둘째, 이곳 요동猺峒 지역의[203] 심산유곡에서 생산되는 목재의 벌채 양상이다. 이 지역은 산림이 우거졌기 때문에 주변의 영원寧遠이나 도주道州 지역 주민이 벌목을 위해 이곳에 왔다. 그런데 뒤에서 언급할 섬서성 면현沔縣의 경우처럼, 목재 수송으로 당시 농민의 수로가 많은 피해를 입었다. 따라서 벌목하는 이들은 농민에게 일정량의 돈을 지불했다.[204] 이러한 정

---

201) 道光《永州府志》卷7(上),〈食貨〉〈物産〉, 13쪽 上~14쪽 上.
202) 이하 영주부의 목재 생산 상황은 道光《永州府志》卷5(上),〈風俗〉, 17쪽 上~18쪽 上에 근거했다.
203) 영주부의 요동猺峒 지역은 강화현江華縣이 있는 맨 남쪽 지역이었다.
204) 이것을 이 지방에서는 패세壩稅라 했다. 이후 지역의 무뢰배가 농민임을 자처하면서 행인에게 거짓으로 이러한 종류의 웃돈을 받는 사례도 발생했다.

황은 다수의 외부인이 나무를 벌채하느라 인근 지역의 농업에 해를 끼친 사실을 보여주는 것으로, 그만큼 벌채 규모가 컸음을 짐작할 수 있다.

셋째, 이 지방지는 영릉이나 기양祁陽[205]에서 생산된 목재의 대부분은 백수白水를 거쳐 한구로 운반됐다는 사실을 설명한다. 아울러 영주永州와 같은 일부 지역은 산의 기운이 건조하기 때문에 나뭇결이 매우 거칠고(木理甚疎), 고목은 이미 소진됐다고 언급했다. 또 새로 심은 나무 역시 채 자라기도 전에 베어서 동남 지역에 판매하지만, 그 가격을 많이 못 받는다는 이야기도 있다. 이런 설명은 당시 호남성 남부 지역이 중요한 목재 생산지였음을 말해주는 것이며, 동시에 판매에 급급해 상품성이 높지 않은 목재까지도 시장에 내다팔았음을 보여준다. 따라서 지방지의 저자는 이처럼 남벌만 시행한 채 식목과 나무 재배에 관심을 두지 않는다면, 머지않아 민둥산이 될 수 있다고 걱정했다.

넷째, 깊은 산속에 있거나 외부 지역으로 운송할 수 없는 지역에 있는 나무는 숯을 만들었다고 기록했다. 숯 공장의 규모는 거의 광산 개발과 맞먹었는데, 숯을 만들기 위해 피운 불길이 수십 리에 걸쳐 뻗었다. 또 노동자가 사방에서 몰려들어 그들로 인한 피해가 광산 개발 때와 거의 마찬가지라는 이유로, 관청에서는 숯 제조를 금지했다.

이러한 정황으로 볼 때 영주부 일대에서도 목재 생산이 활발했지만, 그 결과 산림 자원이 점차 감소했다고 판단할 수 있다. 이런 이유로 영주부 소속 도주道州에서는 시간이 지나면서 이전에는 무관심했던 목재를 적극적으로 팔기 시작했다. 즉, 강희 연간까지만 해도 도주는 죽목竹木이 무성한 지역이었지만, 실제로 그것을 적극 이용하지는 않았다.[206] 그러나 시간

---

205) 청대에 기양현祁陽縣은 생산뿐 아니라 이 지역 출신 상인이 인근 지역에서 나무를 구매했던 중요한 목재 구매 지역이기도 했다. 同治《江華縣志》卷10.〈風土〉, 8쪽 下.

이 지나면서 목재는 이 지역의 중요한 상품이 됐다. 도주에서 주로 팔린 나무는 소나무와 삼나무였는데, 장강 유역과 마찬가지로 산에서 벌목한 나무를 하천으로 이동시킨 다음, 뗏목을 만들어 운송했다. 특히 소나무는 판자로 만들어 팔았는데, 계산할 수 없을 정도로 이익이 컸다는 지방지의 설명은 목재에 대한 시각의 변화를 잘 드러내준다.

마지막으로 호남성의 목재 생산 정황을 알 수 있는 지역은 영순부다. 영순부의 지방지에서도 남목을 비롯해 다양한 기구를 만드는 데 사용되는 황양黃楊, 소나무 등은 많이 남지 않았으며, 측백나무는 비싼 값을 치러도 구할 수 없다고 했다. 삼나무도 영순부 일대에 고루 자라고 있었지만, 거목은 매우 드물었다.[207] 따라서 청대에 이르러 영순부 산지에서 생산된 것은 목재가 아니라, 동유나 차유 그리고 오배자나 약재 같은 임산물이 대부분이었다.[208]

호남성에서 목재 생산이 감소한 이유를 좀 더 실증적인 두 가지 정황을 통해 다시 한 번 확인할 수 있다. 우선 봉황청 북쪽 40리에 위치했던 대천성채大天星寨는 높이가 약 45장丈이나 되는 매우 험준한 지역이었는데, 더 높은 곳에서 이 지역 일대를 둘러보면 대천성채가 훤히 드러났다. 전에는 그 정상을 들여다볼 수 없었다는 지방지의 저자는 그 이유를 이 지역 일대의 울창한 산림이 모두 개발된 탓이라고 설명한다.[209] 한편 건륭《진주부지》에 등장하는 다음의 설명은 목재 생산이 감소한 이유를 좀 더 구체적으로 지적한다.

---

206) 康熙《永州府志》卷4,〈風俗〉, 5쪽 上. "多佳竹而不能作器, 有美材而不善爲室."
207) 남목과 황양의 상황은 同治《永順府志》卷10,〈物産〉, 17쪽 下 참조. 또 소나무, 측백나무, 삼나무 등에 대한 정황은 同治《永順府志》卷10,〈物産續編〉, 30쪽 上~下 참조.
208) 同治《永順府志》卷10,〈風俗續編〉, 9쪽 上.
209) 乾隆《辰州府志》卷5,〈山川考〉(下), 46쪽 下.

이외에도 염세鹽稅는 과거에 비해 세 배나 증가했고, 목세木稅는 과거에 비해 열 배나 증가했다. 상인이 여유가 생겨 (상업이) 나날이 번창했으며, 일반인의 일용품 수요 역시 나날이 확대돼 세금이 증가했다. 이러한 상황은 각자 책임을 맡은 사람이 사사로운 욕심을 내지 않은 덕분이지만, 운남·귀주·유양酉陽 등 목재가 생산되는 지역에서 함부로 남벌이 자행돼 나무가 사라진 지 이미 10년이 됐으니, 예전과 동일하게 많은 세액을 계속 요구하는 일은 아마도 오래가지 못할 것이다.[210]

이 인용문은 목재 생활용품의 증가와 그에 따른 목재 산업의 번창으로 목세가 증가했지만, 한편 주요 목재 산지에서 목재가 감소한 상황을 동시에 설명한다.

청대 호남성 여러 지역의 이러한 목재 생산 정황은 적어도 목재 생산에서 발생할 수 있는 거의 모든 상황을 망라했다고 봐도 좋을 듯하다. 단적으로 말해서 계양현, 영주부, 영순부의 정황은 숲과 나무를 당시 사람들이 철저히 이용했다는 것을 보여준다. 생계를 위한 단순 남벌, 외부 지역으로의 판매, 수송과 벌채 불가능한 산림 자원의 이용, 돈을 벌기 위한 성급한 상품화 등의 양상을 볼 수 있으며, 그러한 산림 벌채가 농업의 피해와 심지어 치안 불안까지 유발했다. 이처럼 다양한 방법으로 생산된 장강 중류 지역의 목재는 어떤 경로를 통해 외부로 팔려 나갔을까?

목재 유통과 판매

지금까지 살펴본 것처럼, 장강 중류 지역은 황목 조달과 같은 특정 목적

---

210) 乾隆 《辰州府志》 卷9, 〈賦役考〉, 33쪽 上.

뿐 아니라 목재를 상품으로 팔았던 중요한 지역이었다. 따라서 명·청 시대 이전에도 장강 중류 지역은 목재 생산과 판매에서 중요한 위치를 차지했다.[211] 이러한 경향은 명·청 시대에 이르러 더욱 강화됐는데, 그러한 상황을 다음 몇 가지 사실로 확인할 수 있다. 일단 청대에 장강 중류 지역 최대 시장이었던 한구의 상황이다. 건륭 10년(1745) 한구의 시장 상황을 언급한 사료 중 하나인 안사성晏斯盛의 다음 말은 당시 한구가 중요한 목재 시장이었다는 것을 말한다.

> 대략 살펴보니 한구 전체 호구는 20여만 호로, 사방에서 사람이 몰려들어 살고 있다. 갖가지 기술을 가진 사람이 모두 있으며, 사람들의 부류가 매우 다양하다. 하루 미곡을 소비하는 곳이 수천 (석)에 이르지만, 다행히 한구는 사방이 통하는 곳에 자리해서 운남, 귀주, 사천, 섬서, 광서, 호남 등과 서로 통한다. …… 살펴보건대 한구진은 소금, 미곡, 목재, 면화와 면포, 약재의 6행行이 가장 크다.[212]

안사성의 언급으로 당시 한구 상인 가운데 목재상이 중요한 위치를 차지했음을 알 수 있다. 특히 건륭 10년 한구에 20여 만 가구가 살았다는 그의 말을 믿는다면, 한구의 인구는 100만 명 정도였을 것이다.[213] 그리고

---

211) 수·당 시대에 이르러 황하 일대 개간과 두 왕조의 대대적인 토목 공사로 진령秦嶺, 종남산終南山, 태행산太行山 등의 산림이 대량 파괴돼, 장강 중류 지역이 중요한 목재 생산지로 떠올랐다. 따라서 강서성의 신주信州와 같은 중요한 목재 시장이 등장했으며, 홍주洪州·악주岳州·담주潭州 등도 수·당 시대에 중요한 목재 생산지이자 판매지였다. 车發松,《唐代長江中游的經濟與社會》(武漢: 武漢大學出版社, 1989), 156~159쪽 참조.
212) 晏斯盛,〈請設商社〉,《楚蒙山房集》,〈奏疏〉(5), 43쪽 下~44쪽 上.
213) 정확한 출처를 밝히지는 않았지만, 수잔 나퀸과 이블린 S. 로스키는 1800년 당시 한구의 인구가 100만 명이었다고 언급했다. 수잔 나퀸·이블린 S. 로스키,《18세기 중국 사회》, 235쪽.

그가 언급한 대로 하루 미곡 소비량이 수천 석에 달했다면 당연히 한구 한 곳에서 소비된 연료 역시 매우 많았을 것이다.

또 무창武昌은 명대 이래 중요한 조선소가 자리 잡고 있었다. 명대 홍무 10년(1377), 사천과 운남에서 징발한 마필을 운송하기 위해 무창에서 선박 50척을 제조했으며, 바로 그 수량을 늘렸다. 명대 진조수陳組綬는 무창의 선박 제조 수량이 1,012척에 달한다고 했으며, 당시 명대의 규정에 따르면 무창은 삼목과 남목을 이용해 매년 평균 111척을 건조했다. 청대가 되면 무창과 한양 두 곳에서 배를 건조했는데, 청 초에 이 두 곳은 각각 40척 이상의 조선漕船을 건조했다. 또 건륭 50~53년(1785~1788)의 4년 동안 상선도 400여 척이나 건조했다.[214] 이렇게 본다면 한구 자체의 나무 소비량이 꽤 많았을 것으로 추측할 수 있다. 한구에서 외부로 팔린 목재 외에 한구 자체에서 소비되는 목재도 상당량에 달했을 것이다.

그렇다면 명·청 시대에 한구로 유입된 목재는 주로 어느 지역에서 온 것일까? 첫째, 명·청 시대에 중요한 목재 생산지였던 섬서성을 꼽을 수 있다. 섬서성에서 생산된 목재는 세 갈래의 갈림길을 통해 중국 전역에 팔렸던 듯하다. 우선 섬서성 북부 지역은 흑수黑水를 이용해 위수渭水나 황하 유역으로 옮겨져 산서와 하남 또는 안휘 지역으로 유통되는 경로였을 것이다. 이 지역 역시 목창 한 곳에 많게는 수천 명에서 수백 명의 노동자가 모여들어 목재를 생산했다. 하지만 장강 중류 지역과 마찬가지로 이 지역의 목재 유통 역시 가경과 도광 연간에 이르러 크게 감소했다.[215]

그다음으로 한수 유역에서 생산된 목재가 다시 한수를 경유해 양양을 거쳐 한구에 도달하는 경로다. 섬서성 남부의 종남산終南山과 태백산太白

---

214) 徐建華 主編,《武昌史話》(武漢 : 武漢出版社, 2003), 59~70쪽.
215) 民國《續修陝西通志稿》卷34,〈斂權〉, 3쪽 下.

山 후면에 자리한 주질현盩厔縣 남쪽과 양현洋縣의 북쪽 일대는 울창한 숲이 1,000여 리에 달했다. 이곳에 크고 작은 목창 100여 개가 있었으며, 목재를 운반하는 인부가 목창당 1,000~2,000여 명, 적은 경우에는 수백 명을 헤아렸다.[216] 그러나 이 지역은 감숙과 섬서가 맞닿은 산악 지역이라 교통이 매우 불편했다.

이런 이유로 섬서성 일대의 주요 무역로는 한수를 이용했다. 따라서 한중漢中-흥안-운현-양양을 잇는 남쪽 한수 유역을 이용하는 상업로가 가장 중요했으며, 이어 양양에서 단수丹水를 통해 용구채龍駒寨로 이어지는 북쪽 길이 있었다.[217] 청 건륭 연간에 상락商洛(섬서성 상현商縣과 낙남현洛南縣) 지역을 유람한 왕창王昶(1724~1806)은 지역 주민의 말을 인용해 상진上津(순치 16년인 1659년 운서현鄖西縣에 편입됐다)이 강남과 호광의 상품이 상락 지역으로 들어가는 중요한 시장이었음을 언급했다.[218] 섬서성 진령秦嶺을 기준으로 할 때 진령 이남 서쪽에는 한중이 있고, 동쪽에 상주商州가 있으며, 상주 남쪽으로 단수가, 한중의 남쪽으로 한수가 흘러 모두 수송에 편리한 지역이었다.[219]

섬서성 남서부 못지않게 한중과 흥안 일대 역시 청대에 목재 생산이 활발한 지역이었다.[220] 지역 차이는 있겠지만, 섬서성 남부 일대는 대대적인

---

216) 嚴如熤,〈華陽圖說〉, 民國《續修漢南府志》卷1,〈輿圖〉, 30쪽 下.
217) 따라서 호북성 양양과 같은 지역뿐 아니라, 섬서성 한수 유역에도 호북성에서 온 선박이 몰려들어 거대한 시장이 형성됐다. 嘉慶《安康縣志》卷19,〈文徵丙集〉, 13쪽 下 참조. 그뿐 아니라 남정南鄭 일대에도 많은 호광 사람이 있었으며, 백하현白河縣에는 황주黃州와 무창 상인이 세운 회관이 있었다. 民國《續修陝西通志稿》卷195,〈風俗〉(1), 27쪽 下·33쪽 下.
218) 王昶,《商洛行程記》, 7쪽 上~下.
219) 毛鳳枝,《南山谷口考》(關中叢書)(臺北:藝文印書館, 1977), 52쪽.
220) 예를 들어 안강현 지방지에는 깊은 산속에 울창한 숲이 있어 목재가 생산되며, 이것을 하천에 띄워 한수로 수송한다고 언급했다. 嘉慶《安康縣志》卷10,〈建置考〉(上), 2쪽 上. 아울러 張建民,《明清長江流域山區資源開發與環境演變—以秦嶺—大巴山區爲中心》, 431~440쪽과 정철웅,〈清代 湖

남벌로 건륭 연간에 이르면 많은 산이 민둥산이 됐다.[221] 특히 일부 지역에서 목재 생산보다 수익이 더 나은 대나무를 재배해 팔았다고 하는데[222] 당시 목재나 대나무 생산이 전적으로 시장에 내다팔 목적으로 이루어졌음을 알 수 있다. 다음의 글은 한중 일대에서 생산된 목재가 한수로 유입된 정황을 말해준다.

> 각 산의 나무는 이전에 매우 풍부해, 건우하乾佑河와 순하洵河 양안兩岸에 무수한 목창木廠(목재 생산 작업장)이 있었으며, 산에서 벌채한 나무를 하안河岸으로 옮겨 뗏목으로 만들어 순류시키면 한수로 유입됐는데, 그 이익이 매우 커서 이 지방은 부유했다. 근래 산수山水가 쇠락했으며, 하도河道 또한 막혀버렸다. 이곳 사람의 일상 비용과 세금은 오직 가을 농작물을 수확해 충당한다.[223]

이 글은 섬서성 효의청孝義廳의 정황을 설명한 것인데, 섬서 남부에서 생산된 목재가 한수를 통해 운반된 상황을 보여준다.

마지막으로 많이 이용하지는 않았다고 추정되지만, 사천 북부에서 한수로 유입돼 다시 한구로 수송되는 목재도 있었다. 섬서와 사천을 잇는 가장 일반적인 길은 영강寧羌-광원廣元-잔도棧道를 거치는 경로였다.[224] 한편 섬

北省 西部와 陝西省 南部 環境 變化의 比較硏究〉, 61~62쪽 참조.

221) 예를 들어 개발로 동물이 감소하고 나무 대신 석탄을 연료로 썼던 정황을 통해 그러한 사실을 짐작할 수 있다. 각각 淡金籲, 〈寒蓬山記〉, 道光 《重修略陽縣志》 卷2, 〈建置部〉, 55쪽 上과 道光 《紫陽縣志》 卷3, 〈食貨〉, 12쪽 上~下 참조.

222) 道光 《紫陽縣志》 卷3, 〈食貨〉, 14쪽 下.

223) 張建民, 《明淸長江流域山區資源開發與環境演變 — 以秦嶺—大巴山區爲中心》, 436쪽에서 재인용.

224) 嚴如熤, 《三省山內風土雜識》, 6쪽.

서성 자양현 서남쪽에는 있는 임하任河는 사천성 대령현에서 발원해 태평현을 지나 자양현 북쪽을 통해 한수로 유입되는 하천이었다. 바로 이 하천을 통해 목재가 운반됐다는 기록으로 미루어,[225] 사천성 북부 일대에서 생산된 일부 목재가 섬서로 들어가 한구로 운반됐다고 볼 수 있다.

이 모든 증거를 종합하면, 섬서성 일대에서 생산된 목재의 일부는 한수를 통해 일단 양양으로 집결되었으며, 이어서 다시 한수를 경유해 한구에 도착했을 것이다. 실제로 일부 사료에 따르면 양양 일대는 명 초에 중요한 황목 조달 지역이었을 뿐 아니라 일반인 역시 대나무와 목재를 팔아 생활을 영위했다.[226] 그러나 사료의 설명을 그대로 믿는다면 청 말에 이르러 섬서성의 산에는 더 이상 나무가 존재하지 않는 탓에 목창이 완전히 사라져, 한수를 오가는 주요 상품 내역에는 목재가 등장하지 않는다. 오히려 주요한 목재는 당시 염료의 원료로 널리 사용되던, 필리핀 등지에서 수입한 소목蘇木이 주요 상품으로 등장하는 상황으로 변했다.[227]

한편 한수 유역 이외의 중요한 목재 수송로는 장강이었다. 앞서 언급한 것처럼 명대 이래 황목은 대부분 장강 유역을 통해 장강 하류 지역이나 북경으로 운반됐다. 다만 호광 지역은 궁전 건축에 적합한 거목이 없다는 지적이 이미 명대부터 등장한 것으로 보아, 명대 이래 호광 지역의 나무 생산은 장강 상류 지역에 미치지 못했을 것으로 판단된다.

이런 점에서 당시 사천을 포함한 장강 상류 지역은 여전히 중요한 목재

---

225) 道光《興安府志》卷8,〈山川〉, 4쪽 下. 자양현에 속했던 이 지역 일대는 나무뿐 아니라 산지에서 생산된 차, 종이, 칠, 목이 등을 팔았던 환고탄宦姑灘이 있었으며, 임하任河 하류에는 이 지역 최대 시장인 와방점瓦房店이 있었다. 民國《紫陽縣志》卷2,〈建置〉(市集), 4쪽 下~5쪽 下.
226) 각각 天順《襄陽郡志》卷3,〈雜〉(上海:上海古籍書店, 1964), 69쪽 下와 卷1,〈山川〉, 22쪽 上. 이처럼 적어도 명 중엽까지 양양 일대에서는 꽤 많은 사람이 나무를 팔아 생계를 유지했다는 기록이 적지 않게 등장한다. 萬曆《襄陽府志》卷26,〈風俗〉, 1쪽 下.
227) 각각 仇繼恒,《陝境漢江流域貿易表》卷下,〈出境貨物〉, 47쪽 下와 卷上,〈入境貨物〉, 25쪽 上.

산지였으며, 사천에서 생산된 대부분의 목재는 장강을 경유해 외지로 나가 팔렸다. 따라서 사천 지역에서도 목재 상인이 장강을 통해 목재를 외부에 판매한 정황을 다수 확인할 수 있다. 예를 들어 사천성 파현巴縣과[228] 광원현廣元縣 같은 곳을 들 수 있는데, 산장山場보다는 하천 유역에 있는 곳이 수송의 편리함 때문에 훨씬 번성했다.[229]

 한수 유역과 장강 유통로 외에 호남성도 특히 서부와 남부 일대에서 활발하게 목재가 유통됐다. 첫째, 호남성 남부에서 생산된 목재를 주로 유통했던 강은 호남성을 남북으로 가로지르는 상강湘江이었다. 상강 외에 자수, 원수, 예수 등도 중요한 목재 유통 하천이었다. 상강과 자수로 운반된 목재는 동정호를 통해 외부로 팔렸는데 이를 동호목東湖木이라고 했고, 예수를 통해 들어온 목재는 동정호 서쪽을 통해 외부로 팔았기 때문에 서호목西湖木이라고 했다. 그 밖에 생산지에 따라 동호목과 서호목을 구분하기도 했다. 즉, 상수나 자수 일대에서 생산된 목재가 동호목이고, 원강 상류 일대에서 생산된 목재가 서호목에 해당했다. 다만 상강의 동호목이 서호목보다 더 많이 운송됐다.[230]

 따라서 이러한 일련의 정황으로 보건대 호남성에서는 상강 일대의 목재 수송이 제일 중요했는데, 영주부 북쪽에 위치한 기양현祁陽縣은 당시 중요한 목재 집산지로, 이곳을 경유한 목재가 상강을 따라 장사를 거쳐 한구에 도착했다. 당시 기양현은 죽목 생산이 다른 지역보다 많았다. 여기서 생산된 목재를 뗏목처럼 엮어 한구 쪽으로 흘려보냈는데, 그 액수가 연간 수만

---

[228] 同治《巴縣志》卷4(下),〈藝文〉, 95쪽 上.
[229] 民國《廣元縣志》卷4,〈建置〉(市場), 13쪽 上. 목재 생산 측면에서는 아마도 호북성 서부보다는 사천성 동부가 훨씬 중요했을 것이다. 예를 들어 민국 연간에 이르러서도 남강현은 여전히 목재가 중요한 상품이었다. 民國《南江縣志》第2篇,〈實業〉, 13쪽 下에는 "木廠設於山, 砅伐樹斧成木料, 出河售賣"라고 했다.
[230] 梁明武,〈明淸時期木材商品經濟硏究〉, 63쪽.

금에 달했다.[231] 기양현 출신 상인이 다른 지역에서 목재를 구입했다는 정황은 영주부 강화현江華縣에서도 확인할 수 있다.[232]

둘째, 호남성 서부도 목재 생산과 유통이 활발했던 지역이다. 상강이 호남성 동부를 남북으로 관통하는 하천이라면, 서부를 남북으로 관통하는 하천이 원수이며, 원수로 흘러드는 주요 하천으로 북쪽부터 유수酉水, 금수錦水, 청수淸水가 있다. 유수는 사천과 호남성 경계를 흘러 영순부 남부를 관통해 원릉沅陵 지역에서 원수와 합쳐지며, 금수는 귀주성 동인부 쪽에서 흘러들어와 진주부 진계辰溪에서 합류하고, 청수 역시 귀주성 금병錦屛 방향에서 흘러 원주부沅州府 검양黔陽을 거쳐 홍강洪江을 통해 원강에 합류한다.

따라서 유수, 금수, 청수는 호남성 서부나 특히 귀주성에서 생산된 목재가 유입되는 주요 하천으로 기능했다. 특히 유수는 호북성 학봉 일대에서 발원해 사천을 거쳐 호남으로 흐르는데, 이 일대에서 생산되는 많은 목재가 이 강을 통해 운반됐다. 호북성과 마찬가지로 명대에 이 지역 토사 역시 중앙 정부에 여러 차례 남목楠木 등을 헌납한 사실로 미루어[233] 산림 자원이 풍부했을 것이다. 이미 당시에 목재 벌채 문제로 각 토사가 서로 분쟁했다는 기록이 남아 있어 목재가 이 지역의 주요 상품이었음을 증명해 준다.[234]

그러나 청대에는 동인(귀주부)-마양麻陽-진계(진주부)-서포 일대의 목재 생산과 판매가 유수 지역보다 활발했다. 예를 들어 서포현 서북 15리에는 남목동楠木洞이란 곳이 있었는데, 그 계곡에 남목이 즐비해 그곳을 지

---

231) 鄧亦兵,《淸代前期商品流通硏究》(天津:天津古籍出版社, 2009), 181쪽.
232) 同治《江華縣志》卷10,〈風土〉, 8쪽 下.
233) 同治《永順府志》卷9,〈土司〉, 10쪽 上·12쪽 上. 기록에 따르면 정덕 10년(1515), 정덕 13년(1518), 가정 42년(1563), 가정 44년(1565) 등 누차 대목大木을 헌상했다.
234) 同治《永順府志》卷9,〈土司〉, 11쪽 上.

나는 사람은 남목의 향기를 맡을 수 있었다.[235] 따라서 진주부 일대에서도 목재 생산과 판매가 활발했다는 사실을 짐작할 수 있다.

　진주부 일대에서 생산된 목재 역시 하천을 이용해 진계 등지로 운송된 증거를 찾아볼 수 있다. 명 중엽 진주부 현치縣治의 관공서 공사를 위해 남목 1,000여 그루를 징발했는데, 벌목을 하고도 하천의 수량이 많지 않아 운송하지 못하고 있었다. 그런데 갑자기 많은 비가 내려 남목을 진계로 옮길 수 있게 됐다.[236] 이러한 정황은 당시 호남성 서부에서도 많은 목재가 생산됐으며, 하천을 이용해 목재를 원수 유역으로 수송했다는 것을 의미한다.

　마지막으로 호남성 목재 유통의 중요한 부분을 차지했던 서남부 지역을 살펴보자. 서남부 지역은 원주부와 정주靖州 일대를 의미하는데, 특히 이 일대는 운남, 귀주 등지에서 생산된 목재가 청수淸水를 거쳐 호남성으로 유입되는 곳이었다. 목재 생산과 유통이 활발하게 이루어진 청수 일대는 호남성에 속한 지역이 아닌, 귀주성 관할이다. 그러나 청수 일대 목재 생산과 무역은 명·청 시대 목재업을 대표할 정도로 활발했기 때문에[237] 자세히 살펴볼 필요가 있다.

　청수강 일대는 기본적으로 산림이 풍부했을 뿐 아니라, 적어도 당·송 시대 이후 한족과 묘족이 대대적인 삼목 인공림을 조성한 덕분에 목재가 풍부했다. 따라서 목재 생산뿐 아니라 하천 수송에 관련된 세세한 규정이 있었는데, 기본 원칙은 청강 유역을 일정 구역으로 나눠 상류의 목재는 상류의 배부排夫(뗏목을 나르는 인부)가, 하류의 목재는 하류의 배부가 관할하

---

235) 乾隆《辰州府志》卷5,〈山川考〉(下), 14쪽 上.
236) 劉宣,〈易候新治辰州郡署記〉, 乾隆《辰州府志》卷41,〈藝文纂二〉(記), 12쪽 上~下.
237) 傅安輝,〈論歷史上淸水江木材市場繁榮的原因〉,《貴州民族學院學報》(哲學社會科學版) 1期 (2010), 166쪽.

는 것이었다. 한편 갑작스러운 홍수로 목재가 유실될 경우 소유주를 확인하기 위해 이른바 부인斧印을 찍었는데, 이 같은 사례는[238] 이 지역의 경제적 이익이 대부분 목재 판매에서 비롯한다는 정황을 말해준다.

청대에 귀주성 금병현 일대 청수강, 소강小江, 양강亮江 연변에 있는 봉치卦治, 왕채王寨, 모평茅坪 세 곳이 목재를 전문으로 취급하는 포구였으며, 보통 내삼강內三江이라 불렀다. 또 하류로 내려오면 천주현天柱縣 부근에 청랑淸浪, 분처坌處, 삼문당三門塘이라는 외삼강外三江 포구가 있었는데, 이 내삼강과 외삼강이 청수 유역의 가장 중요한 목재 교역 시장이었다. 이곳에는 삼방三幇이라 불리던 안휘, 강서, 섬서 출신의 목상과 오양五勷이라 불리던 상덕, 덕산德山, 하불河佛, 홍강洪江, 탁구托口 출신의 상인 조직이 있었다.[239]

이처럼 전국 각지에서 목재상이 몰려들었기 때문에 목재의 적재, 운송, 일감 배분, 매매와 관련된 다양한 문제가 발생할 수밖에 없었다. 따라서 내삼강에서는 3년 주기로 시장 관리인을 뽑았는데, 그것이 이른바 당강當江의 시초다. 당강이 문헌에 최초로 등장한 시기는 옹정 9년(1731)이며, 초기에는 이 지역 묘민에게 일종의 특권을 주어 정치적 안정을 도모하기 위해 당강을 두었다.[240] 그러나 당강 자체가 목재 저장이나 뗏목을 두는 장소 등에 관한 경계를 정했다는 것은[241] 목재 판매를 놓고 치열한 경쟁이 존재했음을 뜻한다. 특히 가경 초년을 기점으로 당강의 권익을 차지하려는 내삼강과 외삼강의 치열한 분쟁 상황을 주목할 필요가 있다. 그런데 분

---

238) 沈文嘉, 〈淸水江流域林業經濟與社會變遷硏究(1644~1911)〉, 北京林業大學 博士學位 論文(2006), 60쪽.
239) 일설에는 오양이 덕산, 개태開泰, 천주天柱, 검양黔陽, 지강芷江의 상인 조직을 지칭한다는 지적도 있다. 沈文嘉, 〈淸水江流域林業經濟與社會變遷硏究(1644~1911)〉, 65쪽.
240) 張應强, 《木材之流動 : 淸代淸水江下游地區的市場,權力與社會》, 51~54쪽.
241) 張應强, 《木材之流動 : 淸代淸水江下游地區的市場,權力與社會》, 146쪽.

쟁이 발생할 때마다 내삼강 쪽에 유리했던 이유는 내삼강이 청수 하류보다 교통이 편리하고 목재가 많았을 뿐 아니라, 소수민족이 많이 살았던 내삼강 일대에 대한 청 정부의 옹호 정책과 함께 국가의 세수 수입 면에서도 내삼강이 훨씬 중요했기 때문이다. 이 점을 감안하면, 당시 목재 유통이 상당히 복합적으로 이루어졌음을 알 수 있다.

또 청수 일대의 목재 유통과 판매 정황은 특히 산림이 울창한 지역에서 목재가 차지했던 경제적 비중을 말해준다. 그런 점에서 흥미로운 사례가 바로 청수 일대의 아여삼兒女杉이라는 풍속이다.[242] 아여삼이란 딸이 태어나면 삼목 묘목 100여 그루를 심었다가 18년 후 거목으로 자란 나무를 팔아 결혼 비용에 충당하는 것을 말한다. 그래서 그 비용을 18삼杉이라 부르기도 했다.

청수 일대에서 생산돼 수송된 목재가 호남성으로 들어와 다시 집산되던 곳이 검양현의 탁구진托口鎭이었다. 이런 점에서 탁구진은 적어도 호남성 서남부 일대의 가장 중요한 목재 집산지였다. 당시 지방지는 탁구진의 정황을 다음과 같이 설명했다.

> 탁구시는 현縣 남쪽 40리 원신리原神里에 자리하며, 거수渠水가 원강沅江으로 들어가는 곳이다. 위로는 귀주와 통한다. 묘동苗峒의 거목과 이재異材가 이곳에 모이기 (때문에), 목재를 채판하는 관리와 일반 상인 가운데 (목재)를 사고파는 자가 많다. 이곳에서 나무를 뗏목으로 만들어 동쪽으로 흘려보낸다. 부근의 향촌과 주변 지역에서 곡물을 등에 지고 오는 자들 역시 이 부두에 와서 그것을 판다.[243]

---

242) 沈文嘉, 〈清水江流域林業經濟與社會變遷研究(1644~1911)〉, 42쪽.
243) 同治《黔陽縣志》卷6, 〈鄕都攷〉, 9쪽 下.

글의 내용으로 보아, 탁구진은 주변의 묘족 지역에서 많은 목재가 모여들었기 때문에 관리와 객상의 수요를 충당할 수 있는 중요한 지역이었음을 알 수 있다. 명 말 혼란기에 시장 기능이 일시 정지된 적도 있었지만 명대 내내 목상이 묘족에게서 목재를 샀다는 기록으로 보건대,[244] 탁구진은 이미 명대부터 매우 중요한 목재 집산지로 검양현의 다른 시장보다 목재 매매가 활발했던 것으로 추정된다.

앞서 언급한 것처럼 호남성의 목재는 서호목과 동호목으로 분류되는데, 서호목은 귀주성을 거쳐 지강芷江-검양-회동會同[245]의 홍강에 이르는 경로와 앞서 언급한 탁구-검양-홍강을 경유하는 수송로가 있었다. 이렇게 모인 목재는 진계-노계-원릉-도원桃源을 거쳐 호남성 최대의 목재 시장인 상덕에 도착했다.[246] 따라서 탁구진과 검양은 호남성 서부에서 가장 중요한 목재 수송로였다.

한편 강서성에서는 감강과 그 지류가 목재 수송에 제일 중요했다. 감강의 지류인 공수貢水는 영도주의 무이산武夷山에서 발원해 서금瑞金, 회창會昌, 우도雩都를 경유했는데, 인근 지역의 목재는 공수를 경유해 파양호를 거쳐 금릉에 다다랐다. 한편 감주부 남부를 흐르는 도강桃江도 용남龍南과 신풍信豊 일대의 목재를 운반하는 중요한 하천이었다. 건륭 43년(1778) 강서성 구강관의 경우 수량이 증가하는 5~6월에 하루 세량이 60여만 냥이며, 그 가운데 목죽세와 염선의 세금이 반을 차지했다는 언급으로 보아 목재 운송량

---

244) 雍正《黔陽縣志》卷3,〈坊鄕論〉, 11쪽 下.
245) 청대에 회동會同 지역은 목재를 부송浮送하는 중요한 지역이었다. 회동의 청계淸溪, 소홍강小洪江, 약수若水, 죽와계竹瓦溪, 대파하大坡河, 암두계岩頭溪, 목율계木栗溪, 대시계大市溪, 옹작계翁勺溪 등이 그러한 하천이었으며, 청계 지역은 물이 불어나면 부송했다. 光緖《會同縣志》卷1,〈方輿〉, 26쪽 下~29쪽 上.
246) 朱義農·朱保訓 編纂,《湖南實業志》卷1(湖南:湖南人民出版社, 2008), 619쪽.

이 많았음을 짐작할 수 있다. 따라서 호북성 형관의 목죽세보다 많았다.[247)]

또 명·청 시대 감남贛南 지역은 강서성 일대에서 삼목 생산이 가장 많은 곳이었다. 영도주와 같은 일부 지역은 그러한 경향이 민국 시대까지 그대로 이어졌기 때문에 칠리진七里鎭이나 당강唐江 등의 목재 집산지가 형성됐다. 더구나 감남 지역과 맞닿은 복건의 산간 지역에도 감남의 상인과 붕민이 목재를 심어 팔았다는 기록이 있는데, 이를 통해 복건에서 생산된 나무도 감남을 통해 중국 전역으로 팔렸음을 알 수 있다.[248)]

널리 알려진 것처럼 목재 운송은 대다수가 하천에 띄워 보내는 형태였다. 엄여익이 지적했듯이 아무리 좋은 목재라도 운반이 어렵다면 단지 땔감에 불과하므로[249)] 목재 생산만큼이나 수송 문제는 중요했다. 오히려 수송 가능성이 생산을 결정하는 중요한 요소로 작용하기도 했다. 그런데 하천을 이용한 목재 수송은 두 가지 면에서 제한이 있었다.

첫째, 종종 발생하는 수로의 파괴 문제였다. 도광 연간 섬서성 면현沔縣에서 발생한 산장山場 주인과 언장堰長 사이에 목재 수송을 놓고 발생한 갈등은 당시 목재 생산이 교통에 많은 제약을 받았다는 사실을 잘 보여준다. 즉, 산장 주인인 왕조훈王祖訓이 제방 안쪽 수로를 이용해 목재를 수송했기 때문에, 언구堰口가 손상될 것을 염려한 언장 동운董雲 등이 문제를 제기했다. 따라서 당국은 수로를 이용하지 말고 육로로 운송하라고 판결했다.[250)] 하지만 이는 목재 생산과 운송이 가져온 또 다른 환경 피해라고 할 수 있다.

둘째, 앞서 지적한 대로 수송로의 확보 여부가 목재 판매를 결정했다는

---

247) 梁明武, 〈明淸時期木材商品經濟硏究〉, 94쪽.
248) 袁嬋, 〈明淸時期閩贛地區山林産品流通與貿易硏究〉, 北京林業大學 博士學位 論文(2010), 44~45쪽.
249) 嚴如熤, 〈黑河圖說〉, 民國 《漢南續修府志》 卷1, 〈黑河圖〉, 28쪽 下.
250) 光緖 《沔縣志》 卷4, 〈藝文〉(雜記), 25쪽 下~26쪽 下.

점이다. 즉, 목재 판매의 부진이 생산량 감소가 아닌 하천의 수송 문제 때문에 발생했던 정황을 확인할 수 있다. 그러한 예가 호남성 영주부 도주에서 발생했는데, 이 지역 역시 목재 판매는 주로 외부 상인이 주도했다. 그러나 청 후기에 이르러 하천의 수량이 풍부하지 않아서 목재 판매가 이전보다 활발하지 못했다.[251] 이런 정황은 목재 판매에서 하천이 지니는 중요성을 다시 한 번 환기시켜주지만, 특정 자연 자원 이용에는 인위적인 요소 외에도 경우에 따라서는 다른 자연 요소를 이용해야 한다는 사실을 암시한다.

지금까지 장강 중류 일대의 목재 생산과 소비 그리고 유통을 살펴봤다. 지역에 따라 차이는 있지만, 목재는 대체로 청 중엽 이후가 되면 거의 모든 곳에서 매우 귀중한 상품으로 취급됐다. 따라서 나무는 단순한 자연 구성물이 아닌 진정한 자원으로 대접받았다. 더구나 일부 지역에서 확인할 수 있듯이 하천의 변화도 목재 생산과 판매에 매우 중요한 요소였다. 한편 명·청 시대 목재 생산은 사실상 심은 나무를 베는 형태가 아닌, 산악 지역에 존재하는 나무를 채벌하는 형태로 진행됐기 때문에 산림 자원의 피해가 한층 컸다. 다만 최근 연구가 지적하듯이, 이런 이유로 비록 장강 중류 지역은 아니지만 귀주성 등의 지역에서는 판매를 위한 식목에도 많은 관심을 기울인 흔적을 찾아볼 수 있다.[252]

---

251) 光緖《道州志》卷10,〈風土〉, 26쪽 上. 이 지방지는 이 지역의 목재 판매 정황을 "山中多種松杉, 大小不一. 客人斬伐之, 移置溪岸, 作巨筏. 俟春水漲時, 順流而下. 松木則鋸斷成板, 多於秋初放之, 二者獲利無算. 然近今沿河多阻, 亦不及前也"라고 설명했다.
252) 김홍길,〈청대 서남 지역의 목재 교역과 소수민족 상인—귀주 금병현 지역을 중심으로—〉,《명청사연구》32집(2009)와 張應强,《木材之流動 : 淸代淸水江下游地區的市场, 權力與社會》가 대표적이다. 아울러 금병현 산지 계약 문서를 정리한 사료집도 출간돼 앞으로 이 지역 산림의 정황과 개발에 대한 연구가 가속화될 것으로 생각된다. 唐立·楊有賡·武內房司 主編,《貴州苗族林業契約文書匯編》(東京外國語大學 國立亞非語言文化研究所, 2001) 참조.

이상의 논의를 종합해보면 다음과 같은 결론을 내릴 수 있다. 첫째, 산객山客(토착 상인)과 수객水客(외부 상인) 사이에 목재 판매를 둘러싼 치열한 경쟁과 갈등이 전개됐다. 한편 토착민은 판매 외에도 목재 보호에 많은 관심을 기울였다.[253] 그러나 산지 주인이 어떤 방법으로, 어느 시점에서 목재를 팔고, 그에 따른 이익은 얼마나 발생했는지는 자료상의 한계로 자세히 알 수 없다. 다만 이 문제와 관련해 마크 엘빈은 최근 연구에서 나무를 판매할 수 있는 최적기에 대해 언급했다. 그에 따르면 꽤 많은 지역에서 아직 덜 자란 나무를 파는 일이 잦았지만,[254] 나무를 판매하기로 결정하는 시점은 나무를 보호하는 데 필요한 비용(절도 방지를 위한 비용이나 기타 수목 보호에 드는 비용)이 나무를 그대로 유지하는 경우보다 더 많이 소요될 때라는 가설을 제시했다.[255] 그러나 일반적으로 나무가 좋은 목재감으로 성장

---

253) 귀주성 금병현의 경우 산객이 이용하는 부두와 수객이 이용하는 부두를 엄격히 분리했는데, 이것은 산객의 남벌을 차단하기 위한 조치 중 하나였다. 그 밖에도 안휘나 강서 등지에서 온 상인(수객)은 금병현이 소수민족 지역이기 때문에 언어 등에 도움을 받기 위한 현지인의 중개가 필요했다. 중개 활동은 특정 지역이 독점한 것이 아니라 지역을 달리해 돌아가며 담당했는데(당강當江), 이러한 조치도 목재를 판매할 때 소수민족 내부의 독점을 방지하기 위한 것이었다. 이 문제에 대해서는 김홍길, 〈청대 서남 지역의 목재 교역과 소수민족 상인 ─ 귀주 금병현 지역을 중심으로 ─〉, 120~121쪽 참조. 아울러 청 중엽 이후에는 당강을 서로 차지하기 위해 각 소수민족 사이에서 분쟁이 벌어지기도 했는데(張應强, 〈木材之流動: 清代清水江下游地區的市場, 權力與社會〉, 67쪽), 이러한 분쟁으로 많은 거목이 사라지는 결과를 가져왔다(秦秀强, 〈江規 ─ 清代清水江木材采運貿易規範考察〉, 《院生態民族文化學刊》 2卷, 1期〔2010〕, 54쪽 참조). 그 배후에는 산림 자원의 분배 문제가 도사리고 있었기 때문에 결국 산림 자원 보호에 대한 관심도 동시에 증대됐다.

254) 이러한 예를 장강 중류 지역에서도 종종 찾아볼 수 있는데, 예를 들어 연산현에서는 삼목을 심은 후 나무가 미처 다 자라기도 전에 벌목해서 파는 일이 보통이었다. 아마도 삼목처럼 비교적 높은 가격을 받을 수 있는 나무의 벌목은 이처럼 빨리 이루어진 것으로 보인다. 同治 《鉛山縣志》 卷5, 〈地理〉(物産), 34쪽 下에는 "杉 …… 大者用爲棟樑, 小者取作器皿, 不受蟲蛀. 鉛人最重此木, 挿種者多. 近因斧斤日縱, 長養不及, 更覺難能可貴"라고 기록돼 있다. 실제로 기둥으로 쓸 만한 삼나무가 자라는 데는 약 30년이 걸렸다. 道光 《浮梁縣志》 卷8, 〈食貨〉(物産), 4쪽 上.

255) 마크 엘빈, 《코끼리의 후퇴》, 168~170쪽 참조. 한편 대체로 목재 판매는 현금이 아닌, 타조자打條子라는 일종의 어음으로 이루어졌다. 즉, 목상은 뗏목으로 만들어 띄워 보낸 목재가 장사나 한구 등에 도착하는 시간을 계산해 어음을 발행했다. 이것은 민국 시기의 관행이었지만 판매자로서

하는 데는 약 20년이 걸린다는 점을 생각하면,[256] 산림 자원 보호도 중요한 목적이었던 '당강當江' 같은 규칙을 제대로 준수하기란 사실상 어려웠을 것이다.

둘째, 호남 지역으로 유입된 귀주 지역의 일부 나무는 명·청 시대부터 본격적으로 이주한 이들이[257] 산에 의도적으로 나무를 심었던 일종의 상품이었다. 종족宗族의 장로長老는 식목 과정에서 매우 엄격한 규정을 정해 마을의 청장년에게 일정 시간 내에 일정 면적을 개간하게 했다. 즉, 이러한 식목 사업은 외부인을 불러들여 전개한 것이 아니라, 이민자 스스로 행한 것이었다. 아울러 그들이 개간한 지역과 그 지역에 심은 나무에 대한 소유권을 정확하게 인식하기 시작한 시기는 옹정 초년 이후부터였다는 점도 생각할 필요가 있다.[258]

이렇게 볼 때 소수민족 지역의 목재 생산과 판매에 관한 정교한 규정과 통제는 적어도 청대의 국가 권력이 소수민족 지역에까지 확대되면서 마련되었다고 할 수 있다. 즉, 청대의 국가 권력이 소수민족 지역과 같은 변방 지역의 자원 개발과 이용에 분명히 영향을 끼쳤다는 사실을 확인해주는 것이다.

는 이자 비용까지 감안해 벌목해야 했을 것이다.
256) 萬紅,〈試論淸水江木材集市的歷史變遷〉,《古今農業》2期(2005), 110쪽.
257) 아마도 이러한 이주민은 식목 사업과 함께 판매에도 상당한 관심을 기울였을 것이다. 실제로 호남성 정주靖州에서는 귀주성에서 생산된 목재가 하천을 따라 운송될 때 같이 들어오는 상인을 기다렸다가 그들과 나무 교역을 했다는 기록을 볼 수 있다. "惟黔省所出杉木, 水次必經渠河. 舊設牙行, 以俟遠省商人懷貲到此, 與黔民交易." 光緖《靖州直隸州志》卷4,〈貢賦〉(木政), 39쪽 下.
258) 이상의 설명에 대해서는 張應强,《木材之流動 : 淸代淸水江下游地區的市場,權力與社會》, 202~204쪽 참조.

(4) 도로 건설

경작지와 상업 작물 재배의 확대, 목재 생산과 같은 산악 지역의 개발이 가져온 주요 결과 중 하나는 산악 지역에 도로 개설이 크게 증가했다는 점인데, 도로 개설 역시 산악 환경에 직접적인 영향을 끼쳤다. 호북성 내봉현에서 서쪽으로 50리 떨어진 곳에 나이정羅二箐이라는 도로가 있었다. 기암괴석이 돌출하고, 밑으로는 험한 계곡이 있어서 통행이 어려웠다. 그러나 이곳은 이웃 사천성 남단에 위치한 팽수彭水와 유양酉陽에서 소금과 철이 유입되는 중요한 길목이었다.[259] 이 지역 관리는 이곳을 사천과 호북을 잇는 중요한 상업로로 인식했기 때문에 어려운 공사를 시작했다.

공사는 다리 건설에 필요한 철제물을 제작하기 위해 내봉현 곳곳에 격문을 보내는 것으로 시작했다. 특히 불을 다루는 전문가를 동원해 암벽을 부수는 공사를 진행했다.[260] 지방지는 그 공사 과정을 다음과 같이 묘사했다.

> 이에 나와 장 아무개는 공사 지역의 지형에 적당한 시공을 했다. 복잡하게 얽힌 바위와 나무뿌리를 제거해 길을 이었으며, 험난한 곳은 우회해서 굽은 길을 만들고, 움푹 팬 곳은 잔도棧道를 깔거나 배가 다닐 수 있게 하는 한편, 잔가지를 쳐내고 나무를 잘라냈다. 무릇 3개월이 지나 공사가 끝났는데, 개착해서 만든 새로운 도로(를 보니) 황홀했다.

---

259) 〈修羅二箐路序〉, 乾隆 《來鳳縣志書》, 〈藝文〉, 46쪽 上~48쪽 上. 이 책은 권수가 표시되어 있지 않다.

260) 사료에는 이 정황을 "委張尉某督修烈焚勘劈開挖鏟前······"으로 묘사했다. 이것은 마을의 하급 관리인 장 아무개에게 감독 책임을 맡겨 불을 이용해 바위를 깨뜨리는 정황을 말한다. 이처럼 도로 공사로 주변 환경이 바뀐 또 다른 예는 周雲庵, 〈秦嶺森林的歷史變遷及其反思〉, 《中國歷史地理論叢》 1期(1993), 59~60쪽 참조.

3개월에 걸친 공사는 지금 기준으로 봐도 옹색한 산간 지역에서 전개된 대공사였다. 이 글을 쓴 이는 새로 완공된 도로를 보니 황홀하다고 표현했다. 그만큼 공사가 어려웠으며, 새로 개통된 도로의 위용에 스스로 흥이 났을 것이다. 글쓴이는 혈맥이 통하는 것으로 표현할 만큼 흥분된 마음으로 도로의 개통을 자축했다. 그러나 이러한 도로 개통으로 말미암아 산악 지역 곳곳에 이전과는 완전히 다른 자연환경이 형성됐다.[261] 이것은 마치 의식하지 못하는 새 건물과 도로가 들어서서 주변을 알아보지 못하는 현대인의 상황과 조금도 다를 바 없다.

　다음의 상황은 당시 산악 지역의 도로가 어떤 목적으로 건설됐으며, 그것이 어떤 영향을 미쳤는지 잘 보여준다.

　　토착민은 보정保靖에서 진주辰州에 이르는 산길이 240리라고 말하지만, 평야 지대로 따진다면 300여 리에 달하는 거리입니다. 산이 험하고 수풀이 우거진 매우 구불구불한 외길이기 때문에 등나무를 타고 오르고 칡넝쿨에 의지해 가야 할 정도로 다니기 어려운 곳입니다. …… 강희 57년(1718)에 황명皇命으로 지도를 제작하기 위해 산길로 진주에서 보정까지 간 적이 있습니다. 이후 그곳을 가본 적은 없습니다. (일이) 바쁜 탓에 험준한 산을 깎고 고개에 계단을 만드는 공사는 중단됐습니다. 그러나 길은 이미 개통된 상태였습니다. 다만 겨우 길이 난 것일 뿐, (주변에) 사는 사람이 드물고 나

---

261) 이러한 도로 개통은 토사 지역과 같은 산악 지역의 행정 확대와도 긴밀한 연관성이 있으며, 청 중엽 이후 발생한 묘족 반란으로 깊은 산중에도 병력을 배치했기 때문에 병사들에게 군량을 지급해야 할 군사적인 측면도 아울러 고려해야 한다. 청 중엽이 되면 호북성과 호남성 일대의 토사 지역에서도 꽤 많은 양의 미곡이 생산됐다. 호남성의 지강·검양·정주·서포, 사천의 수산秀山, 호북의 내봉 등이 그런 지역이었다. 따라서 청 정부는 이들 지역에서 생산된 곡물을 깊은 산중에 배치된 병사들에게 공급하기 위한 다양한 방책을 마련했다. 이 점에 대해서는 光緒《乾州廳志》卷7,〈苗防〉(1), 32쪽 下 참조.

그네가 묵을 곳이 없으며 오가는 사람이 없어 등나무와 칡넝쿨이 다시 자라나니 도로는 막혀버리고 말았습니다. 제가 묘족 지역을 담당하고 난 (이후, 이곳의) 지세와 정황을 잘 숙지한다는 것은 바로 산길을 개착해 뒷마무리를 잘하는 일임을 (알게 됐습니다). ……

백계관白溪關 등의 험준한 산마루 (공사는) 기부금을 낼 수 있는 자를 살펴 산을 깎는 데 (필요한) 자금을 충당해 행하고, 보정부 관할 지역의 등나무와 칡넝쿨이 무성한 곳은 (공사에 필요한) 자금을 낼 수 있는 자원자를 (선발해) 길을 뚫어야 합니다. 다만 원주沅州와 영순 관할의 장거리 도로는 단독으로 공사를 진행하기 어려우니 이에 자세히 청하는 바입니다. (상급) 지방관(헌대憲臺)은²⁶²⁾ 공사 관할 지역 지방관에게 명을 내려 도로 공사에 협력하게 하고, 공사 자금 기부자 물색을 다시 논의해야 합니다. 여행자가 머무를 곳이 없게 되면 왕래하는 사람이 줄어들어 길을 개통한 지 오래되지 않아 다시 잡풀이 무성해지고 길이 막힐지도 모릅니다. ……

헌대는 다시 명령을 내려 각 협영協營에서 병사를 뽑아 신汛 10리마다 당塘 한 곳을 두고, 신병汛兵 다섯 명을 교대하게 하며, 날짜를 계산해서 각 당에 (번갈아) 도착할 수 있게 해야 합니다. 여행자가 당에 들어가 투숙하면 험한 수로水路를 피할 수 있으니 반드시 많은 사람이 오가게 될 것이며, 백성이 모두 이익을 쫓을 수 있을 것입니다. 장차 길가에 식당과 휴게소²⁶³⁾가 생긴다면 외지의 지름길이 중요한 도로로 탈바꿈하게 되니, 어찌 영순과 보정의 기밀과 공무公務가 지체되는 잘못만 없어지겠습니까? 무릇 장사하러 사

---

262) 어사대御史臺의 준말이지만, 명·청대에 이르면 지부知府 이상의 지방관을 가리키는 말로 쓰였다. 글쓴이가 동지同知이기 때문에 여기서는 상급 지방관으로 번역했다.
263) 도로 건설에 따른 식당과 휴게소 같은 부대시설 건설에도 대체로 석재보다 목재가 더 많이 쓰였다. 그 때문에 보통 공사가 개시되기 직전 산에 들어가 적당한 나무를 베는 것이 상례였다. 蒲朝薦, 〈脩龍首橋記〉, 同治《新修麻陽縣志》卷10, 〈藝文〉, 31쪽 下.

천으로 가는 상인도 사천의 험한 산악 지역을 피해 호남 남쪽의 평탄한 길을 이용하게 될 것입니다.[264]

이 글은 도로의 기능을 글쓴이가 정확하게 언급한다는 점에서 매우 흥미롭다. 아울러 도로를 어떻게 유지해야 하는지에 대해서도 간접적으로 시사점을 제공한다. 즉, 일단 만들어진 도로라면 많은 사람이 자주 이용해야 한다는 것이다. 특히 도로 연변에 식당이나 휴게소 그리고 숙박 시설까지 갖춰야 한다는 주장은 당시 지방관의 도로 건설 목적이 무엇인지를 잘 보여준다. 글쓴이는 도로 건설로 많은 사람이 몰려들어야 지역 경제가 활성화되고, 아울러 지역 치안에도 중요한 역할을 할 수 있다는 점을 상기시킨다. 자연환경을 변형해 건설된 이 같은 길은 무엇보다 그 지역의 인문환경을 변화시키는 데 중요한 역할을 했다.

---

264) 劉自唐,〈詳議開闢旱路安設塘汛〉, 同治《保靖縣志》卷12,〈藝文〉(詳), 12쪽 下~14쪽 上.

3 광산 개발

(1) 광물 자원과 수요

　광물은 목재와 다른 성격을 가진 산지의 또 다른 자원이었다. 개발을 위한 기술상의 제약이 목재 생산보다 훨씬 많았으며, 생산에 필요한 노동자도 목재 생산보다 많이 필요했다는 점에서 지역 사회에 미치는 영향도 컸기 때문이다. 더구나 광물은 보통 지하에 매장돼 있는 탓에, 개발 자체가 투기적 성격을 띠는 경우가 많았다는 점도 목재 생산과 달랐다. 그러나 명·청 시대에 이르러 다른 자원과 마찬가지로 광물의 수요도 급증해 장강 중류 지역 일대에서 많은 광산 개발이 행해졌다. 따라서 이런 광산 개발로 다양한 금속이 다량 생산됐으며, 광산 개발을 위한 기술면에서도 주목할 만한 성장을 보였다.

　금속이 필요한 가장 중요한 분야는 역시 동전 주조였다. 청대에 동전 주조는 순치順治 원년(1644) 연경燕京(북경)에 호부戶部 관할의 보천국寶泉局과 공부工部 관할의 보원국寶源局을 설치하면서 본격적으로 시작됐다.[265] 이 두 곳에서 주조된 동전이 건륭 중엽 이후 매년 100만 관 정도였으며, 가장 많을 때는 137만 관에 달했다. 도광 연간(1821~1850)에 이르면 그 양이 매년 166만 관에 달했다. 또 각 성에도 주조 기구를 설치했는데, 순치 8년(1651) 각 성의 동전 주조처는 열네 곳이었으며, 주조처에는 1,002개의 주조로鑄造爐가 있었다.[266]

동전 주조에 사용된 구리 양을 정확하게 가늠하기는 어렵지만, 청대 최대의 구리 생산지였던 운남성의 경우 그 생산량이 최고봉이던 건륭 29년(1764) 약 1,300만 근에 달했다.[267] 물론 이것이 모두 북경으로 수송된 것은 아니지만, 도광 연간 당시 하동하도총독河東河道總督과 강남하도총독江南河道總督을 지낸 엄랑嚴烺의 말에 따르면, 한 해 운남에서 북경으로 운반되는 구리 양은 약 600만 근에 달했다.[268] 따라서 거의 반 정도는 북경으로 수송됐음을 알 수 있다. 당시 운남의 주요 동광은 동천부東川府, 소통부昭通府, 운남부雲南府, 무정주武定州, 증강부澄江府, 곡정부曲靖府, 순령부順寧府, 대리부大理府, 초웅부楚雄府, 여강부麗江府 그리고 영북청永北廳 등이었다. 다만 이러한 각 작업장에서 한 해 북경으로 수송된 양이 대체로 6,000~7,000근 정도였다는[269] 말을 믿을 수 있다면 엄랑의 지적은 다소 과장된 것이다. 국가가 필요로 하는 구리 외에 각 성에서 주조되는 동전에 들어가는 구리까지

---

265)《清朝文獻通考》卷13,〈錢幣考〉(1)(杭州 : 浙江古籍出版社, 2000), 4965쪽.
266) 方行·經君健·魏金玉 主編,《中國經濟通史》(清代經濟卷上)(北京 : 經濟日報出版社, 2000), 546쪽.
267) 許滌新·吳承明 主編,《中國資本主義的萌芽》1卷, 492쪽. 청 정부가 운남의 구리 생산 증가에 박차를 가했던 중요한 이유는 옹정 연간 이후 일본 구리의 수입이 많지 않았기 때문이다. 川勝守,〈清乾隆初年雲南銅の長江輸送と都市漢口〉, 川勝守編,《東アジアにおける生産と流通の歴史社會學的研究》(福岡 : 中國書店, 1993), 407쪽.
268) 嚴烺,〈重銅運以杜弊累疏〉,《皇朝經世文編》卷52,〈戶政〉(錢幣上), 42쪽 上.
269) 許滌新·吳承明 主編,《中國資本主義的萌芽》1卷, 493~496쪽 참조.

합치면 청 정부의 구리 수요는 상당했을 것이다.

한편 농기구를 만드는 데는 많은 철이 소요됐다.[270] 중국의 철 생산량은 이미 송대에 산업혁명 당시 영국의 철 생산량을 능가할 정도였다.[271] 청 중엽까지 가장 중요한 철 생산지는 광동이었으며, 운남과 호남이 각각 그 뒤를 이었다. 섬서성은 가경 중엽 이후에 이르러 본격적으로 철광이 개발되기 시작했다.[272]

구리와 철 외에도 중국에는 금, 은, 납, 유황, 석탄 등의 지하자원이 각 지역에 골고루 분포했기 때문에 일찍부터 광물의 채광과 제련 기술에 관심이 높았다. 예를 들어 명明 말의 송응성宋應星(1587~1666)은 철을 이용한 생산품에는 정精(순수함)·조粗(조악함)·거巨(거대함)·세細(세밀함)가 있으며, 그 성질에 따라 각각 용도가 다르다고 언급했다. 즉, 좋은 종을 만들 때는 구리를 쓰고, 나머지는 철을 쓰며, 솥은 생철이나 폐철을 이용한다는 것이다.[273] 이는 오늘날 기준으로 보면 매우 단순한 사실이지만, 송응성의 책이 명 말에 이르기까지 농업과 수공업 기술을 집대성한 것이라는 평을 받고 있는 점을 감안하면, 당시 중국인의 철 이용 수준을 가늠하는 단서가 될 수 있다.

그렇다면 청대 장강 중류 지역의 각종 광산물은 어떻게 생산됐으며, 생산지는 구체적으로 어디였을까? 중국 전체를 놓고 보면 장강 중류 지역은

---

270) 예를 들어 호남성 영정현永定縣 주민은 농한기에 주변 지역 철광에서 철을 채취해 농기구를 만들었으며, 그 나머지는 시장에 내다팔았다. 嘉慶《永定縣志》卷6,〈物産〉, 14쪽 下.
271) Robert Hartwell, "A Cycle of Economic Change in Imperial China : Coal and Iron in Northeast China, 750~1350", *Journal of the Economic and Social History*, vol. 10, no. 1(1967), 104쪽에 따르면 11세기 말 북송은 연간 12만 5,000톤의 주철을 생산했다. 한편 허척신과 오승명은 청 전반기 중국의 철 생산량을 약 4,000만 근으로 추정했다. 許滌新·吳承明,《中國資本主義的萌芽》1卷, 464쪽.
272) 彭澤益 編,《中國近代手工業史資料》卷1(北京 : 中華書局, 1984), 317~318쪽의 도표 참조.
273) 宋應星,《天工開物》卷8,〈冶鑄〉(北京 : 中華書局, 1988) 참조.

광물 생산이 아주 활발한 곳은 아니었다. 개괄적으로 볼 때 호북성의 광물 매장량은 그리 많지 않은 반면, 호남성과 강서성은 석탄, 금, 주석, 납, 철 등이 비교적 풍부하게 매장돼 있었고 명·청 시대에도 지속적으로 생산되는 곳이 많았다. 좀 더 자세한 상황을 살펴보기 위해 장강 중류 지역 각 지방지의 〈물산〉조를 토대로 표 2-6을 작성했다. 그러나 하천 유역 등의 평야 지역은 제외했으며, 주로 소수민족 지역과 일부 산악 지역을 대상으로 했다.

표 2-6은 주로 청대 지방지에 등장하는 광물의 매장 상태를 명·청 시대 당시 실제 생산 여부와 관계없이 기록한 것이다. 그 이유는 역사 시대 장강 중류 일대의 광산물 부존 상황을 일단 개괄적으로 알아보기 위해서다. 그리고 이러한 조사를 통해 장강 중류 일대의 광산은 광산 개발에서 보편적으로 등장하는 개광과 폐광을 거듭했다는 사실을 손쉽게 확인할 수 있다.[274] 그렇다면 장강 중류 일대의 광산이 이처럼 개광과 폐광을 거듭했던 이유는 무엇일까?

첫째, 광산물 자체가 지닌 특징 때문이다. 부언할 필요도 없이 광물이란 일정 기간의 채취가 끝나면 고갈되는 생산품이다. 따라서 장강 중류 일대의 상당수 광산은 이미 송대에 폐광돼 사실상 생산이 중단된 경우가 많았다. 예를 들어 강서성 상요현上饒縣의 금광은 이미 송대에 폐광됐으며,[275] 익양현弋陽縣의 구리와 철도 모두 송대나 원元 초에 생산이 중단됐다.[276] 강서성 광신부의 다음 이야기는 이 지역 광물 생산의 부침이 얼마나 심했는

---

274) 예를 들어 《光緒會典事例》를 토대로 작성한 양방중梁方仲의 연구에 따르면, 청대에는 구리 외에도 중요한 은 산출지였던 운남성의 경우 강희 51년(1712)부터 가경 24년(1819) 사이에 개광과 폐광이 각각 13차례씩 시행됐다. 梁方仲, 《梁方仲經濟史論文集補編》(中州 : 中州古籍出版社, 1984), 220쪽.
275) 乾隆《上饒縣志》卷3,〈物産〉, 1쪽 下.
276) 同治《弋陽縣志》卷2,〈地理〉(物産), 8쪽 上.

〈표 2-6〉 명 · 청 시대 장강 중류 지역의 광산물 매장 상황

성	지역	광물	출처
호북성	내봉來鳳	석탄	同治《來鳳縣志》卷29,〈物産〉, 47쪽 上
	귀주歸州	초硝	光緒《歸州志》卷1,〈土産〉, 41쪽 下
	건시建始	초	同治《建始縣志》卷4,〈食貨〉, 16쪽 下
	이천利川	석탄, 초	光緒《利川縣志》卷7,〈戶役〉, 17쪽 上
호남성	영순永順	석탄, 동, 철, 연鉛(납), 초	同治《永順府志》卷10,〈物産〉, 15쪽 上 ; 同治《永順府志》卷10,〈物産續編〉, 20쪽 上~下
	봉황鳳凰	흑탄黑炭	道光《鳳凰廳志》卷18,〈物産〉, 48쪽 上
	황주晃州	주사硃砂	道光《晃州廳志》卷16,〈礦廠〉, 1쪽 上
	건주乾州	연, 흑탄, 석탄	光緒《乾州廳志》卷13,〈物産〉, 48쪽 下~49쪽 上
	영원寧遠	주사	光緒《永遠縣志》卷3,〈賦役〉, 8쪽 下~11쪽 上
	계양桂陽	석석錫, 연	乾隆《桂陽縣志》卷4,〈風土〉, 8쪽 上~下
	평강平江	탄炭, 금金	乾隆《平江縣志》卷12,〈物産〉, 4쪽 下
	수녕綏寧	동, 철	康熙《靖州志》卷2,〈食貨〉, 35쪽 下 ; 光緒《靖州直隸州》卷4,〈貢賦〉, 40쪽 上
	상식桑植	탄, 초, 동, 철, 연	同治《桑植縣志》卷2,〈賦役〉(土産) 35쪽 下~36쪽 下
	고장평청古丈坪廳	금, 은, 매(煤), 철	光緒《古丈坪廳志》卷11,〈物産〉(4), 5쪽 上
	서포漵浦	유황, 매, 철, 연	民國《漵浦縣志》卷9,〈食貨〉(2), 3쪽 下~4쪽 上 · 17쪽 下
	검양黔陽	철, 탄	同治《黔陽縣志》卷18,〈戶書〉(5), 10쪽 上
	보정保靖	매탄煤炭, 주사	同治《保靖縣志》卷3,〈食貨〉, 44쪽 上
	동안東安	철	康熙《永州府志》卷4,〈食貨〉, 26쪽 下
	도주道州	철	康熙《永州府志》卷4,〈食貨〉, 26쪽 下
	강화江華	석	康熙《永州府志》卷4,〈食貨〉, 26쪽 下
	영정永定	철	嘉慶《永定縣志》卷6,〈物産〉, 14쪽 下
	진계辰溪	철, 석탄	道光《辰溪縣志》卷37, 26쪽 上
	침주郴州	은, 철, 동, 석	康熙《郴州總志》卷7,〈風土〉, 9쪽 上

	귀계貴溪	탄	同治《貴溪縣志》卷1-9, 〈地理〉(物産), 5쪽 下
	감현贛縣	석탄, 연, 석	同治《贛縣志》卷9, 〈物産〉, 10쪽 下
	연산鉛山	동, 연, 석탄	同治《廣信府志》卷1-2, 〈地利〉(物産), 97쪽 上; 同治《鉛山縣志》卷5, 〈地理〉(物産), 49쪽 下~50쪽 上
	흥안興安	석탄	同治《廣信府志》卷1-2, 〈地利〉(物産), 97쪽 上; 同治《鉛山縣志》卷5, 〈地理〉(物産), 49쪽 下~50쪽 上
	원주袁州	석탄	咸豐《袁州府志》卷10, 〈物産〉, 2쪽 下
	의춘宜春	석탄, 동, 석, 금	民國《宜春縣志》卷10, 〈實業〉(礦業), 7쪽 下~8쪽 上
강서	요주饒州	석탄	同治《饒州府志》卷3, 〈地輿志三〉(物産), 53쪽 下
	만재萬載	철, 석탄	民國《萬載縣志》卷4-3, 〈食貨〉(土産), 12쪽 上~下
	소평昭萍	석탄	民國《昭萍志略》卷4, 〈食貨〉(物産), 12쪽 下
	서주瑞州	석탄	同治《瑞州府志》卷2, 〈地理〉(物産), 25쪽 上
	임천臨川	석탄	光緒《撫州府志》卷13, 〈地理〉(物産), 14쪽 上
	감주부贛州府	석탄	同治《贛州府志》卷21, 〈輿地〉(物産), 23쪽 上
	흥국興國	철	同治《贛州府志》卷21, 〈輿地〉(物産), 23쪽 上
	장녕長甯	철	同治《贛州府志》卷21, 〈輿地〉(物産), 23쪽 上
	익양弋陽	동, 철, 석탄	同治《弋陽縣志》卷2, 〈地理〉(物産), 8쪽 上

지를 잘 보여준다.

옛날에는 있었지만, 지금은 하나도 없는 게 있다. 〈상요지上饒志〉에는 금·은·철이, 〈연산지鉛山志〉에는 구리와 아연이, 〈익양지弋陽志〉에는 구리와 철이 나온다고 기록돼 있지만, 일찍이 전 왕조(명조)에서 모두 채굴한 결과, 현재는 광석이 산출되지 않는다. 그리고 평양平洋의 은광, 동당산銅塘山의 구리와 철광도 문을 닫았다. 또 모든 적도賊徒의 선동으로 사람들이 떠들썩하게 모여들고 있지만, 그러한 광물이 실제로 생산되는 것은 아니다. 영산靈山의 수정水晶도 공물貢物에 충당하기 위해 명대 영락永樂 연간

(1403~1424)에 채굴했지만, (현재는) 그것이 실제 존재했는지 알 수 없다.[277]

뒤이어 '옛날에는 없었지만, 현재 광신부 일대에서 폭넓게 볼 수 있는 것은 고구마'라는 지방지의 설명이 등장한다. 이 지방지가 광산의 정황을 언급하면서 고구마라는 작물을 언급했다는 것은 다소 엉뚱하기까지 하다. 그러나 다른 관점에서 볼 때, 광물을 생산하는 산지와 고구마 산지의 풍경은 확연히 다르다는 점에서 이러한 상황 변화는 청대 산악 지역의 환경 변화를 알려주는 흥미로운 지표다. 한편 이런 금속 광산의 대부분이 송대에 폐광된 반면, 석탄 생산은 청대에 이르기까지 꾸준히 이루어졌다는 사실은 당시 장강 중류 지역뿐 아니라[278] 중국 전체가 에너지 부족에 시달렸다는 점과 밀접한 관련이 있다. 이런 이유로 나무 연료를 대체하기 위해 등장한 석탄은 비교적 오랜 시기에 걸쳐 채굴이 이루어졌다.[279]

둘째, 일정 지역 전체의 광산 개발을 아예 봉금封禁한 적이 있었기 때문이다. 호남성 정주靖州 수녕현綏寧縣은 두 지역에서 구리와 철이 생산됐지만, 광산이 경작과 묘지에 방해가 된다는 이유로 모두 개발을 금했다.[280] 이 부분은 뒤에서 광산 개발과 환경문제의 연관성을 다룰 때 다시 언급하겠지만, 이처럼 아예 광산 개발을 금지했던 예는 자주 확인된다. 일정 지

---

277) 同治《廣信府志》卷1~2,〈地理〉(物産), 99쪽 上.
278) 따라서 강서성 광신부도 나무 부족으로 석탄을 적극 개발해 사용했지만, 석탄 역시 사용자가 많아 부족한 상황이 왔다. 同治《廣信府志》卷1~2,〈地理〉(物産), 97쪽 上.
279) 18세기 영국의 상황에서 알 수 있듯이, 아마도 인구 증가에 따른 연료의 변화는 18세기에 보편적인 추세였다고 생각할 수 있다. 영국의 이러한 연료 변화에 대해서는 Brinley Thomas, "Escaping from Constraints : The Industrial Revolution in Malthusian Context", *Journal of Interdisciplinary History*, vol. 15, no. 4(1985) 참조.
280) 光緖《靖州直隷州志》卷4,〈貢賦〉, 40쪽 上.

역 전체의 광산 개발을 금지했던 또 다른 이유는 생산 지역이 소수민족 지역에 있었기 때문이기도 했다. 이런 점에서 다음에 설명할 호남성 영순부의 광산 정황은 꽤 흥미로운 사실을 시사하며, 청대 광산 개발의 특징을 잘 요약해준다.

영순부는 구리, 철, 연, 초 등이 생산되는 지역이었는데, 구리는 채광량이 많지 않아서, 철과 연은 생산 지역이 묘족 지역이어서 그리고 초는 생산 비용이 다른 지역보다 비싸서 각각 봉금封禁을 단행했다.[281] 이러한 사실은 광산 개발이 단지 경제적 이유뿐 아니라, 지역의 정치 상황과 밀접한 관련 아래 개광과 폐광 사이를 오갔다는 것을 의미한다. 그러므로 명대나 청대에 특정 광물 생산지의 폐광이 반드시 매장량 고갈 때문만은 아니라는 점을 기억할 필요가 있다.[282]

셋째, 두 번째 이유에서 확인할 수 있듯이, 개광과 폐광을 놓고 다양한 이해 집단, 즉 국가와 지방 관료, 상인, 지역 주민 간에 첨예한 대립이 발생했기 때문이다. 역시 이 문제도 뒤에서 자세히 언급하겠지만, 강서성 감현贛縣의 예는 당시 광산 개발을 두고 각 이해관계 집단이 얼마나 날카롭게 대립했는지를 잘 보여준다. 감현은 송대에 아홉 개 지역에서 납과 주석을 생산했는데, 청대에 한 지역으로 축소됐다. 이에 강희 43년(1704) 상인 소종장蕭宗章 등이 광산 개발을 요청하자, 당시 순무였던 서려徐櫨가 개발 금지를 주청했다.[283] 이와 같은 정황은 다른 지역에서도 빈번히 발생했는데, 이는 결국 광산 개발에 따른 지역 사회의 혼란을 방지하려는 지방관과 이

---

281) 同治《永順府志》卷10,〈物産〉, 20쪽 上~21쪽 下.
282) 모두 확인이 가능한 것은 아니지만, 수송 문제 역시 광산의 개폐 여부를 결정하는 중요한 요소였다. 광산이 너무 험준한 곳에 있어서 개발하지 않았던 호북성 이천현利川縣의 철광이 바로 그런 예다. 光緖《利川縣志》卷7,〈戶役〉, 17쪽 上.
283) 同治《贛縣志》卷9,〈物産〉, 10쪽 下.

익 추구를 기본으로 한 상인 사이의 갈등 관계 때문이었다.

넷째, 광산 개발 때문에 발생한 환경문제가 다른 광물 생산에 직접적인 제약이 됐기 때문이다. 이미 이 문제는 산악 지역 환경에서 여러 차례 지적됐다. 예를 들어 호남성 영정현은 원래 철 생산이 많은 지역이지만, 석탄 공급이 원활하지 않아 옹정~건륭 연간에 이르러 철 생산이 감소했다.[284] 철광석을 제련하려면 반드시 석탄이 필요하기 때문이다.

이처럼 광산 개발에는 광산물의 존재 여부, 국가, 지방 관료, 지역 사회 그리고 환경문제에 이르는 다양한 요소가 관련돼 있다. 한편 장강 중류 지역의 호북성, 호남성, 강서성 중에 광산 생산과 관련된 사료는 호남성과 강서성에 많으며, 상대적으로 호북성은 광산 관련 사료가 많지 않다. 따라서 다음에는 주로 호남성과 강서성을 중심으로 광산 개발과 환경의 연관성을 살펴보기로 하자.

(2) 광산 개발과 환경

광산 개발의 주장

청대에 이르러 가장 중요한 광물 생산 지역 중 하나는 호남성 남부의 침주 일대였다. 침주에서는 납·철·구리·주석 등이, 의장현宜章縣에서는 주석이, 흥령현興寧縣에서는 철이 그리고 계동현桂東縣에서는 구리와 아연이 생산됐기 때문에 호남성 남부는 다른 어떤 지역보다 광산 개발에 관심이 많은 지역이었다. 광산 개발은 그 광물이 얼마나 깊이 매장되어 있는지 그

---

[284] 嘉慶《永定縣志》卷6,〈物産〉, 14쪽 上.

리고 광물의 성질과 매장 지역의 토양에 따라 그 방법이 달랐다. 예를 들어 주석은 산석山錫과 수석水錫이 있는데, 대체로 산석은 깊이 매장되어 있지 않은 반면, 수석은 하천이나 계곡 등지에서 나왔다. 한편 납도 은광에 섞여 있거나(은광연銀礦鉛), 동광에 섞여 있기(동산연銅山鉛) 때문에 그 추출 방법이 달랐다. 은광연은 1차 가열로 은 덩어리를 만든 다음, 다시 가열하면 은에서 떨어져 나온 납이 밑으로 가라앉는다. 반대로 동산연은 납을 먼저 추출한 다음 은을 얻는 방식이다.[285] 이러한 설명은 광물의 종류에 따라 채굴과 생산 과정에 사용되는 기술이 다르며, 당연히 주변 환경과의 상관관계 역시 다르다는 사실을 말해준다.

수석처럼 하천에서 채취할 수도 있으며, 널리 알려진 것처럼 노천에서 채취 가능한 광물도 있었다. 그러나 대체로 광물은 땅속으로 굴을 뚫고 들어가 채취했기 때문에 지지대와 배수 기구가 반드시 필요하며, 석탄 같은 경우 채굴이 끝난 다음에는 반드시 갱도를 메워야 했다. 지지대는 돌로 만드는 경우와 나무로 만드는 경우가 있으며, 수룡水龍이라 불리는 배수 기구는 대부분 목재를 이용했다.[286] 결국 광산 개발에 없어서는 안 되는 재료가 바로 목재와 석재였다.

넓은 의미에서 보면 광산 개발이야말로 산악 지역의 자원을 총체적으로 이용하는 전형적인 경제활동이었다. 여기서 총체적이라는 말은 광산 개발을 놓고 다양한 산지 자원과 수공업 제품이 서로 연결고리를 형성한다는 의미다. 금속을 정제하려면 많은 연료가 필요하기 때문에 광산 개발 지역 부근의 목재와 땔감은 현저히 감소했다. 땔감의 감소로 등장한 것이 바로

---

285) 路甬祥 主編,《中國古代金屬礦和煤礦開采工程技術史》(太原:山西教育出版社, 2007), 206쪽. 저자의 설명은 대부분 송응성宋應星의《天工開物》을 근거로 했다.
286) 路甬祥 主編,《中國古代金屬礦和煤礦開采工程技術史》, 210~212쪽.

건륭 연간부터 확산된 산악 지역의 석탄 개발이었다. 물론 석탄은 16세기 중엽 이래 북경과 같은 지역에서는 이미 중요한 연료로 사용됐다.[287] 그러나 건륭 이후가 되면 민간에서도 석탄을 널리 사용해 이 시기 이후 석탄은 중요한 상품으로 등장했다. 그런데 석탄 개발은 환경면에서 다음과 같은 결과를 낳았다.

첫째, 광산 개발이나 목재 벌채 못지않게 석탄 개발도 주변 일대 산지를 모두 민둥산으로 만들어버렸다. 앞서 언급했듯이 석탄 채굴에는 많은 목재가 소요될 뿐 아니라 광산 개발 자체만으로도 분명히 산 전체의 분위기를 크게 바꿔놓을 수 있다. 따라서 한 지방지의 설명처럼 다시 땔감 가격이 올라가는 상황이 전개되었다.[288] 이와 관련해 당시 중국 최대의 도자기 산지였던 경덕진의 상황은 매우 시사적이다. 청 중엽 이후 민국 시기까지 경덕진에서는 도자기 생산에 필수적인 산림을 보호하기 위해 다양한 정책이 등장했다. 예를 들어 1916년 경덕진에는 보시공소保柴公所라는 기구를 만들어 도자기 제작에 소요되는 나무 연료를 보호했다.[289]

둘째, 좀 더 중요한 사실은 석탄 채굴이 특히 건륭 연간에 청 정부 광업 정책의 획기적인 전환점이 됐다. 이 사실을 알아보기 위해 건륭 연간 당시 예부상서禮部尙書였던 조국린趙國麟(1673~1751)의 상주를 살펴보자.

---

287) 路甬祥 主編,《中國古代金屬礦和煤礦開采工程技術史》, 303~304쪽. 아울러 元廷植,〈乾·嘉 年間 北京의 石炭 需給問題와 그 對策〉,《東洋史學研究》32輯(1990)은 적어도 명대 이래 석탄 수요 증가와 북경이라는 대도시의 석탄 소비 양상을 잘 정리한 좋은 연구다. 그의 지적에 따르면 예외적으로 높은 수치만 옹정 12년(1734) 동전 주조를 위해 한 해 동안 약 5,000만 근의 석탄이 소비됐다.

288) 同治《永順府志》卷10,〈物産〉, 15쪽 上.

289) 劉朝暉,《明淸以來景德鎭瓷業與社會》(上海:上海世紀出版集團, 2010), 50~51쪽. 한편 송대에는 도자기 제조에 석탄을 이용했다는 언급이 있는 것으로 보아, 명·청 시대에도 일부 지역에서는 석탄을 사용했을 가능성을 배제할 수 없다. 路甬祥 主編,《中國古代金屬礦和煤礦開采工程技術史》, 279쪽 참조.

청하옵건대, 천지天地 자연의 이로움을 넓혀 백성의 쓰임새를 여유 있게 해야 합니다. …… 신이 생각건대 백성은 물과 불이 없으면 생활하지 못하며, 100전錢 (가치의) 쌀이 있다면 반드시 10전 (가치의) 땔감이 필요하니, 이것은 땔감과 쌀이라는 두 물건이 서로 표리 관계에 있으며 생명을 기르는 근원임을 말합니다. 동남 지역은 산림과 재목이 많은 곳이어서 땔감을 구하기가 오히려 쉬우며, 북방의 한전旱田 (지역에서는) 전적으로 콩이나 조의 줄기를 (이용해) 음식을 만드는 연료로 사용하지만, 행여 가뭄과 홍수가 고르지 않게 발생해 조를 많이 수확할 수 없게 되면 연료 가격이 오곡과 함께 오르니, 이는 백성의 식량 (조달이) 일단 어려워지면 음식을 만드는 연료 (조달) 역시 어렵게 된다는 것을 (의미)합니다.

석탄은 본래 천지자연이 (주는) 이익과 같은 것으로, 매장량이 풍부해 백성의 생활에 무궁하게 이용할 수 있습니다. 대강大江 이북은 (석탄이 매장된 곳)이 많은데, 제가 태안泰安 · 내무萊蕪 · 영양寧陽 등 여러 지역을 조사해보니 이들 지역 모두 석탄을 생산하며, 신臣 또한 그 사실을 본래부터 알고 있었습니다. 위에서 특별히 (석탄 개발에 관한) 분명한 지침을 내리지 않고, 지방 관리는 많은 사람이 모여 질서를 어지럽힐지 모른다는 생각 때문에, (석탄 채취를) 오랫동안 금지했으니, 결국 이것은 만백성이 앉아서 이익을 잃어버리게 하는 것입니다. 신이 살펴보건대 북경의 100만 가구는 모두 산서山西 지역의 석탄 공급에 의존하며, 수백 년 동안 (석탄이) 부족해질지도 모른다는 염려나 사람이 모여 말썽을 일으키는 곳이 없는데, 어찌 유독 각 성省에서 (석탄 채취를) 하지 못하게 한단 말입니까?

청하옵건대 (황제께서는) 각 성의 독무督撫에게 명을 내려 각 지방관이 (석탄 생산지를) 직접 조사하게 해서, 무릇 석탄이 매장된 곳이 성지城池나 용맥龍脈 그리고 옛날 제왕과 성현聖賢의 능묘 지역에 있지 않으며 제방과 교통 요지에 방해가 안 되는 (경우라면), 백성이 스스로 석탄을 채취해 음식을 만드는 연료로 쓰고, 규정에 따라 세금을 납부하게 해야 합니다. 지방관은 (관할 지역의 석탄 채취 상황을) 엄격하게 조사해 만일 유력자가 강제로 (석탄 광산을) 점령하고 지역의 불량배가 (석탄 채취를) 방해한다면 법에 따라 조치를 취해, 장차 (석탄 채취 금지를) 일단 완화한다면 적은 비용으로 쓰임새가 많은 것을 취할 수 있게 돼 백성이 얻는 이익이 영원히 무궁할 것입니다.[290]

건륭 5년(1740)에 올린 조국린의 상주는 대담하기까지 하다. 그는 관공서 주변이나 중요한 풍수 지역과 역대 제왕의 능묘 그리고 농업이나 교통에 방해가 되지 않는 한, 석탄이 매장된 곳은 적극적으로 채광을 실시해야 한다고 주장했다. 이것은 청대에 중국이 겪었던 에너지 위기를 타개하기 위한 것이 분명하며 또 전반적으로 18세기에 관료들이 중시했던 민생 문제를 적극적으로 해결하기 위한 방책의 일환이었다.[291]

조국린이 중국 전역에서 석탄을 개발해야 한다고 주장했다면, 이제 장강 중류 지역의 광산 개발을 적극적으로 주장했던 관료의 말을 살펴보자. 그러한 인물로 주저 없이 꼽을 수 있는 인물이 바로 진홍모다. 널리 알려진 것처럼 그는 섬서, 호북, 호남, 강서 등지에서 순무를 다년간 역임했으며, 부임지에서마다 일반 백성의 생활수준 향상과 경제적 이익을 창출하기 위한 방법에 골몰했다. 앞서 호남성 정주靖州 관할 수녕현綏寧縣 전체의 광산 개발을 금지했다는 사실을 언급했는데, 진홍모는 수녕 지역의 동광

---

290) 《朱批奏折》, 000195~000197. 路甬祥 主編, 《中國古代金屬礦和煤礦開采工程技術史》, 311쪽에서 재인용.
291) 일반 백성의 생활을 개선하고 경제적 이익의 극대화를 위한 18세기 관료들의 노력은 강서성과 호남성의 광산 개발을 적극적으로 주장했던 진홍모의 글에서도 찾아볼 수 있다. 이러한 진홍모의 입장에 대해서는 William T. Rowe, *Saving the World : Chen Hongmou and Elite Consciousness in Eighteenth-Century China* (California : Stanford University Press, 2001), 243~245쪽 참조.

개발을 적극적으로 추진했다.

수녕현 파충동창杷沖銅廠은 건륭 4년(1739) 정주 사람 황삼기黃三奇가 개발권을 사들였지만, 묘족인 장잡將卡이 붕민의 가옥을 불태운 일이 발생했으며, 뒤이어 역시 묘족 출신 양묘원楊妙元이 황삼기의 거처를 약탈하고 은을 훔치는 사건이 일어났기 때문에 동광을 폐쇄했다.[292] 묘족이 반란을 일으킨 이유는 나와 있지 않지만, 진홍모가 동광을 다시 열기 위해 행한 조치 중 묘족에게 광산 개발 이득의 일부와 함께 이익을 나눠주라는 내용으로 보아, 광산 개발을 사이에 두고 한족과 묘족 간에 갈등이 있었음을 짐작할 수 있다. 따라서 진홍모는 묘족과 한족 상인에게 개발권과 이득 분배를 정확히 적은 장부를 작성하라고 명했다.

진홍모의 의도는 수녕현 동광이 묘족 지역에 있기 때문에 묘족의 기득권을 인정하는 대신, 한족이 특별한 문제없이 동광을 개발하도록 하는 데 있었다. 수녕현의 상황은 소수민족과 한족 사이의 갈등이라는 특수 상황에서 비롯했지만, 실제로 진홍모는 당시 가장 대표적인 광산 개발론자 가운데 하나였다. 다음에 인용한 진홍모의 언급은 당시 그가 얼마나 광산 개발에 적극적이었는지를 잘 보여준다.

광신부의 옥산현 광평산廣平山 지역에는 연광鉛礦이 있습니다. 지역 거주민이 여러 차례 개채開採를 간청해 신臣이 포정사布政司에게 그 지역 일대를 조사하도록 명했으며, 이어 광신부 지부知府 진세증陳世璔은 옥산현 지현 이홍상李鴻翔을 대동하고 앞서 그 지역을 조사했습니다. 광평산은 현성에서 140리 떨어져 있는데, 상요上饒와 덕흥德興 두 현의 교계 지역입니다. 두 현

---

292) 이하 수녕현 동광에 대한 언급은 陳宏謀, 《培遠堂偶存稿》卷38, 44쪽 下~45쪽 下에 있는 〈開採綏寧縣杷沖銅廠檄〉의 내용을 근거로 했다.

과는 모두 백수십 리 밖에 있고, 산의 전후좌우로 20~30리에 걸쳐 촌락과 분묘가 없으며, 또 방해받는 곳도 없습니다. 공인工人에게 (채굴을) 감독하게 해 갱도 다섯 곳을 차례로 시굴한 (결과), 모두 (납) 원석이 있었습니다. 시험 삼아 원석을 가열하자 은과 납이 같이 섞여 나와 실제로 은과 납을 얻을 수 있었습니다. 만일 이곳의 개채를 허락한다면 은과 납 광석을 얻을 수 있으며, 2대 8의 비율로 세금을 부과한 후 나머지는 백성 스스로 운반해 팔게 할 수 있습니다.

이 지역의 건실한 양민良民을 신중하게 선발해 동두硐頭로 삼고, 지역 주민을 모집해서 개채해 본지本地 주민이 자기 지역의 광산을 개발하게 한다면 내력이 불분명한 사람이 (몰려드는 것을) 염려하지 않아도 될 것입니다. 강서는 본래 쌀이 많이 나는 지역이며, 현재 강서 사람은 강서에서 생산되는 쌀을 먹기 때문에 쌀값이 오를 염려가 없습니다. 또 투자비를 동원하지 않고도 일반인이 자금을 내서 채굴한다면 이익이 있다고 생각하는 사람은 (자금을 가지고) 올 것이며, 이익이 없다고 판단한 사람은 오지 않을 것이므로 (소요를 일으킬지도 모를 사람이) 모이기는 쉽고 흩어지기는 어려운 일 또한 없을 것입니다.[293]

진홍모의 상주는 앞에서 말한 조국린의 상주 내용과 큰 차이가 없지만, 특정 지역의 경제문제를 광산 개발과 연결했다는 점이 다르다. 그리고 이 글을 통해 당시 광산의 개발 여부는 지역 사회의 치안 문제와 밀접하게 연결돼 있음을 다시 한 번 알 수 있다. 하지만 광산 개발이 단지 이처럼 많은 노동자의 집결 때문에 생기는 치안 문제와 물가 등귀라는 결과만 가져왔을까? 더 나아가 광산 개발이 이처럼 경제적으로 긍정적인 효과만 가져

---

293) 陳宏謀, 〈請開山林之利疏〉, 《皇淸奏議》卷39(臺北 : 文海出版社, 1967), 35쪽 上~36쪽 下.

왔을까?

환경 폐해

현대 중국의 산업재해 가운데 가장 빈번한 사고가 바로 광산 사고다. 최근의 한 연구에 따르면 중국은 석탄 100만 톤을 생산할 때 사망률이 미국보다 50배나 높다.[294] 이 외에도 광산 폐수 등에 의한 토질 오염과 노동자 질병 등 다양한 환경적 악영향을 가정할 수 있다. 그렇다면 실제로 역사시대 중국인은 광산 개발에 따른 환경 피해를 어떻게 생각했을까? 명대 침주郴州의 거인擧人이었던 유국인喩國人은 침주 지역의 광산 피해를 다음과 같이 지적했다.

첫째, 침주는 산이 많고 경작지가 적어 한 해 수확으로 1년치 식량 공급이 불가능한 지역이다. 그런데 근래 들어 광부가 수만 명으로 증가해 미곡 가격이 등귀한다.
둘째, 광석을 가열할 때 흘러내리는 악수惡水가 경작지로 흘러들어 토양을 오염시키기 때문에 백성의 의식은 물론이고 세금을 낼 수 없는 지경이 된다.
셋째, 광맥을 찾기 위해 수십 리가량 갱도를 뚫어야 하기 때문에 가옥과 분묘의 용맥龍脈이 끊어진다.
넷째, 용광로에 쓸 석탄이 없어지면 금산禁山 지역에 들어가 벌목하고, 심지어 무덤가의 나무마저도 거리낌 없이 베어버려 풍수를 해친다.
다섯째, 침주 지역 사람은 용광로를 다룰 줄 모르기 때문에 기술자가 주변의 임무臨武, 남산藍山, 가화嘉禾, 상녕常寧, 신전新田 등지의 간악한 무리와

---

294) 張建民 · 宋儉, 《災害歷史學》(長沙 : 湖南人民出版社, 1998), 201쪽.

사방의 부랑자를 데리고 들어온다. 이들이 약탈을 자행하고 야간에는 위협을 하기 때문에 마을의 닭과 개조차 편안하지 못하고 부녀자는 멀리 달아나 숨어야 한다.

여섯째, 간악한 무리가 수천 명에 이르는 집단을 결성해 조그만 일에도 다투고 멋대로 살인을 자행해 소송이 끊임없이 일어난다.

일곱째, 광산의 악수惡水가 일단 방출되면 수십 리까지 흘러내려 계곡과 하천으로 들어가기 때문에 수질을 오염시키고, 그것을 마시면 병이 생긴다.

여덟째, 진흙과 모래로 하도河道가 반쯤 막혀버리면 물길을 바꿔놓아야 하는데, 이때 경작지의 어린 싹이 피해를 입지 않을까 걱정하는 주민들 간에 끊임없이 분쟁이 발생한다.

아홉째, 침주는 주변이 모두 산으로 둘러싸인 곳이라 원래 여기癘氣(돌림병을 일으키는 기운)가 많은 곳이다. 광산 개발로 독기가 나와, 그것이 비와 안개에 섞여 많은 질병이 발생한다.

열째, 폐광된 갱도에 불온분자가 은닉하는 것은 엄하게 금지되어 있다. 그러나 현재 광부는 모두 다른 지역 출신인데, 그들 가운데 도망자나 도둑이 갱도에 숨어버리면 찾아낼 방도가 없다.[295]

명 말에서 청 초에 작성되었을 것으로 추측되는 이 글은 광산 개발로 발생할 수 있는 모든 내용을 망라했다는 점에서 매우 중요하다. 유국인은 광부의 집결로 발생할 수 있는 지역 사회의 치안 문제뿐 아니라, 광산에서 흘러나오는 폐수나 공기 오염, 나무의 남벌, 심지어 발병 가능성까지도 종합적으로 언급했다.

---

295) 喩國人,〈郴州礦廠十害論〉. 이 글은 康熙《郴州總志》卷7,〈風土〉, 9쪽 上~13쪽 下와 嘉慶《郴州總志》卷19,〈礦廠〉, 10쪽 下~15쪽 上에 각각 기재돼 있다.

유국인이 지적한 이러한 폐해는 당시뿐 아니라, 현대에도 고스란히 발생하는 문제다. 따라서 광산 개발로 빚어지는 환경문제는 대체로 유국인이 지적한 내용에서 크게 벗어나지 않는다. 더구나 광산 개발이 진행된 지역에서 공기가 오염되거나 특정 질병이 많이 생겼다는 기록은 찾아보기 어려운데, 이런 점에서도 이 자료는 상당한 가치가 있다. 단, 광산 개발에 따른 남벌 문제는 명·청 시대의 다른 사료에 비교적 상세히 나온다.

용광로에 이용된 연료는 대체로 목탄이었는데, 침주부의 경우 용광로가 설치된 지역의 20~30리 이내에서는 숲이 완전히 사라졌다. 연료 확보를 위해 광산 개발자가 미리 주변의 나무를 구입한 탓에, 일반인이 사용하는 연료 가격이 열 배나 오르는 경우도 있었다. 특히 광산 개발지가 종족의 묘지 일대에 있는 경우에는 광산 개발로 이익을 얻으면 종족 내 가난한 사람을 구제하겠다는 감언이설로 묘지 주변의 나무를 벌목했다. 또 묘지 보호를 위해 심은 나무를 가난한 사람이 몰래 팔아치우거나 심지어 불을 질러 일단 산림을 망가뜨린 다음, 목재 판매를 강요하는 일도 발생했다.[296] 광산 개발에 따른 산림 피해가 더 컸던 이유는 산지 이주민이 화전 경작을 위해 거주지를 옮겼던 것처럼 목재가 소진되면 다른 지역으로 이동해 광산을 개발했기 때문이다. 침주의 지방지는 그러한 정황을 다음과 같이 기록했다.

(침주 관할) 흥령현興寧縣은 산이 많고 경작지가 적은데, 그 사이 곳곳에 철광이 있다. 그러나 철광마다 매장량이 많지 않아 약간만 채굴해도 이내 철광석이 소진된다. 이에 수목이 울창한 곳이 있으면 상인이 그 지역을 취해서 철로鐵爐를 설치하고, (이후) 나무와 철광석이 없어지면 다시 다른 지역으로 옮

---

296) 常慶, 〈封禁鐵廠示〉, 嘉慶 《郴州總志》 卷19, 〈礦廠〉, 16쪽 上~下.

겨가 동일한 행위를 하기 때문에 오랜 기간 동안 철광이 개발되는 사례가 없다.[297]

이 글은 철광 개발이 외부 상인의 자본으로 이루어진다는 사실 외에도, 연료의 존재 여부가 철광 개발의 중요한 열쇠였음을 단적으로 보여준다. 당시 광산은 시대에 따라 끊임없이 개폐開閉를 거듭했는데, 그것은 정책적인 이유 외에도 연료로 사용된 나무를 얼마나 지속적으로 공급할 수 있는지의 여부가 중요했기 때문이다.[298]

폐광도 심각한 환경 피해를 가져왔다. 광산 개발의 특징 중 하나는 원석 채취가 활발할수록 개발의 한계가 빨리 올 수밖에 없다는 점이다. 따라서 거의 모든 광산이 개광과 폐광을 거듭했다. 이른바 채금불일採禁不一의 상황이 바로 그것이다. 일례로 침주의 연광은 건륭 29년(1764)에 지주知州 왕광王洸이 갱도가 깊고 광석 산출은 많지 않다는 이유로 폐광 조치를 내렸지만, 건륭 31년(1766)에 지주 조유인趙由仁은 주민의 청을 받아들여 다시 개광했다. 그러나 이 연광은 건륭 60년(1795)에 또다시 폐광됐다. 이처럼 잦은 폐광으로 빚어지는 현상 중 하나가 바로 광산 폐수 유출이다.

폐수 유출에 따른 경작지 피해를 언급한 사료는 앞에서 인용한 유국인

---

[297] 嘉慶《郴州總志》卷19,〈礦廠〉, 3쪽 上.
[298] 더구나 숯을 만들기 위해 사용되는 나무는 해당 나무가 자라는 원생림의 이용 비율이 고작 30퍼센트에 불과했다. 최근 한 연구에 따르면 운남 동북 지역은 구리 생산이 활발했던 1726~1735년에 연평균 350만 근(2,100톤)의 구리를 생산했다. 이 연구는 구리 100근을 생산하는 데 약 1,000근의 숯이 들어간다고 보았다. 따라서 구리 2,100톤을 생산하려면 숯 2만 1,000톤이 필요하며, 이 숯을 만드는 데는 나무 6만 3,000톤, 즉 목재 7만 세제곱미터가 소요됐을 것으로 추정했다. 따라서 당시 목재 이용률 30퍼센트를 적용한다면 2,100톤의 구리 생산에 약 23만 3,000세제곱미터의 목재가 소요됐다고 계산했다. 계산의 정확성 여부를 떠나, 이러한 정황은 당시 기술 수준이 낙후됐기 때문에 실제 이상으로 많은 나무가 소요됐음을 말해준다. 楊煜達,〈淸代中期(公元1726~1855) 滇東北的銅業開發與環境變遷〉,《中國史硏究》3期(2004) 참조.

의 글이 가장 직접적이지만, 광산이 폐광되는 이유로 가장 자주 언급되는 원석 부족과 함께 갱도 내에 물이 찬다는 말은 폐광 이후 광산에 폐수가 있었다는 것을 말한다.[299] 즉, 연광이 있던 침주의 삼수갱杉樹坑은 광맥은 남아 있지만, 갱도 밑바닥에 수년 동안 물이 찼기 때문에 채굴이 쉽지 않았다.[300]

의외로 명·청 시대의 사료 가운데 광산 개발 중 갱도가 무너진 사례는 찾아보기가 힘들다. 또 광산이 인체에 직접 영향을 미쳤다는 구체적인 정황도 발견하기 어렵다. 그러나 다음의 시는 당시에도 광산 개발 도중 많은 인명이 손실되었다는 사실을 말해준다.

> 호방湖坊 위 하천 동쪽 수십 리에는
> 석탄을 캐는 광부가 열 명 중 일곱 여덟 명이라네.
> 산이 무너지고 갱도가 내려앉아 압사자가 많으니
> 이 동네 빈민의 어려움이 채탄보다 큰 것은 없다네.[301]

이 시는 매우 간단하게 채탄의 어려움을 읊었지만, 분명 광산 사고를 가리킨다. 광산 사고와 관련해서 명대의 한 저자는 갱도의 개착과 폐쇄가 마치 개미나 쥐가 굴을 파놓은 것처럼 어지럽고, 그 깊이가 수천 장丈에 달해 행여 갱도가 무너지면 수천 명의 광부가 졸지에 갱도 한 곳에 묻혀버린다는 정황을 기록으로 남겼다.[302] 따라서 광산 사고에 대한 자세한

---

299) 영원현의 경우 광산 제련으로 평지에 악수惡水가 흘러내리고 납을 함유한 공기가 새어나와 초목이 시들고 농지가 황무지로 변한다는 말이 등장한다. 林榮琴, 〈清代湖南的礦業開發〉, 復旦大學 博士學位 論文(2004), 181쪽.
300) 應先烈, 〈封禁礦廠詳文〉, 嘉慶 《郴州總志》 卷19, 〈礦廠〉, 9쪽 下~10쪽 上.
301) 李照梅, 〈煤洞行〉, 同治 《鉛山縣志》 卷27, 〈古樂府〉(文徵), 26쪽 下.

기록이 남아 있지 않더라도, 당시 기술 수준으로는 갱도가 깊어짐에 따라 많은 사람이 몰살되는 상황을 쉽게 추측할 수 있다. 또 청대의 다른 시는 채탄 과정에서 발생하는 분진이 어떠했는지를 기록했는데,[303] 그 일부를 옮겨보자.

> 거미줄 사이로 수북한 먼지가 기둥에 쌓여 있고
> 집 위에 쌓인 먼지 사이로 석탄 냄새가 코를 찌르네.
> 그을음이 습기와 어우러져 청소하기 어려운데
> 산에 가서 대나무를 꺾어오기 위해 아이들을 부른다.
>
> 긴 장대 끝을 다듬어
> 그 끝에 나뭇잎과 판자를 단다.
> 단단히 청소 도구를 갖추고 무거운 먼지를 떨어내는데
> 도롱이로 몸을 가리고 삿갓을 써서 햇빛을 피하네.
>
> 집 안에 가득한 먼지가 어지럽게 날리며
> 집 안 깊숙한 곳과 기둥이 말끔해졌구나.
> 그 청소하는 모습이 서까래에 초서草書를 쓰는 듯하며
> 그 소리는 게가 옹기 안 모래를 발로 긁는 것 같구나.
>
> 부엌에 있는 닭이 종종거리고 지붕에 숨은 쥐가 도망가며
> 거미가 어지럽게 떨어지고 제비집이 뒤집히네.

---

302) 祝廷璠, 〈上孫中丞請罷礦坑議〉, 同治《廣信府志》卷11~3, 〈文徵〉, 4쪽 下.
303) 彭旭初, 〈掃䑋塵〉, 同治《鉛山縣志》卷27, 〈古樂府〉(文徵), 27쪽 上.

그저 집 안 구석구석과 담장이 깨끗해지길 바랄 뿐이니
어찌 한 번의 번거로움을 마다하겠는가!

    이 시는 섣달을 맞이해 온 동네가 집 안의 묵은 먼지를 떨어내고 청소하는 광경을 그린 것이다. 무엇보다 관심을 끄는 부분은 집 안 곳곳에 석탄 먼지가 가득 쌓여 있는 풍경이다. 그 석탄 먼지는 1~2년 쌓인 것이 아닌, 장기간에 걸쳐 집 안으로 들어온 해묵은 것이라는 점도 주목할 필요가 있다. 시의 내용으로 보아, 이러한 청소는 일상적으로 행하는 것이 아니라 대대적으로 한 청소가 분명하다. 그만큼 석탄 개발에 따른 분진 피해가 온 마을에 미쳤다는 사실을 쉽게 짐작할 수 있다.
    청대에 광산 개발과 관련된 사료가 대부분 개발 상황, 사회문제, 개발을 둘러싼 갈등 등에 초점이 맞춰져 있어서 이 같은 시는 광산 개발과 관련된 환경문제를 환기시키는 데 매우 유용하다. 그런 점에서 다음의 시는 광산 개발 정황과 거기서 빚어지는 환경적인 동요를 잘 묘사했다.

산에 깊숙이 들어가지 않아도
숲과 계곡이 분명히 눈에 들어오는데
무엇에 이 넓고 기이한 광경을 비하겠는가!
놀라서 마음과 눈이 떨리는 것을.

도끼를 든 천여 명의 인부가
군목群木을 자르는 소리 요란하구나.
'영차' 하는 소리가 멀리서 들리고
도로변엔 땔감이 수북하네.

다섯 명의 역사力士가[304] 산을 개간하니
사방의 산이 졸지에 헐벗는 형상이다.
구름은 태고太古와 다름없이 펼쳐지는데
나는 잘 곳을 잃어 배회하는구나.

갱도를 굴착하면 날카로운 돌이 떨어지고
한없이 구불구불한 비스듬한 길을
건장한 사람도 떨어질까 두려워
횃불을 들고 기어가는구나.

긴 쇠침으로 황천黃泉을 파내니
땅이 갈라지고 지축이 흔들리는구나.
마치 교룡蛟龍의 분노를 듣는 듯하고
귀신이 통곡하는 것 같구나.

그러한 두려움을 덮어버릴 수 있다 해도
소가 끄는 쟁기를 어찌 지킬 수 있을까.
전답은 척박하고
매년 혹심한 기아와 추위로 고통 받는다고 말하면서
죽을 짓을 저지르는 것이 어찌 이와 같은지!

먹고살 방도가 많지 않아

---

[304] 본문에는 '오정五丁'으로 나오며, 오정은 촉蜀에 살았던 역사力士로 산을 옮기고 만균萬鈞(아주 무거움을 뜻함)을 날랐다고 전해진다. 여기서는 많은 인부가 산을 개간하는 모습으로 묘사했다.

구릉에서 광산을 개발하니
산기슭에는 용광로 불길이 가득하고
불길이 푸른 하늘을 가리네.

용광로 타는 소리가 숲과 계곡에 가득하고
불빛이 사방에 번득거리면
쇳물이 녹아 옥구슬처럼 방울방울 맺히고
철편鐵片이 조금씩 쌓이네.

감춰진 자원이 빠르게 팔려 돈이 되니
오호라! 하늘의 조화로다.
가난한 백성은 이 일을 하다, 쉬다 하지만
지맥의 손상을 생각하면
갱도 굴착이 그대들에게 복을 주는 것은 아니로다.

(하략)

이 글은 옹정 연간 진계현 지현을 지낸 당효요唐效堯의 〈관철창觀鐵廠〉이라는 시다.[305] 이 시는 다른 어떤 사료보다 청대 광산 개발의 실상과 그에 따른 마을 주민의 심리적 부담을 잘 그려냈다. 갱도 안의 위험성, 풍수 손상, 산림 남벌, 광물 자원의 상품화, 광산 개발에 따른 농업 피해에 대한 우려, 철 생산 과정을 생생하게 묘사했다. 지은이는 단지 자신의 하루 거처를 염려하지만, 그 내심에는 광산 개발을 권장하지도, 그렇다고 강력하게

---
305) 道光《辰溪縣志》卷34,〈藝文〉(下), 12쪽 下~13쪽 上.

차단할 수도 없는 애매한 태도를 내비친다. 아마도 당시 일반 백성은 궁핍한 상황이 올 때마다 산으로 달려가 광산 개발을 했던 것처럼 보인다. 이런 정황 앞에서 환경이란 단지 추상적인 단어에 불과했을 것이다.

(3) 광산 개발과 지역 사회

광산 개발은 단지 자연환경에만 영향을 준 것이 아니었다. 앞서 분진 발생과 광산 사고를 언급했지만, 광산 개발에 따른 지역 사회의 변화도 매우 중요한 환경 변화일 것이다. 청 정부나 지방 관리가 광산 개발을 금지한 가장 큰 이유는 많은 노동자가 한꺼번에 몰려들어 치안이 불안해졌기 때문이다. 이 같은 치안 불안과 소요 사태의 발생 원인은 몇 가지로 나누어 볼 수 있다. 첫째, 묘족 지역의 광산 개발을 들 수 있다. 상식현의 초광硝礦과 철광은 건륭 5년(1740)과 건륭 46년(1781)에 각각 봉금됐다. 말하자면 청 정부는 광산 개발을 둘러싸고 발생할지도 모를 묘족과의 충돌을 염려한 것이다.

둘째, 물가 등귀와 파산 현상을 꼽을 수 있다. 건륭 47~48년(1782~1783)에 계동현 일대 세 곳에서 주석이 나온다는 소문을 듣고 계양주桂陽州의 담譚 모와 장張 모 그리고 장사長沙의 주周 모 등이 그 지역 광산을 개발했지만, 전혀 소득이 없었다. 그들은 2~3년간 막대한 돈을 쏟아 부었으나 더 이상 개발할 여력이 없어지자, 담 모는 부채를 견디지 못해 달아났고 장 모는 결국 울분으로 죽고 말았다. 이 개발에 투자한 마을 사람 역시 파산했다.[306]

---

[306] 嘉慶 《桂東縣志》 卷8, 〈物產〉, 8쪽 下. 물론 광산 개발로 거부巨富가 된 사람도 있다. 예를 들어

광산 개발에는 거대 자본이 필요했는데, 짧은 기간에 많은 자본이 투자됐으며 단기간에 많은 사람이 몰려들었다. 따라서 광산 개발 지역의 물가는 오를 수밖에 없었다.[307] 이러한 현상은 단지 광산 개발뿐 아니라, 목탄 제조업에도 고스란히 나타났다. 또 자본가나 노동자 모두 외지인이었기 때문에 지방관이나 토착 주민이 느끼는 불안감은 더했다. 일례로 호남성 도주道州 지역의 목탄 제조에도 많은 사람이 몰려들었는데, 이 지역 지방지는 다음과 같이 언급했다.

> 도주 일대에는 땔감이 매우 많다. (따라서) 부자라도 목탄을 사용하는 사람은 드물다. 목탄을 생산하는 사람은 모두 외지인으로, 여러 사람이 모여 탄요炭窯를 만드니, 사방에서 나무를 베고 태워서 목탄을 만든다. (이렇게 만든 목탄은) 외부 지역에 파는데, 그 이익이 매우 크다. 그러나 종종 지역 주민과 말썽이 생기므로 반드시 그러한 정황을 염두에 둬야 한다.[308]

이 글을 통해 산악 지역 이주민이 농사를 짓기 위해 사방을 돌아다녔던 정황을 그려볼 수 있다. 즉, 산지 농업의 주인공과 마찬가지로, 산악 지역의 광산 노동자 역시 대부분 외부 이민자였을 뿐 아니라, 사실상 직업이 없어 생계가 막연한 이들이었다. 호남성 서부에 위치한 진계현에서 이러한 정황을 확인해주는 단서를 찾아볼 수 있다. 도광《진계현지辰溪縣志》에는 강희 52년(1713)과 옹정 13년(1735)의 상유문上諭文이 실려 있는데,[309]

옹정 연간의 등희전鄧希全, 건륭 연간의 팽오중彭五中과 조조례曹祖禮는 계양주 일대의 광산 개발로 부를 축적한 이들이었다.
307) 同治《桂陽縣志》卷19,〈風土〉, 32쪽 上.
308) 光緖《道州志》卷10,〈風土〉(土産), 26쪽 上~下.
309) 이 상유문은 道光《辰溪縣志》卷21,〈礦廠〉, 1쪽 下~4쪽 下를 근거로 했다.

그 내용을 간추리면 다음과 같다.

강희 52년 : 사천제독四川提督의 상주문에 따르면 사천의 한 지역에 1만여 명이 모여 광산을 개발하는데, 이들 모두는 사실상 집이 없어 거주지가 없으며, 토지가 없어 농사를 지을 수도 없는 사람들이다. 따라서 이들은 광산 노동으로 생계를 유지한다. 만약 법대로 다스려 (그들의 활동을) 금지한다면 그들은 어떻게 생활할 것이며, 장차 지방관은 어떻게 이들에게 이익을 가져다줘 그들이 생활할 수 있도록 하겠는가. 다만 그들이 무리를 이루어 망령된 행동과 불법을 자행하지 못하게 막아야 한다. 무릇 각 성省의 광산이 있는 곳에서 직업이 없는 빈민이 사사로이 광산을 개발할 경우, 각 지방관은 그들의 성姓과 이름을 적은 명부를 만들도록 각 광산에 명하고, 아울러 해당 관리는 불시에 광산 지역을 조사해 망령된 행동과 불법을 행하지 못하게 해야 한다. 또 외부 사람의 채굴과 함께, 유력자와 부유한 사람이 광산 개발을 하지 못하게 해야 한다.

옹정 13년 : 호남 지방에는 철이 많이 있으며 채취 또한 매우 쉽다. 비록 여러 해에 걸쳐 개발을 금지했지만, 광산 개발을 금지하기는 어렵다. 다만 외부 상인이 이곳의 철을 사서 해외로 운반하는 정황도 드러나지 않는다. 호광독무湖廣督撫와 양강총독兩江總督이 모여 이곳 호남의 광산 개발 여부, 어떻게 하면 관구關口를 철저히 조사할 수 있으며, 규정대로 공사에 힘써 모두에게 이익이 될 수 있는지를 상의했다. (황상의 뜻을 받들어) 호남 안화安化 등 주州·현縣 지방의 소교小橋를 비롯한 68곳의 철 생산지는 모두 내륙에 있으며, 장애가 되는 것이 없으면 백성이 스스로 채광하도록 해 백성의 쓰임새를 여유 있게 해야 한다. 용광로 설치, 광산의 모든 원석 채취와 제련에 필요한 사람은 산주山主의 책임 아래 양민良民을 찾아 고용해야 하며 외부인을 불러들여서는 안 된다.

옹정 연간의 상유문 후반부에는 일을 잘못 감독했을 경우 형벌 규정과 함께 철 판매량과 판매처를 반드시 살펴야 한다는 내용이 첨부돼 있다. 이 두 상유문의 공통점은 결국 광산 노동자를 외부인이 아닌 본지 거주민으로 해야 하며, 백성에게 이익이 되도록 가능하면 광산 개발을 허용해야 한다는 것이다.

정책 방향이 이렇게 분명했는데도 광산이라는 특성상 이러한 규정을 제대로 적용하기는 불가능했다. 첫째, 천재지변에 따른 흉작을 제외하면 비교적 안정된 생산이 가능한 농업과 달리 광산의 산출량은 매우 불안정했기 때문이다. 사료에서는 이런 상황을 '선알선공旋挖旋空'이라고 표현하는데, 어떤 때는 광석을 채굴할 수 있지만 세월이 흐르면 광산을 폐쇄할 수밖에 없었다. 따라서 폐광과 개광에 따른 노동자의 이동은 불가피했다.

둘째, 광산 개발의 속성상 거대 자본과 함께 많은 노동력도 필수적이었기 때문이다. 광물의 종류에 따라 노동자가 얼마나 필요했는지는 정확히 알 수 없지만, 단편적인 증거를 통해 당시 광산 노동자의 수효를 짐작할 수 있다. 가경 연간(1796~1820) 진계현의 경우 막장에서 직접 노동해 생계를 유지하는 사람은 1,000명 정도였다. 그리고 석탄을 사서 용광로까지 나르는 사람은 수십 명에 달했는데, 진계현에 용광로는 열 개가 있었으므로 이런 사람 수백 명이 필요했다. 한편 석탄을 캐서 배에 싣는 인부 역시 수백 호戶에 달했다. 대체로 진계현 한 지역에서만 광산에 의지해 생계를 유지하는 사람이 모두 1만 명에 달했다[310]는 기록으로 보아, 광산 개발은

---

310) 이 내용은 道光《辰溪縣志》卷21,〈礦廠〉, 5쪽 上~下에 있는 劉家傳〈礦廠利弊說〉이라는 글을 근거로 한 것이다. 참고로 道光《辰溪縣志》卷6,〈戶口〉, 3쪽 下에는 가경 19년(1814) 진계현의 인구가 19만 425명, 호수가 2만 1,231호 기록되어 있다. 유가부는 가경 3년(1798) 거인擧人에 합

지역의 경제 활성화 여부를 좌우하는 요인이었다.

셋째, 호남성처럼 한 지역에 다수의 광산이 존재하면 외부 유력자나 세력가가 적극 나서서 개발하려고 했기 때문에 해당 지역민이 다른 지역으로 이동하는 일도 있었다. 호남성 계양주桂陽州는 광산에 관한 한 팔보八寶의 땅이었다. 즉, 금과 은, 동, 철, 연, 석 그리고 수정이 동시에 산출됐기 때문에[311] 다른 지역에 비해 청 정부의 관심이 많았다. 옹정 연간 호남형영침도湖南衡永郴道 왕유王柔의 상주문에 따르면 이 지역에 봉금된 광산이 많았는데, 이른바 간곤奸棍(지역의 무뢰배)이 이 지역을 몰래 개발하자 힘없는 빈민은 이웃 귀주성으로 가서 그곳의 광산 노동자로 일했다.[312] 왕유는 해당 지역의 관리가 각 지역 광산의 실상을 보고하고 광산을 나누어 관리해야 한다고 주장했다. 이렇게 한다면 10만여 명의 실업자가 생계를 꾸려나갈 수 있을 것이라고 여겼다.

이러한 정황은 폐광만으로는 광산 개발에서 비롯된 모든 사회문제를 해결할 수 없다는 사실을 의미한다. 청 정부는 광산을 개발하는 상인이나 일반 백성이 단기간의 이익만을 쫓고 있으며, 많은 사람을 위법자로 다스리는 일이 어렵다는 사실을 알면서도, 원석이 왕성하게 생산되는 것을 알게 되면 수많은 사람이 다투어 개채를 청원하고 갖은 방법을 동원해 광산을 개발했기 때문에 봉금을 해제하는 수밖에 없었다. 계양현 연광鉛鑛의 경우 명 태조 이래 줄곧 봉금했다가 강희 52년(1713)에 대릉산大凌山과 황사평

격한 인물이다. 한편 비교를 위해 엄여익의 설명을 보면, 청 중엽 당시 삼성 교계 일대에서 석탄을 캐거나 팔아서 생계를 유지하는 사람은 수천 명이었다. 또 남산南山 일대 여러 용광로에서 일하는 노동자는 생산자와 운반자를 포함해 2,000~3,000명이었으며, 규모가 작아 서너 개의 철로가 있는 경우 수백, 수천 명에 달했다. 嚴如熤,《三省邊防備覽》卷9,〈山貨〉, 4쪽 下~5쪽 下.

311) 同治《桂陽直隸州志》卷20,〈貨殖〉, 17쪽 下.
312) 中國人民大學淸史硏究所·檔案系中國政治制度史敎硏室 編,《淸代的礦業》(下)(北京 : 中華書局, 1983), 350쪽. 이하 이 책의 편자는 中國人民大學으로 약칭함.

黃沙坪의 채굴을 허가했으며, 다시 옹정 5년(1727)에는 대릉산을 봉금했다가 옹정 6년(1728)에 다시 광산 개발을 허가했다.

또 옹정 8년(1730)에는 흑연과 백연에 대한 20퍼센트의 세금을 제외한 나머지를 정부가 수매하게 했으며, 그래도 남는 분량은 상인 스스로 판매할 수 있도록 조치했다. 이러한 상황은 당시 관리가 광산 개발에서 나오는 세금을 염두에 둔 탓이었지만, 광산 개발 금지가 상업이나 수공업 같은 말업末業을 억제하고 농업을 권장하는 정책에 부합한다는 생각은 시대의 변화를 읽지 못한 당시 경제관의 반영이기도 했다.[313]

이러한 관리의 생각은 당시 석탄 생산에서도 분명하게 드러난다. 금속도 물론 중요하지만, 앞서 언급한 것처럼 석탄은 적어도 청 건륭 연간 이후 중국이 본격적으로 겪은 에너지 위기와도 밀접한 관련이 있기 때문에 대다수 지방에서 적극적으로 개발됐다. 건륭 2년(1737) 호남순무 고기탁高其倬(1676~1738)의 상주문을 보면, 당시 석탄 개발이 여타 금속 광산의 개발과는 다른 관점에서 이루어졌다는 점을 확인할 수 있다. 그의 상주문에는 다음과 같은 내용이 실려 있다.[314]

첫째, 호남성 뢰양耒陽, 형산衡山, 상담湘潭, 상향湘鄉, 안화安化 등지에서 생산되는 석탄으로 호남성 절반 정도와 무한武漢 일대에 연료를 공급하며, 강남 지역의 철기 주조에도 호남성의 석탄이 이용되고 있음을 밝혔다. 이것은 다른 금속과 마찬가지로 운송비가 비싼데도 장강 중류 지역의 석탄이 꽤 광범위한 지역에까지 공급됐음을 말해주는 대목이다.

둘째, 석탄 채굴의 근거로 든 가장 큰 이유가 바로 봉금으로 발생한 연료

---

313) 이상 계양주의 광산 개발 정황은 同治《桂陽州直隸州志》卷20,〈貨殖〉, 20쪽 上~下에 근거한 것이다.
314) 이하 호남성의 석탄 문제는 中國人民大學 編,《淸代的礦業》(下), 464~466쪽에 근거한 것이다.

값의 등귀였다. 고기탁의 상주문에는 봉금의 이유가 명확하게 나와 있지 않지만, 그가 상주를 올릴 당시 상향과 안화 두 곳의 석탄 광산은 봉금 상태였다. 따라서 그는 이 같은 석탄 광산의 봉금으로 현재 연료 가격이 치솟고 있음을 말하면서 석탄 개발로 각 가정이 1문文씩만 절약해도 장사부와 악주부岳州府 일대의 100만여 호가 하루 100만 전을 절약할 수 있을 것이라고 말했다.

셋째, 특히 석탄과 함께 나오는 유황이 봉금과 채굴을 결정하는 중요한 요소였다. 유황은 석탄을 채굴할 때 부수적으로 얻게 되는데, 정부는 성실하고 정직한 관리를 해당 지역에 파견해 유황을 채취한 자들을 조사하고 그들에게 유황 값을 지불한 후 수합하는 방식을 택했다. 건륭 6년(1741) 상향과 안화 지역에서 거둬들인 유황의 양이 지나치게 많아 그 처리가 쉽지 않다는 이유로 이 두 곳의 석탄 광산을 폐쇄한 것을 보면, 유황의 부존 여부와 그 추출량이 광산 개폐에 중요한 요소였음이 틀림없다.[315] 이처럼 당시에는 단지 치안 문제만을 고려해 특정 광산의 개폐를 결정한 것이 아니었다.

한편 광산 개발은 지역 사회의 갈등을 부추겼던 주요 요인 중 하나였다. 다음의 이야기는 건륭 40년(1775) 강서순무江西巡撫 해성海成이 분의현分宜縣에서 일어난 살상 사건의 대강을 정리한 것이다. 당시의 광산 개발 과정과 그것이 지역 사회에서 빚는 갈등 양상이 잘 드러나 있기 때문에 자세히 살펴볼 만하다.[316]

이 사건은 강서성 분의현에서 황서칠黃瑞七이 오경일吳境一을, 황득매黃得

---

[315] 中國人民大學 編,《淸代的礦業》, 466쪽.
[316] 이하 강서성 분의현 사건에 관한 내용은 中國人民大學 編,《淸代的礦業》(下), 471~472쪽에 근거한 것이다.

妹가 오경십吳警十을 살해한 일이다. 황씨 일족과 오씨 일족은 모두 암갱暗坑의 좌우 양쪽 산에 분묘를 가지고 있었다. 건륭 38년(1773) 정월 오경일이 석탄 채굴을 목적으로 산을 임차했으며, 그 대가로 4,800문을 지불했다. 이익은 균분하기로 했으며, 기간은 1년이었다. 계약 기간이 끝나자 오경일과 오경십은 다시 산을 임차하려고 했지만, 황경일은 석탄 생산이 매우 많은 것을 알고 돈을 더 받으려고 했다. 결국 의견 대립이 생겨, 황경일은 임대를 허락하지 않았다. 이 때문에 황씨 일족과 오씨 일족이 무기를 들고 서로 싸움을 벌였는데, 그 과정에서 황서칠이 오경일의 왼쪽 어깨를, 황득매가 오경십의 복부를 각각 칼로 찔러 결국 두 사람이 사망했다.

황씨와 오씨 일족은 같은 산에 조상의 분묘를 쓰는 등 상당히 우호적인 관계를 유지해오던 분의현 지역의 주민이었다. 이 이야기에서처럼 오경일이 석탄을 채굴하기 위해 산을 임대한 이후 두 집안 사이에 갈등이 발생했으며, 그 갈등은 결국 살인 사건으로 막을 내렸다. 다시 말하면 당시 산악사회의 중요한 이권 가운데 하나가 바로 광산 개발이었음을 이 사건은 잘 보여준다.

이러한 갈등은 묘족 지역에서 특히 심했다. 건륭 5년(1740) 수녕현의 동광에서는 동광을 개발했던 상인과 광산 지역에 본래 거주하던 묘족 사이에 분쟁이 일어났다. 묘족은 한데모여 광산에 불을 질렀으며, 상인의 기물을 파손하고 가옥과 상점 등을 파괴했다. 대체로 광산 개발 전 단계에서 가장 중시했던 것은 광산 개발이 경작지나 가옥 또는 분묘 등에 피해를 주지 않는지의 여부였다. 따라서 해당 지역 관리는 현장 조사를 실시해 그러한 피해가 발생하지 않았다는 사실을 확인한 후 광산 개발을 허용하는 것이 관례였다. 그러나 소요를 일으킨 일부 묘족은 당시 수녕현 동광의 개발로 자신들의 경작지와 분묘가 피해를 입었다고 주장했다. 하지만 이 사건은 일부 묘족이 광산 개발에 참여한 반면, 다른 묘족은 배제됐기 때문에

발생했을 가능성이 더 크다.[317)]

이렇게 볼 때 수녕현 사건은 대체로 외부에서 유입된 자본의 규모가 커서 토착민이 그러한 자본력에 대항하기가 쉽지 않았다는 점을 말해준다. 그러한 사실을 진계현의 정황에서 확인할 수 있다.

> 진계현 광창礦廠의 정황을 살펴보면, 갱도를 파는 자는 모두 빈민이다. (그들은 광산 개발로 수익이) 생길 때마다 (광물을) 팔아 생계를 유지한다. 석탄 광석을 사서 현내縣內 하천가에 용광로를 설치하는 한편, 인부를 고용해 생철生鐵을 생산했는데, 그런 사람을 생판자生版者라고 한다. 또 향창鄕廠과 객창客廠의 구분이 있다. 향창은 여러 사람이 하나의 용광로를 공유하고, 각자가 마련한 석탄으로 돌아가면서 제련하며, 낮에 잠깐 동안 이루어진다. 객창은 한 명 또는 여러 명이 자본을 공동 투자해 석탄 광석을 미리 매입한 다음, 매년 가을 기온이 서늘해지면 용광로를 개설하고, 이듬해 봄에서 여름으로 넘어가는 시기에 제련한다. 이렇게 만든 생판(철)을 포장해서 서포溆浦로 운반해, 제련소에 판다. 그곳에서 숙철熟鐵을 만들어 호북성 한구漢口에 가져다 판다.[318)]

이 글을 통해 우리는 동일한 광산 개발에도 생계형과[319)] 상업형이 존재

---

317) 中國人民大學 編,《淸代的礦業》(上), 226~227쪽.
318) 道光《辰溪縣志》卷21,〈礦廠〉, 4쪽 上~下.
319) 이러한 현상은 탄광에서도 확인할 수 있다. 호북성 학봉주에서 일하는 탄광 인부들의 상황을 홍선서洪先緒는 "薪盡荒山挖洞煤, 蒙頭垢面入城來, 不辭早晚頰肩苦, 猶有負鹽人未回"라고 읊었다. 이것은 이제 나무가 없어져 석탄을 채취한 사람들이 석탄 묻은 얼굴 그대로 시장에 팔러나가는 정황을 그린 것이다. 그들은 어깨에 진 석탄 때문에 피부가 벌겋게 되는 고통에도 아랑곳하지 않고 오직 석탄을 판 돈으로 사야 할 소금을 파는 상인들이 오지 않는 것을 걱정했다. 이것은 분명 마을 탄광에서 일하는 주민들이 채취한 석탄을 시장에 내다팔아 일용품을 샀던 정황을 그린 것이다. 洪先緒,〈容陽竹枝詞〉, 道光《鶴峰州志》卷13,〈藝文〉, 57쪽 下.

하며, 대체로 외부인이 거대 자본을 들여 생철과 숙철을 생산하고 주요 시장에 판매했다는 사실을 알 수 있다. 특히 토착 주민의 철 생산 방법은 원시적이며, 그때그때 수요에 따라 잠정적으로 이루어진 반면, 외부 상인은 계획적·장기적으로 광산을 개발했다는 사실을 알 수 있다. 이렇게 볼 때 수녕현의 소요 사태도 자본의 규모 차이에 따른 외부 상인과 토착민의 갈등을 보여주는 예라고 할 수 있다.

한편 수녕현의 예에도 간접적으로 나오는 것처럼, 광산 개발이 지역 사회와 갈등을 일으킨 중요한 사안 중 하나가 바로 풍수 문제였다. 갱도를 파는 과정에서 용맥龍脈을 상하게 하는 일이 잦았다. 강남도감찰어사江南道監察御史를 역임했던 도주陶澍의 가경 19년(1814) 상주문은 갱도가 깊어짐에 따라 발생하는 두 가지 문제를 언급했다. 하나는 갱도가 매우 구불구불하고 깊어서 도적 등이 은신하기 좋다는 것이었고, 다른 하나는 갱도가 절벽을 뚫고 산마루를 넘어 3~4리까지 나가는 경우가 있기 때문에 양쪽의 갱도가 만나기도 하며, 산맥을 끊고 분묘를 해치기 쉽다는 것이었다.[320] 이 때문에 잦은 분쟁이 발생한다는 그의 언급은 분명 광산 개발 지역에서 공통으로 나타나는 현상이었을 것이다.

현대에도 광산 개발은 수많은 분쟁과 환경문제를 일으키는 산업이다. 놀랍게도 청대의 지역 사회와 관리는 광산 개발의 환경 폐해에 대해 큰 관심을 보이지 않았다. 적어도 사료로 확인할 수 있는 한, 광산의 환경 폐해에 대한 청 초 유국인의 언급이 가장 종합적인 의견이라고 할 수 있다. 광산 개발은 무엇보다 질서 유지의 문제였으며, 자연의 철저한 이용이라는 연장선상에 있었다. 그리고 그러한 청 정부의 관심은 청 말에도 바뀌지 않았으며, 오히려 더 적극적이고 과학적인 방법으로 광산을 개발하려

---

320) 中國人民大學 編,《淸代的礦業》(下), 502쪽.

고 했다.321)

---

321) 청 말 호남 지역의 광산 개발에 대한 태도는 光緒《古丈坪廳志》卷1,〈紀事〉, 42쪽에 잘 나타난다. 이 설명에 따르면 석탄이야말로 여러 금속을 제련하고 나무 연료를 대신하는 자원이라는 점을 강조했다. 아울러 식목의 중요성도 강조했지만, 그것은 어디까지나 자원을 이용한다는 차원에서였다.

4 수리시설과 환경

(1) 형주荊州 만성제萬城堤

 이제 산악 지역을 떠나 평야 지대를 살펴보기로 하자. 명·청 시대 장강 중류 지역의 하천은 산과 또 다른 종류의 환경문제를 보여주기 때문이다. 산악 지역의 문제가 주로 개발에 따른 환경문제라면, 평야 지대의 하천 문제는 몇 천 년 중국 역사에서 내내 고심해온 수리시설과 관련된 것이다. 일찍이 중국을 수력 사회로 규정했던 카를 A. 비트포겔Karl A. Wittfogel 의 논리를[322] 적용하지 않더라도, 중국의 역대 정부와 지역 사회가 치수를

---

322) 동양 사회에 대한 비트포겔의 견해가 매우 자의적이고 단편적이며, 심지어 왜곡됐다는 점은 널리 알려진 사실이다. 일례로 동양 사회의 교육은 무조건적 복종을 가르친다거나(152쪽), 특히 수력 사회 자체에 그 나름의 정치적 질서가 자리 잡으면 창조성이 결여된다는 주장(10장) 등이 바로 그런 것이다. 무엇보다 그가 수리시설의 존재 자체를 국가 조직과 확산에 매우 중요한 요인으로 파악했다는 사실은 역사 현실을 도외시한 탓이라고 생각할 수 있다. Karl A. Wittfogel, *Oriental Despotism : A Comparative Study of Total Power*(Yale University Pres, 1957) 참조. 그러나 논란은 있지만 그가 창안한 수력 사회라는 말은 중국사 곳곳에 적용될 여지가 충분하며, 일부 학자

위해 소모한 사회적 비용과 노력은 다른 전통 사회에서는 그 유례를 찾을 수 없을 정도로 막대했다. 그리고 장강 중류 지역은 그러한 현상을 확인할 수 있는 전형적인 지역 중 하나다.

기존 수리시설에 관한 연구를 일별하면, 수리시설을 감독하고 관리하는 향촌과 지방 정부의 노력, 지역 사회라는 관점에서 특히 신사층紳士層 등의 유력자가 수리시설의 건설과 복구에 참여했던 상황과 특징 그리고 농업 생산력 발달 측면에서 수리시설이 미친 긍정적 영향 등이 대부분이었다. 반면 하천 체계의 변화에 대응해 지역 사회가 어떻게 수리시설을 변형했는지, 거꾸로 수리시설의 등장으로 주변에 어떤 환경 변화가 일어났는지, 또는 구체적으로 수리시설의 유지와 보수에 얼마나 많은 사회적 비용이 소요됐는지에 대한 연구는 아직 활발하지 않다.[323]

따라서 여기서는 특정 지역의 수리시설과 하천 수리 체계와의 상관성을 살펴볼 예정이다. 다만 지역 전체를 다루는 것은 공간적으로 광범위하기 때문에 호북성 형강 유역에 설치됐던 만성제萬城堤를 고찰함으로써 이 문제를 다루려고 한다. 현재 호북성 형주시荊州市 북서쪽에 있었던 만성제가 사례 연구로 충분한 가치가 있는 이유는 다음의 두 가지 때문이다. 첫째, 장강 중류 지역의 한 수리시설에 대한 지역 사회의 장기적인 대응과 그 영향을 관찰할 수 있다. 만성제 설립은 동진東晉(317~420) 시대로 거슬러 올

의 지적처럼 호북성이야말로 전형적인 수력 사회라고 해도 크게 틀리지 않는다. 이 점에 대해서는 Pierre-Etienne Will, "State Intervention in the Administration of a Hydraulic Infrastructure : The Example of Hubei Province in Late Imperial Times", S. R. Schram (ed.), *The Scope of State Power in China* (London : School of Oriental and African Studies, 1985), 307쪽 참조.

323) 이런 점에서 피터 C. 퍼듀와 같은 일부 연구자들이 1788년 홍수 대책의 요체를 단지 효율적인 수리 관리체제의 수립으로 파악하려는 시도는 수리 문제를 지나치게 관료체제라는 틀에서 찾는 것이다. Peter C. Perdue, "Water Control in the Dongting Lake Region during the Ming and Qing Periods", *Journal of Asian Studies*, vol. 51, no. 4(1982), 760쪽 참조.

라가며,[324] 송·원 시대를 거쳐 명대 가정 21년(1542) 장강 북쪽에 마지막으로 남아 있던 혈구穴口인 학혈郝穴이 막히면서 비로소 한 선으로 연결되는 대제大堤가 형성됐다.[325] 청대에 이르러 만성제의 관리와 수방水防대책은 내내 지역 사회의 커다란 관심사였기 때문에, 한 수리시설이 지역 사회에 장기적으로 미쳤던 사회적 영향을 고찰할 수 있는 사례 연구 대상이 될 수 있다.

둘째, 뒤에서 자세히 말하겠지만, 만성제의 변화는 이 지역의 수리 환경 체계와 매우 밀접한 관련이 있다. 역사상 유명한 건륭 53년(1788)의 대홍수 외에도 이미 명 중엽 이후 만성제의 붕괴로 많은 익사자가 발생했으며,[326] 청 옹정 연간(1723~1735)에도 만성제의 붕괴는 이미 중대한 사회 문제였다. 만성제 붕괴로 이처럼 많은 익사자가 발생한 원인에 대해 건륭제는 건륭 53년 유지諭旨에서 "10년 이래 홍수가 세 차례나 발생했다는 점을 감안하면, 53년 홍수 때 성안으로 들어온 물은 수로의 변경 때문이 아닌지를 조사해야 한다"고 언급했다.[327]

건륭제가 장강의 수로 변경 문제를 언급한 대목은 이후에도 빈번하게 등장하며, 상당히 구체적으로 그 사실을 지적한 경우도 있다. 예를 들어 역시 건륭 53년 유지에서 그는 "(형주부 지도에 따르면) 형주는 강북(장강 북쪽)에 있다. 그렇다면 수세水勢는 마땅히 서남쪽을 경유해 남문 쪽으로

---

324) 1918년 이후 형강대제荊江大堤라고 불리는 만성제는 동진東晋 시기 진준陳遵이라는 인물이 쌓은 금제金堤에서 비롯됐다는 것이 정설이다. 牟發松,《湖北通史》(魏晋南北朝卷)(武漢 : 華中師範大學出版社, 1999), 442쪽. 아울러 만성제라는 명칭이 등장한 시기는 건륭 연간 이후부터다. 光緒《荊州萬城堤志》卷首(凡例), 1쪽 上 참조. 이하 光緒《荊州萬城堤志》는《萬城堤志》로 약칭함.
325)《江陵堤防志》編寫組編,《江陵堤防志》(내부 발행, 1984), 10쪽.
326) 康熙《荊州府志》卷8,〈堤防〉, 3쪽 上~下. 명대 가정 39년(1560)에 형주부 각 현의 수많은 제방이 무너진 사례나, 가정 45년(1566)에 만성제가 무너져 수십만 명이 익사한 사례를 들 수 있다.
327)《萬城堤志》卷首(諭旨), 8쪽 下.

들어와야 하는데, 어찌하여 이번 홍수를 일으킨 물길은 북문을 돌아들어 왔는지 도무지 알 수 없다"고 지적했다.[328] 이러한 지적이야말로 만성제 붕괴로 인한 홍수 발생이 수리 환경과 밀접한 관련이 있음을 의미한다. 따라서 만성제를 통해 당시 이 지역의 수리 체계와 수리시설 사이에 어떤 관련이 있는지 밝히는 것이 중요한 작업이라 할 수 있다.

앞서 장강의 일부인 형강의 지형을 대강 설명했지만, 논의를 명확하게 하기 위해 청대 도광 연간(1821~1850)의 인물인 왕봉생王鳳生(1777~1835)의 말을 살펴보자. 그의 이야기는 참고할 만한 가치가 있다.

(장강)은 동북쪽으로 지강현枝江縣 현성縣城을 지나 이곳에 이르면 둘로 갈라진다. 그 사이에 커다란 삼각주가 있는데, 그것을 백리주百里洲라고 한다. 백리주의 북쪽을 흐르는 강을 북강北江, 남쪽을 흐르는 강을 남강南江이라고 한다. 《방여기요方輿紀要》에 우공禹貢 동쪽을 따로 타하沱河라고 했는데 바로 이곳이다. 또 동남쪽으로 흘러 송자현松滋縣 북쪽으로 가며, 동북쪽으로는 형주부성荊州府城을 지난다. 형주부성 남쪽에는 저수沮水가 있는데, 방현房縣의 경산景山에서 발원하며, (저수는) 남장현南漳縣 형산荊山의 장수漳水와 함께 당양현當陽縣 하용河溶에서 합류한다. 이를 보통 저장하沮漳河라 부르는데, 북에서 내려와 장강으로 흘러든다.

그 건너 강남 경계에는 호도하虎渡河 수계水系가 있는데, 장강이 나뉘어 지류가 되며, 북쪽에서 남쪽으로 내려와 예수澧水로 흘러들어 동정호로 들어간다. 또 동남쪽으로는 공안현公安縣 북쪽을 지난다. 공안현 지방지에 유수油水라는 하천이 기록돼 있는데, 유수는 장강으로 들어간다. 현재 제堤로 막혀 있어, 호도하 밑을 통해 동정호로 들어간다. 또 동남쪽으로 석수현石首縣

---

328) 《萬城堤志》卷首(論旨), 11쪽 下.

북쪽을 지나가면 조현구調弦口가 있는데, 여러 지류로 나뉘어 동정호로 들어간다. 또 동쪽으로 감리현監利縣 남쪽을 지나며, 다시 동쪽으로 화용현華容縣 북쪽을 지나고, 다시 동쪽으로 악주부岳州府 북쪽 성릉기城陵磯를 지나면 동정호의 물이 있는데, 이곳을 남쪽에서 북으로 경유해 장강으로 흘러들어 간다. 이것을 형하구荊河口라고 부른다.[329]

이 글에는 여러 지명이 등장하고 장강의 다양한 지류가 나오지만, 간단히 설명하면 다음과 같다. 형주 서북쪽에서 흘러들어오는 저장하가 있고, 장강 남쪽에는 호도하 수계가 있어 멀리 동정호와 연결되며, 비교적 직선 형태로 흐르는 장강이 형주 지역으로 들어와서 많은 지류를 형성하고 그 방향도 매우 구불구불하다는 것이다. 그림 2-1은 이 지역의 주요 지명과 함께 만성제를 나타낸 것이다.

이 그림에서 확인할 수 있듯이, 만성제는 만성제라는 이름 아래 67개의 소규모 제堤가 형강 연변을 따라 줄지어 있는 형태다. 67개의 제 가운데 세 번째인 상소요호제上逍遙湖堤에서 사시沙市 부근에 있는 횡제橫堤까지 25개가 관공官工이며, 맨 처음 시작되는 두 개의 제堤인 퇴금태제堆金台堤와 득승태제得勝台堤 그리고 완가만제阮家灣堤에서 마지막 타모부제拖茅埠堤까지 40개가 민공民工이다. 관공과 민공은 만성제의 수리와 보수를 담당하는 주체에 따라 결정된 것이다. 당연히 관공은 지방 정부가, 민공은 해당 지역의 농민이 유지와 보수 책임을 진다는 의미다.

그렇다면 만성제는 어떤 단계를 거쳐 형성되었을까? 67개의 만성제 형성 시기를 모두 밝히는 것은 어렵지만, 그 시작은 앞서 밝힌 것처럼 동진 때 진준陳遵이 세운 금제金堤부터였다.[330] 금제는 만성제 일대에 설치됐던

---

329)〈楚北江水來源及境內諸水附入攷〉, 王鳳生,《楚北江漢宣防備覽》卷上, 5쪽 下~6쪽 上.

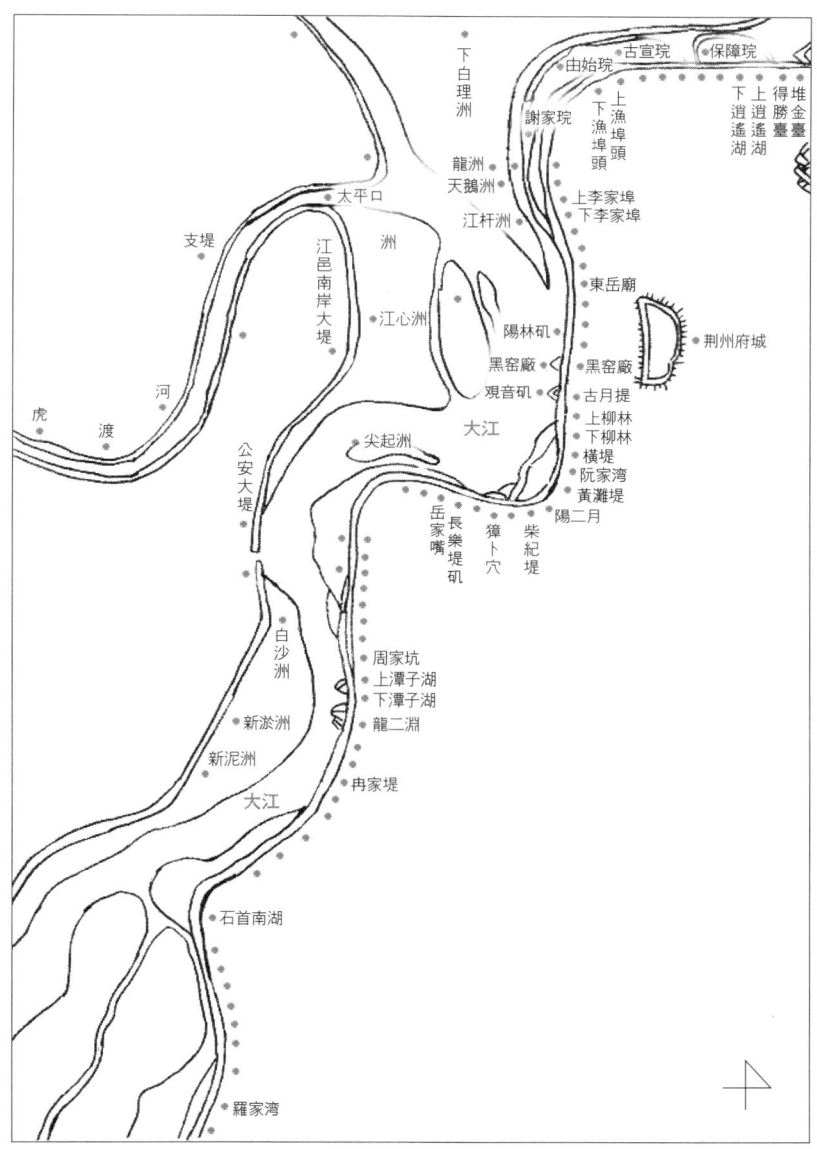

〈그림 2-1〉 청대 형주 만성제

2장 개발 331

제방이다. 이후 만성제가 양적으로 팽창된 시기는 송대였다. 북송 희령熙寧 연간(1068~1077) 당시 형주 태수였던 정해鄭獬(1022~1072)가 사시 일대에 모래가 많이 적체돼 홍수가 빈발하자 다시 사시제를 축조했다.[331]

만성제 축조 역사에서 주목할 만한 제방은 오대五代 시기 촉蜀의 맹창孟昶(919~965)이라는 인물이 거대한 뗏목을 이용해 형주성을 공격하려고 하자, 양梁(502~556)의 장군이었던 예가복倪可福이 수세를 더욱 사납게 할 목적으로 쌓았다고 전해지는 촌금제寸金堤다.[332] 촌금제는 송대에 이르러 형주성 서문에서 동쪽으로 20여 리가 확장되어 대제大堤와 맞닿게 됐다. 마치 금처럼 중요하다 해서 이런 이름이 붙었다는 촌금제의 완공으로 형주 일대는 홍수를 겪지 않았으며, 형주성을 중심으로 서쪽에서 동쪽으로 이어지는 만성제의 초기 형태가 완성됐다. 촌금제는 초기에 군사 목적으로 쌓았다가 시간이 지나면서 수해 방지용으로 전환됐다는 점에서 흥미롭다.

적어도 명·청 시대에 만성제에 이어 가장 많은 붕괴를 경험한 황담제[333]는 남송 고종高宗 소흥紹興 28년(1158) 감찰어사 도민망都民望이 강북 연안에 있던 고제古堤를 보수해서 만든 것이다. 광서《형주부지荊州府志》에 따르면 정확한 시기를 알 수 없는 이전 지방지를 인용해 "황담제는 200리 물길이 흐르는 요충지에 위치해 일단 무너지면 강릉, 감리, 형문荊門, 잠강潛江이 모두 해를 입게 된다"고 지적했다.[334] 황담제와 함께 명대에 축조된 것

---

330) 금제의 위치를 정확하게 알 수는 없지만, 형주성 서쪽에 위치했던 것만은 분명하다. 기록에 따르면 "金堤自靈溪⋯⋯ 靈溪水無泉源, 上承散水合成大溪, 南流注江云云. 疑則馬山迤西諸湖, 今保障堐上有靈溪湖, 訛爲菱芰湖⋯⋯"라고 했는데《萬城堤志》卷3,〈建置〉(大隄), 1쪽 上), 이 영계靈溪는 형주성 서쪽 9리에 있었다(順治《江陵志餘》,〈志水川〉, 409쪽). 또 만성제를 설명하면서 금제 일대의 옛 지명이 만성이었다는 언급도 아울러 확인된다.《萬城堤志》卷3,〈建置〉(大隄), 3쪽 下.
331)《萬城堤志》卷3,〈建置〉(大隄), 2쪽 上.
332)《萬城堤志》卷3,〈建置〉(大隄), 1쪽 下.
333) 지도에 등장하는 것처럼 황탄제黃灘堤로도 불린다.

으로 추정되는 문촌제文村隄가 현재 사시 일대에 들어섰다.[335]

이처럼 형주성 서쪽에서 시작된 만성제가 위진 남북조를 거쳐 특히 송대에 이르는 동안 동쪽과 남쪽으로 그 구조가 확대되었던 양상이 확인된다. 그것은 지리적인 면에서 당·송 시대에 이르러 강한평원의 운몽택이 완전히 사라진 대신 그 지역이 사주沙洲나 호수로 변해 단일한 형강 체계가 성립됐기 때문이다. 따라서 북송 신종神宗 희령 연간에 이미 강릉현 일대 지형을 "이곳은 본래 모두 모래 땅(사저沙渚)이며 촉강蜀江이 흐르는데, 물이 불어나면 흙탕물이 요동을 쳐 무너져 내리는 토사량이 한 번에 수십 장丈에 달한다"고 묘사했다.[336] 이런 상황 때문에 앞서 언급한 사시제를 건설했는데, 이는 결국 송대부터 이미 강릉현 일대에 많은 사주가 발달했음을 의미한다.[337]

명대에 이르면 북쪽에서 남쪽으로 흐르는 장강의 형주성 동쪽 연안이 크게 위험해졌다. 당시 기록에 따르면 형강 일대에서 가장 위험한 지역은 지강의 백리주百里洲, 송자松滋의 조영구朝英口, 강릉江陵의 호도구와 황담진黃

---

334) 光緖《荊州府志》卷18,〈隄防〉(2), 3쪽 上. 황담제의 붕괴로 이 지역 일대가 모두 물에 잠긴다는 언급이 청 초에도 반복되는 것으로 보아, 적어도 명대 이래 그러한 현상이 발생했다고 할 수 있다. 청 초 황담제에 관한 언급은 傅澤洪,《行水金鑑》卷80,〈江水〉, 2쪽 上에 나오는 강희 연간 호재 각호재각胡在恪의 언급 참조.

335)《萬城堤志》卷3,〈建置〉(大隄), 2쪽 下의 설명에 따르면 문촌제는 홍어구洪魚口와 자림항柘林港 일대에 있었으며, 그 지역은 사시沙市와 매우 근접한 곳이었다. 光緖《續修江陵縣志》卷3,〈方輿〉(山川), 16쪽 上.

336)《宋史》卷97,〈河渠〉(7), 2417쪽.

337) 형주 일대 상형강의 사주 증가 현상을 자세히 언급한 최근 연구에 따르면 사주沙洲는 보통 강심탄江心灘과 심탄心灘·변탄邊灘으로 크게 나눌 수 있는데, 심탄과 변탄은 그 변화가 잦은 반면, 강심탄은 비교적 넓고 지형 변화가 크지 않아 경작지나 거주지로 이용됐다. 한편 송대부터 발달한 강릉 일대 사주는 명·청 시대에 이르러 크게 증가해 건륭 연간 강릉현의 강심주가 13개, 석수현의 사주가 29개 존재했다. 楊果·陳曦,《經濟發展與環境變遷硏究-宋元明淸時期的江漢平原》(武漢：武漢大學出版社, 2008), 18·31·41쪽.

潭鎭, 공안公安의 요두포垚頭鋪와 애가언艾家堰, 석수의 우지藕池였는데,[338] 이 지역들은 대부분 사시를 기점으로 장강이 남쪽으로 급격하게 수로를 변경시킨 곳들이다. 실제로 가정 21년(1542)과 29년(1550)에 각각 만성제가 붕괴됐으며, 특히 가정 45년(1566)에는 이 일대 수십 곳이 무너져 내렸다.

이렇게 형성된 만성제는 청대 옹정 연간 계축년(1733)에 이르러 총 3만 2,225장丈에 이르는 강북대제江北大堤가 완성됐으며,[339] 다시 건륭 53년(1788) 대홍수 이후 대대적인 보수가 진행됐다. 광서 연간에 이르러 강북대제의 총 길이는 3만 9,211장에 달했다. 만성제는 당시 지역 사회와 황제에게 가장 중요한 관심의 대상이었으며, 말 그대로 총력을 기울여 최선의 상태를 유지해야 하는 기반 시설이었다는 점은 건륭 53년의 수해 복구 사업을 통해 쉽게 짐작할 수 있다.

소요된 경비는 차치하고 만성제의 수리 공사에 의도현宜都縣 지현, 덕안부德安府 통판通判, 수주隨州 지주知州, 양양현襄陽縣 지현, 무창부武昌府 지부知府, 경산현京山縣 지현, 응성현應城縣 지현, 송자현 지현, 곡성현穀城縣 지현, 지강현 지현, 양양부 동지同知, 원안현遠安縣 지현, 종상현鍾祥縣 지현, 형주부 동지에게 책임 공사 구간이 각각 할당됐다. 제방의 수리에 이처럼 많은 관료들이 동원된 정황을 통해, 만성제가 그만큼 호북성뿐 아니라 장강 중류 지역 전체에 매우 긴요한 사회 기반 시설이었다는 점을 쉽게 짐작할 수 있다.

---

338) 傅澤洪,《行水金鑑》卷79,〈江水〉, 6쪽 下~7쪽 上. 실제로 이 언급이 최초로 등장하는 자료는 萬曆《湖廣總志》卷33,〈水利〉(2)이기 때문에 이러한 정황은 적어도 명 중엽 이후부터 발생했다고 할 수 있다.
339)《萬城堤志》卷3,〈建置〉(大隄), 4쪽 上. 이 자료와 그 밖의 다른 지방지에는 강북대제의 신책新册이 작성된 해를 옹정 정축년으로 기재했지만, 이는 옹정 11년인 계축년이다. 왜냐하면 옹정 11년에 학혈 부근에 있는 하웅량공제下熊良工隄가 무너져 당시 강릉 군수인 주종선周鍾瑄이 대대적인 보수 공사를 벌이고 강북대제의 총 길이를 획정했기 때문이다. 光緒《續修江陵縣志》卷8,〈建置〉(隄防), 7쪽 下.

구체적인 사회 비용과 대응에 대해서는 다음에 살펴보기로 하고, 여기서는 이처럼 '한 지역 사회 전체를 동원해서라도 거대한 규모의 수리시설을 설치·유지해야 했던 이유는 무엇이었는가'에 대해 알아보려고 한다. 이미 많은 연구가 알려주듯이, 그것은 우선 하천 유역 개발에 따른 강이나 호수의 적체 현상과 홍수를 막기 위해서였다. 그러나 자연에 대한 인간의 대항 못지않게 이 지역 고유의 하천 생태가 얼마나 긴밀하게 연결돼 있으며, 잦은 변화를 겪었는지에 대한 고찰도 만성제라는 거대 수리시설의 존재를 다른 측면에서 살펴볼 수 있는 중요한 열쇠다. 말하자면 이는 인간이 자연을 침범하는 것 못지않게 인간에 대한 자연의 압박도 환경사의 중요한 주제라는 사실을 밝히기 위해서다.

　일단 만성제 일대 주요 수로를 살펴보기로 하자. 그림 2-1에서처럼 강릉을 중심으로 장강을 제외할 경우 세 곳의 중요한 수로를 설정할 수 있다. 첫째는 강릉 서북 지역에서 저수沮水와 장수漳水가 합해져 강릉으로 흐르는 저장하沮漳河 수계이고, 둘째는 사시 일대와 그 주변의 장호長湖와 태백호太白湖 일대의 수계이며, 마지막으로는 학혈郝穴—삼호三湖—하수夏水로 이어져 강릉현 동남 방향에서 감리현으로 연결되는 수계다.

　첫째, 저장하는 당양현當陽縣 양하구兩河口에서 저수와 장수가 합해져 형주부성 서쪽을 통해 장강으로 들어가는 하천을 말한다. 그중 저수는 원래 두 갈래 물길로, 하나는 강릉을 경유해 장강으로 들어가며, 다른 하나는 지강을 경유해 장강으로 유입됐다. 그러나 이 두 번째 지류는 명대 만력 25년(1597)에 범람해 강릉을 통해 장강으로 들어갔다.[340] 저장하는 동서 방향으로 흐르다가 정확하게 만성제 부근에서 장강과 같은 남동 방향으로 흐른다. 한편 비슷한 위치의 장강 남쪽에 위치한 교금주窖金洲 역시 장

---

340) 光緖《荊州府志》卷3,〈山川〉, 7쪽 上.

강의 흐름을 방해했다. 청 중엽 완원阮元(1764~1849)은 건륭 53년 대홍수의 원인이 장강의 흐름을 방해한 교금주 탓이었다며, 이 지역의 토사가 30년 전에 비해 배로 증가했다는 점을 지적했다.[341]

둘째, 사시 일대의 수로에 이르면 장강의 유속이 상당히 느려진다. 강 안쪽으로 돌출된 부분 탓에 강물이 우회하기 때문이다. 따라서 황탄제 일대에서 장강의 흐름이 약해지고, 그 결과 명대 정덕 연간(1506~1521) 이전부터 이미 적체 현상이 심했다. 결국 정덕 11년(1516) 지부 요융姚隆이 월제月堤[342] 1,000여 장을 쌓았지만, 가정 45년(1566)에 홍수로 무너져 거의 사라져버렸다.[343] 이러한 적체 현상은 사시 반대편 한수 유역에서도 동일하게 확인된다. 청대의 한 저자는 대택구大澤口를 경유해 형주 일대로 유입되는 한수가 여름에 범람하면 형문荊門과 당양當陽 일대의 여러 산에서 흘러내려오는 흙탕물과 합쳐져 사시 북동쪽에 위치한 장호 등으로 유입된다고 기록했다.[344]

장호를 비롯한 태백호는 한수와 그 지류가 유입되는 저수지 역할을 했지만, 명대 정덕 연간(1506~1519) 이후 잠강潛江과 면양沔陽 일대 호수는 거의 육지로 변해버려[345] 사시 일대 압력이 가중됐다. 실제로 만성제 가운데 황담제는 형주뿐 아니라 안육부 일대를 보호하는 역할을 한다는 청

---

341) 阮元,〈窖金洲阹〉,《萬城堤志》卷9,〈藝文〉(阹), 15쪽 上.
342) 월제란 하천 가까운 곳에 축조된 본래의 제방에서 1~3리쯤 떨어진 곳에 쌓은 제방으로, 홍수로 본 제방이 무너질 경우, 이차로 물을 차단하기 위해 건설했다. 이에 관련해서는 谷光隆,《明代河工史研究》(東京 : 同朋舍, 1991), 373쪽 참조.
343)〈隄防考略〉, 康熙《荊州府志》卷8,〈隄防〉, 3쪽 下.
344) 彭葵,〈査禁私垸灘地疏〉, 光緖《荊州府志》卷20,〈垸隄〉, 5쪽 下.
345) 兪昌烈,《楚北水利堤防紀要》卷2, 100쪽. 이 저자가 인용한〈湖北水道圖說〉에 따르면 형문주荊門州에서 남쪽으로 흐르는 한수의 지류는 형주부의 여러 호수와 연결돼 있었다. 兪昌烈,《楚北水利堤防紀要》卷2, 97쪽 참조.

초의 언급은 바로 이러한 상황 때문이라고 할 수 있다. 그리고 한수와 장강의 이러한 교차는 다음에 언급할 학혈과 삼호 일대에까지 영향을 미쳤다.[346]

셋째, 만성제의 하단 유역에 위치한 학혈 일대는 북동 지역에 위치한 삼호와 연결되며, 삼호는 감리현 수계와 다시 연결된다. 감리현의 수리 체계와 지역 수리시설은 호북성의 어떤 지역보다 복잡했다. 감리현의 지방지에 따르면 이 지역의 수리 체계는 석수현石首縣과 면양현은 물론이고 멀리 잠강현潛江縣과도 서로 연결됐다. 학혈과 삼호 그리고 감리현을 직접 이어주는 하천은 장하하長夏河로, 장강에서 비롯해 면양현 일대로 유입됐다.[347] 한편 한수의 지류가 야차구夜汊口에서 유입돼 면양현을 통해 감리현 주로 취주노취周老嘴에서 형문과 강릉에서 흘러들어온 하천과 만난다. 장호와 삼호의 물 역시 이 일대에서 합류했다.[348]

두 번째와 세 번째 정황은 만성제에 직접 영향을 줄 수 있는 수계가 장강 외에 바로 한수라는 점을 말해준다. 그리고 이미 강희 연간(1662~1722)에 호재각胡在恪이 "강릉현 동남쪽 20여 리에 있는 황담제가 일단 무너지면 강릉, 잠강, 감리, 면양, 형문이 모두 물에 잠긴다"[349]라고 지적한 것에서 알 수 있듯이, 당시 사람들도 이 지역 수리 체계가 서로 밀접하게 연결돼 있다는 사실을 알고 있었던 듯하다.

만성제는 이처럼 다양한 수계가 중첩된 지역에 있었기 때문에 기본적으로 구조가 취약할 수밖에 없는 수리시설이었다. 그렇다면 만성제 일대의 수해 발생 상황을 구체적으로 살펴보기로 하자.

---

346) 柳維欽,〈黃潭挽築紀事〉, 康熙《荊州府志》卷8,〈隄防〉, 10쪽 上·11쪽 上.
347) 同治《監利縣志》卷1,〈山川〉, 1쪽 下.
348) 同治《監利縣志》卷1,〈山川〉, 6쪽 上.
349) 康熙《荊州府志》卷8,〈隄防〉, 8쪽 上.

(2) 만성제 일대 수해 발생 상황과 환경

만성제 일대 수해 발생

광서《만성제지》서문에서 정확하게 밝혔듯이, 사완私垸의 개발로 물이 피해를 입고, 피해를 입은 그 물이 다시 제방에 해를 끼치며, 마침내 일반 백성에게까지 해가 미치는 상황이 호북성에서 빈번하게 발생했다. 그리고 그러한 수해가 청대에 이르러 더욱 증가했다. 일단 명·청 시대 만성제의 수해 발생 상황을 표 2-7을 통해 확인해보자.

표 2-7의 기록은 단지 만성제에서 발생한 붕괴만 언급한 것이며, 만성제 일대 다른 제방의 붕괴 사실은 포함되지 않았다. 특정 지역의 한 제방 시설에서 이처럼 집중적인 붕괴가 발생한 예는 극히 이례적이다.[350] 역사 기록에 따르면 만성제는 명·청 시대 이전의 경우 수대隋代에 1회, 당대에 2회, 송대에 3회, 원대에 2회 무너졌다. 명대에 이르면 총 12차례 무너졌으며, 영락 3년(1405)에서 만력 21년(1593) 사이에는 평균 15년마다 한 번씩 무너졌다. 청대에는 모두 34번 무너졌는데, 순치 9년(1652)에서 광서 33년(1907)까지 255년간 평균 7년마다 한 번씩 무너진 셈이다.[351] 이러한 정황은 만성제 붕괴가 명·청 시대에 집중적으로 발생했으며, 청대에는 그 횟수가 한층 더 잦았다는 사실을 말해준다.

표 2-7을 보면 만성제가 시작되는 만성 일대와 황담제 일대가 명·청

---

350) 물론 호북성 전체를 놓고 본다면, 약 27개 부府·주州·현縣에서 순치順治~광서光緖 연간에 홍수로 성城 안에 물이 들어찬 경우는 약 59회에 달하며, 그 가운데 옹정과 건륭 연간의 발생 횟수는 각각 7회였다. 吳敵,〈淸代長江中流域的農業開發與環保問題〉,《四川師範學院學報》(哲學社會科學版), 6期(1996), 4쪽.
351)江陵堤防志編寫組編,《江陵堤防志》, 13쪽.

〈표 2-7〉 명·청 시대 만성제 수해 발생 상황

왕조	시기	수해 발생 지점	피해 상황
명明	영락 3년(1405)	-	
	홍치 10년(1497)	사시沙市	사시제 무너짐, 경작지 침수, 익사자 많음
	홍치 12년(1499)	이가부李家埠	만성 동부 지역 무너짐, 익사자 많음
	홍치 13년(1500)	이가부	다수의 익사자 발생
	홍치 14년(1501)	문촌협文村夾	문촌제 무너짐
	정덕 11년(1516)	문촌협	문촌제 무너짐
	가정 11년(1532)	만성萬城	만성제 무너짐
	가정 29년(1550)	만성	만성제 무너짐, 각 제방 거의 무너짐
	가정 39년(1560)	퇴금대堆金臺	성城 밑까지 물이 들어옴, 한 달이 지나 물이 빠짐
	가정 45년(1566)	황담黃潭	황담제 무너짐, 수십만 명 이상의 익사자
	만력 19년(1591)	황담	황담제 무너짐, 가축과 사람 익사
	만력 21년(1593)	-	소요제逍遙堤 무너짐
청淸	순치 9년(1652)	만성	만성제 무너짐
	순치 10년(1653)	만성	만성제 무너져 성城 침수
	강희 2년(1663)	주윤점周尹店	강릉 대홍수
	강희 3년(1664)	학혈郝穴	학혈제 무너짐, 홍수 상황 악화
	강희 15년(1676)	학혈, 용이연龍二淵	익사자 다수 발생
	강희 19년(1680)	염잡鹽卡	염잡제 무너짐
	강희 20년(1681)	황담	경작지와 인가 침수, 익사자 다수 발생
	강희 21년(1682)	황담	황담제 무너짐
	강희 34년(1695)	염잡	염잡제 무너짐
	강희 35년(1696)	황담	황담제 무너짐
	강희 52년(1713)	만성성	성城 동부 지역 완전 침수
	강희 53년(1714)	문촌文村	문촌제 무너짐
	옹정 5년(1727)	-	형주부 지역 제방 무너짐

청淸	옹정 11년(1733)	주공제周公堤	주공제(일명 삼리사제三里司堤) 무너짐
	건륭 11년(1746)	-	만성제 무너짐
	건륭 20년(1755)	-	경작물 침수
	건륭 44년(1779)	태산묘泰山廟	강물 역류, 저지대 경작물과 면화 침수
	건륭 53년(1788)	만성~어로구御路口	서문西門과 수진문水津門으로 물 들어옴, 다수 사망자 발생, 두 달 후 물 빠짐
	건륭 54년(1789)	목침연木沉淵, 양이월楊二月	목침연제, 양이월제 무너짐
	가경 원년(1796)	목침연, 양이월	목침연제, 양이월제, 시기제柴紀堤 무너짐
	가경 7년(1802)	만성	만성제 80여 장 무너짐
	가경 21년(1816)	황림당黃林塘	황림당제 무너짐
	도광 3년(1823)	학혈	학혈제 무너짐
	도광 5년(1825)	학혈	학혈제 무너짐, 10여 리 침수
	도광 6년(1826)	용이연	용이연제, 범가연제范家淵堤, 문촌하오가만제文村下吳家灣堤 무너짐
	도광 7년(1827)	장가부莊家埠, 오가만吳家灣	장가부제, 오가만제 무너짐
	도광 13년(1833)	만성	강릉성 동부 지역 침수
	도광 22년(1842)	장가장張家場	상어부두제 무너짐
	도광 24년(1844)	이가부	저장하로 수해 상황 악화, 성 침수
	도광 25년(1845)	이가부	이가부제 무너짐
	도광 29년(1849)	-	음상성제 무너짐
	함풍 2년(1852)	-	강릉 수해
	광서 원년(1875)	고가연高家淵	고가연제 무너짐
	광서 33년(1907)	-	강릉 산사태 발생, 많은 거주지 함몰

출처: 江陵堤防志編寫組編,《江陵堤防志》(내부 자료), 1984, 17~20쪽.

시대에 가장 빈번한 수해를 입었다는 사실을 알 수 있지만, 굳이 특정 지점을 가리지 않고 거의 전 지역에서 붕괴가 발생했다. 예외가 있다면 만성제 상단 일대는 붕괴 기록이 나타나지 않는다는 점이다. 그러나 앞서 지적한 황담제의 예에서 알 수 있듯이, 이 지역 일대의 수로가 매우 중첩돼 있고 또 연결된 탓에 한 곳의 붕괴가 빈번히 여러 지역으로 확대됐다. 그렇다고 해도 특정 지역의 제방이 집중적으로 무너졌던 상황을 확인할 수 있는데, 다시 한 번 황담제의 상황을 예로 들면 황담제는 홍무洪武~정덕 연간에 다섯 차례 무너졌으며, 그 명확한 붕괴 시기가 최초로 등장하는 시기는 가정 45년(1566)이다.[352]

청대 강희 연간에 이르러서도 만성제에서 가장 빈번한 붕괴가 발생했던 곳은 황담제와 그 일대 지역이었다. 즉, 황담제와 약 30리 떨어진 문촌제가 붕괴했던 점이나, 건륭 연간에 이르러 역시 황담제와 비슷한 위치에 있는 양이월제 등의 붕괴가 그러한 사실을 알려준다. 그리고 당시 기록으로 미루어 그 피해 양상이 시간이 지날수록 더 컸던 것 같다. 아마도 강희 연간의 기록으로 보이는 한 비문에 따르면, 강희 20~21년(1681~1682) 두 차례에 걸쳐 황담제가 무너졌으며, 그 피해 규모는 100년 이래 최대였다. 이어서 비문의 저자는 이 지역 일대 수세가 이전보다 훨씬 더 사나워졌다고 지적했다.[353]

제방은 왜 그렇게 빈번히 붕괴됐을까? 이 지역 일대 자연재해 원인에 대한 가장 전형적인 설명은 이미 여러 번 언급했듯이, 장강 상류 일대 개발로 발생한 토사가 장강으로 바로 흘러들어간 한편, 장강 중류 일대 수리시설의 증가다. 특히 장강 상류 일대 개발로 형강에 직접 영향을 준다는 언급이 명대 만력 연간(1573~1620)에 등장하는 것으로 미루어[354] 적어도 명 중엽 이전부터 개발에 따른 토사 증가가 이 지역 수리 환경에 부정적인 영향을 끼쳤음은 자명하다. 그리고 뒤에 등장할 위원魏源 등의 언급에서 알

---

352) 光緒《荊州府志》卷18,〈隄防〉(2), 3쪽 下.
353) 〈黃潭堤碑記〉, 光緒《荊州府志》卷18,〈隄防〉(2), 3쪽 下.
354) 楊果·陳曦,《經濟發展與環境變遷硏究-宋元明淸時期的江漢平原》, 59쪽.

수 있듯이, 그러한 경향은 청대 내내 지속됐다.

하지만 인위적인 요인 외에 자연 자체의 변화도 이 지역 수리시설에 적지 않은 영향을 미쳤다. 물론 인위적 요인과 자연적 요인을 정확하게 구분하기 어렵다는 점에서, 대부분의 경우 두 요인이 복합적으로 작용해 이 지역 수리 환경에 동시에 영향을 줬다고 판단하는 쪽이 합리적일 것이다. 그럼에도 자연적 요인을 굳이 따로 설명하는 이유는 사료에 등장하는 이 지역 수리 체계의 변화가 그만큼 중요하기 때문이다. 자연적 요인 중 하나는 많은 비로 발생한 홍수, 즉 기후 탓이었다. 많은 강수량 때문에 제방이 붕괴됐다는 사실은 지극히 당연한 말이지만, 이 지역 홍수 발생과 기후 변화의 상관성을 장기적인 측면에서 고찰한 연구는 의외로 많지 않다.

다만 다음의 단편적인 예에서 보더라도, 이 지역의 제방 붕괴와 홍수의 원인을 많은 강수량으로만 설명하기 어렵다는 점은 염두에 둘 필요가 있다. 형주 만성제가 크게 무너진 건륭 53년(1788)에는 호북성 전역에 많은 비가 내렸다.[355] 반면 강희 20~21년에 황담제가 붕괴됐는데, 강희 20년(1681)에는 파동巴東과 강릉 일대에 많은 비가 내렸지만, 강희 21년(1682)의 기록에 따르면 강릉 일대에는 큰비가 내리지 않았다.[356] 이와 같은 상황으로 미루어 하도河道 자체나 이 지역 수리 환경 체제의 변화가 기후 조건과 중첩돼 제방 붕괴와 같은 재해가 발생했다고 볼 수 있다.

만성제 일대의 자연환경 변화

형강 일대의 하도 변천과 사주 증가 등에 대한 많은 연구가[357] 근래 지

---

355) 湖北省武漢中心氣象臺,《湖北省近五百年氣候歷史資料》(1978), 1118~1120쪽.
356) 湖北省武漢中心氣象臺,《湖北省近五百年氣候歷史資料》, 71쪽.

속적으로 등장한 이유는 이 지역 일대의 수리 환경이 이처럼 빈번하게 변한 상황에 대해 관심이 커졌기 때문이다. 그런데 기존 연구에서 자세히 언급되지 않은 부분이 바로 이 지역 호수의 변천이다. 이런 점에서 만력 연간에 활동했던 문인 뇌사패雷思霈의 〈형주방여서荊州方輿書〉라는 글은 형주 일대의 정황을 알 수 있는 또 다른 사실을 알려준다. 꽤 장문인 뇌사패의 글은 형주부의 인문지리와 자연환경을 비교적 자세히 소개한다는 점에서 매우 훌륭한 환경사 자료다. 그는 형주부 각 현의 산, 강, 호수, 혈구穴口, 지형, 수리 체계, 자연에 깃든 전설과 역사적 사실까지도 간결하게 언급하기 때문에 이후 시기 자료와 비교할 때 형주부의 자연환경이 어떻게 변했는지 알 수 있는 단초를 제공한다. 표 2-8은 뇌사패의 글 가운데 수리 체계와 관련된 명칭만을 간추려 작성한 것이다.

　뇌사패는 이러한 명칭을 언급하면서 한 현縣의 호수나 사주 등의 수효를 정확하게 기록한 것으로 보아, 형주부의 대표적인 수리 지형물을 거의 언급했다고 판단된다. 물론 일부 지역의 명칭과 수효는 일치하지 않는 경우도 있다. 예를 들어 그 정확한 원인은 알 수 없지만, 형주부 전체 상황을 설명한 그의 글 앞부분에서는 단지 적박혈만을 언급하는 데 그쳤지만, 각 현을 따로 설명한 후반부의 감리현 부분에서는 후가혈과 노사혈을 다시 언급했다. 또 사주와 관련해서도 강릉 일대에 99개가 존재했다고 말한 점 등

---

357) 아마도 형강 일대 수리 환경 자체에 관심을 둔 연구는 周鳳琴, 〈荊江近5000年來洪水位變遷的初步探討〉, 《歷史地理》4輯(1986)과 〈湖北沙市地區河道變遷與人類活動中心的轉移〉, 《歷史地理》13輯(1996)이 본격적인 것이라고 할 수 있다. 이어서 楊懷仁·唐日長 主編, 《長江中游荊江變遷硏究》(北京 : 中國水利電水出版社, 1999) ; 施少華·林承坤 等, 〈長江中下游河道與岸線演變特點〉, 《長江流域資源與環境》1期(2002) ; 周魁一, 〈荊江和洞庭湖的演變與防洪規劃的歷史硏究〉, 《歷史地理》18輯(2002) ; 陳曦, 〈宋元明淸時期荊江洲灘的變化及其對河道的影響〉, 《江漢論壇》12期(2006) 등의 연구가 등장했다. 한편 趙艷, 〈江漢湖群歷史環境演變〉, 武漢大學 博士學位 論文(1998)과 陳曦, 〈從荊江河道及兩岸河湖的變遷看荊江地區人地關系的演變—以宋元明淸時期爲中心〉, 武漢大學 博士學位 論文(2007)도 동일한 연장선상에 있는 연구다.

〈표 2-8〉〈형주방여서〉에 등장하는 형주부 각 현의 수리 지형

지형 지역	주洲	호湖	구口	혈穴
강릉江陵	용주龍洲, 총주寵洲, 병리주邴里洲, 천아주天鵞洲	고사호高沙湖, 소요호逍遙湖, 백사호白沙湖, 타호沱湖, 의북호倚北湖, 의남호倚南湖, 적호赤湖, 중호中湖, 혼관호昏官湖, 삼호三湖, 요대호廖臺湖 (11)	노보구魯洑口	학혈郝穴, 장포혈獐捕穴, 이두혈里杜穴
공안公安	-	중백호重白湖, 포가호蒲家湖, 담호覃湖, 귀기호貴紀湖 (4)	-	-
석수石首	양자주楊子洲	진가호陳家湖, 황전호黃田湖, 전평지호田坪址湖, 만승호萬乘湖, 피갑호披甲湖, 냉수호冷水湖, 사호沙湖, 조둔호曹屯湖, 장둔호張屯湖, 용성호龍城湖, 학소호鶴巢湖, 평호平湖, 백니호白泥湖, 상진호上津湖, 예전호澧田湖, 열전호熱田湖, 율전호栗田湖 (17)	양림구楊林口, 조현구調弦口, 소악구小岳口, 유자구柳子口	양림혈楊林穴, 조현혈調弦穴, 소악혈小岳穴, 송혈宋穴
감리監利	-	고강호古江湖, 석두호石頭湖, 연화호蓮花湖, 화구호化坵湖, 주려호周黎湖, 난니호爛泥湖, 연지호臙脂湖, 분염호分鹽湖, 소사호小沙湖, 백염호白艷湖, 소질호小咥湖, 남강호南江湖, 연두호蓮頭湖, 가금호家錦湖, 건항호乾港湖, 주의호朱義湖, 장사호蔣師湖, 동강호東江湖, 등전호藤纏湖 (19)	욕우구浴牛口, 신혈구新穴口, 모가구毛家口, 금수구錦水口, 상홍구上洪口, 유항구柳港口, 요호구蓼湖口, 황련구黃蓮口, 황혈구黃穴口, 척입류수구尺入流水口, 구강구舊江口 (11)	적박혈赤剝穴, 후가혈侯家穴, 노사혈魯師穴

출처：康熙《荊州府志》卷36,〈藝文〉(4), 19쪽 下~26쪽 下.

은 그가 모든 지명을 말했다고 볼 수 없는 이유다.[358] 그렇지만 개인이 특정 지역 전체의 지형과 지물을 이처럼 자세히 언급한 자료를 찾기 쉽지 않다는 점에서 뇌사패의 자료는 신뢰할 만하다고 판단된다. 그렇다면 만력

---

[358] 실제로 강릉현에 99개의 사주가 존재했다는 언급은《續資治通鑑長編》에 등장하지만, 그것은 실제 수효를 지칭한다기보다는 적어도 북송北宋 이후 이 지역 사주의 빈번한 변화로 새로운 사주가 형성되고 이전의 사주가 사라졌던 정황을 의미한다. 楊果·陳曦,《經濟發展與環境變遷研究－宋元明淸時期的江漢平原》, 21~22쪽.

연간의 이러한 지형이 청대에 이르면 어떻게 변했는지 알아보자.

표 2-9의 호수 항목에 있는 굵은 글씨는 명대의 〈형주방여서〉에 등장하지 않은 호수 이름을 표시한 것이다. 또 표 2-8과 표 2-9에 등장하는 '구口'와 '혈穴'은 혈구로 붙여 사용하는 것이 일반적이어서 굳이 두 단어를 분리해서 생각할 필요가 없다. 먼저 혈구와 관련된 사항을 살펴보자. 보통 호북성의 수리를 논할 때 거론하는 9혈 13구라는 명칭에서도 알 수 있듯이, 혈구는 장강의 수세를 나눠 강물의 범람을 방지하는 기능을 했다.[359] 표 2-8에 등장하는 9혈의 명칭을 위치별로 정리하면 다음과 같다.

채혈采穴(송자현 남안)

장포혈獐捕穴(강릉현 북안)

학혈郝穴(강릉현 북안)

양림혈楊林穴(석수 남안 서남쪽 30리)

소악혈小岳穴(석수현 북안 서쪽 25리, 홍수시 유자구와 연결됨)

송혈宋穴(석수현 남안 동쪽 30리, 청대 당시 폐색)

조현혈調弦穴(석수현 남안 동쪽 60리, 장강과 연결됨)

적박혈赤剝穴(감리 북안)

이사혈里社穴(잠강 내하內河)

표 2-9에서 알 수 있는 것처럼 청대에 이르면 혈구가 거의 등장하지 않는다. 만성제 일대의 각 혈은 송宋 이전까지는 제대로 기능했지만, 원대에 이르러 막히게 되자 원元 대덕大德 연간(1297~1307)에 학혈, 양림혈, 소악

---

[359] 별도의 주가 없는 한, 이하 호북성의 혈구에 대한 설명은 兪昌烈, 《楚北水利堤防紀要》(武漢 : 湖北人民出版社, 1999), 93~95쪽에 있는 〈開穴口總考略〉을 근거로 했다.

〈표 2-9〉 청淸 초 형주부 각 현의 수리 지형

	주洲	호湖	구口
강릉江陵	용주龍洲, 총주寵洲, 연미주燕尾洲, 지회주枝廻洲, 병리주邴里洲, 서사주西沙洲	와자호瓦子湖, 태백호太白湖, 동만호東灣湖, 요대호蓼臺湖, 백로호白鷺湖, 자림백사호柘林白沙湖, 나호羅湖, **오엽호五葉湖**, 삼호三湖, **홍마호紅馬湖**, 의남호倚南湖, **이호離湖**, 의북호倚北湖, **상호象湖**, **서호西湖**, **동호東湖**, 적호赤湖, 고사호高沙湖, 타호沱湖, 중호中湖, **곡호鵠湖**, **오종호五種湖**, **후호後湖**, **고호鼓湖**, **남호南湖** (25)	호도구虎渡口, 강진구江津口, 노보구鲁洑口, 나언구羅堰口
공안公安	-	중백호重白湖, **양항호洋港湖**, 포가호蒲家湖, 군호호軍湖, 귀기호貴紀湖, **유랑호柳浪湖**, **신유호神油湖** (7)	-
석수石首	-	학소호鶴巢湖, 백양호白楊湖, 황전호黃田湖, 백니호白泥湖, 사호沙湖, 예전호澧田湖, 율전호栗田湖, 조둔호曹屯湖, 장둔호張屯湖, 용성호龍城湖, 상진호上津湖, 냉수호冷水湖, 만승호萬乘湖, 진가호陳家湖, 피갑호披甲湖 (15)	양림구楊林口, 열구列口, 신구新口, 조원구調元口, 원자호원구院子口, 단강구斷岡口, 서호구西湖口
감리監利	-	동강호東江湖, 백염호白艷湖, 등전호藤纏湖, **대질호叺叱湖**, 소질호小叱湖, 장사호蔣師湖, **사리호沙里湖**, 연두호蓮頭湖, 주의호朱義湖, **태마호太馬湖**, 고강호古江湖, 석두호石頭湖, 화구호化丘湖, 난니호爛泥湖, **주삼호周三湖**, 주려호周黎湖, 연화호蓮花湖, 연지호臙脂湖, 분염호分鹽湖, 건항호乾港湖, 가금호家錦湖, **이호離湖**, **첨수호恬水湖**, **성홍언호盛洪堰湖** (24)	금수구錦水口, 욕수구浴水口, 소사구小沙口, 직보구直步口, 척팔구尺八口, 신혈구新穴口, 모가구毛家口, 상홍구上洪口, 유항구柳港口, 요호구蓼湖口, 황봉구黃蓬口, 황혈구黃穴口, 유수구流水口, 구강구舊江口 (14)

출처: 康熙《荊州府志》卷4,〈山川〉, 3쪽 下~16쪽 下.

혈, 송혈, 조현혈, 적박혈 등을 준설했다. 그러나 원대에 다시 막혀버렸으며, 명대 가정 연간(1522~1566)에는 아예 막아버렸다. 사료에는 학혈을 막은 이유가 자세히 언급되지 않았지만, 곧바로 명대 융경 연간(1567~1572)에 학혈을 다시 소통시켜야 한다는 논의가 제기됐다. 당시 장포혈 등은 막힌 지 이미 오래돼 원 상태로 회복하기가 불가능했다. 다만 학혈과 호도구는 장강이 남북으로 갈라지는 중요한 분수구分水口라는 이유 때문에 지하支河를 만들어 물이 흐르게 했다. 융경 연간에 감리현의 적박혈을 비롯해 여러 곳을 준설했지만, 원대와 명대를 비교하면 명대에 제 기능을 하는 혈구는 단지 두 곳에 불과했다.[360]

이렇게 볼 때 적어도 융경 연간이나 만력 연간 이후부터 이 지역의 주요 수로가 제 기능을 못했으며, 사료에 기록된 대로 청대 강희 연간에 이르면 사실상 조현구 한 곳만 혈구 역할을 했다고 볼 수 있다. 뒤이어 해당 사료는 혈구가 막힌 이유를 "옛날에는 제방에 대한 관심이 적고 관리가 소홀했기 때문에 자연히 혈구를 이용해 물을 유도했지만, 현재는 제방이 나날이 밀집돼 장강의 위아래가 좁아지고 장제 밖으로는 수해 위험이 많은 곳에 다시 중제重堤와 월제月堤 등을 쌓기 때문"이라고 지적했다. 그러나 강희 연간에 호재각胡在恪이 주장한 아래의 내용을 보면 인위적 요인 외에도 수리 환경이 급격하게 변했기 때문이다.

100년 이래 수도水道는 해마다, 달마다 바뀌고 있으며, 거대한 강제江堤가 아니더라도 소규모 완제垸堤가 사방에서 수로를 막고 있으니, 나라의 세금과 백성의 생계가 모두 기댈 곳이 없다. 강릉이 삼해팔궤三海八櫃의 지역이 된 (이유는) 그 옛날 무력을 사용할 당시, 지형을 의지해 요새를 만들었던 탓이며, (따라서 당시에는) 전답과 가옥을 아까워하지 않았다. 이제 평화로운 시기가 되어 모든 토지에 세금을 부과하고 있는데, 만약 물이 괴어 늪지

---

360) 〈開穴口總考略〉, 94쪽에 따르면 융경 연간에 조현구를 준설했지만 바로 막혔으며, 감리현의 적박혈 역시 개설 논의만 했을 뿐 실행에 옮기지는 않았다. 한편 채혈구는 실제로 준설했지만 큰 효과를 거두지 못했다고 기술하면서 원대에는 혈구 한 곳을 개설해 혈구 여섯 곳(학혈, 양림, 소악, 송혈, 조현, 적박)을 소통시킬 수 있었지만, 명대에는 혈구 준설로 겨우 두 곳만을 소통시키는 것에 그쳤다고 언급했다. 그러나 구체적인 명칭은 밝히지 않았다. 아마도 그 두 곳이란 학혈과 호도구를 의미하는 듯하다.

가 되고, 물을 배수하기 위해 토지를 포기해버린다면, 그것이야말로 까닭 없이 (우리) 스스로가 곤경에 처하게 될 뿐이다.

여기서 '삼해팔궤'는 현재 강릉현 동북 지역 일대를 가리키는데, 일찍이 형주 지역을 '형주삼해荊州三海'라고 일컬었던 데서 나온 말이다. 원래 삼해란 저수沮水와 장수漳水를 형주 북쪽의 저지대로 끌어들여 위나라 군사가 북쪽에서 내려오는 것을 막기 위한 거대한 수리 공정 끝에 형성된 저수지대를 의미했다.[361] 호재각이 이런 예를 든 까닭은 강릉 일대에 예로부터 거대한 수리 사업이 진행됐다는 사실을 말하기 위해서다. 호재각의 언급은 두 가지 사실을 알려준다. 하나는 형주 지역의 수로가 매우 빈번하게 변했다는 사실이고, 다른 하나는 지형을 무시한 수리시설은 결국 사람들에게 그 피해가 고스란히 돌아온다는 사실이다.

그렇다면 청 중엽 이후 형강 일대의 호수는 어떻게 변했을까? 명 만력 연간에 비해 청 초 형주부 일대 호수의 개수는 현저하게 증가했다. 표 2-8과 표 2-9를 비교해보면 강릉현이 11개에서 25개로, 공안현이 4개에서 7개로 그리고 감리현이 19개에서 24개로 각각 증가했음을 알 수 있다. 석수현만 유일하게 호수가 두 개 감소했다. 명 만력 연간, 강희 연간, 광서 연간의 만성제 일대 호수의 개수를 좀 더 분명하게 비교하기 위해 표 2-10을 작성했다. 이 표에 등장하는 강희 연간과 광서 연간의 연도는 해당《형주부지》의 간행 연도다.

뇌사패의 만력 연간의 글과 강희《형주부지》, 광서《형주부지》에 등장하는 호수의 명칭 표기가 완벽하지는 않다. 일례로 강희 연간 강릉현에 있었

---

361) 앞서 언급한 뇌사패의 글에 따르면, 송대에 유갑劉甲이란 인물이 다시 이 지역에 상, 중, 하의 세 제방을 쌓아 그 면적이 수백 리에 달했으며, 이후 강릉 지역은 천연적으로 험한 요새가 됐다고 설명했다. 雷思霈,〈荊州方輿書〉, 康熙《荊州府志》卷36,〈藝文〉(4), 21쪽 上.

〈표 2-10〉 만력~광서 연간 형강 일대의 호수 변화

시기 지역	만력 연간	강희 연간(1685)	광서 연간(1880)
강릉 江陵	고사호高沙湖, 소요호逍遙湖, 백사호白沙湖, 타호沱湖, 의북호倚南湖, 의북호倚北湖, 적호赤湖, 중호中湖, 혼관호昏官湖, 삼호三湖, 요대호蓼臺湖(11)	와자호瓦子湖, 태백호太白湖, 동만호東灣湖, 요대호蓼臺湖, 백로호白鷺湖, 자림백사호柘林白沙湖, 나호羅湖, 오엽호五葉湖, 삼호三湖, 홍마호紅馬湖, 의남호倚南湖, 이호離湖, 의북호倚北湖, 상호象湖, 서호西湖, 동호東湖, 적호赤湖, 고사호高沙湖, 타호沱湖, 중호中湖, 곡호穀湖, 오종호五種湖, 후호後湖, 고호鼓湖, 남호南湖(25)	오호五湖, 동호東湖, 나호羅湖, 자림호柘林湖, 백사호白沙湖, 상호象湖, 고호鼓湖, 곡호穀湖, 오종호五種湖, 옥호玉湖, 장호長湖(와자호瓦子湖), 태백호太白湖, 삼호三湖, 요대호蓼臺湖, 의남호依南湖, 의북호依北湖, 홍마호紅馬湖, 백로호白鷺湖, 동만호東灣湖, 남호南湖, 포대호礮臺湖, 하마호蝦蟆湖, 백자호百子湖, 소당호小塘湖, 서호西湖, 고사호高沙湖, 적호赤湖, 후호後湖, 여관호女觀湖, 이호離湖, 협호夾湖, 담자호潭子湖, 대금호大金湖, 학호鶴湖, 오곡호五穀湖, 타호沱湖, 중호中湖, 상당호上黨湖, 반박호潘泊湖, 향초호香草湖, 대아호袋兒湖, 타부동호打不動湖, 옥가호玉家湖, 청양호淸洋湖, 장입호裝入湖, 윤가호尹家湖, 양림호楊林湖, 대군호大軍湖, 이백호李白湖, 맹가호孟家湖, 영풍호永豊湖, 대호臺湖, 옥조호玉藻湖(53)
공안 公安	중백호重白湖, 포가호蒲家湖, 담호覃湖, 귀기호貴紀湖(4)	중백호重白湖, 양항호洋港湖, 포가호蒲家湖, 군호軍湖, 귀기호貴紀湖, 유랑호柳浪湖, 신유호神油湖(7)	동호東湖, 중백호重白湖, 포가호蒲家湖, 유오니호有烏泥湖, 우랑호牛浪湖, 두제호斗隄湖, 군호軍湖, 백수호白水湖, 귀기호貴紀湖, 대금호大金湖, 신유호神油湖, 백련호白蓮湖, 육손호陸遜湖, 왕무호王茂湖, 유랑호柳浪湖, 양항호洋港湖, 장호長湖, 동가호董家湖, 장가호張家湖, 유가호劉家湖, 임가호林家湖, 이림호李林湖, 성양호成陽湖, 남호南湖, 북호北湖, 마자호磨子湖, 하엽호荷葉湖, 과자호瓜子湖, 화호花湖, 대가호戴家湖, 웅가호熊家湖, 치자호梔子湖, 진가호陳家湖, 관전호管田湖, 홍가호洪家湖, 채전호蔡田湖, 학가호郝家湖, 양가호楊家湖, 차대호車垈湖, 노전호魯田湖, 황전호黃田湖, 조가호趙家湖, 손전호孫田湖, 갈공호葛公湖, 빈석호斌石湖, 대경호大鯨湖(46)

석수石首	진가호陳家湖, 황전호黃田湖, 전평지호田坪址湖, 만승호萬乘湖, 피갑호披甲湖, 냉수호冷水湖, 사호沙湖, 조둔호曹屯湖, 장둔호張屯湖, 용성호龍城湖, 학소호鶴巢湖, 평호平湖, 백니호白泥湖, 상진호上津湖, 예전호澧田湖, 열전호熱田湖, 율전호栗田湖 (17)	학소호鶴巢湖, 백양호白楊湖, 황전호黃田湖, 백니호白泥湖, 사호沙湖, 예전호澧田湖, 율전호栗田湖, 조둔호曹屯湖, 장둔호張屯湖, 용성호龍城湖, 상진호上津湖, 냉수호冷水湖, 만승호萬乘湖, 진가호陳家湖, 피갑호披甲湖 (15)	학소호鶴巢湖, 평호平湖, 만승호萬乘湖, 피갑호披甲湖, 냉수호冷水湖, 백니호白泥湖, 상진호上津湖, 율전호栗田湖, 황전호黃田湖, 숙전호熟田湖, 전평지호田坪址湖, 조둔호曹屯湖, 장둔호張屯湖, 사호沙湖, 예전호澧田湖, 진가호陳家湖, 소양호小洋湖, 이정호李靖湖, 총림호叢林湖, 향당호享堂湖, 차마호車馬湖, 열차호列汊湖, 서양림호西陽林湖, 용양호龍陽湖, 모포호毛包湖, 소호小湖, 맹상호孟嘗湖, 과저호鍋底湖, 우각호牛角湖, 단범호團範湖, 고우호牯牛湖, 상덕호湘德湖, 요진호瑤津湖, 진호津湖, 동양림호東陽林湖, 대차호大汊湖, 소차호小汊湖, 탄호灘湖, 승호勝湖, 상림호桑林湖, 북호北湖, 능각호菱角湖, 사재호渣滓湖, 화교호花郊湖, 용성호龍成湖, 당전호唐田湖, 육손호陸遜湖, 사유호瀉油湖, 동쌍호東雙湖, 매자호梅子湖, 용창호龍昌湖, 우호藕湖, 지호沚湖, 산남호山南湖, 전가호田家湖, 왕가호王家湖, 담가호覃家湖, 포금호鋪金湖, 하가호何家湖, 방호蚌湖, 사대호寺臺湖, 영호寧湖, 노학호老鶴湖, 원가호袁家湖, 장진하호藏陳何湖 (64)
감리監利	고강호古江湖, 석두호石頭湖, 연화호蓮花湖, 화구호化坵湖, 주려호周黎湖, 난니호爛泥湖, 연지호臙脂湖, 분염호分鹽湖, 소사호小沙湖, 백염호白艶湖, 소질호小叱湖, 남강호南江湖, 연두호蓮頭湖, 가금호家錦湖, 건항호乾港湖, 주의호朱義湖, 장사호蔣師湖, 동강호東江湖, 등전호藤纏湖 (19)	동강호東江湖, 백염호白灩湖, 등전호藤纏湖, 대질호大叱湖, 소질호小叱湖, 장사호蔣師湖, 사리호沙里湖, 연두호蓮頭湖, 주의호朱義湖, 태마호太馬湖, 고강호古江湖, 석두호石頭湖, 화구호化丘湖, 난니호爛泥湖, 주삼호周三湖, 주려호周黎湖, 연화호蓮花湖, 연지호臙脂湖, 분염호分鹽湖, 건항호乾港湖, 가금호家錦湖, 이호離湖, 첨수호甜水湖, 성홍언호盛洪堰湖 (24)	복자호卜子湖, 소사호小沙湖, 백염호白灩湖, 등전호藤纏湖, 대질호大叱湖, 소질호小叱湖, 장사호蔣師湖, 동강호東江湖, 주의호朱義湖, 남강호南江湖, 연두호蓮頭湖, 화구호化邱湖, 사리호沙里湖, 가사호家絲湖, 대마호大馬湖, 고강호古江湖, 석두호石頭湖, 백라호白螺湖, 연화호蓮花湖, 주삼호周三湖, 천정호天井湖, 주려호周黎湖, 이호離湖, 난니호爛泥湖, 곽로호郭老湖, 청신호青汛湖 (26)

출처 : 표 2-8 ; 표 2-9 ; 光緒《荊州府志》卷3,〈地理〉(3), 9쪽 下~34쪽 上.

던 자림백사호가 광서 연간에는 자림호와 백사호로 각각 표기됐으며, 후호나 여관호 등도 명 이전에 존재했던 흔적을 찾아볼 수 있다. 그런 점을 감안해도, 명 중엽 이후 청 말까지 이 지역의 지형 변화가 매우 극적이었다는 사실을 알 수 있다. 강희《형주부지》의 편찬 시기는 강희 24년(1685)이고 뇌사패의 인용문은 만력 연간에 저술된 점을 감안하면, 표 2-8과 표 2-9 사이의 시간 차이는 약 100년에 불과하다. 이 기간 동안 형주부의 각 현에서 호수가 크게 증가했다는 사실을 알 수 있다. 하지만 강희 연간 이후 광서 연간까지 약 200년 사이의 지형 변화는 명 말에서 청 초까지의 시기보다 훨씬 더 그 폭이 컸다. 감리현을 제외한 강릉현, 석수현, 공안현의 호수 증가는 괄목할 만하다. 특히 청 초까지만 하더라도 호수가 상대적으로 적었던 석수현에는 청 말에 이르러 총 64개의 호수가 있었다.

지형 변화와 만성제의 수재

그렇다면 이 지역 지형 변화의 특징은 무엇이며, 그 특징이 만성제 일대의 홍수와는 또 어떻게 연결될까? 지방지는 호수와 관련된 이 지역의 지형 변화를 다음과 같이 설명한다.

> 협호 이하 20여 개의 호수는 통지通志와 시지施志에 모두 기재되지 않았다. 현지縣志에는 이미 그 호수들을 자세히 열거했지만, 소재지와 거리는 쉽게 산정할 수 없어 기록하지 않았다. 대체로 변화가 잦으며, (호수의) 물이 마르고 차는 것이 일정하지 않아서 물이 많으면 서로 연결되고 물이 빠지면 그 사이로 물줄기 하나가 일정하지 않게 흐를 때도 있다. 지역에 따라 이름을 달리하며, 방언에 따라서도 명칭이 달라진다.[362]

짐작하건대, 당시 형주 일대의 호수는 모습이 빈번히 바뀌었을 뿐 아니라, 호수가 새로 생기거나 또 없어지는 상황이 발생했다.[363] 그리고 이런 정황은 송대 이후 많은 사주의 변화 상황과 매우 흡사하다. 따라서 앞에서 열거한 호수는 사실상 이름만 남은 경우가 대부분이며, 실제로 호수가 늘어났다고 보기는 어렵다. 예를 들어 학혈 부근에 있던 삼호三湖는 백호白湖, 중호中湖, 혼관호昏官湖 등을 합쳐 부르는 말인데, 모두 한 물줄기를 형성해 장강과 연결된다. 삼호는 물이 많을 경우 바로 장강과 연결되는데, 강릉현의 요대호·의남호·의북호·홍마호와 연결될 뿐 아니라, 홍마호를 통해 다시 백로호와도 연결됐다.[364] 지리 환경의 변화가 이처럼 컸기 때문에 호수 주변이 경작지로 변하거나 마을로 바뀌는 경우도 잦았다.[365] 또 호수 자체가 아예 사라져 육지로 변하는 일도 있었다.

지리 환경의 변화와 특히 청대 만성제 일대의 홍수는 어떤 연관성이 있을까? 이 문제를 만성제의 모든 제방과 연결해 살펴보는 것은 무리다. 대신 건륭 연간의 만성제 일대 홍수를 통해 이 지역의 지형 변화가 수재와 어떻게 연결되는지를 살펴보자. 청 건륭 연간 만성제 일대의 대규모 홍수는 건륭 40년(1775), 건륭 46년(1781), 건륭 53년(1788)에 각각 발생했다. 1788년의 홍수는 건륭제의 지적처럼 청 개국 이래 최대 규모의 홍수였다.

---

362) 光緒 《荊州府志》 卷3, 〈地理志三〉(山川), 12쪽 下.
363) 형강 일대에 '연연淵'이란 명칭이 폭넓게 등장하는데, 이는 홍수로 한꺼번에 많은 물이 쏟아지면 그 힘으로 구덩이가 패어 물이 고이는 경우를 의미한다. 陳曦, 〈以江陵縣爲例看宋元明清時期荊北平原的水系變遷—以方志爲中心的考察〉, 《中國地方志》 9期(2006), 50쪽.
364) 光緒 《荊州府志》 卷3, 〈地理志三〉(山川), 10쪽 上. 이처럼 수량이 많지 않으면 각각 별도의 호수로 있다가 물이 불어나면 모두 합쳐지는 현상은 장강 중류 일대의 중요한 수리 현상 중 하나였다. 同治 《石水縣志》 卷1, 〈方輿志三〉(山水), 21쪽 上의 열차호列汊湖 참조.
365) 예를 들어 타부동호打不動湖 주변 약 100리 밖에는 양수楊水가 있었는데, 그곳으로 저수沮水가 흘러들어 천아지天鵝池와 소요호逍遙湖 등이 침식되는 현상이 발생했다. 그 여파로 타부동호 주변은 모두 경작지가 됐다. 光緒 《荊州府志》 卷3, 〈地理志三〉(山川), 12쪽 上.

이 홍수는 앞에서도 언급했듯이, 형주성 서문西門이나 남문이 아닌, 북문으로 물이 들어왔다. 장강의 흐름을 고려하면 물은 서문이나 남문 쪽으로 들어오는 것이 정상이었다. 사료에 따르면 1788년 홍수 발생 당시, 일단 서쪽 제방이 무너지고 수세가 서남쪽을 경유해서 다시 서북쪽으로 방향을 바꿔 마침내 북문으로 들어왔다.[366]

형주성 서쪽에서부터 물이 들어온 이유 중 하나는 형주성 정남쪽에 위치한 교금주窖金洲의 확대와 분명히 관련이 있다. 1788년 당시 건륭제의 명령으로 수재 정황과 대책 파악에 나섰던 아계阿桂의 언급은 그러한 정황을 말해준다. 다음은 아계의 보고를 토대로 한 건륭제의 말이다.

> 형주의 수재에 대해 해당 지역의 관원과 군인, 일반 백성에게 물으니 모두 교금주가 하천 연변을 잠식하고 모래 면적이 증가해서 머물러 있는 탓이며 또 그러한 정황이 근래에 시작된 것이 아니라고 말했다. 아계 등이 친히 해당 지역으로 가서 살펴보니, 강릉현의 소씨蕭氏가 옹정 연간부터 건륭 27년(1762)까지 지속적으로 교금주의 땅을 매입해 갈대[367]를 심고 매년 세금을 납부해왔다. (그는) 이익을 탐해 갈대 경작 면적을 차츰 늘렸다. 사주의 모래 면적이 확대될 때마다 갈대가 사주 주위를 둘러싸면서 자라게 돼 강물의 흐름을 방해했다. 모래 면적이 차츰 넓어지자 강폭은 차츰 줄어든 탓에 상류 쪽에 높게 모래가 쌓여 (제방)이 무너졌다고 말했다. 교금주의 모래 확장 (면적)이 해가 갈수록 넓어져 수면을 잠식하자, (장강)이 북쪽으로 흐를 수밖에 없고, 마침내 형주성이 여러 번 무너지는 일이 발생했다.[368]

---

366) 《萬城堤志》卷首, 〈諭旨〉, 23쪽 上~下.
367) 볏과에 속하는 다년생 풀. 어린순은 식용으로 사용했고, 강릉현 일대에서는 정초에 문에 달아 놓으면 백귀를 물리칠 수 있다고 믿었다. 乾隆 《江陵縣志》卷22, 〈風土〉(2), 16쪽 上.
368) 《萬城堤志》卷首, 〈諭旨〉, 23쪽 上~下.

여기서 '상류'는 교금주의 위쪽을 지칭하는 듯하다. 따라서 교금주 위쪽의 강폭이 좁아져 그 압력으로 만성제가 무너지고, 형주성이 물에 잠기는 사태가 발생했다. 수세 변화로 발생하는 엄청난 홍수 피해를 막기 위해 당시 건륭제와 관료가 가장 먼저 취한 조치는 소씨처럼 관유지를 함부로 개간하는 것을 금하고, 만약 관리가 뇌물을 받고 그 지역의 개간을 허락했다면 사실을 밝혀 처벌하는 것이었다.

그렇다고 해도 1788년 홍수의 사후 대책은 제방의 수리, 이재민 구호처럼 다른 지역에서도 흔히 볼 수 있는 의례적인 조치가 대부분일 뿐, 지형 변화에 대한 대처 방법은 논의되지 않았다. 하지만 실제로 이 지역 일대에는 건륭 연간 이전부터 사주가 형성돼 강물의 흐름이 원활하지 못했다. 즉, 만성제 이가부 부근에서 장강과 합쳐지는 저장하 일대에도 많은 사주가 형성됐다. 이가부 남쪽으로 연달아 형성된 지회주枝迴洲와 용주龍洲, 용주 동쪽에 있던 총주寵洲 등이 그 예다.

건륭 연간의 지방지에 따르면 이 사주들은 모두 옛 지명이며, 현재는 용주와 접한 여러 사주가 모두 천아주天鵝洲로 합해졌으며, 그 주변은 모두 막혀버린 상태였다.[369] 그리고 교금주는 바로 천아주 밑에 자리하고 있었다. 이어 지방지의 저자는 사주가 장강의 남북이나 동서 방향으로 뻗어 있어 강물의 흐름이 본래 궤도를 이탈하거나 막혀버리는 경우가 잦고, 그러한 현상이 단지 강릉현에서만 발생하는 것은 아니지만, 강릉 지역에서 유난히 두드러지게 발생한다고 언급했다. 그렇다면 서쪽에서 흘러든 장강이 적어도 건륭 연간 이후 이가부 일대에서부터 그 흐름이 원활하지 않았다고 볼 수 있다. 이러한 사주의 빈번한 변천은 거꾸로 표 2-10에 등장하는 호수의 변천과 밀접한 연관성이 있다.

---

369) 乾隆《江陵縣志》卷3,〈方輿〉(山川), 15쪽 上.

그런데 1788년 후반부에 이르러 필원畢沅(1730~1797)은 수세 변화와 관련해 전반기와는 다른 상황을 언급했다. 필원의 상주에 답한 건륭 53년 11월 12일 건륭제의 언급에 따르면, 1788년 후반 교금주 바로 위에 있는 양림석기楊林石磯(수면 위로 돌출된 거대한 암석)가 거의 일곱 장 정도는 수면 위로 드러났다.[370] 이것은 북쪽으로 흐르던 장강의 수세가 약해지고 수량이 줄어들어 석기의 모습이 이전보다 수면 위로 더 보였음을 의미한다. 즉, 필원의 언급을 그대로 믿는다면, 북쪽으로 흐르던 장강의 수세가 이제 남쪽으로 흘렀다는 얘기다.[371] 그리고 건륭제와 당시 수재 대책 담당 관료는 그 기회를 이용해 서둘러 제방 공사를 실시해야 한다고 주장했다.

이러한 사실은 특히 청 초 이후 장강의 흐름이 남쪽으로 바뀌었음을 말한다. 즉, 본래 있었던 강심주가 사라진 반면, 특히 19세기 중엽 이후가 되면 강릉현의 백사白沙, 백각白脚, 신어新淤, 신니新泥, 석주石洲의 이른바 남오주南五洲가 다시 북쪽으로 확대되는 결과를 가져왔다.[372] 따라서 만성제 일대의 유속이 저하된 데 더해, 다시 만성제 남쪽의 사주가 확대돼 북안을 압박하는 이중의 어려움에 처하게 됐다. 이런 정황 탓에, 형주부 일대의 수리 환경에 대항하기 위해 쌓았던 만성제의 존재는 사실상 무력할 수밖에 없었다.

그렇다면 1788년 홍수 발생 당시 형주성 동부와 동남부의 상황은 어떠

---

370) 《萬城堤志》卷首, 〈諭旨〉, 27쪽 上~27쪽 下.
371) 이런 탓에 사주의 퇴적 중심 역시 시간이 지나면서 남동쪽으로 내려오는 경향을 보인다. 즉, 진한秦漢 시기에 비해 명·청 시대에는 40도 정도 그리고 현대에는 70도 정도 남동 방향으로 내려왔다. 周鳳琴, 〈雲夢澤與荊江三角洲的歷史變遷〉, 《湖泊科學》卷6, 1期(1994), 29쪽.
372) 楊果·陳曦, 《經濟發展與環境變遷研究－宋元明淸時期的江漢平原》, 37쪽. 그러한 경향은 1950년대 이후에도 계속 진행됐다. 동정호로 유입되는 호남성 하천에 포함된 모래 양보다 호북성 하천의 모래 함유량이 훨씬 많다. 따라서 동정호로 유입되는 토사의 84퍼센트 정도가 송자하松滋河, 호도하虎渡河, 우지하藕池河, 화용하華容河의 네 하천에서 비롯된다. 林承坤, 〈洞庭湖的演變與治理〉(上), 《地理學與國土研究》1卷, 4期(1985), 29쪽.

했을까? 필원은 장강의 수세가 북쪽보다 남쪽으로 더 많이 집중되고 있다는 말과 함께, 당시 감리현監利縣의 강과 호수의 수면이 높아져서 역시 수재水災가 발생한다고 말했다.

감리현 일대의 수계는 일단 크게 장강과 한수로 나눌 수 있다. 장강은 감리현성 서쪽의 타모부拖茅阜(만성제의 동쪽 끝)에서 감리현 경계로 들어오며, 이곳에서 300리가량 흘러가다가 형하구荊河口에서 다시 장강과 만난다. 그런데 이 지역 역시 하천가에서 7~8리 떨어진 곳에 사주가 발달했으며, 한여름에 물결이 거세면 사주가 확대돼 일망무제一望無際의 형태로 변했다. 더구나 동쪽의 조진관朝眞觀에서 교은뇌窖垠腦까지 수십 리 일대에는 남풍이 불어 사람의 힘으로는 그 기세를 감당하기 어려웠다. 또 현성 동쪽의 척팔구尺八口 일대로 다시 동정호의 물이 역류해 들어오면 현성 남쪽으로 흐르는 장강에 바로 영향을 미쳐 그 일대가 모두 물에 잠길 위험에 처하게 된다.[373]

한편 감리현 서북쪽에서는 한수의 지류가 야차구夜汊口(일명 대택구大澤口)로 들어와 거의 정동 방향으로 50리 길을 흘러 주로취周老嘴에 이른다. 주로취에 이른 한수의 지류는 방향을 거의 정서 방향으로 틀어 황로담黃老潭에 이르고, 다시 동남 방향으로 이동해서 요가하姚家河에 닿는다. 그 후 요가하에서 정남 방향으로 다시 하도를 바꿔, 현성 서쪽을 통해 들어오는 장강의 물줄기인 태마장하太馬長河와 합류한다. 태마장하는 동쪽의 시림하柴林河와 연결되며, 이처럼 장강과 만난 한수의 물줄기는 하나가 돼 현성 동북쪽 맨 끝에 있는 청탄구青灘口로 나가 다시 장강과 합쳐진다.[374] 간단히 말해서 현 서북쪽으로 들어온 한수 지류는 현성 북쪽을 크게 우회하다 현 북

---

373) 同治《監利縣志》卷3,〈江防〉, 4쪽 下~5쪽 上.
374) 同治《監利縣志》卷1,〈山川〉, 6쪽 上~下.

쪽에서 장강의 지류와 합류해서 동북 방향으로 빠져나가는 형상이다.

특히 감리현의 한수 지류가 흘렀던 수계는 여러 곳이 막힌 상태였다. 사료에 따르면 한수가 예전에는 20리 길을 우회해서 각각 강릉현 하류 지역과 잠강 지역으로 흘러들어갔지만, 적어도 청대 어느 시기부터는 그러한 우회로가 전부 막혔을 뿐 아니라, 지류 역시 폐색되어 일단 물이 불어나면 그 이전보다 훨씬 더 피해가 컸다.[375] 이와 관련해 사료는 한수 수계의 폐쇄한 시기를 정확하게 언급하진 않았지만, 강릉현과 마찬가지로 감리현의 지류들 역시 최소한 명대에도 이미 빈번하게 막혔다는 사실을 확인할 수 있다.[376]

감리현은 건륭 연간에 모두 14차례 홍수가 발생했으며,[377] 건륭 53년인 1788년에는 주가연朱家淵, 와자원瓦子院 그리고 미황월제米黃月堤 등이 붕괴했다.[378] 주가연과 미황월제의 위치는 분명하지 않지만 와자원 일대는 동정호와 대각선으로 맞닿는 곳인데, 역시 장강의 물길이 매우 거세지는 지역으로 유명했다. 한편 1788년 강릉 일대의 홍수는 감리현뿐 아니라 감리현 옆의 면양주에까지도 미쳤는데,[379] 수해 발생의 이러한 동시성이야말로 이곳의 수세가 현縣 경계를 넘어 서로 긴밀하게 연결되어 있어서다.

이제 석수현의 정황을 살펴보자. 석수현 역시 현성 북쪽에 장강 대제와 감리대제가 있었기 때문에 역시 강릉현의 수계와 긴밀하게 연결돼 있었다. 특히 석수현에 관해서는 감리현과 달리 세 편의 지방지를 참고할 수

---

[375] 同治《監利縣志》卷3,〈江防〉, 21쪽 上~下.
[376] 孫雨侯,〈黃公堤碑記〉, 同治《監利縣志》卷11,〈藝文〉(記), 12쪽 下.
[377] 同治《監利縣志》卷12,〈雜識〉(豐歉), 44쪽 上~下.
[378] 同治《監利縣志》卷3,〈江防〉, 8쪽 上~下. 사료에 표기된 '와자원'은 와자완瓦子垸을 잘못 표기한 것으로 판단된다. 실제로 당시 감리현 지도에는 와자완으로 표기돼 있다.
[379] 光緒《沔陽州志》卷3,〈建置〉(隄防), 25쪽 上.

있으며, 각 지방지에는 비교적 소상한 지도가 실려 있어 청대의 지형 변화를 알기에 유리하다.[380] 석수현으로 흘러드는 장강은 현성 정북 방향에 있는 황산黃山에서 공안현과 경계를 이뤄 거의 남쪽 방향으로 흐르다가, 현성 남동쪽에서 다시 북서쪽으로 방향을 틀어 현성 북쪽을 통과해 또다시 남쪽으로 내려가는 지그재그 형태로 흘렀다. 지도 2-1은 석수현 일대 수계를 나타낸 것이다.[381]

석수현의 두 지도를 보면 청 후기에 이르러 장강이 훨씬 남쪽으로 내려왔다가 다시 북쪽으로 흘렀던 정황을 쉽게 확인할 수 있다. 더구나 후대로 내려오면서 지류가 무수히 발달했다는 사실도 확인할 수 있다. 명·청 시대 장강 중류 일대의 농업 발달이 이러한 지류를 이용한 수리시설의 확대와 밀접한 관련이 있다는 사실은 이미 수많은 연구가 지적하고 있다. 석수현 현성 동쪽에 위치한 평호平湖 일대는 관전灌田이 발달한 대표적인 지역이었다.[382] 석수현의 수계가 발달해 관개에는 유리했지만, 건륭 초까지도 석수현의 수리시설이 제대로 기능했던 것처럼 보이지 않는다.[383]

석수현의 이런 정황은 장강의 수계 변화와 밀접한 관련이 있다. 장강은 석수현으로 유입되는 첫 관문인 소자연蕭子淵을 거치면서 거의 직선 방향으로 남쪽으로 내려오며, 북서 방향으로 흐르는 곳에는 편하便河가 흘렀다. 편하는 다시 남쪽의 열구列口와 연결돼 동정호로 흘러드는 지류였기 때문

---

380) 《監利縣志》는 순치 9년(1652) 간본과 강희 41년(1702) 간본 그리고 동치 11년(1872) 간본이 있지만, 여기서는 동치 간본만 참고했다. 한편 《石首縣志》는 강희 11년(1672) 간본을 제외한 건륭 원년(1736) 간본, 건륭 60년(1795) 간본 그리고 동치 5년(1866) 간본을 차례로 참고할 수 있어 시대별 지형 변화를 쉽게 확인할 수 있었다. 다만 지방지에 실린 지도는 그 위치가 부정확하며, 방위도 현재와 달리 남북을 거꾸로 표시하는 경우가 종종 있기 때문에 주의할 필요가 있다.
381) 이 두 지도는 王自强 等編, 《中國古地圖輯錄·湖北省輯》(北京 : 星球地圖出版社, 2003), 402~403쪽에 실린 지도를 이용했다.
382) 乾隆 元年 《石首縣志》 卷1, 〈山水〉, 20쪽 上.
383) 乾隆 元年 《石首縣志》 卷4, 〈堤工〉, 28쪽 上~29쪽 下 참조.

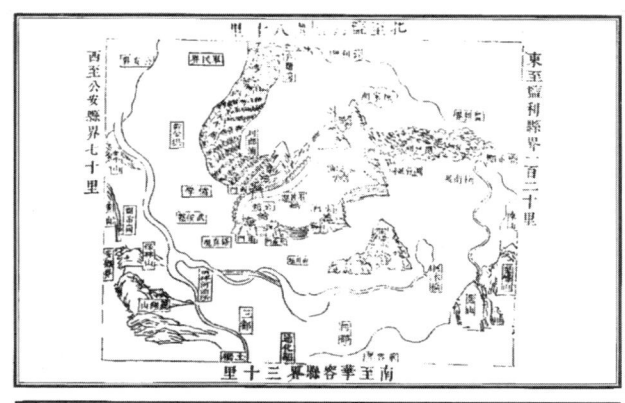

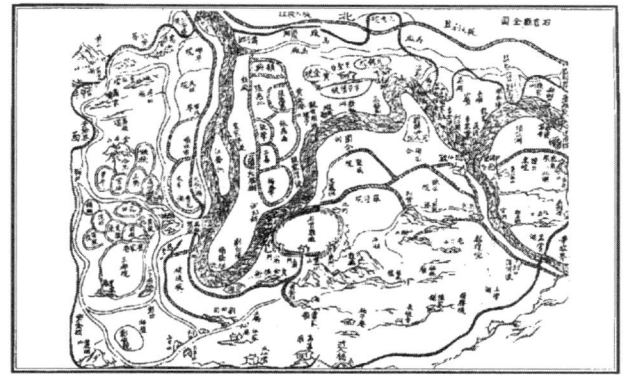

〈지도 2-1〉 강희 연간(1685, 위)과 동치 연간(1866, 아래)의 석수현 수계

에[384] 장강의 방향이 틀어지는 곳에서 수세를 완충시키는 중요한 역할을 했다. 편하는 오랫동안 막혔던 것을 명대 정통 11년(1446)에 준설했지만 다시 막혀 가정 연간에 지현 구구인邱九仞이 다시 준설하고 하구에 관창官倉을 세워 백성의 세금 납부 장소로 활용했다. 그러나 건륭 초기까지만 하더라도 강물이 흘렀던 편하는 건륭 60년(1795) 《석수현지》에 따르면 완전히

---

384) 乾隆 元年 《石首縣志》 卷1, 〈山水〉, 21쪽 下.

2장 개발　359

하도가 막혀 옛 물길을 찾을 수 없었다.[385]

　석수현의 이러한 하도 변경이나 여러 수로의 폐색 상황은 현성縣城 동쪽에서도 확인할 수 있는데, 열화산列貨山 일대가 대표적이다. 건륭 원년(1736)과 60년(1795)《석수현지》에 공통으로 등장하는 열화산은 현성 동쪽 30리에 자리하는데, 산 밑의 팽전항彭田港은 동정호와 연결된 덕분에 많은 선박이 머물렀던 곳이다. 그러나 지방지에 따르면, 건륭 이전 어느 시점부터 강의 제방과 산이 서로 연결되면서 상전항이 막혀 사실상 배가 오가지 못하는 상황이 됐다.[386] 열화산의 예가 중요한 이유는 열화산 서쪽 일대는 이른바 석수현의 9호湖가 있던 곳으로, 9호는 중요한 배수지 역할을 했기 때문이다.

　구호는 산저호山低湖, 관전호官田湖, 흘염호蛇蚺湖, 화상호和尙湖, 학소호鶴巢湖, 황전호黃田湖, 백니호白泥湖, 방태호蚌蛤湖, 평호平湖를 말한다.[387] 이 가운데 산저호에서 화상호까지 네 개의 호수는 명대 만력 연간에도 등장하지 않았다. 더불어 흥미로운 사실은 적어도 청대 건륭 연간에는 등장하지 않았던 사주沙洲가 동치 연간 지방지에는 다수 등장한다는 점이다. 중요한 사실은 석수현에서 가장 중요한 남안대제, 나성완, 특히 진공제 등이 이처럼 지형 변화가 잦았던 석수현 동부에 자리 잡고 있었다는 점이다. 이 중 진공제는 석수현 재력의 반을 생산할 정도로 중요한 제방이었다.[388] 석수현의 청대 지방지에는 만성대제의 붕괴 여파가 석수현에까지 미쳤다는 명

---

385) 乾隆 60年《石首縣志》卷2,〈方輿〉, 41쪽 上~下.
386) 이 사실은 각각 乾隆 元年《石首縣志》卷1,〈山水〉, 18쪽 下와 乾隆 60年《石首縣志》卷2,〈方輿〉, 38쪽 上에 등장한다.
387) 同治《石首縣志》卷1,〈方輿〉(山水), 20쪽 下. 9호의 명칭 가운데 방태호는 방호蚌湖를 가리키는 것으로 보인다.
388) 同治《石首縣志》卷1,〈方輿〉, 39쪽 上.

확한 기록은 나오지 않지만, 건륭 53년의 수재로 강릉현과 공안현 그리고 석수현의 세금을 감면했다는 기록은 확인할 수 있다.[389]

논의를 종합하면 강릉을 중심으로 그 동부와 남부 지역은 다른 곳에서 찾아보기 어려울 정도로 복잡한 수리 체계를 지니고 있었고, 이 지역의 수리시설은 이처럼 복잡한 수리 체계의 중심에 있었다. 무엇보다 강릉-석수-감리의 장강 수계가 긴밀하게 서로 연결된 탓에, 한 지역의 홍수 방지 대책만으로는 사실상 큰 효과가 없었다. 그리고 장강 중류 일대의 이 같은 복잡하기 짝이 없는 수리시설은 언제든지 홍수가 발생할 수 있는 잠재적 위험 지역 안에 들어 있는 형태였다. 지금까지 살펴본 것처럼 사주가 형성되고 기존 호수가 말라버리는 한편, 새로운 호수가 연달아 형성되는 형주 일대의 장강 유역은 인간이 만든 수리시설이 치밀해질수록 자연의 변화도 더욱 격렬해졌던 인간과 자연의 대결장이었다. 그러한 대결 양상은 청 중엽 이후 더욱 첨예해졌으며, 자연스럽게 수리 비용 역시 증가했다.

(3) 청淸 중엽의 수리 대책과 수리 비용

청 중엽의 수리 대책

만성제 일대의 수리 대책 논의는 건륭 연간 이후 빈번해졌다. 함풍咸豊(1850~1861)과 동치 연간(1862~1874)을 지나면서 제기된 만성제 관련 논의는 이 지역의 수리시설 악화 양상과 아울러 수리 환경 변화를 동시에 고찰할 수 있는 중요한 단서다. 또 수리시설 악화에 따른 사회비용 증가도

---

389) 同治《石首縣志》卷3,〈民政〉, 36쪽 上.

확인할 수 있다. 건륭 연간 이후 수리 대책 논의가 빈번해진 이유는 잦은 하도 변경과 특히 하상의 수위가 높아진 탓이었다. 따라서 건륭 연간 이후 만성제 일대의 수리 체계 변화를 살펴볼 필요가 있다.

청 가경에서 도광 연간의 유명한 관리였던 완원阮元은 1815년 호광총독 재임 시 교금주 일대의 상황을 설명한 글을 남겼다. 그가 건륭 53년 홍수가 발생한 지 30년이 지난 시점에서 교금주 일대의 모래가 배나 증가했다고 언급한 사실은[390] 앞에서 이미 이야기했다. 아울러 그는 이 지역에서 장강의 물 70~80퍼센트가 교금주 북쪽으로 흐르기 때문에 교금주 남쪽의 경우 물이 많을 때인 여름과 가을에는 배가 다닐 수 있지만 겨울에는 물이 말라버린다고 지적했다. 완원이 교금주 일대의 수세를 새삼스레 지적한 것은 건륭 53년의 홍수처럼 물이 교금주 북쪽으로 흘러 형주성이 다시 피해를 입지 않을까 하는 우려 때문이었다. 그는 대책으로 강 양쪽의 제방을 견고하게 쌓는 것 외에는 다른 대안이 없다고 명쾌하게 지적했다.

완원의 지적처럼, 교금주 일대는 물론이고 만성제 전체 지역에서 모래가 건륭 말엽 이후 급격하게 증가했던 상황은 여러 사료에서 발견된다. 예를 들어 건륭 53년 홍수의 직접적인 원인으로 거론된 교금주 내의 갈대 경작이 가경 연간에 이르러 한층 더 확장된 점이나, 도광 연간에 이르러 횡제橫堤 일대 역시 사주로 물이 막혔던 상황이 그것이다.[391] 이런 정황으로 볼 때 청 중엽 이후 만성제 일대의 수리시설 개선을 위한 가장 중요한 방법은 적체된 모래를 제거해 물 흐름을 원활하게 하는 것이라고 판단할 수 있지만, 문제는 그리 간단하지 않았다.

---

390) 阮元,〈荊州窖金洲考〉,《皇朝經世文編》卷117,〈工政〉(各省水利四), 21쪽 上.
391) 각각〈福觀察飭刨窖金洲蘆葦札〉과〈王太守飭疏橫堤漬水札〉참조.《萬城堤志》卷5,〈防護〉(上), 2쪽 下와 4쪽 上.

만성제처럼 특정 지역의 긴 구간에 설치된 수리시설의 경우 상류와 하류 주민의 수리 대책에 대한 입장이 서로 달라 많은 분쟁이 발생했는데,[392] 호북성 역시 상류 쪽 주민은 물을 막아야 한다고 주장한 반면, 하류 쪽 주민은 준설을 통한 소통을 강조했다.[393] 이런 상황에서 왕지이汪志伊(1742~1818)가 제시한 당시의 수리 대책은 오히려 수해 방지를 위한 특별한 묘안이 없었다는 사실을 역설적으로 보여준다.

왕지이는 호북성의 수리 문제와 관련된 중요한 글을 다수 남겼는데, 각 지역의 상황이 다르기 때문에 일률적인 수방 대책은 불가능하다는 지적과 함께 각 지역에 맞는 수리 대책을 제시했다. 그는 다음과 같이 주장했다. 첫째, 강릉 남동 방향에 자리한 감리현의 하천인 요가하와 시림하 일대에 준설을 해야 한다. 그의 설명에 따르면 당시 이미 제완에 고인 물의 높이가 외부 수면보다 높았다. 둘째, 면양주 일대의 새로 쌓은 제완의 수면 역시 외부 수면보다 1장丈 2척尺 정도 높기 때문에 석갑石閘을 세워 단계적으로 물을 방출해야 한다. 그는 수방 대책을 두고 상류와 하류 주민 사이에 의견이 다르므로 배수와 관련된 규칙(개폐장정啓閉章程)을 정해 그 원칙에 따라 물을 배수하도록 했다. 셋째, 감리현과 면양현에서 장강으로 유입되는 지역에 있는 사완私垸을 없애 장강으로 통하는 수로를 확보해야 한다. 마지막으로 장강 남안에 위치한 송자·공안·석수 지역 역시 물이 고이는 상황이 발생하지만 그 피해가 비교적 가벼우므로 준설에 그리 많은 노력이 필요하지 않다.[394] 다만 만성제만은 물이 직접 부딪치는 위험한 곳은

---

392) 일례로 이런 상황은 산악 지역에서도 발생했다. 정철웅, 〈清 中葉 陝西省 漢中府의 수리시설과 농업용수 분쟁―楊塡堰과 五門堰의 사례를 중심으로―〉 참조.
393) 汪志伊, 〈籌辦湖北水利疏〉, 《皇朝經世文編》 卷117, 〈工政〉(各省水利四), 8쪽 下.
394) 왕지이는 장강 남안 유역의 수리 상황을 비교적 단순한 문제로 생각해서 가볍게 넘겼지만, 동시대의 다른 사람들은 장강 남안 역시 준설이 매우 중요하다고 역설했다. 〈湖北水利論〉, 《皇朝經世文編》 卷117, 〈工政〉(各省水利四), 6쪽 上~下 참조.

제방을 견고하게 해야 한다고 주장했다.

왕지이의 견해는 사실상 물의 흐름을 원활하게 하려는 준설에 무게를 두었지만, 거꾸로 면양 일대나 여기서 자세히 언급하지 않은 한수 일대에 대해서는 제방을 견고하게 해야 한다는 점을 강조했다. 즉, 그는 장강 쪽은 준설을, 한수 일대는 물의 흐름을 차단하는 두 가지 방법을 제시했다. 그러나 한수 유역 일대에서도 예를 들어 가경 원년~11년(1796~1806) 사이에 많은 홍수가 발생했다.

만성제를 중심으로 다시 말하면, 청 중엽 이후 형주성 동쪽의 수리 상황은 나날이 악화됐고, 서쪽 역시 수재가 빈번하게 발생했다.[395] 게다가 형주성 남쪽의 교금주 일대도 상황이 악화됐기 때문에 청 중엽 이후 만성제 일대의 수리 체계는 사실상 특별한 대책을 강구하기 어려운 형편이었다. 만성제에서 청 멸망 이후에도 1931년과 1935년에 각각 큰 홍수가 발생했다는 사실이 그러한 정황을 말해준다. 1931년 홍수로 학혈에서 석수현 일대와 감리현 상당 지역이 침수됐으며, 1935년에는 만성제가 시작되는 퇴금대堆金垳가 무너지고 홍수 발생 6일 후에는 형주성이 잠겼다. 또 홍수의 여파가 잠강, 감리, 면양 일대에까지 미쳤다.[396] 따라서 적어도 명 중엽 이후 악화되기 시작한 만성제 일대의 수리 체계는 청대를 지나 근대에 이르기까지 고스란히 영향을 미쳤다.

왕지이처럼 실질적인 수재 대책을 내놓은 당시 지식인이나 관리는 많았는데, 그중에서도 위원魏源(1794~1857)과 조인기趙仁基(1789~1841)는 현재의 환경문제를 언급할 때도 등장하는 여러 요소를 정확히 지적했다는 점

---

395) 예를 들어 가경 원년(1796) 양이월제楊二月堤, 도광 22년(1842) 상어부두제上漁埠頭堤, 도광 24년(1844) 이가부李家埠와 상어부두제에서 각각 만성제가 무너졌는데, 이들 지역은 만성제의 상단 부근, 즉 형주성 서쪽이었다. 民國《湖北通志》卷40,〈建置〉(隄防二), 31쪽 上.
396)《江陵堤防志》編寫組編(1984), 15~16쪽.

에서 그들의 주장을 경청할 만하다. 먼저 위원은 수재의 원인을 인구 증가에 따른 개발과 연결했다. 그는 청 왕조 수립 후 200여 년 동안 지속된 평화로 인구가 증가했고, 그에 따라 평지와 산지가 모두 개발돼 평지에서는 물이 흐를 공간이 없어졌으며, 산지에서는 수년 동안 쌓인 낙엽과 고목의 뿌리가 한꺼번에 비로 씻겨나가 산 → 계곡 → 장강과 한수 → 호수로 유입됐다고 지적했다. 또 사석沙石에서 일단 물이 빠지면 사석은 그대로 사주로 변하는데, 그러한 사주는 나날이 높아지는 반면, 호수의 깊이는 낮아져 장강 남안에서는 호전湖田이, 북안에서는 우전圩田이 형성됐다고 언급했다.[397]

한편 조인기는 매우 장기적인 시간의 흐름 속에서 환경 변화의 결과가 나타난다고 지적했다. 그 역시 홍수가 발생하는 원인은 산악 지역의 개발로 토사가 증가한 탓이라고 봤지만, 위원의 지적에서 한 걸음 나아가 토사가 강으로 흘러드는 속도를 실감나게 표현했다. 그의 말에 따르면 '아침에는 산꼭대기에 있던 사석이, 밤이 되면 바로 하천에 도달하는 상황'이 됐다. 그러나 그러한 현상이 수천 년 동안 발생하지 않았다가 근래 수십 년 사이에 그 피해가 확연히 드러나게 된 이유는 그의 표현대로 '(그러한 현상이) 발생해서 서서히 누적된 결과, 그 악영향이 은연중에 드러났기' 때문이다.[398] '천고 이래 강물은 변함없이 흐르는데, 강신江身만이 변했다'는 지적은 강바닥이 나날이 높아지는 당시의 현실을 그가 매우 비관적으로 보았음을 말해준다.

이처럼 도광 연간은 장강 중류 일대의 수리 대책을 놓고 논의가 매우 활

---

397) 魏源, 〈湖廣水利論〉, 《古微堂外集》 卷6, 5쪽 上~6쪽 上.
398) 趙仁基, 〈論江水十二篇〉. 조인기의 글은 인터넷에서 입수한 탓에 따로 페이지를 표기하지 않았다. "故晨居山陵之顚, 夕已達于江河之內……事起于積漸而患中于隱微也……."

발히 벌어졌던 시기였다. 그러나 위원이나 조인기의 말에서 확인할 수 있는 것처럼, 이미 인간의 통제 범위를 벗어난 상태였기 때문에 사실상 체계적이며 통일된 정책이 등장하기는 어려웠다.[399] 조인기는 현재 상황을 어떻게 하면 좋은지 스스로에게 묻고, 이어서 인간의 힘으로는 효과를 발휘하기 어려운 상황이라고 단언했다. 이런 비관론과 관련해 위원의 논조는 좀 더 분명하다. 위원은 이렇게 말했다.

또 이제 와서 땅을 포기한 채, 경작지·묘지·가옥·향리鄕里로 물이 지나가도록 (물길을 터주고) 제방을 무너뜨려 수세를 피하고자 하는 것은 본래 불가능하다. 그렇다면 어떻게 수세를 막을 수 있는가? 그 근심(의 근원이) 하늘에 있다면 인간의 힘으로 어찌할 수 없으며, 인간의 힘으로 어찌할 수 없다면 다만 제방이 무너져 하천으로 변한 곳은 그대로 놓아두고, 준설로 더욱 강폭을 넓혀 지하支河를 옛 물길로 복귀시킨다면 대체로 실패를 성공으로 돌릴 수 있는 첫 번째 방법일 것이다.

근심의 근원이 사람에게 있는 경우, 즉 상류의 (산지) 개간 역시 어찌할 도리가 없으며, 오직 하류의 제완이 심하게 무너졌다면 그 무너진 것을 기회로 제완 건설을 금하고 영원히 다시 수리하지 못하게 해서 (그곳을) 연못으로 두어 예전처럼 물이 괸다면 그것 또한 실패를 성공으로 바꿀 수 있는 두 번째 방법일 것이다.

(이렇게 한다면) 작은 것을 버려 많은 것을 얻고, 반쯤의 노력으로 성과

---

[399] 예를 들어 호남성에서도 건륭 말기에 활약했던 오사수吳思樹는 〈岳州築隄開田議〉에서 동정호 부근에 제방을 1장丈 정도 높여 침수를 방지해야 한다고 주장했다. 반면 도광 초기까지 살았던 하희령賀熙齡은 〈請查瀨湖私垸永禁私築疏〉에서 동정호의 면적이 감소한다는 이유를 들어 사완의 축조를 적극적으로 반대했다. 각각 《湖南文徵》卷13, 〈議上〉, 23쪽 上~24쪽 下와 卷5, 〈疏五〉, 1쪽 上~2쪽 下.

는 배를 거둘 수 있으니, 비록 장강과 한수 수심의 심천深淺(깊고 얕은 것)과 사주沙洲 면적의 넓고 좁음의 (차이 때문에) 인간의 힘으로는 배수를 할 수 없지만, 물이 적체되지 않아 수력으로 충분히 모래를 공격해서 하천의 수심을 깊게 할 수 있다. 이는 물로 물을 다스리는 것으로,[400] 구불구불한 제방으로 물길을 막는 것보다 현명하니 이해利害가 서로 균형을 유지할 수 있을 것이다.[401]

이 글은 사실상 자연에 대한 인간의 패배를 인정하는 의미로도 해석할 수 있다. 결국 이전의 자연 형태를 복구해야 한다는 것이 요지인데, 적극적으로 해석하면 홍수 발생 이후 그대로 방치하는 것만이 당시 상황을 극복할 수 있는 대안이라는 말이었다. 그의 주장처럼 장강 일대의 제방 건설과 장강 상류의 무분별한 개발이 명백한 실패로 드러난 상황에서 위원뿐 아니라 다른 관료나 학자도 효과적인 대책을 제시하기란 불가능했다. 따라서 인위적으로 만든 환경보다는 이제 본래의 자연환경으로 돌아가야 한다는 이 같은 주장이 등장할 수밖에 없었다.

하지만 장강 중류 지역은 이미 새로운 환경이 자리 잡은 지 오래됐기 때문에 일부 학자의 주장처럼 적어도 만성제를 보면 중국 사회는 수리시설 건설과 그 유지를 위해 사회자본의 일정 부분을 항상 따로 비축해놓을 필요가 분명히 있었다.[402] 더구나 앞서 인용한 왕지이의 글에서 보듯 놀랍게

---

400) 이른바 물로 물을 다스리는 방법은 기본적으로 수세를 강화하는 것이어서 위원의 지적처럼 준설도 필요하지만 가능한 한 물의 흐름을 한 곳으로 모아 수력을 증가시켜야 했으므로 지류를 합치는 작업이 매우 중요했다. 명대의 유명한 수리 전문가인 반계순도 황하를 치수할 때 이 방법을 사용했다. E. B. Vermeer, "Pan Ch'i-hsun's Solutions for the Yellow River Problems of the Late 16th Century", *T'oung Pao*, second series, vol. 73(1987), 45~46쪽 참조.
401) 〈湖北隄防議〉, 魏源, 《古微堂外集》 卷6, 12쪽 下~13쪽 上.
402) 이 점에 대해서는 마크 엘빈, 《코끼리의 후퇴》, 229~230쪽 참조.

도 물이 빠진 후 경작지에서 예전대로 세금을 거둬들일 수 있다고 지적한 것으로 미루어, 당시 관리들이 제시한 수리 대책의 이면에는 국가의 세수 증대라는 목표가 엄연히 도사리고 있었음을 짐작할 수 있다.[403] 따라서 실제로 지방관이 사완私垸 축조를 적극적으로 금하지 않았던 가장 큰 이유는 사완이라 할지라도 결국 조사를 통해 세금 징수 대상 지역으로 환원할 수 있었기 때문이다.

건륭 12년(1747) 당시 호남순무였던 양석불楊錫紱(1700~1768)이 동정호 주변에 새로운 제완의 축조를 금해야 한다고 주장한 데 이어, 건륭 28년(1763)에 진홍모가 다시 이 문제를 거론했으며, 이후에도 사완 문제는 빈번히 등장했다. 결국 중앙 정부는 사완 내의 경작지를 전田, 지地, 당塘의 세 종류로 나누고, 그 각각을 다시 상·중·하로 분류해서 세금을 징수했다. 심지어 갈대나 어업을 하는 곳처럼 경작을 하지 않는 지역도 노과蘆課와 어과漁課 명목으로 각각 세금을 부과했다. 흥미로운 것은 정상적으로 경작을 행하던 지역이 수재로 피해를 입어 경작이 불가능해진 경우, 해당 지방관이 그 지역을 살펴 갈대 경작이나 어업 행위에 따른 세금을 징수했다는 점이다. 반대로 노과나 어과를 내던 지역이 다시 물이 빠져 이른바 성숙지成熟地로 전환됐을 경우에도 그 지역이 물의 흐름을 방해하지 않는다면 평가를 거쳐 세금을 내게 했다.[404]

---

403) 따라서 특히 제방 축조를 옹호하는 사람은 자신의 근거를 정당화하기 위해 세량을 정확하게 계산해서 제시했다. 앞의 주 399)에 등장하는 오사수 등이 그러한 예에 속한다. 그는 성인 한 명이 1개월에 제완 5장을 쌓을 수 있으며, 300명을 동원한다면 한 달에 1,500장을 쌓을 수 있다고 계산했다. 1장을 약 3미터로 계산하면 성인 300명이 약 4,500미터를 쌓을 수 있다. 가로와 세로가 각각 1리인 사각형의 면적을 900무로 산정할 경우, 약 7리에 해당하는 1,500장에서 경작지 6,300무를 얻을 수 있다. 경작에 적당하지 않은 지역을 감한 나머지 약 5,000무에서 무당 2석씩 수확한다면 1만여 석을 거둘 수 있고, 이것을 1석당 5전으로 계산하면 약 5,000전을 손에 쥘 수 있다는 것이 그의 계산이었다.
404) 道光《洞庭湖志》卷1,〈皇言〉, 22~25쪽.

결국 이러한 사실은 당시 중앙 정부나 관리가 농업 생산성이 높은 지역을 쉽게 포기하지 않았다는 것을 의미한다. 하지만 그런 지역을 방기하는 대신 그대로 유지시키는 데 따르는 사회적 비용은 막대했다. 이런 점에서 형주 만성제의 상황은 수전 개발 → 농업 생산력 증대 → 지역 사회 발달이라는 기존의 도식을 재고하게 만든다. 이런 사실을 확인하기 위해 정확한 수치를 제시하기는 어렵지만, 만성제와 같은 거대한 수리시설을 유지하기 위해 소요된 구체적인 비용을 언급할 필요는 있다.

만성제의 수리비

만성제 수리는 기본적으로 일반인이 담당했으며, 수리비가 500냥 이상이면 관청이 그것을 대신했다. 만성제뿐 아니라, 그 밖의 다른 제완의 경우에도 건설과 보수·유지 과정 그리고 경비 지출 방법은 매우 세세하게 규정이 마련돼 있었다. 제일 큰 항목으로는 제완을 정기적으로 보수하는 '세수歲修'[405]와 제완의 상태나 물길 등을 살펴 수재를 방지하기 위한 방법을 의미하는 '방호防護'를 들 수 있다.[406] 제완 보수에서 늘 거론되는 것이 관리나 신사층紳士層의 부정행위였지만, 오히려 꼼꼼한 여러 규칙 때문에 자세한 공사 비용 산출이 불가능했으며, 역설적으로 부정을 유발하는 원인이 됐다.

예를 들면 세수 시 반드시 흙을 운반해야 했기 때문에 흙의 양을 계산하는 토방법土方法이 일반적이었는데, 가로와 세로가 각각 1장丈이고 높이가 1

---

405) 歲修가 완민垸民이 정기적으로 제완을 보수하는 것이라면, 만수挽修는 무너진 제완을 다시 복구하는 것을 말한다. 胡祖翩, 〈挽修事宜引〉, 《荊楚修疏指要》, 188쪽.
406) 다음의 내용은 별도의 주가 없는 한 모두 光緖 《萬城堤志》 卷4와 卷5에 근거한 것이며, 별도의 쪽수 표시를 하지 않는 대신, 특정 내용에 관련된 부분만 쪽수를 표시했다.

척尺인 정도의 흙의 양을 1방方으로 계산했다.[407] 도광 연간 당시 제완 보수에 드는 흙의 양을 실제로 계산해서 남긴 호조핵胡祖翮에 따르면, 대체로 길이 117장丈, 높이 2장丈, 위쪽 폭 3궁弓, 아래쪽 폭 23궁弓일 경우 1만 5,210방方의 흙이 필요했다. 1궁은 약 3보步를 의미한다. 이것을 미터법으로 환산하면 길이 약 400미터, 높이 6~7미터의 제방을 쌓는 데 필요한 흙의 양은 약 5,000세제곱미터이다. 무게로 따지면 약 9,000톤에 해당한다.

기본적으로 1방의 가격은 약 140문文이었으며, 여기에 노동자에게 지급하는 100문 정도를 합하면 1방의 흙을 얻는 데 드는 돈은 약 240문이었다. 이 계산은 그나마 공사장 주변에서 흙을 얻을 수 있는 경우에 한한 것이며, 배를 이용해 흙을 나르는 경우는 1방당 약 203문의 비용이 더 들었다. 게다가 진흙이 섞인 니방泥方은 비용의 50퍼센트를, 홍수 뒤 무너진 흙더미를 다시 이용하는 노방澇方이나 야간에 급히 행하는 공사는 두 배의 가격을 지불해야 했다.

토방 외에도 돌을 이용한 석공石工의 경우 비용이 훨씬 높았는데, 흙을 사용할 때보다 약 아홉 배의 비용이 소요됐다.[408] 더구나 석공은 기본적으로 물 밑에서 작업하는 경우가 많아, 돌을 붙이기 위한 석회, 돌을 지탱하는 목재, 운반을 위한 선박과 돌을 다듬는 석장石匠이 있어야 했으므로 토방가土方價보다 훨씬 비쌌다. 더구나 청 중엽에 이르면 하천 주변에서 돌을 채취하기가 어려워져 산에서 돌을 채취했기 때문에 석공의 어려움이 가중됐다.[409]

이런 이유로 건륭 연간 이후부터는 외부에서 돌을 구입했다. 이를 위해

---

407) 〈胡明經祖翮土方定價論〉, 《萬城堤志》 卷4, 〈歲修〉, 8쪽 上.
408) 〈梁觀察石工宜謹議〉, 《萬城堤志》 卷4, 〈歲修〉(石工), 7쪽 下.
409) 〈王太守禁石船無弊示〉, 《萬城堤志》 卷4, 〈歲修〉(石工), 9쪽 下. 이하 석재 운반선과 관련된 내용은 이 글을 근거로 했다.

서는 석재를 운반하는 선박과 해당 지역에서 돌을 다루는 석장이 꼭 필요했지만, 모두 여의치 않을 때가 많았다. 즉, 석재 운반선은 석재 무게를 속이거나 자신들의 목적을 달성하기 어려울 때는 합세해서 선박 운행을 방해하는 일이 잦았다. 더구나 기본적으로 석재 운반선이 부족했기 때문에 석재 운반에 적절하지 않은 선박이 동원되기도 했다. 그러나 수리 공사는 보통 시간을 다투는 경우가 많아[410] 석재 운반선 선주의 이러한 부정행위를 대체로 용인하는 분위기였다.

한편 석장石匠을 확보하는 일도 쉽지 않았는데, 건륭 54년(1789) 형주 통판通判에 있었던 임방기任邦基는 홍수 후 만성제 일대를 석공하기 위해 지강현枝江縣에서 돌을 채취했다. 이것은 건륭 54년 당시 양림주楊林洲 일대의 석공에 필요한 돌을 공급하기 위한 것이었는데, 이 무렵 양림주와 흑교창黑窖廠 일대의 석공 공정은 60~70퍼센트 진행된 상태였다. 하지만 흑교창과 관음사에 필요한 돌 1만여 방方이 도착하지 않아 공사에 차질을 빚었다.[411] 아마도 이 문제를 해결하려고 지강현에서 돌을 채취한 것으로 보인다. 그러나 임방기의 언급에 따르면 당시 지강현의 채석 장소였던 석패石牌와 석묘石廟 등에는 모두 55명 정도의 석장뿐이어서 양림주 일대 공사에 필요한 돌을 채취하기 어려웠다.

임방기는 일단 의도현宜都縣에서 석장을 징발하려고 했지만, 이 지역 역시 석장이 없어서 의창부宜昌府 일대에서 100~200명의 석공 기술자를 강제로 징발해왔다(차압래공差押來工).[412] 이런 과정을 거쳐 양림주 일대의 석

---

410) 특히 석공은 수심이 낮은 겨울철에 재빨리 시행하는 게 유리했다. 이런 점에서 수리 공사는 항상 시간과의 전쟁을 염두에 둬야만 했다. 〈莊觀察籌修龍二淵石磯稟〉, 《萬城堤志》 卷4, 〈歲修〉(石工), 9쪽 下~10쪽 上.
411) 〈飭辦塊石札〉, 《萬城堤志》 卷4, 〈歲修〉(石工), 4쪽 下.
412) 〈飭募石匠札〉, 《萬城堤志》 卷4, 〈歲修〉(石工), 5쪽 上~下.

공에 들어간 비용을 살펴보면 흙을 이용한 경우보다 그 비용이 훨씬 많이 들었음을 쉽게 알 수 있다. 즉, 이 일대 공사에 쇄석碎石 3만 4,000여 방이 사용됐으며, 이 돌을 붙이기 위해 1방당 석회 100근과 고운 흙 70근이 소요되어 사용된 석회가 340여만 근에 달했다. 석회는 100근당 1전이 들었기 때문에 석회 구입으로만 3,400냥이 들었다.

한편 양림주의 일부 제방 148장을 돌로 다시 감싸는 작업에 쇄석 1,340여 방, 양림주의 석기와 흑교창 제방 하면의 돌과 관음사 주변 석기의 돌을 접착하는 데 필요한 석회 구입에 은 1,000냥이 소요됐다. 따라서 건륭 54년 당시 양림주 일대 석공에만 소요된 경비가 약 4,400냥이었다.[413] 앞서 언급한 토방가가 1방당 은 1전 2분分(동전으로 환산하면 160문) 정도였던 데 비해, 쇄석의 가격은 매방당 은 1냥 9분 정도였다.[414] 따라서 석공이 토공보다 훨씬 비싸다는 사실을 알 수 있다. 지금까지의 계산에는 동원된 인력은 제외했으며, 흙이나 돌과 같은 기본 재료 외에도 거적, 대나무, 목재, 마대, 건초, 숯 등의 여러 물품과 도구 등이 필요했다. 더구나 인부들이 임시로 머물 곳을 마련해야 했으므로 실질적인 경비는 사료에 나타난 수치를 훨씬 웃돌았다.[415]

건륭 53년 수재로 공사비와 재해 구재비로 약 200만 냥이 소요됐으며, 기본적으로 만성제의 수재는 강릉현 한 곳에서 담당하게 돼 있었다. 건륭 53년 수재 이후 필요한 경비를 먼저 국가가 지급하고 이후 경작 면적에 따라 징수하도록 했다. 그러나 도광 연간의 자료에 따르면 경작지는 대체로

---

413) 〈張太守石工用灰漿排椿稟〉,《萬城堤志》卷4,〈歲修〉(石工), 6쪽 下.
414) 토방은 가장 기본적인 가격을 말한 것이며, 이른바 난공難工인 경우 보통 인부 두 명을 더했고, 각각 은 3분을 더 지급했다. 석공의 경우도 넓이와 두께 각 1척, 무게 1,500근에 해당하는 조석條石은 운송비를 포함한 은 1냥 5분을 지급했다. 《萬城堤志》卷6,〈經費〉(支銷), 13쪽 上.
415) 〈林制府防汛事宜十條〉,《莉楚修疏指要》, 179~181쪽.

상·중·하의 구분이 있으며, 만성제 일대의 경우 서북 지역은 상전上田, 사시沙市 일대는 중전中田, 학혈과 용만龍灣 일대는 하전下田으로 분류됐다. 또 상전으로 분류된 서북 지역은 지대가 높아서 상대적으로 수해가 적었던 반면, 학혈과 용만은 하전 지역으로 분류됐어도 수재 피해가 컸다. 따라서 경작 면적에 따라 일률적으로 비용을 징수하는 것은 문제가 있었다.[416]

이 문제는 명쾌하게 해결되지 않았지만, 수재 복구비와 관련된 흥미로운 내용은 건륭 53년 수재의 한 원인으로 지목된 소씨 일가의 재산을 몰수한 정황에 나타난다. 자료에 따르면, 당시 소씨 일가는 만성제 일대 사주沙洲 경영으로 상당한 부를 축적한 재산가였다. 가옥, 장식물, 의복이나 기타 예물 등을 제외하고도 그가 지닌 계약 문서상에 나타난 전지田地 총액이 모두 8만 8,165냥이었다. 당시 지방관은 당연히 그의 재산을 팔아 복구비에 충당해야 하지만, 수재로 인해 경제가 전반적으로 어려운 상황에서 그 정도 재산을 사들일 수 있는 사람이 드물어 이후 수재 발생 시 복구비로 남겨놓아야 한다고 주장했다. 당시 지방관은 장차 양림주, 관음사 그리고 흑교창 일대의 사주를 뒤집어엎고 또 준설해야 할 필요성이 있다고 지적했다.[417]

따라서 소씨 일가의 재산을 운용한 이자로 향후 만성제 수리비의 일부를 충당했다. 가경 3년(1798) 현재 소씨 일가의 의복이나 패물 등을 돈으로 환산한 액수가 약 1만 2,579냥, 전지와 가옥이 약 3만 1,303냥이었으며, 여기서 매년 발생하는 이자 약 6,319냥을 만성제 수리비에 충당했다. 그러나 도광 21년(1841) 상소요호上逍遙湖 일대의 긴급 수리 공사에 필요한 재원 2만 9,228냥을 이자와 원금에서 빼서 썼으며, 함풍 2년(1852)에도

---

416) 〈明太守飭縣起派夫土札〉,《萬城堤志》卷6,〈經費〉(攤徵), 4쪽 上.
417) 〈查鈔蕭姓家産疏〉,《萬城堤志》卷6,〈經費〉(支銷), 1쪽 下.

형주성 참호 공사와 만성제 수리비로 원금 1만 2,280냥을 소비했다. 이외에도 강릉현에서 2,650냥, 감리현에서 1,881냥을 가져다 썼다. 특히 감리현은 군사비로 333냥을 사용한 것으로 보아 이 돈이 단지 수리시설 복구에만 사용된 것은 아니었다. 이어 함풍 3년(1853)에는 다시 호북성 번고藩庫(청대 성省의 재정을 담당한 포정사사布政使司의 창고)에 돈을 지불하기 위해 699냥을 사용했다.[418]

당시 관리들이 이 같은 내용을 언급한 이유는 원래 소씨 일가의 몰수 재산이 미래에 대비하기 위한 일종의 저축 성격을 지닌 자금이었지만, 사방에서 남용한 결과 한 푼도 남지 않았음을 강조하기 위해서였다. 이 자료가 제출된 정확한 시기는 알 수 없지만, 19세기 중엽 이후가 되면 사실상 국가 비용은 물론이고, 이처럼 긴급 상황에 필요한 자금도 고갈된 상태였음을 소씨 기금은 잘 말해준다. 실제로 당시 사시 일대에 긴급한 상황이 발생했지만 필요 자금을 동원할 수 없어 결국 신사층에게 도움을 청할 수밖에 없었다. 덧붙여 말하자면 도광 22년(1842) 악가취岳家嘴 일대의 석기와 월제月堤가 무너져 약 8만 8,938냥이 소요됐으며, 다시 도광 24년(1844) 이가부제 일대가 무너져 약 4만 4,500냥이 들었다. 도광 24년의 경우 본제에 해당하는 이가부제는 약 10장을 수리하는 데 불과했고, 본제를 보호하기 위한 월제는 460장을 수리했다. 비교적 규모가 작은 월제의 수리비가 본제보다 상대적으로 그리 많지 않다는 점을 감안하더라도 시간이 지날수록 수리비가 많이 들었다는 것을 알 수 있다.

그런데 광서 연간 《형주부지》에 따르면, 강릉현 전체 면적은 원액原額을 기준으로 2만 5,273경 57무(청대에 1무는 약 200평, 100무가 1경이었다)였지만, 실제로 농사를 지어 수확할 수 있는 땅은 약 2만 2,124경이었다. 이곳

---

418) 〈請發還蕭姓生息本銀稟〉, 《萬城堤志》 卷6, 〈經費〉(支銷), 8쪽 上~10쪽 上.

에서 실제로 거둬들인 세금이 총 3만 2,279냥[419] 정도였다는 것을 감안하면, 만성제 한 곳의 수리시설 보수에 들어간 액수의 규모를 쉽게 짐작할 수 있다. 당시 만성제를 수리하고 유지하는 데 사용된 금액이 어느 정도였는지 좀 더 정확히 가늠하기 위해서는 호북성 내 저개발 지역과 비교해볼 필요가 있다. 따라서 호북성의 대표적인 산악 지대인 시남부의 당시 인구와 세량을 살펴보기로 하자.

대체로 명·청 시대 호북성의 인구 자료는 호남성이나 강서성에 비해 매우 빈약하며, 더구나 강릉현이나 강릉현을 관할한 형주부는 아마도 홍수 때문에 문서 보관이 상당히 어려웠던 것으로 추측된다.[420] 따라서 강릉현의 인구 수치는 알 수 없지만, 광서 11년(1885) 시남부 전체의 인구는 102만 838명이었다.[421] 한편 당시 시남부 소속 은시현의 인구가 약 27만 명이었으며, 선은현宣恩縣도 약 18만 명이었다. 이렇게 보면 이미 호북성 서남부의 일부 산악 지역도 청 말에 이미 인구가 100만 명을 웃돌았으며, 그 아래 각 현에도 대체로 20만 명 내외의 인구가 존재했다. 한편 시남부의 광서 연간 세량이 사료에 기록돼 있지 않는 탓에 도광 연간의 세액을 보면, 시남부 전체의 경작 면적은 약 3,886경이었으며, 실제 세량은 1,629냥

---

419) 光緖《荊州府志》卷14,〈經政志二〉(田賦), 10쪽 下. 여기서 언급한 강릉현의 면적은 전田, 지地, 산山, 당塘, 호湖 등을 포함한 것이다.

420) 호북성 전체에 관련된 사료가 다른 성에 비해 매우 빈약한 것은 사실이다. 이 점과 관련해 건륭 연간의《江陵縣志》卷13,〈賦役〉(3), 6쪽 下에는 역대 세금 감면 내용을 언급하면서 1788년 세금 감면 내용은 홍수로 해당 문건이 떠내려가 자세히 기록할 수 없다는 내용이 나온다. 이런 종류의 언급이 다른 지방지에는 흔하게 나오지 않는다는 점에서 호북성 관련 사료가 빈약할 수밖에 없는 한 원인을 짐작할 수 있다. 동시에 호북성은 그런 사실을 공공연하게 명시할 정도로 혹독한 홍수 피해를 겪은 지역이었다.

421) 光緖《施南府志續編》卷3,〈續經政〉(戶口), 1쪽 下. 이 수치는 도광 12년(1832) 당시 90만 2,123명보다 10만 명쯤 증가한 수치다. 道光《施南府志》卷11,〈食貨〉(戶口), 2쪽 下 참조.

에 불과했다.[422]

따라서 강릉이라는 한 현과 시남부 전체의 세량은 그 비교가 무색할 정도로 차이가 컸으며, 이는 자연스럽게 강릉현이 경제적으로 훨씬 더 중요했다는 점을 말한다. 더구나 광서 연간 당시 시남부 전체 인구는 100만 명에 달했지만, 청 후기에도 정부의 관심은 여전히 강릉현, 즉 호북성 내의 발전 지역에 집중됐다. 이런 점에서 한 현의 수리시설 보수에 200만 냥의 돈을 소비한 이유는 당시 중앙 정부와 지방 정부가 발전 지역을 우선시하는 정책 때문이었다. 하지만 그렇게 소요된 재원과 노동력으로도 이 지역의 환경을 개선할 수 없었던 현실이 청대 수리시설이 가진 한 단면이었으며,[423] 역사 시대의 환경문제가 공통으로 지녔던 한계였다. 그리고 재원 중 단 한 푼도 치산治山에 사용하지 않았던 치수治水 정책의 결과가 바로 가경 연간에 사천성과 호북성 산악 지역에서 발생한 반란의 한 원인이 됐다.[424]

(4) 수리 사회와 환경심리학

장강 중류 지역 가운데 특히 호북성은 홍수가 거의 일상적으로 발생했으며, 그런 이유로 하천이나 하천의 유실 또는 제방이 무너져 발생하는 홍수는 이 지역의 자연환경을 결정하는 매우 중요한 요소였다. 이런 자연환

---

422) 道光《施南府志》卷12,〈食貨〉(田賦), 3쪽 下.
423) 따라서 명·청 시대에 발생한 이 지역의 수리 문제는 근현대까지 그대로 존속했으며, 사실상 그 정황이 악화됐다. 즉, 20세기 초에 이르면 명·청 시대와 달리 남안의 지세가 높아져 북안이 위협받게 됐다. 이런 상황은 명·청 시대 이후 전개된 수많은 개입이 결국 효율적이지 않았다는 사실을 말해준다. 黎沛虹·李可可,《長江治水》(武漢: 湖北敎育出版社, 2004), 332~333쪽.
424) 이러한 시각에 대해서는 정철웅·이준갑,〈淸代 川·湖·陝 交界 山間地域의 經濟開發과 그 성격〉참조.

경 탓에 호북성 주민의 생활이나 심리 상태 역시 독특한 모습을 보여준다. 예를 들어 호북성 장강 유역 일대 주민의 상당수가 어업에 종사했다는 사실이다. 장강 중류 지역에서 어업이 차지하는 비중이나 어업에 따른 어과漁課의 부과 그리고 이른바 수면권水面權을 사이에 둔 지역 사회의 갈등 양상은 이미 1장에서 언급했다.

하지만 만성제 일대의 수리 상황을 말하면서 이 문제를 다시 거론하는 이유는 하천의 범람과 홍수 발생의 또 다른 의미를 파악할 수 있기 때문이다. 만성제의 예에서 볼 수 있듯이 하천의 범람과 제방 붕괴 현상은 하천이 인간의 생활과 경제활동에 치명적이었음을 보여준다. 그러나 다른 한편 매우 긍정적으로 작용했던 요소이기도 했다. 따라서 호북성은 물론이고 하천이 발달한 지역에서 흔히 등장하는 '어미지향魚米之鄕'이라는 속언의 실체를 파악하는 일은 매우 흥미롭다. 명·청 시대 장강 중류 지역에 등장하는 '어미지향'이란 대체로 민물고기보다는 미곡 생산의 중요성을 부각하기 위해 사용된 말이다. 그러나 다음의 글은 '어미지향'이란 말이 어업의 중요성을 강조하기 위해서도 사용됐음을 보여준다.

형주는 예로부터 어미지향이었다. 이 지역 속담에 따르면 물고기 값이 비싸면 쌀값이 싸고, 쌀값이 비싸지면 물고기 값이 싸진다고 말한다. 하천가에 사는 사람 중에는 어부가 많다. 매년 여름 물이 불어나 물고기가 뛰어오르는 것을 기산起汕이라 한다. 물고기를 잡는 도구가 많은데, 대어大魚를 잡을 때는 침망沉網과 양각요羊角搖를 사용하고, 반드시 날을 택해 고기잡이에 나서며, 흑도黑道에서 물고기가 많이 잡힌다. 물고기가 새끼를 낳을 때는 반드시 물 위로 떠올라 형주의 신탄新灘으로 돌아오는데, 새끼는 마치 침처럼 가늘어 보이며, 강릉의 소기와筲箕窪와 마두馬頭까지 내려가니 그 지역을 일러 어묘魚苗라고 한다. 나무로 만든 상자에 어린 물고기를 잡아넣고 물밑에 즐비하게 놓으니, 이곳 사람들 사이에는 신탄의 어린 물고기가 태어나면 마두의 상자를 쳐다본다는 속언이 있다. 대체로 하남성, 운남성, 귀주성 등에서 연못을 파고 양어장을 하는 사람은 한결같이 이곳에서 물고기 알을 사간다.[425]

그리 길지 않은 문장이지만, 이 글에서 느껴지는 정경은 여느 어촌 마을과 비슷한 느낌이다. 날을 잡아 물고기를 잡으러 나가는 모습이나, 여러 종류의 어로 도구가 등장하는 모습이 특히 그렇다. 하지만 좀 더 중요한 것은 첫머리에 나오는 쌀과 물고기 가격 사이의 연관성이다. 이 글로 미루어 한여름에 주로 어업 행위를 했던 사실을 쉽게 알 수 있으며, 나아가 홍수가 나면 쉽게 물고기를 잡을 수 있는 반면 쌀 가격이 오르고, 반대로 수재 없이 한 해가 지나가면 농사는 정상적으로 이뤄지는 반면, 물이 많지 않아 어업은 활성화되지 않았음을 알 수 있다. 따라서 좀 과장해서 말하면 홍수로 물이 불어나면 고기잡이를 하는 사람에게는 좀 더 많은 수익을 가져다줄 수 있었다. 이처럼 장강 지역 일대는 다른 지역과 달리 농업과 어업이 공존했던 상황이 확인된다.

형주 지역이 아닌 호남성에서도 호숫가나 심지어 산간 지역이더라도 수량이 풍부한 곳이면 어업이나 치어의 판매가 중요한 경제활동 중 하나였다. 호남성 영수청은 묘족이 살던 산악 지역이었지만, 청수강 유역 일대에서는 민물고기를 사고파는 일이 성행했다.[426] 영수청 지방지에 따르면, 청명에서 곡우 사이에 물고기를 팔고 치어를 사가는 사람이 많았으며, 그들은 이렇게 사간 치어를 아예 논에 방류했다. 치어는 4~5개월이 지나면 반

---

425) 乾隆《江陵縣志》卷21,〈風土〉(風俗), 3쪽 下.
426) 宣統《永綏廳志》卷6,〈地理門〉(7)(水利), 6쪽 下.

근 정도가 나갈 만큼 자랐다. 또 물을 대기 어려운 한전旱田에서는 물이 불어나면 사방을 막아 물고기를 기르는 일이 일반적이었다.

다른 한편 하천 유역이라는 지형적 특성에서 비롯된 세금이 바로 형주부 일대에만 부과된 노과蘆課였다. 노과란 사주에서 경작하는 갈대에 징수했던 세금으로, 오직 강릉·공안·석수·감리 네 지역에만 부과했다.[427] 노과는 형주부 전체나 각 현의 세금 중에서 차지하는 비중은 그리 크지 않지만, 이 지역의 지형 변화와 밀접한 관련이 있다는 점은 특기할 만하다. 즉, 노과는 5년에 한 번씩 새로 사주가 형성된 곳은 증세하는 한편, 사주가 무너진 곳은 과세 대상에서 제외했다.

표 2-11은 이 지역이 격심한 지형 변화를 겪었다는 사실을 다시 한 번 보여준다. 앞서 언급한 것처럼 형주부의 이 네 현은 가장 빈번하게 홍수가 발생한 지역이었으며, 그런 이유로 이처럼 사주의 변화가 잦았다. 따라서 세금 징수 역시 그러한 지형 변화에 따라 수시로 바뀌었다. 특히 석수현은 사주 면적이 17배 이상 증가했으며, 감리현 역시 2.6배 이상 증가했다. 사료의 설명대로 이처럼 사주의 증감이 발생한 시기가 강희에서 건륭 연간이었음을 감안하면, 해당 시기에 형주 일대 주민의 삶은 불안할 수밖에 없었다. 하지만 이렇게 불안정한 환경에서도 지방 당국은 물론이고 일반 백성이 자연의 변화를 다양하게 이용했다는 점을 노과蘆課 징수는 보여준다.

그렇다고 해도 장강 중류 일대에서 빈번하게 발생한 수재는 지역민의 감정과 행동 방식에 많은 영향을 끼쳤다. 장강 중류 일대의 풍속 변화에 대한 일련의 연구는 있지만,[428] 수리 사회라는 특정한 자연 조건이 지역민

---

427) 光緒《荊州府志》卷14,〈經政〉(2)(田賦), 5쪽 上~下.
428) 이런 점에서 장강 중류 지역의 풍속 변화에 대한 기존 연구는 다소 평면적이다. 예를 들어 王美英,《明淸長江中游地區的風俗與社會變遷》(武漢 : 武漢大學出版社, 2007)과 같은 경우 혼례나 장례와 같은 전형적인 풍속이 그 지역의 자연 조건과 특수 상황에 어떻게 결부되어 나타났는지에 대

〈표 2-11〉 청대 형주부의 노과

세액 지역	원액/原額		증가		감소		실제액	
	면적(경)	세액	면적	세액	면적	세액	면적	세액
강릉*	554	1217	-	-	-	-	683	1425
공안**	5	3	26	15	-	-	62	19
석수	47	28	864	457	104	54	807	431
감리	396	221	940	451	302	142	1034	531

출처: 光緒《荊州府志》卷14,〈經政志二〉(田賦), 12쪽 上~28쪽 上.

* 강릉현의 경우 원액原額은 원액과 새로 증가한 노주蘆洲 면적을 합산한 수치가 사료에 기록되어 있으며, 실제액은 이 합산한 수치에서 이후 증감분을 다시 계산해서 표기한 수치를 옮겨 적었다.
** 공안현은 개간으로 확대된 면적(간증노지墾增蘆地)인 26경 외에, 다시 새롭게 증가한 면적(신증노지新增蘆地) 31경을 따로 기록해놓았다. 따라서 실제 면적은 원액, 간증노지, 신증노지를 합산한 수치다.

의 감정 속에 어떻게 녹아들었는지에 대한 연구는 거의 없다. 따라서 다음의 내용은 빈번한 수재가 하천 유역 주민의 심성에 어떻게 반영됐는지를 잘 보여준다. 그러나 이런 종류의 감회나 개인적인 감정은 전형적인 사료에 등장하는 일이 그리 많지 않은 반면, 문학 작품 속에는 풍부하게 드러난다.

 물론 문학 작품을 통해 자연재해의 실상을 살펴보는 것은 다소 진부한 일이며, 문학 작품이 지니는 특성상 지나치게 개인 감정이 앞설 수도 있다. 더구나 사실의 과장이나 윤색, 심지어 왜곡도 내재될 수 있다. 이런 단점이 있지만, 문학 작품을 살펴보는 것이 중요한 이유는 재해에 대한 비통한 감정과 함께 자연재해 자체를 생생하게 묘사하기 때문이다. 그 속에는 일반 사료에서 볼 수 없는 자연재해의 참혹함, 지역민의 정서 등은 물론이고, 어떤 경우는 특정 지역의 재해 상황을 소상하게 알 수 있는 내용이 들

한 고찰은 부족한 편이다.

어 있다. 이런 점에서 문학 작품을 통해 당시 사람들의 자연재해에 대한 인식을 알 수 있다. 다음은 명대 손존孫存이란 인물의 〈와자만瓦子灣〉이라는 칠언시七言詩다.[429]

> 3월에 와자만을 두 번 건너는데
> 많이 무너져 내린 강안江岸의 모습이 차츰 드러나고
> 하천가에 세운 벽에도 (수재의) 흔적이 나타나며
> 콩밭은 반쯤 무너져 잡풀만 엉켜 있네.
>
> 농부가 처음 콩을 심을 때는
> 강에서 10척이나 떨어져 있었는데
> 싹이 돋은 밭이 잠겨버린 상태이니
> 가을이 되면 물이 얼마나 더 들어찰까.
>
> 상전벽해의 상황은 항상 발생하며
> 장강은 백년이 흘러도 그 끝이 없지만
> 많지 않은 옥답마저 물에 잠기니
> 피할 길 없는 세금을 내고 나면 빈 곳간뿐이겠구나.
>
> 사방의 변화는 내 알 바 아니로되
> (침수된) 전답 넓이에 따라 세금 감면을 받고자 할 뿐이네.
> 오호라! 평지平地의 수재 상황을 헤아려보니
> 거센 물줄기로 사방이 무너지는 것을 걱정해도 좌계左契는 남아 있지 않

---

[429] 同治《監利縣志》卷11,〈藝文〉, 10쪽 上.

구나.

이 시의 맨 마지막에 나오는 '좌계'란 돈을 빌릴 때 증거를 남기기 위해 대나무 등을 이용해 채무자와 채권자가 서로 나눠 갖는 일종의 차용 증서다. 중간에 글씨를 새기고 양끝에는 돈의 액수와 이름을 기재해서, 왼쪽에는 채무자의 이름을 새겨 채권자가 지니고 오른쪽에는 채권자의 이름을 새겨 채무자가 소지했다. 결국 이 시에 나오는 좌계란 다른 사람에게 진 빚을 기재한 빚 문서다.

손존은 하천 연변 산간 지역의 홍수 피해 상황을 읊었는데, 다음 사항을 주의해서 볼 필요가 있다. 첫째, 이런 지역에서는 장차 있을 홍수 발생에 대비해 안쪽으로 들어가 경작을 했다는 점이다. 이런 정황은 형주 일대에서 홍수 발생이 매우 일상적이었다는 사실을 말해준다. 시인은 세월에 따라 자연환경이 바뀔 수 있다는 점을 인정하면서도, 잦은 자연재해 앞에 인간은 속수무책일 수밖에 없다는 사실을 절망적으로 묘사했다.

둘째, 당시 행정 당국의 수해 대책이 차별적이었다는 점을 명백히 알려준다. 손존은 자연환경 변화에 따른 홍수의 일상적인 발생에는 그다지 관심이 없는 반면, 산간 지역 수재 대책에 대해서는 강한 불만을 은연중에 드러낸다. 침수된 경작 면적만큼만 세금 면제를 받고자 한다는 언급은 반대로 수재에 대한 세금 감면 정책이 적절하게 행해지지 않는다는 표현이라고 할 수 있다. 즉, 수재와 관계없이 세금을 내야 하는 상황을 의미한다.

셋째, 수해 대책 시행상의 차별과 더불어 평지의 수해 상황을 언급한 대목은 자못 흥미롭다. 좌계마저 없어져버리는 상황으로 추측하건대, 결국 평지에서 홍수가 발생하면 개인의 모든 것이 사라지니 빚에 시달리던 주민은 오히려 그런 정황을 반겼다는 뉘앙스를 이 시는 담고 있다. 물론 손존의 의도는 산간 저지대의 홍수 피해가 더욱 심각하다는 점을 강조하는

데 있지만, 당시 사람들이 가뭄보다 홍수 피해를 더 두려워했다는 간접적인 증거를 이 시를 통해 알 수 있다.

　재해의 특징상 홍수는 단시간 안에 들이닥치는 반면, 가뭄은 서서히 다가오므로 일부 사람들은 가뭄보다 홍수를 더 두려운 존재로 여겼다. 순치 연간 거인擧人에 올랐던 유무이劉懋彝는 가뭄으로 먹을 게 없어도, 야지野地에서는 심각한 굶주림이 없는 반면, 홍수가 발생하면 여전히 세금을 납부해야 하고 무너진 곳을 수리해야 하며 많은 사람이 유랑하거나 앉아서 죽는 일이 발생한다고 언급했다.[430] 물론 자연재해의 심각성을 고려할 때 가뭄과 홍수의 피해 양상이 거의 비슷했다고[431] 가정한다면, 유무이의 지적은 장강 중류 일대에서 빈번하게 발생했던 홍수에 대한 당시 사람들의 피해의식을 반영한 글이라고 할 수 있다.

　도광 17년(1837) 거인에 올랐던 반학식潘學植의 글은 수재 피해가 명대에 비해 한층 더 처참했다는 사실을 잘 보여준다. 그가 지은 〈대수감사삼십이운大水感事三十二韻〉이라는 오언율시의 일부를 읽어보자.[432]

　　고원高原이 모두 물에 잠기니
　　대저택의 아름다운 기왓장도 떨어져나가는구나.
　　사람들이 모두 물고기 밥이 되니
　　목숨이 새털처럼 가볍네.

---

430) 劉懋彝, 〈古華容有引〉, 同治《監利縣志》卷11, 〈藝文〉, 11쪽 上.
431) 아직 당시 지식인과 관리들의 수재와 한재에 대한 인식 차이를 분명하게 언급한 연구는 없지만, 이 둘을 대체로 동일한 자연재해라는 측면에서 파악했던 것처럼 보인다. 黃秀, 〈敬陳興利除弊六條疏〉, 羅汝懷,《湖南文徵》卷1, 〈疏〉(1), 32쪽 下~33쪽 上 참조.
432) 同治《監利縣志》卷11, 〈藝文〉, 43쪽 上.

배에 매달려 언덕에 올라
나무를 부여잡고 목숨을 부지하려 하지만
거센 물결 때문에 마음만 두렵고
꿈에 본 용의 울음소리 역시 두렵구나.

선반 끝에는 새들이 위태롭게 앉아 있고
아래를 보니 거센 물결이 일렁이는데
물결에 몸을 가누지 못하는 처자식은 서로 엉켜 있으니
강과 호숫가의 땅을 어찌 경작할까.

유골을 잘라 아침 짓는 연료로 사용하고
수습한 서까래를 때서 저녁에 먹을 국을 끓이는데
물의 나라로 변한 이곳의 상처가 심각하니
흉년으로 요사자夭死者가 속출하는 것과 다를 바 없구나.

    수해 상황을 읊은 시는 대체로 이런 내용을 담고 있다는 점에서, 이 시에 등장하는 정황은 진부하다고 볼 수도 있다.[433] 더구나 홍수가 한창인 정경을 바라보면서 이런 시를 지을 수 없다는 점을 감안하면, 대체로 이런 종류의 시는 홍수 발생 이후 그 시간을 회상하면서 지어진 것이다. 따라서 약간의 과장을 포함했을 가능성이 크다. 그러나 이 시에 나타나는 혼란과 아우성 그리고 시신을 잘라 연료로 사용하는 참혹함은 이런 종류의 시가

---

433) 수재뿐 아니라, 전반적인 자연재해나 일반 농민의 생활상이 매우 가혹했다는 정경을 문학 작품을 통해 확인할 수 있는 대표적인 자료는 청대 절강성 출신의 張應昌(1790~1874)이 편집한《淸詩鐸》(北京 : 中華書局, 1983)이다. 이 자료의 卷15,〈水災〉편에는 수재와 관련된 비슷한 종류의 작품이 다수 실려 있다.

가진 진부함 때문에 오히려 진실로 받아들일 수 있다.

반학식은 이 시의 후반부에서 수재로 인해 유랑에 나서는 사람들의 모습과 심정을 읊었지만, 산 사람의 유랑이나 비참한 정황 못지않게 홍수로 사망한 이들의 시신 처리 문제는 매우 중요했다. 당시 수재 관련 사료 가운데 이 문제를 언급한 사료는 매우 적지만, 도광 3년(1823) 수재와 관련된 한 자료를 통해 그 단편적인 상황을 짐작할 수 있다.[434] 당시 수해는 학혈진鶴穴鎭에서 시작해 그 이하 수십 리 일대가 물에 잠기는 대규모 홍수였다. 홍수가 물러난 후 안정을 되찾은 사람들은 흙이나 모래에 묻힌 시신 발굴 작업을 펼쳤는데, 일부 시신은 형체를 알아볼 수 없게 훼손된 채 흙더미에 섞여 있는 경우도 있었다.

이러한 작업은 당시 강릉현 유력 인사의 모금으로 행해졌다. 시신은 높은 지대에 약 3무의 토지를 마련해 안치했으며, 그 부근에 토지를 따로 구입해 그곳에서 나오는 수입으로 방사方士를 고용했다. 당시 이렇게 처리한 시신이 정확하게 몇 구인지 밝히지는 않았지만, 관 7,000여 개가 사용된 것으로 보아 대규모 홍수가 발생할 때마다 꽤 많은 시신을 처리해야 했음을 알 수 있다. 더구나 사료의 표현을 빌리면, 호미 등으로 수습한 시신이나 진흙과 모래더미에서 찾은 시신 또는 물고기와 뒤엉켜 있는 시신은 그 신분을 구분하기 어려웠는데, 이런 점을 감안하면 수재 후 시신 처리 문제 역시 중요한 사회문제였음이 분명하다. 글쓴이의 심경대로 노천에서 뒹구는 처지를 모면하게 된 것을 그나마 고맙게 여겨야 했을 것이다.[435]

---

434) 鄭若珵,〈江陵鶴渚漏澤園碑記〉, 光緒《荊州府志》卷11,〈建置〉(4)(善堂), 5쪽 上~下.
435) 이런 설명이 가능한 이유는 홍수로 인해 냇가에 사람의 머리가 널려 있고 백골이 어지러이 얽혀 있어 닭이나 개의 좋은 먹잇감이 된다는 시가 있기 때문이다. 따라서 홍수 발생 후 상당수의 시신이 그대로 방치됐을 가능성이 많다. 이런 정경을 읊은 시는 毛豊,〈水災歌〉, 同治《上饒縣志》卷23,〈經籍〉(藝文附 : 詩), 45쪽 下~46쪽 上 참조.

빈번한 홍수 발생의 원인은 지금까지 살펴본 것처럼 지형 변화나 무분별한 제완 건설, 장강 상류 개발 등으로 요약할 수 있지만, 형주 일대의 주민은 이러한 환경 변화 외에도 알 수 없는 천지의 조화 때문이라는 생각을 지니고 있었다. 도광 연간 호남성 악주岳州와 예주澧州의 병비도兵備道를 지낸 단명륜但明倫(1781~1853)의 글에는 주민들의 그러한 심정이 잘 드러나 있다.[436]

언제인지 시기는 정확하지 않지만, 단명륜은 강물이 갑자기 불어난 6월 중순 어느 날 만성제를 시찰했다. 시찰 도중 그는 만성제에 이미 2~3촌寸 크기의 구멍이 있음을 발견했다. 그는 즉시 구멍을 막았다. 하지만 만성제 여러 곳이 횡으로 무너졌으며, 이제 그 구멍은 2~3장丈 정도로 더 커져 물이 새어나오는 모습이 마치 화살 같았다. 20여 장丈쯤 되는 붕괴 지점을 이틀에 걸쳐 막았지만, 만성제 안쪽이 동시에 붕괴해 한쪽을 막으면 다른 쪽이 붕괴하는 사태가 발생했다. 단명륜의 기록에 따르면, 이런 사태에 대해 주민들은 교룡蛟龍과 같은 이물異物이나 수맥 또는 10여 일 넘게 내린 비 때문이라는 다양한 이유를 들었다. 어쨌거나 그들은 한결같이 매우 놀라 울부짖었다.

이후 사람을 모아서 무너진 부분을 수리했다. 그러나 당시 관리나 주민들은 만성제가 수십 년 이래 이처럼 위급한 상황에 놓인 적은 없었다는 말과 함께, 결국 제방의 온전한 유지는 사람의 힘만으로는 불가능하며, 신의 도움이 있어야 한다고 입을 모았다. 이런 태도에 대해 단명륜은 졸지에 발생하는 사태에 대한 예측은 신 또한 불가능한 일이라고 강조했다. 그러나 단명륜도 신과 인간의 감응이 있어야 이런 일이 발생하지 않는다고 말한 것으로 보아, 그와 같은 강직한 관리도 수리 문제에는 하늘의 도움이 중요

---

436) 但明倫, 〈關聖帝君碑記〉, 光緒 《續修江陵縣志》 卷52, 〈藝文〉(碑記), 71쪽 下~73쪽 下.

하다고 생각했다는 것을 알 수 있다.

　단명륜의 일화가 지니는 의의는 명백하다. 즉, 수리시설의 파괴나 붕괴 그리고 보수와 유지는 그 어떤 경우라도 인간의 능력을 의심해야 하는 거대한 과제라는 점과 아울러, 신의 감응이 없다면 수리시설의 보존이 용이하지 않다고 생각했던 당시 사람들의 인식이다. 따라서 형주부 일대의 관리와 주민들의 수리 대책 속에는 신앙이 큰 부분을 차지했다. 그런 사실은 건륭 53년 수해 당시 아계와 필원畢沅이 수리 공사를 마친 후 수해 발생의 방지에 효험이 있다는 철우鐵牛를 만성제 일곱 군데에 건설한 사실로 알 수 있다.

　철우에는 홍수가 발생하지 않도록 해달라는 기원의 글을 새기는 것이 보통이었는데, 함풍 9년(1859) 당시 형주지부를 역임한 당제성唐際盛은 학혈에 세운 철우에 다음과 같은 글을 새겼다.

> 위엄 있게 솟은 (철우여), 그 덕이 정순貞純하도다.
> 화평和平을 토해내는 신기神氣를 품어, 강변을 지켜주소서.
> 물결을 놀라게 하지 말고, 괴이한 것을 모두 유순하게 하소서.
> 천추만세로 이어져, 그 복이 만백성에게 내리게 하소서.

　이어서 그는 도광 25년(1845)에 이가부제가 무너지자, 다시 철우를 세우고 역시 수해를 방지하고 평화를 기원하는 글을 새겼다.[437] 이러한 기원은 자연재해가 일상적이었던 중국 사회에서 매우 보편적인 행위였다. 이런 경우 인간의 기원이란 내용과 실제에 관계없이 동일한 형태를 지니고 있

---

437) 각각《萬城堤志》卷9,〈藝文〉(銘), 36쪽 下~37쪽 上에 있는 함풍 9년의〈郝穴鐵獸銘〉과 도광 25년의〈李家埠鐵牛銘〉참조.

기 때문이다. 그것은 다름 아닌 자연재해에서 벗어나 안정된 삶을 영위하는 것이다. 그리고 앞에 인용한 철우에도 그러한 기원이 잘 드러나 있다.

다만 만성제 일대 철우에 새겨진 내용은 수재가 일상화된 당시 장강 중류 지역 주민이 수해 앞에 보여주는 인간적인 무력감의 표현이라는 점을 염두에 둘 필요가 있다. 19세기 초·중엽의 인물인 시산施山의 시는 적어도 명대 중엽 이래 장강 중류 지역에서 전개된 자연과의 사투에서 사실상 인간이 패배했음을 자인하는 내용이었다.[438]

> 제방을 쌓아 수리를 진흥시키지만
> 사실상 누가 물과 더불어 땅을 다투겠는가.
> 남제南隄와 북제北隄가 양립할 수 없고
> 물길은 무심無心하니 피하는 도리밖에 없구나.
> 예전의 제방 그림에는 배나무와 대추나무가 있었는데
> 수재로 천지가 변하니 예전 사람들의 뜻은 간 곳이 없구나.
> 오호라! 황금으로 흙을 사서 소와 노새로 날라도
> 수확을 얼마나 기대할 수 있을까?
> 백규白圭의 황하 치수가 그토록 효력이 있었으나
> 제방을 쌓는 것이 지류를 준설하는 것만 못하구나.

백규는 전국 시대 위衛 나라 재상으로 있으면서 황하를 다스린 인물이다. 시산의 글은 앞서 언급한 것처럼 청대 중엽의 수리 논쟁 가운데 지류 준설을 주장하는 내용이다. 그러나 심정적으로는 자연을 상대로 한 인간의 노력이 효과가 없다는 점이 잘 드러난다. 무력감이야말로 장강 중류 지

---

438) 施山, 〈築江隄〉, 《萬城堤志》 卷9, 〈藝文〉(詩歌), 49쪽 上~下.

역 주민이 인간의 한계를 절감하는 계기였으며, 신앙에 의지할 수밖에 없는 이유가 됐다. 아마도 명대의 인물로 추측되는 증구수曾九壽가 "(감리현)은 등 뒤로 장강이 흐르며 양하襄河가 배를 관통하니, 어느 하나라도 삼가지 않으면 거센 물결이 일어 사방이 무너진다"[439]고 쓴 이유도 동일한 맥락이었을 것이다.

이처럼 만성제의 수리 대책에 관련된 장구한 세월 동안의 이야기는 인간이 물의 힘을 거스를 수 없다는 평범한 사실을 새삼스럽게 일깨워준다. 만성제의 이야기는 인간이 자연에게 강요한 행위에 자연도 격렬하게 반응했다는 사실을 보여준다.

---

439) 曾九壽, 〈黑神廟序〉, 同治 《監利縣志》 卷11, 〈藝文〉(序), 59쪽 上.

| 3장 |

자연의 역습

1 자연의 훼손

(1) 남벌

남목과 삼목

  2장에서 명·청 시대 장강 중류 지역의 산지 개발 양상과 수리시설이 지닌 한계를 언급했다. 3장에서는 그런 개발로 자연이 얼마나 파괴됐으며, 그것이 인간의 삶에 어떤 영향을 끼쳤는지를 주로 언급할 것이다. 이 문제를 논의하기 위해 먼저 거론할 남벌 양상은 목재 생산, 광산 개발, 농업 방식 변화, 다양한 상품 생산 등을 통해 이미 상당 부분 언급했다. 그러나 여기서는 남벌 양상을 좀 더 구체적으로 살펴보려고 한다. 즉, 명·청 시대 장강 중류 지역에서는 어떤 수종이 집중적으로 벌목됐으며, 그 결과 나무와 숲은 어떻게 변했는지 그리고 그러한 남벌로 발생한 피해 양상을 살펴볼 예정이다.

  이미 앞에서 장강 중류 일대의 주요 수종을 이야기했는데, 그중 주목해야 할 것은 명·청 시대에 가장 중요한 목재 상품이었던 남목楠木과 삼목杉

木이다. 따라서 남목과 삼목은 명·청대에 이르러 남벌로 인해 급속히 감소한 대표적인 수종이다. 남목은 성질이 견고해 궁정의 기둥과 같은 고급 건축 자재로 쓰였을 뿐 아니라, 내수성耐水性이 강해 강남 지역에서 선박 제조에 많이 사용됐다.[1] 개토귀류 이전에도 토사 지역 수장들이 지역 생산품을 바치는 경우가 많았는데, 남목은 그러한 공물貢物 중 매우 중요한 위치를 차지했다. 하지만 세월이 지나면서 남목의 수효는 크게 감소했다. 남목과 관련된 《영순부지》의 다음 설명은 그러한 정황을 잘 보여준다.

> 남목에는 백남白楠과 향남香楠이 있다. 《명사明史》에 따르면 영순의 각 선위사는 대대로 나무를 공물로 바쳤다. 《진주부지》에 따르면 남목은 묘족 지역 깊은 산속 넓은 계곡에서 생산된다. 또 명대 진주부의 관청과 진주 부학府學을 수리할 당시 영순永順, 보정保靖, 유양酉陽 등지의 여러 토사土司가 커다란 남목 수백 주株를 공물로 바쳤다. 상식현 고지顧志에 이르기를 남목을 벌채해 계곡에 두었다가, 계곡물이 불어날 때를 기다려 물길을 따라 밑으로 내려 보낸다. 그러나 나무 틈 사이로 물이 들어가 좀이 생겨 균열이 일어나는 경우가 많다. 현재 영순부 일대에는 남목이 매우 적은데, 여러 해에 걸친 남벌로 좋은 목재가 다 사라졌기 때문이다.[2]

이처럼 남벌이 자행된 원인은 단순 수요 증대도 있지만, 적어도 토사 시기에는 남목이 귀중한 상품이 될 것이라는 점을 명확하게 인식하지 못한 탓도 있다. 물론 남목이 고가의 목재라는 사실을 인식하지 못한 이유는 토사 시절에는 남목이 그만큼 풍부해 조달이 쉬웠기 때문이다.

---

1) 吳其濬, 《植物名實圖考長編》(臺北: 世界書局, 1991), 1018쪽.
2) 同治 《永順府志》卷10, 〈物産〉, 17쪽 下.

이처럼 남목이 감소했다는 증거는 여러 곳에서 발견되는데, 호북성 건시현의 상황도 그러했다. 건시현 지방지는 다음과 같이 기록하고 있다. "건시현에는 나무가 많으며, 그중 오직 향남과 앵목을 최상으로 여긴다. 예전에는 그 가치가 귀한 줄 몰랐는데, 이제 깊은 산속에 있는 남목을 마구 잘라 거의 사라져버렸다. 향남과 앵목만 감소한 것이 아니라 재목감이 될 수 있는 고삼古杉과 고백古柏도 쉽게 볼 수 없게 됐다."[3] 이러한 언급도 남목의 상품성을 처음에는 인식하지 못했다가 이후 중요한 상품이 되자 마구 남벌했던 상황을 전해준다.

역시 최상의 재목으로 간주된 삼목杉木도 상황은 비슷했다.[4] 그러나 남목과 달리 삼목은 재배해 시장에 내다파는 경우가 많았다. 이는 식목이 역설적으로 벌채를 전제로 행해졌다는 사실을 의미하며, 이미 2장에서 언급했듯이 나무의 상품화가 적극적으로 진행됐음을 뜻한다. 결국 나무도 명대, 특히 청대에 이르러 다른 상품과 마찬가지로 상당한 이익을 가져다주는 중요한 상품이 됐다.[5]

다음의 글은 호남성 기양현에서 나무 재배와 판매를 위한 벌채가 동시에 진행됐음을 보여준다.

기양현은 본래 미곡 생산지로 알려졌다. 여러 부로父老(마을의 원로)에게 물어보니 20~30년 전 당시 객상이 (기양현에서 생산된) 곡식을 팔기 위해 상담湘潭과 한구에 갔으니, 한 해에 대략 10여만 석에 달했다. 따라서 이 고장의 은전銀錢 유통은 옹색하지 않았다. 이후 인구가 증가해 곡식 수확이 보

---

3) 同治《建始縣志》卷4,〈食貨〉(物産), 12쪽 下.
4) 同治《鉛山縣志》卷5,〈地理〉(物産), 34쪽 下~35쪽 上.
5) 乾隆《祁陽縣志》卷4,〈物産〉, 9쪽 上.

통일 경우 겨우 이 지역의 수요를 충당할 수 있으며, 풍년이 들어도 여유분이 수만 석에 불과하다. 흉년이라도 들면 오히려 이웃 지역에서 곡식을 사와야 했기 때문에 기양현의 은전은 나날이 옹색해졌다.

(근래) 생계를 의지할 수 있는 것은 삼목을 심는 것이다. 객상이 (벌목한 삼목을) 뗏목으로 만들어 한구에 이르러 팔면 한 해에 수만금을 얻을 수 있다. 기양현 주변의 귀양貴陽 위쪽 지역의 각 향鄕에서는 삼목을 심어 그 일대가 모두 푸르며, (이를 통해) 사서士庶 모두 부자가 된 사람이 많았음을 말해준다.

(그러나) 근래 근교 지역에 삼목을 심는 경우가 이전보다 드물어서 그 까닭을 자세히 살펴보았다. 그것은 다수의 간민奸民이 산에 들어가 몰래 벌채하기 때문이다. 간혹 주인이 그들을 생포하기도 하지만, 모두 그러한 도벌 행위를 미미한 일로 여기며 관가로 데려가는 일도 불편하게 생각해 (관에 잡혀가도) 다시 풀려난다. 또 도벌을 자행한 자는 공공연하게 마을의 풍속을 들먹이며 나무를 훔치는 것은 도둑이 아니라고 말한다. 이것은 부끄러움을 모르고 하는 말이지만, (이런 말과 함께) 도벌을 더욱 꺼리지 않았다. 이에 산주山主는 가만히 앉아서 자신의 이익을 잃어버릴지언정 다시 나무를 심지 않았다.

이제 나무를 훔치는 것이 죄라는 사실을 알 수 있도록 엄하게 주민을 깨우쳐야 하며, 도벌한 자는 법에 따라 처벌해야 한다. 이렇게 해야 나무를 심는 사람이 안심하며 (도벌당할까 봐) 두려워하지 않을 것이다. 또 산주에게 널리 나무를 심도록 권유해야 한다. 무릇 토양이 적합한 곳에 따라 삼목과 대나무를 심도록 한다면, 수년 후에 마을 네 곳의 삼목이 반드시 더욱 많아질 것이며, 그 이익은 이루 다 말할 수 없을 것이다.[6]

이 글의 내용은 장강 유역 전체의 남벌 상황을 고려하면 매우 역설적이

---

6) 乾隆《祁陽縣志》卷4,〈風俗〉, 7쪽 上~8쪽 上.

다. 얼핏 마을 전체를 대상으로 전개한 일종의 식목 운동으로 생각할 수 있기 때문이다. 그러나 달리 본다면 이것은 체계적인 식목 사업이 아닌 나무를 상품으로 팔기 위한 구체적인 수단을 제시한 글이다. 이 글에서 나무가 매우 중요한 상품으로 등장했다는 사실을 다시 한 번 확인할 수 있다. 즉, 인구 증가 이후 기양현의 주요 수입원은 바로 나무였다.

나무가 이처럼 중요한 상품이었기 때문에 사람들은 공공연하게 남의 산에 들어가 도벌盜伐을 자행했다. 그런데 사람들이 도벌을 하고도 '마을의 풍속'을 거론하며 전혀 죄의식을 느끼지 않았다는 언급이 나온다. 사료에 분명하게 나오지는 않지만, 아마도 나무를 팔아 많은 수익을 올리기 이전에는 남의 산에 들어가 나무를 베는 것이 이 마을의 경우 그리 큰 죄가 되지 않았다는 것이다. 결국 글쓴이의 의도는 도벌이 횡행하여 산주들이 나무를 심지 않는다면, 마을 전체 경제에 커다란 피해가 발생하므로 도벌을 엄벌하고 더불어 적극적으로 식목 사업을 강조해야 한다는 것이다. 이처럼 식목 사업의 목적은 산을 푸르게 하려는 일반적인 자연 보호가 아니라, 나무라는 상품을 생산하는 데 있었다.

한편 목재가 지닌 이런 상품성 때문에 식목업자 역시 가능한 한 목재를 서둘러 벌목했다. 앞서 산주들이 나무를 심은 후 어느 시점에 그 나무를 베다 팔아야 이익을 극대화할 수 있는지에 대해 잠깐 언급한 바 있다. 엘빈Mark Elvin의 지적처럼 바로 기양현의 상황은 도벌 등의 위협으로 가능한 한 나무를 조기에 잘라 팔았다는 사실을 보여주는 구체적인 예다. 나무의 생장 시기나 해당 나무의 실질적인 가치에 따라 나무를 잘라 판매하는 시기가 다른 것은 당연한 일이다. 그러나 앞서 인용한 동치《연산현지鉛山縣志》에 기재된 내용을 믿는다면, 대체로 판매를 목적으로 한 산주들의 육림에서는 가능한 한 빨리 나무를 벌목했다.[7)]

남벌의 피해

이처럼 목재 생산을 위한 남벌이 당시 사회에 끼친 영향은 무엇이었을까? 첫째, 적어도 건륭 연간 이후 장강 중류 지역의 목재 생산이 현저히 감소했다. 이 점은 이미 앞에서 언급했지만, 남벌로 한 지역의 수종이 변했다는 점은 매우 시사적이다. 일례로 사료에 따르면 호남성 기양현은 본래 나무가 풍부한 곳이었다. 그러나 건륭 연간 이후 지나친 남벌로 기양현의 목재 산업은 쇠퇴했으며, 실제 수종도 변했음을 후대의 지방지는 전한다. 민국 연간의 《기양현지祁陽縣志》는 다음과 같이 기록했다.

또 참죽나무(椿枤), 노송나무(檜栢), 측백나무도 현재는 남아 있지 않다. 측백나무는 이웃 침주나 계동桂東에서 사와 재목과 기둥으로 사용하며, 삼나무도 상황이 비슷하다. 금(광물을 의미함)과 나무를 오재五材라고 하지만, 옛날과 현재의 상황은 매우 달라졌다. 이전 시기 부지府志에 따르면 기양현의 인구가 많았으며 또 현지縣志에 따르면 토지가 70만 무나 부족했다. 따라서 백성이 가난해지면 돈을 벌수 있는 방법이 있어야 하는데, 바로 나무를 심는 것이 그 방법이다. …… (귀양) 서쪽 지역은 토지가 비옥해 많은 나무가 자랐으며, 삼목 (재배에) 적합해 산지 농민이 삼목을 재배한다. 삼목은 심은 후 10여 년이 되면 재목감으로 자라기 때문에 벌목해서 팔 수 있다. 동정호 일대와 금릉金陵, 양주揚州, 강서 등의 하구에는 모두 목상이 있어 한 해에 수십에서 수백만 금을 얻을 수 있었다. 이제는 산에 나무가 부족해 강화江華, 도주道州, 영원寧遠, 진계, 원주沅州, 영순, 정주靖州 등지를 돌아다니며 나무를 벌목한다.[8]

---

7) 2장 목재 생산과 유통 부분의 주 254) 참조.
8) 民國 《祁陽縣志》 卷10, 〈貨物〉, 1쪽 下~2쪽 上.

따라서 건륭 연간 이후 기양현의 산악 지역에는 전靛, 차, 담배 등의 산지 작물이 많은 대신, 상품으로 팔 수 있는 목재는 남아 있지 않았다. 건륭 연간의 《기양현지》와 민국 연간의 《기양현지》가 각각 1765년과 1931년에 간행된 점을 감안하면, 기양현의 산림은 정확하게 166년 만에 사실상 파괴됐다. 변화의 원인은 다름 아닌 남벌 때문이다.

이처럼 특정 지역의 산림이 파괴돼 이전과는 다른 수종이 등장한 또 다른 지역은 역시 호남성 관할 영순부에 위치한 고장평청古丈坪廳이다. 고장평청은 산이 많은 대표적인 산악 지역이므로 나무가 성장하기에 좋은 조건이었다. 따라서 편梗, 남楠, 기杞, 재梓 등이 넓게 분포해 목재 생산에 필요한 나무가 충분했다.[9] 물론 광서 《고장평청지》의 이러한 언급은 특정 나무의 생장에 대한 사실을 구체적으로 밝힌 것이 아닌, 이 지역의 나무 생산을 개관한 서문 성격의 글에 등장한다. 그 글에서 본래 이 지역에 기둥 등으로 쓸 수 있는 다양한 종류의 나무가 많이 자란다는 사실을 강조한 것으로 보아, 고장평청은 기본적으로 산림이 풍부했던 지역이었다는 것을 알 수 있다.

이 지역 지방지에 따르면, 당시 이 지역에 실제로 존재했던 나무는 크게 남목楠木, 송목松木, 백목柏木, 삼목杉木, 주목椆木, 조목棗木, 동목桐木, 교목喬木, 재목梓木, 춘목椿木, 풍목楓木, 황양목黃楊木, 칠수漆樹, 상수桑樹, 사수蠟樹와 오배자五倍子 등이었다. 하지만 명·청 시대의 지방지 대부분이 흔히 그러하듯, 이 나무들 전부가 광서 연간 당시 이 지역에서 무성하게 생장했다고 보기는 어렵다. 오히려 이전부터 내려오는 나무의 이름을 하나하나 거명한 것에 불과하다고 생각하는 것이 타당하다.

---

9) 이하 고장평청의 산림 정황에 대한 설명은 모두 光緒 《古丈坪廳志》 卷11, 〈林産詳誌〉, 30쪽 上 ~36쪽 下에 근거했으며, 이 부분에 대한 주는 별도로 표기하지 않았다.

이 고장평청 지역은 광서 연간 이후부터 본격적으로 식목 사업에 많은 관심을 보이기 시작했다. 따라서 지방지는 각 수종의 식목 방법과 그 생장 상황을 자세히 언급했다. 하지만 지방지에 기재된 나무는 백랍수白蠟樹, 배자수梧子樹, 이자수梨子樹, 감자수柑子樹, 유화수油禾樹, 상수 등 유실수나 임산물을 얻을 수 있는 종류였다. 달리 말해 전통적으로 목재나 조선 등에 널리 쓰이며, 울창한 산림 조성에 필요한 삼목이나 남목 종류는 아니었다. 《고장평청지》는 당시 남목은 산중에서 거의 볼 수 없는 수종이었다는 사실을 분명하게 언급한다. 고장평청의 이야기는 결국 후대로 내려오면서 특정 지역의 수종이 변해가는 모습을 보여준다. 즉, 남목, 소나무, 삼나무 등의 전통적인 수종이 유실수나 산지 상품을 생산할 수 있는 나무로 전환된 것이다.

둘째, 산림 자원의 감소가 다시 산림 자원에 대한 압력을 가중하는 악순환이 생겨났다. 따라서 목재나 조선에 필요한 대목大木 외에, 일상적인 땔감 부족 현상도 발생했다. 2장에서 언급한 것처럼, 특히 청대에 중국 농촌은 에너지 위기가 심각한 상황이었다. 다시 호남성 기양현의 상황을 들여다보자.

기양현은 내내 땔감의 가격이 매우 쌌다. 근래 인구가 증가해 음식 만드는 일이 많아지자 땔감 가격이 이전에 비해 비싸졌다. 종전에는 땔감을 채취하는 사람들이 나뭇가지를 자르는 데 그쳤지만, (인구 증가로 땔감 수요가 증가한) 이래 어리석은 백성이 나무뿌리와 어린나무를 뽑아버리기 때문에 나무가 자랄 수 없어 땔감이 날이 갈수록 고갈됐다. 이런 이유로 현재 (연료 문제를 해결할 수 있는) 방도는 오직 상황의 변화에 맞춰 석탄을 개발하는 것이다.

듣건대, 기양현은 여러 곳에서 석탄이 생산돼 그 수요를 충당할 수 있다. 이전에 여러 번 석탄 채굴을 건의했지만, 지방의 무식한 사람들이 이를 막았는데, (그 이유는) 석탄 채굴로 지맥地脈이 손상되고 근처의 분묘와 주택, 풍수에 해를 끼친다는 것이었다. 이는 가만히 앉아서 천지자연의 이익을 잃어버리는 것이다. (그들이 이렇게 하는 이유는) 형주衡州와 침주郴州 등 인근의 여러 지역에서 석탄을 채굴하지만, 지맥이 손상됐다는 말은 듣지 못했다는 사실을 모르기 때문이다. 이제 (채굴을 반대하는 사람들을) 널리 깨우치고 석탄 매장지를 두루 찾아 백성에게 채굴토록 한다면 땔감의 궁한 상황을 장차 충분히 구할 수 있을 것이다.[10]

이 인용문은 당시 중국이 처했던 산림 자원의 고갈, 넓게는 자연 자원의 고갈에 대해 당시 사람들이 어떻게 대처하려고 했는지를 잘 알려준다. 일단 산림 남벌로 일상생활에서 쓸 땔나무조차 없어지자 마구잡이로 땔감을 구하는 정황이 잘 드러난다. 전반부의 내용으로 보건대, 아마도 나뭇가지나 줄기까지 베어냈기 때문에 밑동만 남은 나무가 여기저기 있었으며, 나무가 궁한 일반 백성이 그것마저도 채취했던 것이다.

한편 글쓴이는 땔감 수요를 충당하기 위한 석탄 채굴을 적극 주장했다. 그의 주장에 따르면, 당시 광산 개발에 따른 피해를 거론할 때 등장했던 풍수설이나 분묘 등에 대한 피해는 전혀 고려 대상이 아니었다. 그는 그런 주장을 하는 사람을 '무식자'라고 거리낌 없이 비난했다. 산림 자원의 고갈로 발생할 환경문제보다 당장의 경제문제 해결이 더 시급했기 때문이다.

셋째, 지역 경제에 심각한 타격을 주었다는 점도 눈여겨볼 필요가 있다. 바로 앞에서 언급한 기양현의 예에서 볼 수 있듯이 연료 문제 등의 해결은 사실상 산악 지역의 시급한 사안이었다. 그러나 다른 한편으로 목재 감소

---

10) 乾隆《祁陽縣志》卷4,〈風俗〉, 8쪽 上~下.

로 산악 지역의 경제가 침체되는 상황이 발생했다. 다시 고장평청의 상황을 보자. 청대 후반기 고장평청의 목재 매매 상황을 광서 《고장평청지》는 다음과 같이 서술한다.

대다수 목상木商은 외지에서 오며, 그들은 산주로부터 특정 산을 구매한 후 노동자를 고용해 나무를 벤다. 춘수春水가 산간을 따라 흐르는 것을 이용해 하류로 목재를 띄워 보낸다. 나의계羅衣溪에 이르러 (하천에 띄운 목재를) 뗏목으로 만들어 진주辰州로 보내고, 밑으로 원수沅水를 경유해 동정호에 이른다. 이러한 상인을 거상巨商이라고 부른다. 그러나 고장평청의 수목이 나날이 희소해져 목상이 이곳으로 와도 대규모 무역이 불가능해지자 (그 중요성이) 감소했다. 고장평청에도 목상이 있지만, 규모가 1,000~2,000금에 불과하며, 거상이 없다. (따라서) 고장평청의 목재 역시 외부 지역으로 모두 팔려가지 못한다.[11]

다시 말해 산에 거목이 없었기 때문에 산림을 적극적으로 개발할 만한 자본과 기술을 가진 외지 상인이 이 지역에서 목재 매매를 중단했다. 한편 토착 목상은 자본과 인력 동원 면에서 매우 영세해 그나마 있는 나무도 상품화하지 못했다. 따라서 산림 자원의 고갈로 고장평청의 목재 판매가 현저히 감소하고, 그 여파가 고장평청의 지역 경제에도 피해를 줬다.

넷째, 널리 알려진 것처럼 산에서 토사가 흘러내려 수해가 발생했다는 점을 들 수 있다. 이 점과 관련해 영순부와 바로 인접한 진주부 관할 노계현瀘溪縣의 사례는 매우 흥미롭다. 노계현은 비교적 다양한 시기의 지방지가 존재하는 덕분에, 남벌로 발생하는 수해뿐 아니라 앞에서 언급한 수종

---

11) 光緖 《古丈坪廳志》, 卷11, 〈商業誌略〉, 59쪽 下.

의 변화나 새로운 수종의 이용 형태를 종합적으로 고찰할 수 있기 때문이다. 이런 점에서 노계현의 산림과 그 이용 형태의 변화를 추적하는 일은 남벌의 다양한 의미를 확인하는 데 유용하다.

본래 지방지의 상당수 내용은 이전 시기의 내용을 그대로 옮겨 적는 것이 일반적인데, 노계현의 나무와 식물 관련 언급은 예외적으로 꽤 자세하다. 일단 옹정《노계현지瀘溪縣志》에 등장하는 나무 종류는 대나무 14종과 나무 29종이다.[12] 그런데 건륭《노계현지》에 따르면 대나무가 10종, 나무는 19종으로 각각 감소했다.[13] 다시 동치《노계현지》에는 대나무 10종과 나무 약 30종이 언급돼 있다.[14]

이 세 종의《노계현지》에 기재된 나무 종류와 개별적 언급은 의미하는 바가 크다. 일견 동치 연간(1862~1874)에 언급된 나무 종류가 30종에 달하기 때문에 건륭~동치 연간에 이 지역의 나무와 산림이 잘 보존됐다고도 생각할 수 있다. 그러나 옹정~건륭 연간 사이의 언급과 건륭~동치 연간 사이의 나무에 대한 언급 방식이 근본적으로 달라진 점을 주목할 필요가 있다. 옹정~건륭 연간의 언급은 일부 나무에 대한 이용 방식과 그 분포 정도를 비교적 자세히 설명한 데 비해, 동치 연간의 노계현 지방지는 단지 나무 이름의 열거에 그치고 있다. 이런 사실로 추측하건대, 노계현 역시 동치 연간에 이르러 나무가 감소해 나무를 적극적으로 활용하지 못하는 상황이 발생했을 것이다.

그렇다면 시기별로 편찬된 지방지를 통해 노계현의 나무 감소 문제를 좀 더 자세히 거론해보자. 옹정 연간(1723~1735) 지방지에 등장하는 대나

---

12) 雍正《瀘溪縣志》卷3,〈食貨〉(物産), 27쪽 上~28쪽 下.
13) 乾隆《瀘溪縣志》卷4,〈賦役〉(物産), 26쪽 下~27쪽 上.
14) 同治《瀘溪縣志》卷4,〈風俗〉(物産), 5쪽 下.

무의 용도를 언급한 조항에 따르면, 묘죽苗竹이 그 쓰임새가 가장 많고, 백죽白竹 등은 베개나 그 실을 뽑아 광주리를 만드는 데 사용했다. 또 일부 대나무는 지팡이나 우산 제작에 사용했으며, 약죽篛竹은 도롱이 제작에 사용했다. 이러한 정황은 나무도 동일해서, 대표적으로 삼목이 건축 자재로 이용됐다. 백목은 권백卷柏, 측백側柏, 자백刺柏, 나한백羅漢柏 등의 다양한 종류가 있었으며, 목기木器나 향을 만드는 데 사용됐다. 괴목槐木의 가지는 약재로, 오동梧桐과 유동油桐 두 종류로 나뉘는 동목桐木은 각각 약재와 기름 제조에 사용됐다.

옹정 연간 지방지의 이러한 언급은 적어도 청淸 초 노계현에서는 나무가 다양한 일용품과 건축 자재 등에 사용됐음을 말해준다. 또 완구 제작에 사용된 황양목은 사람들이 일부러 심기도 했다. 이처럼 나무를 다양하게 이용할 수 있었던 것은 적어도 옹정 연간까지는 이 지역의 목재 자원이 풍부했음을 의미한다. 한편 옹정 연간까지만 해도 노계현에 이처럼 다양한 종류의 나무가 무성하게 생장했던 사실을 뒷받침해주는 간접적인 증거도 있다. 아마도 청 초로 추정되는 노계현 출신의 등화일鄧化日이란 인물이 내학정來鶴亭이라는 정자 건설에 관련된 글을 쓰면서 '떼 지어 날아든 새가 숲 속에 모여살고 나무는 무성하다'고 언급한 사실이다.[15]

하지만 이런 분위기는 청대 중엽 이후 크게 변한다. 기본적으로 노계현은 물산이 풍부하지 않은 지역으로 곡식 산출량이 세금을 내고 나면 1년을 겨우 버티는 정도였다. 그러나 건륭 연간(1736~1795) 지방지에는 대나무와 나무가 산에 가득하다는 사실을 지역민이 알지 못한다는 언급과 더불어 산간 지역 주민이 비로소 제지업에 적극적으로 종사한다고 기록돼 있다. 이러한 정황은 노계현 주민이 옹정 연간까지는 산림 자원을 다양하

---

15) 雍正《瀘溪縣志》卷9,〈藝文〉(上)(記), 24쪽 下.

게 이용한 반면, 건륭 연간 무렵부터는 일종의 전업화가 행해졌다는 의미로 해석할 수 있다. 노계현은 옹정 연간까지 산림 자원을 적극적으로 이용했지만, 그 대부분은 생활용품 제작에 국한됐다. 하지만 제지업의 등장으로 상황이 달라졌다. 결국 노계현은 청대 건륭 연간의 어느 시점부터 그 이전보다 산림 자원을 좀 더 적극적으로 이용했다고 볼 수 있다.

그러므로 건륭 연간 지방지에 등장하는 대나무와 나무에 대한 설명도 옹정 연간과는 그 '분위기'가 약간 다르다. 일례로 옹정 연간에 가장 쓰임새가 많다고 언급된 묘죽이 이제는 구체적으로 종이를 만드는 데 이용됐으며, 노계현의 수익은 종이 제조가 가장 큰 몫을 차지한다고 언급했다. 더구나 노계현의 산림이 적극적으로 개발됐다는 사실을 알 수 있는 또 하나의 증거는 옹정 연간에는 보이지 않던 차 재배가 건륭 연간에 등장한다는 점이다. 노계현의 차 재배는 그 규모가 꽤 컸던 것으로 짐작되는데, 지방지의 언급을 믿는다면 품질도 복건산과 거의 대등했다.

종합하면, 노계현은 적어도 건륭 연간부터 산림 자원을 적극적으로 이용했으며, 그 결과 산림 피해가 컸을 것으로 판단된다. 이 지역 지방지에 마을의 최대 병폐는 바로 도벌이라는 언급이 건륭 연간에 등장하는 것은 결코 우연이 아니다. 이 말은 노계현의 산림 상황이 건륭 연간을 기점으로 악화됐음을 다시 한 번 일깨워준다. 노계현의 이도二都와 인접한 금계金谿라는 곳에서 수백 명을 거느린 한 우두머리는 수십 명씩 무리를 이뤄 노계현에 와서 도벌을 자행했다. 도벌을 저지하는 사람은 손과 발을 비틀어 나무에 매달았다는 지방지의 언급은 산림 감소로 나무가 매우 중요한 쟁탈 대상이 됐음을 말한다.[16]

노계현의 이러한 산림 남벌 실상을 상징적으로 보여주는 사례가 바로

---

16) 乾隆《瀘溪縣志》卷1,〈風俗〉, 27쪽 上~下.

이 지역에서 가장 오래된 진공제陳公堤 이야기다. 진공제는 현성 북쪽으로 흐르는 노계의 계수溪水가 성으로 바로 들이닥치는 것을 방지하기 위해 만든 것으로, 진공제 건설로 계수는 서쪽으로 흐르게 됐다. 정확한 건설 시기는 기록돼 있지 않지만, 노계 지역이 현縣으로 승격된 후 지현 진왕정陳王廷이 쌓았다는 언급으로 미루어 만력 연간(1573~1620) 이후로 추측된다.[17]

그러나 건륭 연간 지방지에 따르면 당시 진공제는 이미 무너진 상태로, 그 일대에 다시 물이 흘렀다. 따라서 지역 주민 사이에 무너진 진공제를 다시 쌓아야 한다는 논의가 등장했다. 논의의 핵심은 여러 지류가 모인 노계수가 높은 곳에서 흘러내리기 때문에 지대가 낮은 현성縣城 일대에 이르면 수력이 커져 현성 일대에 피해를 준다는 것이었다.[18] 논의의 와중에 사람들은 거센 물결을 막는 토석土石이 없다는 사실을 강조했다. 그러나 동치 연간의 노계현 지방지는 진공제 일대의 수리 상황을 다음과 같이 묘사했다.

> 진공제는 성 밖 동북쪽 1리에 위치한다. 비가 많이 오면 노수瀘水가 급하게 들이닥쳐 성 북쪽이 (수해를 입을까) 두려워하게 돼, 현성의 근심거리였다. 지현 진왕정이 위로부터 제방 160장을 쌓아 물을 막고, 수세를 서쪽 밑으로 흐르게 했으니, 그 제방 이름을 진공제라고 했다. 이후 홍수로 무너져 지현 양등훈楊登訓은 백성을 동원해 북안을 돋우고 돌과 모래로 남쪽을 막아 노수가 옛길로 흐르도록 해 현성에 해가 되지 않았으며, 수세가 약화됐다. 그러나 거대한 바위와 큰 나무가 없어 험한 물길을 막을 수 없다. 근래에 동쪽으로 흘러내리는 물길이 성 밑에 바로 닿는데, 그 기세가 화살처럼

---

17) 雍正《瀘溪縣志》卷2,〈規建〉(水利), 13쪽 下.
18) 李伯廉,〈城北陳公堤記〉, 乾隆《瀘溪縣志》卷10,〈藝文〉(記), 5쪽 下~7쪽 上.

빠르고 극히 험해서 비가 오지 않아도 (그 상황을 해결하기가) 매우 어렵다.[19]

여기서 지현 양등훈은 도광 10년(1830) 노계현에 부임한 인물이다. 이렇게 본다면 이 이야기는 19세기 중엽의 상황을 전하는 것으로 판단할 수 있다. 결국 건륭 연간에 노계현의 산에는 거목 등이 사라져 산간 계곡물을 차단하는 방패가 없었으며, 그러한 현상이 가속화해 전에는 북쪽에서만 내려오던 물길이 동쪽에서도 내려오게 됐다.

옹정 연간의 노계현 지방지가 옹정 9년(1731년)에 그리고 동치 연간 노계현지가 1870년에 각각 편찬된 점을 감안하면, 노계현의 산림 변화 시기는 대략 140년 정도였다. 140년 동안 계속돼온 산림 감소로 산에서 흘러내리는 하천의 수세는 점점 위협적으로 변했다. 아울러 나무를 사이에 둔 투쟁도 더욱 격렬해졌다. 무엇보다 이 모든 이야기는 환경 변화가 장기적으로 지속됐음을 말해주는 실례이다.

(2) 자연 경관의 변형

풍경 변화의 자연적 · 인위적 요인

남벌로 훼손된 숲의 변화는 필연적으로 주변 경관의 변화를 초래한다. 그런데 숲의 변화만이 경관의 변화로 연결된 것일까? 현대인도 하천의 흐름이 바뀌거나 또는 새로 건설된 정자나 도로를 통해 대체로 주변 경관이

---

19) 同治《瀘溪縣志》卷3,〈水利〉, 11쪽 下~12쪽 上.

변했음을 쉽게 알아차린다. 명·청 시대 사람들은 숲이나 자연 경관의 변화를 어떻게 감지했을까? 또 자연 경관의 변화를 어떻게 생각했을까? 환경사 연구자는 어떤 자료를 활용해 이런 문제에 접근할 수 있을까? 세금 제도나 인구, 다양한 인물 기록 등에서 보듯, 사료의 서술은 정말 자연사自然事 대신 인간사人間事에만 한정돼 있을까? 물론 이 모든 질문에 속 시원한 답을 주는 사료는 없다.

따라서 자연 경관의 과거 모습과 개발이나 산림 남벌 이후 변화한 모습을 미시적 관점에서 밝혀내기란 쉽지 않다. 무엇보다 개발 이전 자연의 실제 모습이 어떠했는지 추적하기가 어렵기 때문이다. 더구나 대다수 역사학은 여전히 인간의 시각에 입각한 인간사를 서술한다는 점에서, 자연사에 대한 언급이나 자연의 미묘한 변화를 담은 예는 극히 드물다. 특히 명·청 시대 연구에서 가장 중요한 사료인 지방지는 보통 간행 시기를 달리해 동일 지역의 지방지를 편찬했지만, 자연에 대한 서술은 이전 시대의 내용을 거의 상투적으로 반복하므로 자연의 과거와 현재의 모습을 비교하기란 거의 불가능하다.

이런 한계는 있지만, 시대별로 편찬된 지방지는 일종의 훌륭한 '자연사' 기록이라 해도 과언이 아닐 만큼 특정 문제에 대해서는 자세한 내용이 담겨 있다. 다시 말해 자연의 변화를 알 수 있는 간접적인 내용이 꽤 풍부한데, 예를 들어 지식인이나 관료의 자연에 관한 문학 작품, 이전에 없던 식물이나 동물의 등장과 소멸, 적극적인 상품화의 대상이 된 자연 자원 등에 대한 소개와 언급은 명·청 시대 자연 경관의 변화와 산림의 남벌 현상을 알려주는 귀중한 자료다.

물론 자연재해의 발생 빈도 변화와 단위면적당 생산량의 변화나 하락과 같은 양상을 통해 환경 변화의 정도를 계량화할 수 있는 지표를 설정할 수 있다고 주장하는 연구도 있다.[20] 그러나 농업 생산량의 하락은 환경 악화의 한 결과일 뿐, 총체적인 환경 변화를 알려주는 지표로는 한계가 있다. 또 자연재해도 실제 인위적인 요소와 자연적인 요소가 얼마나 중첩돼 발생하는지 구분하기란 사실상 불가능하다.

이 모든 점을 염두에 둘 때, 여기서 제기하고자 하는 문제는 단순한 시론에 불과하다. 그렇지만 환경사 연구에서 자연 자체의 변화도 분명 고려할 필요가 있다. 다만 앞에서 제기했듯이 이용할 만한 자료가 매우 적으며, 당시 사람들이 느꼈던 자연 변화의 정도를 추정할 수 있는 방법론의 부재가 여전히 중요한 장애로 남아 있다. 따라서 여기서는 일종의 간접적인 방법을 택해 명·청 시대 사람들이 묘사한 자연 그대로를 먼저 살펴볼 것이다. 이렇게 자연 경관 자체만을 단순히 파악하는 작업이 중요한 이유는 명·청 시대와 현재 사이에 내재된 시간의 격리성 때문이다. 당시대 사람들이 바라본 자연 경관이야말로 현재와 비교할 수 있는 훌륭한 비교 대상이 될 수 있을 것이다.

우선 명·청 시대 내내 장강 중류 지역의 중요한 경관 중 하나였던 '소상팔경瀟湘八景'[21]을 살펴보기로 하자. 많은 시인과 지식인이 소상팔경을 읊었지만, 여기서는 특별히 명대의 사구소史九韶라는 인물이 읊은 소상팔경을 언급하려고 한다. 그것은 일단 사구소가 소상팔경 전체를 읊었기 때문이다. 또 자연 풍광에 대한 그의 감정이 잘 표현됐을 뿐 아니라, 거꾸로 자연이 인간의 감정을 얼마나 뒤흔들 수 있는지를 여실히 보여준다고 판단했기 때문이다. 나아가 아름다운 자연 경관에 도취된 옛 지식인의 시각은,

---

20) 趙岡,〈生態變遷的統計分析〉,《中國農史》4期(1994) 참조.
21) '소상팔경'을 처음 언급한 인물은 북송의 정치가이자 과학자인 심괄沈括(1031~1095)이다. 그는 자신의 책인《夢溪筆談》卷17,〈書畵〉에서 산수화에 뛰어난 송적宋迪이 그린 대표적인 풍광을 바로 '소상팔경'으로 꼽았다. 沈括,《夢溪筆談校證》胡道靜 校注(上海 : 古典文學出版社, 1957), 549~550쪽 참조. 화가가 그린 정경이 현실과 일치하느냐의 문제는 따로 언급해야 하지만 이후 소상팔경이 중요한 풍광으로 자리 잡았음은 분명하다.

경탄과 환경 오염에 대한 두려움을 동시에 느끼는 현대인의 시각과는 많은 차이가 있다는 사실도 함께 일깨워주기 때문이다. 그런 점에서 자연 경관을 읊은 수많은 문학 작품은 역설적으로 환경문제를 환기하는 장이 되기도 한다. 일단 사구소가 소상팔경을 어떻게 읊었는지 살펴보자.

내가 듣기로 소수瀟水는 도주道州에서 나오며, 상수湘水는 전주全州에서 나와 영주永州에서 합류한다. 호수 남쪽으로 이 두 하천이 통과해서 상음湘陰에 이르러 비로소 원수沅水와 자수資水와 합쳐진다. 또한 동정호에 이르러 파강巴江과 합쳐지므로, 호수 남쪽은 모두 소상瀟湘이라고 명명할 수 있다. (이것은) 마치 호수 북쪽의 한수漢水와 면수沔水가 도도히 흘러도 그것을 소상이라 칭하지 않는 것과 같다. 소상의 풍경은 일찍이 들어 알고 있다! 동정호 남쪽으로 푸른 절벽과 같은 청강淸江이 천리로 뻗어 있어, 텅 빈 하늘에 닿고, 저녁노을이 청강과 섞여 바람을 토해낸다. 배와 백사장에는 새들이 오가고 출몰하며 수죽水竹과 구름이 그 좌우를 비춘다. 아침과 저녁의 기운이 다르고 사계절의 기후가 다르니, 이것이야말로 소상 (풍경)의 대관大觀이다.[22]

이 글에 따르면 소상팔경의 지리적 범위는 소수와 상수가 합쳐지는 호남성 남부 영주부永州府에서 시작해 북부의 장사長沙 지역과 동정호 일대까지로 상당히 광범위한 지역을 포괄한다. 예를 들어 소상팔경의 하나인 '소상야우瀟湘夜雨'란 영주 일대의 야경을 지칭하는 말이다. 한편 '강천모설江天暮雪'의 무대는 현재 장사 지역의 명승지인 귤자주橘子洲 일대의 경관을 가리킨다. 그러므로 소상팔경이라는 일종의 풍광 구역은 사실상 호남성 중

---

22) 史九韶,〈瀟湘八景記〉, 乾隆《長沙府志》卷41,〈藝文〉(記), 5쪽 下.

부 이북 지역의 아름다운 경관을 지닌 곳들을 하나로 묶어 말하는 것이다. 대체로 이런 식의 경관 명칭은 특정 지역의 한정된 곳만을 가리킨다는 점에서, 소상팔경이 포괄하는 지리적 범주는 다소 의외다.

소상팔경이란 명칭에서 알 수 있듯이, 옛사람들은 아마도 소수와 상강 일대의 하천 유역을 중심으로 훌륭한 경관을 뽑았을 것이다. 소상팔경이라는 제재題材가 중요한 이유는 당시 사람들의 작품 속에 자연관이 잘 담겨 있는 한편, 앞서 말했듯이 적어도 몇 백 년 전의 자연 경관을 알려주는 중요한 단서가 될 수 있기 때문이다. 다음은 사구소가 묘사한 소상팔경의 일부다.

> 맑은 바람이 파도를 일으키고 낙조가 물 위에 비치는데, 일엽편주가 마치 깃털이 날리는 것처럼 빠르게 달린다. 행여 큰 파도가 일어나면 편안히 집에 머물면서 대문에서 사람들을 웃으며 맞이할 여유가 생기니, 이것이 곧 '원포지귀遠浦之歸'다. 물가에는 오두막집이 즐비하고, 연(荷)과 부들(蒲) 사이로 배가 떠 있다. 물고기가 있으니 회를 먹을 수 있으며, 술이 있으니 낚싯줄과 그물 걷는 것을 기다릴 수 있다. 어찌 그 즐거움을 서산 빛이 내 텃밭에 비치는 것에 비길 수 있겠는가. 이것이 '어촌의 석조夕照'다.

이 글의 묘사가 마치 한 폭의 수채화를 보는 듯하다. 한적한 하천가에 연이어 들어선 초가집, 다양한 수초, 더구나 이제 막 기울어지는 석양 풍경이 가미된 강가의 정경은 현대의 그것과는 비교할 수 없을 정도로 이 지역 자연 경관이 빼어났다는 점을 짐작케 한다. 물론 원포지귀와 어촌의 석조에 대한 사구소의 언급을 통해 중국의 지식인이 읊었던 자연 경관은 단지 풍광에만 그친 게 아니라는 사실을 알 수 있다. 이 글에는 당시 사람들이 자연을 이용하고 대처하는 방식이 잘 드러난다. 말하자면 자연과 더불어

사는 인간의 모습이라고 할 수 있다.

물론 이 글에 등장하는 하천 유역의 평화로운 풍경은 거센 파도나 홍수 같은 자연 현상과 달리 위협적이지 않다는 점을 감안할 필요는 있다. 더구나 여기서는 인용하지 않은 강천모설의 풍광에 등장하는 것처럼 매서운 바람과 혹독한 추위가 닥쳐도 배 하나에 몸을 실은 채 홀로 그 추위를 견뎌낼 만큼 당시 지식인이나 문인은 매서운 추위마저 자연이 내린 선물로 생각했는지 모른다.

이런 종류의 글은 중국 문학에 흔히 등장한다. 그리고 개인의 감정이 무엇이든 간에 그들이 읊은 대부분의 정경은 아름답기 그지없다. 더구나 자연에 대한 인간의 감정 이입을 보면, 자연은 영원히 무궁한 존재이자 인간의 모든 감정 변화를 의지하는 수탁자로 등장하기도 한다. 한편 이처럼 인간의 희로애락을 모두 동원해서 읊은 자연 경관의 묘사 속에는 자연에 대한 인간의 증오와 한탄이 동시에 들어 있는 경우도 있다.

하지만 소상팔경의 풍경이 중요한 이유는 600~700년이 흐른 현재의 풍광과 비교할 수 있기 때문이다. 현재 소상팔경은 사실상 존재하지 않는다. 적어도 청 후반부터 상강과 소강 일대는 모두 도시화가 급격하게 진행됐으며,[23] 민국 초년이 되면 두 하천에는 주변 지역에서 출하된 상품과 사람을 실어 나르는 배가 쉴 새 없이 다녔다.[24] 굳이 이런 예를 들지 않더라도, 오랜 세월 속에 자연환경이 변화하는 것은 오히려 당연한 일이다. 그리고 오직 인위적인 요소만을 들어 그런 경관 변화의 요인을 설명하려는 시도는 온전한 방법이 아니다. 물론 이런 변화를 사료에서 직접 확인하기

---

23) 張朋園,《湖南現代化的早期進展, 1860~1916》(長沙 : 岳麓書社, 2002), 384~389쪽 참조.
24) 상강 일대만을 보더라도, 민국 초년에는 한구漢口, 장사長沙, 원강沅江, 상덕常德 일대에 대선大船이 하루 한두 차례, 다시 상담湘潭과 장사로 소선小船이 매일 세 차례 운행했다. 朱義農・朱保訓 編纂,《湖南實業志》(1)(長沙 : 湖南人民出版社, 2008), 365쪽.

는 대단히 어렵다. 그러나 생태 체계 역시 그 자체로 하나의 역사를 가지고 있다는 사실을 염두에 둔다면,[25] 그것이 시론試論에 불과하다고 해도 분명 환경사 연구에서 고려해야 할 점이다.

그런 점에서 소상팔경의 또 다른 풍경은 환경사 연구에서 그런 의문이 가능하다는 가설을 다시 한 번 상기시켜준다. 소상팔경 중 하나인 강천모설의 무대인 장사현 귤자주 일대는 사주가 매우 발달한 곳이었다. 청대 장사현 지방지의 설명으로 보아 귤자주는 현성 서쪽에 위치했던 수륙주水陸洲의 별칭이었으며, 수륙주 밑으로 다시 왜자주矮子洲가, 그 위로는 우두주牛頭洲가 있었다.[26] 더구나 상담현과 용양현龍陽縣에도 귤자란 명칭의 사주가 있는 것으로 미루어, 귤자주란 이름은 오히려 귤 생산과 연결된 것인 듯하다. 그리고 이 세 개의 사주는 서로 연결되지 않은 상태로 줄곧 존재해왔다. 이 지역에는 '만일 사주 세 개가 연결되면 이곳에서 장원 급제자가 나온다'는 속담이 유행했는데, 이는 지형적으로 볼 때 세 개의 사주가 서로 연결될 가능성이 거의 없다는 말로 해석할 수 있다.

그런데 청 말 지방지에 따르면, 이 지역의 풍광이 상당히 달라졌음을 알 수 있다. 풍광이 달라진 가장 큰 이유는 역시 인위적인 개입 때문이었다. 옹정 연간에 강신묘江神廟라는 사당을 축조하기 위해 섬돌을 놓고 버드나무를 심어 주변 경관이 바뀌었을 뿐 아니라 가경 연간이 되면 그 사당 옆에 다시 나루터를 지었다.[27] 아마도 나루터를 건설한 이유는 이곳을 오가는 사람이 많아졌기 때문일 것이다. 따라서 한가로웠던 하천 풍경은 분명

---

25) 이 점에 대해서는 Kristin Asdal, "The Problematic Nature of Nature : The Post-Constructivist Challenge to Environmental History", *History and Theory*, vol. 42, no. 4(2003), 63쪽 참조.
26) 嘉慶《長沙縣志》卷4,〈山川〉, 16쪽 下~17쪽 下.
27) 光緒《善化縣志》卷4,〈山川〉, 16쪽 上~下. 이하 별도의 주가 없는 한, 귤자주 일대에 관한 설명은 이 부분을 근거로 했다.

달라졌을 것이다.

이런 인공물의 등장으로 자연 경관이 변화했음에도, 조지기趙志夔란 인물은 〈도귤주渡橘洲〉란 시에서 이 지역의 아름다운 가을 풍경을 이렇게 읊었다.

귀로에 해가 저무니
오가는 배가 상수湘水와 하나로 보이네.
뿌연 안개로 사방이 하얗고
고요한 달이 만산을 비추네.

멀리 물살이 빠른 곳에는 물고기가 번득이고
푸른 서리 기운 차가운데 기러기가 우는구나.
찬 빛을 움켜쥘 수 있을 것도 같은데
가을의 상념이 강성江城에 가득하구나.

이 시에 등장하는 풍경은 한 폭의 그림을 연상시킨다. 앞서 언급한 대로 일부 인공 축조물이 들어섰지만 가경 연간의 귤자주 풍경은 여전히 아름다웠으며, 예전의 풍경을 고스란히 간직했던 것처럼 보인다. 그러나 이미 이 일대는 토사의 적체로 사주가 확대돼 당시 우두주와 왜자주가 사실상 서로 연결된 상태였다. 따라서 지방지는 사주가 서로 연결됐으므로 이제 장원 급제자가 나올 때가 됐다고 언급했다. 즉, 지형적으로 볼 때 거의 연결될 가능성이 없었던 사주들이 이제 하나로 합쳐진 셈이 됐다.

앞서 만성제 일대의 수리 상황을 언급하면서 명·청 시대 내내 장강 중류 일대에서 토사가 증가했다고 지적했다. 따라서 이 지역의 사주 확대도 그런 상황의 연장이라는 점을 배제할 수 없다. 실제로 선화현에서도 건륭 연간 이후 상강 일대에 많은 사주가 나타났음을 알 수 있다.[28] 그렇다고 해도 그토록 연결되기 어렵다는 세 개의 사주가 어떻게 연결될 수 있었을까? 정말 장강 상류 개발에 따른 토사 증가가 결정적인 원인이었을까? 더구나 세 개의 사주가 한데 합쳐진 이면에 인위적인 요소는 얼마나 작용했을까?

이 질문의 대답과 관련해 한 가지 지적하고 싶은 것은, 사람들은 자연 경관의 특징을 언급할 때 자연의 알 수 없는 변화를 무시한 채 매우 자의적인 명칭이나 설명을 덧붙인다는 사실이다. 용의 형상을 한 바위, 인간의 형상을 한 꽃이나 나무 등에 붙인 명칭이 바로 그런 예다. 광서 연간의 《선화현지》도 마찬가지로, 이 일대의 다른 사주를 설명하면서 수세가 호로박 모양으로 흘러 호로주葫蘆洲란 명칭이 생겼으며, 사주를 휘감고 도는 하천의 모습이 마치 연꽃과 같아 하포주荷包洲라고 명명했다는 기록이 나온다.

그러나 이는 인간의 의식이 반영된 것일 뿐, 자연 자체의 변화와는 아무런 상관이 없다. 무엇보다 중요한 것은 호로박이나 연꽃 등의 형상이 왜 그리고 어떤 과정을 거쳐 그런 모습이 형성됐는지 사람들은 전혀 추적할 수 없다는 사실이다. 연결이 거의 불가능한 것처럼 보였던 세 개의 사주가 어느 순간에 연결된 것처럼, 자연 경관은 까닭 없이 변할 수 있다. 이 모든 정황은 참으로 미묘하고, 심지어 추상적이기까지 해서 설명이 불가능하지만, 자연 스스로의 변화를 추적하는 일도 환경사 연구의 중요한 역할임은 분명하다.

한편 소상팔경 문제와 더불어 강서성 하구진河口鎭 부근의 복혜하福惠河에 관련된 다음 이야기는 자연 자체의 변화와 인위적인 개입이 한데 뒤섞

---

28) 乾隆 《善化縣志》 卷2, 〈輿地〉(山川), 16쪽 上에 따르면 당시 사주는 귤주와 더불어 직주直洲, 서주誓洲, 백소주白小洲 네 개에 불과했다.

인 예라고 할 수 있다. 더 나아가 이러한 종류의 환경 변화가 반드시 복혜하 한 곳에서만 발생했다고 볼 수는 없다. 강서성 하구진은 명대 만력 연간 이후부터 본격적으로 성장하기 시작해 청대 건륭, 가경 연간에 이르러 강서성 최대의 시장이 됐다. 하구진은 연산현의 신강信江과 연산하鉛山河가 만나는 지역에 있었는데, 강서성의 주요한 수계水系 중 하나인 신하信河의 경우 상류 옥산현에서 하구진까지는 강폭이 좁아 작은 배를 이용해야 하는 반면, 연산하와 만나면서 수량이 증가해 큰 배가 다닐 수 있는 자연 조건을 가지고 있었다.[29]

그런데 하구진 서북쪽에 복혜하라는 작은 하천이 흐르고 있었다.[30] 사료에 따르면 명대에 연산하의 물을 복혜하로 끌어들였기 때문에 이곳엔 작은 배가 다닐 수 있었으며, 관개는 물론이고 세탁이나 방화용수로까지 사용할 정도로 수량이 제법 풍부했다. 그런데 시기는 분명하지 않지만, 청대에 이르러 홍수가 발생한 후 수원이 말라붙고 말았다. 당시 지방관은 이 상황을 이렇게 묘사했다.

(능력이 없는 내가 황은을 입어 지방관으로 부임한 뒤) 가경 무진년[31] 이 곳에 당도해 능파교凌波橋를 지나가는데, 이상하게도 땅이 크게 돌출해 하류가 마을을 횡으로 가로지르고 있었다. 그 광경을 자세히 살펴보니 흘러내린 암석의 잔돌들이 오랫동안 쌓인 결과, 서로 뒤엉켜 하천이 다시 흐르지 못한 까닭이었다.

---

29) 吳金成,〈明淸時代 社會變化와 山區都市의 運命〉,《明淸史硏究》第2輯 (2000), 87쪽.
30) 복혜하와 관련된 설명은 同治《鉛山縣志》卷4,〈地理〉(津梁), 9쪽 上~10쪽 上을 근거로 했다.
31) 가경 13년으로 1808~1809년에 해당하며, 수리 공사를 진행한 인물은 가경 19년(1814) 당시 연산현 동지同知였던 팽창운彭昌運이다.

따라서 그는 곧바로 강 옆에 버드나무를 심고, 그 일대의 토지를 정리했다. 이 작업으로 그는 이후에는 하천 바닥이 다시 돌출하지 않기를 기대했지만, 수원이 고갈된 까닭은 알 수가 없었다. 마을의 유력자들은 다시 명대처럼 연산하의 물을 끌어들여 복혜하의 수량을 증대시키는 공사를 해야 한다고 요청했으며, 결국 물을 끌어들이기 위한 공사가 진행됐다. 그리하여 연산하의 물을 끌어들여 복혜하 서쪽으로 들어가게 함으로써 마침내 물이 흐르게 됐다. 또 파손된 다리도 복구했다. 그런데 이러한 일련의 사실을 언급한 〈팽창운기彭昌運記〉의 마지막 부분은 자연 변화의 또 다른 이유를 보여준다는 점에서 다시 인용할 필요가 있다.

곰곰이 생각해보면 복혜하는 (명대) 비문헌費文憲이 벼슬을 그만두고 낙향한 때 창건됐으니, 그때가 가정 연간(1522~1566)이므로 지금으로부터 약 300여 년 전에 불과한데, 수원이 이미 말라붙어 삼각주가 돼버렸다. 그곳에 콩과 보리를 심어 (그 콩과 보리 덕분에) 잡초가 자라지 못하는 상황인데도, 어떻게 이처럼 쉽게 황폐해졌는가? (그 이유는) 수원을 준설할 때, 추석甃石을 사용하지 않았으며, 수류水流 변화가 무상無常해 어느 곳에서는 (수리시설이) 파괴되고 어느 곳에서는 막혀버렸기 때문이다. 따라서 수로가 모두 육지로 변해버렸다. 또 관개의 이로움만 (생각한) 나머지, 거센 물결의 발생은 고려하지 않아, 물이 불어나 사방에 물이 차면 그 물꼬가 나아가는 방향을 찾지 못하니, 어찌 이전의 물이 흘렀던 길을 회복할 수 있겠는가.

이 이야기는 만성제와 같은 거대한 수리시설의 파괴와 그에 따른 피해와 비교하면 매우 작은 에피소드에 불과하며, 하구진이라는 거대 시장을 흐르는 중요 하천인 신하에서 발생한 일도 아니다. 그러나 하구진 유역의 이야기는 일정 지역의 환경 변화에서 중요한 몇 가지 요소를 담고 있다.

우선 이 지방지의 설명대로라면 특별한 이유 없이 상류의 수원이 고갈된 상황을 볼 수 있다. 더 이상의 자료 추적은 불가능하지만, 자연 자체의 변화 역시 인위적인 개입 못지않게 주변 환경을 변화시키는 중요한 원인이라는 점을 이 이야기는 말한다. 물론 글쓴이는 그 이유를 수원의 준설을 튼튼하게 하지 않은 탓으로 돌렸지만, 복혜하와 관련한 첫 번째 인용문에 등장하는 능파교가 건륭 연간(1736~1795)까지 등장하지 않는 점을 감안하면[32] 이 일대는 사실상 육지나 다름없는 지역이었다.

둘째, 일정 지역의 환경 변화가 꽤 장기간에 걸쳐 발생했다는 점이다. 명대 가정 연간(1522~1566)부터 시작된 상류 지역의 수원 고갈을 사람들이 실제로 느끼게 된 것은 19세기 초였다. 이런 점에서 앞의 인용문은 특정 지역의 장기적인 환경 변화를 잘 보여준다.

셋째, 인위적인 개입을 통해서도 이전 상태처럼 완벽한 환경 복원은 사실상 어렵다는 점이다. 이 점과 관련해서 중요한 사실은 국지적으로 발생한 이러한 일들이야말로 청대 장강 중류 지역뿐 아니라, 중국 전역의 환경 상황을 가늠할 수 있는 중요한 단서라는 점이다. 즉, 굳이 인공적인 요소가 가해지지 않더라도, 일정 지역의 환경 변화가 장기적으로 진행됐으며, 그러한 환경 변화를 이전 상태로 되돌리기는 쉽지 않았다.

넷째, 강물의 흐름을 되돌리는 복원 공사에도 많은 사회적 비용이 들었다는 사실이다. 앞의 사료에 따르면, 당시 지방관이던 팽창운은 석공石工과 목공木工을 동시에 시행해 수리시설이 장기간 유지돼야 한다는 점을 강조했다. 그러나 지속적인 관심이 없다면 아무리 튼튼하게 시공해도 아무런 효력이 없다는 의견도 애써 피력했다. 결국 실제 공사 비용은 물론, 사후 관리가 철저해야 한다는 팽창운의 언급은 아무리 소규모 수리시설이

---

32) 乾隆《鉛山縣志》卷2,〈建置〉(津梁), 37쪽 下~42쪽 下 참조.

라 할지라도 많은 사회비용이 소요된다는 사실을 말해준다.

그러나 인위적인 요인이야말로 자연 경관을 변화시킨 매우 중요한 요소였다. 지식인이나 시인은 문학 작품을 통해 인위적인 요인이 자연의 변화에 얼마나 큰 작용을 했는지에 대해 한탄이나 아쉬움을 섞어 노래했다. 물론 인위적인 요소가 모두 자연을 파괴한 것은 아니다. 오히려 선정善政이 펼쳐지는 평화로운 시기가 찾아오면, 자연도 생기를 되찾을 수 있다고 당시 사람들은 생각했다. 그런 점에서 강희 연간에 강서순무를 역임했던 낭정극郎廷極의 다음 시는 그런 종류의 안도감을 잘 보여준다.[33]

> 맑은 강이 작은 마을을 휘돌아 흐르고
> 황량한 읍성의 많은 고목은
> 비와 이슬에 다시 젖었네.
>
> 이제는 다시 병화兵禍가 없으니
> 연못에는 물고기가 떼 지어 놀고
> 꽃 주변에는 한 마리 새가 지저귀는구나.
>
> 이곳 백성은 진실로 행운이 있으니
> 다시 세금을 면제받은 덕이로다.

전란이 사라진 뒤의 평화로운 정경을 읊은 이 시는 거꾸로 전란에 시달렸던 자연에 대한 안타까움을 암시한다. 그러나 읍성의 많은 고목이 비와 이슬에 다시 젖었다는 표현은 평화를 회복시킨 황제의 은덕으로 대지가

---

[33] 郎廷極,〈過南康縣〉, 同治《南安府志》卷27,〈藝文〉(10), 6쪽 下.

3장 자연의 역습 419

다시 풍요로워졌다는 사실을 내포한다. 따라서 이 시는 자연의 회복도 절대 권력자의 손에 달렸다는 의미를 은연중 담고 있는 한편, 되찾은 평화 덕분에 자연이 생기를 얻어가는 정황을 생생하게 표현했다.

이와는 달리 좀 더 직설적으로 개발이나 산업화에 따른 자연 경관의 변화를 언급한 사례도 쉽게 볼 수 있으며, 따라서 그 내용도 훨씬 구체적이다. 이러한 자연 변화는 현대에 흔히 거론되는 환경 악화를 보는 듯한 착각마저 든다. 섬서성 약양현略陽縣 지방지의 다음 묘사는 이런 점에서 흥미롭다.

> 한봉寒蓬의 눈 쌓인 모습은 약양읍 팔경 중 하나다. 가경 17년(1812) 임신년壬申年에 마을 사람들이 이곳에 학사學舍를 지었다. 3~4월이 되면 마을 사람들은 산에 올라가 죽순을 따며, 이 산에서 놀다가 산중에서 자고 다음 날 내려올 채비를 하는 때도 있다. 산허리에는 샘 하나가 있는데, 맑고 시원하며 (수질이) 깨끗해서 마시면 매우 달다. …… 산 밑에서 봉우리까지 대략 30여 리이며, 산 정상에는 봉우리 세 개가 있는데 마치 석정石鼎의 형상이다. …… 그 산은 현 서쪽 모퉁이에 있고, 현성과 90리 떨어져 있다. 정상에서 능히 수백 리를 바라다볼 수 있다. …… 아래를 내려다보면 자욱한 안개로 컴컴하고, 순식간에 기온 차가 나며, 명암이 확연히 드러난다. 비록 종남산終南山의 적설積雪보다는 못해도, 호경鎬京의 명승이다. 그리고 목재와 야생 동물을 얻을 수 있으며, (그러한) 자원을 이용해도 고갈되지 않으니, 이것 또한 벽지僻地 가운데 (볼 수 있는) 훌륭한 경관이다.
>
> 산에는 네 개의 하천이 흐르는데, 정동正東 방향에서 발원하는 하천은 푸르며 석수石水라 칭한다. 산에서 90리를 흘러 가릉강嘉陵江으로 들어가는데, 그 가운데 사람이 많이 살고 100여 경의 관전灌田이 있으며 수마水磨가 100곳에 설치돼 있다. 정서正西 방향에서 발원하는 하천은 평구平溝라 하며, 산

에서 30리를 흘러 양가령楊家嶺에서 낙소하樂素河로 들어간다. …… 정남쪽에는 한봉구寒蓬溝가 있는데, 산에서 30여 리를 흘러 역시 낙소하로 들어간다. 동남쪽에서 발원하는 것은 와사구瓦舍溝라 하며 산에서 40여 리를 흘러 역시 낙소하로 들어간다. 이 양 구溝(한봉구와 와사구) 지역에는 저나무가 많아 지역 주민이 봄부터 가을까지는 농사를 짓다가 겨울이 되면 제지업을 한다.

 부로父老의 말을 들으니 '건륭 연간에 이 산에는 나무가 무성해 호랑이, 표범, 순록이 끊임없이 드나들었는데, 애석하게도 이 고장 사람들이 객민을 불러들여 개간하고 나무를 잘라 이제 우산牛山의 아름다움을 회복할 수 없게 됐다'고 한다.[34]

이 글이 흥미로운 이유는 하나의 산이지만 한쪽은 자연 경관이 잘 보존된 반면, 다른 쪽은 형편없이 망가진 모습을 묘사했기 때문이다. 오늘날에도 도로 건설과 채석 등으로 산 한쪽이 완전히 없어지거나 흉한 모습을 드러낸 광경을 흔히 볼 수 있는데, 청 중엽 약양현 한봉산의 정경이 바로 그러했다.

관광지의 훼손

앞의 한봉산 관련 인용문이 알려주는 또 하나의 흥미로운 사실은 그 일대가 마을 사람들의 유람지였다는 점이다. 무엇보다 자연은 사람들이 놀러 가는 곳이기도 했다. 따라서 자연 경관의 변화를 알려주는 또 하나의 중요한 요소는 명승지 풍경의 변화다. 기존의 관광지 가운데 상당수는 이

---

34) 淡金巖, 〈寒蓬山記〉, 道光 26年 《重修略陽縣志》 卷4, 〈藝文部〉(記), 54쪽 上~55쪽 上.

제 완상용玩賞用이 아닌 적극적인 자원 채취 지역이나, 심지어 경제활동 지역으로 변한 경우도 있었다. 예를 들어 호남성 영순부 보정현保靖縣 서쪽의 사자산獅子山에는 사자동獅子洞이라는 동굴이 있었다. 굴속으로 들어가면 석병石屛이 펼쳐지고, 다시 그 안에는 맑은 샘, 석전石田, 석주石柱, 석루石樓 등이 있었던 이 지역의 명승지였다. 토사 시절 토사가 이곳을 한 번 훼손한 적이 있는데, 지방지에 그 정확한 시기가 언급되지는 않았지만, 이후 그곳에는 어촌이 형성된 탓에 사람들이 풍경을 감상할 수 있는 관광지는 되지 못했다.[35]

보정현의 예가 보여주듯, 자연 경관의 변화를 좀 더 확연히 알 수 있는 곳은 바로 풍경이 아름다운 지역이다. 명·청 시대 대다수의 지방지에는 그 지역의 옛날 유적지나 명승지를 기재하는 〈고적古蹟〉이나 〈명승名勝〉같은 항목이 있다. 오늘날에도 흔히 그런 것처럼 풍광이 아름다운 특정 지역을 한데 묶어 '팔경八景', '십경十景' 등의 제목을 붙이기도 한다. 호남성 영순현 지방지에 따르면, 영순현에도 이른바 '영순팔경永順八景'과 '영계십경靈溪十景'이라는 관광지가 있었다.

우선 영순팔경은 수천 리에 걸쳐 절벽이 굴곡진 모습을 하고 있어 해가 뜰 때 찬란한 빛이 쏟아진다는 '옥병환채玉屛煥彩', 우뚝 솟은 세 봉우리가 아름다운 '문봉옹수文峰擁秀', 현 서쪽 10리 밖에 있는 괘방산掛榜山에서 비 온 후 갤 때 드러나는 찬란한 빛을 의미하는 '방수운정榜岫雲晴', 일출 시 하늘빛이 찬란한 '복령하증福嶺霞蒸', 용이 살았다는 전설이 내려오는 동굴인 '용동조운龍洞朝雲', 두 개의 하천이 남문南門에서 만나 지강沚江으로 들어가는데, 달이 밝으면 마치 두 개의 수레바퀴가 반사되는 것처럼 보인다는 '쌍계야월雙溪夜月', 옥빛의 온천물이 나오는 '하항온천河港溫泉', 마지막으로

---

35) 同治《永順府志》卷2,〈山水〉, 32쪽 下.

성성城 동쪽에 새로 만든 두 개의 다리가 있는데, 많은 상인과 주민이 모여들어 마치 화폭에서나 볼 수 있는 풍경을 연출했던 '연교신시連橋新市'가 그것이다.[36]

이처럼 당시 명승지의 대부분은 예외 없이 아름다운 자연 경관을 갖추었다. 앞의 영순팔경에서도 인위적인 명승지는 연교신시가 유일하다. 게다가 용이 살았다는 동굴인 용동조운을 언급한 것에서도 알 수 있듯이 명승지는 자연 경관과 함께 전설이 머물던 장소이기도 했다. 영계십경 역시 영순팔경과 내용은 비슷하다. 수면 바로 위에 석동石洞이 있고, 그 석동 안에서 교룡蛟龍이 살았다는 전설이 내려오는 '석교선도石橋仙渡'와 복석산福石山 옆에 만목萬木이 우거져 항상 푸른빛이 났다는 '복석교목福石喬木'은 풍경에 담긴 전설과 신비로운 분위기를 언급한다는 점에서 영순팔경의 재판처럼 보인다.

이러한 명승지는 세월이 흐르면서 어떻게 변했을까? 건륭《영순현지》의 〈예문지藝文志〉에는 영순팔경의 경치를 읊은 시가 기록돼 있다. 시인의 이름은 없지만, 그는 영순팔경의 첫 경치인 '옥병환채'를 다음과 같이 읊었다.[37]

> 혼돈의 와중에 이러한 산천이 열렸으되
> 푸른 하늘을 떠받치는 옥병玉屛은 누가 만들었는가.
> 동서남북을 다 호위하며
> 수천 봉우리가 붉은빛 속에 날고 있도다.

---

36) 乾隆《永順縣志》卷1, 〈地輿〉(形勝), 35쪽 下~36쪽 上. '영순팔경'에 바로 뒤이어 '영계십경'이 서술돼 있다.
37) 작자 미상, 〈永順八景〉, 乾隆《永順縣志》卷4, 〈藝文〉(詩歌), 31쪽 下.

성군聖君의 성덕聖德으로 군현郡縣을 열었으니
변방의 초목이 모두 파릇파릇하구나.
푸른빛 찬란한 누대 밖의 담장은 웅장한데
병풍 사이로 빛이 바뀌니 그 진면목이 드러나네.

그 사이로 드러나는 수천 개의 가옥이 새롭고
마을에는 한때 시인이 있었으나
공수龔遂와 황패黃覇, 탁로卓魯[38]의 발길이 끊이지 않고
성 밖 들판에는 젊은 인재들이 모여 노니는구나.

2연 첫 행의 "성군의 성덕으로 군현을 열었으니"라는 구절로 미루어, 이 시는 아마도 이 지역에 개토귀류가 시행돼 그 성덕聖德으로 주변의 자연 경관이 한층 빛을 발하게 된 광경을 묘사한 것이다. 아울러 절경을 이루는 주변에도 많은 가옥이 있으며, 소수민족 지역을 통치하기 위해 관리가 분주하게 오가는 모습을 그렸다.

무엇보다 의미 있는 구절은 훌륭한 자연 경관 주변에 가옥이 즐비하게 들어선 모습과 더불어 마을 젊은이들이 주변으로 놀러 나가는 광경이라고 할 수 있다. 따라서 이 짧은 시를 통해 당시 관광지의 모습이 이전과는 달리 상당히 변화했으며, 많은 사람이 몰려들어 본래의 자연 경관을 여유 있게 즐길 수 있는 상황이 아니었음을 쉽게 짐작할 수 있다. 실제로 시 전문을 소개하지는 않았지만, 연작시 형태로 된 〈영순팔경〉의 또 다른 시인

---

38) 공수와 황패는 모두 한대의 유명한 관리다. 시에는 '공황龔黃'으로 표현되어 있다. 탁로卓魯는 사람 이름이 분명하지만, 자세한 의미는 불분명하다. 일단 공황처럼 두 사람일 가능성도 있으며, 이름은 약간 다르지만 청대 만주 팔기인의 한 사람으로 운남雲南 정벌과 계왕桂王 평정에 공을 세운 탁락卓洛 또는 탁라卓羅를 의미하는 것으로 풀이할 수도 있다.

'연교신시'에는 강 좌우에서 객상이 몰려들어 강남 하류 지역의 비단을 팔고, 초가집 사이로 밤에도 등불이 휘황하게 빛나는 모습이 묘사돼 있다. 따라서 한때는 고요했던 소수민족 지역이 개토귀류 이후 매우 떠들썩하게 바뀌었으며, 자연스럽게 주위 풍광도 변했다는 사실을 짐작할 수 있다.

더구나 이러한 절경이 후대의 지방지에는 자세히 소개되지 않았다는 점도 매우 흥미로운데, 동치 연간 《영순부지》에서 그러한 사실을 확인할 수 있다. 물론 지방지의 성격 자체가 현지縣志와 부지府志는 다르며, 대체로 현지의 내용이 좀 더 자세하다. 그런데 앞서 지적한 대로 동치 《영순부지》는 장별로 따로 속편을 두었다. 예를 들어 〈예문지藝文志〉가 있으면, 바로 뒤이어 〈예문속편藝文續編〉을 싣는 방식이다. 그리고 대체로 속편에 실린 내용은 후대의 사실이다. 또 동치 《영순부지》는 건륭 《영순현지》와 달리, 명승지를 〈고적〉에 두지 않고 〈산수〉에 기록했다.

그런데 동치 《영순부지》의 명승지에는 건륭 연간 지방지에 등장하는 명승지가 전혀 기록돼 있지 않다. 관광지를 보는 사람들의 기호가 바뀐 것일까? 그럴 가능성도 분명히 있다. 하지만 이 지역의 경관이 크게 달라졌을 가능성도 배제하기 어렵다. 그 이유로 우선, 건륭 《영순현지》에 등장하는 명승이 동치 《영순부지》에는 속편에 기재된 점을 들 수 있다. 이전 명승지가 동치 연간 지방지를 편찬할 당시 사람들의 주목을 크게 받지 못해서였을 것이다. 속편에는 그리 중요하지 않은 내용을 담는 보편적인 상식이 분명 작용했다고 볼 수 있다. 둘째, 동치 《영순부지》에 등장하는 복석산福石山은 단지 위치만 기록했을 뿐, 풍광에 대한 언급이 전혀 없다는 사실이다. 앞서 설명했듯이 복석산에는 영계십경 중 하나였던 복석교목福石喬木이 있었으며, 수많은 나무로 이루어진 울창한 숲이 있었다. 그러나 동치 연간의 지방지에는 이런 설명이 전혀 나오지 않는다.[39] 셋째, 좀 더 흥미로운 점은 두 시기의 지방지에 공통으로 등장하는 과사顆砂라는 지명이다. 따라서 과사에 대해 자세히 살펴볼 필요가 있다.

건륭 연간 지방지에는 과사에 대해 두 가지 내용이 실려 있다. 하나는, 과사는 현 동북쪽 40리에 위치하며, 사람이 많이 살고, 주변 경관이 그윽할 뿐 아니라, 하천이 두 그루의 소나무를 싸고 돌 때 생기는 그림자 때문에 영순 지방의 명승지라는 설명이다. 다른 하나는, 선위사 팽조괴彭肇槐가 옹정 2년(1724)에 이곳으로 관청을 옮긴 적이 있으며, 개토귀류 이후 아직 영순현 현성이 완성되지 않아 지현 이하 모든 관리가 이곳에 주재했다는 설명이다.[40] 이 설명으로 보아 과사는 상당히 아름다운 곳이었던 한편, 꽤 번화한 지역이었다고 볼 수 있다.

그러나 동치 연간 지방지에는 과사를 〈승적勝蹟〉 항목에 넣고, 다음과 같은 설명을 덧붙였다. "과사는 현 동북 40리에 위치하며, 돌이 생산된다. 그 돌의 생김새는 원형의 낟알 형태로 색깔은 붉은빛이다. 알갱이가 마치 단사丹砂와 같다."[41] 이 설명만 보면 과사가 명승지로 꼽힐 이유는 전혀 없으며, 오히려 특정 생산물의 생산지였다고 판단된다. 그리고 실제로 과사는 동치 연간《영순부지》의〈방시坊市〉항목에 다시 기록돼 있다.[42]

건륭과 동치 연간에 각각 등장하는 과사에 대한 설명을 요약하면, 두 시기 모두 과사를 설명할 때 시장과 관련된 언급을 했지만, 건륭 연간의 설

---

39) 同治《永順府志》卷2,〈山水〉, 2쪽 上에 실린 기록은 "福石山, 縣南三十里, 老司城"이라는 대목이 전부다.
40) 乾隆《永順縣志》卷1,〈地輿〉(市村), 32쪽 下. 과사가 명승지 항목이 아닌,〈지역地輿〉항목에 들어 있는 것은 이곳의 풍경이 아름답기는 하지만, 과사의 행정 기능이나 시장의 기능에 더 큰 비중을 두었기 때문으로 보인다. 영순부 관할 모든 현의 관청은 옹정 8년(1730)에 지어진 상식현을 제외하면 모두 옹정 10년(1732)에 건설됐다. 同治《永順府志》卷3,〈廨署〉, 36쪽 上~38쪽 上.
41) 同治《永順府志》卷2,〈山水〉, 31쪽 上. "顆砂, 城東北四十里, 産石. 形圓色赤顆, 顆如丹砂."
42) 同治《永順府志》卷3,〈坊市〉, 13쪽 下. 이 시기 과사에 대한 설명은 건륭 연간에 기록된 내용 중 이 지역 풍경에 대한 서술은 제외한 채, 행정적인 측면만을 언급했다. "顆砂城東北四十里. 原土司彭肇槐於雍正二年, 建廨署於此. 改土初, 永順城郭未建, 郡守邑宰俱駐箚其地."

명이 훨씬 더 과사의 아름다움을 자세하고 적극적으로 소개했다. 이런 점에서 동치 연간의 설명은 단지 과사의 기능적인 면만 강조할 뿐, 지역이 지닌 아름다움에는 관심을 표하지 않았다. 이는 분명 건륭 연간 이후 또는 개토귀류가 단행된 이후부터 동치 연간에 이르는 시기에 과사 지역의 풍경이 변했음을 암시하는 것이다.

토사 지역의 자연 경관 훼손

자연 경관의 훼손에 대한 좀 더 직접적인 증거를 호북성 학봉현 산양애山羊隘의 《향씨족보向氏族譜》에서 확인할 수 있다. 다음의 인용문은 인구 증가와 개발 그리고 그 후 등장한 행정 당국의 개입이 한 지역의 자연 경관을 어떻게 바꿔놓았는지를 매우 사실적으로 보여준다.

강희 연간(1662~1722) 장량丈糧을 실행했으며, 주州·현縣에서 행하는 원칙에 의거해 세금을 납부했는데, 당시에는 인구가 적고 흩어져 살았던 탓에, 산양애 상하 일대 거주민이 10~20호에 불과했다. 초목이 무성하고 황량한 평야가 넓게 펼쳐졌으며, 도로는 모두 매우 구불구불한 소로小路였다. 그러한 길은 매우 험했으며, 동물의 발자국과 새의 흔적이 도로에 깔려 있었다. 산에는 곰, 돼지, 사슴, 노루, 승냥이, 이리, 호랑이, 표범 등 여러 짐승이 무리를 이루었으며, 모두 동일한 성정性情을 지니고 있었다. 냇가에는 쌍린雙鱗, 석즉石鯽, 중순重唇 등 여러 종의 물고기가 사는데, 그물을 던지면 잡을 수 있고, 고기 맛은 연하며 감미롭다.

때때로 창을 들고 산에 가면 동물을 반드시 잡을 수 있으며, 때때로 낚시를 들고 냇가에 가면 여러 물고기가 바구니에 가득 찬다. 산나물과 물고기로 만든 음식 맛은 매우 좋아 비록 산해진미나 용뇌龍腦(용의 뇌)와 봉수鳳髓(봉황의 뼈)

라도 그 맛을 낼 수 없다. 죽계竹鷄, 백치계白雉鷄, 모야계毛野鷄, 봉황금계鳳凰金鷄, 상숙계上宿鷄, 토향계土香鷄 등과 같은 조그만 사물 또한 그 수를 다 셀 수 없으며, 그 용도를 이루 다 말할 수 없다.

기풍이 순박해 길에서 (남이 잃어버린 물건을) 줍지 않으며, 사치하지 않고 검약을 숭상한다. 노인은 머리에 푸른 머리띠를 두르고, 어린 사람은 단지 털로 만든 모자를 쓸 뿐이며 면포로 된 옷을 입는다. 풀로 만든 신을 신는데, 참느릅나무 껍질로 그것을 짠다. 관혼상제에는 순전히 잡주咂酒를 사용하고, 풍속은 귀신과 무당 그리고 향왕向王과 공안公安 등의 신을 숭상해 별자리와 소원을 비는 것을 중요시하며, 무사巫師와 새신賽神의 뜻을 경배하는데, 쇠뿔 고둥을 불고 뛰면서 북을 치니 소리와 말이 뒤엉켜 매우 시끄럽다.

글자를 아는 사람이 매우 드물다. 따라서 자지慈志에서 말하기를, 잡초와 꽃이 (피고 지는 것을 제외하면) 나이(세월)를 헤아리지 않으며, 밭을 일구고 땅을 파도 경계를 구분하지 않는다고 한다. 사나운 백성이 없으며, 소송을 일으키지 않고, 소소한 분쟁이 없을 뿐 아니라, 향약과 보갑도 존재하지 않고, 1년이 되도록 대문을 두드리는 서리가 없다.

봄이 오면 차를 따고, 여름이면 풀을 베며, 가을이 되면 바위에서 밀랍을 채취하고, 겨울이면 산에 들어가 황련黃連을 찾고 종려나무를 벤다. 항상 고사리를 채취하고 칡을 빻아 먹으며, 벌 기르는 것으로 생업을 삼아 밀랍을 채취해 부세賦稅에 충당한다. 물건의 구매는 소금을 사는 게 전부인데, 마을 위아래에 모두 상점이 없기 때문에 반드시 구계九溪에서 소금을 사서 돌아온다. 또 도살하는 사람이 없으며, 평상시에도 돼지를 잡는 집이 없다. 예물을 주고받을 때도 큰 선물을 하지 않으니, 크게 할 경우 5~6분分이며 3~4분分이 보통이다. 손님 접대 역시 반드시 풍성하게 하지 않으니, 음식을 담는 그릇이 서너 개뿐이며, 가정에서 손님과 주인이 서로 잔을 기울이고 인척끼리 화목하게 지내는 일이 흔한 일이어서, 당시 이 시기에 태어나 이곳에서 사는 것은 분명 별천지에 있는 것이었다. (이러한 광경은) 희헌羲軒(복희씨伏羲氏와 헌원씨軒轅氏) 당시의 풍경과 매우 흡사하니, 우리 조상의 질박하고 유순한 풍습은 충분히 기록할 만한 것이다.

이 글을 읽노라면 어느 이상향에라도 와 있는 듯한 착각마저 든다. 글쓴이도 언급했듯이 건륭 연간(1736~1795) 이전 학봉주 산양애는 사실상 별천지였다. 목가적인 풍경에 경쟁이나 약탈, 긴장, 강박관념이라고는 없는 생활을 그렸다. 인간이 자연의 품에 안겨 생활하는 모습이 여실히 떠오른다. 하지만 글쓴이는 이러한 풍경이 점차 사라지고 있음을 바로 뒤이어 서술한다.

건륭 연간에 이르러 비로소 옥수수를 심기 시작했는데, 당시 철광 개발자와 숯 굽는 자들이 왔다. (그들은) 무리를 지어 이곳에 당도했다. 도끼로 나무 자르는 것을 모두 잘하는 일이라고 여겨, 첩첩의 푸른 산이 대번에 민둥산이 됐다. 동물은 도망가 숨어버리고 물고기는 사라져 산에 들어가 수렵하고 물가에서 고기 잡던 옛 시절은 다시 돌아올 수 없는 추억이 됐다. 외부의 여러 지역에서 온 사람들, 처자식을 거느리고 온 사람들 그리고 땅을 빌려 옥수수를 심는 사람들이 줄을 이어 이곳에 왔다.

산간의 계곡물이 흐르는 하천가는 옛날에는 새와 동물의 서식처였지만, 이제 모두 경작지로 변해버렸으며, 기풍도 변해서 화려해졌을 뿐 아니라, 백성의 정서도 사치스러워졌고, 관혼상제의 의례와 일상적인 음식·옷치레도 이전과는 완전히 달라졌다. 배의 왕래가 끊이지 않고 상점마다 온갖 상품이 다 구비돼 있으며, 사람의 일은 매우 번잡스러워져 그 양상이 이미 극에 달했다. 사람 마음의 교묘함과 거짓이 나날이 더욱 심해져서 옛날의 순박한 모습을 찾으려고 해도 이제 그 모습을 거의 찾을 수 없는 지경이 됐다.[43]

꽤 긴 글을 인용한 이유는 더 이상 설명이 필요 없을 정도로 한 지역의 환경 변화를 소상하게 알려주기 때문이다. 산짐승과 새 등의 자취를 이제는 찾아볼 수 없으며, 그들의 서식지는 파괴됐다. 대신 그 자리는 경작지로 변했고, 자연스럽게 사람들의 인심도 변했다. 사람들이 도끼를 들고 나무를 남벌하는 것을 당연시했으며, 그 결과 민둥산이 사방에 등장했다. 이런 자연 경관의 변화야말로 환경 변화의 가장 극적인 형태를 표출하는 것이며, 바로 인간 삶의 소중한 부분을 앗아간 정황을 말해준다. 또 이러한 정황은 자연을 함부로 이용한 인간이 치렀던 당연한 대가이기도 하다.

---

43) 鄂西土家族苗族自治州民族事務委員會 編, 《鄂西少數民族史料輯錄》, 91~92쪽.

2　환경 악화와 산악 사회

(1) 산악 지역의 수자원

수자원 이용과 그 한계

 이미 앞에서 인구 증가와 산지 개발에 따른 농업과 상업 작물의 경작이 확대됐으며, 그것과 병행해 산악 지역에도 수리시설이 도입됐다는 사실을 말했다. 그렇다면 본래 수자원 이용이 활발하지 않았던 지역의 수자원 이용은 어떤 환경적 재앙을 초래했을까? 당시 산악 지역은 평야 지대 못지않게 정교한 수리시설을 갖추고, 경우에 따라서는 극단적인 방법으로 수자원을 이용했다. 이와 관련해 당시 산악 사회 주민들이 얼마나 억척스럽게 수자원 확보와 이용에 고심했는지를 언급할 것이다. 이어 수자원 이용 증가에 따른 물 부족 사태가 산악 사회를 얼마나 짓눌렀는지를 살펴보기로 하겠다.
 산악 사회 수자원을 가장 필요로 했던 곳은 역시 산지의 경작지였다. 따라서 경작을 위한 물의 확보는 매우 중요했는데, 아래 기양현의 상황은 당시 산악 지역의 수리시설이 평야 지대 못지않게 정교했다는 사실을 생생하게 보여준다. 건륭《기양현지》는 다음과 같이 기록했다.

기강祁江과 연강烟江은 현 북쪽에 있으며, 상수湘水 상류에 위치한다. 청강淸江과 백하白河는 현 동쪽에, 백수白水와 삼강三江은 현 남쪽에 위치하는 상수의 하류다. 그 발원지(의 수량은) 보잘것없지만, 그 물줄기는 마침내 배가 다닐 정도로 (증가한다). 물줄기가 매우 구불구불하게 흘러 그 형상이 마치 그림과도 같다. 물이 굽이쳐 소용돌이가 치는 곳마다 그 양안兩岸에 사는 사람들은 수세水勢에 따라 각기 편한 곳에 제방을 쌓고 통차筒車를 사용해 물을 끌어들여 수만 무에 이르는 경작지에 물을 댄다. 이것이 기양현 수리의 대체적인 상황이다.

기타 조그만 계곡에 흐르는 지류는 계곡에서 발원하는 것으로, 일일이 열거하기 어렵다. (그러나) 그러한 지류의 물을 모두 모으면 (관개에 이용하기) 충분하다. 다만 본래 수량이 많지 않아 근래에는 봄과 여름에는 물이 있지만, 가을과 겨울에는 마른다. 상수 한 줄기가 기양현을 돌아 흐르는데, 하안이 높고 물이 멀리 있어 배의 통행에만 이용할 수 있다. 가뭄이 발생하면 **용골차와 번차를 층층이 설치해서** 계곡물을 끌어들여 물을 댄다. 생각하건대 일반 백성에게 농전農田보다 더 중요한 것은 없다.

일찍이 마을 노인을 만나 자문을 통해 (기양현) 수로의 원류를 자세히 살펴본 적이 있다. (그 결과) 기양현은 쌀농사에 적합하며, 농업은 모두 수경水耕을 하는데, 그 물을 공급받는 방법에는 여러 종류가 있었다. 산간 세류細流의 물에 제방을 쌓아 만든 것은 언전堰田이라고 하며, 샘물에서 물을 끌어들이는 것은 정전井田이라 하고, 계곡 가운데 있는 것은 충전沖田이라 하며, 강가 일대에 통차를 설치해서 물을 끌어들이는 것은 **통차전**筒車田이라 하고,

연못에 물을 저장하여 이용하는 것은 당전塘田이라 한다. 이 가운데 당전이 가장 많으며, 그다음이 언전이고, 나머지 세 종류는 많지 않다.[44]

이 글에 따르면 당시 기양현 주민이 이용한 물은 주요 하천인 기강과 연강, 청강, 백하 등이었다. 또한 주민들은 주요 하천 외에, 위 인용문의 글쓴이마저도 그 형태가 너무 많아 모두 열거하기 어렵다고 언급한 산간 지류를 폭넓게 이용했다. 그러나 이 글의 전체 내용을 종합해보면, 기양현 산지 농민이 수리시설에서 주로 의지했던 물은 산간에서 흘러내리는 소량의 물이었다.

무엇보다 물의 이용 방법에 따른 경작지 명칭이 당시 산악 사회에 다양하게 등장한다는 사실은 매우 놀랄 만한 일이다. 이는 그만큼 수자원에 이용에 대한 관심이 개발 이전보다 훨씬 증폭됐다는 의미로 해석할 수 있다. 또 물이 있거나 물을 이용할 수 있는 지역에는 모두 경작지가 존재했다는 의미이기도 하다. 그리고 이러한 농전 확대로 물 수요가 급증했다는 사실도 알 수 있다. 따라서 앞의 인용문에 등장하는 다양한 종류의 경작지는 산에서 내려오는 물을 여러 가지 방법으로 이용했다는 증거이며, 이제 산악 지역도 평야 지역 못지않게 수자원의 효율적인 이용에 많은 관심을 가졌다는 사실을 알려준다.

산악 지역의 경작지 확대로 이처럼 농업용수의 조달이 매우 중요해졌기 때문에 당시 산악 지역 농민은 물을 끌어들이기 위한 다양한 방법을 동원했다. 널리 이용됐던 통차나 용골차 외에도, 물의 위치가 경작지보다 낮을 경우 목판을 이용해 물을 저장했다가 물을 대기도 했으며, 아예 두 산 사이에 연못을 만들고 샘에서 물을 끌어들여 관개하는 경우도 있었다.[45]

---

44) 乾隆《祁陽縣志》卷1,〈山川〉, 13쪽 上~下.

한편 물은 중국의 역사 시대를 이끈 중요한 동력원이었다는 점을 감안하면, 산악 사회에서도 이제 물을 동력으로 사용하는 사례가 빈번했다. 하천을 동력원으로 이용한 전형적인 경우는 앞서 언급한 수차였다. 그 외에 장강 중류 지역 중에서는, 특히 강서성에서 가장 적극적으로 수대水碓를 사용한 것처럼 보인다.[46] 수대란 주로 산악 지역에서 수력을 이용해 방아를 돌리던 기구를 말한다. 바퀴를 낮은 하천에 잠기게 하고 물의 낙차를 이용해 바퀴를 돌리고, 그 힘을 이용해서 옆에 동력 축을 달아 방아를 찧었다.[47] 그러나 수대의 설치로 많은 배가 파손되었고, 심지어 난파한 상인의 물건을 약탈하는 일도 발생했다. 청대의 한 관료는 그러한 정황을 다음과 같은 시로 남겼다.[48]

> 강서성의 여울은 흐름이 급하고 암초가 누워 있어
> 많은 상선商船이 조석朝夕으로 비바람을 근심하네.
> 날이 좋아 평온하게 순류를 타고 가도
> 노 젓기가 어려워 머뭇거리네.
>
> 하물며 안 보이는 수대를 강심江心에 설치하면
> 하거河渠가 막혀 재앙이 된다네.
> 하류河流를 막고 배가 뒤집히는 근원이며

---

45) 同治《溆浦縣志》卷4,〈水利〉, 10쪽 上.
46) 宋應星,《天工開物》(1988), 181쪽. 그는 강서성 광신부에서 사용되는 수대가 가장 정교하다고 말했다.
47) 同治《鉛山縣志》卷5,〈地理〉(風俗), 20쪽 上. "皆相水勢緩急高下之所宜. 輪中間貫以長軸, 軸上木齒參差. 溪水激流, 輪隨水轉轉, 則齒觸碓尾而碓起, 齒離碓尾而碓落, 條起條落, 總無停……."
48) 陶廷叔,〈觀音石晚眺〉, 同治《鉛山縣志》卷27,〈文徵〉(七古), 22쪽 下~23쪽 上.

쏟아져 내리는 돌들이 앙상하게 드러난다.

질풍노도가 닥쳐도
전류錢鏐[49]처럼 활을 당길 수 없는 것이 한이로다.
배 양쪽의 세 사람이 거친 물길을 항해해야 하니
깃털처럼 가볍게 생명을 던지는 격이로다.

열 척의 배 중 아홉 척이 침몰하니 가련하기만 한데
표류한 사람들은 어디에 닿을까?
　　　　　　……

　이 시를 쓴 관리는 정황을 다소 과장했는지도 모른다. 그러나 실제로 배 운항에 지장을 주는 곳에 설치된 수대를 철거했다는 기록을 보면, 하구진 일대 하천에 설치된 수대가 배의 통행을 방해했음은 분명하다. 하지만 수대를 설치한 이유는 역설적으로 쌀을 정미하기 위한 것이었다.
　수대에 관련된 이야기는 인간의 자연 이용이 매우 복합적이라는 사실을 말해준다. 즉, 수대를 작동시키기 위해 물을 동력으로 이용한 것은 딱히 자연에 피해를 주지 않았지만, 동일한 자연 자원이라도 달리 이용할 경우 인간의 행위가 서로 충돌할 수 있음을 보여준다. 물(수자원)은 동일하지만, 쌀을 찧는 농민의 물과 상인이나 여행객이 이용하는 물은 서로 성격이 달라서 자원 이용을 놓고 갈등이 나타날 수 있다는 사실을 말해준다. 현대의 환경운동과 보호 사이의 갈등도 동일한 연장선상에 있으며, 이는 자원이

---

[49] 당唐 말 오대五代 시기 임안臨安 출신. 황소黃巢의 난이 발생하자 거병해 공을 세웠으며, 양梁 태조로부터 오월왕吳越王에 봉해졌다. 활쏘기에 능했다고 전하며, 이 시에서는 거센 풍랑과 파도가 일 때 전류처럼 활을 쏴서 그것을 없앨 수 없음을 한탄한다는 의미로 사용됐다.

나 그 이용의 배후에 단순한 생태 조건의 문제를 넘어 한 사회의 생산 과정이나 인식의 문제가 끼어드는 이유이기도 하다.

그런데 강서성 수대의 예에서 알 수 있듯이, 산악 지역의 수자원 이용은 평야 지대와는 다른 한계가 있었다는 점을 상기할 필요가 있다. 우선 산악 지역의 수리시설은 평야 지대보다 그 관리가 쉽지 않았다. 물론 평야 지대의 수리시설 역시 건설과 파괴, 복구와 재再파괴 과정을 되풀이했다. 그러나 산악 지역의 수리시설과 그 기능은 산과 유기적으로 연결된 경우가 많았기 때문에, 그 유지와 보수가 평야 지대에 비해 훨씬 더 어려웠다. 강서성 연산현鉛山縣에 있었던 두 수리시설에 얽힌 이야기는 산악 지역의 수리시설이 지닌 문제점을 잘 보여준다.

먼저 연산현의 석당진공제石塘陳公堤에 대해 살펴보자.[50] 석당진공제는 길이 156장丈, 넓이 3장丈 5척尺, 높이 2장丈 규모로, 연산현 동남쪽 30리에 있는 석당진 상류에 위치한 제방이었다. 석당진에는 송대에 한때 둔전이 설치됐으며, 복건과 인접한 산간 지역으로 매우 궁벽窮僻했지만, 대나무와 물이 풍부해 제지업이 발달했다.[51] 또 온릉관溫陵關을 지나 복건의 숭안崇安으로 통하는 곳이라 사방에서 상인이 모여드는 한편, 밤낮으로 사람이 북적댔다. 한편 제지업에 종사하는 조호槽戶가 도박, 절도, 폭력을 자행해 질서가 크게 동요됐기 때문에, 순치 15년(1658) 이들을 단속했다. 이후 시기는 명확하지 않지만, 비슷한 종류의 금지 조치가 다시 내려진 것으로 미루어 조호가 치안을 교란하는 주범이었다는 것을 알 수 있다. 결국 석당진은 울창한 나무를 이용한 중요한 종이 생산지이자 이 일대의 중요한 상업 지역이었다.

---

50) 이하 석당진공제에 관한 내용은 同治《鉛山縣志》卷4,〈地理〉(水利), 3쪽 上~下에 근거했다.
51) 석당진에 대한 설명은 同治《鉛山縣志》卷2,〈地理〉(疆域), 13쪽 下~14쪽 上 참조.

그러나 이러한 산림 자원의 이용은 이곳의 수리시설을 위협했다. 더구나 사방이 산으로 둘러싸인 지형이라 봄에 물이 증가하면 물이 곧바로 흘러내려, 원문의 표현을 그대로 옮긴다면 그 상황이 '마치 만 마리의 말이 하늘에서 떨어지는 것'과 같았다. 그 결과 토사가 흘러내리고 일대가 온통 물에 잠겨 상인과 농민 모두 막대한 피해를 입었다. 당시 이 지역 지현은 비옥한 토지 1,000경이 모두 물에 잠겼고, 수백 리의 땅이 모두 황량하게 방기된 채 버려져 있었다고 언급했다. 이처럼 개발에 더해 산악 지형 탓에 발생하는 수해를 없애기 위해 지현은 마을의 유력자들과 합심해 제방 공사를 시행했다. 물론 석당진 관련 해당 사료는 그러한 환경을 성공적으로 극복했다는 사실을 담고 있지만, 산악 지역의 수리시설은 효율적으로 이용하기 어려웠다는 사실을 잘 보여주는 예이기도 하다.

역시 연산현에 있었던 화전피火田陂의 정황은 좀 더 극적이다. 익양현과의 경계에 있었던 이 지역의 수리시설은 수만 무를 관전할 수 있는 꽤 큰 규모의 저수시설이었다. 그러나 항상 가뭄에 시달렸기 때문에 이 지역에 화전피라는 이름이 붙었다는 지방지의 설명으로 미루어, 수리시설이 평야 지역에 있었던 것으로는 보이지 않는다.[52]

화전피는 본래부터 모래 등이 유입돼 자주 막혔기 때문에 일찍이 명대 성화 초엽 마을의 기로耆老 진선陳瑄이 그 옆에 600여 장丈 길이의 제방을 쌓고 버드나무를 심었다. 또 패구壩口에는 돌다리를 놓았으며, 다시 주변 토지를 매입해 도랑을 만들었다. 이 모든 조치는 물의 유입을 분산시켜 홍수가 발생할 경우 수리시설이 막히는 현상을 방지하기 위해서였다. 그리고 이 농업용수로 부근의 아홉 개 지역을 관개했다. 지방지의 설명을 믿

---

[52] 이하 화전피의 수리 문제에 대한 설명은 同治《鉛山縣志》卷4,〈地理〉(水利), 7쪽 上~下에 근거했다.

는다면, 이 수리시설은 이후 거의 400년 가까이 큰 문제없이 제 기능을 했다. 하지만 후반부에 물 분쟁을 다루면서 말하겠지만, 이후 화전피에서는 물 사용 문제로 갈등이 표출됐다.

산악 지역의 수자원 이용의 한계를 확인할 수 있는 또 다른 예는 당시 산지에서 널리 시행된 어업과 양어養魚 분야다. 앞서 언급한 것처럼 일부 산악 지역 관리들이 양어를 강조한 이유는 자원이 한정적인 산악 지역에서 경제활동의 다양화를 모색하기 위해서였다. 따라서 하천 유역 못지않게[53] 어업과 양어가 시행됐다. 예를 들어 호북성 이천현利川縣이나[54] 호남성 영수청은 대표적인 '산다전소山多田少' 지역인데, 오직 물에서 얻을 수 있는 이익은 바로 고기잡이였다. 영수청의 어업 상황을 이 지역 지방지는 다음과 같이 설명한다.[55]

매년 청명과 곡우가 이어지는 시기에 어부가 마을에 와 물고기를 팔고, 치어를 사서 논 가운데 방류한다. 8월에 벼를 수확한 후 놓아준 물고기를 잡는데, 4~5개월 사이에 물고기 한 마리의 무게가 반근에 이른다. 또 동네의 논 가운데 한지旱地에 속하는 땅으로 하천과 가까이 있지 않은 곳은 물이 불어날 때 논을 막으면 물고기가 도망가지 못한다. 이것이 영수청에서 논물을 이용해 물고기를 기르는 방법이다.

---

53) 장강 중류의 하천 유역에는 산악 지역의 붕민과 비슷한 교패茭䍡라고 불리는 사람들이 살았는데, 그들은 어업을 생업으로 삼았다. 또 일부 하천 지역은 어종魚種 세목세목이 상당히 높은 비중을 차지했다. 尹玲玲,《明淸長江中下游漁業經濟研究》, 55~56쪽 참조. 또 이 책에 따르면 명대 후기 이후 어과가 급격히 감소했으며, 하천과 호수 면적의 축소가 원인의 하나라고 설명한다. 尹玲玲,《明淸長江中下游漁業經濟研究》, 376~384쪽 참조.
54) 이천현의 대어천수大魚泉水나 용동龍洞의 요수坳水 등은 각각 도광 초년에 막혀버려 비가 많이 온 후 물이 불어야 비로소 고기잡이가 가능했을 뿐, 사실상 육지로 변모했다. 光緖《利川縣志》卷12,〈山水〉(2), 2쪽 下~5쪽 上.
55) 宣統《永綏廳志》卷6,〈水利〉, 6쪽 下.

이처럼 산간 지역에서는 물 공급이 부족할 경우 비가 많이 온 뒤 물을 막아 물고기를 기르거나, 아예 논에 물고기를 방류해 키워서 시장에 내다팔았다. 아마도 산간 지역 여기저기서 크고 작은 규모의 양어나 고기잡이가 분명 성행했을 것이다. 그런데 고기잡이가 어느 순간 사실상 불가능해진 정황을 확인할 수 있다. 다음은 청대 중·후기 호북성 이천현의 상황이다.

용동龍洞의 요수坳水는 현縣 서북쪽 용동이 발원지인데, 동서의 길이가 수 장丈에 이르며, 남북의 길이는 수십 장에 달한다. 맑은 샘이 마르지 않으며, 남쪽으로 흘러 현 서문西門을 지나 증가언曾家堰으로 들어간다. 또 남쪽으로 흘러 청강淸江으로 유입된다. 광서 19년(1893) 지현 황세숭黃世崇이 증가언 동쪽에 청강각淸江閣을 세우고 규성奎星[56]을 섬겼다. 마을 노인의 말에 따르면 옛날 용동에는 물고기가 많아서 도광 초년에는 사람들이 항상 작은 배를 타고 용동으로 들어가 고기를 잡았다. 이후 용동 입구가 막혀 사람들이 들어가지 못하게 됐다. 물이 불어날 때는 종종 용동에서 고기가 나왔다.[57]

이 글을 통해 주민들이 일상적으로 이용하던 어장이 파괴됐음을 알 수 있다. 그런데 이 글만 봐서는 어장 파괴가 수리시설 때문인지, 건물 건설 때문인지 불분명하다. 아니면 특별한 이유 없이 변하는 자연 현상 때문인지도 모른다.[58] 어쨌든 이 글은 전에는 사람이 살지 않았던 지역이 새로운

---

56) 북두칠성의 국자 부분에 있는 네 번째 별을 가리킨다.
57) 光緖《利川縣志》卷12,〈山水〉(2), 5쪽 上. 이천현 일대에서는 이처럼 '동洞'이란 명칭을 가진 물이 고인 골짜기들이 도광 연간을 전후로 막혀버렸다는 말이 자주 나온다. 이러한 현상은 분명 개발에 따른 토사 유입이 주요 원인이었을 것이다.
58) 실제로 정확한 원인은 밝히지 않았지만, 장강 중류 일대의 하천이 말라 어업을 할 수 없다는 기록은 지방지에 자주 나온다. 일례로 강서성 감주부贛州府 용남현龍南縣의 비담肥潭이란 곳에서는 뼈가 없는 대신 맛이 아주 좋은 비어肥魚라는 물고기가 잡혔다. 그러나 수원이 말라 더 이상 이 물

생활 근거지로 확실히 자리 잡아가던 정황을 묘사했다. 수리시설은 물론이고, 다양한 누각·시장·도로 등도 점차 확대됐다. 그런 여파가 분명 어업에도 영향을 미쳤을 것이다.

모든 상황을 종합해볼 때, 산악 지역의 수리시설 자체는 일반적으로 상당한 약점을 지니고 있었다.[59] 첫째, 산악 지역의 수리시설은 한정된 수량을 관개할 수밖에 없어 관개 면적이 그리 크지 않았다는 점을 들 수 있다.[60] 둘째, 수리시설만으로는 농사를 지을 수 없기 때문에 주변 땅을 고르는 정지 작업을 통해 평전平田을 만들어야 하는 2차 작업이 필수적이었다.[61] 셋째, 수리시설 구조가 매우 취약해서 홍수가 나면 아예 손을 쓸 수 없을 정도로 수리시설이 파괴됐다. 따라서 수리시설 복구에 비용이 많이 들어 아예 그곳을 포기하고 다른 곳에 수리시설을 만드는 일도 있었다.

이외에도 수리시설을 이용한 산간 지역의 농업은 특히 기후와 하천의 온도에 많은 영향을 받았다. 따라서 청대가 되면 산간 지역에도 다양한 벼 품종이 소개될 정도로 도작이 꽤 널리 행해졌지만, 산 기운이 차고 물 온도가 낮아 수확이 미미했다.[62] 당시 산악 지역의 농업 발달을 위한 여러

고기를 잡을 수 없게 됐다. 同治《贛州府志》卷7,〈輿地〉(水), 41쪽 上.
59) 이하 산간 지역의 수리시설이 갖는 약점에 대해서는 정철웅,〈清代 湖北省 西南部의 山地開發과 社會變化〉, 179~182쪽에 근거했다.
60) 따라서 경작지가 높이 있어 물을 댈 수 없을 때는 목판을 이용해 물을 모아 관개했으며, 산간 지역의 물이 적을 경우에는(溪壩積水不多) 제방 밑에 다시 조그마한 제방을 만들어(小壩) 상패에 물을 댔다. 이처럼 산간 지역의 수리시설은 건설·유지·보수뿐 아니라, 실제로 그것을 운용하기 위한 부수적인 노력도 따라야 했다. 이상의 내용에 대해서는 同治《漵浦縣志》卷4,〈水利〉, 19쪽 上 참조.
61) 이렇게 형성된 평전마저도 산사태 등으로 경작할 수 없는 상황이 발생했다. 그 때문에 산악 지역의 개간지는 세금을 내지 않는 액외전額外田이 될 가능성이 많았다. 따라서 호남성 검양현의 경우 이미 개간할 만한 토지가 더 이상 남아 있지 않아, 새로 개간한 토지의 등급을 낮춰서 세금을 징수하는 방법을 택했다. 雍正《黔陽縣志》卷5, 22쪽 上~下.
62) 同治《永順府志》卷10,〈物産〉, 13쪽 下. 한편 산간 지역의 물 온도가 매우 차가웠다는 증거는 수리 공사를 할 때 비교적 수온이 높이 올라가는 오전 9시부터 오후 2시(사오巳午) 사이에만 공사

제안 가운데 하나가 산간에서 흘러내리는 물의 온도를 높여야 한다는 지적이 있는 것을 보면, 이 지역 농법에서 물 온도는 상당히 중요했던 것처럼 보인다.[63]

결국 산간 지역 수리시설의 건설과 유지 그리고 이용에는 많은 노동력이 필요했으며, 평야 지대보다 자연 조건의 제약을 훨씬 많이 받았을 뿐 아니라 심지어 산간 계곡물의 낮은 온도까지 감안해야 하는 까다로운 전제가 필요했다. 이렇게 볼 때 산악 지역의 수리시설 증가로 경작 면적과 곡물 생산이 늘었다는 가설도 성립되지만,[64] 일종의 기간 시설인 산간 지역 수리시설의 효용성은 일반적으로 그리 높지 않았다. 이런 이유로 산간 지역의 수리시설은 오히려 자연 환경 변화에 훨씬 더 민감했으며, 수자원 이용을 사이에 둔 갈등 양상도 더 심각했다.

환경 악화와 물 분쟁

풍부하지 않은 수량이나 예기치 못한 산사태는 산지 수리시설이 공통적으로 안고 있던 문제였다. 결국 산지의 이러한 고유의 자연 조건은 산지 수리시설의 기본적인 취약점이었다. 그러나 지금까지 언급한 산지 개발에

를 진행했다는 기록으로도 짐작할 수 있다. 曾宗發, 〈修猛峒河渠〉, 同治《永順府志》卷11, 〈檄示〉, 37쪽 下에는 "平時山陰水冷, 今當冬令, 其寒更甚. 夫匠身立水中, 惟巳午二時, 可以施功……"이라고 기록돼 있다.

63) 毛峻德, 〈勸民告條〉, 鄂西土家族苗族自治州民族事務委員會 編,《鄂西少數民族史料輯錄》, 264쪽. 모준덕은 재를 이용하여 땅을 데우는 방법으로 산간에서 흘러내리는 물의 냉기를 없애야 한다고 했다.

64) 일례로 청대 운양 지역의 수리시설 현황을 자세히 언급한 최근 연구에 따르면, 동치 연간에 운현鄖縣 16개, 방현房縣 53개, 운서鄖西 25개, 죽산竹山 50개, 죽계竹溪 21개, 보강保康 22개의 당언塘堰이 있었다. 王肇磊, 〈淸代移民與鄂西北的水利問題―以十堰市爲例〉,《鄖陽師範高等專科學校學報》26卷, 5期(2006), 25쪽.

따른 환경 악화야말로 산지 수리시설의 운용을 매우 어렵게 만들었기 때문에, 산지 주민들은 이제 농업용수 확보를 위한 처절한 투쟁을 전개할 수밖에 없었다. 일단 농업용수를 확보하기 위한 갈등 양상의 한 예를 먼저 살펴보자. 앞서 언급한 강서성 연산현 화전피의 상황이다. 명明 성화 연간(1465~1487)에 만들어진 이 수리시설에 심각한 문제가 발생한 시기는 가경 14년(1809)이었다. 당시 상황을 동치《연산현지》는 다음과 같이 전한다.

> 가경 14년 진작陳爵이란 사람이 수로 위쪽의 수구水口를 다시 수리하고 갑문 두 개를 설치해 수세가 하류의 진씨陳氏 소유 수만 무의 논에 이르도록 만들었다. 수로 위에는 오씨吳氏와 황씨黃氏 등의 산전山田 100무가 있었는데, 이 논은 모두 모가당毛家塘의 물로 관개했다. (그들의 논에) 물이 모자랄 경우, 통차를 이용해 진작(이 만든) 수로의 물을 대부분 사용했다. 상류에서 수로의 물을 차단해 사용했기 때문에 지류가 막혀 하류에 있는 논은 피해를 입었다. (따라서) 싸움과 집단 소송이 발생했으며, 여러 사람이 원수지간이 됐다.

이 인용문은 산간 지역 개발로 상류 지역에도 농업용수 수요가 증가함에 따라 하류의 논이 피해를 입어 분쟁이 발생했음을 알려주는 내용이다. 그리고 실제 이 글은 분쟁이 아닌 생존을 위한 치열한 각축이라고 표현하는 게 적절하다. 이 싸움은 도광 4년(1824) 연산현 지현인 왕지도王之道가 독지가의 호의로 상류 주변의 땅을 싸게 매입해, 모가당 외 네 곳에 저수시설을 만든 다음에야 비로소 해결됐다. 이제 산간 지역 역시 농업용수 배분을 둘러싼 분쟁이 자주 발생했으며,[65] 결국 해당 저수시설에 속한 곳에

---

65) 산악 지역의 농업용수 분쟁은 청대에 이르러 꽤 보편적이었던 것처럼 보이며, 이 문제를 해결하기 위해 지방관은 다양한 방법을 동원해 적절하게 물을 분배하려고 했지만, 산악 지역도 관전의 증가로 물 수요가 증가했기 때문에 그들의 조치가 효력을 발휘하지는 못했다. 이 문제에 대해서는

서만 물을 이용할 수 있도록 했다. 다음의 언급은 그러한 정황을 잘 나타내준다.

> 유가천劉家圳의 물길을 끊어, 물 흐름을 차단하지 않도록 해야 한다. 모가당에서 물을 받아 관개하는 논은 당연히 모가당에서만 물을 받아야 하며, 자신의 이익만을 탐해 관개를 방해하는 사람이 있어서는 안 된다. 본래부터 모가당에서 물을 공급받지 않았던 사람은 새로 만든 인仁·수壽·년年·풍豊 각 당塘 옆에 통차를 설치하고 경계를 정해 골고루 물을 받을 수 있게 하고, (물 배분 때문에) 분쟁에 이르지 않도록 해야 한다.

이러한 정황으로 보건대, 평야 지대의 수리가 이른바 물의 '배수'와 '저수'를 중시했다면, 산악 지역은 적은 양의 물을 다수가 공평하게 이용하는 이른바 물의 '분배'가 매우 중요했다. 그러나 산악 지역 개발이 본격적으로 진행되기 이전에는 계곡물의 경제적 가치를 누구도 주목하지 않았던 점을 상기할 필요가 있다. 앞서 언급한 호남성 기양현의 예에서 확인할 수 있듯이, 산간 지역 주민들이 물 공급 형태에 따라 경작지를 다양하게 분류했던 이유는 이처럼 농업용수가 매우 부족했기 때문이다.

결국 산악 지대의 개발에 따른 수리시설의 광범위한 설치와 보급이 갈등과 분쟁을 촉발시켰던 셈이다. 따라서 대부분의 분쟁 원인은 원활하게 공급되지 않는 물을 자신의 경작지 쪽으로 끌어대려 했기 때문에 발생했다. 바로 앞의 두 번째 인용문은 그러한 상황을 방지하고 물을 공평하게 분배하기 위한 방법을 제시한 글이다. 그러나 자신의 경작지에 물을 대기

정철웅, 〈淸 中葉 陝西省 漢中府의 수리시설과 농업용수 분쟁―楊塡堰과 五門堰의 사례를 중심으로―〉참조.

3장 자연의 역습 443

위해 수로를 바꿀 경우 물길이 급해져 다른 사람의 수리시설이 파괴되기도 했던 정황이[66] 있었다는 점에서 산악 지역의 부족한 농업용수를 적절하게 배분하는 일은 생각처럼 쉽지 않았다.

산간 지역의 농업용수 분쟁은 이처럼 경작지의 증대가 가져온 농업용수의 수요 증가로 비롯됐지만, 경작지 확보를 위한 산지 개발로 빚어진 환경 악화야말로 산간 지역 수리시설이 직면했던 중요한 한계였다. 호북성 건시현과 특히 호남성 영주부의 사례는 그러한 사실을 잘 보여준다. 먼저 건시현의 상황을 살펴보기로 하자. 청대 건시현 고평진高坪鎭 망평촌望坪村에는 명대 가정 연간에 세워진 석주관石柱觀이 있으며, 그곳에는 광서 26년(1900)에 세워진 〈제공천갱비기堤工天坑碑記〉가 있다. 다음은 그 비문의 일부다.

> 망평은 사방이 모두 산으로 둘러싸였으며, 그 가운데는 마치 사발과 같은 형상이다. 기본적으로 (지형)이 수리에 불리하지만, 수백 년간 홍수 걱정은 없었다. (그 이유는) 개당패蓋塘壩 서쪽 산기슭에 우묵한 곳이 있어, 물이 많으면 많은 대로 사라지고 적으면 적은 대로 사라져버렸기 때문이다. 시간이 오래 지나 진흙과 모래가 쌓여 막히자, 마침내 하천과 하안河岸이 같아졌고 우묵한 곳 역시 반은 막혀버렸다. 옛날 정유년과 무술년 2년 사이에 수차례 매몰을 거듭한 후 거의 평지가 되었고, 그 때문에 큰 흉년이 들었다. 당시 이곳에는 풍심재馮心齋라는 부유한 신사紳士가 있었는데, 공평하고 정직할 뿐 아니라 (선행) 베풀기를 좋아했다. ……
>
> 마침내 우묵한 곳을 개착해 수세를 약화하고, 기세를 살펴 지형에 맞도록 (공사를 진행하기로 했으며), 사람에 따라 일을 분담하기로 의논했다. 그해

---

66) 同治《弋陽縣志》卷2,〈地理〉(水利), 20쪽 上.

겨울 초순 공사를 시작해 청림구青林溝의 골짜기 두 곳, 용구龍溝 한 곳, 백룡취白龍嘴 두 곳, 유가만劉家灣 두 곳, 하패下壩 한 곳을 준설했으며, 요만窯灣의 제방 한 곳을 수리했다. 이 공사는 모두 3개월 만에 끝났다. 그 결과 이듬해 큰비가 내렸으나 골짜기로 흘러간 물이 하천 연안으로 스며들어 가을에 곡식 수확이 1,000석이나 증가하게 되자, (그 일을) 칭송하는 말이 그치지 않았다.[67]

여기서 '우묵한 곳'은 원문에 '동洞'으로 표기돼 있다. 이것은 아마도 산기슭에 자리한 웅덩이 같은 곳을 지칭하는 것으로, 그 일대의 배수와 저수 기능을 동시에 했던 곳으로 짐작된다. 따라서 이 글에 나오는 '물이 많으면 많은 대로 사라지고 적으면 적은 대로 사라져버렸기 때문에 홍수 걱정은 없었다'는 언급은 그러한 상황을 말한다. 하지만 세월이 흐르면서 산위의 토사가 흘러들어 수리 체계가 무너졌다는 것을 알 수 있다. 이 비문은 토사가 흘러내린 구체적인 정황에 대해서는 침묵하고 있지만, 정황상 분명 과다한 산지 개발이 홍수를 유발했다고 보는 게 타당하다.

이 이야기는 그나마 수리시설 공사가 성공적으로 마무리된 것으로 끝을 맺었지만, 영주부의 다음 사례는 산악 지역의 수리시설이 환경 변화로 운신의 폭이 매우 좁았다는 사실을 여실히 드러낸다. 이 기양현의 상황은 지금까지 논의한 산지 개발에 따른 경작지 증가 → 농업용수의 증가 → 농업용수의 배분 문제 등장 → 갈등 표출이라는 일련의 도식을 종합적으로 보여주는 예다. 또 이러한 과정이 산악 사회의 환경 악화와 어떻게 중첩돼 있는지도 잘 보여준다.

---

67) 王曉寧, 《恩施自治州碑刻大觀》, 238쪽.

영주부는 산전山田이 70퍼센트며, 수전水田이 30퍼센트다. 산전은 때마다 내리는 강우에 의존하며, 수전은 하원河源이나 우물에 의존한다. 근래 강 부근의 경작지는 통차를 이용한다. 산에 폭우가 내리면 높이 있는 경작지는 무너져 내리지 않을까 두려워하고, 밑에 있는 경작지는 토사로 뒤덮이지 않을까 두려워한다. …… 북쪽에 잇닿아 있는 여러 마을의 산은 대부분 동산童山이며, 수량도 많지 않고 수심이 얕으며 수원도 풍부하지 않다. 그곳 주민은 앉아서 땅이 메마른 어려움을 겪고 있으며, 그런 이유로 동남 지역의 땅은 비싼 반면, 북쪽 지역의 땅은 싸다. 기양은 기강祁江, 연강烟江, 청강清江, 백하白河, 백수당白水塘 등을 이용하는데, 언堰이 매우 넓어서 본래 가뭄 걱정이 없었다. 근래 지나친 개간이 진행된 결과, 오히려 물 흐름이 막혀 물 분배가 부족해진 것을 염려하게 됐다.[68]

영주부는 산이 많지만, 이 지역 지방지의 설명에 따르면 관개용수가 부족하지 않았다. 그런데 지나친 개간으로 물 흐름이 막혔다는 말이 나오는데, 그것은 구체적으로 무엇을 의미할까? 이 지역 지방지에는 건륭 연간의 기록이라고 추측되는 〈기양송용수리지祁陽宋溶水利志〉가 딸려 있는데, 여기에 30~40년 전과 달리 수십 년 전부터 여러 차례 가뭄을 겪었다는 내용이 다시 등장한다. 아울러 이전에는 큰 가뭄이 들어도 평상시 수확의 60~70퍼센트는 거둬들일 수 있었지만, 예를 들어 건륭 16년(1751)과 25년(1760)에 비가 내리지 않은 기간이 한 달 남짓에 불과했는데도, 가뭄의 심각성을 느끼는 정도가 예전과는 판이하게 달랐다는 사실을 지적했다. 이어 〈기양송용수리지〉는 기양현의 가뭄이 심해진 이유를 다음과 같이 열거했다.[69]

---

68) 道光《永州府志》卷5(上),〈風俗〉, 12쪽 下.
69) 道光《永州府志》卷5(上),〈風俗〉, 13쪽 下~14쪽 上. 이것과 동일한 문장이 乾隆《祁陽縣志》

첫째, 전에는 황무지였던 지역이 근래 개간돼 논이 나날이 증가한 결과, 저수지의 물을 골고루 공급할 수 없게 됐다. 둘째, 이전에는 부유한 농부 한 명이 20~30무를 경작했으며, 따라서 한 사람이 물을 이용했기 때문에 골고루 물 공급이 이루어졌다. 그러나 지금은 형제와 일가친척 그리고 이웃들 모두가 한 저수지의 물을 나눠 쓰기 때문에(共塘分田), 사사로이 물을 방류한 (탓에) 물이 골고루 공급되지 않았으며, 저수지의 물이 쉽게 고갈됐다. 셋째, 계곡물의 수원은 산간 계곡에 있는데, 이전에는 산중에 수목이 울창하고 지상에는 낙엽이 쌓여 있어서 그 사이에 고여 있던 물이 점차 계곡으로 흘러들었다. 따라서 계곡물이 마르지 않았다. 그러나 지금은 산에 나무가 점점 사라져 낙엽이 쌓이지 않아 낙엽 사이에 고인 물이 계곡에 이르기까지는 수일이 걸려 계곡이 쉽게 말랐다. 이런 이유로 저수지에 물이 고이지 않아 논에 댈 물이 없는 상황이 됐다.

이 언급은 여러 측면에서 중요한 의미를 지닌다. 앞서 언급한 것처럼 이 지역은 시간이 지남에 따라 가뭄 횟수가 증가했을 뿐 아니라 그 상황도 한층 더 심각해졌다. 또 농업용수의 수요 증대라는 상황 외에도 산림 남벌로 산지에서 내려오는 수량이 현저하게 줄었다는 점을 주목할 필요가 있다. 따라서 이전 사람들 역시 울창한 산림이야말로 적절한 수량 유지에 꼭 필요했음을 충분히 인식하고 있었다. 이를 확대해서 말하면, 산과 하천의 환경적 연계성을 당시 사람들이 정확하게 이해했다고 할 수 있다.[70]

卷1,〈山川〉, 13쪽 上~15쪽 上에 기록돼 있다. 이하 내용은 요지를 간추린 것이다.
70) 이런 사실을 당시 관리 역시 명확하게 인식했던 것처럼 보인다. 장강 중류 지역의 수리 문제를 종합적으로 언급한 유명한 〈湖廣水利論〉에서 위원魏源 역시 귀주貴州, 양광兩廣, 사천四川, 섬서陝西 일대의 산악 지역 개발로 숲이 남벌돼 토사가 강으로 유입된다는 사실을 지적했다. 魏源《古微堂外集》卷6, 5쪽 下~6쪽 上 참조.

아울러 비교적 부유한 농민 한 사람이 넓은 면적을 경작했던 이전 시기에 비해 거의 모든 사람이 소규모 경작지를 개간해서 경작했다는 사실도 자연스럽게 추측할 수 있다. 이러한 정황은 당시 장강 중류 지역의 산간에서도 관개를 이용한 도전稻田이 폭넓게 분포돼 있었다는 직접적인 증거이기도 하다. 농업용수 문제를 해결하기 위해 당시 사람들은 어떤 방법을 택했을까? 다행히 〈기양송용수리지〉는 그 해결책을 열거했는데, 그것을 간추리면 다음과 같다.

첫째, 새로 개간해서 논을 만든 사람은 자신이 이용할 저수지를 새로 만들어 그 물을 이용해야 하며, 구당舊塘의 물은 구전舊田에만 물을 댈 수 있도록 해서 물 공급이 불가능해지는 사태를 막아야 한다. 이러한 상황은 이미 지적한 것처럼 신전新田의 등장으로 기존의 물 배급 방식에 혼란을 가져올 수 있는 여지를 사전에 차단하기 위한 포석이었을 것이다. 이러한 지적은 물 배급 시 구례舊例, 즉 이전의 물 분배 규칙을 준수하려고 했던 섬서성 한수漢水 지역의 경우와 매우 흡사하다.[71] 이처럼 이전 방식으로 물을 공급해야 한다는 주장은 그만큼 산간 지역에서 신전新田이 많이 증가해 새로운 배분 규칙을 정하기가 복잡했다는 의미이다.

산악 지역의 이러한 농업용수의 분배와 관련해서 호북성 운양부鄖陽府 운현鄖縣 견가언甄家堰의 예도 염두에 둘 필요가 있다. 물의 공평한 분배를 위해 이곳에서는 명대 이래 다양한 방법을 시행해왔지만 여전히 분쟁이 그치지 않았기 때문에, 결국 파종 면적에 따라 물을 분배하기로 했다. 즉, 1석石당 2분分을 급수했는데, 이 지역의 비문에 따르면 상언上堰은 71석石 6두斗, 중언中堰은 42석 2두, 하언下堰은 36석 5두를 기준으로 물을 분배했

---

71) 張建民, 〈碑石所見淸代後期陝南地區的水利問題與自然災害〉, 《淸史硏究》2期(2001)와 정철웅, 〈淸 中葉 陝西省 漢中府의 수리시설과 농업용수 분쟁―楊塡堰과 五門堰의 사례를 중심으로―〉, 166~167쪽 참조.

다.⁷²⁾ 그러나 이러한 규칙의 실질적인 운용 여부는 제쳐두고라도, 이러한 정황들은 산악 지역의 수리시설 증가나 발달을 바로 생산력 증대와 연결하기 어렵다는 사실을 보여준다.

둘째, 이전부터 조도早稻를 심었던 지역은 그대로 조도를 심어야 하며, 만도晚稻를 심지 못하도록 했다. 이것은 만도를 심을 경우 물을 필요로 하는 시기가 연장되기 때문이었다. 대체로 농산물 품종에 관한 기존의 연구는 특정 지역의 경제 상황이나 상품성, 토질 등에 초점을 맞췄다. 예를 들어 강남 지역의 벼농사는 당시 시장의 상품화 경향에 맞춰 빨리 익고 빨리 수확되며 많은 양을 거둬들일 수 있는 품종에 주력했다.⁷³⁾ 한편 기후나 토양에 맞는 품종이어야 했는데, 말하자면 수전과 한전에서는 메벼를, 양전良田에서는 찰벼를 재배하는 식이었다.⁷⁴⁾ 그러나 위의 상황은 환경 변화에 대응하기 위한 품종의 선택이었다.⁷⁵⁾

셋째, 공당분전共塘分田을 하는 사람들, 즉 한 저수지의 물을 여러 논이 공동으로 사용할 때는 그 물을 사용하는 사람의 신분이나 친척 관계에 상관없이 책임자 한 사람을 뽑아 방수放水를 전담하도록 해야 한다. 책임자는 아무나 마음대로 물을 사용하지 못하게 하고, 모든 논에 물이 골고루 공급되게 하며, 저수지가 마르는 일이 없도록 신경 써야 했다. 이는 평야 지대의 수리 책임자인 당장塘長 등과 동일한 역할이며, 이것이야말로 물 부족으로 등장한 산악 지역의 수리 조직이라고 볼 수 있다.

---

72) 同治《鄖陽志》卷1(下),〈山川〉, 10쪽 下.
73) 川勝守,《明淸江南農業經濟史硏究》(東京 : 東京大出版會, 1992), 97쪽.
74) 강판권,《청대 강남의 농업 경제》(혜안, 2004), 104~105쪽.
75) 이러한 상황은 평야 지대에서도 등장하는데, 최근 연구에 따르면 강한평원에서 면화를 심은 이유는 시장 생산이 아닌 환경 변화에 대응하기 위해서였다. Jiayan Zhang, "Environment, Market and Peasant Choice : The Ecological Relationships in the Jianghan Plain in the Qing and the Republic", *Modern China*, vol. 32, no. 1(2006) 참조.

그 밖에도 언수堰水를 이용하는 논은 반드시 주변에 저수지(당塘)[76]를 만들어야 한다고 강조했다. 즉, 10무의 논을 경작할 경우 반드시 1무 정도의 저수지를 파서 가뭄이 들어도 이른바 폐전廢田이 되는 상황을 막아야 했다. 마지막으로 산에서 나무를 베지 못하도록 해 이전처럼 땅에 낙엽이 쌓여야만 계곡물이 마르지 않는다는 점을 역설했다.

이 일련의 이야기는 명·청 시대에 산악 지역을 개발할 때 맞닥뜨린 여러 가지 문제를 잘 보여준다. 첫째, 개발 이후 산악 지역에도 생산력을 보장하기 위한 정교한 조직 체계가 등장했다. 본격적인 개발이 행해지기 전에는 존재하지 않았던 물 배급 책임자의 선정이 그러한 예에 속한다.

둘째, 산악 지역의 환경 악화로 품종 선택의 폭이 좁아졌다. 이는 수리시설 확대와 수자원을 폭넓게 이용하게 됐다는 사실을 염두에 두면 상당히 역설적이다. 평야 지대의 수리시설이 잦은 수해로 제 기능을 하지 못했고, 막대한 유지비가 들었던 상황과 동일하게 산악 지역의 적극적인 자원 이용이 거꾸로 생산력 발달을 저해하는 상황으로 이어졌던 것이다.

셋째, 산악 지역에서도 남벌 → 수전 개발 → 물 수요 증대 → 폐전이라는 일종의 악순환이 전개됐다.[77] 악순환을 차단하기 위한 유일한 방법은 개발을 억제하여 나무를 보존하는 것이었지만, 적어도 청대 중엽 이후 그러한 조치는 사실상 불가능했다. 결론적으로 호남성 기양현의 예는 환경 변화의 순환성과 그에 따른 생산력 발달의 한계를 잘 보여준 셈이다.

---

76) 언堰은 보통 제방을 의미하며, 당塘은 저수지를 말한다. 여기서 언전堰田은 비교적 대규모로 물을 저장했다가 여러 곳으로 분배하는 곳에서 물을 공급받는 논을 의미한다.
77) 이러한 예는 이미 호남성 검양현의 경우를 들어 설명했다. 同治《黔陽縣志》卷18,〈戶書〉(5), 10쪽 下 참조. 남전藍靛은 단지 경작 지역을 축소했을 뿐 아니라, 비가 오면 산지 토사土砂 유출의 원인이 됐다. 일부 증거에 따르면 심지어 동나무 재배도 그런 현상을 초래했다. 이 점에 대해서는 同治《上饒縣志》卷10,〈土産〉, 18쪽 下 참조.

자원 고갈의 악순환

지금까지 언급한 산악 지역의 수자원 고갈에 따른 압박을 통해 당시 산악 사회가 환경 악화의 동시성이라는 문제에 직면해 있었음을 확인할 수 있다. 다시 말해 식량이나 상업 작물 재배를 위한 경작지 확보와 숲의 남벌, 이에 따른 물 부족 사태의 등장, 수자원 배분을 사이에 둔 산지 사회의 갈등 표출, 갈등 조정을 위한 사회 조직의 등장은 사실상 모두 동시다발적으로 발생한 사태다. 이러한 상황은 자연이라는 실체가 인간 사회에 던진 거대한 압박이었다.

이러한 압박은 단지 수자원 이용에 국한되지 않았다. 이제 산지 사회는 홍수나 특히 가뭄이 일상화된 사회가 됐다.[78] 특히 강서성 광신부廣信府의 다음 이야기는 산지의 자연 자원 감소로 당시 사람들이 겪은 자원 압박을 말해주는데, 그러한 상황이 단지 광신부 한 곳에서만 발생하지는 않았다는 사실도 아울러 염두에 둘 필요가 있다.

> 광신부는 민둥산이 많아 산에서 나무를 채취하기가 매우 어렵다. (따라서) 음식을 만드는 데 (필요한 연료는) 석탄에 의지하는데, 상요현上饒縣의 응가구應家口와 연산현鉛山縣의 호방湖坊에서 석탄 생산이 매우 많다. 그러나 그것을 이용하는 사람이 많아지자, 석탄 또한 점차 고갈됐다. 목탄木炭은 귀계현貴溪縣에서 많이 생산되어 하구진에 집결돼 팔린다.[79]

---

78) 道光《永州府志》卷5(上),〈風俗〉, 12쪽 下. "祁陽利祁江煙江清江白河白水, 塘堰甚廣, 本無旱憂, 近以墾闢過多, 反致壅塞, 有分潤不足之慮."
79) 同治《廣信府志》卷1~2,〈地理〉(物産), 97쪽 上.

이 글은 개발로 이미 산에 나무가 고갈된 이후의 상황을 전하고 있다. 따라서 땔감 부족 사태가 발생하자 연료를 석탄으로 전환했지만, 다시 석탄마저 고갈되는 상황에 직면하게 됐다. 좀 더 흥미로운 부분은 광신부 일대에서 다시 목탄을 찾아 나섰다는 사실이다. 자연 자원 고갈이 또 다른 자연 자원의 고갈을 가져왔으며, 그러한 현상이 일정 지역 내에서 순환적으로 발생했다는 점을 알 수 있다.

이런 상황에서 산간 지역 주민들의 선택 폭은 그리 넓지 않았다. 가능한 한 폭넓게 부존자원을 이용할 수밖에 없었다. 다음의 간단한 예는 산지 주민들의 자원 이용 폭이 이전보다 훨씬 넓어졌다는 사실을 보여준다.

> 진계현은 산이 많고 전田이 적어 생계가 어렵다. 농민은 전을 경작해 곡식을 생산하며, 그 외에 산이나 지地에 교맥, 고량, 콩, 옥수수 등의 잡량과 면, 마, □, 동, 차, 소나무, 버드나무 등과 같은 나무를 심어 생활한다.[80]

위 사료가 중요한 이유는 당시 산지 주민이 전田, 지地, 산山의 세 종류 토지를 모두 이용해 생활을 영위했다는 사실을 알려주기 때문이다. 즉, 산악지역 전체를 가능한 폭넓게 이용했다는 의미로 해석할 수 있다. 이것은 결국 자원 이용의 범위나 강도가 더 강화됐음을 의미하며, 그런 이유로 산지의 환경 악화가 가속화되고, 사회의 변화 속도 역시 한층 더 빨라졌다. 또 자원의 총체적인 이용 행태가 자리 잡게 되자, 앞서 수대 사용의 예에서 알 수 있는 것처럼, 자원 이용 방법 간에 충돌이 발생하기도 했다. 동력원의 하천과 교통수단의 하천 이용은 그 성격이 달랐기 때문에 자연 자원의 이용이 역설적으로 제한되는 결과를 불러왔다.

---

80) 道光《辰溪縣志》卷16, 〈風俗〉, 3쪽 下.

지금까지 논의한 양상, 즉 수자원이나 자연 자원 부족으로 빚어진 자원 압박 양상은 환경적 측면에서 산악 지역의 나무와 물이 모두 동일한 운명에 처해 있었다는 점을 말한다. 나무를 가능한 한 다양한 방법으로 벌목해 목재를 생산했던 정황에 대해서는 이미 언급한 바 있다. 다른 한편으로 물 한 방울이라도 모아 농업용수로 이용하려 했던 개발 양상도 분명 남벌과 동일한 성격을 지녔다. 여러 개의 관을 이용해 산지 아래쪽 하류에서는 물을 빨아들이고 상류에서는 물을 쏟아내는(下吸而上瀉) 요차撩車나, 깊은 우물을 파서 물을 다른 곳으로 이동시키는 데 동원된 우차牛車 등이[81] 그런 정황을 잘 말해준다. 따라서 하천 유역에서는 물을 남김없이 끌어다 썼으며, 산악 지역에서는 계곡물이 흐르는 곳마다 경작자가 물을 보배처럼 여겨 분쟁이 잦았다.[82]

이런 현상의 배후에는 산간 지역 개발이라는 거대한 추동력이 존재하며, 그 추동력이 산악 지역의 환경을 총체적으로 바꿔놓는 주요 원인이었다. 특히 수자원 부족, 수자원 관리를 위한 여러 대책과 갈등, 순환구조를 가진 자원 압박의 양상으로 보면, 산악 지역의 개발과 발전이 반드시 생산력 증가나 경제 수준의 향상으로 직결된 것은 아니었다. 더구나 산악 지역에서 새롭게 등장한 경제활동과 식량 생산 위주의 전통 농업이 서로 충돌했지만, 산지 개발이 진행된 이후 양자의 충돌을 해결하기란 쉽지 않았다. 따라서 일부 선진 지역처럼 분업이나 전업화가 진전되지 못했다. 한마디로 명·청 시대 산악 지역에는 개발이 새로운 개발을 저해하는 양상이 등장했는데, 그러한 제한은 단지 생산력 측면에만 국한되지 않았다. 다음에

---

81) 이외에도 호수법戽水法이나 수대법水碓法 등이 사용됐다. 이에 대한 자세한 설명은 道光《辰溪縣志》卷8,〈水利〉, 5쪽 上~下 참조.
82) 同治《玉山縣志》卷1(上),〈地理〉, 49쪽 上~下에는 "一谿一澗, 皆田家所珍而鬪訟"이라 적혀 있다.

설명할 여러 증거는 자연의 이용과 변화가 산지 주민의 생활에도 매우 깊숙한 영향을 끼쳤다는 사실을 전해준다.

(2) 환경 악화와 산악 지역의 삶

산지의 자연환경 악화로 산악 주민이 겪은 중요한 영향 가운데 하나는 바로 기후 변화였다. 개발 이전과 이후를 명확히 구분해서 기후 변화의 실상을 설명하는 사료는 그리 많지 않은데, 그런 점에서 호남성 건주청乾州廳의 자료는 매우 흥미롭다.[83]

건주 지역의 기후는 다양하다. 대략 진계소鎭溪所 이남의 기후는 항상 (계절이) 빨리 찾아오고, 진계소 이동·이서·이북의 기후는 계절이 항상 늦게 찾아온다. 봄에 큰비가 많이 내리다가 바로 한여름에 접어드는데, 한여름이 되면 엄청난 더위(염열炎熱)로 고초를 겪는다. 가을이 되면 다시 (더위가) 더욱 심해지며, 종종 6~7월에 가뭄이 많이 발생하고, 8~9월에 다시 많은 비가 내린다. 겨울에는 항상 습하지만 따뜻해 큰 눈이 내리거나 삭풍이 크게 불지 않아 솜옷을 입는 것으로 충분하며, 꼭 가죽 옷을 입을 필요가 없다. 그러므로 비가 많이 오고 눈이 적게 내리며 겨울에 천둥 치는 것이 하나도 이상하지 않다.

이어 건주청의 지방지는 청 중엽 이후의 기후 변화를 다시 이렇게 기록했다.

---

[83] 이하 건주청 기후에 관한 인용문은 光緖《乾州廳志》卷5,〈風俗〉, 10쪽 上~11쪽 上에 근거했다.

살펴보건대, 묘족의 반란이 평정된 후 기후가 약간 달라졌다. 이곳은 전에는 사방의 산에 수목이 울창했기 때문에 산속에는 안개와 장기瘴氣가 매우 심했다. 최근 남벌로 나무가 하나도 남지 않아 하늘이 바로 드러나 보이고, 들이 개간된 (탓에) 기후가 매우 더워져 사람을 압박하며, 여름이 와도 비가 항상 적게 내리게 됐다. 해마다 가뭄이 들어 탄식과 걱정을 하며, 모기와 진드기가 많아져 사람을 무니, (기후 변화가) 현재와 옛날이 매우 심하다.

적어도 장강 중류 지역 자료 중 예외적인 상황을 보여주는 이 자료는[84] 산림 남벌로 한 지역의 기후가 어떻게 변했는지를 생생하게 알려준다. 앞의 인용문에 따르면 이 지역은 본래 비가 많이 내렸지만, 이후 비가 적게 내려 가뭄이 해마다 발생했다. 아울러 기온 상승으로 증가한 해충이 많은 사람을 괴롭혔다. 또 기후 변화 이전에도 서늘한 지역은 아니었지만, 기후가 변한 이후 건주청은 심각한 더위에 시달린 것처럼 보인다.

환경 변화로 기후가 변했다는 증거는 앞서 인용한 기양현에서도 찾아볼 수 있다. 건륭《기양현지》에는 다음과 같이 기록돼 있다.

30~40년 전에는 가뭄을 크게 걱정하지 않았다. 초여름 무렵 한 달 남짓 비가 오지 않아도 연못과 저수지의 물로 (충분히) 관개할 수 있었다. 비

---

84) 예를 들어 현재 기후 온난화의 주요 원인 중 하나로 산업화에 따른 탄소배출량을 들지만, 기존의 기후 연구는 대체로 기후 변화에 따른 인간의 생활이나 경작물 생산의 변화를 추적하는 것이었다. 예를 들어 명·청 시대의 기후 문제에 관한 매우 의미 있는 연구를 지속적으로 발표하는 김문기는 그의 연구〈17세기 江南의 小氷期 氣候〉,《明淸史硏究》27집(2007), 251쪽에서 소빙기의 한랭한 기후 탓에 감귤이 동사했으며,〈氣候, 바다, 漁業紛爭〉,《中國史硏究》63집(2009)에서는 기후가 따뜻해져 중국 연해에서 청어가 사라지자 중국 어선이 조선으로 몰려왔다고 주장했다. 하지만 거꾸로 환경 변화로 특정 지역의 기후가 변했다는 자료나 그에 대한 연구는 그리 많지 않다는 점에서 단편적인 이 자료의 중요성이 매우 크다고 할 수 있다.

록 큰 가뭄이 들어도 가을 추수를 보통 (평년의) 60~70퍼센트는 거둬들였다. 근래 수십 년 사이 마을은 여러 차례 가뭄 피해를 겪었다. 건륭 신미년(1751)과 경진년(1760) 두 해의 (가뭄이) 더욱 심했다. 그러나 비가 오지 않은 일수가 여전히 한 달 정도밖에 안 됐기 때문에 과거에 비해 상황이 확연히 달라졌음을 알 수 있다.[85]

글쓴이는 이러한 병폐의 원인도 기양현의 물 부족 원인과 동일하다고 지적했다. 이 글이 실린 기양현 지방지의 편찬 연대는 1765년이다. 그리고 이 인용문에서 언급했듯이 개발로 산림이 남벌되고 기후가 변하기 시작한 시기가 30~40년 전부터라고 가정하면, 채 반세기가 안 돼 한 지역이 기후 변화와 그에 따른 수자원 부족으로 고통을 겪었다는 사실을 알 수 있다.[86] 이어서 글쓴이는 이러한 병폐를 막기 위한 최상의 방법은 개간을 억제해 신전新田 형성을 차단하는 것이라고 강력하게 주장했다. 이는 자연의 반격에 대응하는 방법이란 결국 개발 제한이라는 사실을 암시한다.

한편 인간의 삶이 산악 지역으로 확대돼, 이전에는 쉽게 찾아볼 수 없었던 새로운 상황이나 예상치 못한 사고도 자연스럽게 발생했는데, 이는 인간의 개발에 대해 자연이 내린 또 다른 종류의 징벌이라고 할 수 있다. 호북성 귀주에는 쇄주산鎖柱山이란 험준한 산이 있었는데, 산 정상의 매우 좁은 공간에 경작지가 있었다. 전에는 당연히 사람이 다니지 않았던 이런 지역에까지 경작지가 형성됐기 때문에 사람이 왕래할 수밖에 없었는데, 봄이나 여름에는 지반이 약해져 종종 바위가 굴러 떨어지는 사고가 발생했

---

85) 乾隆《祁陽縣志》卷1,〈山川〉, 14쪽 上.
86) 실제로 다시 同治《永州府志》卷1,〈風俗志〉, 7쪽 上에 따르면 기양현과 마찬가지로 영주부 관할에 있었던 영릉零陵 지역도 기후가 크게 변해 이전보다 건조해지고 기온이 올라 겨울과 봄의 기온 차이가 없어졌다는 말이 나온다.

다. 이러한 낙석으로 사람이 다치거나 심지어 절벽 밑을 통과하는 배까지 손상되는 일이 잦았다.[87]

이 문제를 해결하기 위해 도광 23년(1843) 마을 사람 팽응주彭應周와 주대순朱大順 등이 경작지가 있는 산 정상부 주변의 산을 매입하고 그 지역을 공산公山으로 만들어 영원히 경작할 수 없게 했다. 이 이야기는 산악 지역 이용의 또 다른 측면, 즉 자연 자체의 훼손뿐 아니라, 개발로 훼손된 자연이 인간의 생명을 직접 위협하는 사례다. 분명한 사실은 이제 산악 지역 사람들은 과거 평야 지역에서 발생했던 가뭄이나 질병 또는 기타 자연재해로 빚어진 생명의 위협과는 다른 종류의 위협에 직면하게 됐다는 점이다.

또 다른 종류의 위협은 바로 산악 지역의 익사 사고였다. 산악 지역의 익사 사고 역시 전에는 사람들이 가지 않던 지역을 오가는 사람이 증가하면서부터 발생했다. 산악 지역에는 이른바 '탄灘'이라고 하는 급류 계곡이 다수 있는데, 사람의 왕래가 빈번해지자 자연스럽게 사고도 많이 발생했다. 역시 호북성 귀주에 있었던 질탄叱灘이 바로 그런 곳 중 하나였다. 매우 험준한 지역이었지만, 그곳은 호북성과 사천성을 잇는 중요한 교통로였기 때문에 사람이 많이 오갔다. 하지만 소용돌이치는 물속에 일단 들어가면 열 명 중 한 명도 살아 돌아오기 어려웠다.[88] 이처럼 사고가 빈발하는 지역에는 대체로 사당을 지어 무사고를 비는 한편, 망자의 넋을 위로했다.

호북성 질탄은 산악 지역이 본격적으로 개발되기 이전에는 단지 험준한 곳이었다. 그러나 이제 질탄은 반드시 지나가야 하는 길목이 됐다. 인간의

---

87) 沈雲駿, 〈禁開山壞船記〉, 光緒《歸州志》卷3, 〈賦役〉, 29쪽 上. 따라서 어떤 측면에서 본다면, 평야 지대의 홍수보다 산악 지역의 홍수가 훨씬 더 참혹할 수 있다. 일례로 옹정 9년(1731) 상요현의 수해 참상을 시로 읊은 모풍毛豊의 언급에 따르면, 시신이 부패하고 백골이 뒤엉켜 나뒹굴었다. 이러한 정황이 발생한 이유는 산 위에서 내려온 바위나 나무 때문이었다. 毛豊, 〈水災歌〉, 同治《上饒縣志》卷23, 〈藝文〉, 45쪽 下~46쪽 上 참조.

88) 王景陽, 〈重建叱灘顯濟候廟記〉, 光緒《歸州志》卷9, 〈藝文〉(上), 45쪽 上.

처지에서 본다면 질탄은 새로운 이용 대상이었지만, 질탄이라는 자연의 눈으로 본다면 분명 그것은 침범이자 정복이었다. 이 경우 질탄의 대응이란 바로 인간을 죽음으로 몰아넣는 것이었다고 한다면 과장일까?

결국 기후 변화나 사고 발생 빈도의 증가 같은 사례는 사람들이 산악 지역을 적극적으로 이용하면서부터 예전에는 생각지도 못했던 다양한 상황이었다는 사실을 말해준다. 수자원 이용의 증가로 인한 물 부족과 그에 따른 갈등, 전에는 없었던 사고 발생 등이 그것이었다. 산지 주민들은 새로운 규칙과 산지에 적당한 경작물을 선택함으로써 그러한 상황을 극복하려고 했지만 결코 쉬운 일이 아니었다. 인간이 산을 이용하는 한, 산이 겪은 환경 변화의 결과에서 인간은 벗어날 수 없기 때문이다.

(3) 건강에 대한 위협

물의 존재와 효용은 단지 농업 생산을 위한 관개나 어업을 위한 전제만이 아니다. 인간 생활에 꼭 필요한 식수를 공급하는 원천이기도 하다. 따라서 중국의 역대 정부는 수질 관리에 특별한 관심을 기울였다. 따라서 이미 주대周代부터 도시를 건설할 때는 반드시 우물이 필요하며, 도시의 구조는 바꿀 수 있어도 우물은 바꾸지 말아야 한다는 지적이 나온다.[89] 기존 연구에 따르면 인구 증가로 인한 식수 부족, 물 부족 때문에 산간 주민들 간에 일어난 투쟁, 부적합한 식수로 인한 질병 발생 등이 두루 확인된다.[90]

---

[89] 李丙寅·朱紅·楊建軍,《中國古代環境保護》, 37쪽. 이런 정황은 서양에서도 마찬가지다. 로마인도 깨끗한 식수 확보를 위해 많은 노력을 기울였으며, 중세에도 도시의 수질 보호를 위한 다양한 조치가 시행됐다. 이 점에 대해서는 조지 로젠,《보건과 문명》, 이종찬·김관옥 옮김(몸과마음, 2009), 19~23·37~39쪽 참조.

이처럼 당시 산악 지역에서는 개발 지역의 확대와 인구 증가로 식수 문제가 매우 중요한 문제로 등장했다. 먼저 호북성 귀주歸州 지역에 등장하는 예는 당시 산악 지역의 식수 문제가 얼마나 심각했는지를 잘 보여준다. 이 지역 지방지에 따르면, 비가 온 후 산사태가 발생하면 식수를 구하기가 어려웠다. 따라서 시장에 나가 물을 사먹는 사람이 많았는데 가격이 지게당 잡곡 한 말이나 한 되에 달했다. 글쓴이는 사람들이 몰려들고 주택이 증가함에 따라 항상 식수 때문에 고통을 겪는다고 언급했다.[91]

따라서 깨끗한 샘물이 아닌 하천 물을 그대로 마시는 경우도 있었다. 이것은 산악 지역의 심각한 위생문제가 됐는데, 다음 운양부의 정황은 산악 지역 식수 문제의 심각성을 잘 전해준다.

> 근래 옛날에 있었던 우물은 대부분 막혀버려 그 이름만 남았다. …… 운양은 양양과 한수 유역의 만산 가운데 있는데, 옛날부터 우물이 없어 백성은 오직 강물에 의존한다. 그러나 강물은 마을에서 1리나 떨어져 있으며, 남녀가 물을 긷기 위해 오가는 일이 몹시 힘들 뿐 아니라, 많은 사람이 (강물을 마시고) 영질癭疾[92]에 걸리니 백성의 깊은 근심거리다. …… 또 삼성三省(호북성, 사천성, 섬서성) 무치撫治(순무의 주재지), 행대行臺(지방관의 관청과 거주지), 총진總鎭(총병總兵[93]을 말함)이 있어, 삼성의 관료가 왕래하며 사방의 객

---

90) 각각 정철웅, 〈淸代 湖北省 西北部 地域의 經濟開發과 環境〉, 125쪽과 김현선, 〈명·청 시대 장강 중류 지역의 질병—호북성을 중심으로—〉, 명지대학교 대학원 석사학위 논문(2011), 45~46쪽 참조.
91) 李炘, 〈水秭歸石棖引泉記〉, 光緖《歸州志》卷15, 〈藝文〉, 18쪽 下. 이 글은 가경 21년(1816)에 쓴 것이며, 글쓴이는 당시 지주知州였다.
92) 식수에 부적당한 물을 마실 때 생기는 대표적인 수인성 질환으로 체내에 일종의 혹이 생기는 병이지만, 구체적인 증상에 대해서는 알지 못한다.
93) 명대에는 총병관總兵官으로 불렸으며, 품계는 없었다. 처음에는 특별한 일이 발생했을 때만 파견했지만, 이후 항상적인 지위로 바뀌었다. 그러나 청대에 총병은 녹영병綠營兵을 관할하는 정2품

상이 몰려들어 그 수치가 옛날에 비해 배로 늘어났다. 먹는 사람이 많아지고 식수 수요가 증가했지만, 우물물로는 식수를 충당하기가 부족하다. 또 우물은 관청 안에 있고 강은 성 밖에 있기 때문에 수문守門 보초들이 아침과 저녁으로 때에 맞춰 성문을 열고 닫으니, 군과 일반인이 함부로 출입할 수 없다. 종종 먹을 물이 부족해서 동전 3~4문文을 사용해야 1~2곡斛의 물을 살 수 있다. 심지어 식수 문제로 싸움을 벌이는 자도 있으니, 지금의 근심거리는 강을 오가는 수고뿐 아니라, 역질에 걸릴 수 있다는 것이다.[94]

이 글은 산악 지역의 환경 변화도 동시에 알려준다. 산악 지역에 사람이 증가함에 따라 관리도, 상인도 덩달아 증가했음을 충분히 짐작할 수 있다. 식수 수요도 자연스럽게 증가했다. 어떤 경우 식수 부족은 사람의 생명을 위협했다. 인구 증가에 따른 식량 수요는 경작지 확대를 통해 대처할 수 있었지만, 자연에서 식수를 얻어야 하는 당시로서는 급작스러운 식수 수요의 증대를 효과적으로 해결하기 어려웠다. 일반적으로 자연환경이 좋다고 생각되는 산악 지역에서 식수가 이처럼 부족했다는 사실은, 인간이 자연을 이용하는 방법에 따라 치명적인 결과를 가져올 수 있다는 점을 잘 보여준다.

이처럼 개발에 따른 인구 증가로 발생한 식수 문제를 해결하기 위한 가장 적극적인 방법은 우물을 파는 것이었다. 다음은 호남성 서부에 위치한 봉황청鳳凰廳의 식수 문제를 언급한 내용이다.

> 봉황청의 9가街 4항港은 군민軍民이 두루 거주하고 있는데, 식수는 모두 하천에서 공급받으며 (식수로 사용할 수 있는) 우물이 없다. 서쪽 지역의

벼슬로, 녹영병의 최고 조직인 '표標'를 관할했으며, 각 성省에 2~7인씩 있었다.
94) 〈撫治沈暉十井記〉, 同治《鄖陽府志》卷1(下), 〈山川〉, 9쪽 上.

연화지蓮花池와 성성城 남쪽에 소규모 우물이 있지만, 모두 성시城市의 도랑을 거쳐 흐르며 거주민이 버린 물이 쌓인 (결과) 물이 심하게 오염돼 식수로 부적합하게 됐다. 그 연유를 마을의 기로耆老에게 물으니 한결같이 하는 말이, 건륭 60년(1795)에 (발생한) 묘족의 변란으로 성을 폐쇄해 수비진을 구축하고, 물이 필요하면 병정들의 호위를 받으며 성 밖으로 나가 물을 길어왔다고 했다.

생각하건대 성중城中에서 쌀, 소금, 땔감, 식수 중 하나라도 부족해서는 안 될 일이며, 만에 하나 우려되는 일이 없다 해도 성 밖으로 나가 물을 길어오는 것은 좋은 방법이라고 할 수 없다. …… 금년 여름 월비粤匪(양광兩廣 지역의 비적)가 소요를 일으켰고, 호광 지역은 그 상황이 더욱 심각하므로 수비와 공격 진열을 반드시 생각해둬야만 한다. 지세를 헤아려보니 성 밖으로 큰 하천이 휘감고 있으며, 성 서북쪽 귀퉁이의 높은 곳에는 개울물이 고여 깊은 연못을 이루고 있다. 연못의 수세가 커서 성안 근처의 하천으로 흐른다. 이곳을 개착해서 우물 하나를 만들었는데, 깊이가 2장, 밑바닥의 넓이와 길이가 각각 5척과 8척, 우물의 면적은 1장, 우물의 길이는 1장 4척이다.[95]

이 우물 이야기는 광서 연간(1875~1908) 이전 시기의 봉황청 지방지에는 등장하지 않는다. 따라서 수요가 증가함에 따라 새롭게 우물을 팠다는 사실을 알 수 있다. 그러나 현대와 마찬가지로 도심을 흐르는 하천은 거주민의 생활 오수로 오염돼 있었음을 이 인용문은 분명히 알려준다. 더구나 우물이 많지 않아서 외적이 침입하면 도심 지역의 많은 사람이 식수 문제로 고통을 받았던 정황도 알 수 있다.

---

95) 光緒《鳳凰廳續志》卷3,〈山川〉, 7쪽 上~下.

한편 하천은 때로 병을 치유하기도 했으며, 병을 옮기는 세균의 서식지가 되기도 했다. 진晉 원제元帝 때 역병이 돌았는데, 강서성 남창부 서남쪽 60리에 위치한 촉수蜀水 상류의 물을 마셔 병이 나았다는 기록이 그러한 예다.[96] 더는 설명이 없어 자세한 내용은 알 수 없지만, 이것은 역사 시대 사람들이 물이 사람을 치유하는 기능이 있다고 생각했던 증거다.

또 하천과 질병 간의 관련성을 언급한 다음의 상황은 물에 대한 당시 사람들의 또 다른 인식을 알려준다. 대체로 산간 지역 주민들은 식수 부족으로 많은 고통을 겪었는데, 반면 일부 산악 지역에서는 하천의 수질 오염으로 인한 질병 문제가 골칫거리였다. 강서성 영도주寧都州의 성곽에 있던 관피官陂라는 저수지에서 그런 사실을 확인할 수 있다. 남송 영종寧宗 가정嘉定 연간(1208~1224)에 건설된 이 저수지는 명 융경~만력 연간에 제 기능을 못했던 것처럼 보인다. 이후 청 건륭 연간에 이르러 다시 이 지역 신사들이 수리하는 과정에서 옛 물길 일대의 토지를 매입해 별도의 물길을 개착했다. 하지만 이 일대 수리시설은 다시 무너졌고, 가경~도광 연간에 가서야 그 기능을 회복했다.

수리시설의 잦은 붕괴와 그에 따른 복구공사는 보편적이었지만, 수리시설의 마지막 복구공사가 이루어진 도광 2년(1822)의 기록에 따르면, 수십 년 전부터 저수지가 무너져 도랑이 붕괴된 탓에 맑은 물이 성내로 흘러들어오지 못했다. 그 결과 성내城內의 도랑물 역시 적체됐으며, 큰비가 내리면 그동안 쌓여 있던 오수가 거리로 넘쳐흘러 질병이 발생했다. 영도주의 상황은 현대와 마찬가지로 수리시설 붕괴로 물 흐름이 원활하지 않아 발생한 생활 오수가 발병의 원인이었음을 의미한다.[97]

---

96) 雍正《江西通志》卷7,〈山川〉, 16쪽 下.
97) 道光《寧都直隸州志》卷6,〈水利〉(寧都水利), 4쪽 上~下.

하천 오염으로 인한 질병 발생 문제는 강서성 대유현大庾縣 성내에 있었던 비흡하鼻吸河에서 좀 더 자세히 확인할 수 있다. 이는 다른 지역에서도 충분히 이런 일이 발생할 수 있음을 말해준다.[98]

비흡하는 …… 속칭 벽계하碧溪河라고도 불린다. 오랜 세월 동안 하도河道가 막혀 썩고 더러운 물이 (고여) 많은 거주민이 병에 걸렸다. 명대의 군수郡守 장필張弼이 거듭 준설했다. 또 1년에 한 번씩 준설하도록 명령했으며, (벽계하로 불린) 하천 이름을 비흡하로 바로잡았다. 또 기록에 따르면 남안성南安城은 좁고 길어 마치 물고기 모양과 같았는데, 그런 이유로 어성魚城이라고 불렸다. 성城 서쪽 밑으로는 물줄기 하나가 흘러 해자와 통하며 성중城中을 마치 물고기 내장처럼 굽이져 흐른다. 대체로 물고기는 코로 물을 빨아들여 공기를 마시는데, 이곳 사람들이 그 연유를 몰라 벽계하로 잘못 불렀으며, 이미 시냇물(溪)로 불리고 있다면 하천(河)으로 부를 수 없다는 사실도 알지 못한다. 하천이 이미 오염되고 막혀서 다시 그것을 준설하고, 그 명의名義를 기록해서 거주민에게 알리는 것이다.

일단 이 글은 도심 지역인 성중의 하천에 물이 고여 질병을 유발한다는 내용이다. 그리고 이 글에 등장하는 장필이란 인물은 명 성화成化 연간(1465~1487) 남안부南安府 지부知府를 역임한 인물이다. 따라서 이 글의 내용은 명대일 가능성이 크다. 이 글이 흥미로운 이유는 내용이 매우 상징적이기 때문이다. 우선 비흡하라는 하천 명칭이 주는 상징성이 그러할 뿐 아니라, 벽계하라는 속칭 대신 비흡하라는 원래 명칭을 고집한 점도 그렇다. 이런 사실을 글의 내용과 결부하면, 아마도 썩은 물 때문에 질병이 다수

---

98) 同治《大庾縣志》卷1,〈地理志上〉(山川), 21쪽 下.

발병했으며, 준설을 통해 마치 물고기가 코로 자유롭게 숨을 쉬는 것처럼 사람들도 맑은 공기를 마실 수 있게 됐다는 사실을 알 수 있다. 특히 마지막 문장에서 그런 사실이 강조되는데, 즉 지방관의 거듭된 준설 작업으로 비흡하의 원래 모습을 되찾을 수 있었다며 공적을 드러낸다.

그런데 명 중엽에 시작된 비흡하의 오염은 청대에도 계속됐다. 이 글의 후반부에 다시 청 건륭 8년(1743)과 건륭 12년(1747)에 각각 비흡하를 준설했다는 기록이 나오기 때문이다. 후반부의 글에 따르면 비흡하의 북지류北支流는 여러 차례에 걸친 전란으로 하도河道가 막혔으며, 이어 병사들과 거주민의 침범으로 이전 하도를 사실상 구분하기 어렵게 됐다. 그러한 오염과 하도 폐색이 100여 년 동안 지속됐다는 언급으로 보아, 청 초 이후 건륭 연간 초반까지 내내 비흡하는 사실상 하천 기능을 상실한 채로 있었다. 지방지의 기록을 믿을 수 있다면, 비흡하는 건륭 12년에 시행한 준설로 물이 다시 흐르게 됐다.

이후 비흡하의 상황은 어떻게 됐을까? 동치 13년(1874)에 간행된 《대유현지大庾縣志》에는 더 이상 언급이 없는 반면, 건륭 33년(1768)에 간행된 《남안부지南安府志》에는 이 문제와 관련한 흥미로운 기록이 남아 있다.[99]

이전 지방지에 따르면 물고기는 코로 물을 빨아들여 공기를 마시는데, 옛 사람들은 그 까닭을 몰라 벽계하라고 잘못 부르고 있으며, 이미 시냇물(溪)로 불린다면 하천(河)으로 부를 수 없다는 사실도 몰라 두 단어를 유사하게 (생각한다고) 언급했다. 다만 벽계란 명칭은 매우 아름다운데(도), 이곳 사람들이 특별히 '계溪'라는 단어 밑에 다시 '하河'라는 말을 붙여 부르는 것은 (이 지방의) 고유한 풍속이므로 굳이 엄격하게 구분할 필요는 없다. 그 올

---

99) 乾隆 《南安府志》 卷2, 〈山川〉, 12쪽 下~13쪽 上.

바른 이름은 남방의 물은 다만 '강'이라 부를 수 있을 뿐, '하河'로는 부를 수 없다는 점이다. 호흡을 예로 든다면, 사물 (가운데) 어찌 코로 숨을 쉬는 것이 없겠는가? 물고기가 숨 쉬는 것을 또한 누가 봤겠는가? 이 모든 것은 억지스러운 말이니, 기록으로 남기는 것은 온당치 않다.

이 글의 뒷부분은 다소 수사학적인 표현이 들어 있어 비흡하의 실상을 잘 드러내지 못하는 것처럼 보인다. 그러나 전반적으로 이 인용문은 비흡하의 오염과 관련된 건륭 연간 후반의 상황을 잘 전달해준다. 그 근거는 약 20년이 흐른 뒤 간행된 《남안부지南安府志》의 저자가 벽계하와 비흡하의 구분이 무익하다는 점을 굳이 강조했다는 데 있다. 명대에 관련된 앞의 문장에서는 장필이 준설을 시행한 후, 벽계하로 불렸던 하천의 명칭을 비흡하로 바로잡았다는 내용이 나온다. 따라서 이 하천의 원래 명칭은 비흡하였지만, 명 중엽부터 이 하천은 사람들이 숨 쉬기 어려울 정도로 악취를 뿜어냈다. 이런 상황에서 사람들은 벽계하란 반어적인 표현을 사용했으며, 장필은 준설 이후 명칭을 바로 잡았다고 판단된다. 이후 줄곧 오염된 하천으로 남아 있다가 1747년 준설로 하천이 원래 모습을 회복했지만, 그 효과가 단기간에 불과했다는 사실을 1768년 지방지는 전해준다. 이 지방지의 언급은 맑은 하천에서 물고기가 숨을 쉴 수 있는지의 여부에 대해서는 더 이상 관심을 기울이지 않기 때문이다.

지금까지 논의한 사항을 요약하면 인간의 의지나 의도와는 달리 산악 지역의 수자원 이용은 간단치 않았다. 오히려 수자원이 인간의 활동을 제한했을 뿐 아니라, 나아가 인간의 생명을 위협하는 사태가 발생했다. 그렇다면 산악 지역의 또 다른 주인이라고 할 수 있는 동식물은 인간에 의한 개발이 진행된 후 어떤 변화를 겪었을까? 다음에는 그 점을 살펴보기로 하자.

3 동식물의 변화

(1) 동물의 감소

명·청 시대의 지방지에는 거의 예외 없이 〈물산物産〉항목이 있으며, 거기에는 종종 지역 고유의 생산물, 생산 방법, 경우에 따라서는 외부에 내다파는 생산물까지 자세히 기재했다. 물론 서술 내용이 너무 간단해서 사실상 생산물의 소멸과 감소 또는 새롭게 등장한 물품을 얼른 찾아내기는 쉽지 않다. 하지만 명·청 시대의 지방지를 조사해보면, 일부 산악 지역에서 산림이 사라지면서 특히 여러 종의 동물이 감소한 사실을 확인할 수 있다. 일례로 호북성 죽계현 지방지는 소나 말 외에도 호랑이, 표범, 늑대, 여우, 야저野猪(멧돼지), 산우山牛, 산양, 곰, 원숭이, 이리 등이 옛날에 수풀이 우거졌을 때는 매우 많았지만, 산에 나무가 없어지면서 현재는 많이 볼 수 없다고 언급했다.[100] 특히 앞서 인용한 동치《영순부지》는 과거에 편찬된

---

100) 同治《竹谿縣志》卷15,〈物産〉, 3쪽 上.

지방지에는 기록돼 있지만, 동치 연간 편찬 당시에는 볼 수 없게 된 물품을 자세하고도 일목요연하게 정리해서 기록했다. 동식물에 관련된 일부 명칭은 현재 우리에겐 생소하지만, 이 지방지는 동물과 식물의 소멸에 대한 귀중한 자료를 제공하는 셈이다.

이 동치《영순부지》에서 말한 소멸된 생산물과 생물 종류는 주사硃砂, 격향格香, 말, 산우, 산양山羊, 야마野馬, 위猬(고슴도치), 사향노루, 주별어珠鼈魚, 녹모어綠毛魚, 동광銅礦, 철광鐵礦, 납, 초硝 등이었다.[101] 약간의 설명을 덧붙인다면, 말은 영순선위사가 명대에 공물로 바쳤던 것이며, 산우는 식용 가능한 동물이었다. 주별어 역시 식용이 가능했지만, 녹모어는 독이 있어 먹을 수 없었다. 한편 광산물의 경우 동광과 철광은 모두 폐광됐으며, 납과 초는 생산이 적었다. 앞에서 언급한 것처럼 장강 중류 지대의 광물 채취는 청대에는 그리 활발하지 못했다. 그러나 동치《영순부지》에서 확인할 수 있는 동물 분포의 변화는 주목할 만한 가치가 있다.

한 보고서에 따르면 오늘날 지구상에 존재하는 4만 7,677종의 동물 가운데 1만 7,291종이 멸종 위기에 처해 있다.[102] 멸종 위기에 처한 식물도 많다. 그리고 그러한 동식물이 멸종 위기에 처하게 된 가장 큰 이유는 인간의 거주지 확대나 야생 들판의 경작지 전환 그리고 남벌을 들 수 있다. 따라서《영순부지》에 등장하는 상당수 동물의 멸종 역시 인간의 생활공간이 산악 지역으로 확대됐기 때문이다.

앞서 언급했듯이 영순부에서 사라진 동물은 산양이나 산우, 말, 노루였다. 이어서 동치《영순부지》에는 〈물산〉에 기재되지 않은 동식물이 〈물산

---

101) 同治《永順府志》卷10,〈物産〉, 19쪽 上~21쪽 下. 이하 소멸된 품목에 관한 설명은 모두 이 부분에 근거했다.
102) 국제자연보존연합회International Union for Conservation of Nature의 홈페이지(www.iucn.org) 참조.

속편〉에 등장하는데, 이 지방지를 편찬할 당시 주목할 만한 변화상을 보인 것들을 다시 언급한 것으로 판단된다. 그중 동물만을 다시 거론하면 양, 소, 돼지, 개, 라마, 쥐, 이리, 오소리, 노루 종류가 있다. 〈물산〉에 기록된 동물과 비교할 때 〈물산 속편〉에 등장하는 동물의 가장 큰 특징은 우리에게 친숙한 동물이 다수라는 점이다. 그것은 상당수 동물이 가축화되어 인간과 동물이 공존하는 상황이 됐기 때문이다. 반대로 맹수는 감소 또는 멸종했다.

〈물산 속편〉의 설명에 따르면 개는 전견田犬, 수견守犬, 식견食犬의 세 종류가 있었고, 영순 일대에서 생산되는 개는 대부분 수견이라고 덧붙였다. 전견의 특징과 용도는 쉽게 짐작하기 어렵지만, 식견은 이름으로 보아 식용 개, 수견은 외부 동물의 침입을 막기 위한 용도의 개였을 것이다. 이는 개를 인간 생활에 이용했다는 사실을 말해준다. 이렇듯 한편에서는 야생동물의 가축화가 진행됐고, 다른 한편에서는 다른 종류의 야생 동물에게 인간이 위협받는 상황이 발생했다. 청대에 들어와 산악 지역 관련 기록에 빈번하게 등장하는 멧돼지나 쥐가 농작물에 끼친 피해도 결국 야생 동물이 인간에게 끼친 위협 중 하나다. 이 문제는 바로 뒤에서 다시 언급하겠지만, 멧돼지 등의 출현은 인간과 야생 동물의 거주 지역이 이전보다 훨씬 가까워졌다는 사실을 의미한다.

이처럼 동물이 본래의 야생성에서 벗어나 인간 생활에 깊숙이 자리 잡게 된 상황을 동치《영순부지》는 잘 보여준다. 또 동치《영순부지》에는 바다가마우지를 어부들이 훈련시켜 고기잡이에 이용했다는 말이 나오는데, 이는 동물이 경제활동은 물론 일상생활에서도 중요한 몫을 차지했다는 증거다. 좀 더 단순하게 말하면 이전 시대에 존재했던 산양과 산우 대신 이제는 양과 소가 존재하게 된 셈이다.

시간이 지나면서 호남성 영순부 일대의 동물이 감소한 것처럼, 호북성 마성현에서도 비슷한 상황이 전개됐다. 시대별 지방지를 통해 그런 사실을 확인할 수 있다. 강희 연간(1662~1722)의 마성현 지방지는 특이하게도 곡물류를 언급하지 않았다. 명·청 시대의 거의 모든 지방지가 〈물산〉에 곡물류를 언급한다는 점을 감안하면, 마성현 지방지는 예외적인데, 이는 마성현에 전통 경작을 하는 사람이 많지 않았다는 것을 말해준다. 더구나 전호佃戶나 지주地主 모두 노복奴僕을 이용했으며 노복의 지위가 세습된다는 기록에서 알 수 있듯이, 생산 계층의 신분이 고정된 탓에 농업 생산이 역동적이지 않았다.[103] 다만 마성현 지방지의 〈물산〉 맨 첫머리에서 송대의 행정 구역을 언급한 것으로 보아, 이 모든 상황이 송대의 사실을 언급한 것으로 추측된다.

따라서 강희 연간의 마성현 지방지에 등장하는 물산은 매우 간단한 편이다. 그중 야생 동물과 관련된 것을 추려보면 황서피黃鼠皮, 호피虎皮, 녹피鹿皮 정도에 불과하다. 반면 물고기는 20종, 조류는 50종으로 꽤 다양한 종류가 열거돼 있다.[104] 하지만 광서 연간(1875~1908)의 지방지를 살펴보면 마성현 역시 환경 변화로 많은 동물이 사라졌음을 알 수 있다. 오소리나 여우, 토끼, 살쾡이 정도를 사냥할 뿐, 강희 연간에 등장하는 사슴이나 호랑이 등에 대한 언급은 아예 나오지 않는다. 광서 연간 마성현 지방지의 설명을 그대로 믿는다면, 청 말엽 이후 마성현에서는 조류나 맹수 등을 쉽게 찾아볼 수 없었다. 반면 약 15종이 언급된 어류는 중요한 수입원이었다.[105]

마성현의 동물 감소를 좀 더 정확하게 확인할 수 있는 자료는 민국 연간

---

103) 康熙 《麻城縣志》 卷3, 〈民物〉(風俗), 5쪽 上.
104) 康熙 《麻城縣志》 卷3, 〈民物〉(物産), 5쪽 下~7쪽 下.
105) 光緖 《麻城縣志》 卷5, 〈方輿〉(物産), 5쪽 下~6쪽 上.

에 간행된 《마성현지》이다. 이 지방지에 등장하는 동물은 가축이 대부분이며, 약용으로 이용되던 수달이나 밭에 해를 끼치던 오소리만 언급된다. 반면 토끼 같은 가금류의 사육은 양을 기르는 것보다 이익이 많다는 식의 언급이 자주 등장한다.[106] 마성현의 사례 역시 세월이 지나면서 숲에 사는 동물 대다수가 사라진 대신, 가축 사육이 보편화된 정황을 말해준다.

동물의 감소를 확인할 수 있는 구체적인 사례가 등장하는 또 다른 지역은 호북성 운양 일대다. 이 지역 지방지에는 인구 증가와 개발에 따른 산림의 감소로 동물이 감소하는 상황을 '인핍금수人逼禽獸', 즉 '사람이 동물을 위협한다'고 직접적으로 표현할 만큼 많은 동물이 사라졌다는 것을 확인할 수 있다. 즉, "과거에는 산림이 울창해[107] 가축 외에도 여러 동물이 매우 번성했는데, 이제 인간이 동물을 위협하는 지경이 됐다"는 말과 함께 금계金鷄, 백한白鷳(꿩의 일종), 호랑이, 표범, 여우, 너구리, 이리 등이 생활할 곳을 잃어버렸다고 기록했다.[108]

동물의 감소와 관련해 매우 흥미로운 언급 중 하나는 나무가 감소해 심지어 새 둥지마저 사라졌다는 일부 지방지의 기록이다. 강서성 연산현은 소나무, 측백나무, 오동나무, 화양목 등 다양한 나무가 생장했는데, 그 가운데 나뭇잎이 남목과 비슷한 장목樟木도 중요한 수목이었다. 그리고 현縣 관청 뒤에는 오래된 장목樟木이 있어서 해마다 백로가 날아들었지만, 근래 그 나무를 베어버려 백로의 둥지가 없어지자 보기 좋은 풍광이 사라져버

---

106) 民國 《麻城縣志續編》 卷3, 〈食貨〉(物産), 33쪽 下~34쪽 上.
107) 지방지의 언급으로 보아 운양 일대의 산에는 매우 다양한 수목이 존재했지만, 아마도 가경 연간에 있었던 백련교도의 난으로 숲이 파괴돼 예전의 모습을 회복하지 못한 것으로 보인다. 同治 《鄖陽志》 卷4, 〈物産〉, 11쪽 上.
108) 同治 《鄖陽志》 卷4, 〈物産〉, 11쪽 下. 따라서 산림 남벌에 따른 동물의 감소는 장강 중류 지역이나 삼성 교계 지역에 거의 공통으로 나타난 상황이었다. 道光 《南江縣志》 上卷, 〈物産〉, 24쪽 下 · 25쪽 上 참조.

렸다는 기록이 동치《연산현지》에 남아 있다.[109] 이것은 현대 사회에서도 흔히 볼 수 있는 장면인데, 그 옛날에도 이런 일이 있었음을 보여주는 좋은 사례다.

이러한 현상이 단지 산악 지역에만 존재한 것은 아니었다. 청대 호북성 형주荊州에서 확인되는 몇몇 증거에 따르면 평야나 하천 유역 일대에서도 동물이나 어류가 급격하게 감소했음을 확인할 수 있다. 오늘날에도 보호종인 '학이 강릉현江陵縣 일대의 늪지에 많이 날아왔지만, 지금은 매우 드물어졌다'는 언급[110]은 산지 못지않게 평야 지역 역시 환경 변화에 따른 동물의 서식지 파괴가 계속되었음을 의미한다.

하천 유역에 노닐던 학의 개체 수 감소는 하천 유역의 개발이나 어류 남획으로 동물의 먹이 사슬이 파괴됐음을 뜻한다. 형주부에서 확인할 수 있는 다음의 증거는 그러한 사실을 강하게 암시해준다. 이 지역 지방지는 형주부 일대의 송자현松滋縣과 지강현枝江縣 일대의 하천 유역에서 생장하는 어류 가운데 '시鰤'[111]라는 물고기가 있었는데, 이제는 그 맛을 볼 수 있는 기회가 적어졌다고 지적한다.[112] 이곳 사람들이 이 물고기를 잡아 마유麻油와 함께 먹었다는 언급으로 보아,[113] 시라는 물고기는 당시 사람들이 꽤 선호했던 어종으로 추측된다. 따라서 남획으로 어종이 감소했으며, 그 영

---

109) 同治《鉛山縣志》卷5,〈地理〉(物産), 34쪽 下.
110) 光緖《荊州府志》卷6,〈物産〉, 8쪽 下.
111) 사전적 의미로는 준치를 말한다.
112) 光緖《荊州府志》卷6,〈物産〉, 8쪽 上. 따라서 산악 지역의 동물 개체 수 못지않게 하천 유역의 어류 감소도 각 지방지에서 흔하게 발견되는 언급 중 하나다. 대체로 그러한 어종은 대부분 특정 지역에서만 생장했기 때문에, 특산물이 점차 사라졌다고 하는 것이 타당할 것이다. 지방의 특산 어종이 사라진 또 다른 예는 同治《上饒縣志》卷10,〈土産〉, 15쪽 下에 등장하는 꼬리가 여러 개로 갈라진 금어金魚를 들 수 있다.
113) 해당 부분 원문은 다음과 같다. "鰤魚護鱗買網不動, 出水卽死. 漁人每以麻油浸泡, 及至郡中鮮味已大減矣."

향이 하천 유역의 어류를 먹고사는 학과 같은 조류에도 영향을 주었을 것이다.

인간이 동물의 개체 수 변화에 영향을 미쳤다는 사실은 자연 보존이 잘 된 지역에서는 동물이 오히려 증가한 사실을 통해 확인할 수 있다. 강서성 상요현의 깊은 산중에는 인웅人熊이 살았는데, 이들은 오직 봉금封禁이 시행되는 산에만 존재했다. 현대적 의미로 해석한다면 인웅이란 아마도 영장류에 속하는 동물일 것이다.[114] 이처럼 동물이나 어류의 개체 변화는 인간과 동물의 잦은 접촉이 가장 중요한 원인이라고 할 수 있다. 그러나 동물과 인간의 관계가 반드시 일방적이었다고 생각할 수는 없다. 동물도 인간에게 반격했던 사례를 충분히 상정할 수 있기 때문이다. 다음에서는 그러한 인간과 동물의 관계를 좀 더 자세히 살펴보기로 하자.

(2) 동물의 반격과 인간의 대응

인간과 동물의 관계는 우호적이기도 하고 적대적이기도 하다. 물론 인간과 동물의 대립적 관계를 명확하게 구분하기란 쉽지 않다. 예를 들어 농업에 널리 이용되는 소는 농업에 이용할 수 있다는 그 자체로는 인간에게 매우 유용하지만, 전염병과 관련해서는 인간에게 해를 끼친다.[115] 인간에게 종종 치명적인 폐결핵 균은 소에서 감염되기도 하지만, 거꾸로 인간의 폐결핵 균은 소에게 전혀 영향을 주지 않는다.[116]

---

114) 同治《上饒縣志》卷10, 〈土産〉, 14쪽 下.
115) Mark Elvin, "Three Thousand Years of Unsustainable Growth : Archaic Times to the Present", *East Asian History*, vol. 6(1993), 14쪽.
116) 따라서 페스트를 옮기는 주범이라고 알려진 쥐도 수천 년 동안 인간과 '평화롭게' 공존해왔다

한편 포식자의 위치에 있는 맹수는 대체로 인간의 생존을 위협하는 경우가 많아 그러한 동물과의 관계는 이내 인간의 생존문제로 전환됐다. 따라서 갖은 방법을 동원해 사냥하거나[117] 공포와 숭배가 뒤엉킨 신비로운 존재로 여겼다. 이런 이유로 호랑이 같은 맹수는 흔히 인간과 동물 간에 존재하는 전설의 대상이 되곤 했는데, 일례로 사람을 잡아먹는 호랑이는 그 자체로 공포의 대상이었지만, 그런 공포감에 신비로움이 더해져 사람들의 입에 오랫동안 오르내리는 전설의 주인공이기도 했다. 이 경우 호랑이는 인간이 잡을 수 없는 신성한 동물로 바뀌었다.[118]

　이처럼 복잡한 인간과 동물의 관계는 크게 세 가지로 나눠볼 수 있다. 첫째, 인간의 삶의 형태가 산악 환경에 가까워짐에 따라, 인간이 자주 야생동물의 피해를 입는 경우다. 한마디로 인간이 피해자인 상황이다. 앞서 언급한 것처럼 멧돼지, 야생 쥐, 일부 맹수가 농가에 내려와 농작물에 피해를 주는 사례가 여기에 해당한다. 이러한 정황은 장강 중류 일대 지방지에 꽤 광범위하게 소개돼 있다.[119] 이런 피해 때문에 각 지방관은 멧돼지를

는 점을 상기할 필요가 있다. 거꾸로 쥐 역시 페스트의 주요 희생자였으며, 이 경우야말로 쥐의 몸에 서식한 쥐벼룩이 인간에게 병원체를 옮긴다. Ole J. Benedictow, *What Disease was Plague : On the Controversy over the Microbiological Identity of Plague Epidemics of the Past*(Leiden and Boston : Brill, 2010), 73~74쪽 참조.

117) 호랑이를 잡기 위해 독화살을 종종 사용했는데, 이것은 다른 맹수와 달리 호랑이가 이른바 백수百獸의 왕이라는 인식이 자리 잡고 있었기 때문이다. 同治《鉛山縣志》卷5,〈地理〉(物産), 40쪽 下 참조.

118) 同治《竹谿縣志》卷2,〈洞〉, 16쪽 下. 이곳의 노호동老虎洞에는 호랑이가 살았지만, 사냥꾼들이 수차례 살펴봐도 종적을 찾을 수가 없어, 결국 명칭이 신호동神虎洞으로 바뀌었다.

119) 장강 중류 지역의 지방지에 전반적으로 등장하는 상황이지만, 예를 들어 同治《來鳳縣志》卷29,〈物産〉, 36쪽 上~下에는 야저野豬와 전서田鼠에 의한 농작물의 피해를 언급했다. 이 언급에서도 쥐가 경작물에 피해를 준 한편, 토혈에서 대나무 뿌리를 먹고사는 죽서竹鼠는 큰 것이 토끼만 하고 오리고기와 맛이 비슷해 사람들이 식용했으며, 그 가죽으로는 주머니를 만들었다고 했다. 이러한 정황 역시 인간과 동물의 다양한 관계의 일면을 보여준다. 한편 同治《永順府志》卷10,〈物産續編〉, 34쪽 下에서도 쥐에 의한 피해를 언급했다.

몰아내기 위해 다양한 방법을 생각했으며, 심지어 하늘에 호소하는 일까지 있었다. 당시 일부 지역 지방관은 멧돼지를 쫓아내기 위한 기도를 기우제와 동일하게 여겼다.[120] 멧돼지 외에 곰이나 원숭이까지 가세하는 일도 종종 발생해 온 마을이 야생 동물 사냥에 동원되기도 했다.[121] 산악 사회에서 야생 동물 출현이 더 심각했던 이유는 산악 지역은 기본적으로 식량이 부족한데 야생 동물까지 작물에 많은 피해를 입혔기 때문이다.[122]

그런데 이런 피해는 인간이 동물을 식량으로 이용할 때도 발생했다. 예를 들어 강서성 상요현 산간 계곡에 살았던 석반어石斑魚라는 물고기는 새끼를 뱄을 경우 맹독이 생성돼 사람이 먹으면 사망에 이르렀다.[123] 강서성 남창현에도 선鱓과 별鼈이라는 어류가 살았는데, 독성이 강해 사람을 해칠 수 있었다.[124] 이처럼 물고기를 잘못 먹어 중독되는 사례는 오늘날에도 종종 발생하는데, 야생 동물 고기를 섭취하는 것 역시 위험이 따랐다. 어떤 종류의 멧돼지인지는 기록에 정확하게 나와 있지 않지만, 멧돼지의 콩팥을 먹고 중독돼 사망했다는 언급이 그러한 예다.[125] 모두 인간이 새로운 환경을 접하면서 치러야 했던 값비싼 대가였다.

둘째, 포식자로서의 인간 존재다. 인간의 이러한 행위야말로 특히 산악 지역에서 농업 외에 인간의 경제활동을 대변하는 중요한 수단 중 하나였다. 두말할 것 없이 그것은 바로 사냥이다. 하지만 전통 시대라고 해서 반드시 활이나 함정 등을 이용해 사냥한 것은 물론 아니며, 현대 사회의 불

---

120) 伍繼勛,〈禱驅野豕文〉, 同治《興山縣志》卷8,〈藝文〉, 37쪽 下~38쪽 上.
121) 아마도 멧돼지 전문 사냥꾼도 존재했을 것으로 보인다. 光緒《定遠廳志》卷3,〈地理志四〉(山), 1쪽 下.
122)〈疆域鄉分圖說〉, 光緒《歸州志》卷2,〈鄉鎮〉, 10쪽 上.
123) 同治《上饒縣志》卷10,〈土產〉, 16쪽 上.
124) 乾隆 59年《南昌縣志》卷3,〈土產〉, 18쪽 下~19쪽 下 참조.
125) 道光《永州府志》卷7(上),〈食貨〉(物產), 51쪽 下.

법 사냥과 유사한 대량 살상 방법이 동원되기도 했다. 적어도 인간의 사냥이 동물군의 개체 변화에 미친 영향에 대한 본격적인 중국사 연구는 아직 없지만, 다음의 몇몇 증거는 당시에도 대량 살상을 염두에 둔 사냥이나 어로 방법이 사용됐음을 알려준다. 그중 하나가 바로 물에 독을 퍼뜨려 물고기를 잡는 방식이다. 장강 중류 지역의 사료에는 나오지 않지만, 섬서성 일대에서는 꽤 빈번하게 사용한 것처럼 보인다. 섬서성 남부의 산악 지역인 영섬현寧陝縣에 있는 한 비문에 따르면, 청대 말엽 황강黃薑과 마유수麻柳樹 잎을 섞어 만든 독약을 풀어 물고기를 잡지 못하도록 했다. 물고기뿐 아니라 그 물을 마시는 조류와 가축 역시 중독돼 피해가 심각했기 때문이다.[126)]

이처럼 직접 독을 풀어 물고기를 잡는 것은 아니지만, 비슷한 방법으로 물고기를 잡았다는 증거는 장강 중류 지역에서도 찾아볼 수 있다. 그것은 다유茶油를 만들고 난 찌꺼기를 이용하는 것인데, 호남성 영주부 일대에서는 그 찌꺼기를 고다枯茶라고 불렀다. 고다를 물에 풀어 고기를 잡았다는 언급[127)]으로 보아, 앞에서 언급한 섬서성의 예와 크게 다르지 않다. 아마도 이처럼 식물의 독성을 이용해 물고기를 잡는 방법이 널리 행해졌던 듯하다. 더구나 우리에게도 친숙한 새인 해오라기를 이용해 고기를 잡았다는 기록 등은[128)] 포식자로서의 인간의 위치를 말해준다.

약물까지 동원해서 물고기를 포획한 목적은 분명 단순히 생계를 위한 것만은 아니었을 것이다. 평야나 산악 지역 모두 어업은 중요한 생계수단이었다. 그런 점에서 볼 때 이같이 대량으로 물고기를 잡은 이유는 외부에

---

126) 張沛 編著,〈寧陝撫民分府嚴禁燒山毒河告示碑〉,《安康碑石》(西安 : 三秦出版社, 1991), 274~275쪽.
127) 道光《永州府志》卷7(上),〈食貨〉(物産), 12쪽 下.
128) 同治《鉛山縣志》卷5,〈地理〉(物産), 39쪽 下.

내다팔기 위해서였을 것이다. 한편 동물을 이용해 다른 동물을 포획하는 방법도 사용한 것을 보면, 당시 산악 지역에서 물고기나 동물을 잡기 위해 다양한 방법이 사용되었음을 알 수 있다. 인간이 직접 동물이나 어류를 포획했던 다양한 증거가 보여주듯, 어종과 동물의 무분별한 남획으로 시간이 지날수록 사냥꾼과 사냥 횟수도 줄었다.

마지막으로, 인간은 가해자도 아니고 피해자도 아닌 중간자적 입장에서 동물을 이용했다. 이 관계는 대체로 인간에게 유익한 경우가 많았는데, 일명 수궁守宮이라고 불리는 갈호蝎虎의 기능은 이러한 사실을 잘 말해준다. 갈호는 몸이 납작하고 잿빛이 나는 어류의 일종으로, 물에 몰래 독을 퍼뜨려 벌레를 포식한다. 그 때문에 인간에게 유익한 수생 동물이었다. 이런 종류의 수생 동물을 꽤 많이 확인할 수 있는데, 일명 수계水鷄라고 불린 개구리를 마성현의 지방지는 이렇게 설명했다.

> 전계田鷄라고 하며, 또 수계라고도 부른다. 2~3월에 알을 낳는데, 큰 것은 녹두만 하고 색깔은 검은색으로 수일이 지나면 부화해서 올챙이가 된다. 그 모습은 작은 물고기 같으며 아가미로 숨을 쉬고 꼬리로 헤엄친다. 태어난 후의 몸체와 태어나기 전 몸체의 꼬리는 차차 없어져 마침내 청개구리가 된다. 수컷은 잘 울지만, 암컷은 그렇지 못하다. 물이나 논 가운데 서식하며 곤충을 잡아먹어 농업에 유익해 호살충護殺蟲이라고도 부르며, 따라서 이 개구리를 잡아먹는 행위는 엄히 금한다.[129]

오늘날 우리에게도 개구리 포획은 금지돼 있다. 개구리의 예와 같은 인간과 동물의 관계는 그리 폭넓게 존재하지 않는다. 일부 애완동물을 제외

---

129) 民國《麻城縣志續編》卷3,〈食貨〉(物産), 35쪽 下.

하면 인간과 동물의 관계는 피해자와 가해자라는 대척점에 서 있는 경우가 일반적이다. 하지만 중국사에 자주 등장하는 '호환虎患'이라는 말은 궁극적으로는 인간이 호랑이에게 승리를 거두기는 했지만, 호환이란 명칭이 말해주듯 공포의 대상인 호랑이에게 인간은 대부분 피해자였다.[130] 따라서 호환은 인간과 동물 관계의 역설적인 면을 잘 보여준다.[131]

중국 전체를 획일화해 생각하기는 어렵지만, 한 연구에 따르면 호랑이가 가장 자주 출몰했던 시기는 1651~1700년이었다.[132] 강서성은 송·원대에 호환이 증가한 이래 사료에 등장하는 호랑이 관련 기사가 명대에는 98건, 청대에는 177건으로 급증했다. 이 수치는 역사 시대 강서성 전체 호랑이 관련 기록 중 84.7퍼센트에 해당한다. 특히 강서성은 중국의 어떤 지역보다 호환이 빈발한 곳으로, 강서성 전역에서 무차별적으로 호환이 발생했으며, 호환이 가장 많았던 시기는 청대 건륭 연간이었다. 이미 송대에 호랑이를 잡는 전문 사냥꾼이 강서성에 존재했다는 사실은 강서성에 호환이 많았다는 중요한 증거다.[133]

---

130) 그러나 동물학자들은 오히려 호랑이가 인간에 대해 두려움을 지니고 있다고 지적한다. 일례로 호랑이에게 공격당한 대다수 사람들은 앉거나 쪼그리고 있을 때였다는 사실은 호랑이가 인간의 그런 모습을 자신의 단순한 사냥감으로 인식하기 때문에 인간을 공격한다고 주장한다. 따라서 사람이 서 있는 모습은 오히려 호랑이에게 두려움을 갖게 만든다는 말도 있다. 이 점에 대해서는 스티븐 밀즈, 《호랑이》, 이상임 옮김(사이언스북스, 2006), 102~107쪽 참조. 실제로 《鮮滿動物通鑑》을 인용한 엔도 키미오, 《한국 호랑이는 왜 사라졌는가?》, 이은옥 옮김(이담, 2009), 195쪽에 따르면 호랑이가 함부로 사람을 해치지 않으며, 굶주려 있거나 새끼를 키울 경우 그리고 인육을 맛본 호랑이가 사람을 잡아먹는다고 기록돼 있다.

131) 호랑이는 공포의 대상인 동시에, 일부 지역에서는 조상으로 섬기기도 했으며, 광범위한 지역에서 민간신앙의 대상이 됐다. 장강 중류 지역, 특히 호북성 서부의 토가족과 사천 동부의 파인巴人은 자신들을 백호白虎의 후예라고 생각했다. 장강 중류 지역의 이러한 호랑이 숭배에 대해서는 汪玢玲, 《中國虎文化》(北京 : 中華書局, 2007), 92~97쪽 참조. 이 책은 중국의 호랑이 문화에 대한 전반적인 상황을 파악하는 데 매우 유용하다.

132) 우에다 마코토, 《호랑이가 말하는 중국사》, 120쪽.

133) 曹志紅, 〈老虎與人 : 中國虎地理分布和歷史變遷的人文影響因素研究〉, 陝西師範大學 博士學位

한편 호남성도 약 88퍼센트에 해당하는 지역에 호랑이가 살았다. 이 수치만을 놓고 보면 호남성에는 강서성보다 호랑이가 훨씬 광범위하게 존재했다. 호남성의 호환도 청대에 한층 더 많아졌는데, 유양현瀏陽縣 같은 지역에서는 호랑이가 아예 무리를 지어 다니면서 사람을 잡아먹었으며, 사람을 피하지 않은 채 현성에 앉아 있었다는 기록도 남아 있다. 당연히 호환은 대체로 산악 지역에서 발생했다. 따라서 산지에서는 멧돼지 출현을 막기 위해 제사를 올렸던 것처럼, 일상적으로 기도를 통해 호환 방지를 시도했다.[134]

호랑이는 기본적으로 육식 동물이며, 산림이 풍부한 곳에 서식하는 동물이다. 그런데 호랑이 피해가 특히 명·청 시대에 이르러 빈번했던 가장 큰 이유는 무엇일까? 이 역시 산림 남벌로 숲이 파괴됐기 때문이다. 호환의 등장은 숲의 파괴로 호랑이의 중요한 포식 대상인 멧돼지, 사슴, 토끼, 수달 등이 사라져 숲 속 먹이 사슬이 파괴된 것과 밀접한 관련이 있다. 다음의 글은 이러한 호랑이의 습성을 잘 알려준다.

> 달이달목도하達爾達木圖河 상류의 양안兩岸에는 갈대와 버드나무가 뒤섞여 자란다. 멧돼지, 사슴, 토끼, 수달 등이 서식하며 또 호랑이와 표범도 있다. 남안南岸의 아림뇨이호阿林淖爾湖 주변의 갈대숲에 머물면서 호시탐탐 경계를 넘어갈 기회를 엿보다가 건너와 (자신보다) 약한 동물을 잡아먹고 돌아가므로 지나다니는 사람은 조심해야 한다.[135]

論文(2010), 161~167쪽 참조. 이하 호랑이와 호환 관련 내용은 별도의 주가 없는 한 이 논문을 근거로 했다.
134) 同治《鉛山縣志》卷11,〈職官〉(名宦), 40쪽 上~下.
135) 曹志紅,〈老虎與人 : 中國虎地理分布和歷史變遷的人文影響因素硏究〉, 91쪽에서 재인용.

이 글은 장강 중류 지역이 아닌 신강新疆 지역에서 일어난 일을 말한 것이지만, 특정 상황이 아닌 호랑이의 보편적인 습성을 지적하고 있기 때문에 인용했다. 이 기록은 바로 먹이가 되는 여러 동물이 숲 속에 있어야 호랑이가 생존할 수 있다는 점을 보여준다. 결국 숲의 파괴로 발생한 동물의 감소가[136] 호랑이 감소에 중요한 원인이 됐으며, 호랑이가 민간 지역으로 출몰하게 된 계기가 됐다. 이러한 먹이 사슬 파괴에 관한 좀 더 구체적인 사례가 호북성 의창宜昌에서 등장한다.

(의창)에는 이전에 호환이 많았으며, 호랑이가 많이 나타난 해에는 반드시 흉년이 찾아오기 때문에 그것을 일러 '호황虎荒'이라고 한다. 하지만 이전부터 이리가 있다는 말은 듣지 못했다. 가경 10년(1805) 이후 갑자기 이리가 등장했으나, 이 고장 사람은 그것이 무엇인지 몰라 산표범이라 불렀다. 세 마리에서 다섯 마리씩 무리를 지어 다니면서 개와 돼지를 잡아먹고, 밤에는 한 마리가 울부짖으면 모두 (그 소리에) 따르며, 그 해가 아이에게까지 미치지만 없앨 수가 없다. 그러나 이리가 등장한 후 호환이 사라졌다.[137]

두말할 나위 없이 이 글의 내용은 호랑이의 개체 수 감소를 의미하며, 그로 인해 하위 먹이 사슬에 있던 이리가 출현했다는 사실을 정확하게 보여준다. 이 글 뒤에 곧바로 가경 연간에 "산림이 모두 개간돼 야수들이 이미 드물어졌다. 갑자기 개만 한 동물이 등장했는데, 그 형상이 나귀와 비슷하

---

136) 지역별 차이가 분명히 있지만, 일부 지방지에는 정확한 시기를 언급하면서 동물이 사라졌다는 기록이 남아 있다. 섬서성 남부 자양현紫陽縣이 그런 경우인데, 이 지역은 "건륭 말년 산간 지역이 모두 개간돼 동물이 사라졌다(按紫境山林, 乾隆末年盡已開墾, 群獸遠跡)"고 했다. 道光《紫陽縣志》卷2,〈地理〉(紀代), 13쪽 下.
137) 同治《宜昌府志》卷1,〈天文〉(祥異), 8쪽 上.

며, 황색 또는 황색과 흰색 반점이 있다"고 기록돼 있다.[138] 이 동물 역시 사람에게 해를 끼친다는 언급으로 보아 맹수일 가능성이 높지만, 이리와 마찬가지로 호랑이의 포식 대상이었을 것이다.

숲이 감소해 호환이 줄어들었다는 사실은 적어도 인간과 동물의 관계가 지닌 역설을 잘 드러낸다. 즉, 자연 자원의 파괴로 맹수가 사라진 대신 일반 백성이나 관리는 농업을 확대할 수 있는 계기가 된 셈이기 때문이다. 일부 지방지에서 분명하게 언급한 것처럼 호환의 소멸로 농부가 평화롭게 농사를 지을 수 있게 돼, 결과적으로 농업이 크게 확대되는 계기가 됐다.[139] 그렇게 본다면, 호환과 관련된 호남성 기양현의 다음 언급은 적어도 청 중엽 이후 인간과 동물의 관계가 어떻게 변모했는지를 잘 보여주는 사례라고 할 수 있다.

> 기양읍은 30~40년 전부터 없어졌던 호환이 근래 더욱 많아졌다. 기양현 주민 가운데 사냥을 업으로 하는 집이 없어졌으며, 호랑이를 포획하는 방법도 모른다. (따라서) 호랑이가 새끼를 낳아 기르고 무리를 지어 마음껏 (마을을) 휘젓고 다니며, 추호도 거리낌 없이 (그런 행동을) 하는 일이 나날이 많아졌다. 처음에는 단지 가축만을 잡아먹었는데, 근래에는 사람을 잡아먹는다. 처음에는 산간에만 있었는데, 근래에는 평야 지역에 더욱 많이 나온다. 또 밤에만 민가에 들어갔는데, 근래에는 대낮에도 버젓이 나다니니, 호랑이 피해가 사라졌다는 소리를 언제나 들을 수 있을까. 따라서 많

---

138) 同治《宜昌府志》卷1,〈天文〉(祥異), 12쪽 上.
139) 嘉慶《漢陰廳志》卷10,〈藝文〉(下)(詩), 26쪽 上. 이런 관점에서, 안정적인 농업 대책을 수립하기 위해 호랑이를 잡아야 한다는 정치 이데올로기를 다룬 전문적인 연구서를 중국에서는 찾아보지 못했지만, 호랑이의 포획이 당시 신생 국가인 조선의 중요한 대민정책이었다는 사실을 중국에도 적용시키는 것이 큰 무리는 아닐 듯하다. 조선의 이러한 포호捕虎 정책에 대해서는 김동진,《조선전기포호정책 연구 : 농지개간의 관점에서》(선인, 2009), 특히 1장 2절 참조.

은 현상금을 걸어 사냥에 능한 사람을 모집해야 한다. 현재 호랑이를 죽이는 것은 백성의 피해를 없애는 중요한 단서다.[140]

《기양현지》는 건륭 30년(1765)에 출간됐으니 대체로 이른바 호환이 사라졌던 시기다. 그런데 30~40년 전에는 없었던 호환이 근래에 다시 고개를 들고 있다는 위의 글은 다소 의외의 내용이다. 물론 호환이 완전히 사라진 시기는 지역마다 다르다. 청대 말까지 호환이 있었다는 기록도 있고, 장강 중류 지역이나 섬서 남부 일대는 대체로 건륭~가경 연간을 지나면서 호환이 사라졌다.[141] 더구나 산림이 감소하면서 대체로 맹수의 개체 수가 감소한 것을 감안한다면, 호랑이가 백주에 마을을 어슬렁거린다는 이 언급에는 다소 과장도 섞여 있다고 추측된다.

하지만 이처럼 호랑이가 대낮에 인가를 어슬렁거린다는 기록을 오히려 인간의 생활이 점점 산속으로 깊숙이 들어가 전개된 탓으로 해석할 수는 없을까? 호환을 호랑이가 산에서 내려와서 발생한 것이라기보다 호랑이의 감소로 인간의 공포심이 사라지자 이제 점점 인간이 산으로 올라가고, 그런 이유로 호랑이의 모습을 다시 자주 봤다는 가정은 그리 틀리지 않을 것이다. 거꾸로 호랑이의 처지에서 본다면 산악 지역의 환경 변화로 산지에서 더 이상 쉽게 먹이를 구할 수 없는 상황이 됐을 것이다. 게다가 이 인용문에서 지적하는 것처럼, 이제 산지 주민도 사냥 대신 좀 더 안정적인 경작 생활을 하게 됐기 때문에 효율적인 맹수 사냥법은 점차 잊혀갔다.

---

140) 乾隆《祁陽縣志》卷4,〈物産〉, 23쪽 下~24쪽 上.
141) 섬서성 순양현과 특히 호북성 운양부에서는 옹정 연간까지 호환으로 여러 명이 사망했고, 신출귀몰한 호랑이의 등장으로 사람들은 호랑이를 신호神虎라고 칭했다. 그러나 앞서 언급한 것처럼 가경 연간의 기록에 따르면, 사람이 동물을 압박하는 상황이 발생해서 대다수 동물이 사라졌다. 각각 道光《興安府志》卷11,〈食貨〉(積貯), 15쪽 上 ; 洪良品,《湖北通志志餘》卷5,〈鄖陽府〉(山川) ; 嘉慶《鄖陽府志》卷4,〈田賦〉(物産), 9쪽 上 참조.

따라서 청대 중엽에 이르러 산악 지역에는 점점 사냥꾼이 사라지고, 그에 따라 능숙하게 동물을 잡는 사냥 방법 역시 점차 사라져갔다는 지적이 실제 여러 사료에 나온다.[142] 다음은 장강 중류 지역이 아닌 섬서성 백하현白河縣에 등장하는 이야기이지만, 인간과 동물 관계에 대한 중요한 단서를 제공한다.

만약 가뭄이 발생할 경우, 두 현縣(백하현과 호북성 죽계현竹溪縣)의 인사人士들이 신에게 기도하면 구름이 움직여 온 천지에 가득 비가 내리는 (모습을) 여러 차례 볼 수 있었다. 이것은 관중關中 태백산太白山과 조서鳥鼠(감숙성의 산 이름)의 감응感應이 화산華山과 진령秦嶺의 영험에 미쳐, 구름이 일어나고 비가 내리며 만물을 구제하고 백성에게 이롭게 된 것은 이 모든 (사물의) 공이다. 돌이켜보면 내가 (산에) 온 이래, 산지를 처음 개간할 당시에는 사람들이 호랑이와 표범과 같이 살았으며 승냥이와 사슴이 같이 노닐어도, 수십 년이 지나도록 (서로) 해를 끼치지 않으니, 이것이 어찌 산신山神의 가호呵護(외부의 방해거리를 꾸짖어 안을 지킴)라 하지 않을 수 있겠는가?[143]

이 특이한 언급은 만물萬物과 인간을 동일시하는 일종의 철학적 세계관을 담고 있으며, 한 지식인의 소박한 이상이라고도 할 수 있지만, 본래 인간과 동물은 서로 적대적이지 않았다는 사실을 말해준다. 어떤 시점에 이르러 먹이 부족과 같은 이유로 동물의 야수성이 표출됐으며, 그에 따라 인간의 공포심도 증가했을 것이다. 따라서 인간과 동물의 대결이 등장했다.

---

142) 호남성뿐 아니라 호북성에서도 엽호獵戶가 감소했던 상황을 확인할 수 있다. 그리고 그 이유를 산림 감소 탓으로 설명하는 것을 보면, 적어도 숲이 줄어든 청대 중엽 이후 사냥꾼의 수효도 감소했을 것으로 판단된다. 道光《鶴峰州志》卷6,〈風俗〉, 2쪽 下.
143) 黃億璧,〈飛雲山記〉, 嘉慶《白河縣志》卷6,〈山川〉, 7쪽 下.

이처럼 초기 관계에서 등장하는 친숙함이 인간의 생활공간이 산지로 확대되면서 두 존재의 대립과 갈등으로 전환됐다.

  인간이 포식자건 또는 동물이 포식자건, 적어도 현재 우리가 구가하는 문명을 생각한다면 이러한 대립에서 인간이 승리했다고 할 수 있지만, 동물의 희생 자체가 인간에게 새로운 피해로 다가온다는 사실을 염두에 둔다면 현재 우리의 승리는 잠정적인 것일 수도 있다. 더구나 섬서성 백하현의 자료에서 알 수 있듯이, 인간이 동물에게 지녔던 친숙함이 공포심으로 변해갔다는 사실도 환경사적인 면에서 고려해볼 사안이다.

  그렇다면 식물에 대한 역사 시대 사람들의 생각은 어떻게 변했을까? 많은 자료가 있는 것은 아니지만, 식물을 대하는 인간의 태도 변화 역시 달라진 환경의 이유를 찾는 데 단서를 제공해줄 것이다.

(3) 식물 재배의 역설

식물의 상품화

  전반적인 환경이 변한다면 식물에 대한 인간의 관념 역시 변할 수 있다는 가정은 충분히 설득력이 있다. 예를 들어 오늘날에도 완상용으로 많은 사람의 애호를 받는 난蘭은 많은 문인과 관료의 사랑을 받았던 대표적인 꽃 중에 하나다. 다음의 예는 난에 대한 사람들의 기본적인 생각이 잘 드러난 글이다.

    그 후 나는 버려진 땅에 네 기둥을 세우고 집을 지어 그 이름을 종란당種蘭堂이라고 불렀다. …… 따라서 사람들은 종란당 밖에 대나무 100그루, 꽃

수십 그루 그리고 나무를 울창하게 심었다. (따라서) 구름과 산을 사방에서 마음껏 완상할 수 있으며, (자신의) 뜻에 따라 즐길 수 있고, 무료함을 스스로 풀 수 있었다. 본래 나는 사전에 그러한 생각을 갖지 못했으나, 대체 어떻게 그런 생각을 할 수 있었을까? 이후 (종란당)에 오는 사람들은 (이 정자에서 비롯되는 즐거움을) 분명 현재의 나와 똑같이 느낄 것이다. 그런 이유로 특별히 좋은 감현의 난을 종란당 밖에 그 크기를 맞춰 심고, (좋은) 난을 구하기 위해 다시 공강貢江 동편에 가니 옛날 (난에 관련된) 책에 기재된 대로 꽃이 크고 잎이 활력 있으며 줄기가 붉고 뿌리가 튼튼한 것이 모두 구비돼 있었다.[144]

당시 문인이나 관료가 자연 풍광 못지않게 꽃이나 완상용 나무에 많은 애정을 가졌던 일은 흔하다. 게다가 지방의 유력자가 인근에 소문이 날 정도로 풍치와 풍류를 갖춘 정원을 만든 예도 허다하다. 이 글에 나오는 정자의 축조나 개인 정원의 용도는 말 그대로 가화佳花와 이목異木을 완상하기 위한 것일 뿐 아니라 도서를 진열하는 즐거움과 함께 시를 읊고 음주의 즐거움을 만끽하기 위해서였다.[145] 동물과 달리 식물은 감탄과 보호의 대상이었으며, 또 자신의 일부처럼 생각할 정도로 귀하게 여기는 사람도 많았다. 독성을 지닌 식물이 일부 있지만 식물은 기본적으로 인간에게 적대적이지 않았다.

그러나 대표적인 완상용 식물인 난은 적어도 청대에 이르러 산악 지역의 중요한 상품으로 등장했다. 중국의 대표적인 외래종 가운데 하나인 말리茉莉 같은 식물도 그러한 예에 속한다. 단적으로 말리는 식물이라기보다

---

144) 〈盛符升種蘭堂記〉, 同治《贛縣志》卷7,〈古蹟〉, 21쪽 下~22쪽 上.
145) 同治《廣信府志》卷2-3,〈建置〉, 108쪽 上.

는 상품이었으며, 완상용으로 등장한 난 역시 그러했다.[146] 이런 점에서 강서성 감현에 등장하는 난에 관한 기록은 완상용이 아닌 상품으로 난이 지닌 특성을 잘 보여준다.

난은 당연히 지역마다 그 종류가 매우 다양한데, 감현의 난 종류는 다섯 종류였다. 우선 향이 청아하다는 춘란春蘭, 깊은 계곡에서 피어나는 추란秋蘭, 향은 강하지만 그 향이 오래 지속되지 않는다는 홍란紅蘭, 키가 8~9척에 달하며 감현 사람들이 차를 만들었던 수란樹蘭, 향이 매우 짙은 진주란珍珠蘭이란 별칭을 가진 채란賽蘭이었다.

감현 지방지는 이처럼 난의 종류와 특성을 설명한 다음, 품질 면에서 감현의 난은 복건의 난 다음으로 우수하다고 말했다. 따라서 이곳 주민은 강회江淮 지역에 난을 내다팔아 많은 이익을 보았다.

이처럼 식물, 특히 꽃을 파는 현상이 단지 난을 감상하려는 수요자가 증가한 때문인지 아니면 말 그대로 식물에 대한 인식의 변화 때문인지는 명확하지 않다. 그러나 그 원인이 무엇이든 간에 난의 상품화는 식물의 용도가 다양해졌다는 사실을 의미한다. 이처럼 식물 용도의 다변화를 증명할 수 있는 사례가 바로 연자蓮子다. 즉, 과거에는 연자가 단지 완상용에 불과했지만, 이제 사람들이 그것을 경작해 많은 수익을 올릴 수 있는 상품으로 변모했다. 강서성 광신부에는 연자와 관련해서 다음과 같은 기록이 남아 있다.[147]

---

146) 同治《贛縣志》卷9,〈物産〉, 4쪽 上~下. 이하 감현의 난에 대한 설명은 이 부분에 근거했다.
147) 同治《廣信府志》卷1-2,〈物産〉, 100쪽 上.

연자의 이익은 소주蘇州에 판매하는 것에서 나온다. 듣건대 소주에서는 병란이 일어난 후 연자를 판매하는 사람은 그 손해가 농사짓는 사람의 배에 달했다. 또 옛날에는 연자를 반드시 기름진 좋은 땅에 심어야 했기 때문에 도작이나 번서番薯(고구마)의 경작을 방해했지만, 이제 산지의 저지대에 심을 수 있게 됐다. 가을비가 내리면 풍작이 되고, 상강霜降 이후 열매를 수확하는데, 큰 것은 사발만 하고 작은 것은 어린애 팔뚝만 하다. 구덩이에 보관해 바람을 피하면 먹을 수 있다. 다음 해 청명절 무렵에는 오곡이 부족한 상황을 메울 수 있다.

이것은 식량으로 사용했던 연자에 관한 내용이지만, 지방지의 설명처럼 적어도 이전에는 연자가 완상용 식물이었다.

식물에 대한 인식이 확연히 달라졌다는 또 다른 증거는 도로변에 매화나무를 심어 여독을 풀고 험난한 여정에 위로가 될 수 있다는 사실을 지적한 글이다. 건륭 연간 강서성 남안부 대유현大庾縣 지현을 역임한 여광벽余光璧은 매화나무를 심는 이유를 다음과 같이 밝혔다.

10년 이후가 되면 (매화나무) 그늘이 생겨 대유령大庾嶺을 넘는 사람은 가마를 타든, 말을 타든, 걸어서 가든, (물건을) 손에 들고 가든, 등에 지고 가든, 어깨에 메고 가든지 간에 그 서늘한 그늘을 얻을 수 있다. 매화를 보면 여정의 피로를 잊을 수 있으며, 마음의 불안도 해소할 수 있고, 험준한 고갯길의 (어려움도) 잊게 될 것이니, 그것이 내가 매화를 심는 의도다.[148]

식물은 단순한 자연이 아니라 인간의 마음을 위로하고 육체의 피로를

---

148) 余光璧, 〈種梅記〉, 同治 《南安府志》 卷23, 〈藝文〉(6), 41쪽 上.

풀어주는 청량제 역할을 하는 존재가 됐다. 이러한 현상은 자연 풍광의 단순한 감상을 통한 마음의 위로나 심리적인 고양감과는 다른 차원이었다. 인간은 이제 식물에서도 새로운 유용성을 발견하기 시작했다.

자연으로부터의 구속

한편 경작은 인간을 어떻게 구속시켰을까? 동물 개체 수의 변화나 감소와 관련해 앞에서 거론한 동치 《영순부지》에는 식물의 변화를 알 수 있는 단서도 등장한다. 즉, 이 지방지의 〈물산 속편〉에 따르면 직직稷(소미小米), 홍서紅薯, 백채白菜, 우藕, 백합百合, 생강 등이 새로운 경작물로 등장하며, 이외에도 다양한 채소류가 실려 있다. 이어 채유菜油, 목유木油, 초지草紙, 석탄, 석고石膏, 담배, 동유桐油 등과 함께 앞에서 언급한 소, 양, 돼지 등의 가축이 나열된다.

이러한 일련의 변화는 영순부 일대에서 청 중·후엽에 이르러 채소는 물론이고, 백합과 같은 화초가 꽤 많이 재배됐다는 사실을 암시한다. 반면 소나무, 측백나무, 삼나무 등은 거의 사라졌다. 이런 경제 구조상의 변화는 얼핏 영순부가 청 후대로 내려오면서 일종의 다종 경영을 시도했던 것처럼 보이며, 어느 정도 그것은 사실이다. 더구나 소수민족 지역이나 산악지역 대다수가 청 중엽 이후 인구 증가를 경험했다는 사실을 믿는다면, 농업 발달의 전제로 인구압人口壓을 꼽았던 이스터 바서롭Ester Boserup의 지적은[149] 여전히 중요한 타당성을 지닌다.

---

149) Ester Boserup, *The Conditions of Agricultural Growth : The Economics of Agrarian Change under Population Pressure* (London : George Allen & Unwin, 1965), 41쪽 참조. 바서롭은 '일정 지역의 일정 인구가 휴한 시기를 짧게 하고, 그것에 비례해 농법과 농기구를 변화시킨다면 개인 노동 시간당 산출량이 감소하는가 또는 증가하는가?'라는 질문을 던졌다. 바서롭의 대답은 개인 노동 시

청대의 영순부만 하더라도 건륭 25년(1760) 당시 호수戶數는 8만 5,942호, 구수口數는 38만 5,165구였다. 이 가운데 묘족은 호수가 9,440호, 구수가 4만 5,210구였으며, 외부 객민의 호수는 3만 191호, 구수는 11만 9,921구였다.[150] 건륭 연간의 인구 수치는 약 30년 만에 옹정 11년(1733)의 11만 7,030구보다 세 배가 증가한 것이며,[151] 더구나 건륭 연간 당시 영순부 전체 인구의 3분의 1 이상을 외부 객민이 차지했음을 보여준다. 이어 동치 10년(1871) 영순부의 호수와 구수는 각각 10만 8,057호, 83만 9,894구로[152] 적어도 건륭 연간 이후 꾸준한 증가 추세를 보인다. 따라서 앞에서 설명한 영순부의 생산물 변화는 이러한 인구 증가가 전제됐기 때문에 가능했다.

영순부의 인구가 증가하고 경작도 다종 경작 형태로 바뀐 일련의 변화는 분명 발전적인 모습이라고 할 수 있다. 실제로 평야 지역의 농업 기술이 도입되거나 새로운 생산 방식이 자리 잡게 되자 자연스럽게 전통 농법이 변했다. 그러한 변화 양상은 앞에서 이미 자세히 언급한 바와 같이 휴한 농법의 소멸,[153] 초지 감소, 집약적인 농업, 농업의 상업화 경향, 장기적인 경작 계획의 확립 등으로 요약된다.

그러나 이러한 일련의 변화를 진정한 발전이라고 할 수 있을까? 이 문제와 관련해 전통 농업의 소멸로 산지 사회가 자연과 전혀 새로운 관계가 성

간당 산출량이 증가하는 것이 아니라 감소한다는 것이었다. 그리고 그 이유로, 단지 인구가 일정 정도에 도달할 때만이 경작자는 좀 더 집약적인 토지 이용 체제가 유리하다는 점을 발견하게 되기 때문이라고 지적했다.
150) 乾隆 28年《永順府志》卷4,〈戶口〉, 3쪽 下.
151) 同治《永順府志》卷4,〈戶口〉, 6쪽 上.
152) 同治《永順府志》卷4,〈戶口續編〉, 8쪽 上.
153) 同治《永順府志》卷10,〈風俗續編〉, 13쪽 上. 즉, 도경화종으로 농사를 지은 다음에는 토지가 척박해져서 2~3년간 휴한해야 한다고 적혀 있다. "地復苦瘠, 有再易三易者……."

립됐다는 사실은 매우 의미심장하다. 그리고 인간과 자연의 이러한 관계 변화는 현재 우리가 직면한 환경문제를 다양한 각도에서 재고하게 만든다. 결론적으로 말해 화전이나 도경화종과 같은 기존 농업에서 발전적인 농법으로의 전환이 발생하면서, 인간이 자연 조건에 한층 더 예속되는 결과를 낳았다.

그러한 양상 가운데 하나가 도경화종을 통한 경작 당시와는 달리 농한기를 적극적으로 이용했다는 점이다.[154] 호남성 검양현에 등장하는 동나무 재배 방법에 나오는 이 말은 사실상 산악 지역이 휴한을 하지 않았다는 사실을 확인시켜주는 동시에 자연의 순환에 순응하지 않게 된 사실을 보여준다. 이처럼 자연을 이용하는 정도가 강화될수록 역설적으로 자연에 얽매이게 되는 현상이 잦아졌다.

따라서 일부 연구자들이 지적하듯이 산악 지역 주민들도 철저하게 농시農時에 부합해 경작을 시행하는 상황이 등장했다. 기존의 환경사 연구에 따르면 인류 발달의 신기원을 이룬 농업의 등장이 오히려 환경적 측면에서는 재앙이었다. 농업의 등장으로 식생활 개선과 함께 인류는 기아에서 벗어날 수 있었지만, 호흡기 질병이 만연하고 단조로운 식생활이 자리 잡게 됐다.[155] 또 산지나 초지가 경작지로 전환되면서 나무와 잡초가 사라졌으며, 심리적으로도 인간이 자연에 예속되는 결과를 초래했다.[156]

---

154) 〈論植桐樹〉, 雍正 《黔陽縣志》 卷8, 〈文論〉, 87쪽 下.
155) 일례로 사냥 위주의 경제에서는 단백질 보충이 가능했지만, 산악 지역에서 옥수수와 같은 경작물을 재배한 이후에는 단백질 공급이 원활하지 못했다. Francesca Bray, "Agriculture", Joseph Needham, *Science and Civilisation in China*, vol. 6(Cambridge : Cambridge University Press, 1984), 457쪽.
156) 환경적인 면에서 농업이 지닌 부정적 양상에 대해서는 Mark Elvin, *The Retreat of the Elephants : An Environmental History of China*, 87쪽 참조. 그는 농업 발달로 인간 자체도 길들여진 종으로 전락했다고 지적했다.

장강 중류 지역의 일부 산악 지역의 자료는 이처럼 안정적인 경작 방법의 채택으로 오히려 인간이 철저하게 자연에 구속된 상황으로 전락한 모습을 생생하게 보여준다. 호남성 남부 영주부의 사례를 통해 그런 사실을 확인할 수 있다. 영주부의 이용 가능한 지방지는 강희 33년(1694) 간본, 도광 8년(1828) 간본 그리고 동치 6년(1867) 간본이 존재한다. 그러나 도광 연간과 동치 연간 지방지는 사실상 동일한 내용을 담고 있기 때문에 강희 연간과 도광 연간 두 시기의 《영주부지》에 대한 비교가 가능하다.

이 두 지방지를 비교하면 강희 《영주부지》의 〈풍속지〉에 등장하는 '절서節序'의 내용 대부분은 해당 절기에 행하는 고유 풍속을 언급한 데 비해, 도광 연간 지방지에는 기후와 농업과의 연관성을 풍부하게 기록한 '전가점험田家占驗'이라는 항목이 나온다. 이 내용의 일부를 살펴보기로 하자.

영주의 나이 든 농부들은 한 해(의 흉풍凶豊)을 예견하는데, 원단元旦에는 마땅히 하늘의 기운(天氣)이 음침해야 그 해 풍년이 든다고 말한다. 원단 새벽에 동북풍이 불면 풍년이요, 북풍이 불면 평년작이며, 서북풍이 불면 보리와 콩이 풍년이 들고, 서풍이 불면 병란兵亂이 일어난다. 서남풍이 불면 소규모 가뭄이, 남풍이 불면 큰 가뭄이 찾아온다. 동풍이 불면 홍수가 발생할 수 있으며, 동남풍이 불면 유행병이 발생한다. 한 해의 (기운이) 사나우면, 이무기가 새 울음소리를 내는데, 갈까마귀가 빨리 울면 오리에게 (해가) 미치고, 두견이 빨리 울면 닭에게 해가 미친다.

영릉零陵과 기양 동쪽 지역은 조도를 심어 6월이면 다 자라기 때문에 가을 가뭄을 걱정하지 않는 (반면), 항상 봄 가뭄으로 고초를 겪는다. 도주道州, 영원寧遠, 영명永明, 강화江華는 만도를 심어 9월에 다 자리기 때문에 가을에 가뭄이 오지 않을까 두려워한다. 6~7월 사이, 폭우가 내리는 반면 갠 날은 드물어 이삭에 벼멸구와 풀무치 등의 해충이 끊이질 않는다. 그런 해충이 생기지 않아도, 안개가 심해 벌레가 오히려 많아진다. 큰 대나무로 만든 즐피(櫛披, 머리빗처럼 생긴 도구)를 만들어 (해충을) 훑어내야 하므로 몹시 힘이 든다.

영릉의 평지에는 조도, 중도, 만도를 심어 6~7월이면 모두 익어야 하므로, 여름 가뭄이 발생하지 않을까 걱정한다. 산에는 잡곡을 심는데 대부분 10월에 수확하므로 여름과 가을에 가뭄이 닥치고 서리가 빨리 내리지 않을까 걱정한다. 5~6월 사이에 장마가 지면 벌레가 생기기 쉽고, 7~8월에 내리는 비도 수확에 좋지 않다.[157]

강희《영주부지》의 내용과 비교할 때 도광 연간의 영주부 농업 상황은 놀랄 만한 변화를 겪었다. 그런 농업 변화에 맞춰 영주부 주민들은 기후를 세심하게 관찰해야만 했다. 늘 비가 많이 내리지 않을까 또는 가뭄이 닥치지 않을까 하는 걱정이 위의 글에는 잘 나타나는데, 이런 풍경은 적어도 강희 연간 지방지에는 등장하지 않았다. 이런 정황이야말로 인간의 경작 방법 변화로 인간이 거꾸로 자연에 예속됐음을 의미한다.

결국 이러한 일련의 변화는 기존의 사회경제사에서 통상 발전 과정으로 설명되는 산지 개발 양상으로 인간이 자연의 '눈치'를 보는 현상이 나타났다는 것을 뜻한다. 그리고 이것은 발전이 가져온 새로운 종류의 구속이었다.

---

[157] 道光《永州府志》卷5(上),〈風俗志〉, 7쪽 上~下.

| 4장 |
환경 의식

1 명·청 시대의 환경관

(1) 명·청 시대의 자연관

자연의 감상

　중국의 지방지에는 반드시 〈산천〉이라는 항목이 들어 있다. 그것은 산천의 경계와 위치를 언급한 지리서인 동시에, 산천에 깃든 수많은 사람과 사연, 종교, 전쟁, 신앙 등이 한데 어우러진 이야기책이기도 하다. 〈산천〉에는 망부석[1]과 같은 그 지역의 전설이 기록돼 있기도 하고, 심지어 자신의 허벅지 살을 잘라 시어머니를 봉양했던 효부의 이야기가 비석의 기록으로 남아 전해 내려온다는 이야기가 담겨 있기도 하다.[2] 한편 〈산천〉에

---

1) 同治《鉛山縣志》卷3,〈地理〉(山川), 14쪽 上. 연산현鉛山縣에 있는 이 망부석은 현 남쪽 180리에 있는 분수산分水山 서쪽 백학산白鶴山 봉우리를 가리킨다. 흔히 거론되는 것처럼, 이곳은 돌아오지 않는 남편을 기다리다가 부인이 바위로 변했다는 전설을 간직하고 있다.
2) 이 일은 건륭 44년(1779) 호북성 운양의 효부피孝婦陂에 어린 전설이다. 同治《鄖陽志》卷

는 자연 자체의 변화 양상은 물론이고, 해당 지역의 자연과 관련돼 산출되는 생산물이나 그 변화까지도 실려 있다.

일부 자료에 따르면 산천은 한 마을의 학문적 성과를 결정하는 요소로까지 등장한다. 강서성 연산현鉛山縣 서북쪽 5리에 있었던 장원산狀元山에 얽힌 이야기는 당시 사람들이 자연 경관을 어떻게 생각했는지 잘 보여준다. 말하자면 산수가 수려해 송·원대 이래 현신賢臣과 석학碩學이 줄을 지어 배출됐다는 것이다. 이러한 생각의 이면에는 산의 기운을 받아들여 한 마을의 문풍文風을 진작하고자 하는 의도가 들어 있다. 또 자연이 주는 특혜를 단지 물질적 토대에 국한한 것이 아니라, 인간의 정신적인 면과 더불어 한 지역의 성패를 좌우할 수 있는 요소로 인식했다는 사실도 포함돼 있다.[3] 바로 이런 점에서 지방지의 〈산천〉항목에는 자연 경관의 변화를 알 수 있는 정보와 더불어, 당시 사람의 자연관을 읽을 수 있는 내용이 상당수 들어 있다. 따라서 이번 장에서는 장강 중류 지역 지방지의 〈산천〉을 중심으로 당시 사람이 자연을 어떻게 인식했는지 살펴보려고 한다.

명·청 시대 사람들은 자연을 보고 어떤 생각을 가졌을까? 당시 사람들은 자연의 형상이 매우 다양하기 때문에, 자연이 담고 있는 정한情恨도 매우 다의적이라는 점을 누누이 강조했다. 다음의 이야기는 그런 사실을 잘 보여준다.

하선암何仙巖이 왜 눈에 띄게 됐는지는 알 수 없다. 이전 지방지에 따르면 하선고何仙姑가 이곳의 길을 닦았다는 사실이 전해 내려오는데, 그것을 확

1(下),〈輿地〉(山川), 5쪽 下~6쪽 下.
3) 同治《鉛山縣志》卷2,〈地理〉(疆域), 10쪽 上~下와 특히 同書 卷3,〈地理〉(山川), 28쪽 上~29쪽 上 참조.

인할 길은 없다. 하선암 앞에는 미륵, 대사大士, 진무鎭武(도교에서 신봉하는 신으로, 현무玄武라고도 한다)를 받들고 있으며, 뒤쪽에는 여선女仙을 받들고 있는데, 그 여선의 이름은 알 수 없다. 도원현桃源縣(호남성)에서 40여 리를 가면 비로소 크고 작은 봉우리가 보이는 곳으로 들어갈 수 있는데, 자는 듯한 것, 웅크린 듯한 것, 기댄 듯한 것, 일어난 듯한 것, 가는 듯한 것, 멈춰선 듯한 것, 구부린 듯한 것, 올려보는 듯한 것, 두 팔을 벌린 듯한 것, 팔을 내민 듯한 것, 넓게 펼쳐진 듯한 것, 춤추는 듯한 것, 끊어진 듯한 것, 이어진 듯한 것, 병행해 서 있는 듯한 것, 한데 뒤섞인 듯한 것 등이 있으니, 산의 모습이 하나같지 않으며, 모습도 한 가지 감정을 가지고 있지 않다.[4]

이 글을 쓴 사람은 바위의 다양한 모습을 통해 자연이 보여주는 감정도 단일하지 않다는 사실을 전달하고자 했다. 명·청 시대 사람들은 이처럼 복잡한 형상을 지닌 자연 속에 인간의 다양한 감정을 투영했다. 하지만 중국인은 복잡한 자연 현상에서 질서를 찾으려고 했으며, 일찍부터 그러한 질서를 인간의 활동과 결부하려고 노력했다. 널리 알려진 것처럼 그런 질서를 구체화한 사상이 바로 음양과 오행이다. 다만 고대에 창안된 음양과 오행은 자연의 질서를 수비학數秘學 차원에 가둬두는 결과를 낳았다.[5]

자연에서 질서를 찾으려고 했던 고대의 경향과 달리, 명·청 시대 지식인은 자연을 직접 경험하려고 했던 것처럼 보인다. 직접적인 경험을 일종의 정복욕이라고 표현해도 좋을 만큼 명·청 시대 사람들은 산을 즐겨 찾았다. 그들이 오랜 준비 기간을 거쳐 산 정상을 밟으려 했던 의도는 오늘

---

4) 羅人琮,〈何仙巖記〉,《湖南文徵》(4권) 卷43(記二), 3쪽 上.
5) Donald Harper, "Warring States Natural Philosophy and Occult Thought", Michael Loewe and Edward L. Shaughnessy (eds.), *The Cambridge History of Ancient China* (Cambridge : Cambridge University Press, 1999), 814쪽.

날 등산가들이 험한 산을 오르기 위해 기울이는 노력과 아무런 차이가 없었다. 그들은 여러 사람과 날짜를 약속하고, 해당 지형을 살폈으며, 시종과 지팡이를 준비했다.[6] 이런 과정에서 가보지 못한 곳을 다시 찾기 위해 후일을 기약하는 예까지 존재하는 것을 보면, 당시 사람들이 산에 오른 이유는 분명히 이전 시기에 등장했던 자연 감상의 범위를 초월한다.

이처럼 명·청 시대의 중국인은 자연 속에 들어가 자연을 직접 관찰하고 자연의 기능적인 면을 분명히 확인했던 듯하다. 사료에는 당시 사람들이 자연을 감상하는 한편, 자연의 기능을 관찰해 그것을 어떻게 이용하면 좋을지 생각하는 모습도 보인다.

나는 상향현湘鄉縣 100리 밖에 있는 나산羅山에 살고 있다. 여러 봉우리가 사면으로 열을 지어 있는 까닭에 이름을 나산이라고 했다. …… 산세를 보면, 서쪽의 가장 큰 산을 황룡산이라 하는데, 횡으로 수십 리나 된다. …… 나는 그 밑에 거주하는데, 나머지 작은 산들이 종횡으로 겹쳐 있어 마치 궁중 안에서 읍례를 받는 형상이다. 그 사이에는 좋은 논이 많이 있어 벼를 재배하기 적당하며, 텃밭은 콩·오이·마麻 등을 기르기 적당하고, 산에는 소나무·삼나무·동나무·가래나무·대나무 등을 심기에 적당하다. 조류는 꾀꼬리와 까마귀가 많고, 사람들은 매우 순박하다. 물이 맑으며 굽이져 흘러 내를 만든다. 그렇게 휘돌아 흐르는 물이 급하게 흘러 쌍봉을 경유해서 밑으로 흐른다. 대체로 산이 솟고 하천이 흐르는 모습은 천지자연의 조성물이다. 사람들은 자신의 일을 하는 틈틈이 그런 산천과 함께 자연 경관을 구경하는데, 세상의 더러운 먼지를 떨어내고 답답한 마음을 뚫는 데 최고로 적당하다.[7]

---

6) 劉應祁, 〈游龍山記〉, 《湖南文徵》(4권) 卷42(記一), 39쪽 上~下.
7) 羅澤南, 〈羅山記〉, 《湖南文徵》(4권) 卷55(記十四), 16쪽 上~17쪽 上.

이 글은 자연이 적극적인 이용 대상이라는 점을 강조하려는 것처럼 보인다. 물론 자연을 감상하는 여유도 담겨 있지만, 그보다는 자연의 존재가 우리 생활과 어떻게 연결되는지를 더 잘 전해준다. 더구나 지은이는 자연이 제공하는 물질적인 면만이 아니라, 자연이 인간의 마음을 치유할 수도 있음을 애써 강조한다. 자연 경관을 단순히 감상하든 또는 자연을 통해 인간의 심리적·물질적 고민을 해결하려고 하든지 간에 명·청 시대 사람들은 이러한 직접적인 경험을 통해 자연 경관의 변화를 매우 예민하게 감지했다.[8] 다음의 일화에서 볼 수 있듯이, 물론 그러한 경험 속에는 자연 변화에 대한 일종의 무상감도 들어 있다. 호남성 서포현 성내城內에 있었던 화개산華蓋山은 주산主山의 높이가 수십 장丈에 불과한 그리 높지 않은 산이었다. 그런데 그 산의 변화에 얽힌 이야기를 지방지는 다음과 같이 묘사했다.

> 《원화군현지元和郡縣志》에 따르면 자계산紫溪山, 외아산巍峩山, 화개산華蓋山이 있다고 기재돼 있으며, 모두 현縣 주변에 있었다. 화개산은 일명 도화산桃花山으로 불리는데, 산에 복숭아나무가 많아 현재는 도화포桃花圃라고 부른다. 화개산과 도화포를 조사해보니 모두 현재 지방지에 그 명칭이 기재돼 있다. 오직 자계산과 외아산에 있었던 샘물의 명칭만이 사라졌는데, 그것은 이상한 일이 아니다. 이미 부량산鄜梁山도 없어져버렸으니,《원화군현지》가 (편찬된 당시와) 비교해보면 수천 년이 흘렀다.[9]

《원화군현지》는 당대唐代의 이길보李吉甫가 원화元和 8년(813)에 완성한

---

8) 명대의 저자인 이동양李東陽이란 인물도 산동성에 있는 난산蘭山을 돌아보며, 이전과는 달리 그곳의 풍경이 크게 변했다는 사실에 매우 분노했다고 적고 있다. 李東陽,〈山行記〉,《湖南文徵》(1卷) 卷18(記二), 39쪽 上.
9) 乾隆《辰州府志》卷5,〈山川考〉(下), 1쪽 上.

중국의 대표적인 지리서다. 이 인용문이 들어 있는《진주부지》가 건륭 30년(1765)에 간행됐음을 감안하면, 두 저서의 편찬 시차는 1,000년 정도 나는 셈이다. 한편 이 글에 등장하는 부량산 역시 건륭《진주부지》에 따르면《한서漢書》에 기록된 산으로, 서수序水가 이 산에서 발원해 원수沅水로 흘러 들어간다는 설명이 나온다.[10] 하지만 그 설명이 전부이고, 산천을 설명할 때 일반적으로 들어가는 위치 표시조차 기록돼 있지 않다. 실제로 부량산 관련 기록은《한서》권卷28,〈지리지〉(8)에 그대로 등장한다.[11] 그리고 널리 알려진 것처럼《한서》는 반고班固(32~92)가 후한後漢 시대(25~220)에 발간한 역사서로, 건륭《진주부지》와의 시차는 거의 2,000년에 이른다.

요약하면, 이 인용문의 저자는 약 2,000년의 시차를 두고 사라진 산골의 샘물과 부량산을 언급했다. 이 글이 흥미로운 이유는 산이 없어지고 샘물이 고갈된 것을 당연하게 생각하는 글쓴이의 태도 때문이다. 즉,《한서》에 기록된 부량산이 현재 남아 있지 않은 것처럼, 세월이 지나면 자연 경관이 변할 수밖에 없다는 일종의 체념이 저자의 의식 저변에 깔려 있다. 한편 화개산을 도화산으로 부르게 된 계기 역시 당唐 나라의 한 도인道人이 이곳에 복숭아를 심었던 사실에서 기인한다는 설명을 고려하면, 역사 시대 자연 경관의 변화 요인 역시 다양했다는 점을 알 수 있다.

자연 변화에 대한 인식

그렇다면 이러한 자연 변화에 대한 명·청 시대 사람들의 인식은 어떠했을까? 이 문제에 대한 다음의 두 사례는 자연 환경 변화에 대한 당시 사람

---

10) 乾隆《辰州府志》卷5,〈山川考〉(下), 3쪽 下.
11)《漢書》卷28(上),〈地理〉(8), 1595쪽."義陵, 鄜梁山, 序水所出, 西入沅."

들의 인식 외에도, 환경 변화의 시간 추이를 가늠할 수 있는 중요한 자료다. 우선 한 지역은 장강 중류 지역은 아니지만, 역시 청 초에 이민자의 유입으로 급격하게 환경이 변한 삼성 교계 지역에 속한 섬서성 남부 일대다.

> 나는 도광 9년(1829) 낙성樂城으로 부임해 이곳을 지나가게 됐다. 사묘寺廟 뒤를 보니, 산등성에 오래된 측백나무가 하늘을 가리고 있어 잡목이 생장할 곳이 없으니, 산 이름이 자백산紫柏山이라는 것이 허명이 아님을 알 수 있었다. 그리고 그 나무는 모두 천수백 년이 된 것으로, 벌목과 입산을 금지하지 않았다면 어떻게 이처럼 (숲이) 무성할 수 있겠는가! 이후 10년이 지나 한중漢中 수령을 맡아 이곳을 다시 지나게 됐다. 산과 계곡은 모두 옛 모습 그대로였지만, 산림의 (모습은) 완전히 달라져 있었다. 그 까닭을 생각해본즉, 전호佃戶가 사사로운 이익을 탐내 다른 사람에게 다시 경작을 맡기고, 남벌을 자행했으며, 주지住持 또한 그 와중에 이익을 챙긴 탓에 고목이 사라져 버리게 됐으니, 참으로 신인공분神人共慎할 노릇이었다.[12]

이 고시문이 공포된 시기는 도광 19년(1839)이다. 저자인 유봉진兪逢辰에 대한 정확한 자료는 찾을 수 없으나, 그가 성고현城固縣 지현이었다는 점은 분명히 확인할 수 있다. 문맥으로 보아 낙성은 사천성 장수현長壽縣 서쪽에 위치했던 듯하다. 한편 자백산은 청대에 봉현鳳縣에 속했지만, 건륭 15년(1750)에 따로 유패청留壩廳을 설치하면서[13] 유패청에 속하게 됐다. 명대 가정 연간(1522~1566) 지방지에는 자백산에 대한 설명이 간략하게 나오지만,[14] 청대 가경 연간(1796~1820)에 간행된 지방지에는 자백산에는 자

---

12) 兪逢辰,〈禁伐紫柏山樹木示〉, 道光《留壩廳足徵錄》卷1,〈文徵〉, 35쪽 上~下.
13) 牛平漢 主編,《淸代政區沿革綜表》(北京 : 中國地圖出版社, 1990), 437쪽.

백나무가 많으며, 산 정상에는 동굴이 있지만, 산이 험준해 사람들이 함부로 오를 수 없다는 기록이 있다.[15]

　이 고시문은 환경 변화에 대한 정확한 시차를 언급한 귀중한 사료다. 그리고 이 글의 설명대로 약 10년 만에 한 지역의 산 풍경이 완전히 변해버렸음을 알 수 있다. 특히 가경 연간까지도 이 지역에 자백나무가 많이 존재한다는 언급으로 미루어, 한 지역의 환경 악화가 매우 신속한 속도로 진행됐음을 알 수 있다. 또 오늘날과 마찬가지로 과거에도 산을 사이에 둔 이해 당사자들이 정말 부지런히 산림 자원을 마구잡이로 이용했다는 사실도 이 인용문에는 명확하게 나타난다. 하지만 정작 이 인용문의 의의는 좀 다른 데 있다.

　첫째, 이런 종류의 글이 적어도 명·청 시대 이전에는 많이 남아 있지 않다는 점이다. 앞서 지적했듯이 명·청 시대 사람들이 다양한 이유로 자연에 직접 들어가 현장을 살피는 일이 잦았다는 것을 이 글은 말해준다. 물론 유봉진이 자백산을 왕래한 이유는 공무 때문이었지만, 이런 경우 기존의 지식인이나 관리는 대부분 자연 경관을 그대로 읊었다. 하지만 자연 경관의 변화를 읊었다 해도, 이처럼 실질적인 내용을 언급한 예는 극히 드물다. 유봉진은 자연 경관의 변화 양상과 그 이유를 정확하게 살폈을 뿐 아니라 당시 자연 변화에 대한 인간의 책임을 부각했다는 점은 그의 의도가 무엇이든 상관없이 매우 의미심장하다. 그가 자연 경관의 변화에 대한 단순한 '회한'이 아닌 '사실'을 그렸기 때문이다.

　둘째, 유봉진이 느낀 '신인공분'이란 말을 되짚어 생각할 필요가 있다. 일차적으로 이 언급은 당연히 자원 남용에 대한 경계심과 아울러 환경 악

---

14) 嘉靖《陝西通志》(西安 : 三秦出版社, 2006), 103쪽.
15) 嘉慶《重修一統志》(北京 : 中華書局, 1986), 卷237,〈漢中府〉(1), 17쪽 下.

화를 죄악시하는 관념을 보여주는 말이다. 하지만 이 글의 어감으로 볼 때 신인공분의 대상은 특정 개발자이며, 인간 전체에 대한 비판은 아니다. 그는 자백나무가 보호될 수 있었던 가장 큰 이유로 봉금을 들었는데, 이는 거꾸로 국법을 어기고 이 지역을 몰래 개발한 특정 집단에 대한 비판이 담겼다고 볼 수 있다.

한편 자연 경관이 짧은 기간에 변했을 때의 반응(유봉진의 경우)과 일정한 시차를 두고 서서히 변해갔을 때의 반응은 사뭇 달랐다. 후자의 경우로, 다음은 호남성 남부 영주부永州府에 있는 만석산萬石山에 관련된 이야기다. 만석산은 부성府城 뒷면에 있었으며, 여기에는 만석정萬石亭이라는 정자도 있었다. 당대唐代의 유종원柳宗元(773~819)은 원화元和 10년(815) 당시 만석정 주위의 풍경을 다음과 같이 읊었다.

최공崔公이 영주에 와 한가한 날 성에 올랐다. 성 북쪽 담장은 넓은 황야에 접하며, 우거진 숲 사이로 괴석이 불쑥 튀어나온 것을 볼 수 있으니, 그 밑은 당연히 풍경이 빼어날 것이다. 걸어서 서문을 나와 그 언덕을 찾으려고 대나무를 자르고 숲을 헤쳐 (나아갔다). 그 옆을 통해 들어가니 계곡에 닿았으며, 시냇물을 건너게 되는데, 한결같이 대규모 석림石林이 들어서 있어 (그 모습이) 마치 구름이 흩어져 사방으로 퍼지는 것 같으며, 바둑돌이 어지럽게 놓여 있는 것처럼 보였다. 분노한 형상의 바위는 호랑이와 싸우는 듯하며, 발돋움하는 형상의 바위는 새가 날쌔게 날아와 둥지를 헤집는 듯하다.[16]

---

16) 康熙 33年《永州府志》卷3,〈山川〉(上), 2쪽 上.《영주부지》는 전방기錢邦芑가 편찬한 강희 9년(1670) 간본과 상재常在 등이 편찬한 강희 33년(1694) 간본이 있으므로 각각 연도를 표시해 구분했다.

이어서 이러한 풍경은 다음과 같이 변했다.

만석정의 군석群石이 하늘을 찌르고, 밑으로는 상강湘江의 흐름을 볼 수 있는데, 유종원은 역시 대나무를 자르고 숲을 헤쳐 나아갔으며, 그 옆을 통해 들어가니 계곡에 닿고 시냇물을 건너게 되는데, 한결같이 대규모 석림石林이 들어서 있다고 언급했다. 현재 바위는 모두 깎여 평지가 되고, 한 방울의 물도 구할 수 없게 됐다. 누대는 퇴락해서 겨우 터만 남았으니 다시는 여행객이 돌아오지 않았다. 고적이 한 번 스러지면 장탄식만 있을 뿐이다.

이 인용문 뒤에 또 다른 저자 역시 "이 지역 일대가 모두 황량하게 변해 버렸으니 어찌 상전벽해의 마음이 생기지 않겠는가"라고 읊었다. 불행하게도 두 번째 인용문의 저자가 이 글을 어느 시기에 쓴 것인지 판단할 만한 자료는 없다. 다만 이 지방지가 강희 연간의 것이기 때문에 오히려 명대의 저자일 가능성도 크다. 중요한 사실은 한 지역의 경관이 장기간의 시간이 흐른 뒤 완전히 달라졌다는 점이다. 두 번째 인용문은 유종원의 언급을 그대로 사용했다. 이것은 두 번째 인용문의 저자 역시 당대唐代에 이 지역의 풍광과 자신이 보는 풍광이 완전히 달라졌다는 점을 여실히 느꼈다는 반증이다.

이제 자연도 항상성을 지닌 존재가 아니라는 사실을 명·청 시대 사람들은 분명히 인식했지만,[17] 이 글의 내용은 대단히 실용적인 사고를 담고 있

---

[17] 이런 점에서 사람은 사물이 천수를 다하지 못하게 만들 수 있으며, 천지天地가 스스로 자신의 천수를 다할 수 없는 대신, 천지가 살 수 있는 시기는 항상 정해져 있는 반면, 사람은 그렇지 않다는 지적은 사람과 자연의 수명과 변화에 대한 당시 사람들의 인식을 잘 말해준다. 따라서 이 말에는 인간이 자연을 변화시킬 수 있지만, 자연은 수동적이라는 사실과 함께 자연의 그런 수동적 위치에도 인간에 비해서는 일정 기간의 생명이 보장된 존재라는 인식이 들어 있다. 李東陽,〈原壽〉,《湖南文徵》(1卷) 卷13(說), 8쪽 上.

다. 자연 경관이 변해서 이제는 사람들이 더 이상 찾지 않는 데 대한 아쉬움을 지은이는 먼저 토로한다. 더구나 그는 기껏 탄식만 했을 뿐, 그 이상의 언급은 하지 않았다. 앞의 유봉진이 토로한 '신인공분'은 차라리 예외적인 심정이라고 할 정도로 그는 자연 경관의 변화를 담담하게 받아들였다. 이처럼 자연을 직접 경험하고, 그 경험을 통해 자신이 인식한 자연 변화를 묵묵히 수용하는 태도는 명·청 시대 사람들의 중요한 자연관이었다.

그리고 그것은 과거 자연과 인간을 일종의 한 몸체로 봤던 중국인의 전형적인 자연관과 판이하게 다른 점이다. 현대의 한 저자는 다음과 같이 지적했다.

> 인간은 다른 생명체와 마찬가지로 도道의 피조물이다. 그러나 다른 생명체와 달리 인간은 훨씬 더 큰 지적 능력과 행동 능력을 지니고 있다. 따라서 인간에게 자연적인 것이란 특정 개인이 식물이나 동물의 생명을 선도先導하는 것이 아니다. 오히려 특정 개인은 한편으로는 개인과 자연 사이에서, 다른 한편으로는 자연의 여러 사물 사이에서 조화와 균형을 왜곡, 가해, 망각, 파괴하지 않고, 자신의 지적 능력과 행동 능력에 적합한 가치 상태를 달성해야만 한다. 인간은 이러한 상태를 달성할 수 있는 지혜를 가져야 하며, 그러한 지혜를 발전시키기 위해 항상 노력해야 한다.[18]

자연과 인간의 관계에 대한 이러한 언급은 놀랍게도 자연에 대한 인간의 우위를 지적하는 동시에, 인간이 현명해야 자연을 이해할 수 있다는 논리로 이해할 수도 있다. 무엇보다 이 문장이 강조한 사실은 자연이 평형

---

18) Cheng Chung-ying, "The Trinity of Cosmology, Ecology, and Ethics in the Confucian Personhood", Mary Evelyn Trucker and John Berthrong (eds.), *Confucianism and Ecology* (Cambridge : Harvard University Center for the Study of World Religions, 1998), 228쪽.

상태를 유지하기 위한 중요한 전제 조건은 바로 인간의 지적 능력이라는 점이다.

역설적으로 도가의 자연 사상의 이면에는 이처럼 인위적 요소가 강하게 들어 있는데,[19] 이런 사고를 적극적으로 구체화했던 시대가 바로 명·청 시대였다. 따라서 명·청 시대 중국인은 자연을 훨씬 더 기능적으로 파악했다. 이것이 바로 그들이 대체로 산과 강 그리고 평야가 지닌 각각의 고유한 기능을 정확하게 감지할 수 있었던 중요한 이유였다. 다음의 예는 당시 사람들이 자연 보호와 자연의 이용이라는 상반된 개념을 어떻게 혼용해 사용했는지를 보여주는 전형적인 언급이다.

> (우리) 마을은 산이 많고 논(전田)이 적어, 10리가 평평한 지역이 없으며, 또 산에는 단단한 바위가 많아 개간할 수 없다고 말을 하지만, 이 모든 것은 올바른 말이 아니다. 산이란 무릇 마을에 (반드시) 있어야 하는 것이며, 또 세상의 모든 고을에 산이 존재하기란 쉽지 않다. 산이 있으면 (외부에서) 보호를 받을 수 있고, 사람이 그 산 밑에서 (산을) 의지해 살 수 있다. 토전土田이 있으면 먹을 것을 얻을 수 있고, 높은 곳은 매장지로 삼을 수 있다. 더 높은 곳에는 나무가 자라니, (그 나무를) 궁궐, 가옥, 기구器具, 관목棺木 등을 만드는 데 이용할 수 있다. 그 산 밑에서는 샘물이 나올 수 있어 평전平田을 관개하는 데 물 걱정이 없으며 또 가뭄 걱정도 없다. 현재 강한江漢 (장강과 한수 유역) 일대와 잠강, 면양은 수재로 많은 피해를 보지만, 산 밑에

---

19) 도가 사상에 포함된 인위적 요소는 일찍부터 중국의 철학자들이 강조해온 사실이다. 이 점에 대해서는 Benjamin I. Schwartz, *The World of Thought in Ancient China* (Cambridge, Massachusetts and London : Harvard University Press, 1985) 참조. 그는 특히 노자가 주장하는 원시 사회야말로 의도적인 계획이며(213쪽), 그가 따로 '도구적 도가 사상'이라 명명한 황노黃老 사상 (237~254쪽)에 대한 설명을 통해 법가와 도가의 동일성을 언급했다.

있는 (마을은) 그러한 소리를 듣지 못했다. 높은 곳에 거주한 까닭이다. 대다수 사람이 수리水利는 알고 있으나 산리山利는 알지 못하니, 어찌 산의 이로움이 다음과 같다는 사실을 알겠는가. …… 무릇 산에서 생장하는 것은 재목材木에 적당하며, 오곡五穀에 적당한 것은 아니다.《중용中庸》에 따르면, 초목이 자라고 금수가 사는 보배가 숨겨진 곳이며, (산에) 오곡이 (자란다는) 말은 듣지 못했다. …… 무릇 곡식을 심는 곳은 평원의 습지와 평지이며, 이곳보다 높은 곳은 본디 나무를 심기에 적당한 곳이며, 곡식을 심기에는 적당한 곳이 아니다.

　현재 (사람들이) 천지天地의 성질을 따르지 않은 채, 여러 산의 산록山麓과 소산小山의 언덕과 산등성이에 불과한 곳에 고원高原(에서 자라는) 기장을 키우고, 그보다 높은 곳에도 기장을 심으니, 그 의도는 많은 곡식을 얻으려고 하는 데 있지만, 이는 토지에 해를 끼치게 마련이다. 대체로 산이 무너지면 냇가가 말라 토지에 해를 끼치게 된다. 산이 붕괴하면 왜 하천이 마르며, 토지를 개간하면 왜 산이 무너지는가? (본래부터) 하늘은 산의 토지를 개간에 적당하지 않게 만들기 위해 돌을 만들어 산을 보호했지만, 사람들이 오히려 (산의) 견고함을 개간하려고 하기 때문이다. 또 (이 때문에) 산의 견고함에 병이 들면 오히려 개간도 불가능해지는데, 어찌 이러한 천지의 성질을 알지 못하는가.[20]

앞에서 이미 이 자료는 간단히 언급했다. 그러나 명·청 시대 지방지에 따로 〈산〉이란 항목을 두어 산이 지닌 의미를 자세히 이야기하는 경우가 거의 없다는 점에서 이 자료는 상당한 가치가 있다고 판단해, 좀 더 상세히 인용했다. 이 인용문의 끝은 당시 호북성 응산현應山縣에 있는 산의 약점

---

20) 同治《應山縣志》卷4,〈山〉, 1쪽 上~2쪽 下.

은 나무가 적은 것이라면서, 산에 본래대로 나무가 많아지면, 그것이야말로 웅산현의 복이라는 말로 맺고 있다.

이 인용문은 그런 점에서 산의 환경에 대해 각별한 관심을 표현했으며, 실제로 당시 사람들이 곡물을 많이 생산하려는 지나친 욕심 때문에 산에 올라가 마구잡이로 경작지를 만들었던 현실을 비판했다. 따라서 이 글은 환경 보호를 주장하는 셈이다. 그러나 관점을 달리하면, 이 글이 자연의 적절한 이용을 강력하게 주장한 점도 주목할 만하다. 이 인용문의 서두에는 인간이 평야 지역과 산악 지대에서 얻을 수 있는 구체적인 이점을 설명하는 한편, 산과 평야에서 인간이 얻을 수 있는 생산물까지도 구체적으로 열거한다. 이렇게 볼 때 글쓴이의 기본적인 의도는 산과 목재를 보호하는 데 있는 것이 아니라, 인간 생활에 유용하게 쓰일 자연에 대한 적절한 이용 방법을 모색한 것이다.

자연물의 제거

이처럼 자연을 인간이 이용하고자 할 경우, 산은 심지어 거추장스러운 존재가 되기도 했다. 특히 산악 지역의 인구가 늘고 경제활동이 증가함에 따라 이제 산은 경탄의 대상이 아닌 방해거리가 됐다. 일상생활은 물론이고 전투가 벌어질 때에는 더없는 장애 중 하나가 바로 산이었다.[21] 앞서 도로 문제를 언급하면서 잠깐 이런 문제를 제기했는데, 당시 사람들이 산

---

21) 전쟁 발발로 숲이나 다른 자연이 훼손되는 예는 굳이 장강 중류 지역에만 국한된 게 아니다. 아마도 시대나 장소의 차별 없이 전쟁은 자연에 커다란 해를 끼쳤다. 더구나 장강 중류 일대는 묘족 반란이나 개토귀류 과정에서 전개된 전투로 자연 자원이 훼손됐으며, 당시 관리들은 묘족의 은거지를 없애기 위해 산림을 불태워야 한다는 주장을 서슴지 않았다. 이 점에 대해서는 嚴如熤, 〈平苗要策〉, 光緒《乾州廳志》卷7, 〈苗防〉(1), 30쪽 下 참조.

을 깎아 도로를 만드는 데 들였던 노력과 재정 부담을 환경사 관점에서 되짚어볼 만하다. 즉, 명·청 시대 사람들도 막대한 돈을 들여 교통의 불편을 해소해야만 했던 당위성을 느끼지 않았을까?

1장에서 인용한 호남성 계동현 팔면산 이야기에서 알 수 있듯이, 이제 자연의 존재는 때로 인간의 생활에 매우 불편한 요소로 변했다. 따라서 청대에 팔면산 길을 수리했던 호성胡星의 기록에 등장하는 것처럼, 이곳은 현기증이 날 정도로 험한 길이기 때문에 '촉도蜀道를 지나가는 것은 푸른 하늘에 오르는 것보다 더 어렵다'[22]는 말은 그런 생활상의 불편함을 직접적으로 표현한 것이다. 이러한 언급으로 미루어 팔면산은 당시 꽤 험준한 산이었음이 분명하며, 1장에서 언급한 인용문의 서두 부분은 그런 상황을 잘 보여준다.

하지만 이제 사람의 활동 영역이 산악 지역으로 확대되자, 그처럼 험준한 길을 오갈 수밖에 없었다. 이 경우 산은 인력으로 그 모습을 변형시켜야 할 일종의 극복 대상이었다. 따라서 산간 지역에 도로를 건설하기 위해 남벌과 심지어 산불을 놓는 일도 빈번했다.[23] 이런 점에서 자연 경관 변화에 대한 심각성을 명·청 시대 사람들이 느꼈다고 해도, 이제 자연이 적극적인 이용의 대상으로 변했다면 지나친 주장일까? 이 문제를 좀 더 구체적으로 살펴보기 위해 다음의 예를 살펴볼 필요가 있다.

호남성 서포현에는 독수獨樹라 불리는 고목이 있었는데, 원대부터 생장했던 이 나무의 굵기는 팔 둘레의 세 배나 됐다. 강희 연간에 고사枯死했다

---

22) 胡星,〈修八面山路記〉, 嘉慶《桂東縣志》卷17,〈藝文上〉(記), 2쪽 上. 여기서〈수팔면산로기〉의 저자로 등장한 호성은 명대 사람의 작품을 게재한 부분에 기재돼 있지만, 1장에서 언급된 주 9)의 嘉慶《桂東縣志》卷2,〈疆域〉(山川), 12쪽 上~13쪽 下의 인용문에 따르면 청 건륭 연간의 인물로 등장한다. 그러나 嘉慶《郴州總志》卷25,〈職官〉(上), 15쪽 上에는 그가 건륭 2년(1737)에 침주의 知州로 부임했다는 기사로 보아, 그는 청대 인물이라고 할 수 있다.

23) 乾隆《祁陽縣志》卷1,〈山川〉, 7쪽 上~下.

가 다시 살아난 이 나무에서 피는 꽃의 다과多寡로 마을의 풍흉을 점쳤다. 역시 서포현에 있었던 단풍나무는 곡우穀雨를 전후로 마을 사람들이 그 나무의 잎이 나오는 것을 보고 파종을 했던 농시農時의 기준이 되는 중요한 나무였다.[24] 사람들은 이 단풍나무 잎을 살피지 않고 파종하면 반드시 흉년이 든다고 믿었다. 따라서 마을에서는 이 나무에 치성을 드렸다. 또 호남성 진계현 현성에서 남쪽으로 30리 떨어진 계산桂山 정상에는 수십 그루의 고송이 울창했는데, 그곳은 마을 사람들이 기우제를 지내는 중요한 장소였다.[25]

그런데 당시 사람들은 나무를 이처럼 경건한 숭배의 대상이자 추상적인 사물로만 인식했을까? 앞에서 명·청 시대에 이르면 나무가 귀중한 상품이 됐기 때문에 사람들이 나무의 경제적 효용성을 정확하게 알고 있었다는 사실을 이미 여러 차례 언급했다. 호북성 흥산현興山縣에 등장하는 나무에 대한 설명은 더 이상 나무가 효험 있는 기원의 대상이 아니었음을 구체적으로 보여준다.

삼가 살펴보건대, 흥산읍 수목의 이로운 점은 네 가지다. 저지대의 논은 습기가 많으며 토지가 척박해 한여름에 행여 폭우가 내려 잠기게 되면, 저지대 땅은 붕괴하고 고지대 땅은 점차 유지할 수 없게 된다. 나무를 심으면 땅에 물이 저장돼 척박한 땅이 비옥한 땅으로 바뀔 수 있으니, 이것이 첫 번째 이로움이다. 산비탈 지역은 1년 내내 어렵게 일해도 가을철에 거의 수확하지 못한다. 차와 고사리류는 (적당한) 토지를 일부러 골라 심지 않아도

---

24) 民國《溆浦縣志》卷28,〈雜識〉, 19쪽 上.
25) 道光《辰谿縣志》卷5,〈山川〉, 5쪽 下. 계산桂山에는 원래 계수桂樹가 많이 자라 그 향기가 수십 리에 달했지만, 청 후기에 이르러 계수 대신 소나무가 많이 자랐다. 그렇게 된 구체적인 이유는 나와 있지 않다.

그 수확이 고량에 열 배에 달하니, 이것이 두 번째 이로움이다.

산전山田과 산지山地 가운데 가장 척박한 곳에서는 농사일 역시 배가 든다. 무용한 땅에 온 힘을 기울이기보다는, 오히려 유용한 땅에 힘을 쏟아야 한다. 현재 밤나무나 차나무 등을 평전平田에 심고 분뇨를 주며 전력을 기울여 심경深耕과 제초를 한다면 수확이 반드시 배가 될 것이니, 이것이 세 번째 이로움이다. 또 산지의 바위투성이 황전荒田은 반드시 화경火耕을 해야 한다. 1년은 수확할 수 있으나, 2년째는 수확이 빈약하고, 3년이 되면 아무런 수확이 없다. 또 가뭄이나 홍수 걱정으로 풍흉이 고르지 않으며, 1년 내내 열심히 경작해도 (생활이) 여유 있어지지 않는다. 나무를 심어 1~2년 정도만 가꾸면 그 후 순조롭게 자라며, 7~8년 후가 되면 가만히 앉아서 먹을 게 해결되고 많은 이익을 얻을 수 있다. 한 번의 수고로 영원히 안락함을 얻을 수 있으니, 이것이 네 번째 이로움이다.[26]

이 글을 쓴 오한장吳翰章은 동치 연간(1862~1874)에 거인擧人에 오른 호북성 흥산현 사람이다. 따라서 흥산현 사정에도 밝았으리라고 추정되는데, 그는 이 글의 서두에서 흥산현을 암읍巖邑이라고 지칭했다. 그런 만큼 흥산현과 같은 산악 지역의 경제적 활로는 바로 식수植樹라고 생각했다. 다 언급하지는 않았지만, 이 글 뒤에는 다시 흥산현 각 지역에 적절한 수종, 즉 뽕나무, 칠나무, 대나무 등을 거론했다. 그가 정확히 지적했듯이, 이제 나무는 산악 지역의 경제를 살릴 매우 중요한 자원으로 인식됐다.

이 글이 흥미로운 이유는 농업의 중요성을 배제했기 때문이다. 이 글을 확대 해석하면 아예 농사를 포기하는 것이 훨씬 유리하며, 식목이 안락한

---

26) 吳翰章,〈興山種藝說〉,《雙谿文鈔》, 4쪽 下~5쪽 上. 오한장의 이 문집은 光緒《興山縣志》에 들어 있다.

생활을 위한 중요한 전제 조건이라는 착각이 들 정도다. 불리한 농업을 만회하기 위한 대안으로 등장한 것이 바로 나무이고, 이런 점에서 식목은 부를 이룰 중요한 수단이었다. 당시 상당수 관료는 이런 생각을 했던 것으로 보인다. 건륭 연간 영순부 지부知府를 역임한 장천여張天如는 그러한 자신의 의견을 가감 없이 백성에게 강요했다. 그는 건륭 25년(1760)에 다음과 같은 고시를 내렸다.

살펴보니, 백성은 산지에 잡량을 광범위하게 심어 매년 (그것을) 식량으로 삼고 있었다. (그러나) 나무를 심어 생기는 이익으로는 수년이 지나면 부자가 될 수 있다는 사실은 어찌 모른단 말인가. 여러 백성은 하천가에 반드시 삼목을 심고, 응달에는 납수蠟樹를 심으며, 평지에는 동유수를 심고, 모래와 자갈땅에는 꽃과 산초나무를 심으며, 텃밭과 담장 주변에는 뽕나무를 심어 양잠을 하거나, 마를 심어 옷감을 만들어야 한다. (그런 나무들이) 자란 후에는 인력을 쏟고 매년 김매기를 하지 않아도 이익을 얻을 수 있다.[27]

장천여의 이 글은 오한장의 주장과 크게 다를 바가 없다. 다만 장천여는 본격적으로 목재를 생산할 수 있는 삼목과 같은 나무를 심어야 한다고 주장했을 뿐이다.

그런데 좀 더 적극적인 의미에서는 나무가 방해물이자, 생활에 불편을 주는 제거 대상에 불과했다.

동정호 남쪽 형주衡州와 상강湘江 일대의 모든 도로에는 탄석灘石(급류 중간에 솟아 있는 바위)이 많이 돌출돼 있다. 배가 다닐 때는 물이 굽은 형상

---

27) 張天如,〈掘壤種樹示〉, 同治《永順府志》卷11,〈檄示〉, 38쪽 上~40쪽 上.

을 반드시 살펴 피해 가야 험한 곳에서 벗어날 수 있다. 선화현 善化縣 포석 탄鋪石灘 상류에는 요상한 나무가 있는데, 언제부터 그곳에 있었는지 (아무도) 모른다. 그 나무는 다섯 갈래로 뻗어 있으며, 강가에서 10여 장 떨어져 있어 포석탄 한가운데 버티고 있는데, 그 넓이는 1장이 되지 않는다. 탄석 쪽으로 기울어져 있으며 줄기 끝 부분과 가지와 뿌리가 뻗어 있어 마치 호랑이 이가 들쑥날쑥 들어차 있는 듯 얽혀 있다. 가을과 겨울에 물이 마르면 물길에 익숙한 사람이라도 배가 뒤집히는 (사고가) 나는데, 한 해에도 여러 번 그런 사고를 목격할 수 있다. …… 강희 50년(1711)에 식량을 나르는 배가 파손되자, 장사현長沙縣과 선화현의 수령이 (이곳에) 와서 조사하고, 그 나무를 없애려고 여러 낚시꾼과 뱃사람에게 물어보니, 모두 '(그 나무는) 백 년, 천 년 동안 똬리를 틀고 있어 제거가 불가능하다'고 말해 그 계획을 중지했다. ……

건륭 10년(1745) 겨울 웅유역熊幼繹이 나와 함께 스님과 놀다가 이 일을 거론했다. 참으로 이상한 일이 종종 발생하는데, 그 나무뿌리는 견고하고 깊으며, 크기는 둘레가 5~6장이고, (부근에는) 자라가 출몰해서 어부들이 그 자라를 섬긴다고 말했다. (자라를) 섬긴다는 것은 신에 의지하는 것이니, 그것을 어기면 바로 화가 미치지 않을까 두려워한다고 했다. 나는 '그렇지 않다'고 말했다. 예로부터 (말하길) 공덕功德이 백성에게 미친다면 마땅히 그것을 섬겨야 하지만, 현재 백성에게 해를 미친 지가 백 년, 천 년이 되는 그 신은 멀리해야 한다고 말했다. 또 요귀는 정의를 이길 수 없으니 마땅히 좋은 방책을 (찾아) 그 나무를 제거해야 한다고 했다. 이에 스님이 물이 마른 틈을 이용해, 대나무 수십 주를 베어 100척이 되는 긴 밧줄을 만들었다. 이어 인부 몇 명에게 식량 몇 석을 주고, 술을 몇 차례 뿌린 다음, 물에 들어가 밧줄을 묶는 자에겐 배로 상을 내리겠다고 말하자 사람들이 그 공을 다퉈 몰려들었다.[28)]

여기서 등장하는 웅유역이라는 인물이 누구인지는 불분명하다. 하지만 강 가운데 솟은 나무를 제거하는 과정을 설명하는 이 글의 내용은 매우 흥미롭다. 나무에 얽힌 속설이 전설로 변해 나무를 신성시했던 과거의 순수성에서 시작해, 나무가 지닌 신성神性을 강하게 부정하는 세속 정신으로 변화하는 과정은 극적이기까지 하다. 그런 세속화 관점에서 본다면 나무는 단지 배의 운행을 방해하는 거추장스러운 존재였다. 그렇지만 그 나무를 베어야 한다는 지역 사회의 결심이 확고해지기까지는 30년 이상이 걸렸다.

오늘날에는 개발 계획을 세우고 그것을 실행에 옮겨 완성하기까지 소요되는 기간을 따져보는 것은 무의미하다. 당시도 이제는 오늘날과 마찬가지가 됐다. 거추장스러운 존재를 이처럼 과감하게 잘라냈기 때문이다. 물론 당시 사람들도 자연이 인간의 생활을 윤택하게 해줄 수 있다는 생각은 분명히 있었을 것이다. 그러나 자연은 그 자체로 커다란 경제적 가치를 지닌다는 사실은 간과했다. 당시 관료들의 개발론을 통해 이러한 생각을 좀 더 분명하게 확인할 수 있다.

(2) 환경사회학

봉금론封禁論

개발과 환경 보존은 대부분 대립적이다. 물론 시대와 사회경제적 조건에 따라 그 주장의 근거는 다양하지만, 두 개념의 충돌은 역사적으로도 자주 나타난다. 서로 대립적인 이 두 개념을 명·청 시대의 관료는 어떻게 생

---

28) 戴炯,〈鋪石潭刊木記〉, 乾隆《善化縣志》卷11,〈藝文上〉(記), 64쪽 上~下.

각했을까? 오늘날 환경문제는 인간의 생존과 직결된다는 인식이 매우 강하며, 따라서 환경문제에 대한 접근은 일종의 정치적 구호가 된 지 오래다. 명·청 시대의 환경문제를 정부 정책과 연결해 언급한 사례가 있기는 하지만, 구체적으로 어떤 의도가 배후에 있었는지에 대해서는 여전히 많은 연구가 필요하다.

이런 점에서 강서성 광신부와 이웃한 절강浙江과 복건福建 일대 산악 지역에 대한 치열한 봉금封禁과 개발 논쟁은 개발, 자연의 보존, 인간의 생존 그리고 이 문제들에 대한 국가 정책을 살펴볼 수 있는 매우 훌륭한 사례다. 여기서는 동치《광신부지廣信府志》에 실린 당시 관료의 봉금과 개발 논쟁을 통해 이 문제를 살펴보려고 한다. 그것은 강서성 광신부 남쪽 100리에 있었던 동당산銅塘山의 봉금과 개발을 둘러싼 이야기다.[29]

지방지에 따르면 동당산의 옛 이름은 봉금산封禁山이었으며, 광신부 일대에서 가장 험준한 곳이었다. 봉금산이라는 명칭과 지형으로 미루어 동당산은 기본적으로 봉금이 시행됐던 산이라고 추정된다. 다음은 동당산의 개발과 봉금을 둘러싸고 전개된 내용을 시대별로 인용한 것이다.[30] 동당산에 관한 이야기는 청 초에 시작됐다. 순치 15년(1658) 강서순무 채사영蔡士英은 봉금산(동당산)에 대한 상소를 올렸는데, 그 내용의 주요 부분을 옮기면 다음과 같다.

> 또 봉경산封景山을 살펴보건대, 원래 이 산은 봉금산이며, 처음 이름은 동

---

29) 몇 년 전 강서성 봉금산에 관련된 문제를 주제로 한 논문이 발표됐다. 上田信,〈封禁·開採·弛禁―清代中期江西における山地開發―〉,《東洋史研究》卷61, 4號(2003).
30) 이하 동당산에 관련된 내용은 同治《廣信府志》卷1-2,〈地理〉(山川), 58쪽 下~75쪽 下에 근거했다. 사료가 길기 때문에 전반적인 내용에 대해서는 따로 주를 붙이지 않았다. 그러나 특별한 내용에는 해당 쪽수를 넣었다.

당산이었습니다. 그 산이 험하기 때문에 대대로 도둑의 은신처가 됐습니다. 이곳이 평정된 후 바로 봉금을 청해 (봉금을 단행한 지) 오래됐습니다. 당대唐代에 황소黃巢의 난이 창궐할 당시 황소의 난을 빙자한 위적僞賊이 황소의 기세를 빌려 그 피해가 계속됐으며, (명대에) 섭종유葉宗留가 여기서 숯을 구우면서 그 산세가 험한 곳을 보고 소굴을 마련해 병사들의 무기를 주조했으니, 그들이 도모했던 일 역시 법에 어긋나는 일이었습니다. 등무칠鄧茂七이 섭종유 무리의 세력에 의지해 (난을 일으키니) 삼성三省(강서성, 절강성, 복건성)이 동요했으며, 광신부 전체가 거의 위기에 몰린 적도 있습니다. …… 지금도 산적 양문楊文이 이곳에 도사리고 있지만, 아직 평정되지 못했습니다. 지금 개채開採(나무 벌목과 개발) 문제를 가볍게 생각해 (봉금을 해제한다면), 간악한 무리가 난을 일으키는 계책을 열어주는 것이 됩니다. 하물며 동당산에서 자라는 나무는 잡목에 불과해 본래 목재용으로 적합하지 않았습니다.

……

신이 몸소 그 지역을 살펴보니, 봉우리가 험준하고 산이 가파르며 계곡의 하천은 외부와 통하지 않습니다. 또한 독충과 맹수가 모여 살고 있으며, 부근 산 100리 이내에는 사람이 살지 않습니다. 좋은 재목은 이미 그 생산이 다 했으며 또 산을 오르기가 어렵고 하천을 이용해 나무를 내보내기도 어렵습니다. 하물며 생산되는 목재 역시 소나무, 단풍나무와 잡목에 불과하고 기둥으로 쓸 나무는 없습니다.[31]

채사영이 봉금을 주장한 이유는 간악한 무리가 숲 속에 은거해 소요를 일으킬지도 모른다는 우려와, 이 지역에서 생산되는 나무가 건축 자재 등

---

31) 同治《廣信府志》卷1~2,〈地理〉(山川), 58쪽 下~59쪽 上.

으로 쓸 수 있는 좋은 목재가 아니라는 점에 있었다. 이어 약 100여 년이 흐른 뒤인 건륭 21년(1756)에 강서순무 호보전胡寶瑔 역시 다음과 같은 상소를 올렸다.

> (동당산) 사이사이에 약간의 평지가 있으나 모두 많지 않고, 나무 역시 좋은 재목이 없으며 험산 준령의 깊은 계곡 사이에 잡목이 실처럼 엉켜 있어 음침합니다. …… 전에 진홍모가 두 번에 걸쳐 개금開禁(봉금의 해제)을 청한 적이 있으며…… 근래 다시 개금을 논의하는 자는 대체로 (이곳에서 생기는) 자연의 이익을 이용할 수 있다는 것입니다. 개간을 하여 곡식을 심을 수 있으며, 나무를 벌채하고, 광물을 제련할 수 있다는 것인데, 아직 신이 직접 가보진 않았지만, 사방이 산으로 둘러싸인 곳에 비옥한 평야 지역이 있다고 하는 것은 당연히 의심스러운 일입니다. (그렇게 주장하는 이유는) 개간할 땅이 이미 없으며, 이용할 수 있는 목재가 없고, 땅을 파서 시험해도 광맥이 없다는 사실을 모르기 때문입니다.[32]

결국 개금을 해도 이 지역 일대에서 더 이상 이용할 수 있는 자원은 발견하기 어렵다는 주장인데, 이는 동당산의 봉금 문제와 관련해서 적어도 청 초 이후 옹정(1723~1735)과 건륭 연간(1736~1795)까지는 나름대로 설득력이 있었던 것처럼 보인다. 이러한 논의는 특히 낮은 경제적 수익성 때문에 봉금 정책이 더 유용하다는 것으로 요약된다. 이 주장의 정당성은 사실상 청대에 계속 유지됐지만, 호보전의 주장이 있기 전인 옹정 연간에 이르러 그 논조가 약간 바뀌고 있음을 확인할 수 있다.

옹정 연간에도 동당산의 봉금 문제가 거론되자, 옹정제는 강서순무 배

---

32) 同治《廣信府志》卷1~2,〈地理〉(山川), 59쪽 下.

솔도襄侓度에게 실상을 조사하라고 명했다. 하지만 옹정제의 명을 받은 배솔도가 상소문에서 봉금을 예전대로 유지하는 것이 좋겠다는 의견을 피력하자, 옹정제는 그의 말에 동의했다. 다만 옹정제는 선례에 구속되지 말고 현지 조사를 토대로 봉금 문제를 형편에 맞게 판단하라고 명했다.[33] 옹정제의 이러한 명령은 당시 동당산의 상황을 정확하게 파악한 후 그 정황에 합당한 조치를 취하라고 한 점에서, 당시까지 지켜온 봉금 정책이 수정될 수도 있음을 내비친 것이다.

옹정제가 이렇듯 유연한 태도를 보였지만, 그래도 이 지역에 봉금이 유지된 가장 큰 이유는 오히려 좀 더 현실적인 문제 때문이었다. 앞서 살펴본 대로, 당시 일부 관리는 동당산의 경제적 가치가 일반적으로 생각하는 것보다 크지 않다고 주장했다. 그런데도 다시 개발을 주장하는 의견이 제기된 것은, 청 초와 달리 옹정과 건륭 연간을 지나면서 봉금 문제가 단지 사회 안정과 결부된 사안이 아니라, 경제적 수익 문제까지 포함됐음을 의미한다. 이렇게 시각이 변화한 배후에는 분명 옹정~건륭 연간 사이 중국 사회가 겪은 자원의 부족이나 전반적인 상업화 경향이 있었다고 판단된다. 이러한 사실은 호보전에 앞서 건륭 19년(1752) 이 지역 탐사를 단행한 오락새五諾璽의 주장에 잘 드러난다. 오락새는 1752년 이 일대의 도원道員으로 부임한 인물이다.

그는 건륭 19년 11월 12일부터 21일까지 10여 일 동안 상요현上饒縣의 이문요李文耀와 광풍현廣豐縣의 유법주游法珠를 대동하고 동당산 일대를 답사했다. 또 앞서 언급한 호보전도 건륭 21년(1754) 상요현을 거쳐 광풍현을 들렀다가 다시 상요현으로 돌아오는 일정을 직접 답사했다고 언급했다. 호보전과 오락새의 이러한 태도는 지방관의 상주上奏가 대체로 주변의 보

---

33) 上田信, 〈封禁·開採·弛禁―清代中期江西における山地開發―〉, 120쪽.

고나 해당 지역 주민에게 들은 이야기를 토대로 작성된다는 점을 감안하면 매우 예외적이라고 할 수 있다. 물론 현장 답사 덕분에 지형이나 심지어 깊은 산속에 존재하는 개활지 면적 등을 언급할 정도로 이들의 글은 매우 사실적이다.

관료가 이처럼 직접 현장을 답사했던 경우는 특히 18세기에 두드러진다. 예를 들어 섬서성 한중부 일대나 호북성과 사천성 그리고 섬서성이 만나는 삼성 교계 지역에 관한 방대하고도 자세한 내용을 남긴 엄여익의 태도 역시 앞에 언급한 관료들과 크게 다르지 않았다. 말하자면 이들은 18세기가 낳은 현장 관료의 전형이다. 이미 진홍모에 대한 방대한 연구에서 윌리엄 T. 로William T. Rowe가 언급한 것처럼, 18세기 관료의 지상 목표 중 하나가 이른바 민식民食을 증대시키는 데 있었다면[34] 실제 정황을 눈으로 확인하기 위한 현장 출동은 그리 낯선 풍경이 아니었다. 한편 그만큼 중국의 18세기는 자원 압박이 심각했던 시기였다는 사실을 방증하는 정황이기도 하다. 일단 오락새의 주장을 요약해보기로 하자.

오락새의 봉금론

오락새가 답사한 지역은 호보전보다 훨씬 광범위했던 것처럼 보인다. 그는 강서성 관할의 상요현과 광풍현뿐 아니라 동당산이 접한 남동쪽의 복건성 관할 포성현浦城縣과 숭안현崇安縣 일대까지 답사했다. 그는 가는 곳마다 평지를 만나면 그곳의 가용 면적, 즉 경작지로 사용할 수 있는 면적을 자세히 살폈다. 그는 이런 답사를 통해 이 지역 평야 지대에는 딱히 개

---

34) William T. Rowe, *Saving the World : Chen Hongmou and Elite Consciousness in Eighteenth-Century China*, 2장 참조.

간할 경작지가 없으며, 평지에는 따로 거둘 만한 이익이 나지 않기 때문에 봉금을 적극 시행해야 한다고 주장했다. 따라서 경작 면적까지 자세히 조사한 자신의 답사 결과를 토대로 올린 그의 글은 분명 설득력이 있었을 것이다.

그의 주장에 따르면, 대체로 그런 평지의 면적은 겨우 1분分 1리釐 정도가 대부분이었다. 따라서 그는 '물가에 있는 토지를 개간하면 약 200무, 평지를 개간하면 약 400무를 얻을 수 있다'는 이금론자의 주장은 거짓이라고 말했다. 이러한 논지와 함께 그는 동당산 일대의 여러 지역이 모두 험준한 산지일 뿐 아니라, 지형이나 기후 조건 때문에 농지로 개간하기는 불가능하다고 상소했다.

오락새의 주장을 그대로 믿는다면, 당시 동당산 일대의 봉금은 꽤 철저했던 것처럼 보인다. 그리고 그처럼 철저한 봉금 정책이 다른 지역에 그대로 적용됐는지도 궁금하다. 어쨌든 그는 봉금 지역 일대의 정확한 나무 수효를 거론하면서, 대목大木에 대한 봉금은 철저하게 준수되는 반면, 잡목에 대한 봉금은 철저하게 시행되지 않음을 지적했다. 특히 그가 주목한 사실은 이 지역 개발을 통해 벌목이 시행돼도 수운水運이 불가능하기 때문에 밖으로 반출할 방도가 없다는 점이었다. 그는 "신神이 나르고 귀신이 운반하지 않는다면, 단연코 벌목한 나무를 손쉽게 운송할 수 없다"고 주장했다. 실제로 그가 이 지역을 조사할 당시, 수송 수단이 없는 탓에 벌목된 나무들이 방치된 채 썩어가고 있었다.

한편 이런 문제와 함께 오락새가 실질적인 투자 문제까지 고려했던 증거도 등장한다. 그는 만일 봉금을 풀어 개발이 시행된다면 농민을 불러들여 개간하는 것을 인정해줘야 하지만, 만일 동당산 일대의 부호가 자신의 돈을 투자하지 않는 경우 결국 이곳은 외지인에 의해 개발될 수밖에 없는 상황을 우려했다. 그렇게 된다면 외부 출신자가 산에 집을 짓고, 산기슭에서 밥을 지으며, 동굴 등과 같은 곳에서 잠을 잘 자는 상황이 전개된다는 점을 그는 걱정했다.

이런 정황을 바탕으로 그는 이금이 불가능한 이유를 다음과 같이 주장했다. 첫째, 국가가 재해 구조, 수리 사업, 세금 면제 등의 항목에 각각 수억 냥을 소비하는 상황에서 이런 산악 지역에는 돈을 쏟아 부을 만한 가치가 없기 때문이다. 둘째, 산에 개간할 수 있는 지역이 많지 않으며, 개간한 토지에서도 소득이 많지 않기 때문이다. 셋째, 앞서 언급한 것처럼 벌목한 나무를 운송할 수단이 없으며, 하물며 먼 지역에서 온 벌목업자들 역시 분명 많은 자본을 가져오지 않기 때문에 국가에서 미리 개발 자금을 빌려줘야 한다는 상황도 중요했다. 더구나 이런 개발이 진행되면 도로와 다리 건설, 선박 건조, 관공서 확충 등이 수반돼야 하므로 많은 비용이 든다는 이유였다. 따라서 이득을 보는 편과 손해를 보는 편의 구분은 손바닥을 보는 것처럼 분명하다고 말했다.

넷째, 이 지역은 산세가 매우 험해 통행이 어렵기 때문이다. 이 지역을 통행하려면 여러 사람이 끈으로 몸을 묶어 통행했는데, 한 사람이라도 발을 헛딛을 경우 동시에 사람들이 떨어져 죽는 일이 자주 발생했다. 산악 지역이 험준하기 때문에 일반 백성에게도 그리고 그들을 관리하는 관원에게도 모두 손해가 된다는 논리였다. 마지막으로, 이런 지역은 본래 미곡의 자급자족이 불가능한데, 개간이나 벌목 등으로 상인이 몰려들면 자연스럽게 인구가 증가해 식량난이 가중되기 때문이었다.

오락새는 이렇게 다섯 가지 이유를 들어 개발을 반대했는데, 여기에는 청 초 환경문제를 둘러싼 국가 정책과 사회문제의 모든 요소가 내포돼 있다. 그는 봉금을 주장했지만, 오히려 그의 주장 이면에는 봉금의 당위성이 아닌 수익 문제가 도사리고 있다는 것을 알 수 있다. 일례로 그는 벌목 자체를 반대하는 것이 아니라, 벌목 이후 자원 이용 방법이 마땅치 않다는 논리를 역설했다. 그의 주장을 보면, 봉금 정책이 부수적으로 가져올 수 있는 환경 보호 효과에는 그다지 관심이 없었다. 그러므로 오히려 돈 많은 상인이나 외부인이 국가의 도움을 받지 않고도 이 지역을 개발하겠다고 나섰다면, 그의 모든 주장은 사실상 실효성實效性이 없는 반박이 될 수도 있다. 그의 지적처럼 재해 구제나 수리 사업에 막대한 돈이 소요되는 상황에서 이런 벽지의 개발은 일단 부수적이거나 잠재적인 사항이었다. 간단히 말해 그의 논리에 따르면 이런 벽지의 개발은 국가 정책의 우선순위에서 일단 밀려나 있었던 셈이다.

오락새의 주장에서 드러나듯이, 산지 개발이나 벌목 등은 단지 그 행위로 그치는 것이 아니라 개간에 따른 부수적인 시설이 필요하다는 점도 당시 개발 반대론자의 중요한 이론적 근거였다. 그는 바로 이런 이유 때문에 이 지역 일대의 개발이 털끝만 한 이익도 가져다줄 수 없음을 분명히 했다. 부수적인 시설 확충에 따른 비용 못지않게 당시 관료가 중시했던 사항은 행정의 확충이었다. 이에 대해 그는 "도둑이 생기면 잡아야 하고 사람이 들어차면 그들을 관리해야 하는데, 산간 깊숙한 지역에서 이런 조사와 체포 또는 관리의 교류가 정해진 시일에 맞춰 행해지기 어렵다"고 지적했다.

기본적으로 환경 보호와는 무관한 봉금 정책 유지의 중요한 근거였던 비용문제는 앞서 언급한 평야 지역 수리시설 보호와 유지에 드는 비용이나 노력과는 매우 대조적이다. 만성제의 예에서 볼 수 있듯이, 200만 냥이라는 막대한 재정을 특정 지역의 수리시설 개선에 쏟아 부었지만, 사실상 그 효과는 미미했다. 정확한 계산은 불가능하지만, 동당산 일대의 개발 비용이 200만 냥에 이를 것이라고 단정할 수는 없을 것이다. 그런데도 당시 청 정부나 관리가 산지 개발의 비용 문제를 거론한 이유는 기존 개발 지역이나 개발이 용이한 지역을 가능한 한 철저히 이용하려는 계산이었다고 판단할 수 있다. 이것은 생산성이 높은 지역을 철저히 이용한다는 청 정부의 정책을 다시 한 번 확인할 수 있는 대목이기도 하다.

이런 주장을 토대로 산악 사회에 대한 청대 국가 정책의 거대한 밑그림을 그릴 수 있다. 달리 표현하면 적극적인 산악 정책이라고 할 수 있는 개토귀류가 옹정 연간(1723~1735)에 실시된 이후, 청 정부의 산악 지역 정책은 바로 오락새의 시각에 정확히 머물러 있었다. 관리가 힘들고, 개발이 진행되면 다양한 사회문제가 발생할 여지가 있으며, 그에 따른 재정적·행정적 비용이 많이 드는 산악 지역은 사실상 방치된 상태였다. 역설적으로 그러한 방치 또는 무관심이 산악 지역으로의 이동이나 개발을 자극하는 결과를 낳았으며, 궁극적으로 청 중엽 중국 사회를 뒤흔든 변방 지역의 동요로 이어졌다.

진흥모의 개발론

건륭 연간이 되면 봉금과 이금을 사이에 둔 첨예한 대립이 다시 발생한다. 대립이 다시 일어난 가장 큰 이유는 18세기 중국의 번영이 이제 서서히 끝나가고 사회의 여러 방면에서 새로운 모순이 발생했던 상황과 밀접한 관련이 있을 것이다. 새로운 모순이란 다름 아닌 인구 증가와 자원의 고갈이었다.[35] 적어도 18세기의 관료 중에 이 문제를 가장 정확하게 인식한 사람은 진흥모였다. 따라서 동당산에 대한 그의 개발론을 본격적으로 논하기 전에, 진흥모의 경세經世 사상을 잠깐 언급할 필요가 있다.

---

35) 따라서 전통적으로 중국 역사상 가장 번영기였다고 알려진 18세기 전반을 다시 새로운 시각으로 보려는 노력이 등장했다. 이 점에 대해서는 차혜원, 〈중국의 '강건성세' 열풍과 청사 연구〉, 유장근 외,《중국 역사학계의 청사 연구 동향—한국 관련 분야를 중심으로》(동북아역사재단, 2009), 85~94쪽 참조. 이런 시각과 병행해서 18세기의 중국 인구가 중국 경제에 미친 우려를 가장 극명하게 드러낸 홍량길과 같은 학자의 시각을 재조명할 필요가 있다.

그의 경세 사상을 한마디로 요약하면 일반 백성의 수익 증대이다. 그가 섬서순무로 재직할 당시[36] 남긴 일련의 격문檄文은 진홍모가 백성들의 가계 수입 증대에 얼마나 많은 관심이 있었는지를 잘 보여준다. 따라서 그는 잠업을 적극 권장한 사실 외에도 붕민棚民의 안착, 식목 권장, 우물 개설[37] 등과 같은 백성의 일상생활과 결부된 다양한 문제를 개선하기 위해 노력했다. 진홍모는 단지 수익성 증대만을 강조한 것이 아니라, 일상생활에서의 절약을 특히 강조한 대표적인 인물이었다. 그러므로 그는 수익에 따라 지출을 정해야 한다는 이른바 양입제출量入提出 원칙을 강조했다.

앞서 언급한 미국의 윌리엄 T. 로는 진홍모에 관한 연구에서 진홍모가 자신의 관심을 단지 농민에게만 보인 것이 아니라, 상인과 유통 문제도 그가 생각한 중요한 경제 개념이었다는 사실을 지적했다. 그의 주장에 따르면 18세기에 살았던 진홍모야말로 당시 상인 계층을 옹호한 가장 저명한 관료 중 하나였다.[38] 이런 점에서 진홍모는 앞서 언급한 오락새와는 판이하게 다르다. 하지만 그의 사상 기저에는 중국 관료의 전통적인 대민관對民觀, 즉 백성을 어리석은 존재로 파악했던 당시 관료의 선입관도 분명히 포함되어 있었다. 그러므로 그의 경세 사상이 진정으로 백성의 부와 국가 경제를 증대시키는 데 있었는지 아니면 단지 어리석은 백성을 가르치려는 의도였는지는 여전히 숙제로 남아 있다. 다음의 글은 그의 경세 사상과 백성의 무지를 깨우쳐주려는 생각을 동시에 보여준다.

---

36) 진홍모는 건륭 8년(1743)부터 건륭 11년(1746)까지 섬서순무로 재직했다.
37) 그 내용을 일일이 다 소개할 수는 없지만, 그의 경세 사상의 단면은《皇朝經世文編》卷28, 〈戶政〉(養民)에 들어 있는 〈巡歷鄉村興除事宜檄〉이나 同書, 卷37, 〈農政〉(中)에 나오는 〈倡種桑樹檄〉, 〈勸種桑樹檄〉과 같은 글, 그리고 卷38, 〈農政〉(下)의 〈通查井泉檄〉 등의 글에서 확인할 수 있다.
38) William T. Rowe, *Saving the World : Chen Hongmou and Elite Consciousness in Eighteenth-Century China*, 198쪽.

물이 있는 곳에는 벼를 심을 수 있으며, 물이 없는 곳에는 잡량(잡곡)을 심을 수 있다. 그 가운데 (다시) 춘교春茯와 동교冬茯, 연맥燕麥, 소맥小麥, 잠두蠶豆, 황두黃豆, 서두鼠豆, 청과靑果 등을 심어 운남성 주민이 1년 내내 먹는 (식량)은 이런 작물에 의존한다. 이외에 근다菫茶, 채소, 무, 도萄, 마 등의 작물을 가능한 곳마다 심으므로 흉년이 닥쳐도 허기를 메울 수 있다. 또 운남성은 본래 산지로 많은 언덕에는 대나무가 우거졌으며, 초목이 무성해서 본래 땔감이 풍부했다. 염정鹽井에서는 땔나무가 필요하고 수공업장에서는 숯이 필요한 까닭에 매일 벌목을 자행한 (결과) 거의 민둥산이 됐다. 땔나무와 숯 가격이 이미 비싸져, 초근목피가 백성 사이에서 귀한 물건이 됐다. 운남은 사방이 산으로 둘러싸여 있어 식량을 경작할 땅은 없지만, 나무를 심지 못할 곳은 없다. 또 원래 숲이 울창한 지역이었지만, 남벌로 지금은 숲이 거의 사라졌다. 마땅히 나무를 다시 심어야 하는데도, (운남성) 주민의 성격이 게으르고 놀기를 좋아하는 탓에 목전의 이익만 생각할 뿐 먼 장래를 도모하지 않는다.[39]

이 글은 명·청 시대에 환경이 어떻게 악화됐는지 다시 한 번 알려주며, 대표적인 변방 지역에 속하는 운남성도 18세기에 이르러 식량 조달이나 연료 수급에 대한 압박이 심했다는 사실을 말해준다. 한편 이 글에는 백성에 대한 진홍모의 인식이 잘 드러나는데, 아마도 당시 관료의 사고방식은 대체로 진홍모와 비슷했을 것이다. 이런 그의 생각을 고려하면, 진홍모 사상의 핵심은 백성의 안이한 태도에 대한 질책이었다. 더구나 그가 식목을 강조했던 이유는 환경 보호 때문이 아니라 나무를 연료로 활용하기 위해서였다.

---

39) 陳宏謀, 〈種雜糧廣樹植狀〉, 《皇朝經世文編》卷37, 〈戶政〉(農政中), 37쪽 下~38쪽 上.

따라서 이런 그의 시각이 동당산의 봉금 해제 주장에 그대로 나타난다. 그는 오락새가 봉금을 주장하기 이전인 건륭 9년(1744) 봉금 해제를 적극 주장했다.[40] 당시 강서순무로 재직 중이던 그 역시 건륭 8년(1743) 3월 광신부 지부 등을 대동하고 현장을 직접 답사했다. 오락새의 주장과 비교하기 위해 진홍모의 주장을 몇 개의 주제로 나눠서 살펴보기로 하자. 우선 그는 당시 동당산 일대의 자연환경을 다음과 같이 설명했다.

봉금 구역 안은 초목이 무성하고 도로가 험하며 산이 깊고 넓습니다. 산간 계곡물이 굽이져 흐르고, 그 안에 전지田地가 있으며, 구릉이 존재하지만 모두 경작지가 됐습니다. 그 나머지 지역도 남전과 마를 심었으며 아울러 채소와 과일도 심었습니다. 비록 삼나무와 녹나무 같은 좋은 재목은 없지만, 잡목과 대나무가 매우 울창합니다. 산간에서 흘러내린 물은 순류順流를 따라 (산) 밖으로 나아가니, 대하大河로 운송이 가능합니다.

우선 오락새와 진홍모의 지형 설명이 완전히 다르다는 사실을 쉽게 알 수 있다. 더구나 진홍모의 상주문이 오락새보다 더 빠른 시기인 점을 감안하면 어느 한쪽은 분명 거짓을 고했다고 볼 수도 있다. 그러나 중요한 점은 개발론자와 봉금론자의 이러한 시각 차이야말로 양측이 지닌 세계관의 차이라는 사실이다. 즉, 험한 자연 조건 때문에 개발에 많은 비용이 들 뿐 아니라 실익도 없다고 판단한 오락새의 주장과 달리, 진홍모는 이미 이 지역이 상당한 정도로 개발됐다는 점을 강조했다.

오락새와 진홍모가 서로 다른 지역을 답사했을 가능성도 있지만, 특히

---

[40] 陳宏謀, 〈請開山林之利疏〉,《皇淸奏議》卷39, 32쪽 下~37쪽 上. 아울러 동일한 내용이《皇朝經世文編》卷34,〈戶政〉(屯墾), 50쪽 上~52쪽 上에〈請開廣信封禁山並玉山鉛礦疏〉라는 제목으로 등장한다. 이하 진홍모에 관련된 내용은 위의 자료에 근거했다.

진홍모가 운송이 편리하다는 점을 강조한 사실도 봉금론자와 개발론자의 입장 차이를 확인해주는 대목이다. 진홍모가 오락새의 주장을 이미 들었는지 확인할 길은 없다. 하지만 개발 여부를 결정하는 핵심인 운송 수단의 존재 여부도 봉금론자와 개발론자를 확연하게 가르는 중요한 단서였다는 사실은 짐작할 수 있다. 진홍모의 말대로 가목佳木이 없는 대신, 잡목과 대나무가 울창하다는 말은 이미 진홍모가 운남성을 언급하면서 지적한 당시 연료 위기와도 일맥상통한다. 이제 진홍모의 봉금 해제 이유를 들어보자.

현재 일반 백성이 유용하게 사용할 수 있는 사물을 닫아 가둔 지 오래돼 무용한 상태로 있으니 그 안타까움을 이미 느끼고 있습니다. 또 이전의 봉금 지역을 살펴보니 본래 매우 넓은 곳이었습니다. 나라의 평화가 오래 지속되어 인근 주민이 점차 사방을 개간해서 생계를 유지하고 있습니다. 이제 (경작지에 심은) 곡물이 무성하고 점차 촌락이 형성되고 있습니다. 현재 봉금비封禁碑를 세워 봉금 지역으로 간주되는 지역은 이전에 비해 이미 줄어들어, 이전의 광활한 봉금 지역을 회복하지 못하게 된 (상황)입니다. 무릇 사방이 이미 개간되고, 또 곳곳에서 개간이 진행되고 있으니, 만일 봉금 지역을 해제하고 백성을 불러들여 봉금 지역 내에서 개간을 인정해준다면 비로소 나무와 대나무를 벌채할 수 있을 것입니다. 나무와 대나무가 이미 다 벌목된 곳에는 나무를 심고, 물이 있는 곳은 논을 만들며, 물이 없는 곳은 밭을 만들 수 있습니다. 10년이 지나면 (그런 곳)이 옥토沃土가 되고 이후 세금을 올려 받을 수 있을 것입니다. 이외에도 마와 남전을 심고 채소와 과일나무를 기른다면 모두 이익을 얻을 수 있어 생계를 유지할 수 있습니다.

더 이상 설명이 필요 없을 정도로 이 글에 나타난 진홍모의 생각은 분명하다. 앞서 말한 대로 이런 황무지 개간을 통해 농민의 생계 문제를 해결해야 한다는 것이 그의 한결같은 생각이었다. 그는 봉금 해제에 따른 문제 해결 방법과 그 실효성도 아울러 제시했다.

> 반드시 이 지역의 양민良民을 택하고, 그들 모두에게서 죄를 지으면 벌을 받겠다는 서약서를 받아야 합니다. 외부에서 온 간악한 무리가 이 지역에 혼입하지 않도록 해야 합니다. 또 강서 주민의 기풍은 검소하지만, 사람은 많고 땅이 좁아 생업을 얻기가 제일 어렵습니다. 산간 계곡과 산마루 경사진 곳이라도 한 뼘 땅을 (얻으려) 다툽니다. 이제 수백 리 땅을 백성이 경영할 수 있게 돼 누구라도 (땅을 얻으려) 서로 나서서 다투지 않을 것이니, 가난한 백성을 먹여 살리는 데 얼마나 (도움이) 되는지 모릅니다. …… 신臣이 조사해보니 이전에 개금開禁을 주청한 사람들은 대체로 개간과 구리 채광 그리고 벌목으로 세금을 충당하겠다고 말했습니다. (하지만) 조사해보니 채광할 동광銅鑛이 없으며, 벌채할 삼목과 남목이 없었습니다. 또 동당산 일대의 봉금 지역이 절강과 복건 두 성 사이에 위치하는 까닭에 간악한 무리가 숨어들 수 있습니다. 따라서 (그들의) 말은 모두 타당성이 있지만 실행하기 어려운 일이었습니다. 신의 어리석은 생각으로는 만약 이 산에서 광산 채굴과 벌목으로 세금을 충당한다면, 소요가 일어날 수 있어 무익하므로 개발을 하지 않아야 합니다. 만일 백성을 불러들여 그들의 생계를 해결할 수 있다면 이 지역 일대의 개발이 실질적인 이익이 될 것입니다.

진홍모가 개금을 주장했던 이유는 매우 분명하다. 그는 외부 자본가나 투기 성격을 띤 대규모 자원에 바탕을 둔 개발에는 반대했다. 개발을 통해 일반 백성의 민생 문제를 해결하는 것이야말로 이 지역을 안정시킬 수 있으며, 백성에게 직접적인 이익을 가져다줄 수 있다고 생각했다. 이런 점에서 진홍모의 생각은 오락새보다 훨씬 더 현실적이다. 아울러 그는 동당산 일대에 이미 대규모 자본을 투자해서 개발할 동광이나 대목이 존재하지 않는다는 사실을 정확하게 꿰뚫고 있었다. 그의 판단으로는 이런 상황에서 단지 외부 자본가나 가난한 사람이 실질적인 개발을 시행하는 것은 사실상 불가능했다. 하지만 일반 백성이라면 이 지역을 개간해서 얼마든지 실익을 낼 수 있다고 생각했다.

대체로 진홍모의 개발 주장이 그 후 설득력을 얻은 것처럼 보인다. 실제로 그가 다시 가경 17년(1812) 광신부 지부로 임명된 이후, 강서안찰사를 역임한 왕갱언王賡言도 이 지역 개발을 주장했다. 그는 봉금론자의 봉금 이유를 먼저 열거한 다음, 개발의 정당성을 조목조목 설명했다. 그의 주장에는 진홍모가 주장한 개발의 정당성과는 약간 다른 요소가 포함돼 있다. 그가 개발의 정당성을 주장한 첫 번째 이유는 의외로 이념적인 문제였다. 즉, 그는 황제의 덕이 사방에 미치고 있는데, 산간벽지라고 해서 성덕聖德이 미치지 못한다는 것은 이치에 맞지 않는다고 주장했다.

어쨌든 그의 주장은 가경 연간에 중국이 처한 현실, 다시 말해 이제 어지간한 산간 지역에는 모두 사람이 거주하며 개발도 다양하게 진행되고 있다는 간접적인 증거다. 그런 사실은 그가 개발의 필요성을 주장한 두 번째 이유에 잘 나타난다. 따라서 그의 두 번째 이유는 자세히 소개할 필요가 있다.

> 봉금 지역 가운데 동당銅塘, 화도갱樺桃坑, 황모강黃茅岡, 왕과갱王瓜坑, 이자갱李子坑 등처럼 매우 험한 지역으로 알려진 곳은 간악한 무리와 (그들을 검문하는) 병사가 서로 속고 속인다는 이야기만 있는 곳일 뿐이라고 말합니다. 관할 관청이 여러 차례 이 지역을 답사한 결과, (과거에는) 비록 도로가 험준했지만, 해당 지역의 모든 산지가 개간된 후 평탄한 도로가 됐습니다. 하물며 산중 곳곳에 있는 샘 (부근의) 평탄한 지역은 관개에 의지하며, 작은 땅에

도 옥수수, 감자, 마, 차, 대나무 등을 심을 수 있으니 석전石田과 비교할 바가 아닙니다. 다만 봉금을 시행한 지 오래돼 토질이 매우 좋기 때문에 풍년이 되면 그 수확이 반드시 배에 이를 것입니다. (따라서) 3~5년 이내에 경작 면적에 따라 세금 징수 등급을 올린다면 산에서 나오는 이익이 (산을) 방기하는 하는 것보다 나으니, 이것이 개발을 해야 할 두 번째 이유입니다.[41]

개발을 해야 한다는 왕갱언의 세 번째 이유는 산지 개발에 따른 이익이 단지 부자에게만 돌아가는 것이 아니라 가난한 일반 사람에게도 고루 미칠 수 있다는 것이었다. 앞의 인용문이 특히 중요한 이유는 이미 동당산 일대의 개발이 상당히 진척됐음을 암시하기 때문이다. 건륭 연간 진홍모의 상주문에서도 일부 그런 사실이 확인되지만, 이 인용문은 가경 연간이 되면 동당산처럼 험준한 산지가 거의 남김없이 개간돼 식량을 생산했다는 사실을 잘 보여준다. 이러한 정황은 결국 청 초 이래 봉금과 개발 논쟁이 줄기차게 대립했지만, 가경 연간이 되면 궁극적으로 동당산 일대가 이미 거의 개발된 상태였음을 말해준다.

실제로 함풍 8년(1858) 광신부 지부로 부임한 종세정鍾世楨의 언급에 따르면, 개발 이후 산내 주민과 각 촌락 토착민 사이에는 생활수준의 차이가 없었다. 따라서 청 중엽 이후가 되면 동당산 일대에는 봉금과 개발을 사이에 둔 논쟁이 더 이상 필요 없을 정도로 많은 사람이 거주했으며, 개발도 이제는 거의 한계에 다다랐다. 그런 정황은 동치 5년(1866) 상요현 지현으로 부임한 왕은부王恩溥의 언급에 잘 나타난다.

조사해본즉, 금산禁山 지역 내 상요현과 광풍현 일대에는 예전에 검문소

---

41) 王賡言, 〈擬陳封禁山利弊稟〉, 同治《廣信府志》卷1-2, 〈地理〉(山川), 64쪽 下.

를 설치해 병사들이 항상 하천 유역에 거주하면서 지키고 있습니다. 산세 주변의 넓이는 약 100리이며 높은 곳에는 다수가 감자, 잡량 등을 심습니다. 저지대는 모두 도전稻田이며 그 옆의 산등성이는 가옥을 짓고 돌을 쌓아 놨습니다. 계곡 입구의 산등성이에는 사람이 연이어 거주합니다. 가경 연간(1796~1820) 이래 입산한 사람, 도광 연간(1821~1850) 이래 입산한 사람, 함풍 연간(1851~1861)에 입산한 사람이 있으며, 역도의 반란으로 (사회가) 불안해지자 난을 피해 입산한 사람도 있습니다. 향촌 거주자가 병란을 만나 어쩔 수 없이 봉금 지역 안으로 들어와 가구를 형성한 지 수십 년이 됐습니다. 상요현 관할 지역의 인구가 600호이며 광풍현 관할 지역의 인구가 200호 이상으로, 남녀노소 모두 6,000~7,000명에 달합니다. …… 오직 칠성첨七星尖, 구정산九井山, 노서모벽老鼠摸壁 세 곳만 거대한 바위와 험준한 벼랑 탓에 개간하기 어렵지만, 산 밑에는 경작지가 역시 많으며, 그 나머지 지역도 도전稻田으로 개발할 수 있는 곳은 거의 사라졌고, 개간 가능한 지역도 모두 개간돼 이제 남은 (땅이) 없습니다.[42]

동당산의 봉금과 개금에 대한 장기간의 논쟁은 그대로 이 지역 자연 변화의 실상을 동시에 보여주는 것이나 마찬가지다. 시간을 달리해서 올린 각 지방관의 상주문에는 동당산 일대의 자연 변화와 개발 실상이 고스란히 들어 있다. 따라서 각 지방관의 상주문은 동당산 일대에 대한 자연사이기도 하다. 자연 경관의 변화와 함께 동당산 개발을 둘러싼 각 지방관의 다양한 견해 속에는 환경에 대한 사회 인식이 들어 있다.

짐작할 수 있듯이, 개발론자의 주장에도, 봉금론자의 주장에도 자연 자체에 대한 인식은 없었다. 그 대신 개발에 따른 손익 계산이 각 지방관의

---

42) 王恩溥, 〈稟請銅塘山弛禁稿〉, 同治 《廣信府志》 卷1-2, 〈地理〉〈山川〉, 66쪽 下~67쪽 上.

한결같은 논지였다. 더구나 개발론자가 볼 때 그 넓은 지역을 방치한다는 것은 오히려 자원 낭비였다. 진홍모의 상주문에서 분명하게 확인할 수 있듯이, 이런 자연 조건을 적극적으로 개발하기 위해 이제는 일반 백성에게 그 지역을 개방해야 한다는 인식이 당시 관료들에게는 분명히 있었다. 더구나 개발론자와 봉금론자 간의 견해 차이는 개발과 봉금을 통해 얻을 수 있는 수익의 과다 문제로 환원할 수 있음을 동당산 논쟁은 말해준다. 따라서 앞에서 거론한 저자 모두에게 이제 자연은 음풍농월의 대상이 아닌 엄연한 현실이었다. 개발 여부에 대한 논쟁에 추상적이며 철학적인 논리가 끼어들 틈은 없었다.

2 명·청 시대의 환경 보호

(1) 민간신앙과 환경 보호

 지금까지 살펴본 상업화 경향의 확대, 인구 증가, 소수민족 지역의 점령, 산악 지역 개발, 수리시설의 증가, 광산 개발과 벌목 등은 모두 자연환경에 적지 않은 악영향을 끼쳤으며, 그 결과 다양한 환경문제가 발생했다는 것은 이미 말했다. 따라서 명·청 시대 사람들 역시 자연 보호에 관심을 가졌다. 그러나 환경문제가 중요한 생존문제로 전환된 오늘날과 비교하면, 역사 시대의 환경 보호에 대한 관심은 생각보다 크지 않았다. 단편적인 식수 권장이나 환경 악화에 대한 우려는 곳곳에 등장하지만, 그 구체적인 계획이나 실천에 관련된 자료는 많지 않은 편이다.

 더구나 정부 차원에서 대규모 식수 사업을 전개하거나, 지역 사회에서 환경 보호를 위한 대규모 캠페인 등이 전개된 예는 극히 드물다. 그렇지만 환경 보호를 위한 일련의 관심이 존재했음을 알려주는 자료는 있다.[43] 더구나 풍수설을 바탕으로 도시 개발을 저지하려던 구체적인 사례도 찾아볼 수 있다. 이러한 환경 보호 차원의 움직임은 크게 두 종류로 나눌 수 있는데, 첫 번째가 민간신앙과 관련된 것이며, 두 번째는 각 지역의 관리와 유력자가 전개한 식수 사업이었다. 먼저 민간신앙과 관련된 환경 보호 운동을 살펴보기로 하자.

오늘날 상황도 그렇지만, 명·청 시대에도 환경 보호는 실질적인 차원의 문제였다.[44] 앞서 언급한 것처럼 명·청 시대 장강 유역에서는 산림 남벌이 광범위하게 벌어졌지만, 의외로 심리적 차원에서 자연을 생각했던 경우가 등장한다. 특정 지역의 산천 변화는 한 지역의 명운을 좌우할 수 있는 요인이라는 생각이 그것인데, 수로의 활발한 유통 여부를 바로 한 마을의 인문 번영과 쇠락 요인으로 간주했던 경우가 그러한 예다.[45] 따라서 강서성 감주부贛州府에 기록된 다음의 일화를 보면 당시 사람들의 자연관을 확인할 수 있는 동시에, 자연 보호 목적의 일단을 잘 알 수 있다.

흙은 살이며, 돌은 뼈이고, 물은 혈맥이다. 계곡물이나 도랑물이 있으면, 그것에 의지해 혈맥이 통하게 된다. 사람의 혈맥이 통하지 않으면 병이 생기는데, 땅의 혈맥이 통하지 않아도 사람에게 병이 생기지 않겠는가. 감성

---

43) 역사 시대 중국의 환경 보호 사상과 정책을 잘 정리한 책으로는 袁淸林 編著,《中國環境保護史話》(北京 : 中國環境科學出版社, 1990)를 들 수 있다. 다만 이 책에 실린 고대 이래 환경 보호 사상이 그대로 적용됐는지의 여부야말로 중국 환경사 연구의 중요한 출발점이라 할 수 있다. 한편 원청림의 책은 역대 식목 사업을 개괄하고 있지만, 대체로 가로수, 방호, 뽕나무 등과 같은 경제적 목적을 위한 식수 사업 외에 국가의 대대적인 식수 활동은 등장하지 않는다. 袁淸林,《中國環境保護史話》, 15장 참조.
44) 이런 이유 때문에 일부 연구자는 중국이나 그 밖의 다른 지역에서도 신앙이나 이데올로기가 인구, 경제 구조, 기술 또는 정부의 정책에 비해서는 환경에 미친 영향이 적다는 점을 주장하기도 한다. Mark Elvin · Liu Tsui-jung (eds.), *Sediments of Time : Environment and Society in Chinese History*, 39쪽 참조.
45) 同治《贛州府志》卷3,〈輿地〉(城池), 15쪽 下.

贛城에는 옛날에 복福·수壽라는 (명칭을 가진) 두 개의 도랑이 있어 작은 도랑에 물이 모였다. 세월이 지나자 도랑물이 막혀 비가 오면 물이 넘치고, 땅이 좁고 낮아 오가는 사람과 가마 등에 방해가 된다. 날이 더워지면 병이 발생하니, 거주자와 행인 모두 병에 걸린다. 이전에 사람들이 여러 번 수리 대책을 의논했지만 효과가 없었다.[46]

감주부 지방지에 따르면, 오래전부터 성내城內에는 봉황鳳凰, 시마嘶馬, 금어金魚라 불린 세 연못이 있었다. 송·원대 이전까지는 수맥이 상통해서 물 흐름이 좋았지만, 이후 시마지와 금어지는 막혀버렸다. 또 이 인용문에 등장하는 수복이구壽福二溝(위 인용문의 복福·수壽)는 원활한 물 흐름을 위해 일부러 개착한 수로였다. 하지만 주변에 거주자가 많아지자 막혀버려 홍수가 자주 발생했다. 또 감주부 성 동쪽의 동산童山은 당시 민둥산이 되어 그 색이 마치 불꽃처럼 붉게 변했는데, 주민들은 이 지역의 문운文運이 바로 이 동산에서 기인한다고 믿었다.

삼지三池, 수복이구 그리고 동산 이야기는 어느 시점에 이르러 감주부 부성府城 일대의 자연환경이 완전히 변해버린 상황을 말한다. 그런데 앞에서 언급한 대로 사람들은 이 지역의 인문 성쇠 여부가 바로 물길과 산이 제 기능을 하는 데 있다고 믿었다. 따라서 동치 9년(1870) 감주부 지부였던 위영魏瀛, 순도巡道 문익文翼, 감현贛縣 지현인 황덕부黃德溥 세 사람은 삼지와 수복이구를 준설하는 한편, 동산 주변에 소나무 묘목 만 그루[47]를 심었다. 이 일화가 흥미로운 것은 자연환경과 한 지역의 발전이 매우 밀접한 연관

---

46) 魏瀛,〈修福壽溝記〉, 同治《贛州府志》卷3,〈輿地〉(城池), 15쪽 下.
47) 원문에는 "購小松千萬株"라고 기록돼 있다. 의미상 1,000그루에서 1만 그루 사이일 것으로 짐작된다.

이 있다는 당시 사람들의 신념 때문이다. 따라서 당시의 지방관은 지역 부흥 차원에서 준설과 식수를 시행했는데, 지방지에 따르면 준설과 "물을 씻어내는" 이러한 노력으로 삼지의 물은 예전처럼 맑아졌다. 뒤이어 "장차 이 지역이 발전한다면 바로 이러한 일련의 공사 덕분"이라고 기술했다.

실제로 이 일대의 물이 완전히 맑아졌는지는 불분명하지만, 개인의 기복은 물론이고 이처럼 마을 전체의 안녕을 빌었던 장소에 대한 환경 보호 사례는 명·청 시대 지방지에 꽤 자주 등장한다. 역시 강서성 감주부 관할 영도주寧都州 서쪽 30리 밖의 연화산蓮花山 일대 수십 리는 매우 험준한 산악 지역이었다. 특히 가장 높은 곳에 있는 세 개의 산봉우리 일대에는 샘물이 용솟음쳐 마을에서 기우를 지내는 곳이기도 했다.

그런데 마을 사람들은 이 일대 지역이 영도주의 조룡祖龍에 해당한다고 믿어 경작지를 조성하고 절을 세우는 한편, 주변에 소나무와 삼나무를 심었으며, 석탄 채취를 금했다. 이러한 조치를 취하는 데 비용 부담이 적잖이 들었을 것을 지적하면서도, 산세山勢를 잘 유지하는 것이야말로 많은 인재가 과거에 합격할 수 있는 길이라는 점을 강조했다.[48] 그러나 이러한 이야기가 반드시 현대적 의미의 환경 보호와 직결되는 것은 아니다. 전체적으로 보면 오히려 환경 보호는 부차적이고 자연 보호를 통한 실질적인 수혜, 즉 마을의 발전이나 개인의 성공을 겨냥했다.

그렇다고 해도 풀이나 나무를 함부로 베는 행위가 마을의 생기生氣를 고갈시킨다는 지적은[49] 명·청 시대의 환경 보호에 민간신앙이 중요한 역할을 했다는 사실을 의미한다. 특히 많은 사례에서 볼 수 있듯이, 나무가 신앙의 대상이었다는 사실은 남벌을 억제하는 역할을 했다.[50] 강서성 연산

---

48) 道光《寧都直隸州志》卷5,〈山川〉(山), 13쪽 上.
49) 道光《寧都直隸州志》卷11,〈風俗〉(州), 8쪽 上.

현의 예는 그런 상황을 잘 보여준다.

　　연산현鉛山縣 주민이 신부를 맞이하면 온 집안이 즐거움으로 가득 차며, 손님이 문전성시를 이루어 천막 안으로 들어온다. 다만 가마가 비어 있으면 양가가 서로 소송을 벌이는데, 관청은 그것을 해결할 방도가 없다. 자계慈溪의 진사進士 장공張公이 (이곳) 토지를 조사하러 왔다가 청산靑山 귀퉁이에 있는 커다란 나무 수십 그루를 얼핏 보게 되었는데, 나무가 서로 뒤엉켜 있으며 밑동은 굽어 있어 좋은 재목은 아니었다. 그 밑의 그늘에는 20여 무의 좋은 논이 세로로 뻗어 있는데, 곡식은 모두 새 먹이가 되고 있었다. 장공이 그 나무를 베고자 잡초가 우거진 곳에 당도하자, 마을 사람들이 (그 나무에는) '신神이 살고 있다'고 말했다. 장공은 그렇지 않다고 말하면서 (벌목에 필요한) 문서를 인근 읍에 보냈지만, 인근 마을도 화를 두려워해 장공의 (말에) 따르지 않았다.[51]

이 인용문은 결국 장공이란 인물이 마을 사람들의 반대에도 나무를 잘랐다는 것으로 결말이 난다. 하지만 이 이야기에서 장공을 단지 합리적인 사고의 소유자라고 파악하는 것 역시 합리적인 생각은 아니다. 장공은 마을 사람들 사이에 빈번한 소송이 발생하는 중요한 원인으로 나무를 지목했기 때문이다. 따라서 나무에 귀신이 들렸다고 믿는 마을 사람과 장공의 나무에 대한 태도는 오히려 주민들의 생각과 같다. 중요한 점은 환경 보호

---

50) 조금 다른 종류의 예도 있는데, 나무가 특정 인물이나 사건에 관련된 일화를 간직한 경우에도 대체로 사람들은 나무를 숭배하고 보호했다. 일례로 강서성 남창부南昌府 서쪽에 위치했던 서산西山에는 동진東晉 융안隆安(397~401) 연간에 담현조曇顯肇가 살았는데, 그는 비자나무 숲에 있는 한 나무의 가지 둘레가 1장 5척에 달하는 것을 보고 장군수將軍樹라는 이름을 붙였다. 그 후 이 나무는 거의 1,000년 이상을 살았다. 雍正《江西通志》卷7,〈山川〉, 1쪽 下~2쪽 上.
51) 同治《鉛山縣志》卷11,〈職官〉(名宦), 39쪽 下.

의 실질적인 방법으로 이러한 민간신앙이 엄연히 작동했다는 사실이다.

또 다른 사례가 호남성에서도 발견된다. 호남성 서포현에는 마을 사람들이 신기하게 여기는 나무 세 그루가 각 촌락에 있었다. 먼저 나무의 종류는 밝히지 않았지만 이 마을 1구區에 있었던 고수古樹 한 그루는 원대元代부터 있었던 나무다. 강희 연간에 고사했다가 다시 살아났는데, 사람들은 꽃이 얼마나 많이 피는지의 여부로 흉풍이 결정된다고 믿었다. 또 1구의 풍수楓樹 한 그루는 새 잎이 나오는 시기가 대체로 곡우 전후였기 때문에 농가에서는 그 시기에 파종을 했다. 그렇지 않을 경우 그해 농사는 흉작으로 끝났다. 마지막으로 3구에도 풍수 두 그루가 있었는데, 나무의 남쪽 잎은 높이 달리고 북쪽 잎은 낮게 달릴 경우 높낮이에 따른 경작지의 풍흉을 점칠 수 있다고 믿었다.[52]

이러한 민간신앙은 흔했는데, 앞서 동당산 개발을 둘러싼 논쟁에서 적극적인 개발론을 주장했던 진홍모의 태도는 매우 흥미롭다. 진홍모는 적극적인 자원 개발을 통해 백성의 수익을 증대시켜야 한다는 입장을 줄곧 견지한 인물이었지만, 풍수와 민간신앙에 관련해서는 다른 태도를 보인다. 호남성 영원현寧遠縣에 있는 구의산九疑山의 수정水晶 개발을 둘러싼 논쟁에서, 진홍모는 기존의 태도와 달리 풍수설을 이유로 개발 금지를 주장했다. 건륭 연간에 제기된 이 지역의 개발 논쟁도 동치 4년(1865)까지 지속됐으며, 결국 개발 금지로 귀결됐다.

이 논쟁에서 광산 개발에 따른 전통적인 사회문제, 즉 유민이 몰려들고 지역 주민의 생활이 더 어려워진다는 견해 외에, 개발을 중지시킨 가장 중요한 요인은 바로 풍수 문제였다. 문제가 된 우릉虞陵 일대도 마을의 정령精靈과 귀신이 모여 지나가는 용맥이기 때문이었다. 따라서 민간신앙과 풍수

---

52) 民國《漵浦縣志》卷26,〈襍類〉(襍識), 19쪽 上~下.

는 특정 지역의 개발뿐 아니라, 특정 나무를 보호하는 데 특히 중요한 역할을 했다.[53] 나무나 산림을 보호하기 위해 세운 삼성 교계 지역 호림비護林碑의 내용을 모아 정리한 자료에 따르면, 이처럼 신앙의 대상이 된 나무를 보호하는 형태는 매우 다양했다.[54]

특히 명·청 시대 많은 지역에 세워진 호림비에서는 단순히 풍수 보호를 위해 존재하는 풍수목을 비롯해서, 사묘 주변의 나무를 보호하거나 조상이 심은 나무를 보호했던 사례도 발견할 수 있고, 마을의 수원水源을 지키기 위해 심은 나무의 보호 사례도 있다. 이 가운데 조상 대대로 내려오는 나무에 대한 애착이 특히 강했다. 예를 들어 동치 2년(1863)에 세워진 한 호림비는 사천성 주마평走馬坪 일대에 사는 복씨伏氏 일가가 조상 대대로 내려오는 고목을 보호하기 위해 세운 것이다. 이 호림비에는 주마평 복씨 일가가 그 일대에 처음 정착할 당시, 주변 경관의 음양을 살펴본 결과 풍수의 조화가 잘 이루어지지 않은 곳이었기 때문에 나무로 그 부족한 점을 보완했다고 기록돼 있다.

이처럼 풍수나 민간신앙 덕분에 주변 환경을 고려한 식목이 행해진 또 다른 사례는 섬서성 남정현南鄭縣에 있는 벽운암고백금비碧雲庵古柏禁碑에 나온다. 건륭 연간에 주민들이 서로 자기 지역을 풍수상 진혈용맥眞穴龍脈이라고 주장하자, 관청은 분쟁 지역에 절을 짓기로 결정했다. 그 후 그 절의 승려가 주변 경관이 모두 헐벗었다는 점을 인식하고 절 주변에 많은 나무를 심었다.

---

53) 이처럼 풍수 사상이 특정 나무를 보호하는 데 이용된 사례 외에도, 아예 산 자체를 해당 지역의 용맥으로 치부해서 다른 사람의 개발을 억제한 경우도 있었다. 이런 정황에 대해서는 同治《星子縣志》卷2,〈山川〉, 12쪽 上~14쪽 下 참조.
54) 이하 삼성 교계 지역의 호림비 내용 중 풍수목과 관련된 부분은 張浩良,《綠色史料札記−巴山林木碑碣文集》, 22~42쪽의 내용을 간추린 것이다.

이처럼 승려가 식목 사업에 참여한 증거가 존재한다는 사실은 꽤 흥미롭다. 민간신앙이나 특정 종교가 환경과 어떤 관련이 있는지에 대한 구체적인 연구는 아직 없지만, 앞에서 이미 언급한 것처럼 회교도보다는 불교도가 많이 사는 지역의 환경이 훨씬 더 잘 보존됐다.[55] 사천성 관현灌縣 이왕묘二王廟 일대의 식수 사업을 주도한 자명도인自明道人에 관한 일화가 그러한 예이다.[56] 이왕묘는 사천성의 수리시설을 개착한 인물로 유명한 진秦 촉태수蜀太守 이빙李氷 부자父子를 기념하기 위해 설립된 사원이다. 이후 일반인의 기도 장소로 이용됐는데, 청대 옹정 5년(1727)에 편액 하사로 수리 사업을 단행했다.

자명도인의 저술로 알려진 〈재삼수영원비기栽杉樹永遠碑記〉에 따르면 옹정 12년(1734)부터 건륭 35년(1770) 사이 약 35년간 삼목 8만 4,000여 주, 백랍 6만 4,000여 주, 호두나무 1만 5,000여 주를 심었다. 그러나 자명도인이 심은 이 나무들은 단순히 주위 경관을 아름답게 꾸미거나 종교적인 이유는 아니었던 듯하다. 〈재삼수영원비기〉의 내용에 따르면, 다른 사람들이 왜 유독 삼목을 심으려고 애쓰는지 그 이유를 묻자, 그는 이왕묘가 재건된 지 이미 30여 년이 흘렀으며, 따라서 건물을 보수할 필요가 있지만, 재원 마련이 용이하지 않다고 설명했다. 그는 삼목은 곧게 자라기 때

---

55) 예를 들어 히말라야 산 외부 지역에 사는 힌두교도는 숲을 마구잡이로 파괴했으며, 그들의 목축 때문에 사막화가 빨라졌다. 반면 티베트 지역의 불교도는 초목 지역을 훨씬 더 조심스럽게 다뤘다. 그러나 다른 측면에서 본다면 티베트 지역의 가혹한 자연환경 때문에 티베트 불교도가 자연을 좀 더 적극적으로 보호해야 할 입장이었을 가능성도 배제할 수 없다. 이런 논의에 대해서는 Wolfgang Holzner, Monika Kriechbaum, "Man's Impact on the Vegetation and Landscape in the Inner Himalaya and Tibet", Mark Elvin and Liu Ts'ui-jung (eds.), *Sediments of Time : Environment and Society in Chinese History*, 105쪽 참조.

56) 이하 자명도인이 이왕묘 주변에 실시한 조림 사업에 대해서는 정철웅, 〈淸代 三省交界地域의 森林과 林産物 保護對策〉, 129쪽에 근거했다. 아울러 李映發, 〈自明道人與"萬代長靑林"〉,《森林與人類》 1期(1989) 참조.

문에 그것을 주변에 심어 벌목한다면 이왕묘 보수에 필요한 재원을 조달할 수 있다고 말했다. 그는 자신의 신앙심을 바탕으로 이왕묘의 재건에 적극 참여했지만, 실질적으로 보수와 유지에 드는 비용을 생각하지 않을 수 없었다. 이처럼 종교적 신념을 바탕으로 한 일종의 환경 보호 행위가 실질적인 목적으로 연장되는 경우는 빈번했다.

자연 보호 행위는 개인이나 집단 또는 지역 사회의 종교나 신앙에 기반을 두었지만, 그 배후에는 매우 철저한 실질적 목적이 있었다는 사실을 일깨워주는 또 다른 예를 강서성 익양현弋陽縣에서 볼 수 있다. 익양현 서쪽에 위치했던 송사항松沙港은 태원胎元의 방위에 해당하는 지역으로, 풍수상 본래 물이 잘 빠져나가지 못하는 지역이었다. 그런데 만력 연간(1573~1620) 이래 누차 이곳에 제방을 쌓아 그 상황이 악화됐으며, 더구나 청대 건륭 연간에 이르면 사주沙洲의 발달로 배수 기능이 더욱 악화됐다. 따라서 마을의 유력자들은 논의 끝에 제방을 허물어버렸다.[57] 이 마을의 배수 기능이 약화된 것은 오히려 사주가 확장된 탓인데도, 수리시설의 파괴에 오히려 풍수설이 중요하게 작용했다. 풍수설이 지역 주민의 실제적인 목적에 이용된 셈이다.

한편 아마도 풍수림이나 사원림 못지않게 훼손되지 않은 채 비교적 후대까지 보호가 잘된 숲은 총림塚林일 것이다. 총림의 보호는 무엇보다 조상 숭배라는 중국인의 전통적인 믿음과도 관련이 있기 때문이다. 그러나 지금까지 살펴본 것처럼 산림 자원이 감소하고 목재가 중요한 상품으로 등장하자, 심지어 총림까지 몰래 팔아버리는 사건이 발생했다. 따라서 동일 지역에 총림 도벌을 방지하는 내용의 비문이 여러 시기에 걸쳐 등장하기도 하며, 어떤 가문에서는 아예 묘역 주변에 봉금封禁을 시행하기도 했다.

---

57) 同治《弋陽縣志》卷1,〈地理〉(山川), 6쪽 上.

이런 현상을 달리 해석한다면, 총림이야말로 도벌이나 남벌에 매우 민감했기 때문에 다른 종류의 나무나 숲보다 훨씬 보존이 잘됐으리라고 가정할 수 있다.[58] 이런 까닭에 총림은 훨씬 더 매력적인 도벌 대상이었다. 실제로 사묘 주변의 나무를 주지가 팔아넘긴 사례 역시 거꾸로 그런 지역의 나무가 비교적 잘 보존된 반면, 일반 사유림보다는 관리가 덜 철저했다는 것을 말해준다.[59]

지금까지 살펴본 증거로만 판단한다면, 명·청 시대 민간신앙과 관련된 자연 보호는 자연 자체를 보존하고 애호하는 폭넓은 의미로 확대되지 않았다. 녹림綠林을 강조한 사료에 등장하는 "풀 한 포기, 나무 한 그루에도 모두 주인이 있다"는 주장은 형이상학적 의미가 아니라, 단순히 개별 소유자를 지칭하는 것이다. 따라서 자연 보호를 위한 중요한 근거로 등장하는 신앙과 종교가 심원한 우주론이나 자연과 인간을 통합해서 바라보는 자연관과 연결된 예는 사실상 찾아보기 어렵다. 대신 신앙과 종교는 지극히 현실적인 문제를 해결하는 데 매우 유용한 도구로 이용됐다. 따라서 자연 변화로 실질적인 손해가 발생했을 경우, 그것을 반박하기 위한 중요한 근거가 바로 신앙과 종교였다. 이처럼 신앙과 종교의 개념이 세속적으로 전화되고, 그렇게 전화된 세속적 개념을 당시 지식인이나 유력자가 실질적인 목적에 사용했던 사례가 다음에 서술할 한구漢口의 풍수설이다.

---

58) 이런 정황에 대한 간접적인 증거는 무덤 주변의 나무 수를 정확히 기재한 비문이 남아 있다는 사실에서 추론할 수 있다. 일례로 호북성 파동현巴東縣 다점자진茶店子鎭에 남아 있는 '공가산비각龔家山碑刻'에 따르면, 무덤 주위에는 나무가 110여 주 또는 100여 주가 남아 있었다. 王曉寧 主編, 《恩施自治州碑刻大觀》, 134쪽 참조.
59) 이상 총림과 사묘의 남벌에 대해서는 정철웅, 〈淸代 三省交界地域의 森林과 林産物 保護對策〉, 128~130쪽 참조.

(2) 도시 개발과 풍수설

도시 한구와 풍수설

중국인의 풍수 사상 역시 중요한 민간신앙이라고 할 수 있지만, 굳이 따로 서술하는 이유는 풍수 사상이 지니는 실질적인 위력을 자세히 살펴보기 위해서다. 앞서 언급했듯이 풍수 사상의 이면에 자연 보호 사상이 포함돼 있다는 것은 사실이다. 그러나 실제 환경문제에서 풍수가 어떤 역할을 했는지 구체적으로 살펴본 연구는 아직 많지 않다. 따라서 다음에 거론할 한구 사회의 풍수설은 한 사회의 신념 체계가 구체적으로 환경문제와 어떻게 결부돼 있으며, 그러한 신념이 어떻게 자의적으로 이용될 수 있는지에 대한 문제를 밝혀준다.

풍수는 정치한 이론 체계를 가졌으나 순수한 과학 사상이라고 볼 수는 없다. 그 때문에 환경 악화 현상을 적극적으로 제동할 만한 힘은 갖고 있지 않다. 하지만 다음에 언급할 호북성 한구의 사례는 풍수가 환경문제와 결부돼 어떻게 작동했는지 적나라하게 보여준다. 물론 앞에서 설명한 일부 사례에서 보았듯이, 풍수설이 실질적인 효력을 발휘했지만 명·청 시대 사람들이 풍수의 위력을 모두 믿었다고 보기는 어렵다. 오히려 일부 지식인은 풍수설에 대한 맹신을 경계하기도 했다.

의외로 장강 중류 지역에서 풍수와 관련된 사료를 찾아보기는 어렵지만, 청대 건륭 연간 호남안찰사按察使와 호남포정사布政使를 역임한 주인기周人驥(1695~1763)의 글을 보면 풍수 사상을 맹신하는 것에 대한 반대가 잘 드러난다. 먼저 그는 풍수설의 본질부터 언급했다.[60]

---

60) 이하 주인기의 풍수설은 乾隆《善化縣志》卷11,〈藝文〉(上)(示), 17쪽 下~19쪽 下에 있는 주인

어리석은 백성이 풍수를 망령되이 믿는 것을 깨우쳐 풍속을 바로잡고 송사訟事를 잠재우기 위해 (이 글을) 쓴다. 큰 복을 오래 지속하려면 당연히 덕을 쌓아 구해야 하며, 자손의 번성은 본래 지닌 마음이 후덕해야 한다. …… 옛날 사람들이 (좋은) 터와 묏자리의 (길흉을) 예견해서 자식이 선조의 시신에 효를 다하는 것은 후일 (그곳에) 도로나 수로를 만들지 못하게 하려는 것이니, 어찌 풍수를 빌미로 부귀를 구할 수 있겠는가. 춘추 9년 정공定公을 장사지내려고 할 때 비가 와서 장사를 지내지 못하고 무오戊午에 장사를 지냈으나, 이는 (풍수를 근거로) 택일擇日을 한 것이 아니다. 정鄭 나라가 간공簡公을 장사지낼 당시 묘지기의 집이 도로에 있었으므로, 그것을 훼손하면 아침에 하관해야 하고 훼손하지 않으려면 한낮에 하관해야 했으니, 이것은 (풍수설에서 말하는) 시간을 택한 것(택시擇時)이 아니다. 옛날 사람들은 모두 나라 안에 있는 묘역에 장사를 지냈으며, 묘역은 어디에나 있으므로 이것은 땅을 선택한 것(택지擇地)이 아니다. 풍수설은 본디 곽박郭璞(276~324)에서 비롯됐는데, 곽박은 이미 풍수에 정통해서 당연히 길지吉地를 선택했으므로 자신이 복을 받고 자손에게도 이로워야 했지만, 어찌 왕돈王敦(266~324)에게 죽임을 당하고 대가 끊기는 것을 면하지 못했는가.

이처럼 주인기는 풍수설의 본질을 통박하면서, 그 무용함을 지적했다. 따라서 그는 풍수설의 이치가 모호하다는 점을 역설했다. 그런데도 그는 장강 중류 지역 사람들이 풍수설을 맹신해서 다양한 피해가 속출한다는 점을 지적했다. 그는 다시 다음과 같이 언급했다.

(풍수설에 대한 맹신이) 오직 초남楚南에서 더욱 심하다. 좋은 묘혈을 탐

기의 글〈妄信風水示〉참조.

해 수년이 지나도록 부모를 장례지내지 않는 사람이 있으며, 이미 장사를 지냈는데도 (땅을 파는 행위가) 한 번에 그치지 않고 서너 번을 파는 자들이 있다. (좋은 묏자리를) 차지하려고 모의해서 송사를 일으키게 되면, 관을 땅에 묻지 못하고 이미 가산을 파탄하는 자도 있다. 여러 형제가 많은 집터에 (있는) 풍수의 음덕에 혹해 골육상쟁을 벌여 원수가 되니, 이것이 미혹에 사로잡힌 대략의 상황이다.

주인기는 장강 중류 일대, 특히 자신이 관할했던 호남성에서 유난히 풍수를 맹신한다고 지적했다. 하지만 이러한 상황이 단지 호남성에서만 발생하지는 않았을 것이다. 이 글에도 나타나듯이, 좋은 묘지나 집터를 고르기 위해 수년 동안 기다리는 것을 보면, 당시 사람들이 풍수 사상을 맹신했다는 주인기의 지적은 맞는 말이다. 그러나 풍수 사상으로 인한 폐해가 있어도 풍수 사상이 지닌 모호성 자체가 효력을 발휘할 때도 있었다. 다음에 언급하는 한구의 사례가 그런 사실을 잘 보여준다.[61]

오늘날의 무창武昌을 중심으로 볼 때 장강 건너편 오른쪽에 위치한 곳이 한구다. 널리 알려진 것처럼 상해의 등장으로 청 말에 이르러 그 역할이 다소 축소됐지만, 한구는 청대 내내 장강 일대에서 최대의 시장이었다. 한구가 개발되기 시작한 시기는 명 선덕 연간(1426~1435)에서 정통 연간(1436~1449)으로, 당시 이미 엄청난 인구 증가와 더불어 각지에서 상인이 몰려들어 거대한 시장이 형성됐다.[62] 전통 시대라고 할지라도, 일정 지역

---

61) 여기서 소개하는 한구의 환경과 관련된 풍수설의 제기는 정철웅, 〈18세기 중국의 도시 개발과 風水說—湖北省 漢口를 중심으로—〉와 〈都市環境史的一項—18世紀漢口地區的黑山開發和風水論〉, 張建民 主編, 《10세기以來長江中游區域環境,經濟與社會變遷》(武漢 : 武漢大學出版社, 2008)의 내용을 바탕으로 대폭 수정한 것이다.
62) 嘉靖《漢陽府志》卷3, 〈創置〉, 42쪽 上. 따라서 이 시기 이후 한구 일대의 일부 호수가 육지로 변하는 환경 변화가 잦았던 것으로 추측된다. 일례로 한양 낭관호郎官湖의 경우 홍치 연간 이전에

에 이처럼 거대한 도시가 존재할 경우 자연스럽게 다양한 도시문제가 나타나며, 한구도 이런 점에서 예외가 아니었다.

당시 한구는 도박, 매춘, 사기, 화재 등과 같은 다양한 사회문제를 안고 있었으며,[63] 지형적으로도 장강과 한수의 배수 기능이 이전 시기에 비해 현저히 나빠져 홍수 위험도 상존했다. 그중 한구 개발과 관련해 풍수론자가 제기한 화재 발생 문제는 한구의 거주민과 상인에게 매우 심각한 위협이었다.[64] 당시 한구의 일부 주민은 화재 발생 원인을 한구 개발에 필요한 건축 자재를 조달하기 위해 흑산黑山에서 행해지는 채석 때문이라고 주장했다. 먼저 청대에 한구에서 발생한 화재 발생 횟수와 그 피해 상황을 살펴보기로 하자.

표 4-1에서는 대규모 화재만을 언급한 것이다. 따라서 소규모 화재까지 더하면 화재 발생 횟수는 더 늘어나는 만큼 한구의 화재는 매우 심각한 사회문제였다. 더구나 그 피해가 가옥뿐 아니라, 선박과 가축에까지 미쳤으며, 심지어 불구경을 하다 익사하는 사람까지 속출하는 상황도 빈번했다. 이미 윌리엄 T. 로가 지적한 것처럼, 한구는 소방전용 도로, 소방 요원, 소방전용 수레, 소방 감시대 등의 장비를 갖추고 화재에 대비하고자 했다.[65] 그러나 이 표에서 볼 수 있는 것처럼 밀집된 도시 지역에서 발생하

는 많은 사람이 찾아와 고기를 잡던 곳인데, 홍치 연간 이후 가옥이 들어서면서 육지로 변했다. 嘉靖 《漢陽府志》 卷2, 〈方域〉, 28쪽 上~28쪽 下.

63) 한구의 다양한 사회문제와 그 해결책에 대한 논의는 William T. Rowe, *Hankow : Commerce and Society in a Chinese City, 1796~1889*(California : Stanford University Press, 1984)와 William T. Rowe, *Hankow : Conflict and Community in a Chinese City, 1796~1895*(California : Stanford University Press, 1989) 참조. 상업적 양상에 대해서는 전자의 책이, 한구가 지닌 사회문제와 그 대응책에 대해서는 후자의 책이 좀 더 자세하다.

64) 한구의 화재 발생 횟수와 그 상황에 대해서는 同治 《續輯漢陽縣志》 卷4, 〈祥異〉, 12쪽 上~14쪽 下 참조.

65) William T. Rowe, *Hankow : Commerce and Society in a Chinese City, 1796~1889*, 318~319쪽.

〈표 4-1〉 청대 한구의 화재 발생과 피해 상황

발생 연도	발생 원인 또는 발생지	피해 상황
강희 26년(1687)	강구江口	회룡사回龍寺·사관전四官殿 묘우廟宇와 수천 가옥 소실, 익사자 수백 명
강희 37년(1698)	-	수천 가옥 소실
건륭 17년(1753)	한구 양선糧船	양선 수십 척 소실
건륭 30년(1765)	한구 양선	양선 13척 소실
건륭 31년(1766)	유의방由義坊 대지방大智坊	익사자와 소실자 많음
건륭 33년(1768)	강구에서의 실화失火	호남 양선·홍선紅船·객주客舟 소실, 사망자 다수
가경 15년(1810)	대지방 이광태李廣太의 약방	호남 양선·홍선·객주 소실, 사망자 다수
도광 29년(1849)	한양성 서문西門	3일간 화재 지속
함풍 2년(1852)	타구항打抅巷	-
동치 5년(1866)	한구진	1개월 사이 여섯 차례 화재 발생
동치 6년(1867)	한구진 포가항鮑家巷 실화	선박 소실, 익사자 많음
광서 11년(1885)	한구진 대마두大馬頭	약방 300여 채, 선박 70여 척, 가옥 다수 소실
광서 24년(1898)	한구진	수천 가옥 소실, 사람과 가축 소실자 다수
광서 25년(1899)	한구진	1,000여 가옥 소실
광서 26년(1900)	한양 남안南岸	대마두 물가에서 불구경하던 사람들 익사
광서 27년(1901)	횡제橫堤	50여 명 사망, 부상자 다수

출처 : 정철웅, 〈18세기 중국의 도시 개발과 風水說 —湖北省 漢口를 중심으로—〉, 302쪽.

는 화재를 진화하기는 쉽지 않았다.

한구 흑산黑山에서 채석을 못하게 금지해야 한다는 주장은 바로 이러한 화재를 막기 위해서였다. 한구 흑산을 거론한 사료는 건륭 12년(1747)에 간행된 《한양부지漢陽府志》와 가경 《한양현지漢陽縣志》를 들 수 있는데, 《한양현지》의 내용이 훨씬 자세하다. 하지만 건륭 12년 《한양부지》의 〈산천지山川志〉 서문은 다른 지역의 일반적인 지방지에서는 흔히 볼 수 없는 풍수설을 동원해서 한양현 산천을 설명한다. 한양현 관련 이전 지방지를 모두 살펴보지는 못했지만, 적어도 가정 연간의 한양현 지방지에는 흑산 문제가 거론되지 않았다. 다만 건륭 12년 지방지에는 다음과 같은 간략한 언급이 나온다.

    한양성漢陽城 서쪽 5리에 위치한 한구진 남쪽의 주민은 매번 이곳(흑산)에서 돌을 채취한다. (이곳의) 돌 채취로 한구진에서 화재가 많이 발생하기 때문에, 한양의 신사紳士들이 채석을 금지하는 (내용을 담은) 비석의 건립을 요청했다. 해당 관청은 그 비석을 건립하도록 허락했으며, 공생貢生 당예한唐裔漢의 풍수론은 그 글의 양이 많으므로 여기에 게재하지 않는 대신《현지縣志》에 자세히 언급한다.[66]

이 설명 뒤에는 채석을 금지한 열 개 산의 명칭을 열거했는데, 채석을 금하는 내용을 담은 비석을 세운 곳은 한양성, 흑산, 탕가산湯家山, 석마산石馬山 네 곳이었다. 사료에는 흑산에 관련된 내용만 등장하지만, 이처럼 네 곳에 금지 비석을 세운 정황으로 미루어 그만큼 당시 한구에서 채석이 광범위하게 행해졌음을 알 수 있다. 그렇다면 당예한이란 인물이 제기한 한구 관련 풍수론은 어떤 것일까?

    한양부성漢陽府城의 용맥龍脈을[67] 살펴보면 구직九直에서 시작해 서문西門

---

66) 乾隆 12年《漢陽府志》卷8,〈山川〉, 3쪽 下.
67) 풍수설에 따르면 용맥은 엄격한 의미에서 별도로 간주해야 한다. 풍수의 원리가 가시적인 실체로 표시되는 산을 용이라고 했으며, 맥은 그 용의 안에 들어 있는 은밀한 기운을 말한다. 따라서 용이 존재해야 맥이 있으며, 맥이 없으면 용도 죽은 사물에 불과하다. 최창조,《한국의 풍수 사상》(민음사, 1984), 33쪽.

을 따라 성성城으로 들어와, 일단 선결先結로 봉황이 한양부 터에 자리하며 후결後結인 대별산大別山이 북쪽을 막고 있다. 그리고 대별산 정상은 동쪽에서 밑으로 내달리며 그 여기餘氣가 목장木張에서 남안南岸으로 달려 후탁後托이 되고, 월호月湖의 입구에서 그친다. 그 위로는 와호산臥虎山과 흑석산黑石山이 있어 자물쇠 역할을 하므로 충분히 의지할 수 있으니, 이 남안이 부성府城의 후탁後托이 된다. 한구의 용맥은 곧 평양용平洋龍이다. 평양용은 좌공조만坐空朝滿의 형상에 최적이다. 현재 한구는 대별산이 조산朝山에 해당하며, 남안이 근안近案이고, 후호後湖는 넓고 비었으니 좌공조만의 형상과 정확히 일치한다.[68]

일단 이 글에 등장하는 다양한 풍수 용어를 이해하기 위해 전형적인 풍수 명당의 모습을 살펴보자.

당예한이 강조한 좌공조만이라는 좌산에 위치한 지역이 비는 반면, 조산에 해당하는 곳은 지형물이 가득 찼다는 의미다. 다시 앞의 그림에 입각해서 당예한이 언급한 한구의 풍수 위치를 말해보면 다음과 같다. 즉, 대별산이 바로 조산에 해당하며, 그림 4-1에 등장하는 안산이 근안에 해당하는 곳으로, 소하小河를 가리킨다. 한편 북쪽에는 후호後湖가 있다고 지적했는데, 후호뿐 아니라 소상호瀟湘湖[69]와 달마호達馬湖 등이 있어 비교적 넓은 공터가 존재했다.

한구와 관련된 당예한의 풍수론을 보면, 보통 풍수에서 말하는 배산임수背山臨水라는 전형적인 형상을 한구에 적용한 것처럼 보인다. 따라서 당

---

68) 唐裔漢,〈漢口書論〉, 乾隆 12年《漢陽府志》卷47,〈藝文〉, 82쪽 下~83쪽 上.
69) 이곳은 바로 양하가 흐르던 지역이었다. 동남 방향으로 우회해 흐르던 양하가 명대 성화 연간에 하도河道를 바꿔 직선 방향으로 흐르자 이곳이 육지로 변해 찻집과 술집이 즐비하게 들어서게 됐다. 嘉慶《漢陽縣志》卷6,〈山川〉, 20쪽 下.

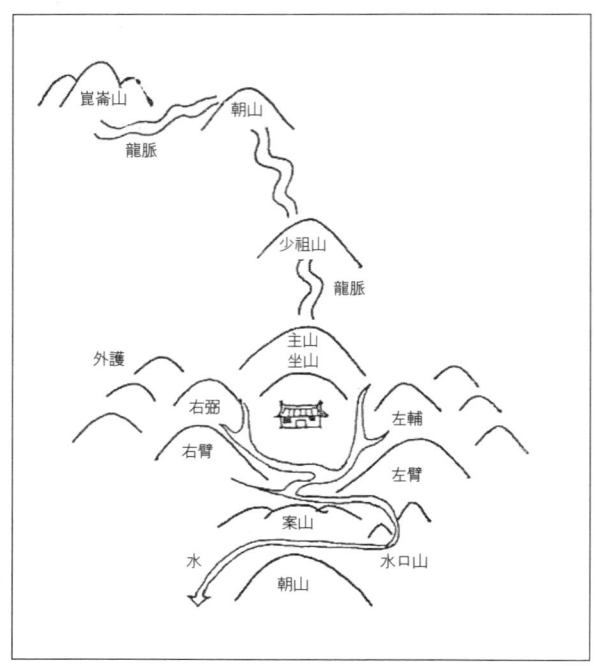

〈그림 4-1〉 풍수 명당 모형도
출처 : 劉沛林, 《風水 : 中國人的環境觀》(上海 : 三聯書店, 1995), 137쪽.

예한은 이전에 한구가 번성하지 못한 이유를 한구에 하천 수계가 발달하지 않은 탓으로 설명했다. 그런데 명대 성화 연간에 이르러 한구 북쪽을 흐르던 양하襄河가 흐름을 바꿔 바로 장강으로 흘러가기 시작했고, 그 후부터 한구가 번영하기 시작했다고 그는 지적했다.

개발 저지를 위한 풍수설의 제기

이처럼 풍수설의 관점에서 보면, 분명 번영일로를 걸어야 했던 한구는, 위에서 언급한 것처럼 잦은 화재 때문에 일종의 위기의식이 자리 잡고 있

〈지도 4-1〉 청대 한구 일대의 지형
출처 : 嘉慶 《漢陽縣志》 卷1, 〈輿圖〉, 2쪽 下~3쪽 上.

었다. 풍수론이 등장한 이유도 바로 그러한 위기의식 때문이었다. 그러면 한구의 화재와 흑산의 채석 간의 관련성을 살펴보기 위해 그의 말을 다시 들어보자.

  강희 20년(1681) 이전에는 남안 양쪽에 모두 가옥이 있었으며, 중간에는 도로가 있어 수레와 가마가 다닐 수 있었다. 강희 20년 이후 나날이 (그 일대)가 붕괴되기 시작한 이래, 결국 그 상황이 차마 볼 수 없는 지경이 됐다. 북안 역시 붕괴되기 시작했는데, 그 원인은 한구진 수구에 있는 흑산에서의 채석이다. 이로 말미암아 (흑산이) 손상돼 흡인력이 사라졌으며, 하천 역시 수

로를 따라 흐르지 않아 이처럼 붕괴했으니, 이것은 부성府城의 후탁後托이
파괴되고 한구진의 근안近案이 무너진 것과 같다.

이처럼 그는 흑산의 손상을 한구의 지세가 무너지게 된 중요한 원인으
로 꼽았다. 그러나 그의 언급은 아직 흑산의 손상과 화재 발생을 연결하고
있지는 않다. 그 이야기는 다시 가경 연간《한양현지》에 등장한다. 여기에
등장하는 흑산과 관련된 풍수설이야말로 다른 지역에서 쉽게 찾아볼 수
없는 환경 관련 풍수설이다. 다만 이 지방지는 흑산에서 채석을 금지해야
한다는 논의가 이미 강희 49년(1710)에 나왔다고 기록한다.[70] 가경《한양
현지》〈금산禁山〉에 나오는 내용을 살펴보자.

조사해보건대, 한수는 한중漢中에서 발원해 천리를 굽이쳐 흘러 이곳에
이른다. 그런데 흑산과 여랑산女郞山 같은 여러 산을 끼고 돌아, (이 산들이)
지주砥柱 역할을 하는 탓에, 여기에 물이 모여들고 모래가 쌓이며, 백성이
안전을 의지하니 그 상관되는 바가 크다. 근래 산주山主 오한의吳漢義와 나
필제羅必第 등이 오직 일신의 이익만을 탐해 매일 석장石匠을 고용해서 석재
石材를 채취하고 지맥地脈을 따라 땅을 파헤치니 기맥氣脈이 손상돼 한구의
북안北岸이 붕괴되고 화재가 빈발했다. 이 일을 전해들은 공생 당예한과 황
창黃昌 등은 '산을 파고 돌을 채취한 까닭'에 오랫동안 지맥이 손상됐으니
(채석)을 엄금해서 급히 풍수를 구해야 한다는 글을 올렸다.

여기서 지주는 하천 한가운데 자리한 넓은 형태의 바위를 뜻한다. 그런

---

[70] 이하 인용문은 嘉慶《漢陽縣志》卷6,〈山川〉, 33쪽 上~39쪽 下에 나오는〈부금산附禁山〉과〈비
문불구재碑文不具載〉의 내용을 다시 정리한 것이다.

데 이곳에 물이 닿으면 유속이 느려져 수량이 증가할 때 보호 역할을 한다. 따라서 이 인용문을 그대로 믿는다면, 흑산과 여랑산 같은 한구 북쪽의 산은 풍수상 한구를 보호하는 중요한 역할을 했다. 이렇게 볼 때 흑산의 개발은 화재뿐 아니라 한구 일대의 홍수 발생 가능성도 높였다고 할 수 있다. 결국 흑산 일대의 개발로 한구에 자연재해나 화재가 자주 발생하자 바로 이 인용문의 내용과 같은 주장이 제기된 것이다.[71]

이런 주장에 따라 당시 한양현 지현은 오한의와 나필제 등의 채석 행위를 금지했으며, 아울러 흑산의 여기餘氣로 한구진과 호흡상통呼吸相通하는 곳이라는 이유로 탕가산湯家山과 석마산石馬山에서도 채석을 금지했다. 따라서 흑산을 포함한 총 열두 개 산에서 채석이 금지되고, 한양성·흑산·탕가산·석마산에 채석을 금지한다는 내용을 담은 비석을 세웠다.

그런데 가경 《한양현지》는 부록으로 게재된 앞의 금산禁山 내용과는 별도로, 더 자세한 풍수 내용을 〈비문불구재碑文不具載〉에 상세히 소개했다. 즉, 당예한의 주장으로 세운 금산비禁山碑에 없는 내용인데, 그 일부를 소개하면 다음과 같다.

> 흑산은 한양성 한구의 서쪽에 위치한 술방戌方으로 화고火庫의 땅이며, 한양성은 오방午方, 한구의 대지방大智坊은 인방寅方에 위치하므로 (화고火庫)가 파괴되면 불이 난다. 따라서 병정년丙丁年은 불의 해(火年), 무계년戊癸年은 불로 변하는 해(化火之年), 인寅·오午·술戌의 위치는 불이 발생하는 해(火局之

---

71) 이러한 예가 강서성 상요현에도 등장한다. 상요현 서쪽의 나사산螺螄山·점별산占鼈山·상비산象鼻山·마안산馬鞍山은 서로 연결돼 있으며, 다시 모구산毛球山·장대산粧臺山과 함께 그 밑으로 흐르는 신강信江의 지주砥柱 역할을 했다. 가경 연간 이후 개발이 계속돼 이 일대 산지가 지주 역할을 하지 못하게 되자, 함풍 연간에 이르러 마을의 신사들이 개발을 저지하는 금비禁碑를 세웠다. 同治《上饒縣志》卷5,〈山川〉, 20쪽 下.

年)에 해당하여 평소와 달리 화재가 많았는데, 인방과 오방은 바로 인·오·술 삼방三方과 서로 연결돼 있는 이치 (때문)이다.

뒤이어 한구의 화재와 풍수의 연관성을 구체적으로 언급했다. 이해를 돕기 위해 천간天干의 오행과 방위의 연관성을 살펴보면, 동방東方−갑을甲乙−목木, 남방南方−병정丙丁−화火, 중앙中央−무사戊巳−토土, 서방西方−경진庚辰−금金, 북방北方−임계壬癸−수水로 각각 연결된다. 한편 간지干支의 방위와 오행은 자子가 정북正北, 오午가 정남正南, 묘卯가 정동正東, 유酉가 정서正西다. 앞의 인용문에서 흑산 방향인 술방은 정서에서 편북쪽, 대지방의 방향인 인방은 정동에서 편북쪽이며, 한양성의 방향인 오午만 정남쪽이다. 그리고 이 한양성의 오방은 화火에 해당한다. 한구의 방위를 풍수와 관련해 설명한 앞의 인용문과 오행을 연결한 〈비문불구재〉의 내용을 표로 재구성하면 표 4-2와 같다.

적어도 명·청 시대에 장강 중류 지역에서 발생한 풍수와 관련된 사건을 이처럼 자세하게 언급한 자료는 찾아보기 어렵다. 그러나 이처럼 내용이 자세해도 당시 사람들이 화재 발생의 중요 원인으로 거론한 풍수설은 사실상 큰 의미가 없다. 물론 오늘날과 비교하면 풍수설이 명·청 시대에 훨씬 더 위력을 가졌으리라는 가정은 충분히 타당하다. 더구나 이처럼 정교한 이론을 바탕으로 한 개발 저지는 분명 효력을 발휘했다. 앞서 언급한 것처럼 한구 부근의 열두 개 산에서 채석을 금지한 조치가 바로 그 증거다.

그렇다고 해도 한구 풍수설의 요점은 풍수설이 지니는 추상적 개념을 근거로 매우 구체적으로 진행된 개발을 저지하려고 했다는 점에 있다. 그리고 이것은 현재 일부 논자들이 거론하는 환경운동의 단점과도 매우 유사하다. 이론이 없지는 않지만 애나 브램웰Anna Bramwell의 논지에 따르면, 현대의 환경운동은 서구적 의미의 이성과 진보에 대한 위협이며, 환

〈표 4-2〉 청淸 강희~가경 연간 한구의 화재 발생과 풍수설의 연관성

화재 발생 시기	화재와 풍수의 연관성	화재 발생지	피해 상황
강희 26년 정묘丁卯	정丁 : 화년火年 묘卯 : 술고戌庫와 일치	인방寅方	회룡사回龍寺 소실, 수천 명 사망
강희 27년 무진戊辰	술戌 : 화년 진辰 : 술고와 일치	오방午方	한양성·현학縣學·명륜당明倫堂 등 소실
건륭 31년 병술丙戌	병丙 : 화년	인방	유의방·대지방 등 소실, 수화사자水火死者 다수
건륭 33년 무자戊子	술戌 : 화년으로 술월戌月과 일치	인방	호남 양선糧船·홍선紅船·객선客船 등 소실
가경 갑신지월甲申之月	신申 : 인방寅方과 충돌	오방과 인방	객민客民·화물貨物 소실
가경 병술지월丙戌之月	삼합화국三合火局	오방과 인방	객민·화물 소실

출처 : 정철웅, 〈18세기 중국의 도시 개발과 風水說 —湖北省 漢口를 중심으로—〉, 302쪽.

경운동의 사상적 배후에는 과학이 아닌 개인적 가치가 숨어 있다고 주장했다.[72] 브램웰 주장의 타당성 여부를 떠나, 한구 풍수설이 제기된 과정에서 도시 개발자의 입장이 한 줄도 언급되지 않았다는 사실은 매우 이례적이다. 왜냐하면 건륭~가경 연간이야말로 한구의 상업 발달이 거의 정점에 달한 시기였기 때문이다. 이런 와중에 당시 상인이나 도시 수공업자는 물론이고 거주민이 한구의 개발을 저지하기 위한 풍수설 제기에 대해 그대로 침묵했을 리가 만무하지 않은가.

이러한 모순을 어떻게 설명할 수 있을까? 첫째, 한구의 급격한 개발을 당시 사람들이 위협적으로 느꼈기 때문이다. 앞서 언급한 것처럼 한구는 이미 전통 시대에 도시 발달의 한계를 넘어설 정도로 엄청난 규모였으며,

---

72) Kristin Asdal, "The Problematic Nature of Nature : The Post-Constructivist Challenge to Environmental History", *History and Theory*, vol. 42, no. 4(2003), 65쪽에서 재인용.

특히 빈번한 화재 발생은 한구 사람들에게 일종의 공포로 작용했다. 그들이 화재에 공포심을 느낀 원인 중 하나는 건륭 연간의 예에서 알 수 있듯이, 화재가 반복해 발생했으며 피해 규모가 매우 컸기 때문이다. 이런 상황에서 원인을 알기 어려운 화재 발생을 풍수설로 설명하고자 했던 시도는 분명히 설득력이 있었다.

둘째, 산악 지역과 달리 대도시가 지닌 공간적 특징 때문이다. 산악 지역도 여러 이해 당사자가 모여 개발을 진행하고 이익을 공유했지만, 대도시의 경제활동에는 산악 지역보다 훨씬 더 다양한 이해 당사자가 존재했을 것이다. 그런데도 한구 풍수설이 효력을 발휘할 수 있었던 것은 산악 지역이나 특정한 나무에 관련된 기존의 풍수설과 달리, 한구 풍수설은 매우 구체적인 사례에 적용됐기 때문이다. 즉, 한구 풍수설은 단순히 자손의 번성이나 마을의 명운이 흥한다는 추상적인 이야기와 결부된 것이 아니라, 실질적인 재산 피해와 사망에 적용됐다. 이처럼 추상성이 거세됐기 때문에 도시의 다양한 개발 집단이 지속적으로 개발을 주장할 만한 여지가 없었다.

그렇다고 해도 당시 한구의 정황으로 비춰볼 때 석재와 같은 건축 자재는 여전히 필요했을 것이다. 실제 한구 흑산 일대에서 채석이 중단됐는지의 여부는 사료에 기록돼 있지 않다. 다만 강서성 동당산이나 호북성 한구의 이야기는 이미 청 중엽 중국 사회에 환경 논의가 깊숙이 자리 잡을 정도로 환경 악화가 실체화됐다는 중요한 사실을 전해준다. 아울러 두 사례는 '개발과 보존의 양립은 가능한가'라는 까다로운 질문을 던진다는 점에서, 장구한 시간 속에 서 있는 환경문제의 일단을 가늠하게 한다.

(3) 식목과 산림 자원 보호

수목 보호

명·청 시대에는 경제가 전반적으로 발전해서 사회가 이전 시기보다 다양해졌지만, 현대 사회와 비교하면 사회 구조와 경제 조건은 여전히 단순했다. 이런 당연한 지적을 하는 이유는 현대 사회와 비교할 때 환경 보호 운동이나 실천 역시 다양하지 않았다는 사실을 환기하기 위해서다. 광산 개발에서 알 수 있듯이 풍수 파괴, 광산 폐수 유출, 분진 등 여러 가지 환경적 폐해를 차단할 수 있는 유일한 대안은 광산을 폐쇄하는 것이었다. 이런 의미에서 아예 산에 접근할 수 없게 하는 봉금은 극단적인 환경 보호 정책이었다. 더구나 풍수설도 철저한 개발 금지를 주장하는 데 적극적으로 이용됐다. 결국 환경 보호란 곧 개발 금지였기 때문에 이해 당사자 사이의 타협이나 제3의 방법을 모색한 예는 극히 드물었다. 이러한 사실은 역설적으로 금지가 해제되면 얼마든지 개발이 가능하다는 전제를 담고 있어, 금지에 대한 주장이 오히려 지속됐으며, 금지가 풀린 후에는 훨씬 더 강도 높은 개발이 진행됐다.

이처럼 자연을 사이에 둔 극단적인 태도를 보여주는 또 다른 양상이 임산물 자원 보호라면, 식목 사업에는 비교적 그런 극단적인 시각이 존재하지 않았다. 명·청 시대 식목이 본래 산림 자원의 이용이나 민생 안정을 목적으로 이루어졌다는 점에서 일종의 자원 이용 방법 중 하나였다는 점은 이미 여러 번 언급했다. 물론 산사태와 홍수 그리고 자연 자원의 감소라는 위기의식에서 식목 운동이 전개된 일도 있었으니 자연 자원 보호라는 성격도 지니고 있었다. 하지만 현대 사회에 비해 이익 집단이 훨씬 단순했던 명·청 시대에 산림과 임산물을 적극적으로 보호한 대다수 계층은 당연히 이해 당사자나 지방 관료였다.

당시 식목 사업이나 산림 자원을 보호하려고 했던 이유는 지금까지 언급한 것처럼 자연 자원의 급격한 감소나 토질 저하와 같은 환경 폐해가 증가하는 한편, 바로 그런 환경 악화로 인한 치열한 자원 경쟁 때문이었다. 도광 4년(1824) 선은현宣恩縣 이가하향李家河鄕에 세워진 '영진지방비永鎭地方碑'에는 그런 정황이 잘 드러난다. 다음은 그 비문 내용의 일부다.

> 목책리木柵里 이갑二甲 사람들의 보고에 따르면⋯⋯ 산을 개간해서 생계를 꾸려가는 사람이 많아졌다. 근래 토지가 척박해지고 매년 농사 수확이 감소했다. 따라서 가난한 사람은 많아지고 부유한 사람은 줄었다. 다만 동나무를 심어 (소득을) 얻고 차를 심어 생활하니, 재물을 하늘에 의지하는 것이 이와 같다. ⋯⋯ 다음 사항을 위반하지 않기를 특별히 지시한다. ① 육축六畜은 1년 내내 스스로 지키며, 만약 (가축이) 오곡과 잡량을 밟고 다닌다면 손해를 입힌 지역만큼 배상해야 한다. ② 들에 있는 수목의 벌목을 금지한다. 만일 몰래 나무를 자르는 자가 있다면 자른 나무 수를 헤아려 벌을 받아야 한다. ③ 오곡이 익어갈 무렵 땔감을 구하고 채소를 딴다는 명목으로 남의 땅에 몰래 들어가 훔친 곡식을 숨기는 자는 남녀 모두 중벌로 다스리며 속죄贖罪를 허락하지 않는다.[73]

편의상 원문에 없는 번호를 첨가했다. 여기서 육축이란 보통 가정에서 기르는 가축을 의미한다.[74] 이 비문에는 당시 농업 시행이 매우 어려워,

---

73) 王曉寧 主編,《恩施自治州碑刻大觀》, 128쪽.
74) 구체적으로 육축은 돼지, 개, 닭, 말, 소, 양 등을 의미한다. 易華,〈六畜起源—中華民族文化形成軌迹新視覺〉,《中國社會科學報》(2010), 10~12쪽.

유실수 등으로 생계를 꾸려나간 정황이 잘 드러난다. 상황이 이렇다 보니 남의 밭에 들어가 몰래 곡식을 훔치거나 나무를 도벌하는 사례가 잦았다. 주목할 만한 것은 당시 가축 사육으로 초지나 농작물이 꽤 많은 피해를 입었다는 사실이다. 이것은 동물 사육이 인간에게 직접 피해를 주며 토지를 황폐화한다는 명제를 다시 한 번 확인시켜준다.[75]

따라서 당시 관리가 식수植樹를 적극 권장한 이유는 분명하다. 첫째, 식수가 농업을 보호할 수 있다고 여겼기 때문이다. 노사기魯仕驥의 글은 식수에 대한 청대 관료의 시각을 잘 보여준다. 그는 다음과 같이 지적했다.

> 우선 산림을 육성해야 한다. 산이 많고 평야가 적은 지역의 경작지는 대체로 척박하다. 하물며 산에 나무마저 없다면 산이 헐벗어 산중의 수맥이 왕성하지 못하니 비가 오면 (한 번에 산 밑으로) 내려오고, 진흙과 모래 그리고 바윗덩이가 한꺼번에 흘러내려 경작지가 더욱 척박해진다. 백성에게 때를 정해 나무를 채취하게 하고, 거목을 널리 심어 숲을 울창하게 한다면 위에서는 비를 감당할 수 있고, 아래에서는 천맥泉脈이 풍부해진다. 비가 내려도 때맞춰 (빗물이) 흘러내리며, 감천甘泉이 용솟음쳐 경작지가 비옥해진다.[76]

이렇듯 당시 관료들은 숲이 무성하면 그 영향이 바로 일반 경작지에

---

75) 장강 삼성 지역에 관련된 내용은 아니지만, 청대에 이런 정황을 정확하게 알려주는 언급은《皇朝經世文編》卷36,〈農政〉(上) 가운데 필원畢沅의 '陝省農田水利牧畜疏'에 등장한다. 이 글의 목적은 섬서성 일대의 목축업이 부활하는 데 있었지만, 그의 언급에 따르면 당대까지 매우 번창했던 섬서성의 목축업은 청대에 이르러 완전히 쇠퇴했다. 섬서성의 목축업은 이미 명대 선덕 연간을 기점으로 이후 급격히 쇠퇴하기 시작했다. 呂卓民,《明代西北農牧業地理》(臺北 : 中華發展基金管理委員會·洪葉文化事業有限公司, 2000), 161쪽 참조. 명대 마정馬政에 대한 중요한 글을 남긴 양일청楊一淸(1454~1530)은 그 이유를 개간에 따른 초지 감소 때문이라고 지적했다. 楊一淸,〈爲禁約侵占牧馬草場事〉,《楊一淸集》卷2,〈馬政類〉, 44쪽.
76) 魯仕驥,〈備荒管見〉,《皇朝經世文編》卷41,〈戶政〉(荒政一), 4쪽 上~下.

미친다는 사실을 정확히 꿰뚫고 있었다. 아울러 숲이 있어야 비가 내려도 홍수가 나지 않으며, 날이 가물어도 계속 물이 흐른다는 사실도 알았다. 이런 그들의 생각을 좀 더 분명하게 말해주는 게 바로 우운진牛運震(1760~1758)의 언급이다. 우운진은 산림과 산간 계곡의 물 그리고 산간에 쌓인 눈을 보호해서 지맥을 배양하는 것이 농업을 진흥시키는 주요 방법이라는 지적과 함께 다음과 같이 말했다.

현縣 ① 동로아패東路阿壩 일대의 창령산昌靈山은 숲이 자못 울창하고 지세역시 높은 반면, 하거河渠가 없고 수원水源도 많지 않아 백성은 흘러내린 물이 웅덩이에 고인 것을 생활용수로 사용합니다. 만일 숲이 더욱 울창해진다면 적설이 더욱 많아지고, 그 눈이 봄에 한꺼번에 녹아내린다면 토지가 더욱 윤택해질 뿐 아니라, 민간에서도 물을 마음대로 쓸 수 있습니다. 하물며 이곳은 땔감과 초지草地, 석탄 산출이 꽤 많기 때문에 산림을 봉금해도 연료 (조달)에 방해가 되지 않습니다. 그러므로 봉금을 단행해 함부로 개발을 거론해서는 안 될 것입니다.

또 ② 북로北路 진강분구鎭羌坌口 서쪽 사대四臺 이동以東의 여러 산은 일찍이 군사 작전을 위해 번갈아 불을 질렀던 곳의 일부입니다. 키 작은 덤불과 작은 나무만 겨우 살아남은 이곳은 하천가의 하거河渠에 의지해 (농사를) 짓지만, 모든 백성이 파종을 하려면 역시 겨울철 눈에 의지해야 합니다. 눈이 많이 쌓여야 이후 춘수春水가 많이 흐르며 숲이 무성해집니다. 그러나 안타깝게도 (이 물을) 관개용수로 이용하려면 그 (필요한) 양을 조절해야 합니다. 그러므로 봉금을 단행해 물을 저장하는 수리 대책을 세워야 합니다.

③ 사대 서쪽의 사금구沙金溝, 선밀사先密寺, 기자棋子, 탁자棹子 등의 여러 산은 모두 광활하며 초지입니다. 또한 민전民田과 무관합니다. 아울러 숲이 울창하며 수목이 빽빽해서 부근 주민의 상당수는 땔감 채취와 목축을 생업

으로 합니다. 마땅히 본지 거주민이 편의에 따라 땔감을 채취하고 숯을 만들어 팔아 생계를 잇는 데 사용해야 하고 또 본지의 연료를 사용해야 합니다. 당연히 외부 상인이 거대한 이익을 좌우하고 많은 사람을 고용해 산에 들어가 나무를 잘라 숯을 만드는 일은 조사해야 합니다. 마땅히 먼저 해당 현에 가서 조사해 나무 수를 정하고 그 시일을 한정해서 통제해야 모든 산에서 나무가 울창하게 자랄 수 있으며, 나무를 남벌하지 말고 아껴서 자르게 해야 민둥산이 되지 않을 것입니다.[77]

인용문의 번호는 편의상 붙인 것이다. 이 글의 대상 지역은 창령산이라는 명칭으로 볼 때 아마도 감숙성甘肅省 고랑현古浪縣 일대로 추측된다. 따라서 이 글이 장강 중류 일대의 상황을 말해주는 것은 아니지만, 이 글을 통해 식목이나 산림 보호와 관련된 당시 관료들의 생각을 추측할 수는 있다. 편의상 붙인 번호로 알 수 있듯이, 이 글을 쓴 우운진은 동일 지역을 세 곳으로 나눠 각각 그 지역에 맞는 식수와 봉금 문제를 거론했다. 우선 ①번 창령산 일대는 숲이 매우 우거진 지역으로 숲이나 산림 자원과 관련해 특별한 문제는 없지만, 농업용수가 부족했다. 따라서 그는 산림 복개 → 그늘 형성 → 적설량 증가 → 안정된 수량 확보 → 농업 생산성 증가로 이어지는 일련의 설명을 통해 나무를 적극 보호해야 한다고 주장했다.

이와 달리 ②번의 진강분구 서쪽 일대는 나무가 많지 않아 관개에 어려움을 겪었다. 따라서 이 지역 역시 봉금을 단행해 숲을 육성해야 한다고 주장했다. 흥미로운 점은 숲이 많으면 많은 대로, 적으면 적은대로 봉금을 실시해야 한다고 주장한 점이다. ①번 지역은 수자원을 더욱 많이 확보하기 위해, ②번 지역은 부족한 수자원을 보충하기 위해 봉금 실시를 주장했

---

[77] 牛運震,〈查覆封閉山林事宜狀〉,《皇朝經世文編》卷38,〈戶政〉(農政下), 31쪽 上~下.

다. 두 지역의 상황을 통해 우운진은 나무나 숲의 보호, 더 나아가 식수는 평야 지대 관개농업에 꼭 필요하다는 점을 강조했다.

한편 ③번 지역은 기본적으로 숲이나 산림 자원이 풍부하기 때문에 우운진은 다만 그 사용을 철저하게 감시하고 절제할 것을 요구했다. 특히 외부 자본에 의한 산지 개발을 엄격하게 통제해야 한다고 주장했다. 하지만 그것을 아예 금하지는 않았는데, 기본적으로 이 지역은 산림이 풍부해 평야 지역의 식수 문제나 관개에 아무런 문제가 없었기 때문이다.

이런 상황을 종합해보면, 우운진이나 당시 관료의 식수나 산림 보호에 대한 인식은 산림 자원의 보호가 아니라, 역설적으로 평야 지역의 생산성 유지나 확대에 있었다는 점을 알 수 있다. 따라서 그는 호림護林과 적설은 모두 평야 지역의 전답에 이익이 된다(護林覆雪, 既有益於田苗)는 사실을 분명히 지적했다.

둘째, 당시 관리들이 식수를 적극 권장한 이유는 이런 인식의 연장선상에 있는데, 즉 농민의 생활수준을 향상시키기 위해서였다. 따라서 대체로 유실수나 뽕나무 식수를 장려했는데, 이런 종류의 식수 권장은 중국 역대 왕조의 법령에 거의 일상적으로 나타난다. 결국 식수 권장은 산림이나 자연을 보호하기 위한 것이 아니라, 지역 사회의 경제를 활성화하고 농업 외의 산업도 진흥시키기 위한 것이었다. 그래서 일부 지역에서는 전문가를 불러 식수 방법과 육성책을 도모하기도 했다.[78]

한편 정부나 관리들이 농민의 생활수준을 향상시키기 위해 식목을 권장했던 또 다른 이유로는 청대 건륭 연간 이후 중국 사회가 겪은 연료 부족

---

[78] 그의 그런 태도를 알 수 있는 가장 좋은 자료는 《皇朝經世文編》卷28, 〈戶政〉(養民), 12쪽 上~15쪽 下에 나오는 '巡歷鄉村興除事宜檄'이다. 그는 이 글에서 일반 백성의 수익 증대를 위한 다양한 방법, 즉 잠상, 한지투지에서의 잡량 경작, 감자의 종식 등을 언급하면서 식목의 중요성을 강조했다. 아울러 정철웅, 〈淸代 三省交界地域의 森林과 林産物 保護對策〉, 122쪽 참조.

을 들 수 있다. 이 사실은 앞에서 이미 언급했으며, 우운진의 주장에도 드러난다. 그러므로 당시 관료들의 식수 권장에는 나무의 수요와 공급이라는 이중적 의미가 담겨 있다. 진홍모가 소금이나 기타 수공업장에서 필요한 나무의 수요를 전혀 부정하지 않은 대신, 그런 수요를 충족시키기 위해 식수 사업을 강조한 대목이 그런 점을 잘 보여준다.

다른 한편, 개발로 황폐해진 토질을 개선해 일반 백성의 수익을 올리고자 했던 상황도 수익 증대와 관련이 있었다. 이런 점에서 토사 지역 중 하나였던 호북성 내봉현來鳳縣 관리의 개간과 식수 사업에 대한 견해는 자못 흥미롭다. 먼저 명대 정통 원년(1436) 묘동선무사卯峒宣撫使였던 향나오向那吾의 언급을 살펴보자.

> 이곳 묘동 토사 지역은 변방에 위치하며, 비록 산이 많지만 물이 있는 곳도 적지 않다. 예전에 여기서 전투가 벌어졌을 때에는 간황과 식목을 널리 행할 만한 여유가 없었다. 내가 (선무사) 직을 계승한 이후 다행히 선대의 업적에 힘입어 마을이 편안하다. 다만 백성의 의식衣食이 비록 매우 어렵지는 않지만, 풍족하게 (누리는) 기쁨은 강구하기 어려운 (실정)이다. 풍년도 있고 흉년도 있으니 어찌 배불리 먹고 따뜻하게 입는 것을 (사람의) 힘으로 이룰 수 없겠는가. (그런데 풍족하지 못한 연유를) 생각해보면 농사를 게을리하고 현재에 만족해서 개간을 열심히 하지 않고 있으며 식수植樹에 힘쓰지 않아 토지는 황무지로 방치되고 자원을 개발하지 않으니, 이에 특별히 훈시를 내리는 것이다. 무릇 농가는 서로 힘써 물이 있는 곳은 개간해서 논을 만들고, 한지旱地 역시 반드시 작물을 심어야 하며 뽕나무와 마를 재배해야 한다.[79]

---

79) 向那吾, 〈廣墾植告示〉, 同治《來鳳縣志》卷30, 〈藝文〉(文), 46쪽 上~下.

이 글은 당시 아직 토사 지역이던 묘동 일대 주민에게 적극적인 개간과 함께 뽕나무 등을 심어야 한다는 점을 역설한다. 그러나 개토귀류가 시행되고 난 후 100여 년이 흐른 도광 17년(1837) 내봉현 지현을 지낸 정주丁周의 언급은 사뭇 다르다.

건륭 초년 개토귀류 이후 새로 (이곳)이 개발된 이래, 원래 편제된 호구가 토민과 객민을 합쳐 모두 4만 7,400여 명이며, 원래 편제된 수전水田과 한전旱田은 모두 603경 19무다. 1경을 100무로 계산할 경우 모두 6만여 무에 불과하지만, 호구戶口는 전보다 배나 증가했다. 산은 많고 논은 적으며, 새롭게 개간할 황무지도 없다. 이는 식량은 한정돼 있는데 사람은 나날이 증가한다는 의미이니, 이전 사람들이 (사용한) 방법으로는 아무리 잘 운용해도 안정을 기대할 수 없다. 사람이 많고 땅이 좁은 곳에서도 적은 것을 많게 변화시키고 척박한 땅을 옥토로 능히 바꿀 수 있다.[80]

이 글에 뒤이어 정주는 구전법區田法과 뽕나무 종식을 적극 권장했다. 향나오가 뽕나무 식수를 권한 것은 농민의 수익 증대를 위해서였지만, 청대 중엽에 이르면 뽕나무 식수는 바로 생존의 문제였다. 물론 뽕나무가 상업작물이라는 점에서 일반 나무와는 다르다고 할 수 있지만, 적어도 명·청 시대에는 식목이 자연 보호가 아닌 자원 이용이라는 성격이 강했다는 사실을 인정하면 뽕나무뿐 아니라 다른 수종도 동일한 목적에서 식목이 이루어졌다.

이처럼 관리들은 대체로 식목을 통해 수익을 올려야 한다고 생각했다. 식목을 강조한 호북성 이천현利川縣의 경우는 당시 사람들이 식목과 수익

---

80) 丁周,〈諭闔邑諸民區種田法家桑山桑蠶法示〉, 同治《來鳳縣志》卷30,〈藝文〉(文), 48쪽 下.

성을 얼마나 긴밀하게 연결했는지를 잘 보여준다.[81] 이천현 지방지에 따르면, 당시 사람들이 눈앞의 이익만을 챙겨서 칠, 차, 양귀비만 심으며, 심지어 재목이나 조각품에 널리 쓰이는 나무도 심지 않는다고 비판했다. 따라서 보갑 책임자의 주도로 나무를 심는다면 3년 후에 좋은 목재를 얻을 수 있어 식량 문제를 해결할 수 있다고 주장했다. 물론 이런 맥락에서 구황에도 식수는 좋다는 점을 강조했다.

따라서 흥미롭게도 이천현 지방지의 저자가 강조한 점은 농사와 비교할 때 식목이 장기적으로 훨씬 유용하다는 사실이었다. 개토귀류 이전에 이천현은 농업과 임업을 동시에 하는 곳이었다. 따라서 농지 외에는 모두 나무를 심었다. 식목으로 목재를 얻는 것이야말로 1년을 계산하면 수지가 맞지 않지만, 수십 년을 생각하면 훨씬 더 이익이 많아서였다. 지방지의 표현을 빌리면, 10년 앞을 내다보는 계책이자 한 고을의 재원을 풍족하게 할 수 있어 관리들이 이익 창출의 장기적인 수단으로 삼은 것이 식수였다. 농민에게도 작은 노력으로 어려움을 극복할 수 있는 최상의 수단이 바로 식수였다.[82]

셋째, 많은 사례가 보이지는 않지만, 관리들이 식수를 권장한 이유는 수해와 같은 재해를 방지하기 위해서였다. 예를 들어 강서성 영도주寧都州 쌍어주雙魚洲에서는 이 지역 공생貢生 구모권邱慕權이 사원을 건축했는데, 가경 5년(1800) 홍수로 파괴되고 말았다. 그러자 논의 끝에 이곳에 나무를 심었다. 다시 도광 4년(1824) 지주知州 유병劉丙이 이 일대에 나무를 심었는

---

81) 이하 내용은 同治 《利川縣志》 卷4, 〈物産〉, 13쪽 上~14쪽 下에 등장하는 '종수일책種樹一策' 참조.
82) 따라서 당시 이천현에서는 '1년 계획으로 곡식을 심는 것보다 나은 것이 없으며, 10년 계획으로는 나무를 심는 것보다 나은 것이 없다(一年之計, 莫如種穀. 十年之計, 莫如種樹)'는 속담이 있었다. 鄂西土家族苗族自治州事務委員會·鄂西土家族苗族自治州文化局 編, 《鄂西諺語集》(四川：四川民族出版社, 1991), 632쪽.

데,⁸³⁾ 이것을 보면 이 지역에 홍수가 잦았으며, 그 대책으로 나무를 심었다는 사실을 알 수 있다.

홍수 대책의 일환으로 나무를 심은 또 다른 예는 호남성 서포현㵎浦縣에서 볼 수 있다. 서포현은 산악 지역에 속하지만, 각각 마을 이름을 붙인 세 개의 하천이 모두 현성 쪽으로 흘렀다. 이미 건륭 연간의 홍수로 많은 피해를 입었으며, 정도는 다르지만 동치~광서 연간에도 홍수가 발생했다. 그리고 민국 원년(1912)의 홍수로 모두 640여 무에 달하는 경작지와 함께 가옥이 침수되는 피해가 발생했다. 당시 서포현의 향지붕向志鵬은 수천 년 간 계속해온 치수 정책의 효과가 없다는 사실은 이미 역사에서 확인할 수 있다고 언급한 뒤, 이제는 구미歐美처럼 산림을 육성해야 치수를 위한 근본 대책을 세울 수 있다고 주장했다.⁸⁴⁾

재해를 막기 위한 조림 외에도 아예 수해가 빈번하게 발생하는 지역의 땅을 매입해서 그 일대 개발을 차단하는 경우도 있었다. 호북성 보강현保康縣에서는 함풍 3년(1853) 홍수로 현성이 물에 잠기자, 당시 지방관이 황산荒山을 포함한 산장山場 1,000여 무를 매입해서 관전으로 만들었다. 이후 이 일대는 경작을 금지해 숲이 다시 무성해지도록 조치했다.⁸⁵⁾ 이러한 실례는 적어도 청대 말까지 조직적인 식수 사업이 전개되지 않았음을 감안하면, 예외적인 조치였다.

---

83) 道光《寧都直隸州志》卷7,〈學校〉(州公田), 47쪽 下.
84) 向志鵬,〈民國元年壬子水災記〉, 民國《㵎浦縣志》卷31,〈文徵〉(3), 33쪽 下~36쪽 下.
85) 湖北省保康縣地方志編纂委員會 編,《保康縣志》(北京 : 中國世界語出版社, 1991), 131쪽.

봉산封山

자연 보호라는 명확한 개념이 없었던 당시에 식수가 이처럼 실질적인 목적을 위해 시행된 것은 어쩌면 당연한 일이다. 그런 사실을 다시 명확하게 보여주는 사례가 목재나 임산물 보호다. 특히 임산물 자체가 상품임을 감안하면, 그것을 보호하기 위한 노력은 당연한 일이라고 생각할 수 있다. 그러나 지금부터 언급할 나무나 임산물은 대체로 사유지에 속했기 때문에[86] 다른 어떤 경우보다 강력한 조치가 시행됐으며, 경우에 따라서는 지역 사회 전체가 제재에 참여했다.

산림과 임산물 보호를 위한 가장 적극적인 방침은 봉산封山이었다. 이미 앞에서 언급했듯이 역대 중국 정부는 산악 지역에 대한 봉금으로 치안을 유지하고 개발을 저지하려고 했다. 그러한 정책은 일반 개인 소유의 산에서도 실시됐다. 호북성 보강현保康縣에서 민국 초년에 실시된 봉산의 내용을 보면 다음과 같다.

> 민국 초기, 관官 소유의 산림에 전봉全封을 실시하고 전문 담당자를 두어 관리했다. '오부준五不准(다섯 개의 금지 조항)'을 명령한다. 즉, 방목放牧을 허락하지 않으며, 불 놓는 것을 허락하지 않으며, 개간과 곡식 심는 것을 허락하지 않으며, 땔감 꺾는 것을 허락하지 않으며, 나무 도벌을 허락하지 않는다. 점오店垭, 후평後坪, 사평寺坪, 헐마歇馬의 유가령劉家嶺 등지에 모두 '봉

---

[86] 예를 들어 개토귀류가 시행될 당시 시남부의 산림 70퍼센트는 부호들이 차지했다. 따라서 토지가 없는 일반인은 이들과 산주의 땅을 빌려 이용했다. 따라서 산지 이용에 대한 산주의 통제는 엄한 편이었다. 恩施州林業志編纂委員會 編,《恩施州林業志(1735~1995)》, 恩施土家族苗族自治州林業局 內部 發行(1997), 168쪽. 폭넓은 자료가 있진 않지만, 호북성 황피현黃陂縣에서 확인할 수 있듯이 일부 지역의 대성大姓 역시 전답 외에 초장草場을 소유했기 때문에 나무나 초지의 보호나 감시를 개인적으로 행하는 경우가 많았다. 民國 11年《王氏宗譜》卷38, 18쪽 下 참조.

산비封山碑'를 세운다. …… 봉산에는 전봉과 반봉半封의 구분이 있다. 전봉이 실시되는 산림에서는 '육부준六不准'을 지켜야 한다. 즉, 방목, 땔감 채취, 가지 꺾는 것, 풀 베는 것, 열매 따는 것, 도벌을 금지한다. 그 (전봉) 기간은 보통 8~10년이다. 반봉이 실시되는 산림에서는 방목, 나뭇가지 자르는 것, 열매 따는 것은 허용하되, 도벌은 금지하며, 그 기간은 보통 5년이다.[87]

이 글의 내용은 민국民國 연간 초기의 상황이지만, 호북성의 경우 개토귀류로 사유지가 증가하자 산주가 엄격하게 봉금을 실시했다는 증거도 존재하기 때문에[88] 이러한 관행이 적어도 청대에 줄곧 존속했다고 할 수 있다.

이러한 봉산 정책은 기본적으로 강제적인 성격을 띠었지만, 봉산을 준수하기 위해 지역 사회의 협력을 구했던 정황으로 보아 봉산이 철저하게 지켜지지는 않았을 것이다. 즉, 봉산을 지키기 위해 해당 산주는 지역의 유력자를 초청해 연회를 베풀었으며, 유력자들 역시 고을 돌아다니며 지역 주민에게 봉산 규칙 준수를 요청했다. 한편 산주는 봉산 실시에 대한 지역 주민의 관심을 환기하기 위해 요란한 악기를 동원해서 사람들을 불러 모은 다음 봉산 규칙을 안내하기도 했다. 이러한 일련의 행위는 강제적인 봉산 정책에 뒤이은 일종의 회유책이었을 것이다. 그러나 이런 노력에도 봉산 규칙이 지켜지지 않았기 때문에 실제로 무장 순찰대를 조직하는 사례도 확인된다.[89]

이처럼 철저한 산림 자원의 보호는 결국 산림 자원의 가치가 높아졌기

---

87) 湖北省保康縣地方志編纂委員會 編, 《保康縣志》, 135쪽.
88) 恩施州林業志編纂委員會 編, 《恩施州林業志(1735~1995)》, 52쪽.
89) 恩施州林業志編纂委員會 編, 《恩施州林業志(1735~1995)》, 140쪽.

때문이라고 할 수 있는데, 그런 사실을 확인해주는 구체적인 사례를 임산물 보호를 통해 확인할 수 있다. 명·청 시대가 되면 이미 임산물이 매우 중요한 상품이었기 때문에 개인은 물론이고 지역 사회의 주요 보호 대상이 됐다. 따라서 산간 지역에서는 나무뿐 아니라 동나무, 차나무 등에도 관심이 매우 높아졌다.[90] 임산물 보호에 등장하는 주요 내용은 도벌 방지, 채취 시기 규제, 과다한 생산 금지, 관할 구역 획정, 임산물 경비를 위한 재원 갹출醵出, 초지 보호 등이었고, 유통 문제까지도 거론됐다.[91]

광서 4년(1878) 호북성 숭양현崇陽縣에 있는 '봉시영금奉示永禁'이라는 호림비에는 지금까지 언급한 나무와 임산물 보호에 관한 종합적인 내용이 나온다. 다음은 그 비문 내용의 일부다.[92]

① 땔감과 잡초의 반출을 금지한다.
② 익은 열매나 찻잎 따는 것을 금지한다.
③ 나무의 그루터기나 굵은 가지를 태우는 것을 금지한다.
④ 금지된 지역의 채소나 과일을 훔치는 자는 엄히 다스린다.
⑤ 절도 행위를 금하며, 함부로 소란을 피우는 자는 공동으로 (대처해) 법정으로 보낸다.
⑥ 소나무 뿌리나 감나무 밑동을 파내기 위해 땅 파는 것을 금지한다.
⑦ 나무나 대나무의 판매를 금지하며, 그런 사실이 적발될 때는 모두 엄

---

90) 개토귀류 직후 학봉주의 차 생산 면적이 8,163무로 이미 상당한 정도였으며, 가경 연간 이후에는 차 수출이 확대돼 악서鄂西 지역에서도 홍차가 생산됐다. 鄂西農特志編纂組 編,《鄂西農特志》(武漢 : 武漢大學出版社, 1993), 203쪽 참조. 따라서 민간에는 산림 보호뿐 아니라, 임산물을 대상으로 하는 여러 가지 속담이 대거 등장했다. 鄂西土家族苗族自治州事務委員會 編,《鄂西諺語集》, 636~637쪽 참조.
91) 정철웅,〈淸代 三省交界地域의 森林과 林産物 保護對策〉, 125~126쪽 참조.
92) 馮祖祥·漆根深·趙天生,《湖北林業史》, 155쪽.

4장 환경 의식 569

히 처벌한다.

⑧ 삼나무 가지 태우는 것을 금지한다.

⑨ 도벌자를 비호, 은닉, 뇌물 공여, 마음대로 놓아주는 경우 가중 처벌하며, 만일 그들을 체포하거나 그 사실을 알려주는 자는 사안에 따라 상을 내린다.

이 비문의 내용으로 알 수 있듯이, 당시 나무나 임산물 보호는 그만큼 급박한 상황이었다. 그래도 여전히 이런 보호의 이면에는 산림 자원을 폭넓게 이용하려는 의도가 내포돼 있으며, 자연 보호는 그러한 의도를 유지하고 확장하기 위한 것이었다.

그렇다면 정말 순수한 자연 보호는 존재하지 않았을까? 당시 일부 지식인이나 학자는 자신의 정원을 아름답게 꾸몄으며, 정원 주변의 정자나 누각 일대의 나무는 비교적 잘 보존되기도 했다.[93) 또 특정 지역의 풍광을 아름답게 유지하기 위해 일부러 나무를 심기도 했다.[94) 일례로 강서성 남창부 서쪽 서산西山의 한 봉우리인 도화령桃花嶺은 주변 지역과 달리 복숭아나무로 가득한 매우 아름다운 경관을 자랑했는데, 일찍이 명대에 장문단張文端이란 인물이 이곳에 집을 짓고 살았다. 그 시기는 정확하게 언급되지 않았지만, 복숭아꽃이 핀 풍경이 아름다운 이 지역에 다시 구씨裘氏라는 인물이 소나무 1만여 주를 심어 그 경치가 훨씬 더 아름다워졌다.[95)

당시 자연 보호가 매우 현실적인 가치 보존에 머물러 있었던 반면, 도화

---

93) 이것과 관련된 내용이 비교적 충실하게 기록된 지방지는 同治《廣信府志》卷2-3,〈建置〉〈古蹟〉부분이다. 이 기록에 따르면 산림이 울창한 학귀정鶴歸亭, 이목異木이 가득했던 예씨동원倪氏東園, 기암괴석이 있고 역시 나무가 울창했던 독월서루讀月書樓 등이 있었다.
94) 魏繼宗,〈種樹篇序〉,《湖北文徵》7卷, 403쪽.
95) 雍正《江西通志》卷7,〈山川〉, 10쪽 下.

령 구씨의 식목 사업에서 볼 수 있듯이 자연 풍경의 보존이 일부 계층에게는 매우 특별한 의미가 있었다. 따라서 넓게 볼 때 관리나 시인 또는 유력자나 신사야말로 당시 자연 경관을 가장 철저하고 또 예민하게 관찰한 집단이었다. 그러므로 그들은 자연 경관의 변화를 심미적 차원에서 매우 애석하게 생각했다. 그러나 그러한 지역은 일상생활이 이루어지는 보통의 산지나 평야 지역이 아니라는 점에서 공간적으로 격리돼 있었다. 더구나 자연이 심각하게 손상되는 와중이라 감흥이나 자연 경관 감상이 더욱 강조됐을 가능성도 배제할 수 없다.

전체적으로 볼 때 식수와 산림 자원의 보호는 역설적으로 자연 자원의 효율적인 이용에 그 목적이 있었다. 따라서 그것은 적극적인 의미의 자연 보호라고 할 수 없으며, 자연 자체에 대한 개념이 거세된 사회 기율의 확립과 양민養民 대책의 일환으로 변질됐다.

| 결론 |

자연은 정말 인간을 저주했을까?

'정말 자연은 인간을 저주했을까?'

'명·청 시대, 장강 유역이라는 특정 시기와 공간에서 발견되는 환경 악화의 요인과 그 특징을 찾을 수 있을까?'

먼저 두 번째 질문과 관련해 마크 엘빈은 중국 환경사에 대한 자신의 저서에서 의외로 환경 변화의 중국적 특징은 찾아보기 어렵다고 언급했다.[1] 그런 그의 지적은 다음의 두 가지 사실을 환기시킨다. 첫째, 역사 시대에 환경 변화 요인이란 다름 아닌 인구 증가와 자연 개발의 확대, 상업화 경향에 따른 자원 압박의 가중 그리고 광범위한 소비문화의 확산 등으로 요약할 수 있으며, 이러한 상황은 역사 시대 어디서나 등장하는 보편적인 현상이다. 둘째, 결국 환경 변화가, 곧 환경 악화라고 한다면, 인간의 존재 자체와 행위가 곧바로 환경 악화로 전환될 수 있다. 확대해서 말하면 인류의 역사가 시작된 이래, 자연과 인간은 결국 대립적인 관계였기

---

1) 마크 엘빈,《코끼리의 후퇴》, 결론 부분 참조.

때문에 인간의 활동 자체가 불가피하게 자연을 변형시켰다는 의미로도 해석할 수 있다.

이러한 지적이 어느 정도는 옳다고 해도, 지금까지 살펴본 명·청 시대 장강 중류 지역의 환경 변화는 시간적, 공간적으로 볼 때 역대 중국의 어느 시기나 지역보다 훨씬 역동적인 모습을 보여준다. 첫째, 이 지역에는 산과 하천이 둘 다 있어서 산악 지역의 문제가 하천으로, 하천 지역의 문제가 다시 산악 지역으로 순환되는 양상을 보이기 때문이다. 둘째, 명·청 시대의 장강 중류 지역은 다른 지역보다 격심한 인구 이동이 발생했으며, 그 결과 산악 지역의 환경이 크게 악화됐기 때문이다. 인구 이동의 효과가 처음에는 평야 지대 개발이라는 형태로 나타났으며, 평야 지대의 개발 여파가 다시 산악 지대로 미쳤다. 즉, 평야 지역의 개발 한계가 산악 지역으로 확대됐으며, 산악 지역의 개발은 다시 광범위한 남벌, 개간, 수리시설 확대, 상업 작물 재배 그리고 격심한 사회적 경쟁으로 이어졌다. 거대한 산과 중국 제일의 하천이 함께 존재하는 자연 조건에 격심한 인구 이동이 중첩된 양상이야말로 명·청 시대 장강 중류 지역 환경 변화의 중요한 외적 원인이라고 할 수 있다.

이 책의 서두에서 환경문제의 시발점은 인간 활동 영역의 확대라고 규정한 바 있다. 중국사 전체를 놓고 볼 때 중국인이 장강 중류 평야 지역에서 적극적으로 활동하기 시작한 시기는 송대로 추정해도 무리가 없을 것이다. 송대 이후 중국인의 경제활동은 장강 하류의 평야 지대로 계속 확대됐으며, 명대 중엽 이후 다시 장강 중류 일대의 평야와 산악 지역으로 확대됐다.[2] 또 명대 중엽 이후 본격화된 장강 중류 일대 산악 지역의 경제

---

2) Chi Ch'ao-ting, *Key Economic Areas in Chinese History*(London : Allen and Unwin, 1936)는 오래된 책이지만, 역사상 이러한 중국 경제 중심지의 이동을 잘 서술했다.

활동은 청대에 이르러 가속화됐다.

  이렇게 오랜 시간 속에서 장강 중류 일대 산악 지역과 평야 지역은 모두 동일한 경제 구조를 지니게 됐다. '산악 지역의 경제'란 다름 아닌 유사類似 '평야 지대 경제 구조'였다. 평야 지대와 마찬가지로 산악 지역에서도 수전이 개발되고 면화와 같은 경제 작물이 재배됐으며, 격심한 토지 분쟁이 발생했다. 수리시설과 수자원 이용을 통제하기 위해 산악 지역에서도 정교한 사회 조직이 출현했으며, 수리시설 유지를 위해 자원과 물자가 동원됐다. 이 모든 현상은 평야 지역 사람이 생산력 발달을 위해 기울였던 노력과 동일했다. 그리고 이런 개발의 전제가 바로 광범위한 벌목이었다.

  이 일련의 변화 속에서 발생한 환경 폐해의 규모는 역사상 유례를 찾아보기 힘들 정도였으며, 그러한 환경 변화는 명·청 시대 장강 중류 지역 환경 변화의 고유성과 역동성을 충분히 증명해준다. 물론 서주 시대나 춘추 전국 시대에도 자연 자원의 이용을 통한 부의 축적과 정치권력을 강화하는 과정에서 환경 악화 사례가 발견되지만,[3] 명·청 시대 장강 중류 지역의 경우 '근대적 성격의 환경 악화' 양상이 등장했다. 이런 사실이야말로 명·청 시대 이 지역의 환경 변화를 요약하는 가장 중요한 언급이라고 할 수 있다. 여기서 말하는 '근대적'이란 말은 현재 우리가 느끼고 직면한 환경문제를 의미한다.

  환경과 보존을 둘러싼 격렬한 논쟁, 하천 오염으로 발생하는 질병, 자연 자원의 극단적인 개발과 이용, 광산 개발에 따른 폐수 유출과 분진, 동식물의 감소와 동물들의 인간 영역 침범, 산림 남벌, 토양 침식, 기후 변화, 어장과 어자원 감소, 식수 부족, 자연 변화에 따른 풍속 변화, 식물의 상품

---

3) 이런 시각을 쉬운 문체로 요령 있게 정리한 글로는 上田信,《森と綠の中國史》(東京 : 岩波書店, 1999), 특히 1장 2절 참조.

화 등 거의 모든 환경문제가 명·청 시대 장강 중류 지역에서 발생했다. 또 형주부 만성제의 수해 상황과 그 유지를 위한 노력에서 볼 수 있듯이, 환경 악화에 따른 일종의 공포심과 인간 능력에 대한 무력감도 동시에 확인된다.

장강 중류 지역의 환경문제가 '근대성'을 띤 또 다른 사례로, 환경 악화나 변화의 일단이 국가 권력과 깊숙이 연관돼 있다는 점을 들 수 있다. 그런 상황을 잘 보여주는 전형적인 공간이 장강 중류 지역에 광범위하게 존재한 소수민족 지역이다. 이 지역은 본래 자급자족적인 경제 구조였으며, 사회 구조도 폐쇄적이었다. 중국 사료에 흔히 등장하는 소수민족의 호전성은 거꾸로 그들이 척박한 자연환경에서 살아가기 위한 중요한 수단이었다. 청대의 사료는 거의 예외 없이 소수민족 사회를 군사화 사회로 묘사한다. 하지만 기존의 청대 중엽 연구가 지적하듯이,[4] 소수민족 지역을 포함한 산악 지역의 군사화는 오히려 청 중앙 정부가 강제로 시행한 개토귀류 정책 이후에 심화됐다.

따라서 소수민족 지역에 대한 청 정부의 점령 정책은 정치권력이 한 지역의 자연과 인문환경을 어떻게 송두리째 변화시킬 수 있는지를 여실히 보여준다. 개토귀류로 자원 개발이 무차별적으로 이루어진 결과, 소수민족 지역의 자연환경은 크게 변했다. 그러한 개발로 소수민족 지역이 이전 상태로 되돌아갈 수 없게 됐다는 점에서 환경 악화의 불가역성을 잘 보여준다. 호북성 산양애의 경우가 좋은 예다.

한편 소수민족 지역에 대한 국가 권력의 침투는 자원 이용에 국한되지 않았다. 소수민족 지역의 개발과 한족의 침투로 이 지역의 언어, 습관, 이

---

4) 이러한 양상을 잘 요약한 연구로는 鈴木中正,《淸朝中期史硏究》(東京 : 燎原書房, 1952), 6절 참조. 한편 嚴如熤의《三省山內風土雜識》은 산악 지역의 극심한 생존경쟁과 그 경쟁에서 살아남기 위해 무술 연습과 무장이 보편화됐음을 잘 지적했다.

데올로기, 가족 구조, 사회 관행 등이 완전히 바뀌었다. 한 연구자의 지적처럼 그것을 문화 변용acculturation이라고 말할 수도 있지만,[5] 엄격히 말하면 그것은 문화적 약탈이었다. 따라서 청대 소수민족 지역의 개발은 자연 경관의 변화나 물리적인 환경문제 외에도, 사회 구조 자체가 완전히 변하는 양상을 보여준다.

장강 중류 지역의 소수민족과 관련된 환경문제가 중요한 또 다른 이유는, 그것이 다른 산악 지역 개발에 대한 전통적인 시각과 많은 차이가 있기 때문이다. 단적으로 말해, 소수민족 지역의 개발과 침투, 정치적 이데올로기의 강요와 같은 일련의 정책을 시행하는 과정에서 지방 관리나 중앙 정부는 고민하지 않았다. 정치적·이데올로기적인 측면에서 그곳은 당연히 개발돼야 하는 지역이었기 때문이다. 이런 입장과 달리, 각 지방관이 기존 산악 지역을 개발하고자 할 때 가장 중요하게 생각한 점은 개발이 민생 문제와 직결되는지의 여부였다. 그러한 고민 속에는 지역 사회의 안정성을 확보하려는 생각이 당연히 포함돼 있었다.

이런 점에서 강서성 동당산의 개발을 둘러싼 논쟁은 개발에 대한 당시 관료의 이념과 국가의 정책 방향을 잘 드러내준다. 숲을 없애고 경작지를 만들어 백성을 안착시키는 것이야말로 경제적으로 후진적인 산악 지역을 안정시키기 위한 최선의 방법이었다. 평야 지역의 개발이 한계에 다다른 당시, 관료들은 이제 산악 지역을 집중적으로 개발할 수밖에 없다고 생각했다. 따라서 산지 개발을 주장하는 이면에는 경제 개발을 통해 민생 문제를 해결해야 산악 지역이 안정될 수 있다는 엄연한 치안 논리가 자리하고 있었다. 개발이 실익을 가져다주지 못하는 대신, 산지가 사회 불순분자의

---

[5] 이러한 시각을 대표하는 연구로 Claude Lombard-Salmon, *Un exemple d'acculturation chinoise : La Province du Guizhou au 18e siècle* (Paris : Ecole française d'Extrême-Orient, 1972)을 들 수 있다.

은닉처로 둔갑할 수 있다는 개발 반대론자의 우려도 결국 치안 문제와 연결돼 있었다. 하지만 이런 논쟁 과정 속의 두 입장 모두에게 자연 자체에 대한 관심이 거세돼 있다는 점은 명·청 시대 사람들의 개발에 대한 시각이 어떤 것인지 잘 보여준다.

개발을 둘러싼 논쟁에서 이처럼 자연 자체를 고려하지 않았던 정황은 평야 지역에서도 고스란히 드러난다. 본문에 언급한 호북성 형주 만성제는 규모나 파급 효과 면에서 역사상 유례를 찾아보기 어려운 대규모 수리시설이었다. 따라서 청 정부는 만성제를 보호하기 위해 엄청난 인적·물적 자원을 투자했지만, 만성제는 제대로 기능하지 못했다. 만성제 일대를 비롯해 하천 유역에서 발생한 토사 증가는 장강 상류 일대 산악 지역의 지나친 남벌과 개발 때문이라는 정확한 지적이 엄연히 존재했지만, 놀랍게도 산지 개발을 차단해야 한다는 주장은 한마디도 등장하지 않았다.

그러므로 산악 지역에 대한 개발 논쟁에서, 지역 안정과 수익 증대를 전제로 한 개발론자의 승리를 상기한다면, 엄청난 유지 비용에도 만성제처럼 거대한 평야 지역의 수리시설을 지속적으로 유지하려던 일련의 노력은 매우 역설적이다. 산지 개발에 따른 토사 유입이나 지형 변화로 하천 유역의 수리시설에 대한 위협이 상존했으며, 그 붕괴 위험성이 나날이 커졌기 때문이다. 그런 상황인데도 극적인 정책 전환이 불가능했던 이유는 평야 지역이 국가의 중요한 수입원인 탓이었다. 심지어 수해를 입은 지역에 대해서도 세금을 거둬들였던 상황은 당시 청 정부와 지방 관료의 수리시설에 대한 인식을 잘 보여준다. 그들은 수리시설 온존溫存으로 확보할 수 있는 평야 지대의 수익이 만성제의 유지에 소요되는 사회적 비용을 충분히 상쇄할 수 있다고 믿었다. 결국 형강 일대에 형성된 만성제라는 기존의 제도와 인위적인 지형의 유지가 이 일대 생산력 보존을 위한 가장 중요한 요소였기 때문에, 획기적인 환경 대책이나 자원의 장기적인 이용 방법은 제시되지 않았다.

수자원의 수요 증가에 따른 산악 지역의 대응도 상황은 동일했다. 대다수 산악 지역에서 전개된 수리 분쟁은 기본적으로 경작지 증가로 인한 관개 면적의 증가 때문이었다. 이 상황을 극복하기 위해 산지 주민이 택한 방법은 바로 개간을 제한하는 것이었다. 물론 개발 제한은 자연을 보호하기 위한 것은 아니었다. 남벌과 기후 변화와 수자원 증가에 따른 수자원 감소로 강요된 현실적 선택에 불과했다. 이처럼 산간 지역과 평야 지역 모두 환경 악화에 대한 대응책은 운신의 폭이 극도로 좁았다. 이는 강물이나 산간 계곡물을 모두 식량 증산을 위한 자원으로만 인식했던 획일적인 개발 형태 때문이다.

따라서 앞서 언급한 것처럼 산간 지역에도 평야 지역과 동일한 생산 구조가 형성됐던 탓에, 환경 악화에 대한 대응 방법도 제한적일 수밖에 없었다. 그리고 환경 악화로 평야 지역과 산악 지역의 중요한 발전 양상인 수자원 이용 확대가 결국 개발을 저해하는 상황이 연출됐다. 이는 호북성 응성현의 예에서 알 수 있듯이, 당시 사람들이 산과 강의 기능적인 면은 잘 알고 있었지만, 실제 경제활동에서는 의식적이건 무의식적이건 간에 그러한 사실을 고려하지 않았기 때문이다. 오늘날 우리도 '환경 악화에 대한 인식'과 '환경 악화에 대한 대처' 사이에서 많은 혼란과 괴리감을 느끼는데, 과거와 현재의 이러한 상황은 환경문제가 지닌 역사적 동시성을 극명하게 보여주는 예이다.

한편 명·청 시대 장강 유역에서 폭넓게 전개된 개발로 자연 자원이 파괴되고 경관이 크게 변했다. 이 시대 사람들은 물리적인 면에서 분명 환경 악화의 심각성을 인지했다. 일부 지식인의 지적이나 문학 작품에서 드러난 것처럼, 일정 지역의 자연 경관이 단기간에 크게 변한 사례도 발견된다. 또 숲이 졸지에 사라졌으며, 재목으로 쓸 만한 대목大木도 더 이상 찾을 수 없게 됐다. 숲의 감소로 동식물이 감소했으며, 하천에서 물고기도 사라졌다. 특히 명·청 시대에 이미 먹이 사슬의 파괴 현상이 지방지에 등장한다는 사실은 자연의 부분적 파괴가 아닌, 자연의 연쇄적 변화가 발생했음을 의미한다. 명·청 시대 장강 유역의 이러한 자연 변화 양상도 현재 우리가 확인할 수 있는 '근대적' 양상의 환경 변화와 전혀 다르지 않다.

이런 점에서 인간과 자연의 관계가 일대 전환기를 맞이한 때가 바로 명·청 시대였다. 그 이유를 세 가지 측면에서 확인할 수 있다. 첫째, 자연환경의 파괴 속도가 폭발적으로 빨라졌다는 점을 들 수 있다. 산림 남벌, 과다한 수리시설 등장, 수리시설 파괴와 재건설의 악순환, 광산 개발 등으로 사실상 자연 자체의 재생 능력이 현저히 약해졌다. 이 과정에서 발생한 환경 악화의 순환성이야말로 명·청 시대에 비로소 등장한 현상이었다.

둘째, 이러한 환경 악화로 자연계 자체가 재편되는 현상을 확인할 수 있다는 점이다. 일부 지역에서 확인되는 먹이 사슬의 파괴는 좋은 예다. 물론 이 과정에서도 당연히 인간의 역할이 중요했지만, 좀 더 단순화해서 말하자면, 자연 고유의 연계성이 서서히 또는 급작스럽게 파괴된 시기가 바로 명·청 시대였다. 숲이 있어야 살아갈 수 있는 동물이 서식지를 잃는 일이 명·청 시대에 자주 발생했다. 낙엽이 존재해야 산간 지역의 물을 지속적으로 이용할 수 있는 자연의 법칙이 서서히 깨진 시대가 명·청 시대였다.

셋째, 바로 앞의 두 가지 이유 때문에 인간의 삶이 훨씬 더 힘들어졌다는 점을 들 수 있다. 그것은 단지 경제적·물질적인 면만을 의미하지 않는다. 명·청 시대 사람들이 일련의 환경 악화에 대응했던 방법 중 하나는 놀랍게도 사회를 좀 더 탄탄하고 긴밀하게 조직하는 것이었다. 목재 판매에 등장하는 당갑이나 산악 지역의 수자원 관리가 전형적인 예에 속한다. 따라서 환경 변화로 이전의 평화롭고 한적했던 생활상이 서서히 사라졌던 시기도 바로 명·청 시대였다. 호북성 산양애에서 등장하는 급격한 생활상의 변화는 적어도 18세기 이전에는 발생하지 않았던 일이다. 또 동물의 반격이나 농업 발달에 따라 자연에 예속되는 정도가 이전보다 훨씬 강해졌다는 사실도 인간의 삶을 어렵게 만든 중요한 원인이었다.

환경 파괴에 따른 환경 보호 운동도 분명 존재했다. 하지만 역설적으로 그런 환경 보호야말로 '근대적'이지 않았다. 전통 시대의 환경 보호를 오늘날과 비교하는 것은 당연히 무리지만, 환경 악화를 차단하고 나무와 같은 천연자원에 대한 보호를 실질적으로 행사할 수 있는 이념, 기구, 제도, 인식 등은 사실상 전무했다. 물론 한편에서는 수리시설을 보호하기 위해 나무를 심거나, 임산물을 보호하기 위한 개인과 지역 사회나 이해 단체의 자연 보호 활동도 등장했다. 그러나 식수는 땔감용이나 판매 목적이 주를 이뤘으며, 어떤 경우 그것은 평야 지역을 보호하기 위한 보조 수단이었다.

적어도 명·청 시대에 가장 적극적인 의미에서 환경 보호를 실천했던 사실은 민간신앙에서 찾을 수 있다. 하지만 무덤 주변의 숲, 마을의 풍수, 전설과 신화가 깃든 특정 자연물에 대한 보호 노력 등은 사실상 정서적 효력을 발휘했을 뿐이다. 더구나 민간신앙이 효력을 발휘했던 범위는 그리 넓지 않았다. 대체로 일족이나 지역 사회 또는 특정 자연물에 대한 보호에 그치는 경우가 많아, 전체적인 자연 보호 운동으로 확산되지 못했다. 공공이익에 배치되면 민간신앙의 대상이 되는 나무도 과감하게 잘랐다. 한 저자의 지적처럼, 자연이 지닌 불가사의나 비전秘典에 의거한 자연 인식은 사라지고,[6] 대신 합리성과 경제적 이익이 그것을 대체했다. 자연을 대상으로 한 신비주의가 사실상 사라졌다고 할 수 있다.

이런 점에서 한구라는 거대 도시의 난개발을 저지하기 위해 등장한 풍

---

6) 니클라스 루만,《현대 사회는 생태학적 위협에 대처할 수 있는가》, 이남복 옮김(백의, 2002), 62쪽.

수론은 좋은 시사점을 던져준다. 한구에서 제기된 풍수설에는 풍수설 자체가 지닌 독특한 자연 사상이나 불가해한 요소, 신비성은 사실상 존재하지 않았다. 단지 한구의 과다한 개발을 저지하기 위한 가장 구체적인 증거로서만 작용했을 뿐이다. 따라서 한구 풍수설은 자연관에 입각한 풍수 자체를 보호하기 위해 제기된 것이 아니라, 민간신앙이 하나의 실용적인 도구로 전락한 예에 불과하다.

　한구 풍수설이 흥미 있는 또 다른 이유는 오늘날 일부 환경론자의 주장처럼, 그것이 어느 한쪽의 논리만을 강조하기 때문이다. 이 문제를 거론한 글쓴이의 의도는 정확히 알 수 없지만, 한구 풍수설에는 개발론자의 견해가 전혀 들어 있지 않다. 개발론자의 주장이 없었던 이유를 달리 생각하면 그만큼 한구의 화재 문제가 심각했다고 추측할 수도 있다. 그러나 이 문제가 제기된 청대의 한구가 중국 최대의 상업 도시였다는 사실을 감안하면, 개발의 타당성을 주장하는 논리도 분명 존재했다고 판단할 수 있다. 지역은 다르지만, 동당산의 사례가 그런 사실을 잘 보여준다. 따라서 한구 풍수설은 역설적으로 현재 빈번히 등장하는 개발과 보존을 사이에 둔 극단적인 대립 양상과 별반 다르지 않다. 하지만 놀라운 사실은 동당산 개발과 한구 개발 금지라는 두 대립적 양상 모두가 결국 실익을 위한 것이라는 점이다. 결국 이러한 예는 과거 시대 환경 악화 자연 보호의 문제가 모두 현재와 동일한 연장선상에 있다는 점을 적나라하게 보여준다.

　당시 중국인이 지녔던 진정한 의미의 자연관은 무엇일까? 명·청 시대 지식인의 사고는 이 문제에 대해서도 역시 양극단을 오갔다. 자연 현상이 가져올 수 있는 재해와 부정적 영향에 대해서는 매우 민감했으며, 자연에 대한 관조와 찬탄 그리고 그 순수성에 대한 경외감은 존재했지만, 현실 문제와는 항상 동떨어져 있었다. 일부 관료나 지식인이 순식간에 변한 자연 풍광을 보고 안타까움과 죄의식을 느꼈던 사례도 물론 발견된다. 하지만 명·청 시대에는 자연을 바라보는 시각이 그 어느 시대보다 현실적이었다. 이제 자연은 단지 관상觀賞과 유람 장소가 아닌, 실질적인 이용 공간이자 새로운 삶의 터전으로 자리매김했다. 험난한 산은 깎아서 다니기 편한 도로를 개설하고, 하천 중간에 솟은 나무는 당연히 베어내야만 했다. 그것이 중요한 민간신앙의 대상물이라 할지라도, 일상생활을 방해하는 자연은 제거의 대상이었다. 그런 방해물의 제거는 세상의 정의를 실천하는 길이었으며, 권력자의 훌륭한 통치 업적이기도 했다.

따라서 개인의 정원이나 누각, 명승지의 풍경 보존은 자연 보호라는 테두리 안에서 이루어진 것이 아니라, 전적으로 개인적인 차원이었으며, 경우에 따라서 그곳은 인간 사회와 동떨어진 지역이었다. 그러므로 그곳은 환경 폐해나 재해를 겪지 않았으며, 또 겪어서는 안 되는 곳이었다. 기존 연구에 따르면, 인간이 자연의 질서를 충실히 따라야 한다는 주장에는 거꾸로 과다한 자연 개발에 따른 일종의 반발 심리가 내재됐을 가능성도 있다.[7] 이 말은 자연에 대한 현실과 이상이 어느 시대나 공존할 수 있는 가능성으로도 해석할 수 있지만, 명·청 시대에 이르러 그런 자연 개념에 대한 현실과 이상의 대립은 훨씬 약화되거나 소멸됐다. 따라서 19세기 중엽의 인물인 위원魏源의 다음과 같은 언급이 전혀 새삼스럽지 않은 상황이 되었다.

사람은 하늘과 땅의 인仁이다. 사람이 모이면 인仁의 기운도 쌓인다. 사람이 떠나가면 음기陰氣가 쌓인다. 산곡山谷에 둔병屯兵 10만 명이 있으면 한겨울이라도 봄과 같을 것이다. 아무리 크고 좋은 집이라도 사람의 흔적이 없어 황량하면 음기가 사람에게 닥치는 법이며, 사람의 따뜻한 기운이 사방

---

7) 마크 엘빈, 《코끼리의 후퇴》, 519~520쪽.

에 가득 차면 위에서 구름을 토해내, 그 기운을 바라보면서 악기를 연주하며 길흉을 점칠 수 있다. 남양南陽, 낙양洛陽, 진양晉陽, 봉양鳳陽 등은 현재 퇴락한 지역이지만, 옛날에는 용이 날고 호랑이가 뛰어다니던 (번성한) 곳이었다. 땅의 기운은 사람의 기운을 따라 옮겨 다닌다.[8]

남양 등의 지역이 옛날에는 용과 호랑이가 등장했던 곳이라는 언급은 아마도 그 지역에서 걸출한 인물이 많이 배출됐으며, 사회경제적으로 상황이 매우 좋았다는 사실을 암시한다. 번영의 시기인 18세기를 지나 19세기가 되면, 중국은 여러 방면에서 전례를 찾아보기 어려운 모순과 어려움에 직면한다. 잘 알려진 것처럼, 위원은 그러한 사회 모순을 해결하려 했던 19세기의 중요한 지식인이자 관료였다. 따라서 위원을 19세기를 대표하는 지식인이자 합리주의자로 꼽아도 전혀 어색하지 않다. 그런 그가 이 글에서 인간이야말로 천지의 운명을 좌우할 수 있는 가장 중요한 요소라고 주장했다. 자연은 인간에 의해서 바뀔 수 있으며, 또 그래야만 했다.

모든 것을 종합하면 명·청 시대 사람들의 자연관은 지극히 '인위적'이었으며 나무, 산, 숲, 강, 소수민족 등이 함께 존재한 장강 중류 지역은 명·청 시대 중국인이 그런 인위적인 자연관을 실제로 행사한 무대였다.

이제 결론의 맨 처음에 제기한 첫 번째 질문을 생각해볼 차례다. 명·청 시대 장강 중류 지역의 자연은 정말로 인간을 저주했을까? 지금껏 논의한 것처럼, 명·청 시대의 장강 중류 지역은 인간의 다양한 행위의 결과 거의 모든 종류의 환경 폐해가 속출한 곳이었다. 그리고 그런 인간의 행위에 장강 중류 지역의 자연도 결코 침묵하지 않았다는 게 이 책의 요점이다. 물론 인간의 행위에 대해 결코 침묵하지 않았던 자연의 반응을 저주라고 규정

---

8) 魏源,《古微堂內集》卷3,〈默觚下〉(治篇三), 11쪽 下~12쪽 上.

하는 것이야말로 사실상 인위적이다. 하지만 그 인위적 행위의 다과多寡가 바로 인간에 대한 자연의 태도를 결정하는 가장 중요한 요소다. 이 언급은 자연을 수동적 존재로 파악한다는 오해를 가져올 수 있지만, 지금까지 이 책에서 살펴본 역사적 사실에 따르면 오히려 인간이야말로 자연의 변화와 공격에 일일이 대응해야만 했던 수동적 존재였다. 사회를 조직하고, 거대한 인적·물적 자원을 투여했으며, 개발 이전보다 훨씬 더 운신의 폭이 좁아졌다. 환경 악화로 부지불식간에 자연이 인간을 지배했던 셈이다.

바로 이 점이 여기서 언급한 자연에 대한 모든 이야기가 인간의 이야기로 환원될 수 있는 이유다. 또 자연을 주제로 한 환경사가 역사학의 한 분야로 엄연히 자리 잡을 수 있으며, 우리 인간이 자연의 근본적인 실체를 여전히 심사숙고해야 하는 이유이기도 하다.

표·지도·그림 목록

〈표 1-1〉 중국의 수종 분포 93
〈표 1-2〉 청대 호북성, 호남성, 강서성의 주요 수종 94
〈표 1-3〉 고도에 따른 호북성 수종의 생장 지역 98
〈표 1-4〉 청대 호북성의 자연재해에 의한 임목林木 피해 횟수 100
〈표 1-5〉 당·송 시대 호남 지역의 인구 변화 125
〈표 1-6〉 당唐 원화元和~원元 지원至元 연간 강서 주요 지역의 호수戶數 증가 127
〈표 1-7〉 명명 만력 6년(1578) 호북 지역의 인구 129
〈표 1-8〉 명명 만력 6년(1578) 호남 지역의 인구 133
〈표 1-9〉 청淸 중·후기 호북성의 인구 138
〈표 1-10〉 청淸 후기 호남성 변방 지역의 인구 139
〈표 1-11〉 청淸 중·후기~민국 연간의 강서성 남창부南昌府의 인구 141
〈표 1-12〉 청대 호북성 시남부 함풍현 이주민의 이주 시기와 출신 지역 147
〈표 2-1〉 청淸 초 호남성 진주부의 인구 구성 172
〈표 2-2〉 청대 호북성 건시현의 인구 변화 179
〈표 2-3〉 청대 호남성 소수민족 지역의 묘족 호수와 구수 183
〈표 2-4〉 청淸 광서 28년(1902) 고장평청古丈坪廳 묘채苗寨의 호구 185
〈표 2-5〉 청淸 건륭 연간 내봉현의 수전과 한전 218
〈표 2-6〉 명·청 시대 장강 중류 지역의 광산물 매장 상황 295
〈표 2-7〉 명·청 시대 만성제 수해 발생 상황 339
〈표 2-8〉 〈형주방여서〉에 등장하는 형주부 각 현의 수리 지형 344
〈표 2-9〉 청淸 초 형주부 각 현의 수리 지형 346
〈표 2-10〉 만력~광서 연간 형강 일대의 호수 변화 349
〈표 2-11〉 청대 형주부의 노과 380
〈표 4-1〉 청대 한구의 화재 발생과 피해 상황 547
〈표 4-2〉 청淸 강희~가경 연간 한구의 화재 발생과 풍수설과의 연관성 555

〈지도 1-1〉 장강 중류의 산악 지역 64
〈지도 1-2〉 강서성 의춘현 유씨와 장씨의 천출지 151
〈지도 2-1〉 강희 연간(1685)과 동치 연간(1866)의 석수현 수계 359
〈지도 4-1〉 청대 한구 일대의 지형 551

〈그림 2-1〉 청대 형주 만성제 331
〈그림 4-1〉 풍수 명당 모형도 550

참고문헌

1. 사료

지방지

同治 11年《監利縣志》

康熙 52年《贛州府志》

同治 12年《贛州府志》

同治 11年《贛縣志》

順治《江陵志餘》(光緒年間 上海鴻文書局石印本)

乾隆 59年《江陵縣志》

雍正 10年《江西通志》

光緒 7年《江西通志》

同治 9年《江華縣志》

道光 22年《建始縣志》

同治 5年《建始縣志》

光緒 3年《乾州廳志》

雍正 11年《黔陽縣志》

同治 13年《黔陽縣志》

嘉慶 22年《桂東縣志》

乾隆 20年《桂陽縣志》(嘉慶 7年 增刻本)

同治 6年《桂陽縣志》

光緒 33年《古丈坪廳志》

同治 12年《廣信府志》

同治 11年《貴溪縣志》

光緒 8年《歸州志》

乾隆 30年《祁陽縣志》

民國 20年《祁陽縣志》

道光 7年《南江縣志》

民國 11年《南江縣志》

乾隆 33年《南安府志》

同治 7年《南安府志》

乾隆 16年《南昌縣志》

乾隆 59年《南昌縣志》

道光 5年《南昌縣志》

雍正 9年《瀘溪縣志》

乾隆 16年《瀘溪縣志》

同治 9年《瀘溪縣志》

同治 13年《大庾縣志》

民國 12年《大庾縣志》

光緒 4年《道州志》

光緒 元年《東安縣志》

道光 8年《洞庭湖志》(長沙：岳麓書社, 2009)

同治 5年《來鳳縣志》

乾隆 21年《來鳳縣志書》

康熙 9年《麻城縣志》

光緒 2年《麻城縣志》

民國 24年《麻城縣志續編》

光緒 3年《萬安縣志》

光緒 20年《沔陽州志》

光緒 9年《沔縣志》

嘉慶 6년《白河縣志》

同治 11年《保靖縣志》

光緒 18年《鳳凰廳續志》

道光 4年《鳳凰廳志》

道光 12年《浮梁縣志》

嘉慶 21年《四川通志》

光緒 15年《湘潭縣志》

同治 11年《桑植縣志》

光緒 19年《桑植縣志》

道光 6年《上饒縣志》

同治 12年《上饒縣志》

光緒 19年《上猶縣志》

同治 8年《漵浦縣志》

民國 10年《漵浦縣志》

康熙 11年《石首縣志》

乾隆 元年《石首縣志》

乾隆 60年《石首縣志》

同治 5年《石首縣志》

乾隆 12年《善化縣志》

光緒 3年《善化縣志》

康熙 6年《陝西通志》

嘉靖 21年《陝西通志》(西安：三秦出版社, 2006)

同治 10年《星子縣志》

民國 24年《昭萍志略》

光緒 3年《續修江陵縣志》

民國 20年《續修陝西通志稿》

同治 7年《續輯漢陽縣志》

同治 6年《崇義縣志》

道光 17年《施南府志》

光緒 11年《施南府志續編》

道光 10年《新建縣志》

同治 12年《新修麻陽縣志》

嘉慶 20年《安康縣志》

天順 3年《襄陽郡志》(上海：上海古籍書店, 1964)

萬曆 12年《襄陽府志》(北京：中國書店, 1992)

乾隆 8年《鉛山縣志》

同治 12年《鉛山縣志》

道光 4年《寧都直隷州志》

宣統 元年《永綏廳志》

乾隆 28年《永順府志》

同治 12年《永順府志》

乾隆 10年《永順縣志》

乾隆 58年《永順縣志》

同治 13年《永順縣志》

民國 19年《永順縣志》

嘉慶《永定縣志》(道光 3年刊本)

康熙 9年《永州府志》

道光 8年《永州府志》

同治 6年《永州府志》

道光 3年《玉山縣志》

同治 12年《玉山縣志》

光緒 2年《龍南縣志》

光緒 4年《龍山縣志》(同治 7年 續修刻本)

萬曆 18年《鄖臺志》

嘉慶 2年《鄖陽府志》

同治 9年《鄖陽志》

同治 12年《沅陵縣志》

道光 22年《留壩廳足徵錄》

同治 3年《恩施縣志》

同治 10年《應山縣志》

同治 5年《宜都縣志》

同治 5年《宜昌府志》

同治 10年《宜春縣志》

民國 29年《宜春縣志》

光緒 20年《利川縣志》

同治 10年《弋陽縣志》

道光 23年《紫陽縣志》(光緒 8年 補刊本)

民國 13年《紫陽縣志》

乾隆 12年《長沙府志》

嘉慶 15年《長沙縣志》

同治 5年《長陽縣志》

光緒 5年《定遠廳志》

光緒 5年《靖州直隸州志》

光緒 34年《靖州鄕土志》

同治 6年《竹谿縣志》

光緒 12年《遵化通志》

民國 15年《重修廣元縣志》

道光 26年《重修略陽縣志》

嘉慶《重修一統志》(北京：中華書局, 1986)

嘉慶 22年《重修慈利縣志》

同治 10年《增修施南府志》

乾隆 15年《直隸澧州志林》

道光 元年《辰溪縣志》

乾隆 30年《辰州府志》

康熙 12年《進賢縣志》

光緒 24年《進賢縣志》

康熙 24年《郴州總志》

嘉慶 25年《郴州總志》

乾隆 14年《鄱陽縣志》

同治 6年《巴縣志》

乾隆 8年《平江縣志》

道光 2年《鶴峰州志》

民國 13年《漢南續修郡志》(嘉慶 19年刊本)

乾隆 12年《漢陽府志》
嘉慶 23年《漢陽縣志》
嘉慶 23年《漢陰廳志》
同治 12年《漢川縣志》
同治 4年《咸豊縣志》
同治 13年《衡陽縣志》
光緒 2年《荊州萬城堤志》
康熙 24年《荊州府志》
光緒 6年《荊州府志》
光緒 11年《湖南通志》
民國 10年《湖北通志》
光緒 8年《華容縣志》
光緒 2年《黃梅縣志》
光緒 10年《黃州府志》
光緒 2年《會同縣志》
光緒 元年《興寧縣志》
同治 10年《興山縣志》
光緒 11年《興山縣志》
道光 28年《興安府志》(乾隆 53年 重刊本)
道光 4年《興安縣志》

개인 문집 · 정전류

《古今圖書集成》
顧彩,《容美紀游校注》(湖北地方古籍文獻叢書)(武漢：湖北人民出版社, 1999)
仇繼恒,《陝境漢江流域貿易表》(關中叢書本)
顧祖禹,《讀史方輿紀要》(國學基本叢書本)(新興書局)
毛鳳枝,《南山谷口考》(關中叢書)(臺北：藝文印書館, 1977)
傅澤洪,《行水金鑑》(四庫全書本)
徐弘祖,《徐霞客遊記》(2冊)(上海：上海古籍出版社, 1980)

《宋史》(景仁文化社影印本)

宋應星, 鍾廣言 注釋,《天工開物》(北京：中華書局, 1988)

沈括《夢溪筆談校證》, 胡道靜 校注(上海：古典文學出版社, 1957)

晏斯盛,《楚蒙山房集》

楊一清,《楊一清集》(北京：中華書局, 2001)

嚴如熤,《樂園文鈔》

_____,《苗防備覽》

_____,《三省山內風土雜識》

《雍正硃批諭旨》(四庫全書本)

王慶雲,《石渠餘紀》(北京：北京古籍出版社, 1985)

王鳳生,《楚北江漢宣防備覽》

《王氏宗譜》(民國 11年)

王昶,《商洛行程記》

魏源,《古微堂外集》

俞森,《鄖襄賑濟事宜》(《中國荒政叢書》本)

俞昌烈,《楚北水利堤防紀要》(湖北地方古籍文獻叢書)(武漢：湖北人民出版社, 1999)

李晉德,《天下水陸路程》, 楊正泰 校注(太原：山西人民出版社, 1992)

趙申喬,《自治官書類集》

朱國禎,《涌幢小品》(北京：文化藝術出版社, 1998)

朱羲農・朱保訓 編纂,《湖南實業志》(湖南：湖南人民出版社, 2008)

曾繼輝,《洞庭湖保安湖田志》(湖湘文庫)(長沙：岳麓書社, 2008)

陳子龍,《明經世文編》(北京：中華書局, 1997)

陳宏謀,《培遠堂偶存稿》

《清朝文獻通考》(杭州：浙江古籍出版社, 2000)

彭宗孟,《楚臺疏略》

何淳之,《荒政彙編》(《中國荒政叢書》本)

賀長齡,《皇朝經世文編》(臺灣國風出版社影印本)

《漢書》(景仁文化社影印本)

胡祖翮,《荊楚修疏指要》(湖北地方古籍文獻叢書)(武漢：湖北人民出版社, 1999)

洪良品,《湖北通志志餘》

《皇清奏議》(臺北:文海出版社, 1967)

사료집

甘雲鵬 等編,《湖北文徵》(武漢:湖北人民出版社, 2000)

羅汝懷,《湖南文徵》(長沙:岳麓書社, 2008)

《江陵堤防志》編寫組編,《江陵堤防志》(內部 發行, 1984)

段汝霖,《楚南苗志》, 伍新福 交點(長沙:岳麓書社, 2008)

唐立・楊有賡・武內房司 主編,《貴州苗族林業契約文書匯編》(東京:東京外國語大學國立亞非語言文化研究所(2001)

邵鴻 主編,《清實錄江西資料彙編》(上卷)(南昌:江西人民出版社, 2005)

阿琳 編纂,《紅苗歸流圖說》, 伍新福 交點(長沙:岳麓書社, 2008)

鄂西土家族苗族自治州事務委員會・鄂西土家族苗族自治州文化局 編,《鄂西諺語集》(成都:四川民族出版社, 1991)

鄂西土家族苗族自治州民族事務委員會編,《鄂西少數民族史料輯錄》(內部 資料, 1986)

王自強 等編,《中國古地圖輯錄・湖北省輯》(北京:星球地圖出版社, 2003)

王曉寧 編著,《恩施自治州碑刻大觀》(北京:新華出版社, 2004)

李文海・夏明方 主編,《中國荒政叢書》(北京:北京古籍出版社, 2003)

張沛 編著,《安康碑石》(西安:三秦出版社, 1991)

張浩良,《綠色史料札記-巴山林木碑碣文集》(昆明:雲南大學出版社, 1990)

張應昌,《清詩鐸》(北京:中華書局, 1983)

張興文・周益順・田紫云・張震 注釋,《卯峒土司志校注》(北京:民族出版社, 2001)

中國人民大學清史研究所・檔案系中國政治制度史教研室編,《清代的礦業》(北京:中華書局, 1983)

彭澤益 編,《中國近代手工業史資料》(北京:中華書局, 1984)

鶴峰縣民族事務委員會編印,《容美土司資料續編》(內部 發行, 1993)

湖北省武漢中心氣象臺 編,《湖北省近五百年氣候歷史資料》(武漢, 1978)

湖北省地方志編纂委員會,《湖北省志》(地理上)(武漢:湖北人民出版社, 1997)

2. 연구서

한국어

강판권,《공자가 사랑한 나무, 장자가 사랑한 나무》(민음사, 2003)
_____,《청대 강남의 농업 경제》(혜안, 2004)
김동진,《조선전기포호정책 연구 : 농지개간의 관점에서》(선인, 2009)
김웅종,《페르낭 브로델》(살림, 2006)
김인희,《1300년 디아스포라, 고구려 유민 : 그 많던 고구려 유민은 어디로 갔을까》(푸른역사, 2010)
송정수,《中國近世鄕村社會史硏究—明淸時代 鄕約·保甲制의 形成과 展開》(혜안, 1997)
신규환,《국가, 도시, 위생 : 1930년대 베이핑 시 정부의 위생 행정과 국가 의료》(아카넷, 2008)
오금성,《中國近世社會經濟史硏究—明代 紳士層의 形成과 社會的 役割》(一潮閣, 1986)
_____ 외,《명청시대 사회경제사》(이산, 2007)
_____,《矛盾의 共存 : 明淸時代 江西社會硏究》(지식산업사, 2007)
_____,《國法과 社會慣行-明淸時代社會經濟史硏究》(지식산업사, 2007)
유장근 외,《중국 역사학계의 청사 연구 동향— 한국 관련 분야를 중심으로》(동북아역사재단, 2009)
尹世哲敎授停年紀念歷史學論叢刊行委員會 編,《시대전환과 역사인식》(솔, 2001)
이우연,《한국의 산림소유제도와 정책의 역사, 1600~1987》(일조각, 2010)
이준갑,《중국 사천사회 연구 1644~1911 : 개발과 지역 질서》(서울대학교출판부, 2002)
최덕경,《중국 고대 산림보호와 환경생태사 연구》(신서원, 2009)
최창조,《한국의 풍수 사상》(민음사, 1984)

다바타 히사오 외,《중국소수민족입문》, 원정식·이연주 옮김(현학사, 2006)
리보중,《중국 경제사 연구의 새로운 모색》, 이화승 옮김(책세상, 2006)
사타케 야스히코,《유방》, 권인용 옮김(이산, 2007)
소동파,《蘇東坡詞選》, 조규백 옮김(문학과지성사, 2007)
엔도 키미오,《한국 호랑이는 왜 사라졌는가?》, 이은옥 옮김(이담, 2009)

우에다 마코토,《호랑이가 말하는 중국사》, 김경호 옮김(성균관대학교출판부, 2008)

나퀸, 수잔·이블린 로스키,《18세기 중국 사회》, 정철웅 옮김(신서원, 1998)
로젠, 조지,《보건과 문명》, 이종찬·김관욱 옮김(몸과 마음, 2009)
롬보르, 비외른,《회의적 환경주의자》, 홍욱희·김승욱 옮김(에코리브르, 2003)
루만, 니콜라스,《현대 사회는 생태학적 위협에 대처할 수 있는가》, 이남복 옮김(백의, 2002)
맥닐, 윌리엄,《전염병과 인류의 역사》, 허정 옮김(한울, 2008)
밀즈, 스티븐,《호랑이》, 이상임 옮김(사이언스북스, 2006)
빌, 피에르-에티엔,《18세기 중국의 관료제도와 자연재해》, 정철웅 옮김(민음사, 1995)
엘빈, 마크,《코끼리의 후퇴》, 정철웅 옮김(사계절, 2011)
워스터, 도널드,《생태학: 그 열림과 닫힘의 역사》, 강헌·문순홍 옮김(아카넷, 2002)
카슨, 레이첼,《침묵의 봄》, 김은령 옮김(에코리브르, 2011)
쿤, 토머스,《과학혁명의 구조》, 김명자 옮김(까치, 2004)
크로스비, 앨프리드,《콜럼버스가 바꾼 세계》, 김기윤 옮김(지식숲, 2006)
폰팅, 클라이브,《녹색 세계사》, 이진아 옮김(심지, 1995)
허핑티,《중국의 인구》, 정철웅 옮김(책세상, 1994)

중국어

葛劍雄 主編,《中國移民史》5卷(福州:福建人民出版社, 1997)
_____ 主編,《中國人口史》卷4(明 時期)―卷5(淸 時期)(上海:復旦大學出版社, 2000, 2001)
高明乾 主編,《植物古漢名圖考》(鄭州:大象出版社, 2006)
龔勝生,《淸代兩湖農業地理》(武漢:華中師範大學出版社, 1996)
丘光明,《中國古代度量衡》(北京:中國國際廣播出版社, 2011)
藍勇 主編,《長江三峽歷史地理》(成都:四川人民出版社, 2003)
魯西奇·潘晟,《漢水中下游河道變遷與堤防》(武漢:武漢大學出版社, 2004)
路甬祥 主編,《中國古代金屬礦和煤礦開采工程技術史》(太原:山西教育出版社, 2007)

路遇・滕澤之,《中國分省區歷史人口考》上(濟南：山東人民出版社, 2006)
段超,《土家族文化史》(北京：民族出版社, 2000)
譚崇台 主編,《中國人口》(湖北分冊)(北京：中國財政經濟出版社, 1988)
譚必友,《清代湘西苗疆多民族社區的近代重構》(北京：民族出版社, 2007)
唐文雅・葉學齊・楊寶亮,《湖北自然地理》(武漢：湖北人民出版社, 1980)
鄧亦兵,《清代前期商品流通研究》(天津：天津古籍出版社, 2009)
馬巨賢・石淵 主編,《中國人口》(江西分冊)(北京：中國財政經濟出版社, 1989)
馬菁林,《清末川邊藏區改土歸流考》(成都：巴蜀書社, 2004)
梅莉・張國雄,《兩湖平原開發探源》(南昌：江西教育出版社, 1995)
牟發松,《湖北通史》(魏晉南北朝卷)(武漢：華中師範大學出版社, 1999)
＿＿＿＿,《唐代長江中游的經濟與社會》(武漢：武漢大學出版社, 1989)
毛況生 主編,《中國人口》(湖南分冊)(北京：中國財政經濟出版社, 1987)
武漢電力學院・水利水電科學研究院 編,《中國水利史稿》卷1(北京：水利電力出版社, 1979)
文煥然,《中國歷史時期植物與動物變遷研究》(重慶：重慶出版社, 1995)
方志遠,《明清湘鄂贛地區的人口流動與城鄉商品經濟》(北京：人民出版社, 2001)
方行・經君健・魏金玉 主編,《中國經濟通史》(清代經濟卷上)(北京：經濟日報出版社, 2000)
樊寶敏・李智勇,《中國森林生態史引論》(北京：科學出版社, 2008)
徐建華 主編,《武昌史話》(武漢：武漢出版社, 2003)
蕭一山,《清代通史》(北京：中華書局, 1985)
孫喆,《康雍乾時期輿圖繪制與疆域形成研究》(北京：中國人民大學出版社, 2003)
鄂西農特志編纂組編,《鄂西農特志》(武漢：武漢大學出版社, 1993)
梁方仲,《梁方仲經濟史論文集補編》(中州：中州古籍出版社, 1984)
黎沛虹・李可可,《長江治水》(武漢：湖北教育出版社, 2004)
呂卓民,《明代西北農牧業地理》(臺北：中華發展基金管理委員會・洪葉文化事業有限公司, 2000)
楊懷仁・唐日長 主編,《長江中游荊江變遷研究》(北京：中國水利水電出版社, 1999)
吳其濬,《植物名實圖考長編》(臺北：世界書局, 1991)
任新福,《湖南民族關系史》(北京：民族出版社, 2006)
王克英 主編,《洞庭湖治理與開發》(長沙：湖南人民出版社, 1998)
王大學,《明清'江南海塘'的建設與環境》(上海：上海世紀出版集團, 2008)

汪玢玲,《中國虎文化》(北京:中華書局, 2007)

王勇,《湖南人口變遷史》(長沙:湖南人民出版社, 2009)

牛平漢 主編,《清代政區沿革綜表》(北京:中國地圖出版社, 1990)

熊大桐 等 編著,《中國近代林業史》(北京:中國林業出版社, 1989)

袁清林 編著,《中國環境保護史話》(北京:中國環境科學出版社, 1990)

魏嵩山·肖華忠,《鄱陽湖流域開發探源》(南昌:江西教育出版社, 1994)

劉朝暉,《明清以來景德鎮瓷業與社會》(上海:上海世紀出版集團, 2010)

劉沛林,《風水:中國人的環境觀》(上海:三聯書店, 1995)

尹玲玲,《明清長江中下游漁業經濟研究》(濟南:齊魯書社, 2004)

尹紹亭,《人與森林—生態人類學視野中的刀耕火種》(昆明:雲南教育出版社, 2000)

恩施州林業志編纂委員會 編,《恩施州林業志(1735~1995)》(恩施土家族苗族自治州林業局 內部 發行, 1997)

李文海·夏明方 主編,《千有凶年:清代災荒與中國社會》(北京:三聯書店, 2007)

李丙寅·朱紅·楊建軍,《中國古代環境保護》(開封:河南大學出版社, 2001)

長江流域規劃辦公室長江水利史略編寫組,《長江水利史略》(北京:北京水利電力出版社, 1979)

張建民,《湖北通史》(明清卷)(武漢:華中師範大學出版社, 1999)

_____,《明清長江流域山區資源開發與環境演變—以秦嶺—大巴山區爲中心》(武漢:武漢大學出版社, 2007)

_____ 主編,《10世紀以來長江中游區域環境,經濟與社會變遷》(武漢:武漢大學出版社, 2008)

張建民·宋儉,《災害歷史學》(長沙:湖南人民出版社, 1998)

蔣建平,《清代前期米穀貿易研究》(北京:北京大學出版社, 1992)

張國雄,《明清時期的兩湖移民》(西安:陝西人民教育出版社, 1995)

張朋園,《湖南現代化的早期進展, 1860~1916》(長沙:岳麓書社, 2002)

張應強,《木材之流動:清代清水江下游地區的市場,權力與社會》(北京:三聯書店, 2006)

張人權·梁杏·段文忠·皮建高,《洞庭湖口演變及洪災成生與發展的系統分析》(武漢:中國地質大學出版社, 2003)

張全明·王玉德,《中華五千年生態文化》(武昌:華中師範大學出版社, 1999)

曹添旺·賴景昌·楊建成 主編,《經濟成長,所得分配與制度演化》(臺北:中央研究院中山人文科學研究所, 1999)

田發剛 編著,《鄂西土家族傳統情歌》(北京：中央民族大學出版社, 1999)

周杰·沈吉 編著,《中國西部環境演變過程研究》(北京：科學出版社, 2007)

周琼,《清代雲南瘴氣與生態變遷研究》(北京：中國社會科學出版社, 2007)

中國科學院中國自然地理編輯委員會 編,《中國自然地理：歷史自然地理》(北京：科學出版社, 1992)

中國唐史學會·湖北省社會科學院歷史研究所 編,《古代長江中游的經濟開發》(武漢：武漢出版社, 1988)

中國植被編輯委員會編著,《中國植被》(北京：科學出版社, 1980)

《中華人民共和國分省地圖集》(上海：中國地圖出版社, 1995)

陳湘鋒·趙平略,《田氏一家言詩評注》(北京：中央民族大學出版社, 1999)

陳世松,《大遷徙："湖廣塡四川"歷史解讀》(成都：四川人民出版社, 2010)

陳學文,《明淸時期商業書及商人書之研究》(臺北：中華發展基金管理委員會·洪葉文化事業有限公司, 1997)

鈔曉鴻,《生態環境與明淸社會經濟》(合肥：黃山書社, 2004)

彭雨新·張建民,《明淸長江流域農業水利研究》(武漢：武漢大學出版社, 1992)

馮祖祥·漆根深·趙天生,《湖北林業史》(北京：中國林業出版社, 1995)

馮賢亮,《太湖平原的環境刻畫與城鄕變遷(1368~1912)》(上海：上海人民出版社, 2008)

_____,《明淸江南地區的環境變動與社會控制》(上海：上海人民出版社, 2002)

許滌新·吳承明 主編,《中國資本主義的萌芽》卷1(北京：人民出版社, 1985)

湖北省計劃委員會,《湖北國土資源》(內部 發行)(武漢：湖北人民出版社, 1985)

湖北省保康縣地方志編纂委員會 編,《保康縣志》(北京：中國世界語出版社, 1991)

胡煥庸,《論中國人口之分布》(上海：華東師範大學出版社, 1983)

黃志繁,《"賊""民"之間：12~18世紀贛南地域社會》(北京：三聯書店, 2006)

黃志繁·廖聲豊,《淸代贛南商品經濟研究》(北京：學苑出版社, 2005)

일본어

谷光隆,《明代河工史硏究》(東京：同朋舍, 1991)

山田賢,《移住民の秩序―淸代四川地域社會史硏究―》(名古屋：名古屋大學出版會, 1995)

森田明,《淸代水利史硏究》(東京：亞紀書房, 1974)

上田信,《森と綠の中國史》(東京:岩波書店, 1999)

上田信,《海と帝國》(明淸時代)(東京:講談社, 2005)

鈴木中正,《淸朝中期史硏究》(東京:燎原書房, 1952)

礒貝日月編,《環境歷史學入門》(東京:淸水弘文堂, 2006)

川勝守,《明淸江南農業經濟史硏究》(東京:東京大學出版會, 1992)

川勝守 編,《東アジアにおける生産と流通の歷史社會學的硏究》(福岡:中國書店, 1993)

天野元之助,《中國農業史硏究》(東京:御茶の水書房, 1981)

구미어

Benedictow, Ole J., *What Disease was Plague : On the Controversy over the Microbiological Identity of Plague Epidemics of the Past*(Leiden and Boston : Brill, 2010)

Bloch, Marc, *Les Caractères Originaux de l'Histoire Rurale Française*(Paris : Armand Colin, 1988)

Boserup, Ester, *The Conditions of Agricultural Growth : The Economics of Agrarian Change under Population Pressure*(London : George Allen & Unwin, 1965)

_____, *Women's Role in Economic Development*(London : George Allen&Unwin, 1970)

Braudel, Fernand, *La Méditerranée et le Monde Méditerranéen à l'époque de Philippe II*, vol. 1(Paris : Armand Colin, 1985)

Chi Ch'ao-ting, *Key Economic Areas in Chinese History*(London : Allen and Unwin, 1936)

Cipolla, Carlo M. (ed.), *The Fontana Economic History of Europe*, vol. 4(Glasgow : Fontana/Collins, 1978)

Elvin, Mark and Liu Ts'ui-jung (eds.), *Sediments of Time : Environment and Society in Chinese History*, 2 vols.(Cambridge : Cambridge University Press, 1998)

Elvin, Mark, *The Retreat of the Elephants : An Environmental History of China*(London and New Haven : Yale University Press, 2004)

Fauve-Chamoux, Antoine (ed.), *Evolution agraire et Croissance démographique*, Ordina Editions : Liège(1987)

Febvre, Lucien, *La Terre et l'Evolution Humaine* (Paris : Albin Michel, 1970)

Geertz, Clifford, *Agricultural Involution : The Process of Ecological Change in Indonesia* (Berkeley : University of California Press, 1963)

Gourou, Pierre, *Riz et civilisation* (Paris : Fayard, 1984)

Hashimoto, K. et al. (eds.), *East Asian Science : Tradition and Beyond* (Osaka : Kansai University Press, 1995)

Huang, Philip C. C., *The Peasant Family and Rural Development in the Yangzi Delta, 1350~1988* (California : Stanford University Press, 1990)

Kipple, Kenneth F. (ed.), *The Cambridge World History of Human Diseases* (New York : Cambridge University Press, 1993)

Le Goff, Jacques · Pierre Nora (eds.), *Faire de l'histoire*, vol. 1~3 (Paris : Gallimard, 1974)

Li Bozhong, *Agricultural Development in Jiangnan, 1620~1850* (London and New York : MacMillan Press Ltd. and St. Martin's Press, 1998)

Loewe, Michael and Edward L. Shaughnessy (eds.), *The Cambridge History of Ancient China* (Cambridge : Cambridge University Press, 1999)

Lombard-Salmon, Claude, *Un exemple d'acculturation chinoise : La Province du Guizhou au 18e siècle* (Paris : Ecole française d'Extrême-Orient, 1972)

Marks, Robert B., *Tigers, Rice, Silk, and Silt : Environment and Economy in Late Imperial South China* (Cambridge : Cambridge University Press, 1998)

Menzies, Nicolas K., *Forest and Land Management in Imperial China* (New York : St. Martin's Press, 1994)

Miller, Char and Hal Rothman (eds.), *Out of the Woods : Essays in Environmental History* (Pittsburgh : University of Pittsburgh Press, 1997)

Moran, Emilo F. · Elinor Ostrom (eds.), *Seeing the Forest and the Trees : Human-Environment Interactions in Forest Ecosystems* (Cambridge, Massachusetts and London : The MIT Press, 2005)

Needham, Joseph, *Science and Civilisation in China*, vol. 6 (Cambridge : Cambridge University Press, 1984)

Perdue, Peter C., *Exhausting the Earth : State and Peasant in Hunan, 1550~1850* (Cambridge, Massachusetts and London : Harvard University Press, 1987)

_____, *China Marches West : The Qing Conquest of Central Eurasia* (Cambridge, Massachusetts : The Belknap Press of Harvard University Press, 2005)

Pomeranz, Kenneth, *The Great Divergence : Europe, China, and the Making of the Modern World Economy* (New Jersey : Princeton University Press, 2000)

Pyne, Stephen J., *Fire : A Brief History* (Seattle and London : University of Washington Press, 2001)

Richards, John F., *The Unending Frontier : An Environmental History of the Early Modern World* (California : University of California Press, 2003)

Richardson, S. D., *Forests and Forestry in China : Changing Patterns of Resource Develop-ment* (Washington, D. C. : Island Press, 1990)

Rowe, William T., *Hankow : Commerce and Society in a Chinese City, 1796~1889* (California : Stanford University Press, 1984)

_____, *Hankow : Conflict and Community in a Chinese City, 1796~1895* (California : Stanford University Press, 1989)

_____, *Saving the World : Chen Hongmou and Elite Consciousness in Eighteenth-Century China* (California : Stanford University Press, 2001)

Schram, S. R. (ed.), *The Scope of State Power in China* (London : School of Oriental and African Studie, 1985)

Schwartz, Benjamin I., *The World of Thought in Ancient China* (Cambridge, Massachusetts and London : Harvard University Press, 1985)

Skinner, G. William, *The City in Late Imperial China* (California : Stanford University Press, 1977)

Trucker, Mary Evelyn and John Berthrong (eds.), *Confucianism and Ecology* (Cambridge : Harvard University Center for the Study of World Religions, 1998)

Twitchett, Denis and John K. Faibank (eds.), *The Cambridge History of China*, vol. 8 (New York : Cambridge University Press, 1998)

Vandermeersch, Léon (ed.), *La Société civile face à l'Etat dans les traditions Chinoises, Japonaises, Coréennes et Vietnamiennes* (Paris : Ecole Française d'Extrême-

Orient, 1994)

Waley-Cohen, Joanna, *Exile in Mid-Qing China : Banishment to Xinjiang, 1758~1820*(Yale University Press, 1991)

Wallerstein, Immanuel, *The Modern World System*, vol. 1(New York : Academic Press, 1974)

Webb Jr., James L. A., *Humanity's Burden : A Global History of Malaria*(New York : Cambridge University Press, 2009)

Wittfogel, Karl A., *Oriental Despotism : A Comparative Study of Total Power*(Yale University Pres, 1957)

Worster, Donald, *The Ends of the Earth : Perspectives on Modern Environmental History* (New York : Cambridge University Press, 1988)

3. 논문

한국어

金文基,〈17세기 江南의 小氷期 氣候〉,《明淸史硏究》27집(2007)

_____,〈17세기 江南의 氣候變動과 明淸交替〉, 釜慶大學校 大學院 博士學位 論文(2008)

_____,〈氣候, 바다, 漁業紛爭〉,《中國史硏究》63집(2009)

김석우,〈전쟁과 재해─《晉書》〈食貨志〉에 보이는 杜預의 재해 대책을 중심으로─〉,《東洋史學硏究》99집(2007)

김현선,〈명·청 시대 장강 중류 지역의 질병─호북성을 중심으로─〉, 명지대학교 대학원 석사학위 논문(2011)

김홍길,〈명대의 목재 채판과 삼림─四川의 皇木 조달을 중심으로─〉,《人文學報》(강릉대학인문과학연구소, 2000)

_____,〈明末·淸初 사회변화와 삼림환경〉, 尹世哲敎授停年紀念歷史學論叢刊行委員會 編,《시대전환과 역사인식》(솔, 2001)

_____,〈청대 서남 지역의 목재 교역과 소수민족 상인─귀주 금병현 지역을 중심으로─〉,《명청사연구》32집(2009)

吳金成,〈中國 近世의 農業과 社會變化〉,《東洋史學硏究》41輯(1992)
_____,〈明 中期의 人口移動과 그 影響―湖廣地方의 人口流入을 中心으로―〉,《歷史學報》137(1993)
_____,〈明淸時代 社會變化와 山區都市의 運命〉,《明淸史硏究》第2輯(2000)
_____,〈明淸時代 河口鎭 居民의 存在形態〉,《東洋史學硏究》74輯(2001)
元廷植,〈乾·嘉間 北京의 石炭 需給問題와 그 對策〉,《東洋史學硏究》32輯(1990)
田炯權,〈淸末民國期 湖南 長沙府의 농업 생산과 상품 유통〉,《明淸史硏究》25집(2006)
鄭哲雄,〈중심부에서 주변부로 : 明淸時期 襄陽府 경제 변화의 특성〉,《東洋史學硏究》64輯(1997)
_____,〈淸代 湖北省 西北部 地域의 經濟開發과 環境〉,《明淸史硏究》10輯(1999)
_____,〈淸代 湖北省 西部와 陝西省 南部 環境 變化의 比較硏究〉,《東洋史學硏究》75輯(2001)
_____,〈淸代 三省交界地域의 森林과 林産物 保護對策〉,《明淸史硏究》16輯(2002)
_____,〈淸代 湖北省 西南部의 山地開發과 社會變化〉,《明淸史硏究》18輯(2003)
_____,〈18세기 중국의 도시 개발과 風水說―湖北省 漢口를 중심으로―〉,《明知史論》14·15합집(2004)
_____,〈淸 中葉 陝西省 漢中府의 수리시설과 농업용수 분쟁―楊塡堰과 五門堰의 사례를 중심으로―〉,《東洋史學硏究》94집(2006)
_____,〈환경〉, 오금성 외,《명청시대사회경제사》(이산, 2007)
_____,〈환경 변화로 본 중국의 明淸時代―長江 中流 지역을 중심으로―〉,《大邱史學》89집(2007)
鄭哲雄·張建民·李俊甲,〈淸代 川·湖·陝 交界地域의 經濟開發과 民間風俗〉II,《東洋史學硏究》87輯(2004)
鄭哲雄·李俊甲,〈淸代 川·湖·陝 交界 山間地域의 經濟開發과 그 성격〉,《中國史硏究》41輯(2006)
차혜원,〈중국의 '강건성세' 열풍과 청사 연구〉, 유장근 외,《중국 역사학계의 청사 연구 동향―한국 관련 분야를 중심으로》(동북아역사재단, 2009)
최덕경,〈居延漢簡을 통해 본 西北지역의 生態環境〉,《中國史硏究》45집(2006)

중국어

龔政,〈清代湖南的經濟開發和生態環境的變遷〉, 西南大學 碩士學位 論文(2008)

龔志强·劉正剛,〈明清時期廬山開發及其生態環境的變化〉,《中國社會經濟史研究》2期(2009)

藍勇,〈歷史上長江上流的水土流失及其危害〉,《光明日報》(1998년 9월 25일)

譚慶虎·田赤,〈明代土家族地區的皇木采辦研究〉,《湖北民族學院學報》(哲學社會科學版) 29卷, 4期(2011)

譚作剛,〈清代陝南地區的移民, 農業墾殖與自然環境的惡化〉,《中國農史》4期(1986)

萬紅,〈試論清水江木材集市的歷史變遷〉,《古今農業》2期(2005)

樊樹志,〈明代荊襄流民與棚民〉,《中國史研究》3期(1980)

樊寶敏,〈中國清代以來林政史研究〉, 北京林業大學 博士學位 論文(2002)

樊寶敏·董源·張鈞成·印嘉佑,〈中國歷史上森林破壞對水旱災害的影響—試論森林的氣候和水文效應〉,《林業科學》卷39, 3期(2003)

傅安輝,〈論歷史上清水江木材市場繁榮的原因〉,《貴州民族學院學報》(哲學社會科學版) 1期(2010)

謝奇懿,〈五代詞中山的意象研究〉(臺北:國立師範大學 國文研究所 碩士論文, 1997)

孫繼民,〈關于唐代長江中游人口經濟區的考察〉, 中國唐史學會·湖北省社會科學院歷史研究所 編,《古代長江中游的經濟開發》(武漢:武漢出版社, 1988)

施少華·林承坤 等,〈長江中下游河道與岸線演變特點〉,《長江流域資源與環境》1期(2002)

沈文嘉,〈清水江流域林業經濟與社會變遷研究(1644~1911)〉, 北京林業大學 博士學位 論文(2006)

梁明武,〈明清時期木材商品經濟研究〉, 北京林業大學 博士學位 論文(2008)

梁洪生,〈捕撈權的爭奪:'私業','官河'與'習慣'—對鄱陽湖區漁民歷史文書的解讀〉,《清華大學學報》(哲學社會科學版) 5期(2008)

余燕飛·楊婉婷,〈明清時期湘鄂贛交界山區的社會變遷〉,《湛江師範學院學報》29卷, 4期(2008)

吳金成,〈從社會變遷視覺對明中期史的再認識〉,《古代文明》20期(2011)

吳敵,〈清代長江中流域的農業開發與環保問題〉,《四川師範學院學報》(哲學社會科學版), 6期(1996)

王建革,〈松江鱸魚及其水文環境史研究〉,《陝西師範大學學報》(哲社版) 5期(2011)

王淑貞,〈明淸時期湘西白族民俗文化的變遷和動態特徵〉,《懷化學院學報》27卷, 4期(2008)

王雅紅,〈《徐霞客遊記》所見晚明湘贛山區社會〉,《江西社會科學》4期(2002)

汪潤元‧勾利軍,〈淸代長江流域人口運動與生態環境的惡化〉,《上海社會科學院學術季刊》4期(1994)

王肇磊,〈淸代移民與鄂西北的水利問題-以十堰市爲例〉,《鄖陽師範高等專科學校學報》, 26-5(2006)

王平,〈鄂西南族群流動硏究〉,《中南民族大學學報》(人文社會科學版), 24-1(2004)

袁嬋,〈明淸時期閩贛地區山林産品流通與貿易硏究〉, 北京林業大學 博士學位 論文(2010)

袁嬋‧李莉‧李飛,〈生態文明視野中的明淸采木〉,《北京林業大學學報》(社會科學版) 3期(2011)

劉詩穎,〈明淸以來湘鄂川黔地區的外族人土家化傾向—以咸豐尖山唐崖司村爲中心〉, 武漢大學 碩士學位 論文(2004)

劉翠溶,〈中國歷史上關于山林川澤的觀念和制度〉, 曹添旺‧賴景昌‧楊建成 主編,《經濟成長, 所得分配與制度演化》(臺北 : 中央硏究院中山人文科學硏究所, 1999)

劉詩穎,〈明淸以來湘鄂川黔地區的外族人土家化傾向—以咸豐尖山唐崖司村爲中心〉, 武漢大學 碩士學位 論文(2004)

劉沛林,〈歷史上人類活動對長江流域水災的影響〉,《北京大學學報》6期(1998)

李映發,〈自明道人與"萬代長靑林"〉,《森林與人類》1期(1989)

李玉尙,〈淸末以來江南城市的生活用水與癯亂〉,《社會科學》1期(2010)

李志堅,〈明代皇木采辦硏究〉, 華中師範大學 碩士學位 論文(2004)

易華,〈六畜起源 : 中華民族文化形成軌迹新視覺〉,《中國社會科學報》10-12(2010)

林承坤,〈洞庭湖的演變與治理〉(上),《地理學與國土硏究》1卷, 4期(1985)

林榮琴,〈淸代湖南的礦業開發〉, 復旦大學博士學位 論文(2004)

林濟,〈黃州宗族社會及其變遷(明‧淸~1949年)〉, 華中師範大學歷史硏究所 博士學位 論文

張家炎,〈移民運動, 環境變遷與物質交流-淸代及民國時期江漢平原與外地的關系〉,《中國經濟史硏究》1期(2011)

張建民,〈淸代湘鄂西山區的經濟開發及其影響〉,《中國社會經濟史硏究》4期(1987)

_____,〈明淸漢水上流山區開發與水利建設〉,《武漢大學學報》(哲社版) 3期(1994)

_____,〈明代秦巴山區的流民與資源開發〉,《人文論叢》(湖北 : 武漢大學, 1999)

_____, 〈碑石所見淸代後期陝南地區的水利問題與自然災害〉,《淸史硏究》2期(2001)

張國雄·梅莉,〈明淸時期江漢—洞庭平原的人口變化與農業經濟的發展〉,《中國歷史地理論叢》 4期(1989)

張麗芬,〈湖南省米糧市場產銷硏究(1644~1937)〉, 臺灣大學歷史硏究所 碩士學位 論文 (1990)

張少庚,〈淸代長江流域木竹商業硏究〉, 武漢大學 碩士學位 論文(2004)

鄭哲雄,〈都市環境史的一項:18世紀漢口地區的黑山開發和風水論〉, 張建民 主編,《10世紀以來長江中游區域環境, 經濟與社會變遷》(武漢:武漢大學出版社, 2008)

趙岡,〈中國歷史上的木材消耗〉,《漢學硏究》12卷, 2期(1994)

_____,〈生態變遷的統計分析〉,《中國農史》4期(1994)

趙艷,〈江漢湖群歷史環境演變〉, 武漢大學 博士學位 論文(1998)

曹志紅,〈老虎與人:中國虎地理分布和歷史變遷的人文影響因素硏究〉, 陝西師範大學 博士學位 論文(2010)

周魁一,〈荊江和洞庭湖的演變與防洪規劃的歷史硏究〉,《歷史地理》18輯(2002)

周鳳琴,〈荊江近5000年來洪水位變遷的初步探討〉,《歷史地理》4輯(1986)

_____,〈雲夢澤與荊江三角洲的歷史變遷〉,《湖泊科學》卷6, 1期(1994)

_____,〈湖北沙市地區河道變遷與人類活動中心的轉移〉,《歷史地理》13輯(1996)

朱聖鍾,〈鄂湘渝黔土家族地區歷史經濟地理硏究〉, 陝西師範大學 博士學位 論文(2002)

_____,〈明淸鄂西南土家族地區民族的分布與變遷〉,《中國歷史地理論叢》17卷, 1期(2002)

朱聖鍾·吳宏岐,〈明淸鄂西南民族地區聚落的發展演變及其影響因素〉,《中國歷史地理論叢》4 期(1999)

周云庵,〈秦嶺森林的歷史變遷及其反思〉,《中國歷史地理論叢》1期(1993)

周宏偉,〈長江流域森林變遷的歷史考察〉,《中國農史》18卷, 4期(1999)

陳國生,〈淸代四川的人地矛盾, 生態惡化及其對策〉,《社會科學硏究》3期(1995)

陳曦,〈以江陵縣爲例看宋元明淸時期荊北平原的水系變遷-以方志爲中心的考察〉,《中國地方志》9期(2006)

_____,〈宋元明淸時期荊江洲灘的變化及其對河道的影響〉,《江漢論壇》12期(2006)

_____,〈從荊江河道及兩岸河湖的變遷看荊江地區人地關系的演變——以宋元明淸時期爲中心〉, 武漢大學 博士學位 論文(2007)

鈔曉鴻,〈自然環境‧水利‧水利共同體—以淸代關中中部水利爲例〉, 李文海‧夏明方 主編,《千有凶年:淸代災荒與中國社會》(北京:三聯書店, 2007)

鄒逸麟,〈明淸流民與川陝鄂豫交界地區的環境問題〉,《歷史地理硏究》(復旦大學社會科學版) 4期(1998)

彭恩‧吳建勤,〈從淸朝鄂西土家族文人竹枝詞看土家族婚俗〉,《涪陵師範學院學報》卷22, 6期(2006)

暴鴻昌‧胡凡,〈明淸時期長江上游森林植被破壞的歷史考察〉,《湖北大學學報》(哲社版) 1期(1992)

馮祖祥‧姜元珍,〈湖北森林變遷歷史初探〉,《農業考古》3期(1995)

일본어

上田信,〈封禁‧開採‧弛禁—淸代中期江西における山地開發—〉,《東洋史研究》卷61, 4號(2003)

_____,〈中國における生態ツシステムと山區經濟—秦嶺山脈の事例から〉,《アジアから考える》(6)(東京:東京大出版會, 1994)

則松彰文,〈淸代における'境'と流通—食糧問題の一齣〉,《九州大學東洋史論集》20號(1992)

川勝守,〈淸乾隆初年雲南銅の長江輸送と都市漢口〉, 川勝守編,《東アジアにおける生產と流通の歷史社會學的研究》(福岡:中國書店, 1993)

구미어

Asdal, Kristin, "The Problematic Nature of Nature : The Post-Constructivist Challenge to Environmental History", *History and Theory*, vol. 42, no. 4(2003)

Atwell, William, "Ming China and the emerging world economy, 1470~1650", Denis Twitchett and John K. Faibank (eds.), *The Cambridge History of China*, vol. 8(New York:Cambridge University Press, 1998)

Averill, Stephen, "The Shed People and the Opening of the Yangzi Highlands", *Modern China*, vol. 9, no. 1(1983)

Bailes, Kendall E., "Introduction : Critical Issues in Environmental History", *Environmental Review*, vol. 7, no. 1(1983)

Bird, Elizabeth Ann R., "The Social Construction of Nature : Theoretical Approaches to the History of Environmental Problems", *Environmental Review*, Winter (1987)

Boserup, Ester, "Environnement, population et technologie dans les sociétés primitives", *Annales : Histoire, Société, Civilisation*, no. 3, mai-jun(1974)

Bray, Francesca, "Agriculture", Joseph Needham, *Science and Civilisation in China*, vol. 6(Cambridge : Cambridge University Press, 1984)

Cartier, Michel, "Chine du Nord, Chine du sud : paradoxes de la Croissance démographique", Antoine Fauve-Chamoux (ed.), *Evolution agraire et Croissance démographique*, Ordina Editions : Liège(1987)

Cartier, Michel, "La Croissance démographique chinoise du XVIIIe siècle et l'Enregistrement des Pao-chia", *Annales de démographie historique*(1979)

Cheng Chung-ying, "The Trinity of Cosmology, Ecology, and Ethics in the Confucian Personhood", Mary Evelyn Trucker and John Berthrong (eds.), *Confucianism and Ecology*(Cambridge : Harvard University Center for the Study of World Religions, 1998)

Cronon, William, "Modes of Prophecy and Production : Placing Nature in History", *The Journal of American History*, vol. 76, no. 4(1990)

_____, "The Trouble with Wilderness : Or, Getting Back to the Wrong Nature", Char Miller and Hal Rothman (eds.), *Out of the Woods : Essays in Environmental History*(Pittsburgh : University of Pittsburgh Press, 1997)

Crosby, Alfred W., "The Past and Present of Environmental History", *The American Historical Review*, vol. 100, no. 4(1995)

Dupront, Alphonse, "Anthropologie religieuse", Jacques Le Goff and Pierre Nora (eds.), *Faire de l'histoire*, vol. 2(1974)

Elvin, Mark, "Three Thousand Years of Unsustainable Growth : Archaic Times to the Present", *East Asian History*, vol. 6(1993)

Entenmann, Robert Eric "Migration and Settlement in Sichuan, 1644~1796", Harvard University Ph. D. diss.(1982)

Finnane, Antonia, "Water, Love, and Labor", Mark Elvin and Liu Ts'ui-jung (eds.), *Sediments of Time : Environment and Society in Chinese History*, vol. 2(Cambridge : Cambridge University Press, 1998)

Green, G. M., C. M. Schweik and J. C. Randolph, "Retrieving Information from Satellite Image", Emilo F. Moran · Elinor Ostrom (eds.), *Seeing the Forest and the Trees : Human-Environment Interactions in Forest Ecosystems*(Cambridge, Mass. and London : The MIT Press, 2005)

Harper, Donald, "Warring States Natural Philosophy and Occult Thought", Michael oewe and Edward L. Shaughnessy (eds.), *The Cambridge History of Ancient China*(Cambridge : Cambridge University Press, 1999)

Holzner, Wolfgang · Monika Kriechbaum, "Man's Impact on the Vegetation and Landscape in the Inner Himalaya and Tibet", Mark Elvin and Liu Ts'ui-jung (eds.), *Sediments of Time : Environment and Society in Chinese History*, vol. 2(Cambridge : Cambridge University Press, 1998)

Hughes, J. Donald, "Ecology and Development as Narrative Themes of World History", *Environmental History Review*, vol. 19, no. 1(1995)

Jakle, John A., "Historical Geography : Focus on the 'Geographic Past' and 'Historical Place'", *Environmental Review*, vol. 4, no. 2(1980)

Jiayan Zhang, "Environment, Market and Peasant Choice : The Ecological relationships in the Jianghan Plain in the Qing and the Republic", *Modern China*, vol. 32, no. 1(2006)

Julia, Domonique, "Histoire religieuse", Jacques Le Goff and Pierre Nora (eds.), *Faire de l'histoire*, vol. 2(1974)

Ki Che Leung, Angela, "Diseases of the Premodern Period in China", Kenneth F. Kipple (ed.), *The Cambridge World History of Human Diseases*(New York : Cambridge University Press, 1993)

Kleeman, Terry F., "Mountain Deities in China : The Domestication of the Mountain God and the Subjugation of the Margins", *Journal of the American Oriental Society*, vol. 114, no. 2, Apri.~Jun.(1994)

Leibhardt, Barbara, "Interpretation and Casual Analysis : Theories in Environmental History", *Environmental Review*, vol. 12, no. 1(1988)

Lowdermilk, W. C. and T. I. Li, "Forestry in Denuded China", *Annals of the American Academy of Political and Social Sciences*, vol. 152, nov.(1930)

McNeill, J. R., "Observations on the Nature and Culture of Environmental History", *History and Theory*, vol. 42, no. 2(2003)

_____, "Woods and Warfare in World History", *Environmental History*, vol. 9, no. 3(2004)

Natan Wachtel, "L'acculturation", Jacques Le Goff, Pierre Nora (ed.), *Faire de l'histoire*, vol. 1(Paris : folio, 1974)

O'Connor, James, "What is Environmental History? Why Environmental History?", *Capitalism, Nature, Socialism*, vol. 8, no. 2(1997)

Osborne, Anne, "Barren Mountains, Raging Rivers : The Ecological and Social Effects of Changing Landuse on the Lower Yangzi Periphery in Late Imperial China", Ph. D. diss.(New York : Columbia University, 1989)

Pay, Brian, "Environmental History : Nature at Work", *History and Theory*, vol. 42, no. 4(2003)

Perdue, Peter C., "Water Control in the Dongting Lake Region during the Ming and Qing Periods", *Journal of Asian Studies*, vol. 51, no. 4(1982)

_____, "The Retreat of the Elephants by Mark Elvin(Review Article)", *T'oung Pao*, second series, vol. 91(2005)

Pomeranz, Kenneth, "Is There an East Asian Development Path? Long-term Comparisons, Constraints, and Continuities", *Journal of the Economic and Social History*, vol. 44, no. 3(2001)

Rigg, Jonathan D., "The Role of the Environment in Limiting the Adoption of New Rice Technology in Northeastern Thailand", *Transactions of the Institute of British Geographers*, new series, vol. 10, no. 4(1985)

Sachs, Aaron, "The Ultimate 'Other' : Post-Colonialism and Alexander Humboldt's Ecological Relationship with Nature", *History and Theory*, vol. 42, no. 4

(2003)

Schatzki, Theodore R., "Nature and Technology in History", *History and Theory*, vol. 42, no. 4(2003)

Skinner, G. William, "Regional Urbanization in Nineteenth-Century China", *The City in Late Imperial China* (California : Stanford University Press, 1977)

Thomas, Brinley, "Escaping from Constraints : The Industrial Revolution in Malthusian Context", *Journal of Interdisciplinary History*, vol. 15, no. 4(1985)

Vermeer, Eduard B., "Pan Ch'i-hsun's Solutions for the Yellow River Problems of the Late 16th Century", *T'oung Pao*, second series, vol. 73(1987)

_____, "Ch'ing Government Concerns with the Exploitation of New Farmland", Léon Vandermeersch (ed.), *La Société civile face à l'Etat dans les traditions Chinoises, Japonaises, Coréennes et Vietnamiennes* (Paris : Ecole Française d'Extrême-Orient, 1994)

Will, Pierre-Etienne, "Un cycle hydraulique en Chine : La Province du Hubei du XVIe au XIXe siècle", *Bulletin de l'Ecole française d'Extrême-Orient*, vol. 68(1980)

_____, "Modernization Less Science? : Some Reflections on China and Japan before Westernization", *East Asian Science : Tradition and Beyond* (Osaka : Kansai University Press, 1995)

_____, "State Intervention in the Administration of a Hydraulic Infrastructure : The Example of Hubei Province in Late Imperial Times", S. R. Schram (ed.), *The Scope of State Power in China* (London : School of Oriental and African Studies, 1985)

Wingate, A. W. S., "Nine Years' Survey and Exploration in Northern and Central China (Continued)", *The Geographical Journal*, vol. 29, no. 3, Mar.(1907)

Worster, Donald, "World Without Borders : The Internationalizing of Environmental History", *Environmental Review*, vol. 6, no. 2(1982)

_____, "Doing Environmental History", *The Ends of the Earth : Perspectives on Modern Environmental History* (New York : Cambridge University Press, 1988)

_____, "The Ecology of Oder and Chaos", Char Miller and Hal Rothman (eds.), *Out of the Woods : Essays in Environmental History* (Pittsburgh : University of Pittsburgh Press, 1997)

찾아보기

ㄱ

가장架長 256
각차脚車 219
간로看路 256, 257
감강贛江 62, 103, 110~113, 282
감남贛南 71~73, 283
감리(현)監利(縣) 62, 105~106, 330, 332, 335, 337, 343~348, 350~351, 356~357, 361, 363~364, 374, 379~380, 389
감숙(성)甘肅(省) 93, 274, 482, 561
감주(부)贛州(府) 63, 67, 72~74, 93, 120, 126, 148, 150, 236, 282, 296, 439, 534~536
강릉江陵 105~106, 125~126, 332~335, 337, 339~340, 342~349, 351~355, 357, 361, 363, 372, 374~377, 379~380, 385, 471
강북대제江北大堤 334
강산康山 112
강서(성)江西(省) 21, 53~55, 63~64, 71~72, 74~77, 85~86, 92~96, 103, 110~111, 116~117, 120, 123~124, 126~127, 135~138, 140~144, 146~155, 167, 199, 228, 230, 236~238, 272, 282~283 294, 297~299, 303, 321, 375, 398, 415~416, 419, 434, 436, 439, 442, 451, 462~463, 470, 472, 474, 477~478, 485, 516, 519, 529, 536~537

강서전호광江西塡湖廣 143, 153
강한평원江漢平原 62, 88, 92, 238, 333, 449
강화현江華縣 231, 268, 278, 398, 490
개구리 11, 476
개발(론) 20, 24, 35~36, 42~45, 47~48, 50~51, 55~57, 63, 67, 69, 71~73, 75~80, 89, 91, 96, 99, 104, 108~112, 117~118, 121, 126, 128, 132~134, 142, 144, 153~154, 178, 207~389, 393, 400~404, 408, 415, 420, 427, 431, 433, 437, 441~445, 450, 452, 460, 465, 470~471, 491, 503, 514~516, 518, 520~523, 526~533, 538~539, 543, 545~547, 550, 552~557, 562~564, 566~567, 575~585, 587
개채開採 304~305, 319, 516
개토귀류改土歸流 24, 47~48, 55, 78, 159, 161~162, 166, 168~171, 173, 175~179, 181~184, 186~187, 189, 191, 193~197, 199~205, 211, 214~215, 217, 241, 243~246, 248~249, 394, 424~427, 508, 564~565, 567, 569, 578
객민客民 72~73, 132, 146, 170, 179~180, 182, 202~203, 210, 248, 421, 488, 555, 564
객창客廠 323
건시(현)建始(縣) 179, 181, 237, 245~246, 295, 395, 444

건주청乾州廳 172, 180, 183, 249, 454~455
경덕진景德鎭 63, 301
계동(현)桂東(縣) 65~68, 299, 315, 398, 509
계양현桂陽縣 258~259, 265, 267, 271, 319
고기탁高其倬 320~321
고다枯茶 475
고소대姑蘇臺 42
고장평청古丈坪廳 183, 185, 295, 399~400, 402
공당분전共塘分田 449
공산公山 457
공상임孔尙任 174
공수貢水 282
공안현公安縣 329, 348, 351, 358, 361, 380
과사顆砂 425~427
관산官山 265~267
관현灌縣 540
광신부廣信府 77, 96, 137, 141~142, 294, 297, 304, 434, 451~452, 485, 515~516, 529~530
교금주窖金洲 335~336, 353~355, 362, 364
구강九江 102~103, 107, 116, 262
구구인邱九仞 359
구의산九疑山 538
구준邱濬 128
구호九湖 360
귀주歸州 55, 96~97, 107, 116
귀주(성)貴州(省) 87, 160
균주均州 22~23
귤자주橘子洲 410, 413~414
그로브, 리처드 Richard Grove 48
기두旗頭 169~170
기양(현)祁陽(縣) 268, 269, 277~278, 395~401, 432~433, 443~446, 448, 450,
455~456, 480~481, 490
기양송용수리지祁陽宋溶水利志 446, 448
기후(변화) 50~51, 93, 99, 160, 162, 232, 342, 410, 440, 449, 454~456, 458, 490~491, 520, 577, 581
길안부吉安府 73~74, 96, 126, 143, 150

ㄴ

난蘭 483~485
남(목)楠(木) 95~96, 251, 253, 255~257, 263~265, 270, 273, 278~279, 393~395, 399~400, 470, 528
남령南嶺 63
남벌 37, 73, 82, 89, 91, 181, 253~254, 258, 265, 269, 271, 275, 285, 307~308, 314, 393~408, 430, 447, 450, 453, 455~456, 467, 470, 478, 501, 509, 525, 534, 536, 542, 561, 576~577, 580~582
남안부南安府 72, 96, 463, 486
남전藍靛 72, 233, 450, 526~527
남창(부)南昌(府) 74, 110~113, 117, 140~141, 143, 150, 462, 537
낭정극郎廷極 419
내권화內卷化 225, 240
내삼강內三江 280~281
냉삼冷杉 98~99
노계현瀘溪縣 167, 402~407
노과蘆課 368, 379~380
노방滂方 370
노사기魯仕驥 559
농시農時 485, 510
농업용수 25, 38, 114, 122, 363, 433, 437,

찾아보기 617

442~445, 447~448, 453, 561
뇌사패雷思霈 343~344, 348, 351

ㄷ

다유茶油 475
단명륜但明倫 386~387
담언룡覃彦龍 255
담훤覃煊 246
당강當江 280, 283, 285~286, 582
당양當陽 329, 335~336
당예한唐裔漢 548~549, 552~553
당전塘田 433
당제성唐際盛 387
당효요唐效堯 314
대나무 83~84, 95, 101, 133, 275~276, 311, 372, 396, 403, 405, 436, 473, 483, 491, 498, 503~504, 511, 513, 525~527, 530, 569
대유현大庾縣 85~86, 463, 486
도강桃江 282
도경화누刀耕火耨 208, 232
도경화종刀耕火種 163, 207~211, 213~214, 488~489
도골가倒骨價 165~166
도민망都民望 332
도벌盜伐 82, 267, 396~397, 405, 541~542, 559, 567~570
도시 개발 533, 543, 545, 547, 555
도주陶澍 324
동(나무)桐(나무) 229, 450, 498, 569
동당산銅塘山 296, 515~520, 522~523, 526, 528, 530~532, 538, 556, 579, 584

동박董樸 130
동정호洞庭湖 56, 62~63, 88, 92, 94, 105~111, 123~125, 132, 277, 329~330, 355~356, 358, 360, 366, 368, 398, 402, 410, 512
동호목東湖木 277, 282
드러리, 윌리엄William Drury 29~30
등화일鄧化日 404

ㄹ

로, 윌리엄T.William T. Rowe 524, 546
르 고프, 자크Jacques Le Goff 192

ㅁ

마미송馬尾松 98
마성현廊城縣 130~131, 469~470, 476
만도晩稻 449, 490~491
만성제萬城堤 55, 103, 105, 113, 326~342, 345, 348, 351~352, 354~356, 361~364, 367, 369, 371~375, 377, 386~389, 414, 417, 522, 578, 580
만재현萬載縣 150
매주邁柱 246
매증량梅曾亮 44
맥닐, 윌리엄William McNeill 34, 124
맹창孟昶 332
먹이 사슬 471, 478~479, 582
멧돼지 466, 468, 473~474, 478
모준덕毛峻德 211, 241~242, 441
목죽세木竹稅 259~260, 282~283
묘동토사卯峒土司 170
묘족苗族 47, 49, 63, 394, 455, 461, 488,

508

무용無用 21
무창武昌 62, 88, 125, 129, 137~138, 254, 264, 273~274, 334, 545
무한武漢 102~103, 259, 320
문익文翼 535
문화 변용 169, 186~187, 579
물의 분배 442~443, 446, 448, 450
물질적 자연 30
민간신앙 189, 191, 477, 533~534, 536, 538~540, 542~543, 538~585

ㅂ

바다가마우지 468
바서롭, 이스터Ester Boserup 487
반고班固 500
반봉半封 568
반학식潘學植 383, 385
배솔도裵瀟度 136
백규白圭 388
백하(현)白河(縣) 274, 432, 446, 482~483
백한白鷴 470
번고藩庫 374
보시공소保柴公所 301
보원국寶源局 291
보천국寶泉局 291
봉금(론)封禁(論) 77, 297~298, 315, 319~321, 472, 503, 514~523, 526~532, 541, 557, 560~561, 567~568
봉산封山 567~571
봉양(부)鳳陽(府) 80~81, 586
봉황청鳳凰廳 64, 162, 172, 249, 270, 460~461

부랑산郙梁山 499~500
부수斧手 256~257
부차夫差 42
붕민棚民 44, 283, 304, 436, 524
브램웰, 애나Anna Bramwell 554~555
브로델, 페르낭Fernand Braudel 33
블로크, 마르크Marc Bloch 33
비트포겔, 카를Karl A. Wittfogel 326
비흡하鼻吸河 463~465
빌, 피에르-에티엔Pierre-Etienne Will 14, 56, 226~227

ㅅ

사관寺觀 191
사구소史九韶 409~411
사냥꾼 473~474, 476~477, 482
사마상여司馬相如 90~91
사시沙市 62, 102~103, 330, 332~336, 339, 374
사완私垸 338, 363, 366, 368
사조謝肇 73
사천(성)四川(省) 42, 45, 53~54, 61, 70, 76, 82, 90~92, 96~97, 105, 128, 135, 143~146, 160, 177, 198, 228, 253~254, 256, 259, 261~264, 267, 272~273, 275~278, 287~288, 290, 317, 376, 447, 457, 459, 477, 501, 519, 539~540
산객山客 285
산림보호 562
산모散毛 175
산양애山羊隘 427, 429, 578, 582
산우山牛 466~468

찾아보기 619

산장山場 73, 243, 265~266, 277, 283, 566
살곡전撒穀田 108
삼(목)杉(木) 80, 92, 94~98, 243, 250~251, 253, 255, 259~261, 263~265, 267, 273, 279, 281, 283, 285, 393~400, 404, 512, 528, 540
삼방三幇 280
삼성 교계 지역三省 交界 地域 45, 51, 54, 62, 82, 288, 319, 470, 501, 519, 539
《삼성변방비람三省邊防備覽》54
삼해팔궤三海八櫃 347~348
상강湘江 63, 106, 123, 125, 132, 277~278, 411~412, 504, 512
상담湘潭 136, 320, 395, 412~413
상서湘西 63, 123, 160, 261
상식현桑植縣 140, 154, 176, 183, 200, 219~220, 231, 315, 394, 426
상요현上饒縣 77, 141, 294, 451, 457, 472, 474, 518~519, 530~531, 553
생묘生苗 260, 176
생태 체계ecosystem 28~29, 49, 53, 186, 413
생판자生板者 323
서두전鋤頭錢 200
서려徐儢 298
서포현漵浦縣 167, 278, 499, 509~510, 538, 566
《서하객유기徐霞客遊記》22~23
서호목西湖木 277, 282
서호채자西湖菜子 110
서홍조徐弘祖 22~23
석달개石達開 87
석멸자石篾子 257
석반어石斑魚 474

석수현石首縣 329, 333, 337, 345, 351, 357~361, 364, 379
석탄 275, 293~297, 299~303, 306, 310~312, 318~323, 325, 400~401, 451~452, 487, 536, 560
선화현善化縣 133~134, 154, 414, 513
섬서(성)陝西(省) 23, 45, 53~54, 61, 70, 76~77, 92~93, 106, 145, 152, 154, 180, 189, 228, 253, 264, 268, 272~276, 280, 283, 293, 303, 420, 447~448, 459, 475, 479, 481~483, 501, 519, 539, 559
성고현城固縣 501
성황신 191
소목蘇木 276
소상팔경瀟湘八景 409~413, 415
소수민족 20, 24, 47~49, 55, 63~64, 67, 87, 96, 122~123, 126~127, 132, 142, 159~208, 210, 214~215, 249, 255, 263, 281, 284~286, 294, 298, 304, 424~425, 487, 533, 578~579, 586
소식蘇軾 19~20
손존孫存 381~382
송모충松毛蟲 101
송松 93~95, 251
송응성宋應星 434
수객水客 285
수계水鷄 103~105, 110, 113, 329~330, 335, 337, 356~359, 361, 416, 476, 550
수대水碓 108, 110, 215~216, 338, 434~436, 452~453
수마水磨 215~216, 420
수면권水面權 230, 377

수목 보호 82, 285, 557~566
수연水碾 215~216
수자원(부족) 134, 431~454, 456, 458, 465, 561, 577, 581~582
수토(유실) 44, 86
수황水荒 119
숭안崇安 436, 519
스키너, 윌리엄G. William Skinner 102~103
시남(부)施南(府) 88, 90, 137~138, 146~147, 175, 195, 232, 245~246, 253, 375~376, 567
시산施山 388
시鰣 471
식목 사업 286, 397, 400, 534, 540, 557~558, 571
식수植樹 171, 511, 559, 563
신강新疆 24, 416, 479, 553
신사층紳士層 327, 369, 374
신전新田(의 증가) 306, 448, 456
신하信河 416~417
심성사 192

ㅇ

아계阿桂 353, 387
악주(부)岳州(府) 116, 125, 133, 139, 148, 263, 272, 321, 330, 386
안사성晏斯盛 87~88, 272
야광목夜光木 94, 252
야저野猪 466, 473
야차구夜汊口 337, 356
약양현略陽縣 420~421
양등훈楊登訓 406~407

양림석기楊林石磯 355
양석불楊錫紱 368
양양襄陽 62, 88, 102, 106, 124~125, 129, 131~132, 138, 273~274, 276, 334, 459
양어(장)養魚(場) 116~117, 219, 230~231, 378, 438~439
양종인楊宗仁 177
양하구兩河口 335
양호평원兩湖平原 92
어과漁課 117~120, 368, 377, 438
어미지향魚米之鄕 377
어업 115~120, 166, 230~231, 368, 377~378, 438~439, 458, 475
언전堰田 432~433, 450
엄랑嚴娘 292
엄여익嚴如熤 49, 54, 62, 77, 165, 168, 195, 234~235, 247, 257, 283, 319, 519
엘빈, 마크Mark Elvin 38, 49, 123, 191, 285, 575
여광벽余光璧 486
연산현鉛山縣 96, 285, 416, 436~437, 442, 451, 470, 495~496, 537
연자蓮子 485~486
연화전烟火錢 200
영계십경靈溪十景 422~423, 425
영수청永綏廳 162, 172, 181~183, 215, 249, 378, 438
영순(부)永順(府) 96, 132, 139, 175, 195~198, 200~201, 230, 270, 278, 298, 394, 398~399, 402, 422, 426, 467~468, 487~488, 512
영순팔경永順八景 422~424
영순현永順縣 180, 182~184, 196~197,

200, 210～211, 422, 426
영주(부)永州(府) 124～125, 133, 139, 148,
　　231, 261, 267～269, 271, 277～278,
　　284, 410, 444～446, 456, 475, 490
　　～491, 503
영질癭疾 459, 460
예가복倪可福 332
예수醴水 106～107, 277, 329
오덤, 유진Eugene P. Odum 28～30
오락새五諾璽 518～524, 526～528
오양五勷 280
오이코스 29～30
오한장吳翰章 511～512
옹초雍草 213
완원阮元 336, 362
왕갱언王賡言 529～530
왕광王洸 309
왕리계王履階 177～178
왕봉생王鳳生 329
왕유王柔 319
왕은부王恩溥 530
왕지이汪志伊 363～364, 367
왕창王昶 274
외삼강外三江 280
요용姚隆 336
요주(부)饒州(府) 110～111, 126～127, 143,
　　150, 296
용미토사容美土司 172～174, 244, 248
우운진牛運震 560～563
우지구藕池口 115
우차牛車 453
운서현鄖西縣 101, 274
운양(부)鄖陽(府) 76, 88, 106, 129, 132, 137
　　～138, 145, 441, 348, 459, 470, 481,
　　495
운현鄖縣 22～23, 274, 448
워스터, 도널드Donald Worster 26, 31～32,
　　34, 38
원강沅江 63, 109, 277～278, 281, 412
원걸原傑 75～76, 128
원승총袁承寵 201, 204
월제月堤 336, 347, 374
위영魏瀛 535
위원魏源 45, 341, 364～367, 447, 585～586
위狘 467
유관渝關 176, 259～260
유국인喩國人 306～309, 324
유무이劉懋彝 383
유봉진兪逢辰 501～503, 505
유삼兪森 77, 268
유양현瀏陽縣 137, 147～148, 150, 478
유종원柳宗元 503～504
은시(현)恩施(縣) 87, 237, 239～240, 246,
　　375
음양오행 497
읍상邑庠 67～68
응산현應山縣 79, 100, 507
의창(부)宜昌(府) 53, 88, 91, 105, 116, 137
　　～138, 248, 371, 479
의춘현宜春縣 149, 150～152, 155
이길보李吉甫 499
이리 245
이민(자)移民(者) 129, 142～143, 146, 154,
　　173, 206～207, 214, 227, 286, 316,
　　501
이백중李伯重 53, 222, 224～227
이빙李冰 540
이천현利川縣 98, 218～219, 298, 438～

439, 564~565
익양현弋陽縣 294, 437, 541
인구 13, 20, 22~24, 26, 33, 37, 43~48, 54
~55, 72, 77, 89, 91, 103~104, 111,
121~155, 159, 165, 168~172, 175,
178~186, 203~205, 207, 211~212,
220~225, 228~243, 246, 250, 268,
272, 365, 375~376, 395, 397~400,
427, 458~460, 470, 487~488, 508,
521, 523, 533~534, 545, 575~576
- 이동 44, 63, 121~122, 143~146, 148
~149, 153~155, 576
- 이민 129, 142~143, 146, 154
- 유입 72, 111, 132, 135, 140, 143~
144, 153, 173, 178~182, 243, 246,
262, 501
인웅人熊 472
임방기任邦基 371

ㅈ

자명도인自明道人 540
자백산紫白山 501~502
〈자허지부子虛之賦〉 90
잔도棧道 61, 275, 287
장덕지張德地 264
장수漳水 329, 335, 348
장천여張天如 198, 230~231, 512
장필張弼 463, 465
장하하長夏河 337
장호長湖 335~337, 349
재해사災害史 99
저수沮水 329, 335, 348, 352
전가점험田家占驗 490

전류錢鏐 435
전봉全封 567~568
전순년田舜年 173~174, 176
정전井田 432
정주靖州 64, 133, 142, 152, 261, 279, 286,
297, 303, 398
정해鄭獬 332
제완堤垸 46~47, 108, 111, 363, 366, 368
~370, 386
조국린趙國麟 301, 303, 305
조도早稻 449, 490~491
조룡祖龍 536
조상找廂 256
조유인趙由仁 309
조인기趙仁基 364~366, 414
조지기趙志夔 414
조현구調弦口 108, 115, 330, 344, 347
조호槽戶 436
조홍은趙宏恩 181
종세정鍾世楨 530
종인문鍾人文 219~220
좌공조만坐空朝滿 549
주국정朱國禎 80
주석 294, 298~300, 315
주용周用 73, 80
주인기周人驥 543~545
죽계현竹溪縣 254, 466, 482
중도中都 81
증구수曾九壽 389
지강수池江水 86
진령秦嶺 92~93, 98, 272, 274, 482
진언陳言 65~67, 69~70
진왕정陳王廷 406
진주(부)辰州(府) 106, 125, 133, 137, 146

찾아보기 623

~147, 154, 160, 172, 246, 250~
252, 256, 261, 263, 278~279, 288
진준陳遵 328, 330
진혜주陳惠疇 210
진홍모陳宏謀 35, 56, 77~78, 107~108,
144, 188~189, 194, 197~199, 303
~305, 368, 517, 519, 523~532, 538,
563
질탄呿灘 457~458

ㅊ

차호車戽 219, 229
창주敞洲 108~109
채사영蔡士英 516
채장寨長 171~172, 194
천강川江 54, 262
청강清江 123, 279, 410, 432~433, 439,
446
청수清水 278~281
초硝 467
초楚(지역) 90, 122
촉도蜀道 70~71, 509
총진總鎭 459
충건忠建 175
충전冲田 432
층체層遞 219
침주郴州 67, 125, 133, 139, 261, 295, 299,
306~310, 398, 401

ㅋ

카슨, 레이첼Rachel Carson 26, 34
쿤, 토머스Thomas S. Kuhn 27

ㅌ

탁구진托口鎭 281~282
태백호太白湖 336, 346, 349
태화산太和山 22
토가족土家族 47, 159, 173, 189, 193, 256,
477
토사土司 48, 96, 169~170, 394
통차筒車 215~216, 219, 432~433, 442~
443, 446
통차전筒車田, 432

ㅍ

파양호鄱陽湖 63, 92, 110~113, 126, 282
팔면산八面山 65~71, 509
팽유신彭維新 83
팽조괴彭肇槐 195, 426
팽종맹彭宗孟 262~263
퍼듀, 피터Peter C. Perdue 24, 43, 104, 327
평향현萍鄉縣 151
폐결핵(균) 472
포머런즈, 케네스Kenneth Pomeranz 121
포식자 473~475, 483
풍검馮鈐 204~205
풍수(설)風水(說) 36, 56~57, 303, 314, 324,
401, 533, 538~539, 541~557, 584
피점披粘 95
필원畢沅 248~249, 355~356, 387, 559

ㅎ

하구진河口鎭 415~417, 435, 451
학봉(현)鶴峰(縣) 82, 173, 248, 278, 427
학혈郝穴 328, 334~335, 337, 339~340,

344~347, 352, 364, 373
한구漢口 46, 57, 105, 261, 269, 272~273, 275, 277, 412, 542~556, 583~584
한수漢水 62, 102, 273~277, 336~337, 356~357, 364~365, 367, 410, 448, 459, 506, 552
한양漢陽 88, 129, 138, 253, 547~549
한토강계비漢土疆界碑 247
함풍현咸豊縣 146~147, 155, 188, 234
항상성 29, 504
해성海成 321
향나오向那吾 170~171, 563
향창鄕廠 323
헤켈, 에른스트Ernst Haeckel 38
형관荊關 259~262, 283
형문荊門 62, 106, 332, 336~337
형양荊襄 71, 124
형양衡陽 139, 211
형주(부)荊州(府) 55, 62, 88, 129, 138, 326~327, 329, 471
형주(부)衡州(府) 67, 125, 133, 401, 512
호광(성)湖廣(省) 21~22, 76, 127, 160, 222, 253, 255~256, 263~264, 274, 276, 461
호광숙천하족湖廣熟天下足 121, 153, 177, 222
호광전사천湖廣塡四川 143, 153
호남(성)湖南(省) 43, 49, 53,~55, 61~63, 65, 71, 89, 92~96, 104~106, 123~126, 128, 132~139, 142~148, 150, 154, 159~160, 167~168, 172, 175, 179~183, 195, 228, 248~249, 255, 258, 260~272, 277~279, 281~282, 286, 288, 293~295, 299, 317, 319~

320, 325, 410, 422, 438, 440, 443~444, 450, 454, 460, 468, 475, 478, 480, 489~490, 499, 503, 509, 538, 545, 566
호랑이 23, 51, 174, 421, 427, 466, 469~470, 473, 477~482, 503, 586
호림비護林碑 82, 539
호보전胡寶瑔 517~519
호북(성)湖北(省) 22, 45, 53~54, 57, 61~63, 71, 79, 82, 87~88, 98~107, 123~124, 128, 133, 136~138, 143~144, 146~147, 155, 395, 427, 438~439, 444, 448, 457, 459, 466, 468~471, 477, 479, 481~482, 507, 510~511, 519, 543, 556, 563~564, 566~569, 578, 580~582
호성胡星 67, 509
호재각胡在恪 337, 347~348
호전湖田 47, 103, 365
호조핵胡祖翮 370
호환虎患 477~481
홍량길洪亮吉 24, 44, 523
화갱전火坑錢 200
화용(현)華容(縣) 105, 109, 114, 330
화재火災 47, 190, 546~548, 550~556
환경 보호 25, 51, 508, 522, 525, 533~541, 557, 583
황, 필립Philip C. C. Huang 225~227, 240
황강黃姜 475
황담제黃潭堤 332~333
황덕부黃德溥 535
황목皇木 81, 96, 253~255, 263, 271, 276
황주부黃州府 62, 129~131, 136, 144
회속回贖 247

휴스, 도널드Donald Hughes 38~40
휴한 농법(업) 163, 209, 487~489
흑산黑山 546~548, 551~554, 556

자연의 저주
명·청 시대 장강長江 중류 지역의 개발과 환경

펴낸날   초판 1쇄   2012년 11월 30일

지은이   정철웅

펴낸이   김직승
펴낸곳   책세상
주소   서울시 마포구 신수동 68-7 대영빌딩(121-854)
전화   02-704-1251(영업부), 02-3273-1333(편집부)
팩스   02-719-1258
이메일   bkworld11@gmail.com
홈페이지 www.bkworld.co.kr
등록   1975. 5. 21. 제1-517호

ISBN   978-89-7013-820-6 93100

* 잘못된 책은 바꾸어드립니다.
* 책값은 뒤표지에 있습니다.

이 저서는 2007년 정부(교육인적자원부)의 재원으로 한국학술진흥재단의 지원을 받아 수행된 연구임 (KRF-2007-812-A00034).